Herausgegeben in Verbindung mit
der Heinrich-Heine-Gesellschaft

HEINE-JAHRBUCH 2007

46. Jahrgang

Herausgegeben von Joseph A. Kruse
Heinrich-Heine-Institut
der Landeshauptstadt Düsseldorf

Verlag J. B. Metzler
Stuttgart · Weimar

Anschrift des Herausgebers:
Joseph A. Kruse
Heinrich-Heine-Institut
Bilker Straße 12–14, 40213 Düsseldorf

Redaktion: Karin Füllner und Marianne Tilch

Bibliografische Information Der Deutschen Nationalbibliothek
Die Deutsche Nationalbibliothek verzeichnet diese Publikation in der
Deutschen Nationalbibliografie; detaillierte bibliografische Daten
sind im Internet über <http://dnb.d-nb.de> abrufbar.

ISBN: 978-3-476-02225-7
ISBN 978-3-476-00312-6 (eBook)
DOI 10.1007/978-3-476-00312-6
ISSN: 0073-1692

Dieses Werk einschließlich aller seiner Teile ist urheberrechtlich geschützt. Jede Verwertung außerhalb der engen Grenzen des Urheberrechtsgesetzes ist ohne Zustimmung des Verlages unzulässig und strafbar. Das gilt insbesondere für Vervielfältigungen, Übersetzungen, Mikroverfilmungen und die Einspeicherung und Verarbeitung in elektronischen Systemen.

© 2007 Springer-Verlag GmbH Deutschland
Ursprünglich erschienen bei J. B. Metzler'sche Verlagsbuchhandlung
und Carl Ernst Poeschel Verlag GmbH in Stuttgart 2007
www.metzlerverlag.de
info@metzlerverlag.de

Inhalt

Siglen IX

Aufsätze

I.

Ruth Esterhammer · Heine und die Folgen.
  Die Platen-Attacke als ein Skandal mit Langzeitwirkung 1

Bettina Rabelhofer · »... ich habe auch todte Frauen geliebt«.
  Zur erotischen Produktivkraft des Todes in Heinrich Heines
  »Florentinischen Nächten« 26

Barbara Thums · ›Ende der Kunstperiode‹?
  Heinrich Heines »Florentinische Nächte« 46

Ursula Broicher · »Vitzliputzli« – mehr als eine Zeitreise zu
  den Azteken 67

II.

Helmut Koopmann · Heine und Schiller 90

Klaus H. Kiefer · »Mein Herz, mein Herz ist traurig« und
  »Ich weiß nicht, was soll es bedeuten« – ein Vergleich.
  Strukturanalyse – Hermeneutik – Ideologiekritik 107

Heribert Rissel · Höllenfahrt des Heinrich Heine. Anlass und Anliegen
  einer literarischen Maskerade 131

Kleinere Beiträge

I.

Sikander Singh · Spiegelbilder. Zur Neukommentierung der
»Reisebilder 1824 bis 1828« 148

Nigel Reeves · »Eine alte Romanze«: Heinrich Heine and
the Roland Saga 158

Thomas Stähli · Probleme authentischer Vermittlung in Heinrich Heines
Schriften über Deutschland und Frankreich 172

II.

Gabriella Pelloni · Im Horizontwandel des Verstehens.
Italienische Rezeption Heinrich Heines im 19. und 20. Jahrhundert ... 185

Dieter Schiller · Die Heine-Konferenz 1956 in Weimar 199

Hartmut Steinecke · Heine, Handke und die Folgen 212

Heinrich-Heine-Institut. Aus der Arbeit des Hauses

Karin Füllner · Politik und Maskerade. Von Heine bis heute.
9. Forum Junge Heine Forschung 2006 mit neuen Arbeiten
über Heinrich Heine 223

Karol Sauerland · Heinrich Heine: »Reisebilder«. Vortrag zur Eröffnung
der Reihe »Düsseldorf liest ein Buch« 229

Heinrich-Heine-Gesellschaft e. V. Bericht

Renate Loos · Der Schülerwettbewerb im Heine-Schumann-Jahr 2006 ... 244

Buchbesprechungen

Therese von Bacheracht · »Heute werde ich Absonderliches sehen«.
Briefe aus Java 1850–1852 (Ariane Neuhaus-Koch) 255

Inhalt VII

Barbara Beßlich · Der deutsche Napoleon-Mythos. Literatur und Erinnerung 1800–1945 (Georg Mölich) 256

Adolf Glaßbrenner · »Dedication an Apollo« und andere Narrentexte (Bernd Füllner) 259

Dietmar Goltschnigg u. Hartmut Steinecke (Hrsg.) · Heine und die Nachwelt. Geschichte seiner Wirkung in den deutschsprachigen Ländern. Texte und Kontexte, Analysen und Kommentare. Band I: 1856–1906 (Sikander Singh) 261

Das letzte Wort der Kunst. Heinrich Heine und Robert Schumann zum 150. Todesjahr (Robert Steegers) 263

Marie-Ange Maillet · Heinrich Heine (Nina Bodenheimer/ Norbert Waszek) 264

Anthony Phelan · Reading Heinrich Heine (Christian Liedtke) 266

Lucia Ruprecht · Dances of the Self in Heinrich von Kleist, E. T. A. Hoffmann and Heinrich Heine (Simon Wortmann) 267

Roland Schiffter · »Sie küsste mich lahm, sie küsste mich krank«. Vom Leiden und Sterben des Heinrich Heine (Bernd Holdorff) 270

Thomas Synofzik · Heinrich Heine – Robert Schumann. Musik und Ironie (Michael Beiche) 271

Christina Ujma · Fanny Lewalds urbanes Arkadien. Studien zu Stadt, Kunst und Politik in ihren italienischen Reiseberichten aus Vormärz, Nachmärz und Gründerzeit (Gabriele Schneider) 273

Michaela Wirtz · Patriotismus und Weltbürgertum. Eine begriffsgeschichtliche Studie zur deutsch-jüdischen Literatur 1750–1850 (Regina Grundmann) 275

Karin Wollschläger · »daß unser Leben nur ein farbiger Kuß Gottes sey«. Heinrich Heines religiöser Sensualismus (Joseph A. Kruse) 276

Zu Heinrich Heines Spätwerk »Lutezia«. Kunstcharakter und europäischer Kontext (Robert Steegers) 279

Heine-Literatur 2006/2007 mit Nachträgen 282

Veranstaltungen des Heinrich-Heine-Instituts und der Heinrich-Heine-Gesellschaft e. V. Januar bis Dezember 2006 320

Ankündigung des 11. Forum Junge Heine Forschung 331

Hinweise für die Autoren 332

Mitarbeiter des Heine-Jahrbuchs 2007 334

Siglen

1. H. Heine: Werke und Briefe

B = Heinrich Heine: Sämtliche Schriften. Hrsg. von Klaus Briegleb. München: Hanser 1968–1976, 6 Bände (6, II = Register)

DHA = Heinrich Heine: Historisch-kritische Gesamtausgabe der Werke. In Verbindung mit dem Heinrich-Heine-Institut hrsg. von Manfred Windfuhr. Hamburg: Hoffmann und Campe 1973–1997, 16 Bände

HSA = Heinrich Heine: Werke, Briefwechsel, Lebenszeugnisse. Säkularausgabe. Hrsg. von den Nationalen Forschungs- und Gedenkstätten der klassischen deutschen Literatur in Weimar (seit 1991: Stiftung Weimarer Klassik) und dem Centre National de la Recherche Scientifique in Paris. Berlin und Paris: Akademie und Editions du CNRS 1970 ff.

2. Weitere Abkürzungen

Galley/Estermann = Eberhard Galley und Alfred Estermann (Hrsg.): Heinrich Heines Werk im Urteil seiner Zeitgenossen. Hamburg: Hoffmann und Campe 1981–1992, 6 Bände.

auf der Horst/Singh = Christoph auf der Horst und Sikander Singh (Hrsg.): Heinrich Heine im Urteil seiner Zeitgenossen. Begründet von Eberhard Galley und Alfred Estermann. Stuttgart/Weimar: Metzler 2002–2006, 6 Bände.

HJb = Heine-Jahrbuch. Hrsg. vom Heinrich-Heine-Institut Düsseldorf. Hamburg: Hoffmann und Campe 1962–1994; Stuttgart: Metzler 1995 ff.

Höhn = Gerhard Höhn: Heine-Handbuch. Zeit, Person, Werk, Stuttgart: Metzler ^{1}1987, ^{2}1997, ^{3}2004

Mende = Fritz Mende: Heinrich Heine. Chronik seines Lebens und Werkes. Berlin: Akademie ^{1}1970; ^{2}1981

Seifert = Siegfried Seifert: Heine-Bibliographie 1954–1964. Berlin und Weimar: Aufbau 1968

Seifert/Volgina = Siegfried Seifert und Albina A. Volgina: Heine-Bibliographie 1965–1982. Berlin und Weimar: Aufbau 1986

Werner = Michael Werner (Hrsg.): Begegnungen mit Heine. Berichte der Zeitgenossen. Hamburg: Hoffmann und Campe 1973, 2 Bände

Wilamowitz = Erdmann von Wilamowitz-Moellendorff und Günther Mühlpfordt (†): Heine-Bibliographie 1983–1995. Stuttgart und Weimar: Metzler 1998

Wilhelm/Galley = Gottfried Wilhelm und Eberhard Galley: Heine-Bibliographie [bis 1953]. Weimar: Arion 1960, 2 Bände

Aufsätze

I.
Heine und die Folgen
Die Platen-Attacke als ein Skandal mit Langzeitwirkung

Von Ruth Esterhammer, Innsbruck

1. Die Ausgangssituation

Im Frühjahr 1827 erscheinen Heines »Reisebilder. Zweyter Theil. Nordsee. Dritte Abtheilung«. Der Text endet mit einigen Versen Immermanns, in denen der Verfasser mit ausdrücklicher Zustimmung Heines, der sich als Gesinnungsgenosse ausgibt und nur wenige Verse zum Zeichen seiner Ablehnung mit einem Stern kennzeichnet, gewisse Exponenten der zeitgenössischen Literaturszene angreift.[1] Diese Verse Immermanns, die so genannten »Xenien«, sind es neben Heines Lob für den Verfasser, die in den wenigen Rezensionen zur »Nordsee« ausdrücklich besprochen werden und sogar im Sinne der Verteidigung der angegriffenen Dichter »Anti-Xenien« auslösen.[2]

Einer der potentiell Angegriffenen, August Graf von Platen, der erst ein knappes Jahr später durch einen Freund auf Immermanns »Xenien« aufmerksam gemacht wird, fühlt sich dermaßen getroffen, dass er in seine aktuelle Arbeit, eine Komödie in aristophanischer Manier, die als Satire auf Immermanns Tragödie »Cardenio und Celinde« gedacht ist[3], einen gezielten Gegenangriff auf Heine in den fünften Akt integriert. Die Allianz zwischen den beiden Literaten, ihre gegenseitige Wertschätzung und ihren Glauben an die eigene Begabung verwendet Platen dabei nur als Randmotiv seiner Parodie, vielmehr ist es Heines jüdische Geburt, die ins Visier des Spötters gerät und die dieser mit Hilfe platter antisemitischer Klischees (»Knoblauchduft«) und plakativer Zuschreibungen (»Stamme Benjamin«, »Samen Abrahams« »Petrark des Lauberhüttenfests«, »Synagogenstolz«) thematisiert.

An dieser Stelle konzentrieren sich auch die Angriffe auf den Verfasser der »Xenien«, der als traditionsloser und ignoranter Stümper in Produktion und Kritik, als sich maßlos überschätzendes Halbtalent ohne Sinn für präzise Formen, als Blender des Publikums und als selbsternannter Gegenspieler des genialen Aristokratendichters Platen, dem er allerdings nicht das Wasser reichen könne, abgekanzelt wird.[4] Tatsächlich scheint die Komödie hauptsächlich darauf abzuzielen, Immermann als Dichter zu demontieren: Die Abrechnung mit den Romantikern, denen man Platen zufolge das Schreiben verbieten solle, sowie mit den dilettantischen Dichtern aus dem Norden, die im Süden nichts gelten, bei der freilich auch Einzelpersonen wie Müllner, Clauren, Kotzebue, Raupach, Houwald satirisch bedacht werden, läuft en passant mit.

Obwohl Platen das fertige Manuskript bereits im September 1828 an seinen Verleger Cotta schickt – für dessen »Neue allgemeine politische Annalen« bis vor kurzem auch Heine als Redakteur in München tätig war und für dessen publizistische Projekte er auch weiterhin Beiträger bleiben wird –, erscheint die Komödie unter dem Titel »Der romantische Ödipus« erst 1829.[5] Heine, der zwar bereits vor seiner Abreise nach Italien im August 1828 über den geplanten Gegenangriff in Kenntnis gesetzt worden ist, scheint Platens Bemühungen zunächst nicht ernst genommen zu haben und glaubt Anfang des Jahres 1829 immer noch, dass Platen hauptsächlich Immermann attackieren werde, wie aus einem Brief an den Verleger Campe zu schließen ist, in dem er nichtsdestoweniger Platens Vernichtung im Falle einer tatsächlichen Veröffentlichung der Parodie ankündigt. Bemerkenswert ist in diesem Zusammenhang Folgendes: Obwohl Heine zu diesem Zeitpunkt sich nicht einmal sicher ist, ob Platen seinen Gegenangriff wirklich in die Tat umsetzt, geschweige denn die Beschaffenheit der Anwürfe kennt, überlegt er bereits Platens Vernichtung mittels dessen Diskreditierung als Homosexueller zu vollziehen – eine Taktik, die, was ebenfalls beachtenswert ist, Verleger Campe für erfolgversprechend hält.[6]

Zu diesem Zeitpunkt arbeitet Heine bereits seit Monaten an den »Reisebildern. Dritter Theil«, die in ihrer gegen Jahresende 1829 gedruckten Endfassung die Texte »Reise von München nach Genua« und »Die Bäder von Lukka« enthalten werden. Den Entschluss, auch die »Bäder von Lukka« in den dritten Teil der »Reisebilder« zu integrieren, fasst Heine allerdings erst im Sommer 1829, als er auf Helgoland intensiv an dem erst im Mai begonnenen Text arbeitet und sich nun endgültig entschließt, seine Platen-Polemik hier und nicht in der »Reise von München nach Genua« unterzubringen. In ihr, aus der eine Erstfassung der ersten vierzehn Kapitel bereits im Dezember 1828 im Cotta'schen »Morgenblatt für gebildete Stände« unter dem Titel »Reise nach Italien« zu lesen war, beschränkt Heine sich darauf, anlässlich der im Frühjahr 1829 vorgenommenen Korrekturen eine gegen Platen gerichtete Passage zu verschärfen und eine andere einzuflechten.[7] In Capitel II adressiert Heine Platen als »After-Poet« (vor der Korrektur als »schlechten Poeten«) und urteilt in Capitel III über ihn:

> unser Dichter, der die zarte griechische Knabenliebe besingt, hat auch die aristophanische Grobheit übernehmen müssen; aber er kann alles machen, er hat alles was zu einem großen Dichter gehört, außer etwa Phantasie und Witz, und wenn er viel Geld hätte, wäre er ein reicher Mann. (DHA VII, 16, 21)

Diese beiden kurzen Passagen antizipieren die Platen-Polemik im zweiten Teil der Italien-Reisebilder, und zwar beinahe vollständig. Dass es Platen an Witz und Phantasie mangle, er nur ein Epigone und kein großer Dichter sei, sind neben dem Vorwurf der Homosexualität und Armut Platens auch die wesentlichen Ingredienzien der Platen-Attacke in den »Bädern von Lukka«. Allerdings entwickelt dort Heine seine Kritikpunkte breiter: Er kritisiert Platen als Epigonen, der geradezu wahllos auf den Spuren Aristophanes', Horaz', Petrarcas, Goethes, Tiecks und des Persers Hafis wandle, mit den Vorbildern beliebig die Gattungen wechsle, ohne jedoch in einer Disziplin an seine Vorbilder heranzureichen. In seiner »Ödipus«-Komödie nach dem Vorbild des Aristophanes offenbare sich der Mangel an Witz sowie Platens polemisches Ungeschick, in seinen Versuchen auf dem Gebiet der Dramatik und Epik sein kompositorisches Unvermögen. Als Lyriker versage Platen wegen seiner Unfähigkeit, Naturlaute hervorzubringen, seine Gedichte seien glatte Wortspielerei, die ihm trotz des gegensätzlichen Eindrucks große Anstrengung koste, denn auch im Umgang mit der Sprache fehle es Platen am Genius: »Ungleich dem wahren Dichter, ist die Sprache nie Meister geworden in ihm, er ist dagegen Meister geworden in der Sprache«. Durch harte Arbeit sei er zum Virtuosen geworden, der sich nicht scheut, der Sprache Gewalt anzutun. Darüber hinaus zweifelt Heine an der Authentizität von Platens Liebesgedichten, in denen durch die Homosexualität des Verfassers die klassische Rollenverteilung aufgelöst ist. Platen werde zum »Weib, das sich an gleich Weibischem ergötzt«, versuche aber gleichzeitig, dies zu verschleiern und stehe nicht zu seiner Homosexualität. Für Heine ist die Glaubwürdigkeit der Gedichte nicht mehr gegeben, sie sind Heuchelei. Zweifel scheint Heine auch an der Authentizität von Platens sexueller Neigung zu haben, die er in Beziehung mit dessen Begeisterung für die Antike setzt und nur als weitere Facette des Platen'schen Epigonalismus ansieht, wie sein Urteil, nachdem Platens Homosexualität »nur etwas Unzeitgemäßes, nur die zaghaft verschämte Parodie eines antiken Uebermuths« sei, belegen mag.

An mehreren Stellen seiner Polemik verleiht Heine implizit, aber auch ganz explizit seiner Ansicht Ausdruck, Platen sei gar kein Dichter. Abgesehen davon, dass er dieses Urteil mit Platens angeblichem Mangel an Genie und Begabung begründet, impliziert er auch, Platen dichte aus Geldnot bzw. lasse sich sein Dichterdasein sowohl vom Verleger Cotta als auch vom König von Bayern bezahlen. Das bedeutet also, dass weder Talent noch Berufung Platen zum wahren Dichter befähigen, als der er sich aber fühlt und auch in öffentlichen Selbstinszenierungen zur Schau stellt. Beides, Platens vermeintlich falsche Selbsteinschätzung und seine daraus resultierende öffentliche Selbstinszenierung als wahrer Dichter, führt Heine denn auch vor. Platens Ruhm schränkt er in lokaler und temporärer Hinsicht auf München und auf die begrenzte Zeit seines Dortseins ein, und erreicht damit eine weitere Deklassierung Platens als Dichter. Er suggeriert nämlich, dass zum einen Platens Erfolg nur auf Cliquenwirtschaft beruhe – Platen gebe sich absichtlich katholisch, um im klerikal dominierten München zu reüssieren –, während zum anderen sein Anspruch auf Unsterblichkeit als lächerliche Allüre erscheint. Insbesondere ist es Platens angebliche Ruhmsucht und Neigung zur Prahlerei, die Heine scharf geißelt (DHA VII, 134–152).

Ohne Zweifel ist es Heines vornehmliche Absicht, Platen als Dichter zu desavouieren. Um dieses Ziel zu erreichen, lanciert er ganz gezielt persönliche Untergriffe, wie die recht ansehnliche Liste der Platen nachgesagten Defizite verdeutlicht. Diese mehr oder weniger explizit genannten Defizite reichen rekapitulierend von Eitelkeit, Stolz, Prahl- und Ruhmsucht über Materialismus, Opportunismus und Käuflichkeit bis zu Homosexualität, wobei freilich letztere Heines schlagkräftigstes Argument ist und daher mit Abstand am häufigsten verwendet wird, ja als komisches Element in immer neuen Variationen sogar die Polemik wie einen roten Faden durchzieht. Im Übrigen scheint es Heine nicht als sein Vorrecht anzusehen, mit persönlichen Untergriffen den Gegner zu treffen, sondern als allgemein gebräuchliches Mittel der Polemik, das er auch Platen zugesteht. Und so kritisiert er an Platens Ausfällen im »Romantischen Ödipus« nicht, dass es sich um antisemitische Anwürfe handelt, sondern dass Platen nicht mehr Witz und Stoßkraft aus dem Material herauszuholen vermocht hat.

Dieser Hinweis auf Platens Komödie, die Heine über mehrere Seiten bespricht, ja seine Polemik sogar damit beendet, hat freilich noch einen weiteren Sinn. Mit ihm deklariert Heine seine Attacke explizit als Antwort auf Platens Entgleisungen und den Verfasser des »Ödipus« als denjenigen, der die Fehde provoziert hat. Dass diese von Heine implizierte Lesart durchaus korrekt ist, wird nicht nur durch die Entstehungsgeschichte der »Bäder von Lukka« bestätigt, sondern auch durch die Art der Vorwürfe gegen Platen, die durchaus mit dessen Angriffen auf Immermann inhaltlich in Beziehung stehen und durch die Verwertung von Platen'schen Motiven in den »Reisebildern« III: Zu nennen ist beispielsweise das Motiv der Konkurrenz zwischen den beiden Kulturzentren München und Berlin, die bei Platen freilich gegen Berlin, bei Heine gegen München entschieden wird, und das Heine nachweislich erst bei der Überarbeitung des Textes, also in Reaktion auf Platens Ausführungen, einführt. Erwähnenswert ist auch Heines Adaption der Leibstuhlszene: Während Platen seine Figur Nimmermann den »Ödipus« von Sophokles lesen lässt, der ihm Durchfall verursacht, tröstet sich Heines Marchese mit der Lektüre Platens, als er durch Abführmittel bedingt, an Durchfall leidet. Dieser Tatbestand ist insofern interessant, als in der Rezeption die Leibstuhlszene als genuin heinesch angesehen und nicht selten als zu derb und zu geschmacklos abgewertet wird.

Ein dritter und letzter Grund, der dafür spricht, dass Heines Platen-Attacke hauptsächlich als Antwort auf den »Romantischen Ödipus« zu verstehen ist, ist die Tatsache, dass sich Heine vor »Reisebilder« III nicht satirisch mit Platen beschäftigt hat. Nach 1830 beschränkt sich Heine auf eine punktuelle Auseinandersetzung, so in privaten Erwähnungen, in einer kurzen Anspielungen auf die Affäre in »Ludwig Börne. Eine Denkschrift«[8], im Gedicht »Plateniden« der »Lamentazionen« des »Romanzero«. Während sich Heine in privaten Äußerungen und in der Börne-Schrift auf den konkreten Streit bezieht, führt er nach Robert Steegers im »Romanzero« den Wettstreit, wer nun der wahre Erbe Goethes sei, mit dem verstorbenen Dichter weiter, und stellt sich als das Genie in der Traditionslinie von den Aufklärern über die Klassik dar, während Platen aus dieser ausgeklammert und als jemand beschrieben wird, der nur große Werke versprochen, aber keine zustande gebracht habe.[9]

2. Die erste Phase der Rezeption: Zeitgenössische Reaktionen

Während die Rezensenten in der ersten Phase des Streits noch geneigt sind, für den in ihren Augen weitaus talentierteren und witzigeren Heine Partei zu nehmen und die antisemitischen Ausfälligkeiten des dünkelhaften Grafen zu verurteilen[10], schwenkt die Stimmung im Jänner 1830, kurz nachdem die »Reisebilder« III gedruckt vorliegen, um, sodass sich Heine sogar genötigt sieht, seine Freunde und Bekannten zu gefälligen Besprechungen zu motivieren, was ihm allerdings nur unzureichend gelingt. Heines »Reisebilder« III werden fast unisono verrissen oder nur auf die Platen-Polemik reduziert, die nach Meinung einiger Kritiker moralisch verwerflich sei, den Leser kompromittiere und nur ein schlechtes Licht auf die deutsche Literatur werfe. Einige der Kritiker tadeln Heine für die Wahl seiner Sujets, die der literarischen Aufarbeitung nicht würdig seien, und halten ihm in diesem Zusammenhang Unernst sowie einen Mangel an Ehrfurcht und echtem Humor vor. Es ist sogar die Rede von zu wenig Anstand, von Heines fehlerhaftem Charakter bzw. gänzlichem Mangel an Charakter. Allerdings wird nicht immer nur Heine zur Verantwortung gezogen, auch Immermann und Platen werden für ihr Verhalten gerügt. Falls die Rezensenten nach Motiven für Heines Polemik suchen, so nennen sie als Gründe Eifersucht, Brotneid und persönliche Rache. Mitunter wird die Attacke auch nüchterner betrachtet und einfach als Reaktion auf Platens »Ödipus« geschildert. Bemerkenswert ist die Ansicht, Heine habe als Bürger reagiert, zumal Platen liberale Werte angegriffen habe.

Auch wenn sie Heines Angriff auf Platen verurteilen, versuchen die meisten Rezensenten doch, auf zumindest eine Auswahl der gegen Platen erhobenen Anklagepunkte einzugehen und ihre Gültigkeit zu hinterfragen. In Summe ergibt sich so ein ansehnlicher Katalog an Anschuldigungen, die in der zeitgenössischen Presse diskutiert werden, so etwa Platens Homosexualität, seine Armut, seine Prahlsucht, sein »Grafen- und Pedantenstolz«[11], seine Nachahmung der Antike, sein Dichterstatus. Neben dem Vorwurf der Homosexualität ist es jener der Armut, der am meisten Tadel, Unverständnis und Entsetzen hervorruft, während die Meinungen auseinandergehen, ob Platens Dichterstatus zu Recht von Heine kritisiert worden sei, und im Fall von Platens Prahlsucht und Dünkel Heines Kritik sogar für berechtigt empfunden wird.

Mit zunehmendem zeitlichem Abstand fließen auch kunsttheoretische Überlegungen in die Rezensionen ein, wie eine Abhandlung von 1851 in den »Blättern für literarische Unterhaltung« belegen mag:

> »Heine's Rancunen sind zäh, auch wenn sie ungerecht sind. Es ist überflüssig Platen gegen Angriffe in Schutz zu nehmen wie sie die »Plateniden« aufwärmen. Heine's privater Widerwille kann das Urtheil nicht beirren. Ein Genie, ein schöpferisches Talent war Platen nicht, aber sein Einfluß auf correcte Form und sprachlichen Wohllaut ein so segensreicher und durchgreifender daß die heutige poetische Generation durchweg Spuren davon zeigt. Mit edeln Waffen wurde der Kampf zwischen Platen und Heine nicht geführt, und der an Geist überlegene Heine benutzte seinen Vortheil ungerecht. Die metrische Reaction für welche Platen eintrat war der romantischen Zerfahrenheit der Form gegenüber entschieden heilsam. Die Einseitigkeit der Richtung mag durch das magere Zeugungsvermögen bedingt worden sein, an Vielem erkennt man die Mühseligkeit der A r b e i t , aber verdienstlich war und bleibt die Mühe doch.«[12]

3. Die zweite Phase der Rezeption: Elementarisierung und Instrumentalisierung

Während die nichtwissenschaftliche Literaturkritik der Zeit über den Streit zwischen Heine und Platen ebenso wie über die beiden Streitparteien moralisch wertet, aber auch die Motive für Heines heftige Reaktion hinterfragt und die Auseinandersetzung in ihrem politischen und kunsttheoretischen Kontext zu beurteilen sucht, kommt es in der wissenschaftlichen Beschäftigung zu einer Verflachung der Diskussion, die bis in die NS-Zeit andauert. Es ist geradezu augenfällig, dass Heines moralische Verurteilung und insbesondere die Verurteilung des Streits im Vordergrund steht. So findet Heines Platen-Attacke, eine »bodenlos gemeine Rache«,

Ruth Esterhammer · Heine und die Folgen

»die noch heute bei jedem anständigen Menschen Ekel hervorrufen muß«[13], nicht nur bei Adolf Bartels eine scharfe Verurteilung, sondern auch in um Objektivität bemühten Darstellungen, wie etwa in Bieses 1909 veröffentlichter »Deutscher Literaturgeschichte«, in der Platens »Ödipus« sehr kritisch beurteilt wird: In dem aus »grimmem Haß und blindem Rachegelüste« entstandenem Stück vergreife sich Platen an Personen und mische zu viel Persönliches in die Polemik, wie etwa Heines jüdische Geburt, und fälle obendrein künstlerische Fehlurteile, insbesondere in Immermanns Fall; nichtsdestoweniger tut Biese Heines Antwort als bloße »Infamie« ab.[14]

Eine Besprechung des Streits findet auch in Heine-Biographien statt, und auch dort ist zu beobachten, dass die Verfasser nicht umhin kommen, Heine für seine Attacke auf Platen zu tadeln, ja selbst liberale Literarhistoriker und eingeschworene Heine-Forscher schließen sich der moralisierend-verurteilenden Rezeption an, wie 1902 und 1907 schon Heine-Forscher Max Kaufmann und in jüngerer Zeit Jost Hermand und Johannes Weber festgestellt haben.[15] Darüber hinaus ist in diesen Darstellungen ein verblüffendes Phänomen zu beobachten: Die Auseinandersetzung zwischen Platen und Heine wird nur mehr beiläufig erwähnt oder sogar ganz aus den Lebensgeschichten der beiden Kontrahenten ausgeklammert, allerdings bei gleichzeitiger Beibehaltung der anlässlich dieses Streits gefällten Urteile. Heine gerät auf diese Weise zum charakterlosen, gewohnheitsmäßigen Polemiker ohne Ideale, wie Karl Goedeke schon 1849 in seiner Literaturgeschichte »Elf Bücher Deutscher Dichtung« und 1886 mit weitaus drastischeren Worten in seinem mehrbändigen »Grundriss zur Geschichte der deutschen Dichtung« Glauben machen will, und die von seinem Schüler Edmund Goetze, der nach Goedekes Tod die zweite, 1905 veröffentlichte Auflage dieser Literaturgeschichte betreut, bewusst weitertradiert werden:

> »Aber hervorgehoben werden muß, daß er seine Polemik, die meist aus gekränkter Eitelkeit hervorging, niemals rein gegen Sachen, sondern in der unreinsten Weise immer gegen Personen richtete, sodaß seine Schriften, von den Reisebildern an, nichts sind als eine ununterbrochene Folge von Schmähschriften in modernem Gewande [...]. Er, der sich gegen alle alles erlaubte, ertrug nicht den geringsten Spott und bot alle Welt dagegen auf, als gelte es der Verteidigung der wichtigsten Angelegenheiten der Menschheit, wo es sich lediglich um seine nichtige eitle Person handelte. Nie hat in irgend einer Literatur der Welt ein Schriftsteller, ein Dichter ein widerlicheres Schauspiel ununterbrochenen Skandals zum besten gegeben, als Heine, und niemals hat ein Pasquillant so viel Bosheit entwickelt wie er.«

Während die Urteile über Heine in den verschiedenen Darstellungen unisono negativ ausfallen und er als charakterloser, egozentrischer Mensch, der dem Ansehen der deutschen Literatur nur Schaden zugefügt habe, erscheint, divergieren die Urteile über Platen, der allerdings im Gegensatz zu Heine nur nach seinem künstlerischen Verdienst beurteilt wird. Adolf Bartels scheint ihn nicht besonders zu schätzen, Karl Goedeke dafür umso mehr. Die Auseinandersetzung mit Heine wird wie im Artikel über Heine nicht thematisiert, auch nicht im Zusammenhang mit Platens »Romantischem Ödipus«, der großes Lob erfährt: Alles »in diesem vollendeten Abbilde der Zeit« deute »auf ein Größeres und Höheres«, Platen habe niemanden persönlich treffen wollen, sondern nur »die Gesamtheit der Gleichartigen«.[16] In der Überspitzung dieser Interpretation wird Platen nicht nur in Literaturgeschichten, sondern auch in Platen-Monographien zum Retter der deutschen Literatur vor der zersetzenden Wirkung der Romantik und des Jungen Deutschland hochstilisiert, und dieses Phänomen ist neben der moralischen Verurteilung Heines das zweite wesentliche Merkmal der ersten wissenschaftlichen Rezeption des Heine-Platen-Streites. Mitunter steigt Platens Ansehen dabei umso höher, je negativer das Urteil über die Kunstströmungen in der ersten Hälfte des 19. Jahrhunderts ausfällt, so etwa bei Eduard Stemplinger, der den »Romantischen Ödipus« als Kampfansage gegen »die Formvermengung der Romantiker, ihre Verzerrung Shakespearschen und Calderonschen Stils, die ›Sudelköpfe‹, und ›Quasidichter‹, insbesondere Raupach und Immermann [...]« ansieht und gleichzeitig den »Aufbau der Komödie«, den »Rhythmenreichtum, die flüssige Versführung, Kraft und Schwung der Parabasen« als »mustergültig« lobt, sowie bei Benno von Wiese, der den »Romantischen Ödipus« als Ausdruck von Platens »Form- und Kunstwillen gegen die Auflösung der Formen, gegen unechtes Pathos, gegen tönende Wortmusik, gegen empfindsame Salbaderei« und als »Anklagen gegen die Ehrfurchtslosigkeit und Marktschreierei des Zeitalters, dem die Kunst entbehrlich oder ein Geschäftsartikel geworden war«, wertet.[17]

Solche Urteile können durchaus antisemitisch motiviert sein, wie etwa aus der Darstellung in Carl Weitbrechts 1901 veröffentlichter »Deutschen Litteraturgeschichte des 19. Jahrhunderts« klar hervorgeht:

> Als Goethe starb, war Heine der Mann der Zeit – das kennzeichnet die Lage: der Alte von Weimar ist verstummt und ein deutscher Jude in Paris giebt den Ton an. Er verzerrt die Romantik vollends zur Fratze, macht die liberale Tagestendenz zur Muse, setzt das Feuilleton an die Stelle des geschlossenen Kunstwerks, den Journalismus an die Stelle der Poesie, die Kritik an die Stelle des Schaffens [...].

Weitbrecht bringt alle Verfallserscheinungen der Zeit mit Heines jüdischer Abstammung in Verbindung und kritisiert, dass Heines Stil bis in die Gegenwart nachgeahmt werde. Für ihn hat Platen allerdings keine rettende Funktion: Indem er »die künstlich zurechtgefeilte Leichtigkeit des Heine'schen Stils gegen die klassicistische Formpedanterie Platens« abwägt, lässt er weder Heine noch Platen gelten.[18] Unisono urteilt Fritz Lienhard 1899/1900 in den »Monatsblättern für deutsche Literatur«. In einem Aufsatz mit dem Titel »Platen und Heine« geht er der Frage nach, wer von den beiden Streitparteien der größere Dichter gewesen sei und kommt zum Schluss, dass beide nicht dem Idealbild der »germanisch-christlichen Kultur« entsprechen, die im Dichter eine Symbiose von Charakter, Talent und Temperament fordert. Heine habe zwar Talent gehabt, aber keinen Charakter, Platen Charakter, aber zu wenig Talent und Temperament.[19] Darüber hinaus kritisiert er beider Hang zur Polemik, Platens Weltflucht, dessen Mangel an Witz und Temperament, der ihn in der Dramatik habe scheitern lassen sowie dessen lyrisches Selbstverständnis, das ein Einreihen Platens in die Tradition der germanischen Liederdichter nicht zulässt, Heines »Schlaffheit und Feigheit« sowie dessen Mangel an »Gedankenernst« und einer »festen Weltanschauung«.[20] Besonders negativ für Heine schlägt jedoch zu Buche, dass er nach Meinung Lienhards ein »in die deutsche Romantik geratenes und die bereits entartete Bewegung vollends zersetzendes jüdisches Talent« gewesen sei, dessen Nachhall »in tausend saloppen oder volksliedmäßigen Strophen dichtender Epigonen« bemerkbar sei und das nachhaltigeren Einfluss auf die Literatur, namentlich auf den Journalismus und die Lyrik, ausgeübt habe als Platen. Seit Heine und den Jungdeutschen habe der Demokratismus Einzug in die Literatur gehalten, insbesondere sei es zur »Ueberwucherung mit rührigem, aufgeregtem jüdischen Geist in Kunst, Litteratur und Journalismus« gekommen. Heine allein ist »das Vordringen sinnlicher, fleischlicher Weltanschauung, eines teils lüsternen, teils verdrossenen Materialismus und Skeptizismus, wie wir's in der jüngsten Litteraturbewegung Berlins und Wiens, Hand in Hand mit weichlicher Formspielerei, beobachten können« zuzuschreiben.[21]

Weitbrechts und Lienhards Analysen der literarischen Verhältnisse sind jedoch nicht nur wegen der antisemitischen Ressentiments der Verfasser, die deren Urteil offensichtlich beeinflussen, symptomatisch für die Zeit, sondern auch wegen der gewählten Angelpunkte Journalismus und Feuilleton. Wie Stemplinger und Wiese sprechen auch Weitbrecht und Lienhard vom Verfall der Literatur in der ersten Hälfte des 19. Jahrhunderts, machen diesen aber am Journalismus und insbesondere am Feuilleton fest. Auch Walter Brecht tut dies in seiner 1925 veröffentlichten Darstellung mit dem Titel »Heine, Platen, Immermann«. Heine trägt bei ihm die Schuld am Verfall der deutschen Literatur, während es nur Platen und Immermann zu verdanken sei, dass die deutsche Literatur vor Heines verderblichem Einfluss gerettet worden und nicht zum Stimmungsbild verkommen sei. Die Auseinandersetzung zwischen Platen und Heine ist denn auch nach Ansicht Brechts als Literaturstreit und der »Romantische Ödipus«, dessen »stolze Männlichkeit der Gesinnung« er lobt, nicht als persönlicher Angriff auf Heine oder Immermann anzusehen.[22] Weitbrechts und Brechts Argumentation entspricht dem Trend der Zeit, prominente Wegbereiter der Feuilletonkritik und Mitstreiter in der Diskussion sind etwa

Heinrich von Treitschke und Adolf Bartels, die das Feuilleton als undeutsche Gattung ausweisen, jüdische Literaten als Vermittler und Meister des Feuilletons darstellen, Produkt wie Produzenten schlechtmachen und in weiterer Folge jüdischen Autoren die Zerstörung der deutschen Literatur durch Verbreitung des Feuilletons bzw. des feuilletonistischen Stils anlasten. Ohne Zweifel ist der Feuilletondiskurs, der etwa in den achtziger Jahren des 19. Jahrhunderts einsetzt und bis in die NS-Zeit andauert, antisemitisch gefärbt, nichtsdestoweniger wird er nicht nur von Antisemiten bestritten. Feuilletonkritik als Sprach- und Kulturkritik ist vielmehr ein kulturelles Phänomen, an dem zahlreiche Schriftsteller und Feuilletonisten teilhaben, die zum Teil selbst jüdischer Herkunft sind, zum Teil ohne ideologischen Hintergrund urteilen, so etwa Ferdinand Kürnberger, Karl Emil Franzos, Ferdinand Groß, Peter Rosegger, Hermann Bahr, Alfred Polgar, Otto Stoessl, Hugo von Hofmannsthal, Karl Kraus, Adolf Grabowsky, Joseph Roth, Hermann Hesse und andere. Mit unterschiedlichen Ergebnissen setzen sie sich gedanklich mit dem Feuilleton als Gattung und Schreibstil, mit der Feuilletonisierung der Literatur und des Zeitalters als Literatur- und Kulturströmung auseinander. Etwa zur selben Zeit entstehen mehrbändige Feuilletonkunden, etwa von Ernst Eckstein 1876, Ernst Meunier und Hans Jessen 1931 und Wilmont Haacke 1943/44, die dasselbe Thema und dieselben Fragen im Dienst der – allerdings nicht immer ideologiefreien – Wissenschaft behandeln.[23]

In diesen Kontext passt denn auch Karl Kraus' Essay »Heine und die Folgen«, in dem die an Heine festgemachte Feuilletonkritik ihren Höhepunkt erreicht. Kraus trägt ihn bei seiner ersten und zweiten Wiener Vorlesung am 3. Mai bzw. 3. Juni 1910 vor, veröffentlicht ihn ein halbes Jahr später im Albert-Langen-Verlag in Broschürenform, druckt ihn im September 1911 in der »Fackel«, Nr. 329–330 mit einem Vorwort versehen nach und verfasst 1917 ein Schlusswort mit dem Titel »Zwischen den Lebensrichtungen«. Im Essay »Heine und die Folgen« setzt sich Kraus mit dem Lyriker, dem Prosaisten und dem Menschen Heine kritisch auseinander. Kraus spricht es Heine ab, wie Goethe und Liliencron dem einzig wahren Dichtertypus anzugehören, der ein »Gedicht als Offenbarung des im Anschauen der Natur versunkenen Dichters« versteht. Vielmehr habe Heine nicht die Natur, sondern die eigene Person ins Zentrum der Betrachtung gerückt, und daher auch auf das Offenbarungserlebnis und das Verspüren einer schöpferischen Notwendigkeit außer in seiner Sterbelyrik verzichten müssen. Seine Lyrik ist deshalb mit unechten Stimmungen versetzt, insbesondere seine Liebesdichtung will Kraus nicht als wahrhafte Erlebnisdichtung gelten lassen. Gegen die Güte der Heine'schen Lyrik spricht für Kraus auch deren Vertonbarkeit: Heine wird für ihn vergleichbar mit den Wiener Feuilletonisten, die damals als Librettoschreiber die Nachfrage nach Operettentexten und in weiterer Folge die blühende Operettenkultur bedienten. Gleichzeitig rechnet Kraus mit den Heine-Verehrern ab, die ihren Dichter vorwiegend als Verfasser des »Buchs der Lieder« wahrnehmen oder noch schlimmer, die Heine zwar wegen seiner jüdischen Herkunft verurteilen, seine Lieder aber dennoch singen. Gegen Heines Lyrik spricht für Kraus auch, dass sie zahlreiche Nachahmer findet, deren Werke man nicht vom Vorbild unterscheiden könne. Für Kraus trägt Heine für seine Epigonen die Verantwortung, und das gilt noch vielmehr im Bereich der Prosa. Nach Kraus hat Heine das Feuilleton in die deutsche Literatur importiert und damit seinen Nachahmern die Schablone geliefert, die sie nur noch mit beliebigen Inhalten füllen müssen. Er hat die Einheit von Form und Inhalt gesprengt, die Sprache gelockert, dem sprachlichen Ornament Bahn gebrochen, den Journalismus zur Literatur, den Feuilletonisten zum Künstler erhoben. Er trägt Schuld an der Demokratisierung der Literatur, die es auf der einen Seite jeder beliebigen Person erlaubt, zu schreiben, auf der anderen Seite die Literatur konsumierbar für Jedermann macht, sie zur Ware degradiert und den Literaturbetrieb zur kaufmännischen Transaktion. Für Kraus ist Heine kein Künstler, sondern Feuilletonist, ein Talent, aber kein Genie, ein virtuoser Sprachhantierer, der der Sprache Gewalt antut, dem die kompositorische Gabe fehlt und der nur zum Aphorismus befähigt scheint. Darüber hinaus mangle es ihm an Witz und an der Befähigung zum Polemiker, da ihm »sittlicher Fonds« zur Deckung der Polemik fehle. Für Kraus korrespondieren Talent und Charakter, Humor und Gesinnung: Heine sei »ein Talent, weil kein Charakter«, der in seinen schlechten Witzen seine schlechte Gesinnung unter Beweis stelle. Als ein Beispiel führt Kraus neben Heines Angriffen auf Börne die Platen-Attacke an, die vor schlechten Witzen und schlechter Gesinnung strotze: Sie hätte »Heines Ruhm […] auslöschen müssen, wenn es in Deutschland ein Gefühl für wahre polemische Kraft gäbe und nicht bloß für das Gehechel der Bosheit«. Kategorisch verurteilt er das Ausschlachten der Homosexualität und der Armut des Grafen für polemische Zwecke und mokiert sich über Heines beschränkte Einsicht ins menschliche Sexualleben.[24]

Rekapituliert man nun die angeblichen Defizite, die Heine in seiner Platen-Polemik seinem Gegner zum Vorwurf gemacht hat, so möchte man glauben, Kraus habe in seinen Anschuldigungen Heine gegenüber Anleihe bei demselben genommen. Wie Heine bei Platen vermisst Kraus bei Heine die polemische Kraft und den wahren Humor, kompositorisches Geschick in Epik und Dramatik, die Gabe, in der Lyrik Naturlaute hervorzubringen. Beide ziehen in Zweifel, dass die Lyrik des Gegners wahre Erlebnisdichtung und authentische Poesie darstellt, und degradieren den anderen zum Virtuosen. Für Kraus ist Heine jemand, der

> »aus dem Wunder der sprachlichen Schöpfung einen Zauber gemacht [hat]. Er hat das höchste geschaffen, was mit der Sprache zu schaffen ist; höher steht, was aus der Sprache geschaffen wird. […] Das Geheimnis der Geburt des alten Wortes war ihm fremd. Die Sprache war ihm zu Willen. Doch nie brachte sie ihn zu schweigender Ekstase. Nie zwang ihn ihre Gnade auf die Knie.«[25]

Weder ist Platen für Heine, noch Heine für Kraus ein Genie, beide sprechen dem Gegner sogar ab, Dichter zu sein, und aberkennen dem anderen den Anspruch auf Unsterblichkeit.

Mit seiner Argumentation erinnert Kraus nicht nur an jene, die Heine in seiner Platen-Polemik angewandt hat, sondern gerät auch mehrmals in die Nähe der antisemitischen Heine-Kritiker. Das Urteil, Heine habe Talent, aber keinen Charakter, greift beispielsweise auch Adolf Bartels in seiner »Geschichte der deutschen Literatur« auf. In der 1905 in dritter und vierter Auflage erschienenen Literaturgeschichte hat er es sich zum Ziel gesetzt, Heine, den Juden, der wegen seines Charakters niemals die Höhe eines deutschen Schriftstellers erreichen könne, als Talent abzuqualifizieren.[26] Kraus spielt auch auf Heines Judentum an und schreckt nicht davor zurück, antisemitische Klischees zu bedienen. So deklariert er Heine offen als Jude, indem er ihn als »Moses, der mit dem Stab auf den Felsen der deutschen Sprache schlug«, bezeichnet, und implizit mit der Behauptung, Heine habe den Weg vom »Kontor zur blauen Grotte«, »von der Gansleber zur blauen Blume« geebnet. Die Gansleber gilt nämlich als beliebte Speise in der jüdischen Küche, während der Hinweis auf das Kontor das Bild des Handelsjuden, also ein antisemitisches Klischee, evoziert. Antisemitische Klischees stecken auch hinter den Aussagen, jede Redaktion müsse sich heute eine Wanze aus Heines Matratzengruft halten und Heine habe die Franzosenkrankheit eingeschleppt. Seit dem 19. Jahrhundert werden nämlich Juden sowohl mit Infektions-, Vergiftungs- und Seuchenbildern in Verbindung gebracht, um vor der angeblichen jüdischen Ausbreitung und der von Juden vermeintlich ausgehenden Ansteckungsgefahr zu warnen, als auch mit Bildern aus dem Parasitismus. Insbesondere schwingt in der Vorstellung, Heine habe an der Syphilis gelitten, ebenso wie in der Behauptung, er habe »der deutschen Sprache so sehr das Mieder gelockert […], daß heute alle Kommis an ihren Brüsten fingern können«, das antisemitische Stereotyp vom sinnlichen, frivolen und überaus fortpflanzungswilligen Juden mit. Schließlich behauptet Kraus auch noch, jeder Itzig Witzig habe mehr Humor als Heine und übt sich damit in judenfeindlicher Rhetorik.[27]

In der Tat ist es so, dass Kraus mit den Inhalten der Platen-Polemik vertraut gewesen sein muss – immerhin zitiert er in seinem Essay daraus wörtlich. Dass er sich in seiner Argumentation an Heine angelehnt hat, ist also durchaus möglich. Im Fall der antisemitischen Kritik ist die Nähe zur Argumentation insofern gegeben, als sich Kraus' Heine-Kritik vor allem aus seiner Kritik an der jüdisch dominierten liberalen Presse und seiner Rezeption des zeitgenössischen Heine-Kultes speist. Aus Ersterem erklärt sich die beobachtete antijüdische Haltung, die aber keinesfalls mit dem zeitgenössischen wirtschaftlichen, gesellschaftlichen oder rassischen Antisemitismus zu verwechseln ist, da Kraus ja ganz andere Ziele als die Antisemiten verfolgt, während letztere ihm judenfeindliche Elemente liefert, die es bei einer ernsthaften Auseinandersetzung mit dem Phänomen des Heine-Kults aufzugreifen gilt. Zweifel an Heines Charakter, den übrigens Ludwig Börne mit einer Rezension in der republikanischen Oppositionszeitung »Le Réformateur« schon 1835 gesät hat und der seit dieser Zeit weitertradiert worden ist[28], beschäftigt die zeitgenössische Heine-Rezeption, die von der Wissenschaft betrieben und von der Presse kolportiert wird, genauso wie die Frage, ob Heine an Syphilis gelitten und diese Erkrankung zu seinem Tod geführt habe.

Dass Kraus keineswegs nur Argumente bei Heine selbst oder gar den Antisemiten entlehnt hat, wird unmittelbar evident, wenn man die Genese seiner Heine-Kritik in der »Fackel« betrachtet.[29] Es wird dabei klar, dass der Essay ein Sammelbecken für von Kraus genuin entwickelte Verdachtsmomente gegen Heine darstellt, an deren Ausarbeitung und Formulierung er seit Jahren arbeitet. Zum Teil übernimmt er sogar Textpassagen aus älteren »Fackel«-Artikeln und Aphorismen besonders aus den Jahren 1907 bis 1910 wortwörtlich in den Essay. Seine Argumente gegen den Lyriker Heine speisen sich hauptsächlich aus seinem 1906 verfassten Essay »Um Heine«, den er anlässlich des Denkmalstreits im Heine'schen Jubiläumsjahr verfasst hat, seinen im Rahmen seiner Pressekritik gewonnenen Dispositionen gegen die zeitgenössische Operettenkultur und ihren Vertretern sowie aus der Auseinandersetzung mit gefeierten zeitgenössischen Lyrikern wie etwa Otto Julius Bierbaum und den von Kraus verehrten Detlev von Liliencron. Indem er die gewonnenen Überlegungen aus seiner Verteidigung der satirischen Größe Nestroys gegen die zeitgenössischen Feuilletonisten und ihr vermeintliches Talent zu Witz und Satire auf Heine anwendet, spricht er Heine auch die Fähigkeit zur Satire ab und bezweifelt die moralische Güte seines Humors. Für seine Kritik am Prosaisten Heine spielt aber besonders seine Auseinandersetzung mit dem Publizisten Maximilian Harden eine Rolle, der von 1892 bis 1922 in Berlin die Zeitschrift »Zukunft« herausgibt, und den Kraus am Beginn seiner eigenen publizistischen Laufbahn als Vorbild bewundert und sogar um Rat bittet, dann aber öffentlich mit ihm bricht. Kraus hat für diesen Akt handfeste Gründe: Abgesehen von Differenzen in der Pressekritik – Harden zieht die Wiener der Berliner Presse vor und sieht im Gegensatz zu Kraus in ihrem literarischen Anspruch keine Gefahr – enttäuscht der vermeintliche Antikorruptionist ihn 1901 mit einem verbindlichen Gutachten über den Theaterkritiker und Stückeschreiber Hermann Bahr und lässt damit Kraus in seinem gegen Bahr und den Theaterdirektor Bukovics angestrengten Korruptionsprozess im Stich. In den folgenden Jahren kompromittiert der Berliner Publizist Kraus, indem er ausgerechnet immer wieder für die von Kraus am meisten geschmähte Zeitung der Monarchie, die »Neue Freie Presse«, schreibt und 1904 findet er auch noch lobende Worte für den demissionierten Ministerpräsidenten und Innenminister Ernest von Koerber, den der »Fackel«-Herausgeber wegen seiner guten Verbindungen zur Presse und wegen Verdachts auf Korruption seit Gründung seiner Zeitschrift vehement bekämpft. Besonders stößt sich Kraus jedoch an Hardens Hinwendung zum Sensationsjournalismus: 1903 schlachtet Harden den Fall der Prinzessin Louise von Coburg, die nach ihrer Scheidung von ihrer Familie für wahnsinnig erklärt worden ist, publizistisch aus, und 1906 zettelt er die so genannte Eulenburg-Affäre an, indem er den Briefwechsel des langjährigen Vertrauten des Kaisers, Fürst Philipp zu Eulenburg, mit Graf Moltke parodiert und die beiden als homosexuell denunziert. Während er die von Moltke eingereichte Verleumdungsklage verliert, geht er aus dem Prozess gegen Fürst Eulenburg siegreich hervor und erreicht dessen Rückzug ins Privatleben. Die Affäre hat neben einer sittlichen freilich auch eine politische Dimension: Sowohl Eulenburg als auch Moltke sollen vom deutschen Kaiser geschätzt, von Bismarck aber verachtet worden sein, zumal Eulenburg maßgeblich am Sturz Bismarcks beteiligt gewesen ist, den Harden wiederum bewundert, während er den deutschen Kaiser verachtet.

Diese Affäre veranlasst Kraus, mit Harden in einer großangelegten Polemik mit dem Titel »Maximilian Harden. Eine Erledigung« abzurechnen. Sein Ziel ist es, sich einerseits vom ehemaligen Vorbild endgültig zu distanzieren und andererseits den Gegner als Literat unmöglich zu machen. Dazu kritisiert er Hardens Wahl der Themen, denen keinerlei Größe anhafte, seine Methode, den Gegner mittels Enthüllungen aus dem Intimleben zu treffen, seinen aufwändigen, byzantinischen und mit anderen Worten schlechten Stil, der auf schlechte Gesinnung schließen lasse, seinen Mangel an Witz. Darüber hinaus beanstandet er die mangelnde Naturverbundenheit, die Schablonenhaftigkeit und die unorganische Beziehung von Form und Inhalt der Harden'schen Dichtung. Alle diese Kritikpunkte integriert er im Wesentlichen in seinen Heine-Essay und gibt sie dort als ureigenste Defekte des Literaten Heine aus. Dass Kraus sie eigentlich für die Abrechnung mit Harden formuliert hat, ist nicht mehr erkennbar. Nur die Aussage im Heine-Essay, Heine habe mit seiner Platen-Polemik »den seligen Maximilian Harden antizipiert«, gibt einen Hinweis darauf, dass Kraus Parallelen zwischen seinem Zeitgenossen und Heine sieht.[30]

Abschließend kann festgestellt werden, dass sich der Heine-Essay, und insbesondere die darin enthaltene Platen-Passage, aus mehreren Quellen speist: aus Heines Platen-Attacke, aus Kraus' Auseinandersetzung mit Maximilian Harden und seiner großangelegten Pressekritik, aus seiner Rezeption des zeitgenössischen Heine-Kults und aus der Auseinandersetzung mit der zeitgenössischen Feuilletonkritik. Aus der Zeit heraus erklärt sich auch Kraus' Verurteilung von Heines Engstirnigkeit in sexuellen Belangen. Noch viel deutlicher als bei Kraus fällt dieses Urteil bei Max Kaufmann, einem zeitgenössischen Literarhistoriker, aus, der sich seit der Jahrhundertwende in mehreren Arbeiten mit Heine und im Speziellen mit Heines Attacke auf Platen auseinandersetzt.[31] Kaufmann betont in allen seinen Abhandlungen, dass man dank der Wissenschaft, namentlich den Untersuchungen von Hirschfeld-Charlottenburg und Krafft-Ebing, eine völlig andere Einstellung zur Homosexualität gewonnen habe, sie kein Makel mehr sei, ja viele zeitgenössische Dichter homosexuell seien oder zumindest in ihren Texten Homosexualität thematisieren und ganze literarische Schulen wie etwa der Kreis um Stefan George darauf bauen würden. Trotz des wissenschaftlichen Fortschritts muss Kaufmann in seinen Abhandlungen dafür plädieren, die immer noch herrschenden Vorurteile gegen die Homosexualität, die seiner Ansicht nach aus dem Mittelalter stammen, zu überwinden und sich ein Beispiel an der toleranten Haltung in der Antike zu nehmen. Gebildete Menschen haben die Verpflichtung, Mitleid und Achtung anstatt Widerwillen zu empfinden; Literarhistoriker die Aufgabe, Platens mittlerweile erwiesene Homosexualität nicht als »Nachahmung antiker oder orientalischer Dichtung« zu interpretieren, sondern als eine »seine ganze Psyche beeinflussende, sich bis in die feinsten Nervenfasern erstreckende Veranlagung Platens«. Kaufmann beurteilt denn auch den Streit zwischen Platen und Heine vom psychologischen Standpunkt: Platen, weil feinsinniger Homosexueller, habe von Haus aus zu wenig polemische Kraft besessen, und hätte, seinem weiblichen Wesen entsprechend, eine dulderische statt offensive Haltung einnehmen müssen; Heine als sinnlicher Heterosexueller habe zuviel polemische Kraft besessen. Als mildernde Umstände sprechen für ihn sein neurasthenischer Charakter, durch den er zu Übertreibungen geneigt habe, und Platens Provokation durch den Angriff auf Heines Judentum. »Heine«, so meint Kaufmann, »bediente sich in seiner Polemik einfach der Vorurteile seines Zeitalters«, nichtsdestoweniger stellt der Angriff für ihn eine »barbarische-grobsinnliche Kampfesweise« dar.[32] Dass um die Jahrhundertwende trotz der von Kaufmann gepriesenen wissenschaftlichen Erkenntnisse Homosexualität immer noch als anstößig empfunden wird, spiegelt sich sehr deutlich auch in der »Fackel« wieder. So setzt sich Kraus immer wieder mit dem Thema Homosexualität, insbesondere anlässlich von Sittlichkeitsprozessen und deren journalistischer Ausschlachtung, auseinander. In der »Fackel«-Nr. 150 vom 23. Dezember 1903 ergreift er etwa Partei für Oscar Wilde, dessen Homosexualität ihm nicht nur in England Zuchthaus eingetragen hat, sondern auch eine schmähliche Behandlung im Feuilletonteil der »Neuen Freien Presse«. Bei dieser Gelegenheit bekennt sich Kraus dazu, auch weiterhin für die Reform der Sexualjustiz einzutreten, auch wenn er dadurch selbst in den Verdacht gerate, homosexuell zu sein.[33] Nicht nur in dieser, sondern auch in anderen Äußerungen spiegelt sich wider, dass die Homosexualität zum Modethema avanciert ist, das sowohl Laien als auch Nervenärzte beschäftigt und dermaßen präsent ist, dass sogar jeder Mann verdächtigt wird homosexuell zu sein, der mit einem anderen Herrn spazieren geht.[34] Vor diesem spannungsreichen Hintergrund – Homosexualität als Gegenstand der Medizin, des Klatsches und der Justiz zwischen Toleranz und Verbot – ist denn auch Kraus' Verurteilung Heines zu sehen, die allerdings bei Zeitgenossen nicht immer auf Verständnis gestoßen ist. Zu nennen ist beispielsweise Anselm Ruests Kritik in der Berliner Zeitschrift »Aktion«, in der er unter anderem dem »moralinsauren Herrn Kraus« vorwirft, die »Rolle des Aestethikers« aufgegeben zu haben, »um Europas freiestem Geist Borniertheit in Sexualibus vorzuwerfen … Natürlich, weil heute nach Moll und Krafft-Ebing, schon jeder siebenzehnjährige Caféhausjüngling die vielen Spezies und Genera der Liebe bei weitem liberaler betrachtet …«. Ruest rechnet also sowohl mit der von Kraus angenommenen Rolle als Sittlichkeitsrichter ab, als auch mit der von ihm zur Schau gestellten sittlichen Überlegenheit als Folge einer moralischen Liberalität, die nach Ruest nicht Kraus' Verdienst, sondern das Resultat der gesellschaftlichen Entwicklung ist.[35]

In dieser zweiten Phase der Rezeptionsgeschichte beschäftigt der Streit also sowohl die Wissenschaft als auch die Journalistik und die Literatur. Die meisten Diskutanten nützen den Streit, um ihn in die zeitgenössische Sexual- und Feuilletonkritik einzubauen. Freilich gibt es auch prominente Ausnahmen, wie etwa Thomas Mann, der in seiner Ansbacher Platen-Rede von 1930 im Streit Heine gegen Platen eindeutig Position für Platen bezieht. Nichtsdestoweniger gelingt es ihm, den polemischen Ton aus seiner Rede fernzuhalten. Im Gegensatz zu Kraus und der wissenschaftlichen Kritik versucht Mann, die Platen-Polemik inhaltlich zu bewältigen und zu den einzelnen Vorwürfen Stellung zu beziehen.[36]

4. Die dritte Phase der Rezeption: Versachlichung

Neue Akzente in der Wertung des Streits zwischen Heine und Platen werden erst wieder ab den 1970er Jahren gesetzt. Nach Hans Joachim Teuchert, der 1980 eine Untersuchung zur Platen-Rezeption in Deutschland veröffentlicht hat, ist es vor allem die Heine-Forschung, die sich der Affäre annimmt und auch dementsprechend parteiisch wertet. Teuchert glaubt beobachten zu können: »wer für Heine ist, lehnt Platen ab, und wer für Platen Position bezieht, ist meist ein erbitterter Gegner Heines.«[37] Tatsächlich steigt die Zahl der Untersuchungen, die sich am Rande oder auch in der Hauptsache mit dem Heine-Platen-Streit beschäftigen, seit den siebziger Jahren beträchtlich, zumal nicht nur in einschlägigen Aufsätzen und Monographien, sondern in jeder der mittlerweile zahlreichen Heine-Biographien auf den Streit eingegangen wird. Die Zahl dieser Besprechungen potenziert sich auch dadurch, dass das bis heute anhaltende rege Interesse der Literaturwissenschaft, der Journalistik und der Literaturschaffenden an Kraus' Essay »Heine und die Folgen« eine Fülle von Besprechungen hervorbringt, in denen durchaus auch die Platen-Heine-Affäre thematisiert wird.[38] In diesen Abhandlungen finden sich, wie Teuchert anmerkt, freilich auch moralische Urteile über die Affäre und die beiden Kontrahenten. So ist beispielsweise bei Jochanan Trilse-Finkelstein die Rede von einer »außerliterarischen Schlammschlacht«, bei Jan-Christoph Hauschild und Michael Werner von »öffentliche[r] Hinrichtung«, bei Fritz Raddatz von »Selbsterhaltung durch Mord« und vom »großen Krieg« gegen Platen. Während Hauschild und Werner ihre Anerkennung der »mit sorgfältiger Gemeinheit gearbeitete[n], ebenso grandiose[n] wie flegelhafte[n] Polemik« zollen, verurteilt Manfred Windfuhr Heines »fundamentalistische Strenge« und Fritz Raddatz die Polemik als »die durstigste Rache«, das »Widerlichste«, was Heine je geleistet habe, als »sittenloses Gezeter«, »einziges Geschrei eines Jahrmarktgendarmen« und »stillose Potenzprotzerei«. Bernd Kortländer bewertet die Polemik als »erbarmungslos«, Hans Kaufmann als »persönlich ungerecht«, rücksichtslos, boshaft, aber auch ebenso wie Peter Bumm als »scharfsichtig« und »witzig«.[39] Es fällt also auf, dass moralische Urteile nicht nur oft äußerst polemisch geraten, sondern dass durchaus auch Bewunderung aus ihnen sprechen kann. Darüber hinaus ist auch zu bemerken, dass moralische Urteile nur selten begründet gefällt werden. Eine Ausnahme stellt Dieter Lampings Untersuchung »Ist Komik harmlos?« dar, in der der Verfasser auch auf die Heine-Platen-Affäre zu sprechen kommt. Heines Witze über den homosexuellen Grafen haben, so Lamping, alle Eigenschaften von Komik, nur sind sie nicht harmlos. »Das Lachen, das Heine mit seinen zweideutigen Witzen provozieren wollte, sollte mit einem Wort strafend sein«, seine Witze gehören denn auch in Freuds Kategorie des »tendenziösen, nicht-harmlosen Witzes«, »und zwar entweder in die Untergattung des ›obszönen‹ oder in die des ›aggressiven (feindseligen)‹ Witzes«.[40] Ohne Zweifel wären Lampings Erkenntnisse durchaus dazu angetan, moralische Urteile über Heine und seine Platen-Polemik argumentativ zu unterfüttern.

Trotz dieser Beispiele kann Teucherts Urteil relativiert werden, denn es dominiert durchaus die Zahl der Untersuchungen, in denen die persönliche Wertung nicht im Vordergrund steht, sondern die Motivforschung ins Zentrum des Interesses rückt. Von einer Verengung der wissenschaftlichen Rezeption, wie sie in der zweiten Phase der Rezeptionsgeschichte stattgefunden hat, kann also keine Rede mehr sein, vielmehr überrascht die Vielfalt der ermittelten Motive. Als die mit Abstand am häufigsten ausgemachte Wurzel für den Streit figuriert das Außenseitertum der beiden Kontrahenten: Heine, Außenseiter aufgrund seiner jüdischen Geburt, attackiert Platen, dessen Außenseitertum in seiner Homosexualität gründet. Dabei kommt es zur »Selbstidentifikation des Angreifers mit dem Angegriffenen«[41], als Triebfeder ist also durchaus Selbsthass anzunehmen. Diese Erklärung stammt von Hans Mayer, der sie erstmals in den frühen 1970er Jahren publiziert hat und der seitdem in einer Reihe von Nachfolgearbeiten als Referenz angegeben wird oder auch ohne Angabe der Quelle kopiert wird.[42] Mitunter geschieht das durchaus auf drastische Weise, etwa bei Fritz Raddatz, der die Streithandlung folgendermaßen persifliert: »Der sexuelle Außenseiter hat dem rassischen Außenseiter den gelben Stern ans Revers geheftet. Dafür soll er den rosa Winkel erhalten.« Wie leicht diese Erklärung instrumentalisiert werden kann, zeigt sich anhand Jochanan Trilse-Finkelsteins Heine-Biographie, worin der Verfasser darauf hinweist, dass die diagnostizierte Außenseiterkonstellation mindestens bis ins 20. Jahrhundert Gültigkeit hat und es auf beiden Seiten Opfer gegeben habe, »mit dem allerdings riesigen Abstand: an Homosexuellen ward kein Genozid verübt.«[43] Tatsächlich hat Hans Mayers Erklärung auch Widerspruch hervorgerufen, so etwa bei Jost Hermand, dem sie zu »einseitig« ist und der als zentrales Motiv das Taufmotiv ausmacht.[44] Ab den 1990er Jahren kommt es denn auch zu einer differenzierteren Ausarbeitung der einfachen Formel Hans Mayers bei Paul Derks, Walter Hinck und Helen Ferstenberg. Für Ferstenberg zeigt sich in der Platen-Polemik ganz deutlich Heines Unbehagen, als jüdischer Poet identifiziert zu werden, seine »deep sensitivity to allusions to his Jewishness« sowie eine »insecurity over his status in German culture which seems to be connected to Jewishness«. Sie analysiert denn auch Heines Lösung, die darin besteht, Vorwürfe, die ihm in Bezug auf seine Dichtung gemacht worden sind, auf Platen zu übertragen, ebenso wie er ihn mit klischeehaften Eigenschaften, die Juden nachgesagt werden, behaftet. Derks und Hinck lösen im Gegensatz zu Ferstenberg den Streit aus dem persönlichen Kontext heraus: Derks macht darauf aufmerksam, dass Heine, selbst wenn sich seine jüdischen Freunde nicht mit ihm solidarisiert haben, »auch für die Rechnung des Judentums« gekämpft hat, während sich Platen mit keiner Gruppe solidarisieren konnte, und auch Hinck sieht den Kampf des Individuums Heine als Symptom für gesellschaftliche Umbrüche, wenn er den »Zweikampf der beiden Außenseiter« als einen »Sonderfall des Zusammenstoßens von judenfeindlichen Ressentiments und jüdischem Emanzipationsdrang im 19. Jahrhundert« beschreibt.[45] Indem das Außenseitermotiv auf diese Weise weiterentwickelt und verallgemeinert wird, korrespondiert es mit einem anderen Erklärungsversuch, der darauf abzielt, Heines Kampf gegen Platen als Parteienkampf auszuweisen, wobei unter Partei meist die klerikale Gruppierung Münchens, zu der Heine Platen fälschlicherweise gerechnet hat, bzw. das christliche Lager in Deutschland überhaupt, zu verstehen ist.[46] Diesem Erklärungsmodell haftet mitunter ein verschwörungstheoretischer Charakter an, zumal dann, wenn Heines Attacke auf den Grafen von Platen auf sein berufliches Scheitern in München bezogen wird und ihm schlichtweg »Konkurrenzneid« oder auch »Verfolgungswahn« unterstellt wird.[47] Es gibt allerdings durchaus Forscher, die dieses Motiv nüchterner betrachten, wie etwa Bernd Kortländer, der an diese von Heine selbst vorgeschlagene Lesart erinnert und dazu auffordert, »diese Position ernst [zu] nehmen, bevor man beginnt, nach tiefer liegenden psychologischen Ursachen zu forschen.«[48]

Ein weiteres, besonders häufig ausgemachtes Motiv ist Heines Absicht, in der Polemik gegen Platen Kritik an den politischen Gegebenheiten zu üben. Vorderhand geht es dabei um Adelskritik, wie Jost Hermand, aber auch Günter Oesterle feststellen. Für beide figuriert schon die Bloßstellung der Homosexualität als Adelskritik, da homosexuelle Neigungen mit dem Adel in Verbindung gebracht wurden. Oesterle charakterisiert die Polemik sogar als eine »Kritik, die von einem bürgerlichen Standpunkt aus gegen Aristokratie und Finanzkapital virtuos polemisch vorgebracht worden war, als eine, die den deutsch patriotisch provinziellen Bürger mitbetraf.« Die Polemik habe nicht nur den Zweck gehabt, gegen die »feudale Reaktion« anzuschreiben und »die Emanzipation des deutschen Bürgertums zu befördern«, sondern auch Kritik am deutschen Bürger zu üben, den er durch die Inhalte und ihre Darstellung, die »zentral bürgerlicher Moral und Askese« widersprechen, vor den Kopf stößt.[49] Für Johannes Weber hat Heine aus dem Verdacht heraus agiert, der sich im Übrigen auch durch die Rezeptionsgeschichte bestätigt hat, »daß Platen, als eine Art politisch-ästhetisches Äquivalent, den Brückenschlag zwischen bürgerlichen und feudalen Interessensstandpunkten befördere«, während Fritz Raddatz überhaupt das Schlagwort »sexualisierter Klassenkampf« zur Beschreibung der Polemik platziert. Noch allgemeiner bleibt Helmut Heißenbüttel in seiner Auswertung des Streits, der für ihn im Kontext der Arbeiten Heines als politischer Schriftsteller steht.[50]

Ein drittes Motiv für die Attacke auf Platen wird in den divergierenden Kunstauffassungen der beiden Kontrahenten gesehen. So ist etwa Michael Dirrigl überzeugt, die Polemik sei eine »grundsätzliche literarische Positionsbestimmung«, Kortländer wertet sie hauptsächlich als Angriff auf die Kunstperiode, Hauschild und Werner nennen in ihrer Heine-Biographie neben anderen Gründen den »Streit um die Goethe-Nachfolge« als Motiv für die Attacke auf Platen, und auch Robert Holub interpretiert sie als Ausdruck der progressiven Kunstauffassung Heines, die mit Platens Epigonentum und Orientierung an der Antike kontrastiert. Allerdings nimmt Holub auch noch andere, nämlich biographische Gründe für die Auseinandersetzung an.[51] Auch Nancy Thuleen erkennt in der Platen-Polemik die Auseinandersetzung Heines mit Platens regressivem ästhetischen Formalismus und seiner als künstlich und anachronistisch erkannten Poesie, doch auch für Thuleen ist die Polemik auch eine Abrechnung mit »Platen's aristocratic standing« und »his espoused religion«. »In fact, Heine's categories in attacking Platen can be divided into three: political and formal conservatism, repressive aristocracy, and perceived religious orthodoxy.« Keinesfalls ist für sie die Polemik eine persönliche Abrechnung mit Platen, sondern eine Attacke auf Platens »social standing, his ethical values, and above all his aesthetic ideals«.[52] Dass es in der Platen-Polemik auch um Kunstfragen, aber eben nicht nur darum allein geht, davon ist auch Manfred Windfuhr überzeugt. Er wertet Heines Sexualkritik, die für ihn »in einen umfassenderen Sach- und Argumentationszusammenhang, der auch nichtpolemisch gelesen werden kann«, gehört, als »Teil von Heines Natürlichkeitskonzept«, das wiederum auf die Ebene des Kunstbegriffs, des Sexualverhaltens und der politischen Ebene zielt.[53]

Es ist zu beobachten, dass in der letzten Rezeptionsphase die Diskussion um den Heine-Platen-Streit wieder an Differenziertheit und darüber hinaus an Sachlichkeit gewinnt. Besonders in den jüngeren Darstellungen neigen die Rezipienten besonders dazu, umfassendere Erklärungsmodelle zu entwickeln und mehrere Motive miteinander zu kombinieren.[54] Nur Rezipienten, die dem Außenseitermotiv den Vorzug geben, scheinen seltener nach weiteren Gründen für Heines Attacke auf Platen zu suchen. Darüber hinaus ist es auffällig, dass der Angriff auf Platens Sexualität kaum mehr verurteilt, sondern vielmehr als polemisches Mittel akzeptiert wird. Dazu haben vor allem die neueren Untersuchungen von Manfred Windfuhr und besonders von Robert Holub beigetragen, sodass mittlerweile der empörte Protest eines Fritz Raddatz, der die sexuelle Denunzierung der Gegner als regelmäßig angewandtes, polemisches Mittel Heines zwar anerkennt, aber moralisch verwirft[55], überholt erscheint. Auch die Bemühungen besonders von Jost Hermand und von Nancy Thuleen, die Polemik in den Kontext der Zeit, in der literarische Fehden gängig waren, einzubetten, tragen dazu bei, die Polemik zumindest in der Literaturwissenschaft zu entskandalisieren, zumal Heine nur mehr das Verdienst zukommt, die Praxis der literarischen Fehden mittels Einführung der Sexualpolemik reformiert zu haben.[56] Zur Entskandalisierung der Platen-Polemik verhelfen auch Beiträge, die sich mit der Rezeptionsgeschichte des Streits auseinandersetzen und Kritik an gängigen Lesarten üben. So hat beispielsweise Bernd Kortländer darauf verwiesen, dass die von Heine entworfene Platen-Figur im Text nur zum Teil der historischen Figur entspricht und zum anderen Teil fiktiv ist; Philip Veit hat diese Frage auf weitere Figuren aus den »Bädern von Lukka« ausgedehnt, Jost Hermand hat die Besprechung der Platen-Attacke auf die gesamten »Bäder von Lukka« erweitert und Slobodan Grubačič plädiert dafür, die Gumpel-Hirsch-Szene als Teil der Personalsatire zu begreifen und nicht die Platen-Attacke als Anhängsel zu den »Bädern von Lukka« zu sehen, zumal Heine erst durch seine »Schreibtechnik der Verschränkung ästhetisch-literaturkritischer und politischer Urteile« die Exekution Platens erreicht habe. Ein Indiz dafür, dass die Entskandalisierung voranschreitet, ist der Umstand, dass einzelne Punkte von Heines Kritik an Platen als Impulse angesehen werden, über ihren Aussagegehalt nachzudenken. Dies tut beispielsweise Matthias Kamann in seiner Untersuchung »Epigonalität als ästhetisches Vermögen«, indem er ganz konkret untersucht, was es mit dem Vorwurf Heines, Platen sei nur ein Epigone, auf sich hat.[57]

Ein freilich anderes Bild bietet sich in der zeitgenössischen Presse, die besonders zu den Jubiläumsjahren großes Interesse an beiden Streitparteien zeigt.[58] Ohne die kolportierten Urteile zu berücksichtigen, die sich aus der Besprechung von entsprechenden wissenschaftlichen Werken (Heine-Biographien, Neuauflage der Platen-Tagebücher etc.) ergeben, lässt sich folgende Tendenz erkennen: unter den Motiven für Heines Attacke firmieren »Rache«, »reine Bosheit«, »der böse Wille« Platen als homosexuell zu diffamieren, der unbewusste Wunsch, sich »vom ›weiblich‹ Jüdischen« zu entlasten[59], während in der Beurteilung des Streits beinahe einhellig moralisierende Urteile vorherrschen. Vom »schmutzigen Krieg«, von der »wohl übelsten Fehde der deutschen Literaturgeschichte«, vom »Wettbewerb der Tiefschläge«, von einem der »fatalsten Kapitel[] deutscher Literaturgeschichte«, von einer »peinlich peinigende[n] Episode unserer Literaturgeschichte«, vom »peinlichen« und »widerlichen« Streit ist hier die Rede.[60] Der Wille, Heines Motiven gerecht zu werden, steht also nicht im Vordergrund, dafür aber die moralische Verurteilung des polemischen Angriffs.[61] Erstaunlich an der Rezeption des Streits in der Presse ist dreierlei: 1) die Aktualität der Urteile, deren Ausrichtung sich über die Jahre nicht verändert, 2) der Ort der Diskussion: die Urteile sind führenden deutschsprachigen Tageszeitungen entnommen und 3) das Ansehen der Kritiker: namhafte Literaturkritiker und Schriftsteller wie Marcel Reich-Ranicki, Fritz Raddatz, Adolf Muschg, Hubert Fichte und Günter Grass sind an der Diskussion beteiligt, gelangen aber nur selten, wie etwa Hermann Kesten, der Heine »als den witzigsten Polemisten der deutschen Literatur« verteidigt und ihm auch noch Recht gibt, zu einem positiven oder gar objektiven Urteil über ihn.[62] Freilich wäre ein solches auch nicht immer mit ihren Absichten vereinbar, etwa nützt Günter Grass den Streit, um in einer Rede anlässlich des dritten Jahrestags der Morddrohung gegen Salman Rushdie darauf hinzuweisen, dass auch Schriftsteller nicht immer tolerant sind[63], während Hubert Fichte den homosexuellen Schriftsteller Platen aus der Warte des homosexuellen Schriftstellers Fichte zu verteidigen sucht.[64] Wie der Blick auf die feuilletonistische Literaturkritik zeigt, lässt sich also die Heine-Platen-Attacke ungeachtet der Entskandalisierungsbestrebungen der Wissenschaft bis in die Gegenwart als Skandal interpretieren oder zumindest als solchen instrumentalisieren.

Anmerkungen

1 Vgl. DHA VI, 164 ff.
2 Vgl. DHA VI, 728 f.
3 Zur Entstehungsgeschichte des Stücks und seine Einbettung in die Aristophanes-Rezeption in Deutschland vgl. Rudolf Rieks: Zum Aristophanesstreit zwischen A. v. Platen, K. Immermann und H. Heine. – In: Re-Collections. Grobe Tritte eines hinkenden Pegasus. Zu Rein-

hold Schiffers 60. Geburtstag. Hrsg. v. Dieter Ingenschay u. Gerd Stratmann. Trier 1993, S. 117–128.

4 August Graf von Platen: Der romantischen Oedipus. Ein Lustspiel in fünf Akten. Stuttgart, Tübingen in der J. G. Cotta'schen Buchhandlung. 1829, bes. S. 81–97.

5 Zur Entstehungsgeschichte des »Romantischen Ödipus« und der »Reisebilder« III vgl. DHA VII, 1057–1148 und 590–618.

6 Dies geht aus dem Brief Campes an Immermann hervor, vgl. DHA VII, 1074.

7 DHA VII, 828 u. 825.

8 DHA XI, 193; zu den privaten Äußerungen vgl. DHA VII, 1141 ff.

9 Robert Steegers: »Indezent und degoutant zugleich«. Intertextuelles in Heines »Romanzero« – am Beispiel August von Platen. – In: HJb 42 (2003), S. 59–72, hier: S. 61, 65.

10 Vgl. dazu Isaak K. Coppenhagen: Platen und Immermann, die s. g. Heroen, zu deutsch Hähne. Allgemeines Oppositionsblatt; Berlin, 6. 9. 1829, S. 362 f.; August H. Nodnagel (?): Heine und Graf Platen. Abend-Zeitung, Dresden, 25. 11. 1829, S. 1127; Der Romantische Ödipus. Damen-Zeitung, Stuttgart, 5. 5. 1829. – In: Galley/Estermann I, 365 f., 370 f., 358 f.

11 So Carl Herloßsohn in seiner Rezension: Satyrische Schriften. – In: Der Komet (Leipzig) 23. 4. 1830, Sp. 121–125. (Galley/Estermann I, 414).

12 Blätter für literarische Unterhaltung. 2. Bd., Nr. 127 v. 15. 11. 1851, S. 1065–1071 (aus: (http://www.phf.uni-rostock.de/institut/igerman/forschung/litkritik/litkritik/start.htm) (auf der Horst/Singh X, 681 f.).

13 Adolf Bartels: Geschichte der Deutschen Literatur: Bd. 2. Leipzig 3,41905, S. 118/151.

14 Alfred Biese: Deutsche Literaturgeschichte: Bd. 2. München 1909, S. 536, 534; vgl. S. 536 f.

15 Max Kaufmann: Heines Charakter und die moderne Seele. Eine Studie. Zürich 1902, S. 86 f.; auch ders.: Heinrich Heine contra Graf August von Platen und die Homo-Erotik. Leipzig 1907, S. 23 f.; Jost Hermand: Heine contra Platen. Zur Anatomie eines Skandals. – In: Signaturen – Heinrich Heine und das 19. Jahrhundert. Hrsg. von Rolf Hosfeld. Berlin 1986 (= Literatur im historischen Prozeß, neue Folge 12), S. 108–120, hier: S. 110; Johannes Weber: Libertin und Charakter. Heinrich Heine und Ludwig Börne im Werturteil deutscher Literaturgeschichtsschreibung 1840–1918. Heidelberg 1984 (= Neue Bremer Beiträge, Bd. 2), S. 84 f.

16 Vgl. Karl Goedeke: Grundriss zur Geschichte der deutschen Dichtung aus den Quellen. Zweite ganz neu bearbeitete Auflage nach dem Tode des Verfassers in Verbindung mit Fachgelehrten fortgeführt von Edmund Goetze. Achter Band: Vom Weltfrieden bis zur französischen Revolution 1830. Dresden 1905 (1886), S. 536, 677; vgl. ders.: Elf Bücher deutscher Dichtung. Von Sebastian Brant (1500) bis auf die Gegenwart: Bd. 2. Leipzig 1849, S. 471 f.

17 Eduard Stemplinger: Der Münchner Kreis. Platen. Curtius. Geibel. Strachwitz. Leipzig 1933 (= Reihe Formkunst, Bd. 1), S. 30; Benno von Wiese: August von Platen. – In: Platen. Gedächtnisschrift der Universitätsbibliothek Erlangen zum hundertsten Jahrestag des Todes August von Platens. Hrsg. von G. Stollreither. Erlangen 1936, S. 1–28, hier: S. 21.

18 Carl Weitbrecht: Deutsche Litteraturgeschichte des 19. Jahrhunderts. Leipzig 1901, S. 58, 64.

19 Fritz Lienhard: Platen und Heine. – In: Monatsblätter für deutsche Literatur 4. 1899–1900, S. 304–310, hier: S. 308 ;vgl., S. 310.

20 Ebd., S. 309; vgl. S. 307–309.

21 Ebd., S. 308, 304 f.

22 Walther Brecht: Heine, Platen, Immermann. (Aus einer Darstellung des 19. Jh.). Sonderdruck aus »Germanistische Forschungen«. Festschrift anläßlich des 60semestrigen Stiftungsfestes des Wiener Akademischen Germanistenvereins. Wien 1925, S. 17; vgl. S. 11 f., 17.

23 Vgl. dazu das Kapitel: In der Tradition der Feuilletonkritik. – In: Ruth Esterhammer: Kraus über Heine. Ein Beitrag zur Presse- und Feuilletonkritik im 19. und 20. Jahrhundert. Innsbruck 2003 (Diss), S. 393–470.

24 Die Fackel [F], Nr. 329–330, 31.8.1911, S. 19, 26, 32, 26. Eine detailliertere Analyse findet sich in: Esterhammer [Anm. 23], S. 310–335.

25 F 329–330 [Anm. 24], S. 33.

26 Vgl. dazu Kapitel 5.3.3 in: Esterhammer [Anm. 23], S. 430–437.

27 F 329–330 [Anm. 24], S. 33, 7, 11; vgl. S. 30, 7, 16.

28 Johannes Weber verweist auf die Literaturgeschichten von Hillebrand 1846, Hense 1852, Weber 1880, Stohn 1897. – In: Weber [Anm. 15], S. 95, Anm. S. 254.

29 Vgl. hierzu Esterhammer [Anm. 23], S. 126–309.

30 Zur Auseinandersetzung Kraus' mit Harden und der Bedeutung der Harden-Polemik für die Abrechnung mit Heine, siehe ebd., S. 263–287.

31 Max Kaufmann: Heine und Platen. Eine Revision ihrer literarischen Prozessakten. – In: Zürcher Diskussionen (Paris), Jg. 2, Nr. 16–17, 1899, S. 1–13; ders.: Heines Charakter und die moderne Seele. Eine Studie. Zürich 1902; ders.: Heinrich Heine contra Graf August von Platen und die Homo-Erotik. Leipzig 1907.

32 Kaufmann: Heine contra Platen, S. 7, 9, 39; vgl. S. 7 ff., 11 ff., 35, 39, 45 f.; ders.: Prozessakten, S. 1, vgl. S. 1, 4, 8 ff., 13.

33 F 150, 23.12.1903, S. 2 f.

34 Vgl. F 237, 2.12.1907, S. 16 f.; F 561–567, März 1921, S. 47.

35 Anselm Ruest, Anselm: Um Heine. – In: Die Aktion, Jg. 1, Nr. 18, 1911, S. 559.

36 Thomas Mann: August von Platen. – In: Gesammelte Werke. Bd. IX: Reden und Aufsätze. Oldenburg 1960, S. 268–281.

37 Hans Joachim Teuchert: Platen in Deutschland. Zur Rezeption eines umstrittenen Autors. Bonn 1980, S. 31.

38 Zur Rezeptionsgeschichte des Heine-Essays vgl. Esterhammer [Anm. 23], S. 4–125. Aus dem Blickwinkel des Heine-Essays urteilt beispielsweise der Journalist, Kritiker und Autor Helmut Heißenbüttel: Karl Kraus und die Folgen. Heinrich Heine als Journalist. – In: Ders.: Von fliegenden Fröschen, libidinösen Epen, vaterländischen Romanen, Sprechblasen und Ohrwürmern. 13 Essays. Stuttgart 1982, S. 75–86. Sein Urteil über Kraus fällt darin vernichtend aus.

39 Jochanan Trilse-Finkelstein: Heinrich Heine. Gelebter Widerspruch. Heinrich Heine Biographie. Berlin 1997, S. 123; Jan-Christoph Hauschild, Michael Werner: »Der Zweck des Lebens ist das Leben selbst.« Heinrich Heine. Eine Biographie. Köln 1997, S. 165; Fritz J. Raddatz: Taubenherz und Geierschnabel. Heinrich Heine. Eine Biographie. Weinheim, Berlin 1997, S. 134, 137, 143; Manfred Windfuhr: Heine als Polemiker. – In: Aufklärung und Skepsis. Internationaler Heine-Kongreß 1997 zum 200. Geburtstag. Hrsg. von Joseph A. Kruse, Bernd Witte und Karin Füllner. Stuttgart, Weimar 1999, S. 65; Bernd Kortländer: Heinrich Heine. Stuttgart 2003, S. 41; Hans Kaufmann: Heinrich Heine. Geistige Entwicklung und künstlerisches Werk. Berlin, Weimar 1970, S. 24; Peter Bumm: August Graf von Platen. Eine Biographie. Paderborn u. a. 1990, S. 552.

40 Dieter Lamping: Ist Komik harmlos? Zu einer Theorie der literarischen Komik und der komischen Literatur. – In: Literatur für Leser. Nr. 2, 1994, S. 53–65, hier: S. 58. Auch für Heißenbüttel weist die Platen-Polemik in Richtung Freud, indem Heine »sexuelle Verhaltensweisen, Trieb, Libido, Unbewußtes in seine Darstellung mit einbezieht«. – In: ders. [Anm. 38], S. 83.

41 Hans Mayer: Die Platen-Heine-Konfrontation. – In: Akzente. Zeitschrift für Literatur.

München. Jg. 20, Nr. 3, 1973, S. 273–286, hier: S. 285. Wiederabgedruckt in: ders.: Außenseiter. Frankfurt a. M. 1976, S. 207–223.

42 So zum Beispiel bei Kortländer [Anm. 39], S. 41; Raddatz [Anm. 39] S. 142, Bumm [Anm. 39], S. 553/555; Teuchert [Anm. 37], S. 32; Curt Riess: Der dichtende Graf Platen und Heine. – In: Auch du, Cäsar. München 1981, S. 199; Walter Hinck: Die Wunde Deutschland. Heinrich Heines Dichtung im Widerstreit von Nationalidee, Judentum und Antisemitismus. Frankfurt a. M. 1990, S. 88, 91, 93; Burkhard Gutleben: Heinrich Heine und seine Beziehungen zu Zeitgenossen und Zeitgeschichte. Frankfurt a. M. 1992, S. 25.

43 Raddatz [Anm. 39], S. 142; Trilse-Finkelstein [Anm. 39], S. 127.

44 Jost Hermand: Der frühe Heine. Ein Kommentar zu den »Reisebildern«. München 1976, S. 165.

45 Helen Ferstenberg: Meditations on Jewish Creative Identity. Representations of the Jewish Artist in the Works of German-Jewish Writers from Heine to Feuchtwanger. Oxford u. a. 2004, S. 29; Paul Derks: Die Schande der heiligen Päderastie: Homosexualität und Öffentlichkeit in der deutschen Literatur 1750–1850. Berlin 1990 (Homosexualität und Literatur 3), S. 519; Hinck [Anm. 42], S. 93.

46 Kortländer [Anm. 39], S. 180 f.; Bumm [Anm. 39], S. 552; Joachim Campe (Hrsg.): Andere Lieben: Homosexualität in der deutschen Literatur. Ein Lesebuch. Frankfurt a. M. 1988, S. 178; Günter Häntzschel: Heinrich Heine. Sämtliche Schriften. Bd. II. München 4 1996, S. 837; Karl Pörnbacher: »Ironie haben wir nicht …«. Heinrich Heines Beziehungen zu München. Festschrift des Städt. Heinrich-Heine-Gymnasiums anläßlich des 200. Geburtstages seines Namenspatrons am 13. Dezember 1997. Hrsg. von der Schulleitung des Städt. Heinrich-Heine-Gymnasiums. München 1997, S. 85–95, hier: S. 91.

47 Bumm [Anm. 39], S. 9, 552.

48 Kortländer [Anm. 39], S. 180.

49 Hermand [Anm. 15], S. 118; Günter Oesterle: Integration und Konflikt. Die Prosa Heinrich Heines im Kontext oppositioneller Literatur der Restaurationsepoche. Stuttgart 1972, S. 88, 87, 89.

50 Weber [Anm. 15], S. 84; Raddatz [Anm. 39], S. 144, vgl. Heißenbüttel [Anm. 38], S. 75–86.

51 Michael Dirrigl: Heinrich Heine – Zum 200. Geburtstag. – In: Festschrift des Städt. Heinrich-Heine-Gymnasiums [Anm. 46], S. 3–63, hier: S. 40; Kaufmann [Anm. 39], S. 24; Hauschild/Werner [Anm. 39], S. 167; Robert C. Holub: Heine's Sexual Assaults: Towards a Theory of the Total Polemic. – In: Heinrich Heine. Neue Wege der Forschung. Hrsg. von Christian Liedtke. Darmstadt 2000, S 35–48, hier: S. 40 ff.

52 Nancy Thuleen: Poetics and Polemics of Heine's *Bäder von Lucca*. Website Article, 15 May 1996 <http://www.nthuleen.com/papers/948Heine.html>

53 Windfuhr [Anm. 39], S. 63 f.

54 Vgl. z. B. Sikander Singh: Die zeitgenössische Rezeption der Werke Heinrich Heines (1821 bis 1856). Düsseldorf 2002 (Diss.), S. 34 f. Es gibt allerdings auch in früheren Darstellungen vereinzelt Bestrebungen, mehrere Gründe anzuführen, so z. B. bei Kaufmann [Anm. 39], S. 24 und Hermand [Anm. 44], S. 151 f. und ders. [Anm. 15], S. 118.

55 Raddatz [Anm. 39], S. 51 ff.

56 Hermand [Anm. 44], S. 151; Thuleen [Anm. 52].

57 Kortländer [Anm. 39], S. 178; Philip F. Veit: Heine's Polemics in *Die Bäder von Lucca*. – In: The Germanic Review 55, Heft 3, 1980, S. 109–117; Hermand [Anm. 44], S. 164 ff.; Grubačič, Slobodan: Heines Doppelstrategie: die literarische Exekution Platens. – In: Kontroversen, alte und neue: Akten des VII. Internationalen Germanisten-Kongresses, Göttingen 1985. Bd 2: Formen und Form-

geschichte des Streitens: Der Literaturstreit. Hrsg. von Helmut Koopmann, Franz Josef Worstbrock. Tübingen 1986, S. 215–219, hier: S. 216; Matthias Kamann: Epigonalität als ästhetisches Vermögen. Untersuchungen zu Texten Grabbes und Immermanns, Platens und Raabes, zur Literaturkritik des 19. Jahrhunderts und zum Werk Adalbert Stifters. Stuttgart 1994, S. 77 ff.

58 Das Innsbrucker Zeitungsarchiv allein besitzt über 1.200 Zeitungsausschnitte, die sich mit Heine und über 400 Artikel, die sich mit Platen beschäftigen. Davon haben etwa 100 Artikel die Heine-Platen-Kontroverse zum Thema. Die ältesten Artikel stammen aus den 1960er Jahren.

59 FAZ v. 15. 1. 1983; FAZ v. 6. 1. 1998, S. 31; WOZ v. 11. 12. 1997.

60 Stuttgarter Zeitung v. 21. 9. 1996, Zeit-Magazin, Nr. 43, 21. 10. 1988, TA v. 12. 9. 1996; DAS v. 6. 5. 1994; Welt v. 11. 10. 1995, NZZ v. 19./20. 10. 1996.

61 Zu diesem Zweck wird sogar Goethes Urteil bemüht, der am 14. 3. 1830 gegenüber Eckermann den Streit als Kampf eines »Talents« gegen einen »Begabten« herunterspielte und die Fehde für überflüssig erklärte, da die Welt groß genug sei, um beiden Streitparteien Platz zu bieten. In: Eckermann, Johann Peter: Gespräche mit Goethe in den letzten Jahren seines Lebens, Band 3. Leipzig ⁶1885, S. 217.

62 Süddeutsche Zeitung v. 8./9. 9. 1973.

63 Vgl. Abdruck in der taz v. 15. 2. 1992.

64 Hubert Fichte: I can't get no satisfaction. Zur Geschichte der Empfindungen des Grafen August von Platen-Hallermünde. – In: Die Zeit, 30. 11. 1984 bzw. unter demselben Titel noch einmal abgedruckt in: ders.: Homosexualität und Literatur 2. Polemiken. Frankfurt a. M. 1988 (= Die Geschichte der Empfindlichkeit. Paralipomena 1. Hrsg. von Torsten Teichert), S. 183–234.

»… ich habe auch todte Frauen geliebt«
Zur erotischen Produktivkraft des Todes in Heinrich Heines »Florentinischen Nächten«

Von Bettina Rabelhofer, Graz

Die »Florentinischen Nächte« gelten mitunter als Heinrich Heines ›untypischste‹ literarische Textproduktion.[1] Und in der Tat scheinen die »Florentinischen Nächte« sowohl in formaler als auch in inhaltlicher Hinsicht den paradigmatisch zeitbrisanten und ironisch-satirischen Heine zu konterkarieren. Der Text siedelt hart am Klischee: Es spricht von einem Mann und einer Frau; sie lungenkrank, ja sterbenskrank; er gesund, ein Lebender, der ihr die Zeit zum Tode durch Erzählungen möglichst angenehm – unterhaltsam?, trostreich?, therapeutisch wirksam? – vertreiben soll. Welch billiges Zugeständnis an die Rührseligkeit und doch: welch paradoxe Situation! Die Zeit *vertreiben* und damit dem Tod in die Hände arbeiten oder vielleicht doch: die sterbende Frau zur passiv *Lauschenden* und damit zu einer, die mit ihren Kräften ›haushält‹ und so länger ›ausdauert‹, zu machen? Die Frage ist müßig, geht es dem Text doch nur vordergründig um die sterbende Frau – Heine hat sie in der Endfassung »Maria« und nicht, wie ursprünglich beabsichtigt, ›Mathilde‹ genannt. Der wahre Held oder Patient, je nach Perspektive eben, ist »Maximilian« – ein überschriebener ›Enriko‹ oder ›Henriko‹.[2]

Für den heineschen Paradigmenwechsel mag man unterschiedliche Gründe beibringen. Sicherlich hat die seit Anfang 1835 immer gefräßiger werdende Zensur Heines Feder die Spitze stumpf gebissen.[3] Zudem trug der schleppende Absatz der »Französischen Zustände« (1833), von »Salon I« (1834) und »Salon II« (1835) zum verlegerischen Missmut Campes bei, der dankbar Heines nunmehr ›welterfreulichen‹ Vorschlag zu einem neuen literarischen Projekt, einem »Buch amüsanten Inhalts«, an dem »kein Censor in der ganzen Welt […] etwas […] auszusetzen haben« werde (HSA XXI, 115), aufgriff. Heines Text jedoch nur als Reflex auf die äußeren Bedingungen der Zensur reduzieren zu wollen, greift zu kurz. Außer Acht bleibt dabei wohl das mögliche Bedürfnis eines Autors nach Kreativität auf alternativem Schreibterrain. Manfred Windfuhr hat die Entweder-Oder-Logik der Zuordnungsversuche pointiert zusammengefasst: »Wir haben es mit der vieldiskutierten Frage zu tun, ob wir den wahren Heine auf den Autor beschränken sollen, der jeden Tag schon zum Frühstück einen Konservativen verspeist, oder ob wir ihm einen Freiraum als Komödiant, Artist und geistreicher Entertainer zubilligen wollen.«[4]

Also doch: Zugeständnis an den Geschmack eines Lesepublikums, der Nekrophilie mit amüsanten erotischen Einsprengseln frivol zu goutieren vermag? Die Lesbarkeit des Textes erschöpft sich meines Erachtens nicht in vordergründigem Amüsement und Lustschrecken am Schauerlichen, vielmehr scheint mir die Lust vertrieben und die Nischen des Textes angereichert mit Schrecken, ja Todesangst. Tod und Sexualität flottieren im Text auf höchst ambivalente Weise: Was erotisch anziehend wirkt, ist der Tod, nicht das Leben. Bleiche Menschen, totenblasse Gesichter, ›Todtenkinder‹, kalte Statuen, Mädchenleichen entwickeln eine Dynamik des Nekrophilen, die in textueller Aufdringlichkeit den Tod herbeizitiert und gleichzeitig zu sexualisieren trachtet. Das höchst ambivalente Amalgam aus Weiblichkeit, Tod und Ästhetik formiert sich zu einem Merkzeichen, das der Text in schier unendlicher Bewegung permanent vor sich herwälzt.

Heines Poetik des Unkontrollierten, Unbändigen und Unheimlichen wird so durch die von der Todesattraktion motivierte Konzeption der ›Novelle‹ in ›Form‹ gepresst: Zwei Nächte, vier morbid-erotische Geschichten, erzählt in der ersten Nacht, und vier todgeweihte Menschen in der Erzählung der zweiten Nacht[5] bilden das erzählerische Präludium für einen fünften, erwarteten Tod, – jenen Marias: Maximilian wird vom Arzt, der immer »pressirt« ist und »hastig«, ja fluchtartig, das Krankenzimmer zu verlassen scheint, als Erzähler installiert:

> Signora Maria hat den ganzen Tag nicht geschlafen, und nur in diesem Augenblick ist sie ein wenig eingeschlummert. Ich brauche Ihnen nicht zu empfehlen, sie durch kein Geräusch zu wecken; und wenn sie erwacht darf sie bey Leibe nicht reden. Sie muß ruhig liegen, darf sich nicht rühren, nicht im mindesten regen, darf nicht reden, und nur geistige Bewegung ist ihr *heilsam*. Bitte, erzählen Sie ihr wieder allerley närrische Geschichten, so daß sie ruhig zuhören muß. (DHA V, 199; meine Hervorhebung)

Das Therapeutikum des Erzählens soll also die Sterbenskranke beruhigen, sie von jeder körperlichen Aktivität abhalten und ihrem Geiste heilsam sein. Doch das altruistische Erzählen der »närrischen Geschichten« ›um einer andren willen‹ ist nur Vorwand, die eigene Bedürftigkeit des Erzählers zu kaschieren. Wer sich da »schon ganz zum Schwätzer ausgebildet« hat und die Sterbenskranke »nicht zu Worte kommen« (ebd.) lassen will, ist selbst einer, der des narrativen Trostes bedarf und ums Überleben kämpft. Der Tod, so heftig und neugierig beäugt er auch sein mag, verliert doch seinen Schrecken nicht. Was der Text psychologisch seinem Ich-Erzähler nicht zutraut, nämlich die bewusste Anerkennung der Angst vor dem Tod, verschiebt er auf sein eigenes Inventar, eine kleine Lampe: »Diese warf, dann und wann, halb *furchtsame*, halb *neugierige* Lichter über das Antlitz der kranken Frau

[…].« (ebd.; meine Hervorhebung) Die Sterbende als Studienobjekt der distanzierten Beäugung (»verschränkte Arme«!) – »Schweigend, mit verschränkten Armen, stand Maximilian einige Zeit vor der Schlafenden und betrachtete die schönen Glieder, die das leichte Gewand mehr offenbarte als verhüllte« (ebd.) – wird durch den ästhetisch fermentierten Blick des Betrachters auf Distanz gehalten. Die ›Offenbarung‹ als semantischer Gegensatz zur ›Verhüllung‹ akzentuiert die Sexualität der Sterbenden auf merkwürdig sterile Weise. Das »weiße[] Musselin«-Gewand und das »blasse Antlitz« (ebd.) Marias scheinen geradezu das blutleere Phantasma der Fin de Siècle-Kindfrauen vorwegzunehmen.[6] Auch hier, im heineschen Textgelände, schafft sich – vereinfacht ausgedrückt – der ›wirkliche‹ Mann die symbolische Frau als Projektionsfläche seiner Wünsche, Begierden und Ängste. Maximilians Blick, der auf die Schlafende gerichtet ist, zeugt von einer Ökonomie, die visuelle (Schau)Lust narrativ ins Bild setzt und gleichzeitig – »im Zuge eines fetischisierendes Kultes« um den Körper der Frau – ihn zur Ikone verklärt, »so daß sie als Inbegriff des Beschwichtigenden statt des Gefährlichen wahrgenommen werden kann«[7]. Und als Ikone, als Marmorstatue nämlich, ruft der Text sie auch weiterhin auf. Die ästhetisch stillgelegte Lebende evoziert in Maximilians Gedächtnis die Erinnerung an ein belebtes Totes: »Um Gott! sprach er leise vor sich hin, was ist das? Welche Erinnerung wird in mir wach? Ja, jetzt weiß ichs. Dieses weiße Bild auf dem grünen Grunde, ja, jetzt …« (DHA V, 199).

Genau in diesem Augenblick erwacht Maria und will wissen, woran Maximilian denkt. Der Text siedelt sie auch akustisch an der Grenze zwischen Leben und Tod an: Sie spricht »mit jener schauerlich weichen Stimme, wie sie bey Lungenkranken gefunden wird, und worin wir zugleich das Lallen eines Kindes, das Zwitschern eines Vogels und das Geröchel eines Sterbenden zu vernehmen glauben […] und erhob sich so hastig in die Höhe, daß die langen Locken, wie aufgeschreckte Goldschlangen, ihr Haupt umzingelten.« (ebd., 200) Selbst in der hastigen und fahrigen Bewegung nimmt der Text ihr noch den Funken sich artikulierender Vitalität, indem er in den »aufgeschreckte[n] Goldschlangen« den Mythos der Gorgo Medusa anzitiert. Bezeichnenderweise wird Maximilian den versteinernden Blick der Schlangenbehaarten auf die erzählte Welt in seinen Geschichten zurücklenken: Unbelebtes, vorwiegend aus Stein Gemeißeltes und zu Kunstwerken Erstarrtes, säumt den Weg seiner erotischen Biographie. Die diskursive Strategie des Ich-Erzählers fungiert so als Schutzschild, die Gefahr, die der Tod für jegliches Gefühl der Stabilität darstellt, abzuwehren und im *Anderen*, im Speziellen: *der* Anderen, zu narkotisieren, ihr gleichsam das ›Tödliche‹ im ästhetischen Akt wieder ›zurückzuerstatten‹. Eigentlich müsste ja die Sterbende aus ihrem Leben erzählen, sie müsste sprechen, solange es ihr noch möglich ist, damit ihre Erlebnisse in der Erzählung ewig überleben werden. Jene ›letzten‹ Erzählungen sind es, die der Tod üblicherweise autorisiert. Maria jedoch soll nicht sprechen, ihre Subjektivität und Sterbeerfahrung tilgt der Text auf drastische Weise. Einwürfe und Fragen der Sterbenden dienen lediglich dem Erzähler als Katalysatoren, den narrativen Triumph über die Sterblichkeit symbolisch voranzutreiben, während Maria am Symbolischen der Sprache keinen Anteil haben darf: Als *Ikone* schreibt sie mit ihrem Körper einen ›schönen Tod‹ und evoziert in Maximilians Erinnerung ein Erlebnis aus seinem zwölften Lebensjahr. Sein »Um Gott!« (ebd.), mit dem er die hastig in die Höhe Schreckende wieder aufs Sofa zurückdrängt, scheint nur vordergründig die Sorge um die sich verausgabende Sterbende zu artikulieren, bezieht es sich doch auf den eigenen, aus der Kindheitserinnerung heraufdämmernden Schrecken. Das freudsche Gedächtnismodell vorwegnehmend, leitet er die Erzählsequenz der ersten Nacht ein, indem er Unbewusstes erzählend-assoziativ zugänglich machen möchte: »[...] ich will Ihnen alles sagen, alles was ich denke, was ich empfinde, ja was ich nicht einmal selber weiß!« (ebd.) Erzählerisch hinabtauchend in ein »kummervolles Bild der Vergänglichkeit« (DHA V, 201), das der Text in der konkreten Heruntergekommenheit des mütterlichen »Schlosses« vergegenständlicht, konfiguriert sich die Kindheitsreminiszenz um die Unversehrtheit einer Statue:

> Nur eine Statue war, Gott weiß wie, von der Boßheit der Menschen und der Zeit verschont geblieben; von ihrem Postamente freylich hatte man sie herabgestürzt ins hohe Gras, aber da lag sie unverstümmelt, die marmorne Göttinn, mit den rein-schönen Gesichtszügen und mit dem straffgetheilten, edlen Busen, der, wie eine griechische Offenbarung, aus dem hohen Grase hervorglänzte. Ich erschrak fast als ich sie sah; dieses Bild flößte mir eine sonderbar schwüle Scheu ein, und eine geheime Blödigkeit ließ mich nicht lange bey seinem holden Anblick verweilen. (ebd.)

Die Annäherung an die Statue findet jedoch in der folgenden Nacht ihre Fortsetzung, nachdem (oder da?) die durch ihr eigenes Leid emotional nicht zur Verfügung stehende Mutter den zwölfjährigen Buben wegschickt: »›Laß mich allein!‹ Und die Thränen schossen ihr noch heftiger aus den Augen«:

> Leise, damit die Mutter meine Tritte nicht höre, verließ ich das Haus [...]. Im grünen Grase lag die schöne Göttinn [...] regungslos, aber kein steinerner Tod, sondern nur ein stiller Schlaf schien ihre lieblichen Glieder gefesselt zu halten, und als ich ihr nahete, fürchtete ich schier, daß ich sie durch das gringste Geräusch aus ihrem Schlummer erwecken könnte. Ich hielt den Athem zurück als ich mich über sie hinbeugte, um die schönen Gesichtszüge zu betrachten; eine schauerliche Beängstigung stieß mich von ihr ab, eine knabenhafte Lüsternheit zog mich wieder zu ihr hin, mein Herz pochte, als wollte ich eine Mordthat begehen, und endlich küßte ich die schöne Göttinn mit einer Inbrunst, mit einer Zärtlichkeit, mit einer Verzweiflung, wie ich nie mehr geküßt habe in diesem Leben. Auch nie habe ich diese *grauenhaft süße Empfindung* vergessen können, die meine Seele durchflutete, als die beseligende Kälte jener Marmorlippen meinen Mund berührte ... (202 f.; meine Hervorhebung).

Die Kindheitsszene bildet das ambivalente Substrat aller zukünftigen Liebeskonstellationen Maximilians. Tiefenpsychologisch gesprochen, repräsentieren die Marmorstatuen, Bilder und Porträts immer schon ein Verlorenes, die Abwesenheit eines Referenzobjekts. Elisabeth Bronfen hat in ihrer Studie über »Tod, Weiblichkeit und Ästhetik« Freuds Beobachtung des »Fort-da«-Spiels[8] seines eineinhalbjährigen Enkels mit der Todeserfahrung des Überlebenden gleichgesetzt: »Das Kinderspiel inszeniert freiwillig, was die Todeserfahrung dem Überlebenden gewaltsam auferlegt.«[9] Da nun die erste wichtige Erfahrung des Kindes mit dem Weggehen und Wiederkommen der Bezugsperson, der Abwesenheit und ihrer Symbolisierung im »Fort-da«-Spiel, mit dem mütterlichen Körper zusammenhängt, ist auch die Beziehung zwischen Tod und seiner Substitution in der Kunstproduktion kulturell mit der weiblichen Position verbunden: »Das verlorene Objekt, sei es der mütterliche Körper oder dessen Wiederholung in den Objekten erwachsenen Begehrens, wird imaginativ, als geistiges Bild oder Porträt auf der Leinwand, wieder präsent gemacht.«[10] Die Marmorstatue aus Maximilians Kindheitserinnerung setzt libidinöse Energien frei, die auf ambivalente Weise – als »grauenhaft süße Empfindung« – zwischen der Evokation von Sexualität und ihrer Bändigung in oxymoraler Unentschiedenheit verweilen. Bezeichnenderweise ist diesem unauslöschlichen Auftakt in Maximilians Liebesbiographie ein gestrichenes Maß an Schrecken eingeschrieben. »[K]nabenhafte Lüsternheit« und »schauerliche Beängstigung« lassen den Blick des Zwölfjährigen – »[ich] hielt den Athem an als ich mich hinbeugte, um die schönen Gesichtszüge zu betrachten« – zwischen Erfüllung und Askese oszillieren. Ästhetisch entspannte ›Schönheit‹ avanciert textuell zur Beschwörungsformel und Chiffre für ›Unversehrtheit‹, ›Ganzheit‹ und ›Uneinholbarkeit‹ durch den Verwesungsprozess des Todes; gleichzeitig entpuppt sie sich jedoch als Signatur des Todes, indem sie an die narzisstische Verletzung, die das Sterblichsein dem Menschen zufügt, erinnert, eine Verletzung, die sie ja heilen und durch die illusorische Wiederherstellung des Beschädigten und Verlorengegangenen im Kunstwerk ersetzen sollte.

Die Schönheit der sterbenden Frauen ist notorisch und berüchtigt. Im 18. und 19. Jahrhundert scheint der Fundus kultureller Symbole, die Weiblichkeit und Tod auf so bizarre und populäre Weise miteinander verzahnen, schier unerschöpflich. Edgar Allan Poe lässt sich 1846 sogar zu der Behauptung hinreißen, dass der Tod einer schönen Frau zweifellos das »poetischste Thema der Welt« sei.[11] Nimmt man diesen auf den ersten Blick anrüchigen Satz als die Tiefenstruktur einer kulturellen Poetik ernst, wie dies Elisabeth Bronfen in ihrer basalen Studie über »Tod, Weiblichkeit und Ästhetik« tut[12], so entpuppt sich die Paradoxie des ästhetischen Superlativs, der Weiblichkeit, Tod und ›schöne Bildproduktion‹ so unumwunden gleichsetzt, als phantasmatischer Schutzschild gegen den realen Tod:

Die Schönheit der Frau und die Schönheit des Bildes vermitteln beide die Illusion von Intaktheit und Einheit; sie verdecken unerträgliche Zeichen des Mangels, der Defizienz und Vergänglichkeit, und verheißen dem Betrachter das Unmögliche – eine Tilgung der allgegenwärtigen ›kastrativen‹ Bedrohung des Subjekts durch den Tod.[13]

So gesehen, ist jede Form von Kunst Trauerarbeit, – im Herstellen von ›Schönheit‹ betrauert sie Verlust und Vergänglichkeit. Doch warum ist der Trauernde, jener, der den Verlust ästhetisch verschleiert und damit gleichzeitig in Szene setzt, männlichen Geschlechts? Warum ist Maximilian wie so viele andere seines Geschlechts derjenige, der den Part des Beobachters, ja eines Voyeurs des Todes, und damit jenen des Überlebenden innehat? Warum erscheint gerade die Leiche einer schönen Frau so paradox begehrenswert? Schönheit, Tod und Weiblichkeit scheinen in der Symbolproduktion unserer Kultur keine Antithese zu bilden, sondern reziprok aufeinander bezogen. Freud weist in seiner Abhandlung »Das Motiv der Kästchenwahl« auf die »uralte Identität« von Liebes- und Todesgöttin im Mythos hin. Der Mann, der zwischen drei Schwestern die Wahl hat, wählt, da sich das Seelenleben dagegen aufbäumt, nicht den Tod, sondern die »schönste, beste, begehrenswerteste, liebenswerteste der Frauen«:

> Es hat hier wiederum eine Wunschverkehrung stattgefunden. Wahl steht an der Stelle von Notwendigkeit, von Verhängnis. So überwindet der Mensch den Tod, den er in seinem Denken anerkannt hat. Es ist kein stärkerer Triumph der Wunscherfüllung denkbar. Man wählt dort, wo man in Wirklichkeit dem Zwange gehorcht, und die man wählt, ist nicht die Schreckliche, sondern die Schönste und Begehrenswerteste.[14]

Dieser »Triumph der Wunscherfüllung« ist, tiefenanalytisch gesprochen, das Resultat einer doppelten Ersetzung: jener des Todes durch die Liebe und jener des schicksalhaften Verhängnisses durch die Wahl. –

> Das doppeldeutige Spiel der Phantasie, das eine Ersetzung des Todes durch Liebe erlaubt, kreist um eine Darstellung, die ein Sinnbild des Todes hinter jenem der Liebe vermuten läßt, sowie um ein Begehren, das den Tod zu verkennen erlaubt, denn sichtbar abgebildet wird nicht der Tod, sondern seine Doppelgestalt, die Liebe. Vergnügen an weiblicher Schönheit wurzelt in der unheimlichen Simultaneität, mit der sie gleichzeitig als Schleier des Todes erkannt und verkannt wird.[15]

Die »Florentinischen Nächte« zelebrieren auf exzessive Weise die Doppelgestalt von Liebe und Tod. Die erotische Initiationsszene in Maximilians Kindheitserinnerung experimentiert psychologisch noch mit der Aufrechterhaltung eines Zwischenzustands zwischen Leben und Tod im Schlaf: »Im grünen Gras lag die schöne Göttinn [...] regungslos, aber *kein* steinerner *Tod*, sondern *nur ein* stiller *Schlaf* schien ihre lieblichen Glieder gefesselt zu halten«. Doch kann auch die rhetorisch so auffällige Bekräftigung des Schlummers das Moment des Unheimlichen nicht vergessen machen.[16] Das Unheimliche, so Freud, äußere sich in der »Belebung des Leblosen«[17] und dort, wo »die Grenze zwischen Phantasie und Wirklichkeit verwischt wird, wenn etwas real vor uns hintritt, was wir bisher für phantastisch gehalten haben, wenn ein Symbol die volle Leistung und Bedeutung des Symbolisierten übernimmt«[18]. Die Kussszene im Schlossgarten der Mutter bekommt so eine unheimliche Qualität, die im Oxymoron der »*beseligende[n]* Kälte« (meine Hervorhebung) der Marmorlippen die Grenze zwischen Belebtem und Unbelebtem verwischt.

Die letzte Figur des Übergangs an der Grenze zwischen Leben und Tod wird die sterbende Maria sein. Als aktuelle Version der Marmorstatue hält die narrative Strategie des Textes sie im Spiel von Substitution und Wiederholung präsent:

> »Und sehen Sie, Maria, als ich eben vor Ihnen stand und ich Sie, in Ihrem weißen Musselinkleide auf dem grünen Sopha liegen sah, da mahnte mich Ihr Anblick an das weiße Marmorbild im grünen Grase. Hätten Sie länger geschlafen, meine Lippen würden nicht widerstanden haben …« (DHA V, 203)

Maximilians Satz klingt im Schweigen der Aposiopese[19] aus. Die Geste des Zögerns entspricht der Ambivalenz von Ent- und Begrenzung der Sinnlichkeit im Bannkreis des Todes. Doch warum zögert Maximilian? Warum produziert der Text diese »subtile Mehrdeutigkeit der Semantik«?[20] Ist es die Furcht vor Ansteckung oder die Rücksichtnahme auf die sterbend Lungenkranke, die Maximilian davon abhält, sein Begehren in die Tat umzusetzen? Oder handelt es sich da um eine ganz andere sexuelle und existentielle Ökonomie, die dem Begehren *Aufschub* gebietet? Wie Medusa als die Schönste der drei Schwestern zur Schrecklichsten geworden ist, so verwandelt sich im Chiasmus der textuellen Tiefenstruktur die sterbende Maria erst durch den Tod in die Schönste und Begehrenswerteste, da das Schrecklichste von Maximilian um der psychischen Erträglichkeit willen in das Schönste umdefiniert wird.[21] Genauso wie der Prinz im Märchen sich erst unsterblich in Schneewittchen verliebt, als es – *augenscheinlich* sterblich geworden – im gläsernen Sarg liegt, vermag Maximilian nur im nekrophilen Reich der libidinös besetzten Leichname, Statuen und Bildnisse sein Begehren zu artikulieren und phantasmatisch zu stillen. Bezeichnenderweise weiß der Text nichts von sinnlicher Liebe zu berichten; der Sexualakt mit den Lebenden kommt nie zustande, und wenn, dann einzig mit Laurence, deren Status der eines »Todtenkindes« ist. Die »lebendigen Weiber« (DHA V, 204) quälen Maximilian:

> Auf wie vielen Bällen mußte ich mit ihnen herumtraben, in wie viele Klatschereyen mußte ich mich mischen! Welche rastlose Eitelkeit, welche Freude an der Lüge, welche küssende Verrätherey, welche giftige Blumen! Jene Damen mußten mir alle Lust und Liebe verleiden und ich

wurde auf einige Zeit ein Weiberfeind, der das ganze Geschlecht verdammte. Es erging mir fast wie dem französischen Offiziere, der im russischen Feldzuge sich nur mit Mühe aus den Eisgruben der Beresina gerettet hatte, aber seitdem gegen alles Gefrorene eine solche Antipathie bekommen, daß er jetzt sogar die süßesten und angenehmsten Eissorten von Tortoni mit Abscheu von sich wieß. Ja, die Erinnerung an die Beresina der Liebe, die ich damals passirte, verleidete mir einige Zeit sogar die köstlichsten Damen, Frauen wie Engel, Mädchen wie Vanillensorbet. (ebd., 206)

Was hier als leichtfüßige Unterhaltung präsentiert wird, vermag auch durch den Ton der Ironie nicht vollständig entschärft werden. Die Überblendung von quälendem, amourösem Weibergehabe und der verlustreichen Niederlage Napoleons im Russlandfeldzug von 1812 verhandelt existentielle Ängste und zeugt von der Schwierigkeit des ›Helden‹, sich im Register seiner Sexualität wiederzufinden. Immer, so scheint es, bleibt er in sicherer Entfernung von Zeugung und offenem, sexuellem Genuss: »Heines Maximilian und Maria warten am Rand ihres Bettes auf ihren Tod, anstatt ins Bett zu gehen, um in Freude und in Kindern aufzuerstehen.«[22] Nicht Fleisch noch Blut feiert da im Text seine Auferstehung, sondern der Stein, das Bild, der Leichnam werden zu Fetischen, in denen das Verdrängte wiederkehrt und durch die Substitution unvertraut geworden ist. Für Freud setzt sich die »Abscheu vor der Kastration« in der Schaffung eines Ersatzes ein Denkmal: »Man überblickt jetzt, was der Fetisch leistet und wodurch er gehalten wird. Er bleibt das Zeichen des Triumphes über die Kastrationsdrohung und der Schutz gegen sie, er erspart es dem Fetischisten auch, ein Homosexueller zu werden, indem er dem Weib jenen Charakter verleiht, durch den es als Sexualobjekt erträglich wird.«[23]

Die »Erträglichkeit des Weibes« scheint für Maximilian von dessen Leblosigkeit oder Unwirklichkeit abhängig. So verliebt er sich in die »kleine Very«, nachdem diese »schon seit sieben Jahren verstorben«, und erfährt die »glückliche Liebe« nur mit einer Traum-Geliebten, einem »holde[n] Wesen, das mich am meisten auf dieser Welt beglückt hat«:

Sie war so ätherischer Natur, daß sie sich mir nur im Traume offenbaren konnte. [...] diese nächtlichen Erscheinungen haben wahrlich eben so viel Realität, wie jene roheren Gebilde des Tages, die wir mit Händen antasten können und woran wir uns nicht selten beschmutzen. (ebd., 205 f.)

Sinnlicher Berührung von ›Nichtätherischem‹ haftet in Maximilians Libidoökonomie der ›Schmutz‹ an. Schon nach seinem Initiationserlebnis mit der Marmorstatue hatte er sich

noch sorgfältiger als vorher vor jeder Berührung der Außenwelt [gehütet], und wenn irgend jemand auf der Straße etwas nahe an mir vorbey streifte, empfand ich die mißbehaglichste Beklemmung.

Die Angst sitzt tief, mutiert geradezu zur Phobie:

> Ich hegte vor allen Begegnissen eine tiefe Scheu, wie solche vielleicht die nachtwandlenden Geister der Todten empfinden; denn diese, wie man sagt, wenn sie einem lebenden Menschen begegnen, erschrecken sie eben so sehr wie der Lebende erschrickt, wenn er einem Gespenste begegnet. (ebd., 205)

Wie die Subversion des Todes durch das Leben – die »nachtwandlenden Geister« erschrecken vor dem »lebenden Menschen« – das Unheimliche hervorbringt, so pervertiert in der paradoxen Kreuzgestalt des Chiasmus ›Sinnlichkeit‹ das erotische Erlebnis. Maximilian verlobt sich mit seiner ätherischen Geliebten denn auch »heiter und glücklich, offenherzig und traulich, wie Bräutigam und Braut, [die] ja fast *wie Bruder und Schwester* [...] mit einander kosten« (ebd., 207; meine Hervorhebung). Privilegiert in all dem asketischen Liebesrausch wird nicht die Berührung, sondern der Blick: »Manchmal aber sprachen wir gar nicht mehr und sahen uns einander an, Aug in Auge, und in diesem beseligenden Anschauen verharrten wir ganze Ewigkeiten ...« Das erotische Verlangen nach der Geliebten kulminiert im Blick! Nach Freud führt die Schaulust zur Vorbereitung auf den Sexualakt und schließlich zur Einverleibung des Sexualobjektes.[24] In Maximilians Libidoökonomie hingegen balsamiert der Blick das Liebesobjekt für die Ewigkeit ein und befreit den Betrachter so vom Bedürfnis, zum »normalen Sexualziel«[25] fortzuschreiten, – »der zum ausschließlichen Privileg gewordene Blick ersetzt die mit dem Berühren des anderen verbundene sexuelle Aktivität, oder schließt sie aus«.[26] Wenn nun der Akt des Schauens, wie Freud nahe legt, visuelle Besitznahme und Vorlust auf ein zeitlich naheliegendes Ziel bedeutet, so entreißt die Idealisierung durch den konservierenden Blick das Objekt des Begehrens allen temporären Eingebettetseins:

> Wodurch ich erwacht bin, kann ich [...] nicht sagen, aber ich schwelgte noch lange Zeit in dem Nachgefühle dieses Liebeglücks. Ich war lange wie getränkt von unerhörten Wonnen, die schmachtende Tiefe meines Herzens war wie gefüllt mit Seligkeit, eine mir unbekannte Freude schien über alle meine Empfindungen ausgegossen, und ich blieb froh und heiter, obgleich ich die Geliebte in meinen Träumen niemals wiedersah. Aber hatte ich nicht in ihrem Anblick ganze Ewigkeiten genossen? (DHA V, 207)

Dadurch, dass sich der Blick sein Objekt für die »Ewigkeit« zurichtet, es gleichsam zur überdauernden Ikone stilisiert, leugnet er auch gleichzeitig die bedrohliche Erkenntnis, dass die visuell konservierte Geliebte, sei sie Traumgestalt, schöner Leichnam – Maria »wird auch als Leiche noch sehr schön seyn« (ebd., 222) – oder Kunstwerk, nur einem narzisstisch heilsamen Imaginationsprozess entspringt, der alle Vergänglichkeit und Todesversehrtheit im Fetisch besänftigt. Elisabeth Bronfen führt die fetischistische Einstellung der westlichen Kultur zur weiblichen Sexualität und zum Tod mit dem freudschen ›Triumphmodell‹ über die Kastrationsdrohung eng:

> Der Fetisch ermöglicht es seinem Schöpfer/Zuschauer, eine Überzeugung beizubehalten oder wiederzugewinnen, die einer unangenehmen, für sein narzißtisches Gefühl eines heilen und unsterblichen Selbst bedrohlichen Wahrnehmung entgegenwirkt – denn wenn der weibliche Körper »kastriert« werden kann, dann ist, nach dieser Logik, auch sein eigener Penis in Gefahr. Wenn der andere Körper sterben kann, dann steht sein eigenes Überleben auf dem Spiel. Gleichzeitig hilft das Fetisch-Objekt dem Fetischisten, diese unangenehme Wahrnehmung aufzugeben, indem er die Werte des »unzulänglichen« Körpers auf einen anderen Ort überträgt, auf jenes »Andere«, das den Platz des fehlenden Teils (des Penis, der wiederbelebten Leiche) einnimmt – […] der doppelt »kastrierte« Körper einer toten Frau, konserviert als selbstreflexive Verdoppelung, als Auto-Ikone.[27]

So gesehen, stabilisieren all die blutleeren und steinernen Fetisch-Frauen die Position Maximilians sowohl als Mann als auch als Überlebenden. Der Fetisch als Versicherung gegen das superlativistische Moment des Todes/der Kastration hat immer mit dem Blick zu tun, – »genauer, mit dem Wunsch zu leugnen, daß etwas vom Blick abwesend ist«.[28]

> Der für die androzentrische Kultur entscheidende Tropus für Kastrationsdrohung ist die Abwesenheit im Zentrum des weiblichen Genitales, dessen »Nichts« – ähnlich wie die Blindheit, die Angst, das Augenlicht zu verlieren, und die Kastration begrifflich miteinander verwandt sind. Über diese Angst zu triumphieren, ist immer damit verbunden, Dinge für den Blick anwesend zu machen.[29]

»Für den Blick anwesend zu machen« vermag Maximilian sogar Töne. Er geht in die Oper, »mehr um zu sehen als um zu hören« (DHA V, 208) – »Was mich betrifft, so kennen Sie ja mein musikalisches zweites Gesicht, meine Begabniß, bey jedem Tone, den ich erklingen höre, auch die adäquate Klangfigur zu sehen« (ebd., 217). Und im Klange der Musik erfahren auch die weiblichen Opernbesucherinnen, die Italienerinnen, eine Beleuchtung, die ihre Schönheit dermaßen in ›Augenschein‹ nimmt, dass alles Lebendige ihrer Seele gleichsam zur Inschrift auf steinernem Kunstwerk mutiert:

> Aber wie schön sind sie erst diese Italienerinnen, wenn die Musik ihre Gesichter beleuchtet. Ich sage beleuchtet, denn die Wirkung der Musik, die ich, in der Oper, auf den Gesichtern der schönen Frauen bemerke, gleicht ganz jenen Licht- und Schatteneffekten, die uns in Erstaunen setzen, wenn wir Statuen in der Nacht bey Fackelschein betrachten. Diese Marmorbilder offenbaren uns dann, mit erschreckender Wahrheit, ihren innewohnenden Geist und ihre schauerlich stummen Geheimnisse. In derselben Weise giebt sich uns auch das ganze Leben der schönen Italienerinnen kund, wenn wir sie in der Oper sehen; die wechselnden Melodien wecken alsdann in ihrer Seele eine Reihe von Gefühlen, Erinnerungen, Wünschen und Aergernissen,

die sich alle augenblicklich in den Bewegungen ihrer Züge, in ihrem Erröthen, in ihrem Erbleichen, und gar in ihren Augen aussprechen. Wer zu lesen versteht, kann alsdann auf ihren schönen Gesichtern sehr viel süße und interessante Dinge lesen, Geschichten, die so merkwürdig wie die Novellen des Boccaccio, Gefühle die so zart wie die Sonette des Petrarcha, Launen die so abentheuerlich wie die Ottaverime des Ariosto, manchmal auch furchtbare Verräterey und erhabene Boßheit, die so poetisch wie die Hölle des großen Dante. (ebd., 208 f.)

Der Musik gelingt es, vermittelt durch den Töne sehenden Blick, den »stummen Geheimnisse[n]« ›Lesbarkeit‹ abzuringen. Doch trotz der narrativen Modellierung der Gesichter und ihrer poetischen Überformung durch den Vergleich mit Boccaccio[30], Petrarca, Ariost und Dante haftet den lesbar gewordenen Objekten ein Rest an Unheimlichem, Unaufgelöstem an. Wenn auch der Stein (»Statuen«, »Marmorbilder«) und die Schrift (»Geschichten«) die lebende, jedoch biologisch unvermeidlich zum Sterben verurteilte Schönheit konservieren, sie mit dem Merkmal ewigen Überlebens im Reich des Materiellen ausstatten, so handelt es sich dennoch nur um die Tünche, die die Wunschökonomie des Blickträgers aller Sterblichkeit (und Sexualität!) angedeihen lässt. Bestätigt wird in den Visualisierungen Maximilians nicht das Objekt, sondern der Blick. Seine »Begabniß« Töne zu sehen, die Privilegierung des Sehsinns, entpuppt sich als kreative Strategie, das Abwesende, den Verlust, zu beherrschen. Durch den Kunstwerkcharakter erfährt die Frau eine Disziplinierung, die einer Entsexualisierung gleichkommt. Der Fetischismus der Statuen und Marmorbilder scheint auf Kosten der realen weiblichen Genitalität am Leben erhalten zu werden. Unter dem ›ästhetischen‹ bzw. ›hermeneutischen‹ Blick des Künstlers/ Lesers wird in ornamentaler Arretierung ihr zu Stein und Schriftzeichen gewordener Körper ungefährlich; an benachbarter Stelle werden »Braut« und »Bräutigam« im Chiasmus sogar mit der asketischen Leblosigkeit (die allerdings vom »brünstigen Sinne« konterkariert wird!) der »schönen Madonnen« und »lieblichen Altarbilder[]« amalgamiert: »Und nicht fruchtlos ist die Andacht vor jenen schönen Madonnen, den lieblichen Altarbildern, die sich dem Gemüthe des Bräutigams einprägen, während die Braut einen schönen Heiligen im brünstigen Sinn trägt.« (DHA V, 208)

Heines Text scheint den Pygmalion-Mythos, der der Kunst belebende Kraft verleiht, geradezu in sein Gegenteil zu verkehren: Nicht steinerne Materie schlägt in Lebendigkeit um, sondern toter Marmor ersetzt lebendiges Fleisch. König Midas hat hier Pate gestanden und verleiht dem Leben über den Tod hinaus Dauer in der Kunst[31], indem sie alle Vitalität im schönen Schein paralysiert. Bezeichnenderweise trifft die Arretierung des Vitalen nur den Körper, nicht den Geist. Dieser kommt im Stein sehr wohl in seiner Mannigfaltigkeit zur Geltung, wenn auch mit »erschreckender Wahrheit« (ebd., 209); getilgt wird der weibliche Körper und mit ihm die Erfahrung von Sexualität.[32] Auch die »Totenmaske« – »Ich möchte wohl, [...]

von dem Gesichte unserer Freundinn einen solchen Abguß aufbewahren.« (ebd., 222) – soll Marias Gesicht als intaktes Objekt für Maximilians kunstssinnigen, petrifizierenden Blick erhalten. Maria wird, so Maximilian, »auch als Leiche noch sehr schön seyn«. Die Totenmaske erlaubt es dem Betrachter, jeden Hinweis auf eine destabilisierende, potentiell zersetzende und die Vergänglichkeit alles Lebendigen bestätigende Realität abzuwehren. Merkwürdigerweise thematisiert der Text auf inhaltlicher Ebene an keiner Stelle offen Trauer oder Melancholie, sondern markiert eher die distanzierte Position eines ästhetisch involvierten Betrachters. Nicht die Trauer um eine unverwechselbare und *einzig*artige Person schreibt sich der Text vom Leibe, sondern er tilgt beharrlich und konsequent jegliche Individualität und opfert die Subjektivität der sterbenden Frau. Der Arzt der »Florentinischen Nächte« scheint im Gegensatz zu Maximilian den Einbruch des ›Realen‹ in Form des Todes zu akzeptieren, wenn er an Maximilians Akt der Ästhetisierung und Symbolisierung massive Zweifel hegt und auf die durch die Totenmaske veräußerte Subjektivität aufmerksam macht:

> Solche Masken verleiden uns die Erinnerung an unsere Lieben. Wir glauben in diesem Gipse sey noch etwas von ihrem Leben enthalten, und was wir darin aufbewahrt haben, ist doch ganz eigentlich der Tod selbst. (ebd.)

Doch es ist gerade die Entdifferenzierung durch den Tod, die Maximilian privilegiert, um die ›schöne Leiche‹ als Projektionsfläche für die leeren und austauschbaren Zeichen der Schönheit zu nutzen[33], denn die Schönheit der Frau und die Schönheit der Totenmasken, Bilder und Statuen gewährleisten

> die Illusion von Intaktheit und Einheit; sie verdecken unerträgliche Zeichen des Mangels, der Defizienz und Vergänglichkeit, und verheißen dem Betrachter das Unmögliche – eine Tilgung der allgegenwärtigen ›kastrativen‹ Bedrohung des Subjekts durch den Tod.[34]

Die penetrante Serialität der Todesbilder im Text spiegelt sich auch ex negativo in der Charakterisierung Bellinis durch Maximilian wider: Sein

> Gesicht, wie seine ganze Erscheinung, hatte jene physische Frische, jene Fleischblüthe, jene Rosenfarbe, die auf mich einen unangenehmen Eindruck macht, auf mich, der ich vielmehr das Todtenhafte und das Marmorne liebe. (DHA V, 212)

Dem chiastischen Strukturprinzip und der Todesisotopie des Textes entsprechend, stirbt auch der »junge[], rosige[] Bellini«, während ein anderer, der »alte, fahle Paganini«, der »immer wie ein Sterbender aussah« (ebd., 213) und durch einen Zeitungsirrtum schon totgesagt, am Leben bleibt. Sie alle funktionalisiert der Text zu Bedeutungsträgern des Todes. Aus der sicheren Position eines ›Voyeurs des Todes‹

beschreibt Maximilian Paganini am Schnittpunkt zwischen Leben und Tod, Himmel und Hölle: Dessen »lange[s], schwarze[s] Haar« bildet einen »dunklen Rahmen um das blasse, leichenartige Gesicht, worauf Kummer, Genie und Hölle ihre unverwüstlichen Zeichen eingegraben hatten« (ebd., 215). Auf der Bühne schließlich kommt er als »dunkle Gestalt zum Vorschein, die der Unterwelt entstiegen zu seyn schien«. Alles Humane scheint aus seinen Gesichtszügen und seinem Körper gewichen:

> In den eckigen Krümmungen seines Leibes lag eine schauerliche Hölzernheit und zugleich etwas närrisch Thierisches [...]; aber sein Gesicht, das durch die grelle Orchesterbeleuchtung noch leichenartig weißer erschien, hatte alsdann so etwas Flehendes, so etwas blödsinnig Demüthiges, daß ein grauenhaftes Mitleid unsere Lachlust niederdrückte.« (ebd., 216)

Doch Maximilians Visualisierungsgabe entreißt Paganini und sein höllisches Umfeld »[s]chon bey [dessen] ersten Bogenstrich« der Unterwelt und verleiht dem ›Höllen-Geiger‹ Farbe, Menschlichkeit und Jugend:

> Paganinis Aeußeres hatte sich ebenfalls, und zwar aufs allervortheilhafteste, verändert: er trug kurze Beinkleider von lillafarbigem Atlas, eine silbergestickte, weiße Weste, einen Rock von hellblauem Sammet mit goldumsponnenen Knöpfen; und die sorgsam in kleinen Löckchen frisirten Haare umspielten sein Gesicht, das ganz jung und rosig blühete, und von süßer Zärtlichkeit erglänzte, wenn er nach dem hübschen Dämchen hinäugelte, das neben ihm am Notenpult stand, während er die Violine spielte. (ebd., 217)

Frische, Jugend, Zivilisiertheit, erotische Avancen überschreiben temporär alle Todgebundenheit. Doch durch die »entzücktesten Melodieen, die aus Paganinis Violine hervorstralten« gleitet das »Vorgefühl eines heranschleichenden Unglücks« (ebd., 218). Maximilians Assoziationen kreisen um Paganinis dunkle Vergangenheit: Detailreich konfiguriert sich nun die Musik zur Mordszene, in der der Geiger seine Geliebte aus Eifersucht ersticht. Paganini mutiert wieder zur finsteren Gestalt, der der Teufel die Saiten streicht:

> Als Paganini aufs neue zu spielen begann, ward es mir düster vor den Augen. Die Töne verwandelten sich nicht in helle Formen und Farben; die Gestalt des Meisters umhüllte sich vielmehr in finstere Schatten, aus deren Dunkel seine Musik mit den schneidendsten Jammertönen hervorklagte. Nur manchmal, wenn eine kleine Lampe, die über ihm hing, ihr kümmerliches Licht auf ihn warf, erblickte ich sein erbleichtes Antlitz, worauf aber die Jugend noch immer nicht erloschen war. Sonderbar war sein Anzug, gespalten in zwey Farben, wovon die eine gelb und die andre roth. An den Füßen lasteten ihm schwere Ketten. Hinter ihm bewegte sich ein Gesicht, dessen Physionomie auf eine lustige Bocksnatur hindeutete, und lange haarigte Hände, die, wie es schien, dazu gehörten, sah ich zuweilen hülfreich in die Saiten der Violine greifen, worauf Paganini spielte. (ebd., 218 f.)

Maximilians »Phantasmen« (ebd., 222) malen die Szene zur Walpurgisnacht aus und konservieren Paganinis Eifersuchtsmord[35] in der unheimlichen Subversion des Lebens durch Tod und Hölle. Die narrative Logik des Textes verdankt sich einer Totalisierung des Todestriebes, der einzig den Erzählenden und das Gespensterhaft-Unheimliche Imaginierenden aus seinem allumfassenden Wirkungsbereich ausspart. In der rhetorischen Strategie der Emphase und des Exzesses hält sich Maximilian den Tod vom Leib und erschafft sich in der Verdoppelung von Kontrolle (durch die Phantasie der Ermordung der Geliebten) eine stabile Plattform im Leben. Der Erzähler und in seinen Visualisierungen in dunkle Kontinente menschlichen Seelenlebens Ausschwärmende geht dabei durchaus eine phantasmatische Kollusion mit dem eifersüchtigen Liebhaber Paganini ein. Paganini wünscht sich seine Geliebte stabil, dauerhaft und in ihrer Liebe ausschließlich. Doch der weibliche Körper und die damit verbundene Untreue entpuppen sich als Faktoren des Unkontrollierbaren, sodass nur ein ›toter‹ Körper Gewissheit und Stabilität bringen kann. Paganinis Mordtat entspringt dem Bedürfnis, seines Liebesobjektes ›sicher‹ zu sein. Maximilian absolviert diesen Gewaltakt imaginativ-erzählerisch und wiederholt ihn gewissermaßen in der Stilllegung alles Weiblichen im Artifiziellen des Kunstwerks und in der Ästhetisierung des prospektiven Todes seiner (potentiellen?) Geliebten Maria.

Wenn der Erzählende auch alle Positionen des Weiblichen auf die eine oder andere Weise imaginativ und narrativ arretiert, so gibt es doch eine Person, die der Text ohne feste Position codiert – Laurence:

> ein etwa fünfzehnjähriges Mädchen, welches eine kurze, enganliegende Jacke von blaugestreifter Seide, und weite, ebenfalls blaugestreifte Pantalons trug. Es war eine luftiggebaute, anmuthige Gestalt. Das Gesicht griechisch schön. Edel grade Nase, lieblich geschürzte Lippen, träumerisch weich gerundetes Kinn, die Farbe sonnig gelb, die Haare glänzend schwarz um die Schläfen gewunden: so stand sie, schlank und ernsthaft, ja mißlaunig, und schaute auf die vierte Person der Gesellschaft, welche eben ihre Kunststücke produzirte. (ebd., 228)

Laurence ist Mitglied einer vierköpfigen ›Künstlerfamilie‹, bestehend aus einer schwarzgekleideten, die Trommel schlagenden Frau, dem Zwerg Türlütü, einem gelehrten Pudel und eben dem tanzenden Mädchen selbst. Laurence' Tanz nimmt die ganze Aufmerksamkeit Maximilians in Anspruch: Sie

> war keine große Tänzerinn, ihre Fußspitzen waren nicht sehr biegsam, ihre Beine waren nicht geübt zu allen möglichen Verrenkungen, sie verstand nichts von der Tanzkunst wie sie Vestris lehrt, aber sie tanzte wie die Natur den Menschen zu tanzen gebietet: ihr ganzes Wesen war im Einklang mit ihren Pas, nicht bloß ihre Füße, sondern ihr ganzer Leib tanzte, ihr Gesicht tanzte ... sie wurde manchmal blaß, fast todtenblaß, ihre Augen öffneten sich gespenstisch weit, um ihre Lippen zuckten Begier und Schmerz, und ihre schwarzen Haare, die in glatten Ovalen ihre Schläfen umschlossen, bewegten sich wie zwey flatternde Rabenflügel. (ebd. 230f.)

Laurence scheint der verkörperte Tanz zu sein und ihre Attraktivität beruht nicht zuletzt auf der Unbeständigkeit ihrer Erscheinung, deren »anmuthige Gestalt« sich schließlich in ›rabenschwarze Flatterhaftigkeit‹ und ›Totenblässe‹ verwandelt. Der Farbentzug – aus dem sonnigen Gelb wird Schwärze – stellt die Vereinnahmung im Zeichen der Todgebundenheit sicher. Ihr Tanz wird gleichsam zum natürlichen Zeichen, das den Rückzug aus jeglicher semantischen Codiertheit angetreten hat: »Es war ein Tanz, welcher nicht durch äußere Bewegungsformen zu amüsiren strebte, sondern die äußeren Bewegungsformen schienen Worte einer *besonderen Sprache*, die etwas Besonderes sagen wollte.« (ebd., 231; meine Hervorhebung) Maximilian, der »sonst die Signatur aller Erscheinungen so leicht begreift«, kann dieses »getanzte Räthsel« nicht lösen. Die Musik, die ihm sonst zur Visualisierung ihrer Klanggestalt verholfen hat, führt »auf falsche Fährten«, verwirrt und stört. Nur die Ahnung von »etwas grauenhaft Schmerzlichem« steigt in Maximilian auf. – »Ihr Tanz hatte […] etwas trunken Willenloses, etwas finster Unabwendbares, etwas Fatalistisches, sie tanzte dann wie das Schicksal.« (ebd.) Die Choreographie des Tanzes setzt sich dabei aus zwei Gesten zusammen, jener des Lauschens mit zur Erde geneigtem Ohr und jener des Händewaschens:

> Manchmal beugte sich das Mädchen zur Erde, wie mit lauerndem Ohre, als hörte sie eine Stimme, die zu ihr heraufspräche … sie zitterte dann wie Espenlaub, bog rasch nach einer anderen Seite, entlud sich dort ihrer tollsten, ausgelassensten Sprünge, beugte dann wieder das Ohr zur Erde, horchte noch ängstlicher als zuvor, nickte mit dem Kopfe, ward roth, ward blaß, schauderte, blieb eine Weile kerzengrade stehen, wie erstarrt, und machte endlich eine Bewegung wie jemand der sich die Hände wäscht. War es Blut, was sie so sorgfältig lange, so grauenhaft sorgfältig von ihren Händen abwusch? Sie warf dabey seitwärts einen Blick, der so bittend, so flehend, so seelenschmelzend … und dieser Blick fiel zufällig auf mich. (ebd., 232)

Fortan lässt die Erinnerung an diesen Tanz Maximilian keine Ruhe; als die Künstlertruppe die Stadt verlassen hat, verfällt der so Irritierte und Sehnsüchtige in eine veritable Depression, die erst die Pariser Luft der »Juliusrevoluzion« wieder zu kurieren vermag. Und wie um der Stimmung alle räsonierende Leichtigkeit zu nehmen, verlötet Maximilians Erzählung die rauschende Ballnacht der tanzwütigen Pariserinnen – »als wenn in der nächsten Stunde der Tod sie schon abriefe« (ebd., 237) – mit der »Willis«-Sage: Die Willis

> sind nemlich junge Bräute, die vor dem Hochzeitstage gestorben sind, aber die unbefriedigte Tanzlust so gewaltig im Herzen bewahrt haben, daß sie nächtlich aus ihren Gräbern hervorsteigen, sich schaarenweis an den Landstraßen versammeln, und sich dort, während der Mitternachtsstunde, den wildesten Tänzen überlassen. […] [S]ie tanzen immer um so tobsüchtiger und ungestümer, je mehr sie fühlen, daß die vergönnte Tanzstunde zu Ende rinnt, und sie wieder hinabsteigen müssen in die Eiskälte des Grabes. (ebd., 238)

Die wilden Tänze der »Willis«, die dem Grabe entstiegen sind, wiederum deuten auf die erneute Begegnung mit Laurence voraus. Sie ist es, die auf einer »Soirée«, der Isotopie des Textes entsprechend, den, wenn auch verwitterten, Charme einer Marmorstatue ausstrahlt.³⁶ Doch, wie es so ihre Art ist, verschwindet sie in der letalen Dunkelheit des Textes, um erst einige Zeit später wieder unvermutet als tiefschwarz verhüllte Gestalt den »verdrießlich« im Regen stehenden Maximilian – um Mitternacht – mit ihrer Kutsche direkt ins eheliche Schlafzimmer zu entführen. Dort gibt sie auch das Geheimnis ihres Tanzes preis: Sie ist ein »Todtenkind«. Ihre Mutter, die Frau eines gewaltthätigen Grafen, war hochschwanger und scheintot begraben worden. Erst Kirchhofsdiebe, die die reichgeschmückte Leiche bestehlen wollten, hätten die Gräfin lebendig und in Kindsnöten gefunden: »Dieses arme Kind, das begraben gewesen noch ehe es geboren worden, nannte man nun überall: das Todtenkind ...« (DHA V, 246) Das Trauma ihrer Geburt verschafft sich so im Wiederholungszwang des Tanzes Geltung:

> »Ja, wenn ich tanzte, ergriff mich immer eine sonderbare Erinnerung, ich vergaß meiner selbst und kam mir vor als sey ich eine ganz andere Person, und als quälten mich alle Qualen und Geheimnisse dieser Person ... und alsbald ich aufhörte zu tanzen, erlosch wieder alles in meinem Gedächtniß.« (247)³⁷

Laurence, das »Todtenkind«, stilisiert der Text zum Ort einer unheimlichen Referenz: Als Lebensgeschenk der Mutter ist sie zugleich auch eine Gabe des Todes.³⁸ Der mütterliche Körper wird im Text auf konkretistische Weise als Ort des Todes geopfert. Damit hält er beharrlich am Verschwinden der Frau in kulturellen Repräsentationen, sei es im Kunstwerk, in der ›schönen Leiche‹ oder in der Mutter Gottes, fest.

Der Text wiederholt strukturell das Verschwinden und verdoppelt es thematisch. In dem ihm eigenen Wiederholungszwang der Ersetzung verlorener Objekte erhofft Maximilian Heilung seiner narzisstischen Verletzung. Indem er erzählerisch die eigene (reale) Sterblichkeit auf die imaginierte Andere zurück wendet, versucht er die Angst vor dem eigenen Tod zu bannen: »Während das Realitätsprinzip den Narzissmus kränkt, behauptet sich der Narzissmus eben auch durch Wiederholung und versucht den Einschnitt des Realen zu heilen, indem er die dadurch entstandene Kluft durch Bilder, durch Narrationen, durch Objekte ersetzt.«³⁹ Die narzisstische Struktur des Textes lässt Maximilian nicht auf die sterbende Maria blicken, sondern lenkt seinen Blick über ihren realen Körper hinweg ins bizarre Reich ästhetischer Umfriedung alles Letalen. Im Tausch von Kunst und Leben, Totenmaske und Gesicht, soll alle Vergänglichkeit gebannt sein, ihn die imaginative Auslagerung der Sterblichkeit in die Frau gegen den Tod versichern: »Die Frau, als Gegenbild und Differenz zum Mann zu postulieren und sie mit Verlust und Tod in Verbindung zu bringen, heißt, den Mann rhetorisch zur Nicht-Frau, zum fehlenden Verlust oder fehlenden Tod zu machen.«⁴⁰ Maximilians ›Tapferkeit vor dem Tod‹

bezieht ihren ambivalenten Elan aus dem Versuch, den Tod in narrativer Begeisterung in *der* Anderen zu zitieren, ihn erzählerisch auszugestalten, um vielleicht damit die Heldentat des Perseus zu vollbringen, der Gorgo Medusa das Haupt abzuschlagen.

Anmerkungen

1 Vgl. Waltraud Maierhofer: »Die Sprödigkeit des Stoffes.« Heinrich Heine als Erzähler. – In: HJb 31(1992), S. 92–105, hier S. 94 bzw. Christine Mielke: Der Tod und das novellistische Erzählen. Heinrich Heines »Florentinische Nächte«. – In: HJb 41(2002), S. 54–82, hier S. 58.

2 Vgl. dazu Manfred Windfuhr: Florentinische Nächte. Entstehung und Aufnahme. – In: DHA V, 868: »Im Zentrum enthalten [die »Florentinischen Nächte«] Heines erotische Beichte, wie er sie gegenüber Mathilde, seiner Geliebten seit 1834, auch in der Realität am Anfang der Beziehung abgelegt haben dürfte. Dafür spricht, daß das Hauptpaar im ersten Entwurf die Namen *Enriko/Henriko* und *Mathilde* trug. Freilich hat der Autor diese autobiographische Ausgangssituation zunehmend verfremdet, indem er die Namen änderte und Maria nicht wie Mathilde als Inbegriff von Lebenskraft, sondern als Todkranke anlegte.«

3 Zu Zensur und Selbstzensur vgl. Manfred Windfuhr: Rätsel Heine. Autorprofil – Werk – Wirkung. Heidelberg 1997 (= Reihe Siegen 133.), Kapitel: Florentinische Nächte: Zensur und Selbstzensur nach dem Bundestagsbeschluß, S. 303–327.

4 DHA V, 865.

5 Zu den numerischen Symmetrien vgl. Mielke [Anm. 1], S. 61 ff.

6 Vgl. dazu beispielsweise die ›Entkörperung‹ der blutleeren Kindfrau in Richard Beer-Hofmanns Traumtextur »Der Tod Georgs«, die der Text im Weiß des Tapetenmusters ornamental paralysiert: »Im Dämmern stand er ihr gegenüber; am Wiesenhang, zwischen hohen *weißen* Narzissen, die so dicht wuchsen, daß jeder Schritt die schlanken Stiele zu knicken drohte. Hinter ihr stieß der Saum der Wiese an den *lichten* Abendhimmel, und scharf grenzten sich von ihm ab die dichtgedrängten duftenden Blumen und ihre schmächtige *weiße* Gestalt. Lässig stützte sie ihren Arm auf den zu hohen Griff des Schirmes, und wie sie langsam bergab schritt, glitt ihr Umriß vom *lichten* Himmel ab auf den *weißblühenden* Wiesenhang, der steil wie eine Wand hinter ihr emporstieg. Fast *körperlos* schien sie; nur ihr eignes *weißes* Bild, das sich in fremden Linien von den Blüten und Stengelgewirr der narzissenübersäten Tapete hob.« (Richard Beer-Hofmann: Der Tod Georgs. – In: Gesammelte Werke. Frankfurt a. M. 1963, S. 523–624, hier S. 534 [meine Hervorhebung]) bzw. die folgende Stelle aus Hofmannsthals D'Annunzio-Aufsatz von 1893: »Die Frau des Kindesmörders, das Opfer seiner willenlosen Grausamkeiten und endlosen Quälereien, ist eine Figur von so scharf duftendem, quintessenziertem Stimmungsgehalt, daß sie darüber zum Symbol wird. Sie ist nur leidende Anmut, eine graziöse Märtyrerin, reizend und unwirklich wie jene blassen Märtyrerinnen des Gabriel Max, mit einem unbeschreiblichen Ausdruck von *Kindlichkeit* und Hysterie. In einer Bewegung ihrer *weißen blutleeren Hände*, in einem Zucken ihrer *blassen feinen Lippen*, in einem Neigen des blühenden *Weißdornzweiges*, den sie in den schmalen Fingern trägt, liegt eine unendlich traurige und verführerische Beredsamkeit. Wenn sie so daliegt, die fast durchsichtige Stirn und die schmalen Wangen von dunklem *Haar* eingerahmt, und der Polster, auf dem sie schläft, minder *bleich* als ihr Gesicht – diese ganze Technik von *Weiß auf Weiß* erinnert frappant an Gabriel Max –, so berührt sie wie ein *Kunstwerk*, eine *Traumgestalt*.« (Hugo von Hofmannsthal: Gabriele D'Annunzio. (1893). – In: Gesammelte Werke in zehn Einzelbänden. Hrsg. von Bernd

Schoeller in Beratung mit Rudolf Hirsch. Bd. Reden und Aufsätze I. 1891–1913. Frankfurt a. M. 1979. S. 174–184, hier S. 179 [meine Hervorhebung]).

7 Elisabeth Bronfen: Weiblichkeit und Repräsentation – aus der Perspektive der Semiotik, Ästhetik und Psychoanalyse. – In: Hadumod Bußmann und Renate Hof (Hrsg.): Genus. Zur Geschlechterdifferenz in den Kulturwissenschaften. Stuttgart 1995. S. 408–445, hier S. 431.

8 »Das Kind hatte eine Holzspule, die mit einem Bindfaden umwickelt war. […] es warf die am Faden gehaltene Spule mit großem Geschick über den Rand seines verhängten Bettchens, so daß sie darin verschwand, sagte dazu sein *o-o-o-o* und zog dann die Spule am Faden wieder aus dem Bett heraus, begrüßte aber deren Erscheinen jetzt mit einem freudigen »Da«. Das war also das komplette Spiel, Verschwinden und Wiederkommen, wovon man zumeist nur den ersten Akt zu sehen bekam, und dieser wurde für sich allein unermüdlich als Spiel wiederholt, obwohl die größere Lust unzweifelhaft dem zweiten Akt anhing.« – Sigmund Freud: Jenseits des Lustprinzips. – In: Ders.: Studienausgabe. Hrsg. von Alexander Mitscherlich, Angela Richards, James Strachey. Mitherausgeberin des Ergänzungsbandes Ilse Grubrich-Simitis. Bd. III: Psychologie des Unbewußten. Frankfurt a. M. 2000, S. 213–272; hier S. 225.

9 Elisabeth Bronfen: Nur über ihre Leiche. Tod, Weiblichkeit und Ästhetik. Deutsch von Thomas Lindquist. München 1994, S. 39.

10 Ebd., S. 175.

11 Vgl. Edgar Allan Poe: The Philosophy of Composition. Essays and Reviews. New York 1984, S. 19.

12 Vgl. zum Folgenden Bronfen [Anm. 9], S. 89 ff.

13 Ebd., S. 96 f.

14 Sigmund Freud: Das Motiv der Kästchenwahl. – In: Studienausgabe [Anm. 8], Bd. X: Bildende Kunst und Literatur, S. 181–193; hier S. 191.

15 Bronfen [Anm. 9], S. 94 f.

16 Auch wenn Maximilian die Statue nur »im stille[n] Schlaf […] gefesselt« imaginiert, so bringt die narrative Strategie des Textes sie dennoch auf assoziativem Wege mit einer ›kalten‹ Leiche in Verbindung. Christine Mielke macht darauf aufmerksam, dass sich in der Annäherung an die Statue, die Maximilian als »Mordthat« erscheint, das »Wissen um die Verletzung eines Tabus« verbirgt. (Mielke [Anm. 1], S. 74).

17 Sigmund Freud: Das Unheimliche. – In: Studienausgabe [Anm. 8], Bd. IV: Psychologische Schriften, S. 241–274; hier S. 272.

18 Ebd., S. 267.

19 Mielke [Anm. 1], S. 75 zählt insgesamt 62 Leerstellen im Text.

20 Ebd.

21 Vgl. ebd., S. 74.

22 Andras Sandor: Auf der Suche nach der vergehenden Zeit. Heines »Florentinische Nächte« und die Probleme der Avantgarde. – In: HJb 19(1980), S. 101–139; hier S. 101.

23 Sigmund Freud: Fetischismus. – In: Studienausgabe [Anm. 8], Bd. III: Psychologie des Unbewußten, S. 379–388; hier S. 385.

24 Vgl. Sigmund Freud: Drei Abhandlungen zur Sexualtheorie. – In: Studienausgabe [Anm. 8], Bd. V: Sexualleben, S. 37–145; hier S. 66.

25 Ebd.

26 Bronfen [Anm. 9], S. 151 in Bezug auf das zum Blickobjekt des Prinzen gewordene Schneewittchen.

27 Ebd., S. 145.

28 Ebd.
29 Ebd., S. 145 f.
30 Boccaccios »Dekamerone« scheint für die strukturelle Konzeption der »Florentinischen Nächte« Heines Vorbild gewesen zu sein; vgl. auch DHA XI, 154.
31 Vgl. auch Maximilians kunstinspirierten Blick, der sich auf die ›schöne Dame‹ in der ›Bellini-Episode‹ richtet: »Nie kommt mir dieses Gesicht aus dem Gedächtnisse! Es war eins jener Gesichter, die mehr dem Traumreich der Poesie als der rohen Wirklichkeit des Lebens zu gehören scheinen: Conturen die an Da Vinci erinnern, jenes edle Oval mit den naiven Wangengrübchen und dem sentimental spitzzulaufenden Kinn der lombardischen Schule. Die Färbung mehr römisch sanft, matter Perlenglanz, vornehme Blässe, Morbidezza. Kurz es war ein Gesicht, wie es nur auf irgend einem altitalienischem Portraite gefunden wird, das etwa eine von jenen großen Damen vorstellt, worin die italienischen Künstler des sechzehnten Jahrhunderts verliebt waren, wenn sie ihre Meisterwerke schufen« (DHA V, 213).
32 Im Lichte der »Florentinischen Nächte« betrachtet, entbehrt es nicht einer gewissen Ironie, wenn Heine in der »Romantischen Schule« Goethes Werke mit der Statue Pygmalions vergleicht und gegen beide den Vorwurf der ›Unfruchtbarkeit‹ erhebt: »[Goethes Werke] zieren unser theures Vaterland, wie schöne Statuen einen Garten zieren, aber es sind Statuen. Man kann sich darin verlieben, aber sie sind unfruchtbar; die goetheschen Dichtungen bringen nicht die That hervor, wie die Schillerschen. Die That ist das Kind des Wortes, und die goetheschen schönen Worte sind kinderlos. Das ist der Fluch alles dessen, was bloß durch die Kunst entstanden ist. Die Statue, die der Pygmalion verfertigt, war ein schönes Weib, sogar der Meister verliebte sich darin, sie wurde lebendig unter seinen Küssen, aber so viel wir wissen hat sie nie Kinder bekommen.« DHA VIII, 155.
33 Vgl. Bronfen [Anm. 9], S. 96.
34 Ebd., S. 96 f.
35 Sich dem Teufel verschrieben zu haben, bildet den Kern vieler Paganini-Legenden; auch der Mord an seiner Geliebten ist nicht verbürgt, zutreffend ist nur, dass Paganini wegen Verführung einer Sechzehnjährigen vor Gericht stand. Vgl., DHA V, 979.
36 »Es war dasselbe Gesicht, das an Form und sonniger Färbung einer Antique glich; nur war es nicht mehr so marmorrein und marmorglatt wie ehemals. Dem geschärften Blicke waren auf Stirn und Wange einige kleine Brüche, vielleicht Pockennarben, bemerkbar, die hier ganz an jene feinen Witterungsflecken mahnten, wie man sie auf dem Gesichte von Statuen, die einige Zeit dem Regen ausgesetzt standen, zu finden pflegt.« (DHA V, 239).
37 Vgl. dazu Sigrid Weigel: Zum Phantasma der Lesbarkeit. Heines »Florentinische Nächte« als literarische Urszene eines kulturwissenschaftlichen Theorems. – In: Gerhard Neumann, Sigrid Weigel (Hrsg.): Lesbarkeit der Kultur. Literaturwissenschaften zwischen Kulturtechnik und Ethnographie. München 2000, S. 245–257; hier S. 256 f.: »Insofern markiert der unbegriffene Tanz die Lücke in einer traumatischen Gedächtnisstruktur, stellt er eine Symptomsprache dar, in deren Gebärden und Zeichen noch etwas von dem darin eingeschriebenen Entsetzen kenntlich ist, ohne allerdings im Sinne einer Auflösung des Rätsels oder einer zusammenhängenden Geschichte lesbar zu sein. Die Stimme der Toten, die Stimme aus dem Grab wird durch den Tanz nicht verständlicher; er ist nur das sichtbare Zeichen einer unbegriffenen, vergessenen, begrabenen Vorgeschichte.«
38 Vgl. dazu Bronfen [Anm. 9], S. 101: »Die Verbindung zwischen Frau-Tod-Schoß-Grab läuft auf die Ambivalenz hinaus, daß das Lebensgeschenk der Mutter zugleich auch Gabe des Todes ist, daß die Umarmung der Geliebten auch Verlust und Auflösung des Selbst bezeichnet. Der mütterliche Körper und die ihn ersetzenden Liebesobjekte täuschen und enttäuschen auf grundsätzliche

Weise. Sie sind Quelle des Lebens, in Schönheit gekleidet, doch infiziert von den Fermenten des Todes, sind Ort der Verheißung von Einheit und Memento der Wunde, aus der Leben hervorgeht. Die Mutterfigur (Schoß) entspricht nicht nur dem Tod im Sinn einer Rückkehr zur leblosen Stasis (Grab). Vielmehr fungieren Mutter und Geliebte als Allegorien für die Sterblichkeit des Mannes, als feststehendes Bild menschlichen Schicksals.«

[39] Ebd., S. 52.
[40] Ebd., S. 180 f.

›Ende der Kunstperiode‹?
Heinrich Heines »Florentinische Nächte«

Von Barbara Thums, Tübingen

Heinrich Heine, der nicht wie Hegel das Ende der Kunst, aber doch immerhin das Ende der Kunstperiode ausrief, hat sich stets als Dichter einer Schwellenzeit verstanden. Trotz seiner scharfen Attacken gegen die romantische Philosophie und Dichtung nimmt er – wie aus den »Geständnissen« hervorgeht – die literaturgeschichtliche Zuschreibung gerne an, der letzte Dichter der Romantik gewesen zu sein und »zugleich die neue Schule, die moderne deutsche Lyrik«, eröffnet zu haben. (B VI/1, 447)[1] Dennoch, seiner zwiespältigen Sicht auf die Romantik und auf jene Epoche, die er selbst als Kunstperiode bezeichnet hat, tut das keinen Abbruch. Was nämlich diese Epoche der Kunst nach Heine auszeichnet, ist, dass sie ihre ästhetischen Bezugsgrößen aus der Vergangenheit entleiht. Unter den Bedingungen der Moderne, so Heines Diagnose in der »Romantischen Schule«, sei es jedoch verfehlt, nach dem Wiedergewinn jener Einheit und Ganzheit zu streben, die in der Antike noch in ihrer Ursprünglichkeit gegeben war. Versuche man es dennoch, so entstünden entweder unzeitgemäße, da spiritualistisch-weltferne Träumereien wie in der Romantik oder ebenso anachronistisch-weltferne Werke, die zwar – wie die Werke Goethes – vollendet, herrlich und ruhig seien, aber eben auch kalten, leblosen und unfruchtbaren Marmorstatuen glichen.[2] Und zwar nicht zuletzt deshalb, weil ihre Schöpfer der Versuchung erlegen seien, die zweite Welt der Kunst »selbst als das Höchste zu proklamieren und von den Ansprüchen jener ersten wirklichen Welt, welcher doch der Vorrang gebührt, sich abzuwenden« (B III, 393). Für Heine sind diese Ansprüche der ersten wirklichen Welt immer auch Ansprüche des Sinnlichen, des Körperlichen und des Erotischen: Ansprüche also, die bei Heine unter dem Begriff Sensualismus rubriziert werden und die im Verlaufe der Kulturgeschichte, die für Heine eine Siegergeschichte des Christentums bzw. eine Siegergeschichte dessen ist, was er unter dem Begriff Spiritualismus katalogisiert, verdrängt werden mussten.[3] Ausgehend von diesen Vorzeichen, so die im Folgenden zu entwickelnde These, bedeutet das Ende der Kunstperiode auszurufen dann auch, den Ansprüchen dieser ersten wirklichen Welt zu ihrem Recht zu verhelfen, also dem kulturgeschichtlich Verdrängten wieder neue Geltung zu verschaffen. Hierfür greift Heine zum einen auf das volksmythologische Wissen über Gespenster und Elementargeister sowie zum anderen auf den romantischen Mythos Musik zurück, genauer auf die Mythisierung des romantischen Wissens über die von Chladni entdeckten Klangfiguren. Entscheidend für seine transformierende Aneignung beider Wissensmodelle ist, dass Heine sie, auf der Basis dessen, was als das Zitierverfahren einer gespenstischen Echorede bezeichnet werden kann, wechselseitig aufeinander bezieht und so zugleich die romantische Mythisierung des Unsichtbaren umcodiert in ein Zeichenmodell sichtbarer Signaturen: Auf diese Weise werden sowohl individual- wie kulturhistorische Geschichten des Unabgegoltenen und Verdrängten, des Begehrens und des Schmerzes lesbar gemacht. Überdies wird so Heines Zitierverfahren erkennbar als ästhetische Verarbeitungsform von Verdrängtem, das im Hinblick auf die Zukunft vor dem Vergessen geschützt werden muss.[4]

Heine hält sich dabei vornehmlich an den Volksglauben, der ja sehr genau weiß, wer zuständig dafür ist, dem Verdrängten und Unabgegoltenen zu seinem Recht zu verhelfen. Es sind nämlich die Gespenster, deren Spuk eben deshalb entsteht, weil die Verstorbenen als gespenstische Wiedergänger auf eine unabgegoltene Schuld insistieren und hierfür das Verdrängte als Unheimliches und Schreckenerregendes zur Wiederkehr bringen.[5] Ein kursorischer Durchgang durch das Gesamtwerk vermag zu zeigen, in welch unterschiedlichen Kontexten Heine seine Gespensterkunde betreibt.[6]

Heinesche Gespensterkunde

In Heines Texten können Landschaften gespenstisch wirken, sodann ist immer wieder von den Gespenstern des Mittelalters die Rede, deren Anwesenheit in der Gegenwart behauptet und mit dem Romantischen in Verbindung gebracht wird.[7] Insbesondere in den »Reisebildern« wimmelt es von Gespenstern: In der »Harzreise« findet sich ein Gespenst, das, gleichsam in der Nachfolge Kants stehend, mit kalter, schlüssiger Ratio seine eigene Existenz hinwegdisputiert, um dann Punkt Glockenschlag eins mit dem Ende der Geisterstunde zu verschwinden (B II, 126–129). Den kulturellen Eigenheiten entsprechend hat offensichtlich jede Region auch so ihre eigenen Gespenster. In Brixen etwa spukt noch ein »albernes, blödsinniges Gespenst« (ebd., 334), genauer das Gespenst der Jesuiten herum. In Lucca wiederum hat das eigentliche Leben des Volkes offensichtlich im Tagesbewusstsein der Stadt keinen Ort mehr, weshalb hier die Gespenster des Tages weit furchtbarer, da lebloser sind als die Gespenster der Nacht (ebd., 487–492). Auch die Reise nach England ist eine Begegnung mit Gespenstern. Der Londoner Tower erscheint »gespenstisch«, Wellington wie ein »dumme[s] Gespenst« (ebd., 592), und in der »Lutetia« steht im Artikel vom 17. September 1842 zu lesen, dass dem Schreiber die Engländer insgesamt »wie ein öder Spuk« (B V, 417) vorkommen. Frankreich hingegen, so ist in »Die romantische Schule« zu lesen, ist »kein geeigneter Boden für Gespenster« (B III, 463), weil den heiteren und geselligen Franzosen der nötige Ernst zum Spuken fehlt.

Des Weiteren kann sich Gespenstisches satirisch auf die Restauration, auf die Vertreter der Aristokratie, auf den Katholizismus sowie auf die Poesie der Moderne beziehen.[8] Auch die Götter Griechenlands können, wie in dem gleichnamigen Gedicht aus dem »Buch der Lieder« nachzulesen ist, als »ungeheure Gespenster« (B I, 205) erscheinen, weil ihre Existenz in der Moderne verdrängt wird und ihr dionysisches Treiben deshalb zwangsläufig unheimlich wirkt. Vergleichbares gilt für jene der germanisch-nordischen Volksmythologie entstammenden Elementargeister, die in Gestalt von Zwergen, Elfen, Nixen, Schwanenjungfrauen, Walküren und Salamandern so zahlreich durch Heines Texte spuken. Von ihnen aber sagt Heine in seiner Abhandlung »Elementargeister« ausdrücklich, dass sie unsterblich und deshalb keine Gespenster seien: »Diese sind keine Gespenster, denn [...] sie sind nicht tot; sie sind unerschaffene, unsterbliche Wesen, die nach dem Siege Christi, sich zurückziehen mußten [...]« (B III, 691). Zwar habe das Christentum als der kulturelle Sieger der Geschichte versucht, sie »entweder zu vertilgen oder in sich aufzunehmen« (ebd., 672), doch ihre »Spuren« hätten sich »im Volksglauben erhalten«, weshalb sie in der »unterirdische[n] Verborgenheit« weiter »ihre dämonische Wirtschaft treiben« (ebd., 691) würden.

Offensichtlich, so lässt sich diesem ersten Durchgang durch Heines Gespensterkunde entnehmen, gibt es Berührungspunkte zwischen der Unsterblichkeit der Elementargeister, den untoten, exilierten heidnischen Göttern, der Revolution und der Sinnlichkeit einerseits, sowie zwischen den Gespenstern, dem Christentum, der Restauration und der Spiritualität andererseits. Und obwohl zwischen den unsterblichen Geistern und den sterblichen Gespenstern unterschieden werden soll, können offensichtlich auch Untote als Leidtragende eines kulturgeschichtlichen Verdrängungsprozesses zu Gespenstern werden, die sich nun als Revenants ihr uneingelöstes Recht verschaffen wollen. Im Unterschied zur Gespensterdiskussion des 18. Jahrhunderts, in deren Zentrum die Kritik am Aberglauben stand, ist Heines Perspektive auf das Gespenstische also eine zugleich geschichts- und kulturtheoretisch begründete[9], in der die Dimension der Zeit eine zentrale Rolle spielt.[10] Um das Verhältnis von Heinrich Heines Ästhetik zur Kunstperiode und ihren gedächtnistheoretischen Anspruch genauer bestimmen zu können, wird im Folgenden gezeigt, wie diese Perspektive auf das Gespenstische in den »Florentinischen Nächten« thematisch und poetologisch verknüpft ist mit dem mythisierten romantischen Wissen über die Chladnischen Klangfiguren.

Heines »Florentinische Nächte«

Die »Florentinischen Nächte«, veröffentlicht 1837 im dritten Teil der Sammlung »Der Salon«[11], stehen in der Tradition novellistischen Erzählens.[12] Angezeigt ist dies zunächst rein formal durch eine Rahmenhandlung, in die wiederum mehrere novellistische Binnenerzählungen eingelassen sind, sodann durch die Ausgangssituation der Rahmenhandlung als Erzählen über und gegen den Tod. In den »Florentinischen Nächten« ist es der Erzähler Maximilian, der die ärztliche Anweisung erhält, seiner todkranken Freundin Maria »närrische Geschichten« zu erzählen. Nur »geistige Bewegung« sei »ihr heilsam«, ansonsten dürfe sie sich »nicht im mindesten bewegen« und »beileibe nicht reden« (B I, 558). Redeverbot und Redegebot bedingen sich von Beginn an und stehen in mehrfacher Hinsicht im Zeichen des Todes, genauer – wie nicht nur die erotische Spannung in Maximilians und Marias Umgang und Gesprächen signalisiert – im Zeichen der Verknüpfung von Tod und Sexualität.[13] Und vom Tod handeln dann auch immer wieder die närrischen Geschichten aus Maximilians Leben, die er in der Abfolge von zwei Nächten erzählt: In der ersten Nacht erzählt er ein Kindheitserlebnis mit einer umgestürzten Statue, das sich als Kontrafaktur von Eichendorffs »Marmorbild« zu erkennen gibt.[14] Er erzählt von seinen Begegnungen mit dem Opernkomponisten Bellini und dem Geigenvirtuosen Paganini sowie von mehreren Jugendlieben, die alle entweder tot oder – wenn schon lebend – dann aber doch nur Traumgebilde sind. Besonders ungewöhnlich erscheint dabei seine Liebe zur kleinen Very, die sich erst sieben Jahre nach ihrem Tod entwickelt. Über diesen pygmaliontischen Geschichten von Marmorstatuen, toten oder scheinlebenden Geliebten schläft Maria ein, wobei eigens betont wird, dass dieser Schlaf ihrem Antlitz bereits den Charakter des Todes verleiht und sie so schon als Lebende zum Bild einer schönen weiblichen Leiche geworden ist. Die Erzählungen der zweiten Nacht sind dann ganz auf die merkwürdigen Erlebnisse mit einer jungen Tänzerin konzentriert, die Maximilian in London kennen lernt und nach langer Suche später in Paris wieder findet. Nachdem er die Erzählung von ihrer Liebesbegegnung und ihrer Abreise nach Italien beendet hat, schlüpft er schnell aus dem Zimmer der Kranken. Mit dem Verschwinden des Erzählers endet der Text, und dies, ohne abschließend Auskunft über den Erfolg des Erzählprojekts, also den Aufschub von Marias Tod, zu geben.

In mehrfacher Hinsicht wird diese Erzählanordnung der »Florentinischen Nächte« mit Gespenstischem und Gespenstern belebt, um nicht zu sagen, sie ist grundlegend gespenstisch strukturiert. Gehört der Vorgang der Verdrängung in der Rahmengeschichte – etwa der tödlichen Bedrohung von Pest, Krankheit oder

Revolution –, zur Gattungsgeschichte der Novelle, die durch geselliges Erzählen kompensiert werden soll und doch niemals ganz zu kompensieren ist[15], so kann man sagen, dass bereits die novellistische Erzählanordnung selbst eine Affinität zum Gespenstischen hat.

Im Gespenstischen als Wiederkehr des Verdrängten wird dann jedoch auch – so die weitere Schlussfolgerung – die Grenze zwischen Rahmen- und Binnenerzählungen durchlässig. Geht man von dieser Konstellation aus, so stellt sich die Frage, was in der Rahmengeschichte verdrängt wird, was sich in den einzelnen Binnenerzählungen als gespenstisch-unheimliche Wiederkehr des Verdrängten zu erkennen gibt und worin die Grenzüberschreitungen zwischen Rahmen- und Binnengeschichten liegen.[16]

Dreh- und Angelpunkt all dieser Grenzüberschreitungen ist das bereits erwähnte Kindheitserlebnis Maximilians: Im Garten des mütterlichen Elternhauses stößt er auf eine umgestürzte Marmorstatue, deren Schönheit in ihm ein erstes, gleichwohl sein weiteres Leben bestimmendes erotisches Begehren erweckt. Mit ihren »reinschönen Gesichtszügen« und mit ihrem »straffgeteilten, edlen Busen« glänzte sie wie eine »griechische Offenbarung, aus dem hohen Grase hervor« (B I, 560). Von einer noch nie gefühlten Ungeduld getrieben, steigt der Zwölfjährige nachts bei Mondschein nochmals in den Garten hinab und drückt der mit allen Attributen der heidnischen Venus ausgestatteten Marmorstatue einen inbrünstigen Kuss auf die steinernen Lippen. Diese Begegnung ist nicht nur sein erstes Liebeserlebnis, welches ihn in eine »wunderbare Leidenschaft für marmorne Statuen« (ebd., 562 f.) und Tote initiiert, sondern auch die erste Geschichte, die er Maria nach ihrem Erwachen erzählt. Er erzählt sie, weil sie ihn fragt, warum er so nachdenklich dreinblicke. Er tut dies, weil er bei dämmrig-flackerndem Lampenlicht die schönen Gesichtszüge der in weißes Musselin gekleideten schlafenden Kranken auf dem grünseidnen Sofa beobachtet hatte und dieses »weiße Bild auf dem grünen Grunde« (ebd., 558) in ihm eben jene Begegnung mit der Marmorstatue wiederbelebt hatte.[17] Die Art und Weise, wie er Maria davon erzählt, lässt keinen Zweifel daran, dass sich das Bild der Venus und das Bild Marias ununterscheidbar überlagern. Die mit christlichem Namen belegte Maria der Gegenwart ist die heidnische Venus der Vergangenheit.

> Im grünen Grase lag die schöne Göttin ebenfalls regungslos, aber kein steinerner Tod, sondern nur ein stiller Schlaf schien ihre lieblichen Glieder gefesselt zu halten, [...]. Ich hielt den Atem zurück, als ich mich über sie hinbeugte, um die schönen Gesichtszüge zu betrachten; eine schauerliche Beängstigung stieß mich von ihr ab, eine knabenhafte Lüsternheit zog mich wieder zu ihr hin, mein Herz pochte, als wollte ich eine Mordtat begehen, und endlich küßte ich die schöne Göttin, mit einer Inbrunst, mit einer Zärtlichkeit, mit einer Verzweiflung, wie ich nie mehr geküßt habe in diesem Leben. [...] Und sehen Sie, Maria, als ich eben vor Ihnen stand

und ich Sie, in Ihrem weißen Musselinkleide, auf dem grünen Sofa liegen sah, da mahnte mich Ihr Anblick an das weiße Marmorbild im grünen Grase. Hätten Sie länger geschlafen, meine Lippen würden nicht widerstanden haben ... (B I, 562)

Von Beginn an also ist die Durchlässigkeit von Rahmen- und Binnengeschehen hervorgekehrt. Nicht zuletzt wird dies durch die Erzählanordnung der Rahmenhandlung unterstützt, weil der Arzt, der für die Verdrängung als Therapie zuständig ist, immer in Eile und deshalb immer nur kurz am Ort des Geschehens ist.[18] Sobald er aber das Zimmer verlässt, werden seine Anordnungen missachtet, und poetologisch betrachtet, wird so auch ermöglicht, dass mit der Überblendung von Tod und Leben zugleich die venushafte Erotik der heidnischen Schönheit als gespenstisch wiederkehrend in der marienhaften christlichen Schönheit markiert wird. Die kalte, marmorstatuengleiche Leblosigkeit der klassizistischen Kunst, könnte man sagen, wird derart durch die venushafte, heidnische Sinnlichkeit erwärmt. Überzeugend hat Jürgen Fohrmann in diesem Zusammenhang dargelegt, dass die Überblendung von Maria und Venus als historische Verschränkung und in diesem Sinne das Marmorne gewissermaßen als Heimsuchung des Klassizistischen in der Gegenwart zu bewerten ist.[19] Nicht beachtet hat er dabei jedoch den ebenfalls deutlich erkennbaren Verweis auf die spiritualistische Marienhaftigkeit romantischer Statuenlieben – von den Bezügen zu Eichendorffs »Marmorbild« war ja bereits die Rede. Insbesondere die erste der beiden florentinischen Nächte ist, wie sich zeigen wird, durch ihre Arbeit am romantischen Mythos der Musik in erster Linie eine spannungsvolle Auseinandersetzung mit ästhetischen und naturwissenschaftlichen Modellen der Romantik.

Die erste Nacht

In der ersten der beiden florentinischen Nächte spielt der Rekurs auf die Musik eine entscheidende Rolle. Ausgangspunkt ist eine für die weiteren ästhetischen Reflexionen entscheidende Zuschreibung. Als geographische Heimat der Musik wird Italien ausgewiesen, und diese Zuschreibung verbindet sich mit einer weiteren: Italien ist das Land idealer Schönheit, und zwar deshalb, weil der »Sinn für das Schöne« hier »das ganze Volk durchdrungen« (B I, 568) hat, weil hier die Verbindung von Kunst und Natur immer schon und immer noch zur sinnlichen Anschauung kommt.[20] Der Topos vom Sehnsuchtsort Italien, in dem die Sinnlichkeit der Antike noch unter den Bedingungen der Moderne lebendig zu sein scheint, bildet also den Ausgangspunkt der Schilderungen über die Musik. Es wird deutlich herausgestellt, dass es sich hier auch um einen poetologischen Reflex auf die vielen Italienreisenden und ihre Betrachtungen der antiken Statuen bei Fackelschein handelt: Zu denken ist etwa an Goethes »Italienische Reise«, in der die Vorzüge der Fackelbeleuchtung nicht zuletzt beispielhaft in Bezug auf die schönste Statue, die nackte Venus, erläutert werden. Diese Bezugnahme auf die Sinnlichkeit der Antike wird überdies in Verbindung gebracht mit der »Wirkung der Musik«: Besonders schön nämlich erschienen die Italienerinnen, »wenn die Musik ihre Gesichter beleuchtet«, meint Maximilian und führt aus, dass diese Wirkung der Musik »ganz jenen Licht- und Schatteneffekten [gleicht], die uns in Erstaunen setzen, wenn wir Statuen in der Nacht bei Fackelschein betrachten. Diese Marmorbilder offenbaren uns dann, mit erschreckender Wahrheit, ihren innewohnenden Geist und ihre schauerlichen stummen Geheimnisse.« Voraussetzung dafür ist, dass man zu lesen versteht, denn:

> Wer zu lesen versteht, kann alsdann auf ihren schönen Gesichtern sehr viel süße und intressante Dinge lesen, Geschichten die so merkwürdig wie die Novellen des Boccaccio, Gefühle die so zart wie die Sonette des Petrarcha, Launen die so abenteuerlich wie die Ottaverime des Ariosto, manchmal auch furchtbare Verräterei und erhabene Bosheit, die so poetisch wie die Hölle des großen Dante. (B I, 569)

Merkwürdige Geschichten, zarte Gefühle, abenteuerliche Launen und poetische Verrätereien und Bosheiten sind jedoch nicht nur auf den schönen Gesichtern der Italienerinnen zu lesen, sondern sind auch Gegenstand von Maximilians Erzählungen.

In den Kontext schauriger Gespenstergeschichten rückt insbesondere seine Erzählung über den Teufelsgeiger Paganini und einen leicht verrückten, tauben Maler, der »trotz seiner Taubheit« ein enthusiastischer Musikliebhaber war, und es sogar verstanden haben soll, »den Musikern die Musik auf dem Gesichte zu lesen, und an ihren Fingerbewegungen die mehr oder minder gelungene Exekution zu beurteilen« (ebd., 575).

Für Maximilian ist diese Gabe, in »der sichtbaren Signatur des Spieles [...] die Töne [zu] sehen«, keineswegs verwunderlich: »Gibt es doch Menschen, denen die Töne selber nur unsichtbare Signaturen sind, worin sie Farben und Gestalten hören.« (ebd.) Wenn es also ein Verstehen gibt, das auf dem Hören von Farben und Gestalten basiert, das also plastisches Hören von Tönen ist, warum soll es dann nicht auch ein Verstehen geben, das auf dem Sehen von Tönen basiert, das also plastisches Sehen von Tönen ist. Um diesen Gedankengang Maximilians zu verstehen, ist es hilfreich, sich das dazugehörige Wissen zu vergegenwärtigen – genauer das in den romantischen Experimentalwissenschaften produzierte Wissen über akustische Phänomene, das insbesondere für die romantische Musikästhetik eine zentrale Bedeutung erlangt hat.

Maßgeblich beteiligt an dieser romantischen Wissenskonstruktion war der Physiker Ernst Florens Friedrich Chladni, auf den die berühmten Chladnischen Klangfiguren zurückgehen, eine Entdeckung, die er zuerst 1787 in seiner Schrift »Entdeckungen über die Theorie des Klanges« vorstellte. In Chladnis Klangfiguren wird – und das macht die Faszination für die Romantiker aus – Unsichtbares sichtbar. Denn sie überführen Töne, also das reine, zeichenlose Bewegungsphänomen von nicht-sichtbaren Schallwellen, in sichtbare Gestalten der Fläche. Erzeugt werden die so aufgezeichneten Muster, in dem eine mit Sand bestreute dünne Platte, am besten eine dünne Metallplatte, in Schwingungen versetzt wird, z. B. durch einen Geigenbogen. Aufgrund von Eigenresonanzen beginnt dann die Platte zu schwingen, Chladni bezeichnet einen solchen Vorgang als ›Nötigung‹, und zwar deshalb, weil der Schall, der seiner Definition nach »in einer schnellen zitternden Bewegung irgend eines Körpers« besteht, andere Körper, die mit diesem Körper in Berührung kommen, nötigt, »in ebendenselben Zeiträumen, wie der schallende Körper, zu zittern«.[21] Aufgrund dieser Schwingungsmitteilungen, die Chladni Erschütterung nennt, wird also der Sand in Bewegung gesetzt, er wird erschüttert und wandert dorthin, wo keine Schwingungen auftreten.[22]

Es ist also Erschütterung, die sich als reine Mitteilung – und das meint im romantischen Verständnis immer auch ohne Zeichenvermitteltheit – selbst aufzeichnet und so hörbare in sichtbare Darstellung transformiert.[23] Und als eben solche Selbst-Aufzeichnungen erzeugen sie in Form von gleichsam zeichenlosen Schriftbildern Bedeutung. Nicht also die allen Geist tötenden Buchstaben bilden hier die Basis der Darstellung, sondern vielmehr die lebendige Bewegung der Töne, deren Schrift die Klangfiguren sind. Diese Vorstellung einer quasi zeichenlosen Sprache der Töne, die auf dem Resonanzphänomen zweier gleichgestimmter Körper und auf der Selbst-Aufzeichnung von Klang-Buchstaben basiert, formiert den romantischen Mythos der Musik als ideale Mittlerin zwischen Natur und Geist sowie als ideale Mittlerin zwischen Immanenz und Transzendenz.[24]

Eine besonders eindrückliche Ausgestaltung des romantischen Unmittelbarkeitsphantasmas findet sich in Johann Wilhelm Ritters »Fragmente aus dem Nachlasse eines jungen Physikers« aus dem Jahr 1810.

> Die Welt, soweit sie sichtbar ist, und werden kann, ist dieser Buchstabe, diese Schrift. Das Wort schreibt, der Buchstabe tönt; beydes in seiner Unzertrennbarkeit ist das Seyn, das Bewußtseyn, das Leben; so herauf bis zum Gott. [...] So organisiert ins Unendliche, als das Wort, der Ton, muß auch der Buchstabe dargestellt werden. [...] Aller Buchstabe ist Klangfigur. [...] die Gestalt im Raume ist nichts, als die Klangfigur dieses Tons u. s. w., seine von ihm selbst geschriebene Note ...[25]

Weiter ist bei Ritter folgendes Postulat zu lesen:

> Jeder Ton hat somit seinen Buchstaben immediate bei sich; und es ist die Frage, ob wir nicht überhaupt nur Schrift hören, – lesen, wenn wir hören, – Schrift sehen![26]

An dieses Wissen über die romantischen Klangfiguren ist zu denken, man könnte auch sagen, an diese unkörperlich-gespenstischen Zeichenmodelle ist zu denken, wenn Maximilian von einem Verstehen spricht, das auf dem Hören von Farben und Gestalten basiert, das also plastisches Hören von Tönen ist.

Maximilian gibt sich selbst als Romantiker und Anhänger solch gespenstischer Zeichenmodelle zu erkennen, wenn er über seine meisterhafte musikalische »Begabnis« berichtet: »bei jedem Tone, den ich erklingen höre«, sagt er von sich selbst, könne er »auch die adäquate Klangfigur sehen; und so kam es«, fährt er fort,

> daß mir Paganini mit jedem Striche seines Bogens auch sichtbare Gestalten und Situationen vor die Augen brachte, daß er mir in tönender Bilderschrift allerlei grelle Geschichten erzählte, daß er vor mir gleichsam ein farbiges Schattenspiel hingaukeln ließ, worin er selber immer mit seinem Violinspiel als die Hauptperson agierte.« (B I, 578)

Gemeinsam ist all diesen Geschichten, dass zentrale Topoi jener Ästhetik, die Heine unter dem Begriff der Kunstperiode zusammenfasst, visualisiert werden: aber eben in einer Weise, die diese Topoi zugleich aktualisierend umcodiert. Schon bei Paganinis erstem Bogenstrich entsteht vor Maximilians innerem Auge etwa »ein allerliebstes Chaos« (ebd.) von Tanzkunst und adeligem Lebensstil, das einen Paganini vorstellt, dessen Gesicht nunmehr gar nichts Leichenhaftes und Gespenstisches mehr hat, sondern ganz jung und rosig blüht.

Beim zweiten Musikstück hingegen wird es Maximilian »düster vor den Augen« und Paganini erscheint »in finstere Schatten« gehüllt, »aus deren Dunkel seine Musik mit den schneidendsten Jammertönen« hervorklingt (ebd., 580). Es sind »Töne gleich dem Gesang der gefallenen Engel, die mit den Töchtern der Erde gebuhlt hatten, und, aus dem Reiche der Seligen verwiesen, mit schamglühenden Gesichtern in die Unterwelt hinabstiegen.« »Angstlaute« und ein noch nie gehörtes »entsetzliches Seufzen« und »Schluchzen« gar, die den Heiligen im Himmel »das Lob Gottes auf ihren erbleichenden Lippen« ersterben lassen (ebd.).

In der dritten Klangfigur werden nochmals völlig andere Bilder sichtbar. Paganini erscheint nun »in der braunen Mönchstracht«, das »verwilderte Antlitz halb verhüllt von der Kapuze, […], eine einsam trotzige Gestalt« – so steht er »auf einem felsigen Vorsprung am Meere«. In diesem Bild scheinen zwei Ikonen der Romantik ineinandergeblendet: Jener der schwarzen Romantik E. T. A. Hoffmanns entsprungene wahnsinnige Mönch aus den »Elixieren des Teufels« und Caspar David Friedrichs Mönch am Meer, dessen Blick sehnsuchtsvoll in die unendliche Ferne schweift. Von dieser Koppelung bleibt auch das Meer nicht unbetroffen: Nicht mehr Verschmelzungsvisionen zwischen Endlichem und Unendlichem kommen hier in der Konturlosigkeit der Dämmerung zur Anschauung, vielmehr ergießt sich hier das Abendrot in »die weiten Meeresfluten, die immer röter sich färbten und immer feierlicher rauschten, im geheimnisvollsten Einklang mit den Tönen der Violine«: Dieser Einklang überführt die Bilder nicht mehr in eine Erfahrung der Transzendenz, im Gegenteil, der Himmel erscheint »gespenstischhell, ganz leichenweiß« und die Sterne »schwarz wie glänzende Steinkohlen«. (ebd., 581) In aller Deutlichkeit wird hier der romantische Mythos Musik mit seiner utopischen Bestimmung der Klangfiguren gleichsam vom Kopf auf die Füße gestellt, wenn hier eher die materiellen Bedingungen alltäglicher Lebenswelt aufscheinen. Der wahnsinnige »Mönch« Paganini gleicht einem »Hexenmeister, der mit dem Zauberstab den Elementen gebietet«, um die gefesselten Dämonen aus den Tiefen des Meeres zu befreien:

> Das heulte, das kreischte, das krachte, als ob die Welt in Trümmer zusammenbrechen wollte, und der Mönch strich immer hartnäckiger seine Violine. Er wollte durch die Gewalt seines rasenden Willens die sieben Siegel brechen, womit Salomon die eisernen Töpfe versiegelt, nachdem er darin die überwundenen Dämonen verschlossen. Jene Töpfe hat der weise König ins Meer versenkt, und eben die Stimmen der darin verschlossenen Geister glaubte ich zu vernehmen, während Paganinis Violine ihre zornigsten Baßtöne grollte. (ebd., 582)

Die Gewalt der Töne, die bei dieser musikalischen Geisterbeschwörung entsteht, ist keine metaphorische mehr, sondern eine, die offensichtlich eher zu realen Erschütterungen nötigt, eine, die wahnsinnig macht und Monster der Einbildungskraft gebiert:

> Ungetüme von fabelhafter Häßlichkeit, Krokodylle mit Fledermausflügeln, Schlangen mit Hirschgeweihen, Affen bemützt mit Trichtermuscheln, Seehunde mit patriarchalisch langen Bärten, Weibergesichter mit Brüsten an die Stellen der Wangen, grüne Kamelsköpfe, Zwittergeschöpfe von unbegreiflicher Zusammensetzung, alle mit kalt klugen Augen hinglotzend und mit langen Floßtatzen hingreifend nach dem fiedelnden Mönche ... (ebd.)

Inszeniert wird hier ein bedrohlich erhabener Spuk, der eben dann zur Wahnsinn produzierenden Bedrohung wird, wenn die manipulative Gewalt der Töne ungefiltert ins Innere dringt und dort – wie Chladni es ausgedrückt hatte – den Klangkörper zum Mittönen nötigt, sofern man die Zugangs-Kanäle nicht verstopft: »Diese Erscheinung war so sinneverwirrend, daß ich, um nicht wahnsinnig zu werden, die Ohren mir zuhielt und die Augen schloß. Da war nun der Spuk verschwunden [...].« (ebd.)

Der gespenstische und – wie es heißt – »so grellfarbig und leiblich bestimmt[e]« (ebd., 583) erhabene Schrecken der Tonkunst verwandelt sich dann abermals, nun in ein nicht mehr so grellfarbig und leiblich, sondern vielmehr geistig bestimmtes Wunschbild des Erhabenen, das seine Herkunft aus dem musikalischen Erhabenheitserlebnis der romantischen Mythisierung der Musik nur schwerlich verbergen kann.

Alle wichtigen Elemente treten auf: die himmlische Verklärung, die Vorstellung der Versöhnung, die Göttlichkeit der Musik, ihre verzückende Wirkung und die an die Sphärenmusik geknüpfte Einheits- und Harmonievorstellung.

Überdies erklingen diese Töne wie Echotöne aus dem klassizistisch-romantischen Textuniversum.

> Eine unnennbare heilige Inbrunst wohnte in diesen Klängen, die manchmal kaum hörbar erzitterten, wie geheimnisvolles Flüstern auf dem Wasser, dann wieder süßschauerlich anschwollen, wie Waldhorntöne im Mondschein, und dann endlich mit ungezügeltem Jubel dahinbrausten, als griffen tausend Barden in die Saiten ihrer Harfen und erhüben ihre Stimmen zu einem Siegeslied. Das waren Klänge, die nie das Ohr hört, sondern nur das Herz träumen kann, wenn es des Nachts am Herzen der Geliebten ruht. Vielleicht auch begreift sie das Herz am hellen lichten Tage, wenn es sich jauchzend versenkt in die Schönheitslinien und Ovalen eines griechischen Kunstwerks ... (ebd., 584)

Aus den ironischen Zwischentönen, die sich schon in dieses melancholische Traumbild einer von Harmonie, Liebe und Schönheit gekennzeichneten Kunstperiode mischen, wird dann im Lichte des Tagesbewusstseins beißender Spott. Unbemerkt vom romantisch schwärmenden Erzähler Maximilian nämlich tritt der Doktor ins Zimmer und desillusioniert ihn mit dem Einwurf, dass man diese himmlischen Klänge nicht nur begreift, wenn man romantisch am Herz der Geliebten ruht, und auch nicht nur, wenn man sich klassizistisch in die Schönheitslinien von griechischen Kunstwerken versenkt, sondern auch, wenn man »eine Bouteille Champagner zuviel getrunken hat« (ebd.), sich also nicht geistig, sondern körperlich berauscht hat.

Verabschiedet werden damit nicht nur die nach dem Muster romantischer Klangfiguren produzierten Traumgebilde Maximilians, sondern verabschiedet wird die Erzählanordnung der ersten Nacht insgesamt. Deutlich wird dies auch an dem Gespräch, das der Doktor und Maximilian angesichts der schlafenden Maria führen. Ihr Schlaf, meint der Doktor, verleihe ihrem »Antlitz schon ganz den Charakter des Todes« und sehe aus »wie jene weißen Masken, jene Gipsabgüsse, worin wir die Züge der Verstorbenen zu bewahren suchen«. Einen solchen Abguss möchte Maximilian von Maria aufbewahren, weil er – der ja sowieso die toten den lebendigen Frauen vorzieht – meint, dass sie »auch als Leiche noch sehr schön sein« wird (ebd.). Vor dieser Art der Erinnerung warnt ihn jedoch der Doktor. Bewahrt würde nämlich so keineswegs »etwas von ihrem Leben«, sondern »doch ganz eigentlich der Tod selbst«, wenn selbst »[r]egelmäßig schöne Züge [...] hier etwas grauenhaft Starres, Verhöhnendes, Fatales« bekommen und uns »mehr erschrecken als erfreuen« und »aufs unleidlichste die Seele durchfröstelt« (ebd., 584 f.). Offensichtlich – so kann man dieser Warnung entnehmen – liegt es an den Lebenden selbst, ob sie die Toten zu unerfreulichen, wiedergängerischen Gespenstern machen oder nicht. Und offensichtlich sind es eben die pygmaliontischen Belebungsversuche von Toten, die in besonderer Weise zu einer Wiederkehr des Schönen in der Maske des Grauens führen. Aus naturwissenschaftlich-medizinischer Sicht gelte es also, die Toten tot sein zu lassen, übertragen auf den ästhetischen Diskurs – der ja hier über das gesamte Bildmaterial immer mitgeführt wird – würde dies heißen, dafür zu sorgen, dass das Ende der Kunstperiode ein wirkliches Ende sein muss und nicht Anfang einer gespenstischen Wiederkehr. Zu klären bleibt, ob die zweite Nacht mit ihren Erzählungen diesen ärztlichen Befund bestätigt. Zu klären bleibt auch, ob die »Florentinischen Nächte« insgesamt eine ästhetische Perspektive einnehmen, welche die Toten ausschließlich zu unerfreulichen, wiedergängerischen Gespenstern macht oder ob sie den wiedergängerischen Gespenstern auch eine zukunftsweisende Funktion zuspricht.

Die zweite Nacht

Ihr Beginn lässt den Arzt gleichsam in teuflischer Gestalt erscheinen: Seine große Eile betonend will er Maria einen »widerwärtig« schäumenden bräunlichen Saft verabreichen, delegiert diese Aufgabe dann an Maximilian und verlässt, angetan mit schwarzen Handschuhen, in Begleitung der »schwarzen Debora, die ihm leuchtete«, das Zimmer (B I, 585). Maximilian wiederum leidet an einem »wunden Herzen«, man könnte fast meinen, er sei nach der Desillusionierung seiner romantischen Sehnsüchte durch den Arzt in Teufelsgestalt am Verlust seiner romantischen Sehnsüchte krank geworden. In dieser Stimmung nun erzählt er Maria »zur Belohnung« dafür, dass sie die Medizin einnimmt, »die Geschichte von […] Laurenzia«, seiner einzigen nicht-toten Geliebten.

Die Laurenzia-Erzählung beginnt zunächst in London, womit im Gegensatz zur ersten Nacht ein völlig anderes topographisches Szenario, nämlich nicht mehr jenes einer zu Ende gegangenen Epoche, sondern das Szenario der geschichtlichen Gegenwart einer industrialisierten Moderne aufgerufen wird. Unterstrichen wird dieser Eindruck noch durch den Vergleich Englands mit Italien, der topographischen Heimat der antiken Statuen und der Musik also. Noch die schönsten Gesichter Englands erscheinen im Vergleich mit der antiken Regelmäßigkeit italienischer Gesichtsbildungen als »Abweichung von dem Typus des Schönen« (ebd., 587). Umso mehr gilt dies für das ganze Volk, als es von der geistlosen Maschinenhaftigkeit seiner Industrie offenbar so geprägt ist, dass es »nur im Strudel der politischen und merkantilischen Tätigkeit seine Langeweile zu töten weiß«. Und diese Durchdringung der Lebenswelt durch das Maschinenhafte hat für den Erzähler Maximilian »etwas Unheimliches« und erfüllt ihn »mit Grauen«, zumal sich die künstlichen Getriebe dieser toten Maschinenwelt »fast leidenschaftlich bewegen« (ebd., 588 f.).

Was Maximilian hier beschwört, sind die Gespenster einer Moderne, in der sich die Koordinaten von Leben und Tod verkehrt haben.[27]

Angesichts dieser gespenstischen Moderne versinkt Maximilian in eine tiefe melancholische Stimmung. Und wie schon in der ersten Nacht, ertönt auch jetzt wieder Musik: Es ist die Musik einer »Künstlerfamilie« (B I, 590), die besteht aus einer kleinen, untersetzten, dickbäuchigen Frau mit einer ungeheuer großen Trommel, aus einem Triangel spielenden, der Fechtkunst zugeneigten und wie ein altfranzösischer Marquis gekleideten Zwerg namens Monsieur Türlütü, aus der jungen, misslaunig dreinblickenden Laurence von luftig gebauter, anmutiger Gestalt und griechisch schöner Gesichtsbildung und schließlich aus einem gelehrten, sprechenden Pudel französischer Herkunft.

Zum Leitmedium der zweiten Nacht wird nun aber der Tanz, der die Musik vergessen macht. Verabschiedet wird mit der Musik auch die klassisch-romantische Kunst: Der Tanz des jungen Mädchens »war in der Tat kein klassischer Tanz, aber auch kein romantischer Tanz«, denn er hat weder »Idealität und Lüge« wie das französische klassische Ballett, noch hat er »etwas Mittelalterliches«. (ebd., 592 f.) Vielmehr hat der Tanz von Laurence etwas Revolutionäres, weil er mit der Ästhetik des französischen Balletts bricht. In der Poesie, in der Musik und in der Malerei wird gesagt, sei den Franzosen der Umsturz des klassischen Systems gelungen, aber es würde schwer werden, »eine ähnliche Revolution in der Tanzkunst zu vollbringen; es sei denn, daß sie hier wieder, wie in ihrer politischen Revolution, zum Terrorismus ihre Zuflucht nehmen« (ebd., 593). Laurences Tanz hat zwar etwas Revolutionäres, aber er ist weder politisch noch terroristisch, sondern gespenstisch. Und zwar deshalb, weil sich in ihm »ihr ganzes Wesen« ausdrückt: Dieses ist – wie es heißt –

> im Einklang mit ihren Pas, nicht bloß ihre Füße, sondern ihr ganzer Leib tanzte, ihr Gesicht tanzte ... sie wurde manchmal blaß, fast totenblaß, ihre Augen öffneten sich gespenstisch weit, um ihre Lippen zuckten Begier und Schmerz, [...].« (ebd.)

Es ist der Einklang von Körper und Seele, der den Tanz so besonders macht, und doch zugleich ein Einklang, der nicht wie im romantischen Modell des harmonisch-klangvollen Zusammenstimmens von Körper und Seele auf Transzendentes verweist. Disharmonisch und exzentrisch ist dieser Einklang und zugleich von einer »Wildheit«, die an die »frevelhaft kühne[] Weise jener Bacchantinnen [gemahnt], die« – wie Maximilian erläutert – »wir auf den Reliefs der antiken Vasen mit Erstaunen betrachten. Ihr Tanz hatte dann etwas trunken Willenloses, etwas finster Unabwendbares, etwas Fatalistisches, sie tanzte dann wie das Schicksal« (ebd. 594).[28]

Für Maximilian ist dieser Tanz völlig unverständlich. Erkennbar ist ihm zwar, daß er eine ganz besondere Sprache zu sein scheint – »die äußeren Bewegungsformen schienen Worte einer besonderen Sprache, die etwas Besonderes sagen wollte« –, aber verstehen kann er diese Sprache nicht:

> Was aber sagte dieser Tanz? Ich konnte es nicht verstehen, so leidenschaftlich auch diese Sprache sich gebärdete. Ich ahnte nur manchmal, daß von etwas grauenhaft Schmerzlichem die Rede war. Ich der sonst die Signatur aller Erscheinungen so leicht begreift, ich konnte dennoch dieses getanzte Rätsel nicht lösen, und daß ich immer vergeblich nach dem Sinn desselben tappte, daran war auch wohl die Musik schuld, die mich gewiß absichtlich auf falsche Fährten leitete, mich listig zu verwirren suchte und mich immer störte. (ebd., 593)

Die Musik führt hier nicht hin zur Bedeutung, zumal es auch keine unsichtbaren Töne sind, die es hier als Buchstaben zu lesen gälte. Die sichtbaren Signaturen des Tanzes stellen vielmehr eine Verbindung her zum Verstehen des tauben Malers, der den Sinn an den sichtbaren Signaturen abliest, die auf den Gesichtern der Musiker oder durch deren Fingerbewegungen entsteht. Entsprechend müsste Maximilian die Signaturen lesen können, die auf dem von Begehren und Schmerz gezeichneten Gesicht von Laurence zu sehen sind und die ihr Körper durch seine Bewegungen zu sehen gibt. Er müsste sich also gerade nicht wie die Romantiker an unsichtbaren, sondern vielmehr an sichtbaren Zeichen orientieren. Man könnte auch sagen, sein Verstehensmodell müsste nicht wie bei den Romantikern auf das Spirituelle, sondern auf das Sinnliche hin ausgerichtet sein. Zumal die sichtbare Körpersprache von Laurence deutlich darauf hinweist, dass die Bedeutung ihres Tanzes nicht im Überirdischen, sondern wenn überhaupt, dann im Unterirdischen zu suchen ist:

> Manchmal beugte sich das Mädchen zur Erde, wie mit lauerndem Ohre, als hörte sie eine Stimme, die zu ihr heraufspräche … sie zitterte dann wie Espenlaub, bog rasch nach einer anderen Seite, entlud sich dort ihrer tollsten, ausgelassensten Sprünge, beugte dann wieder das Ohr zur Erde, horchte noch ängstlicher als zuvor, nickte mit dem Kopfe, ward rot, ward blaß, schauderte, blieb eine Weile kerzengrade stehen, wie erstarrt, und machte endlich eine Bewegung wie jemand der sich die Hände wäscht. War es Blut, was sie so sorgfältig lange, so grauenhaft sorgfältig von ihren Händen abwusch? Sie warf dabei seitwärts einen Blick, der so bittend, so flehend, so seelenschmelzend … und dieser Blick fiel zufällig auf mich. (ebd., 594)

Der zufällig auf Maximilian fallende Blick stellt zwischen den beiden eine Verbindung her, die ihm zugleich die Aufgabe überträgt, ihr getanztes Rätsel zu entziffern. D. h. die Frage zu lösen, ob »es Fragmente einer uralten, verschollenen Pantomime« waren oder ob »es getanzte Privatgeschichte« (ebd.) ist, die Laurence aufführt. Und diese Frage ist zugleich die Frage, ob es sich in diesem leidenschaftlichen Ausdruckstanz um den Ausdruck einer kultur- oder einer individualgeschichtlichen Geschichte des Begehrens und des Schmerzes handelt.

Aufklärung erhält Maximilian in Paris, dem Ort, wo die Franzosen »so eben ihre Juliusrevolution aufgeführt« hatten, dem Ort, wo selbst »die Schrecknisse, die man im eignen Herzen mitgebracht hat«, ihre »beängstigende Schauer« verlieren (ebd., 596 f.) und dem Ort, wo »verstümmelte Gottheiten« und »die Reliquien aller Zeiten kunterbunt neben einander ruhen« (ebd., 599). Hier sieht er Laurence wieder, die sich inzwischen mit einem »bonapartischen Helden« (ebd., 609) verheiratet hat. Immer noch ist ihr Gesicht »an Form und sonniger Färbung einer Antike gleich; nur [...] nicht mehr so marmorrein und marmorglatt wie ehemals« (ebd., 602), immer noch wird Maximilian von ihrem Blick verzaubert und in einen Traumzustand versetzt, zumal dann, als ihn der »Zufall« in das einzig geheizte ihrer zahlreichen Gemächer, das »Schlafzimmer« führt (ebd., 608). Und hier endlich erzählt ihm Laurence, dieses »Gespenst mit dem Gesichte eines Engels und dem Leib einer Bajadere« (ebd., 612), ihre Herkunftsgeschichte: Sie sei als Tochter einer »scheintot« begrabenen Gräfin im Grabe zur Welt gekommen, von Grabräubern gerettet und an eine »Hehlerin, der Geliebten des großen Bauchredners, zur Erziehung übergeben« worden. Diese schauerliche Herkunft prägte der große Bauchredner, der sie immer wieder »ein verfluchtes Gespenst, ein Vampir, ein Totenkind« schimpfte, unvergesslich in ihr Körpergedächtnis ein: Mit der manipulativen Gewalt seiner bauchrednerischen Gabe konnte er nämlich »seine Stimme so modulieren, daß man glauben mußte sie käme aus der Erde hervor«; damit machte er das Kind glauben, es sei die Stimme der »verstorbenen Mutter«, die da so »gar schreckliche Geschichten« aus der Erde meldete und in dem Kind »das furchtbarste Entsetzen« auslöste: Geschichten, deren »Zusammenhang« das Kind nie begriff (ebd. 610 f.), deren Sinn aber noch die Erwachsene in ihrem gespenstischen Tanz zu suchen genötigt ist. Zu ihrem Tanz genötigt ist die erwachsene Laurence deshalb, weil sich die manipulative Gewalt dieser bauchrednerischen Töne gleichsam als Erschütterung der kindlichen Seele unauslöschlich in ihr festgesetzt hat und noch den erwachsenen Körper so zum Mitklingen nötigt, dass sie – wie die Chladnischen Klangfiguren – als sich selbst aufzeichnende Figuren in ihrem gespenstischen Tanz sichtbar werden.

Sichtbar wird in diesem Tanz jedoch lediglich der Schrecken und das furchtbare Entsetzen, unsichtbar und unverstanden bleibt für Laurence der Sinn dieser im Tanz Figur werdenden »sonderbare[n] Erinnerung« (ebd., 611). Anders als bei den Romantikern entstehen in ihr keine inneren Bilder, die den Gehalt der Klangfiguren anzeigen. Und dies gilt auch für Maximilian. Auch er, der Sachverständige für romantische Klangfiguren kann den, wie er exakt formuliert, »inneren Sinn« dieser »fremden Erscheinung« nicht »ergründen« (ebd., 613). Dieses Nicht-Verstehen kehrt als physische Erfahrung des Unheimlichen wieder, wenn Maximilian fortan jede Nacht das Schauspiel von Laurences Tanz geboten bekommt: »Dieses Tanzen mit verschlossenen Augen im nächtlich stillen Zimmer gab diesem holden Wesen ein so gespenstisches Aussehen, daß mir sehr unheimlich zu Mute wurde, daß ich manchmal schauderte« (ebd., 614). Mit diesem Unheimlichen zu leben, damit, dass auch die einzig lebende Geliebte ein Gespenst ist, bestimmt nun seinen Alltag: »Aber der Mensch gewöhnt sich an alles. Und es ist sogar möglich, daß das Unheimliche diesem Weibe einen noch besonderen Reiz verlieh, daß sich meinen Empfindungen eine schauerliche Zärtlichkeit beimischte ...« (ebd.). Letztlich also führt die Erklärung durch die individuelle Geschichte nicht zur Auflösung des Spuks. Ohne weitere Erklärung verschwindet Laurence nach Italien, dem Land der antiken Schönheiten, dem Land der Musik und dem Land der Verknüpfung des Sinnlichen mit dem Spirituellen.

Zusammenfassend lässt sich festhalten: Wenngleich also die individuelle Leidensgeschichte nicht zur Auflösung des Spuks führt, so führt sie doch auf einen kulturgeschichtlichen Zusammenhang. Und diese kulturgeschichtliche Dimension des Gespenstischen erschließt sich durch das Netz an Verweisungen, das über den gesamten Textverlauf ausgespannt wird und so auch die Schilderungen der ersten und der zweiten Nacht als wechselseitigen Verweisungszusammenhang erkennbar macht. Wenn Laurence nach dem Sehnsuchtsland Italien verschwindet, wird u. a. zurückverwiesen auf den Anfang, wo von den klassizistisch inspirierten Italienreisenden und ihren Statuenbelebungen bei Fackelschein die Rede war. Verstärkt wird dieser Bezug dadurch, dass die mit einer antiken Venus verglichene Laurence ihre Leidensgeschichte vor dem lodernden Licht des Kaminfeuers erzählt, dass sie im Fackelschein des Kaminfeuers schlafend vor Maximilian liegt und er sie betrachtet wie zuvor die kranke Maria und wie noch weit früher die umgestürzte Marmorstatue. Wenn jedoch eingangs Maria zur Venus wurde, so wird jetzt aber Venus nicht zur Maria. Im Gegenteil, die Herkunft von Laurence aus dem Grabe wird verknüpft mit der Herkunft jener unsterblichen Elementargeister, die vom Christentum verdrängt wurden und fortan in der unterirdischen Verborgenheit weiter leben. Der leidenschaftlich-bacchantische und nicht zuletzt mit dem Revolutionsgeschehen in Verbindung gebrachte Tanz der zur Pariser Salondame aufgestiegenen Laurence ist wie »diese Hast, diese Wut, dieser Wahnsinn der Pariserinnen, wie er sich besonders auf Bällen zeigt«, wenn die lebensdurstigen und sinnenfreudigen Pariserinnen so tanzen, dass Maximilian »an die Sage von den toten Tänzerinnen, die man bei uns die Willis nennt« erinnert wird:

> Diese sind nämlich junge Bräute, die vor dem Hochzeittage gestorben sind, aber die unbefriedigte Tanzlust so gewaltig im Herzen bewahrt haben, daß sie nächtlich aus ihren Gräbern hervorsteigen, [...] und sich [...] während der Mitternachtsstunde, den wildesten Tänzen überlassen. Geschmückt mit ihren Hochzeitkleidern, Blumenkränze auf den Häuptern, funkelnde Ringe an den bleichen Händen, schauerlich lachend, unwiderstehlich schön, tanzen die Willis im Mondschein, und sie tanzen immer um so tobsüchtiger und ungestümer, je mehr sie fühlen, daß die

vergönnte Tanzstunde zu Ende rinnt und sie wieder hinabsteigen müssen in die Eiskälte des Grabes. (ebd., 601)

Der Verweis auf die Willis ist zugleich ein Verweis auf Heines Abhandlung über die Elementargeister, die zeitgleich mit den »Florentinischen Nächten« entstanden ist. Und dort werden die Willis nicht nur als »tote[] Bacchantinnen« (B III, 655) bezeichnet, überdies wird ihr Tanz als Tanz der Poesie aufgefasst (ebd., 654). Der gespenstische Tanz von Laurence insistiert also auch auf eine unabgegoltene Schuld und fordert stellvertretend für die Poesie also auch deren in der Gegenwart nicht eingelöstes Recht. Es ist dies eine offene Schuld, für die auch der Text als Ganzes keine Lösung bereit stellt.[29] Denn am Ende verschwindet mit Laurence sowohl jene Figuration, die auf das Unabgegoltene des Venushaft-Sinnlichen, der heidnischen Antike, des volksmythologisch Elementargeisterhaften, des Revolutionären und der Poesie verweist, als auch mit Maximilian die Figuration des Spirituellen und Romantischen. Und schon gar nicht mehr ist am Ende vom Arzt die Rede, der für die Rationalität der Moderne, für das absolute Ende der Kunstperiode und gewissermaßen auch für das starre Polaritätsdenken steht, welches die erste und die zweite der florentinischen Nächte gegeneinander ausspielt.[30] Er ist am Ende völlig aus der Geschichte und auch aus dem Horizont des Lesers verschwunden. Bezogen auf die Poesie der Gegenwart kann dieses offene Ende nur bedeuten, dass das Ende der Kunstperiode zumindest so lange nicht als absolutes Ende verstanden werden kann, bis ein ästhetisches Konzept gefunden ist, das den Bedingungen und Möglichkeiten der Gegenwart angemessen ist. Ob sich ein solches finden lässt, ist ungewiss. Gewiss ist jedoch, dass es zwar so manche Gespenster zu vertreiben gilt, zumal jene, die dem Anspruch auf Sinnlichkeit nicht gerecht werden, dass man sich an andere Gespenster aber auch gewöhnen muss, weil sie auf Verdrängtes hinweisen, das es ins kulturelle Gedächtnis aufzunehmen gilt. Und der Modus, in dem dies geschehen kann, ist die gespenstische Rede im Sinne eines wiedergängerischen Zitierverfahrens, in dem Vergangenes mit Gegenwärtigem, Totes mit Lebendigem vernetzt wird und Erzähltes in abgewandelter Gestalt immer wiederkehren kann. Man könnte auch sagen, der Modus, in dem dies geschehen kann, ist eine gespenstische Echorede, deren Töne sich als Erschütterungen immer wieder neu sinnlich manifestieren und immer neue Figuren bilden, an denen man den Anspruch nach einer Verbindung des Sinnlichen mit dem Geistigen ablesen kann. In diesem Sinne einer zukunftsweisenden Gedächtnisfunktion von Literatur lässt sich Heines Beitrag zum Diskurs über die Klangfiguren verstehen: 1837 bestimmt er in seinen Briefen »Über die französische Bühne« die Musik als »Offenbarung« zwischen »Gedanken und Erscheinung«, als »Vermittlerin [...] zwischen Geist und Materie« (B III, 332 f.), und betont eigens, dass er »die Gespenster auch sehe, welche andere Leute nur hören« (ebd., 351).

Anmerkungen

1 Zur romantischen Fundierung von Heines Ästhetik anstelle einer Beeinflussung durch Hegels Ästhetik vgl. Sandra Kerschbaumer: Heines moderne Romantik. Paderborn, München, Wien, Zürich 2000, S. 123 f.

2 Vgl. dazu in der Romantischen Schule: »Sonderbar! diese Antiken mahnten mich an die Goetheschen Dichtungen, die ebenso vollendet, ebenso herrlich, ebenso ruhig sind und ebenfalls mit Wehmut zu fühlen scheinen, daß ihre Starrheit und Kälte sie von unserem jetzigen bewegt warmen Leben abscheidet, daß sie nicht mit uns leiden und jauchzen können, daß sie keine Menschen sind, sondern unglückliche Mischlinge von Gottheit und Stein.« (B III, 396).

3 Vgl. dazu auch Dorothee Kimmichs Kapitel zu Heine in: Wirklichkeit als Konstruktion. Studien zu Geschichte und Geschichtlichkeit bei Heine, Büchner, Immermann, Stendhal, Keller und Flaubert. München 2002, S. 101–133.

4 Zu Heines Zitierverfahren allgemein vgl. Norbert Altenhofer: Chiffre, Hieroglyphe, Palimpsest. Vorformen tiefen-hermeneutischer und intertextueller Interpretation im Werk Heines. – In: Ders.: Die verlorene Augensprache. Über Heinrich Heine. Hrsg. von Volker Bohn. Frankfurt a. M., Leipzig 1993, S. 104–153.

5 Vgl. Zur Erklärung des gespenstischen Spuks Gero von Wilpert: Die deutsche Gespenstergeschichte. Motiv – Form – Entwicklung. Stuttgart 1994, S. 12: »Einmal ist die Voraussetzung für das Spuken an das Vorhandensein eines unabgeschlossenen, unausgeglichenen faktischen oder emotionalen Schuldkontos auf der einen wie auf der anderen Seite gebunden, d. h. der Volksglauben sieht auch im Verstorbenen den Menschen, wie er im Leben war, nunmehr aber als ein Geistwesen, das dennoch teilweise irdischen Gesetzen untersteht.«

6 Mit den exorzistischen und emanzipatorischen Aspekten der nekromantischen Gespensterkunde in Heines Lyrik befasst sich ein unpublizierter Vortrag von Hans-Georg Kemper, den ich freundlicherweise einsehen konnte.

7 In der »Romantischen Schule« etwa wird die gespenstische Anwesenheit des Mittelalters in der Gegenwart behauptet: »Das deutsche Mittelalter« heißt es hier, »liegt nicht vermodert im Grabe, es wird vielmehr manchmal von einem bösen Gespenste belebt und tritt am hellen, lichten Tage in unsere Mitte und saugt uns das rote Leben aus der Brust ...« (B III, 495).

8 Etwa in der Elegie »Waldeinsamkeit« aus dem »Romanzero« (1851) stellt sich angesichts der Poesie Gespensterfurcht ein, da hier der Bruch zwischen einer mythopoetischen Welt der Naturdämonen und der entzauberten Moderne betont werden soll. Vgl. dazu ausführlich Markus Winkler: Mythisches Denken zwischen Romantik und Realismus. Zur Erfahrung kultureller Fremdheit im Werk Heinrich Heines. Tübingen 1995, S. 265.

9 Zum Gespenst in Heines Werk als »historiographische Grundfigur« und als Zeichen einer »radikale[n] historische[n] Diskontinuität« vgl. auch Walter Erhart: Heinrich Heine. Das Ende der Geschichte und ›verschiedenartige‹ Theorien zur Literatur. – In: Aufklärung und Skepsis. Internationaler Heine-Kongreß 1997 zum 200. Geburtstag. Hrsg. von Joseph A. Kruse, Bernd Witte und Karin Füllner. Stuttgart, Weimar 1999, S. 489–506, S. 498.

10 Zur Unwägbarkeit der gespenstischen Wiederkehr und zum Problem der Zeitlichkeit des Gespenstischen vgl. Jacques Derrida: Marx' Gespenster. Der verschuldete Staat, die Trauerarbeit und die neue Internationale. Dt. von Susanne Lüdemann. Frankfurt a. M. 1995, S. 28: »Frage der Wiederholung: Ein Gespenst ist immer ein Wiedergänger. Man kann sein Kommen und Gehen nicht kontrollieren, weil es *mit der Wiederkehr beginnt.*« Die Zeittheorie des Gespenstischen in der

Literatur des 18. und 19. Jahrhunderts untersucht ein Forschungsprojekt von Natalie Binczek, der ich an dieser Stelle für Anregungen danken möchte.

11 Der erste Band der Sammlung »Der Salon« erschien 1834, der vierte und abschließende 1840. Der Titel ist eine Anspielung auf die periodisch stattfindenden Ausstellungen von Werken lebender Künstler im Pariser Louvre, die Heine auf seine Sammlung von Prosatexten und Gedichten – die Abhandlung »Französische Maler«, »Gedichte« und »Aus den Memoiren des Herren von Schnabelewopski« (erster Teil), »Zur Geschichte der Religion und Philosophie in Deutschland« und »Frühlingslieder" (zweiter Teil), »Florentinische Nächte«, »Elementargeister« und »Über den Denunzianten« (dritter Teil), »Der Rabbi von Bacherach«, und »Über die französische Bühne« (vierter Teil) – übertrug.

12 Zur Einbettung der »Florentinischen Nächte« in die Tradition novellistischen Erzählens, insbesondere zur Historisierung und Kritik Heines an der romantischen Novellentheorie im Sinne einer Rückbesinnung auf die gesellschaftspolitische Orientierung der Novelle bei Boccaccio vgl. Bettina Knauer: Heinrich Heines ›Florentinische Nächte‹. Form und Funktion novellistischen Erzählens und esoterischer Allegorik. – In: Aufklärung und Skepsis [Anm. 9], S. 833–845.

13 Vgl. dazu ausführlich Christine Mielke: Der Tod und das novellistische Erzählen. Heinrich Heines ›Florentinische Nächte‹. – In: HJb 41 (2002), S. 54–82.

14 Vgl. dazu Rudolf Drux: Mit romantischen Traumfrauen gegen die Pest der Zeit. Heinrich Heines ›Florentinische Nächte‹ im dritten Teil des Salons. – In: Literatur und Politik der Heine-Zeit. Hrsg. von Hartmut Kircher und Maria Klanska. Köln u. a. 1998, S. 36–41.

15 Vgl. dazu Hannelore Schlaffer: Poetik der Novelle. Stuttgart 1993, S. 12 sowie Volker Klotz: Erzählen als Enttöten. Vorläufige Notizen zu zyklischem, instrumentalem und praktischem Erzählen. – In: Erzählforschung. Ein Symposion. Hrsg. von Eberhard Lämmert. Stuttgart 1982, S. 319–334, S. 332.

16 Es gehört »zum Formgesetz der Gespenstergeschichte […], den Einbruch des Unheimlichen in die Alltagswelt zunächst mit allen Mitteln der schaurigen Stimmungszauberei zu gestalten und eine Lösung oder Erklärung des Rätselhaften entweder gar nicht oder erst ganz am Ende zu bieten«. Vgl. dazu Wilpert [Anm. 5], S. 7.

17 »Nur dämmernd war das Zimmer von einer einzigen Lampe erhellt. Diese warf, dann und wann, halb furchtsame halb neugierige Lichter über das Antlitz der kranken Frau, welche, ganz angekleidet, in weißem Musselin, auf einem grünseidnen Sofa hingestreckt lag und ruhig schlief. Schweigend, mit verschränkten Armen, stand Maximilian einige Zeit vor der Schlafenden und betrachtete die schönen Glieder, die das leichte Gewand mehr offenbarte als verhüllte, und jedesmal wenn die Lampe einen Lichtstreif über das blasse Antlitz warf, erbebte sein Herz. Um Gott! sprach er leise vor sich hin, was ist das? Welche Erinnerung wird in mir wach? Ja, jetzt weiß ichs. Dieses weiße Bild auf dem grünen Grunde, ja, jetzt …« (B I, 558).

18 Zur Figur des Arztes vgl. auch Andras Sandor: Auf der Suche nach der vergehenden Zeit. Heines ›Florentinische Nächte‹ und das Problem der Avantgarde. In: HJb 19 (1980), S. 101–130, S. 111.

19 Vgl. dazu Jürgen Fohrmann: Heines Marmor. – In: Heinrich Heine. Neue Wege der Forschung. Hrsg. von Christian Liedtke. Darmstadt 2000, S. 274–291, S. 283.

20 In Bruchstück A 1 zu »Florentinische Nächte« verbindet Heine die italienische Renaissance mit dem Gespenstischen: Das italienische Volk nehme durch seine Leidenschaft für Marmor und Tod sowie durch seinen Widerwillen gegen das laute Leben der Moderne »selber den Charakter eines Gespenstes« an, es werde »dadurch gleichsam aus der Wirklichkeit entrückt und ins Reich der Träume versetzt«. Vgl. DHA V, S. 362 ff.

21 Ernst Florens Friedrich Chladni: Die Akustik. Mit 12 Kupfertafeln. Leipzig 1802, Vorrede IXf.

22 Chladni beschreibt dieses Phänomen in seinen »Entdeckungen über die Theorie des Klanges« folgendermaßen: »Alle Stellen des klingenden Körpers, an denen die Axe von den schlangenförmigen Krümmungen durchschnitten wird, lassen sich, wenn dessen Oberfläche gerade ist, und horizontal gehalten wird, sichtbar machen, wenn man vor oder bey dem Streichen etwas Sand auf dieselbe streuet, welcher von den schwingenden Stellen, öfters mit vieler Heftigkeit, heruntergeworfen wird, und an den sich nicht bewegenden Stellen liegend bleibt.« Vgl. dazu Ernst Florens Friedrich Chladni: Entdeckungen über die Theorie des Klanges. Mit eilf Kupfertafeln. Leipzig 1787, S. 4. Und weil ja das Resonanzphänomen dem Prinzip der ›Nötigung‹ folgt, kann die Scheibe, so Chladni weiter, wenn man sie »an verschiedenen Stellen hält oder auflegt, und an verschiedenen Stellen des Randes streicht, […] jedesmal genoethiget werden […], sich anders abzutheilen, wodurch andere Töne, und bey dem Aufstreuen des Sandes auch andere Figuren zum Vorschein kommen«. Ebd., S. 54.

23 Vgl. dazu Bettine Menke: Töne – Hören. – In: Poetologien des Wissens um 1800. Hrsg. von Joseph Vogl. München 1999, S. 69–95.

24 Zu denken ist hier etwa an Wackenroders Berglinger aus den »Herzensergießungen eines kunstliebenden Klosterbruders«. Für Berglinger nämlich, für den die Musik etwas Göttliches ist, garantiert das Modell der Resonanz die Harmonie zwischen seiner Seele als Klangkörper und den Klängen der Natur, in denen noch die kosmischen Sphärenklänge des goldenen Zeitalters nachhallen: Und zwar deshalb, weil sich die gleichsam göttliche Gewalt der Töne ›unmittelbar‹ in mannigfaltige Bilder transformiert, die in seinem Innern aufsteigen und dabei das Tiefste und Wunderbarste zu verstehen geben, also metaphysischen Gehalts sind.

25 Johann Wilhelm Ritter: Fragmente aus dem Nachlasse eines jungen Physikers. Faksimiledruck nach der Ausgabe von 1810. Mit einem Nachwort von Heinrich Schipperges. 2 Bde. Heidelberg 1969, Bd. II, S. 242f.

26 Ebd., S. 228. Und vergleichbar behauptet Novalis mit Bezug auf Chladnis Klangfiguren-Experimente eine ursprüngliche Identität zwischen Buchstaben- und Lautfigur: Erstere ergäben sich durch eine analoge Aufzeichnung der Luftbewegungen einzelner Laute, mithin dadurch, dass sich in ihrem lautlichen Material dessen physikalische Voraussetzungen selbst abbilden. In dem entsprechenden Fragment aus dem »Allgemeinen Brouillon« wird das so formuliert: »Figurierte Schallbewegungen wie *Buchstaben*. […] Man (zwingt) eigentlich den Schall dazu *sich selbst abzudrucken* – zu *chiffrieren* – auf eine *Kupfertafel* zu bringen.« Vgl. dazu Novalis: Schriften. Die Werke Friedrich von Hardenbergs. Hrsg. von Paul Kluckhohn und Richard Samuel. 5 Bde. Stuttgart 1960–1988, Bd. III. Das philosophische Werk II. Hrsg. von Richard Samuel in Zusammenarbeit mit Hans-Joachim Mähl und Gerhard Schulz. Stuttgart u. a. 1983, S. 305.

27 Denn »gleichwie die Maschinen in England uns wie Menschen vorkommen, so erscheinen uns dort die Menschen wie Maschinen. Ja, Holz, Eisen und Messing scheinen dort den Geist des Menschen usurpiert zu haben und vor Geistesfülle fast wahnsinnig geworden zu sein, während der entgeistete Mensch, als ein hohles Gespenst, ganz maschinenmäßig seine Gewohnheitsgeschäfte verrichtet, zur bestimmten Minute Beefsteake frißt, Parlamentsreden hält, seine Nägel bürstet, in die Stage-Coach steigt oder sich aufhängt.« (B I, 589).

28 Mit Bezug auf diese leidenschaftliche Signatur wurde auch von einer sich hier ankündigenden »Leidenschafts-Poetik« Heines gesprochen, die – so die wenig überzeugende Argumentation – wegen des Zusammenhangs von Rausch und Tod neuplatonische Wurzeln haben soll. Kai Neubauer: Heinrich Heines heroische Leidenschaften. Anthropologie der Sinnlichkeit von Bruno bis Feuerbach. Stuttgart, Weimar 2000, S. 144.

²⁹ Diese polyphonische Offenheit des Textes gilt es ernst zu nehmen. Sie widerspricht der Plausibilität von allegorischen Lesarten, wie etwa derjenigen von Ralph Martin: Die Wiederkehr der Götter Griechenlands. Zur Entstehung des ›Hellenismus‹-Gedankens bei Heinrich Heine. Sigmaringen 1999, S. 139–224, der die Novelle als allegorische Darstellung von Heines politischem Befreiungsgedanken liest und hierfür, die semiotische Komplexität der Novelle reduzierend, immer wieder eindeutige Zuordnungen von Motiven und Figuren zu konkreten historischen Personen und realpolitischen Ereignissen unternimmt.

³⁰ Vgl. dagegen Bettina Knauer, die in der Arztfigur, wie auch Ralph Martin, eine Anspielung auf Friedrich Schlegel und seine Programmatik der romantischen Schule erkennt und sie, das hier betonte Zitierverfahren nicht berücksichtigend, mit Schlegel als rückwärtsgewandtem Propheten identifiziert. Knauer: [Anm. 12], S. 837 f.

»Vitzliputzli« –
mehr als eine Zeitreise zu den Azteken

Von Ursula Broicher, Krefeld

In den »Florentinischen Nächten« vergleicht Heine die Besucheransammlungen in den Pariser Salons mit »Raritätenboutiquen, [...] wo die Reliquien aller Zeiten kunterbunt neben einander ruhen: ein griechischer Apollo neben einer chinesischen Pagode, ein mexikanischer Vitzliputzli neben einem gothischen Ecce-homo«, und summiert diese Reliquien »als lauter abgefärbte, verstümmelte Gottheiten aus allen Zeitaltern, [...] woran niemand mehr glaubt.« (DHA V, 236)

Den mexikanischen Kriegsgott Vitzliputzli[1] hat Heine fast 15 Jahre später zur Titelfigur des Gedichtes gemacht, das das erste Buch des »Romanzero«, die »Historien«, abschließt und ein Ereignis der mexikanischen Geschichte zum Thema hat, das im Jahr 1521 das Ende des aztekischen Reiches einleitete.

Damit gestaltete Heine eine historische Begebenheit, die für die damaligen Leser 330 Jahre zurücklag, und in der der Kriegsgott Vitzliputzli die abgefärbte, verstümmelte Gottheit hätte sein können, als die Heine diesen selber bezeichnet hatte. Er gab dem historischen Geschehen aber eine Aktualität, die die folgende Interpretation des Textes darlegen möchte. Denn Heine griff bei dieser Zeitreise in die Vergangenheit der Azteken nicht nur deren Schicksal auf, sondern verbarg darin auch eine Zeitreise in sein eigenes Leben und das seines Volkes.

*

Das »Präludium« stellt Amerika in der Fernwehstimmung vor, die seit der Julirevolution von 1830 und dem Scheitern der 1848er Revolution das geistige Klima in Europa prägte: die der Europamüdigkeit.[2] Der Begriff »europamüde« wird im dem »Präludium« folgenden ersten Teil explizit verwendet (DHA III, 60) und in der ersten Strophe des »Präludiums« in einer umschriebenen Form (ebd., 56). Und dazu in einem Kontext, in dem die Europamüdigkeit gesteigert ist. Denn die Ablehnung Europas geht weit über Europa hinaus. Der Dichter verurteilt nämlich auch die Spuren Europas in der Neuen Welt, die schon »Europäisiret abwelkt«.[3] Das Attribut einer neuen Welt gibt Heine nur jenem Paradies im Natur- und Gesundzustand, das Kolumbus flutenfrisch und farbensprühend »aus dem Ozean hervorzog« (ebd.).

> Dieses ist Amerika!
> Dieses ist die neue Welt!
> Nicht die heutige, die schon
> Europäisiret abwelkt.– (ebd.)

Damit fügte Heine dem in seiner Zeit und in seinem Werk mehrfach angeschlagenen Thema der Europamüdigkeit eine Steigerung hinzu, die er wenig später noch weiter ausdehnt: er spricht von einer

> […] Menschheit,
> Die nicht bloß Europamüde,
> Sondern Afrikas und Asiens
> Endlich gleichfalls müde worden – – (ebd., 60)

Dabei hatte Heine in seinen bisherigen Texten mit dem Thema der Fremde ausgesprochen gerne und erfolgreich operiert, hatte Fernweh und Reiselust in Verse und Prosa gebracht, und nicht nur das Liebchen, sondern mit ihm auch die Leser in europaferne Länder getragen.

> Auf Flügeln des Gesanges,
> Herzliebchen, trag' ich dich fort,
> Fort nach den Fluren des Ganges,
> Dort weiß ich den schönsten Ort. (DHA I, 141)

Außerhalb von Europa war die Welt noch insoweit in Ordnung, als sie morgenländisch »heiter und bunt« (DHA VII, 262), keine »enge Krämerwelt« (DHA II, 79) war und die Menschen nicht an einem »dumpfen abendländischen« Wesen (DHA VII, 262) litten. Amerika wurde unter Hineinnahme des aktuellen politischen Aspektes in den »Reisebildern« als Zufluchtsort für freie Geister herausgestellt:

> […] freye Geister haben jetzt im Nothfall einen noch bessern Zufluchtsort, würde auch ganz Europa ein einziger Kerker, so gäbe es jetzt noch immer ein anderes Loch zum Entschlüpfen, das ist Amerika, und Gottlob! das Loch ist noch größer als der Kerker selbst. (ebd., 73)

In »Vitzliputzli« gilt diese Zufluchtfunktion nur noch für jenes Amerika, das noch keine Spuren der europäischen Zivilisation trägt und in dem auch der erzählende Poet die eigenen Zivilisations- und Krankheitsspuren nicht vorfindet.

> […] keiner
> Ist blasirt und keiner hat
> In dem Rückgratmark die Schwindsucht. (DHA III, 57)

Er stellt sich in diesem Präludium zunächst einmal selbst vor als jemand, der sich in einer gesunden Umgebung ausgesprochen wohl fühlt, die neuen Sinneseindrücke aufnimmt – schnatternde Vögel, neue Düfte –, aber dennoch die alte Welt insoweit nicht abschütteln kann, als er für die Sinneseindrücke in der neuen Welt nach Erinnerungen in der alten Welt sucht: in London (Regentstreet), in Rotterdam; sich an die deutsche politische Entwicklung (Affensteißcouleuren) »mit Wehmuth« erinnert, weil diese seit Barbarossa – so möchte man den Beginn des »Präludiums« wieder aufgreifen – abgewelkt ist oder – zieht man eine Passage aus dem »Wintermährchen« heran[4] – nur noch das Altdeutsche repräsentiert.

Und damit findet Heine auf seiner poetischen Zeitreise eine Anknüpfung an ein Ereignis der altmexikanischen Geschichte, als die Spanier unter ihrem Heerführer Fernando Cortez das Reich der Azteken eroberten.

Heine brachte seinem Publikum hier einen Stoff in Verse, für den in seiner Zeit ein großes Interesse bestand. Dazu hatten Alexander von Humboldts Reiseberichte über Mexiko seit 1803, weiter die Öffnung der mexikanischen Grenzen für Reisende 1821 in das von Spanien unabhängig werdende Land beigetragen.[5] Seit 1827 finden sich in Heines Werk Hinweise, dass er sich mit der mexikanischen Geschichte beschäftigte und »Lesefrüchte aus Geschichtswerke[n] über Mexiko bzw. Mittelamerika« (DHA III, 684) in einer persönlichen Akzentuierung an seine an fremden Ländern und Lebensgewohnheiten interessierten Leser weitergab.

Im »Romanzero« nun breitete er vor seinen Lesern aus der altmexikanischen Geschichte jenes historische Ereignis aus, das Grauen und Schrecken erregen konnte. Er hatte sich also noch in der Matratzengruft ein Gespür dafür bewahrt, welche Stoffe das Publikum faszinierten. Aber dieses Publikumsinteresse allein war es nicht, das Heine zu der Geschichte der Azteken hinzog, sondern ein Aspekt, der seine eigene Biographie berührte. Seit der Barockzeit erschienen in Europa Werke zur Geschichte der Eroberung von Mexiko, in denen Cortez als ein neuer Moses und die Eroberung der Indianer als deren Befreiung aus der ägyptischen Gefangenschaft gedeutet wurden.[6] Die Azteken wurden mit den Juden verglichen, ihr Aufbruch von Atzlan, ihrem ursprünglichen Siedlungsort, und die Wanderung zu dem geweissagten Ort der Niederlassung mit dem Auszug der Kinder Israel aus Ägypten ins gelobte Land verglichen[7] – das letztere übrigens noch in heutigen Darstellungen.[8]

Heine Zeitreise in das aztekische Mexiko fand damit einen sein Innerstes ergreifenden Berührungspunkt und ist eine verständliche Erklärung dafür, dass der Historienerzähler Heine im ersten Teil des Poems nicht direkt mit den Ereignissen der Jahre 1520/1521 beginnt, sondern zuerst die Deutung dieses Ereignisses in der europäischen Geschichtsschreibung kritisch fokussiert, die ihn mit Trauer und Schmerz erfüllt.

Das gelobte Land der Azteken, dieses arme, dieses geliebte Mexiko, wie Vitzliputzli im dritten Teil des Gedichtes klagt, wurde von den christlichen Spaniern zum Untergang gebracht, und der spanische Eroberer Fernando Cortez dafür in Europa als Held gefeiert, obwohl er, wie Heine anklagt, nur ein frecher Räuberhauptmann war, dem es gelang, sich hinter Christoph Kolumbus ins Ruhmesbuch der Neuzeit zu schreiben und darüber hinaus diese Position in den Schulbüchern der nachwachsenden Generationen unberührt von jeder ideologiekritischen Problematisierung bis in die Jetztzeit zu behalten.

> Und der Schulbub auf der Schulbank
> Lernt auswendig beide Namen –
>
> Nach dem Christoval Kolumbus,
> Nennt er jetzt Fernando Cortez
> Als den zweiten großen Mann
> In dem Pantheon der Neuwelt. (DHA III, 59)

Heine knüpft an diese Verse eine abwägende Frage, deren Antwort sich der Leser – geleitet durch die Konnotation der verwendeten Wörter – selber geben kann.

> Heldenschicksals letzte Tücke:
> Unser Name wird gekoppelt
> Mit dem Namen eines Schächers
> In der Menschen Angedenken.
>
> Wär's nicht besser, ganz verhallen
> Unbekannt, als mit sich schleppen
> Durch die langen Ewigkeiten
> Solche Namenskameradschaft? (ebd., 59 f.)

Ich möchte neben der ideologiekritischen Deutung noch eine weitere Interpretationsmöglichkeit dieser zwei Strophen vorlegen. Denn meiner Meinung nach greift Heine in diesen Strophen nicht nur den problematischen Fall von Heldenverbindung im »Pantheon der Neuwelt« unter neuer Aspektierung und mit einem Frageappell an die Leser weiter auf, sondern weist auch auf einen Fall von Namenskopplung hin, der den vorher erwähnten in seiner äußersten Tücke noch übersteigt. Und der, liest man das Possessivpronomen der zweiten Zeile in besonderer Betonung als »*unser* Name«, sich auf Heines Volk, das jüdische Volk bezieht und auf die ultimative Tücke, mit der in der alten, der europäischen Welt der Name der Juden, die Heine in den »Geständnissen« als »gewaltige unbeugsame Männer [...] trotz achtzehn Jahrhunderten der Verfolgung und des Elends« (DHA XV,41) und somit als Helden vorstellt, mit dem eines Räubers verkoppelt wird. Den Gebrauch des Begriffes ›Schächer‹ für Räuber verstehe ich nicht im faktischen testamentlichen Sinne in Bezug zur Kreuzigung Christi, sondern als einen Hinweis auf die biblischen Zeiten, bis zu denen dieser Fall zurückgeht. Folgt man dieser existenziellen Deutung, kann man sagen:

Hier wird von der Gegenwart des Erzählers aus zurückgehend eine weite Zeitspanne – lange Ewigkeiten – und zugleich ein weiter Problemhorizont aufgefächert, in denen die schmerzlichen Geschichtserfahrungen des jüdischen Volkes und Heines persönliche Lebenserfahrungen in nonchalanter Sprache und dennoch ergreifender Weise bewusst gemacht werden. Der Name ›Jude‹ war in der Menschen Angedenken mit dem des römischen Statthalters Pontius Pilatus verkoppelt, der Jesus Christus hatte töten lassen[9], und der den Juden dadurch im christlichen Europa die Anerkennung geraubt hatte, deren Folgen auch Heines Leben prägten.

Bereits im vierten Teil der »Reisebilder«, den »Englischen Fragmenten« räsonierte Heine über die Verbindung von Pontius Pilatus mit der kontrastierenden Gestalt Jesu und zudem über deren beider Namensunvergesslichkeit, wenn er dort schreibt: »Ist doch, in ähnlicher Weise, der Name Pontius Pilatus ebenso unvergeßlich geblieben, wie der Name Christi«. (DHA VII, 261) An eben dieser Stelle geht er auch auf die Kontraste ein, die zwei andere Helden bilden, Wellington und Napoleon, und räsoniert über die Magie von Heroen und die Magie ihres Namens. Wenig später begegnet man im Text der von Heine für sich attestierten Europamüdigkeit. Hier also schon findet man die Thematik der »Vitzliputzli«-Passage eng beieinander.

Man kann daraus den Schluss ziehen, dass Heine durch die intensive Beschäftigung mit seinen eigenen früheren Werken, die er für die geplante Gesamtausgabe seit 1846 durchgesehen hat, zu dieser ›Heldenbetrachtung‹ im »Vitzliputzli« inspiriert worden ist, dass die Zeitreise in die Vergangenheit der Azteken auch eine Zeitreise in die Vergangenheit des eigenen Schaffens ist.

Ich möchte aber noch weiter gehen und sagen, dass sie auch eine Zeitreise in die Vergangenheit seines eigenen Lebens ist, in die Jahre des Studiums, als Heine das erlebte, was auch die Azteken erlitten: die Akkulturation. Bereits 1826 verbindet Heine die Eroberung von Mexiko mit der Glaubenspassion eines Volkes, wenn er in »Die Nordsee« an der von Cortez eingeleiteten europäischen Eroberung der neuen Welt hervorhebt, dass Spanien den »alten Glauben der Mexikaner zerstört« und »ihre Gemüther gar stark umgewühlt und gepflügt und mit Christenthum besäet« (DHA VI, 161) habe, eine Zerstörung, die ähnlich jener ist, die Heine an sich selbst erlebte, als er sich aus Karriereüberlegungen am 25. Juni 1825 christlich taufen ließ. Mit der Absage an den Religionsgründer Moses verschaffte er sich das Entreebillett zur europäischen Kultur, wie er es genannt hat, aber dies war ein Akt, der ihn existentiell sehr verstörte. Zudem ließen die Angehörigen dieser christlichen Zivilisationsgemeinschaft, der er nun angehörte, in europäischer Blasiertheit, wie es im »Präludium« angedeutet wird, nicht davon ab, den Urteilsspruch des Pontius Pilatus als Täterschaft des jüdischen Volkes an dem Leiden und dem Tod Christi im preußischen, ja europäischen Bewusstsein wach zu halten.[10] In der die »Hebräischen Melodien« abschließenden »Disputazion« greift Heine diese christliche Schmähung erneut auf:

> Seine Mörder, Volk der Rachsucht,
> Juden, das seyd Ihr gewesen –
> Immer meuchelt Ihr den Heiland,
> Welcher kommt, Euch zu erlösen. (DHA III, 163)

Eine jüdische Passion auf europäischem Boden, in der alten Welt, in der »eben das Volk, das der Welt einen Gott gegeben, und dessen ganzes Leben nur Gottesandacht athmete, […] als Deicide verschrien« ward (DHA XV, 44), wie Heine in den »Geständnissen« schreibt und in den Strophen fünf bis zwölf des ersten »Vitzliputzli«-Teils in Verse bringt. Diese enden mit seiner eigenen – verschlungenen – Antwort auf die in Strophe sechs gestellte Frage.[11] Sie wird – herausfordernd unpathetisch – als eine Heldenskalierung vorgetragen, an deren Ende das Geständnis seiner Favorisierung von Moses steht.

> Einer nur, ein einz'ger Held,
> Gab uns mehr und gab uns Bessres
> Als Kolumbus, das ist jener,
> Der uns einen Gott gegeben.
>
> Sein Herr Vater, der hieß Amram,
> Seine Mutter hieß Jochebeth,
> Und er selber, Moses heißt er,
> Und er ist mein bester Heros. (DHA III, 60)

Die bis zur äußersten Schlichtheit gesteigerte Sprache scheint mir bewusst gewählt, um die arglose Offenheit toleranter Menschen sprachlich zu demonstrieren, wie sie auch dem aztekischen König Montezuma eignete, dessen verhängnisvolles Schicksal Heine in den nachfolgenden Versen schildert.

Heines Aufmerken auf das Schicksal des aztekischen Volkes wird also begleitet von einem Erkenntnisinteresse an der jüdischen Passion und sein Flugritt nach der Neuwelt Mexiko hat auch immer die alte Welt, die europäischen Zustände im Blick.

Die Neuwelt Mexiko wird von dem Erzähler Heine zunächst noch als schön bezeichnet. Denn sie hat die Merkmale der von Kolumbus entdeckten Welt mit einem verschwenderisch gastlichen König, der aus europäischer Perspektive als unzivilisiert und abergläubisch gesehen wird und den Europäern daher die Legitimation gibt, Zivilisation und Glauben zu bringen.

Heine gestaltet aus den Quellenvorlagen ausführlich das Faktum der Großmut des heidnischen Monarchen gegenüber den Spaniern und der vorgetäuschten Gastlichkeit der Spanier, jene Überlieferung, dass Cortez den aztekischen König Montezuma zu einem Fest einlädt und die Spanier seine Arglosigkeit hinterlistig zum Schaden des Königs missbrauchen. Eine Situation, die in analoger Konstellation im »Rabbi von Bacherach« geschildert wird. Dort lädt der Rabbi zwei Männer, die sich als reisende Glaubensgenossen ausgeben, zur Feier des Paschafestes ein und muss wenig später feststellen, dass sie die Gastfreundschaft missbraucht und dem aufgereizten Volk einen Anlass gegeben haben, die Juden zu plündern und zu ermorden (DHA V, 114 ff.).

Im »Vitzliputzli« zieht die hinterlistige Gefangennahme Montezumas seinen Tod nach sich, der Volkszorn brandet wie »erzürnte Menschenwellen«[12] gegen die Spanier an und treibt diese zur Flucht.

Der Rückzug entwickelte sich zunächst zugunsten der Indianer. Denn »Alt-Europas strenge Kriegskunst« bot in Altmexiko geringen Vorteil und tödlichen Nachteil die sündige Missachtung des christlichen Gebotes: »Du sollst nicht stehlen« durch spanische Soldaten, denen die Mitnahme des erpressten, erbeuteten Heidengoldes die Flucht vor den tödlichen Pfeilen der Azteken unmöglich machte.

> Ach, die gelbe Sündenlast
>
> […] das teuflische Metall
> Ward nicht bloß der armen Seele,
> Sondern auch dem Leib verderblich (DHA III, 64).

In Verbindung mit dem aztekischen Gold bringt Heine, anders als Prescott, der das Adjektiv »unselig« (DHA III, 697) und de Solis, der »elend«[13] verwendet, erstmals den Begriff »teuflisch«[14] ins Spiel, den er im dritten Teil als Substantiv wieder aufgreift. Teuflisch war das Gold insoweit, als es die goldgierigen Spanier gerade der christlichen ewigen Seligkeit beraubte, die diese den Azteken durch Bekehrung bringen wollten, aber es brachte ebenso auch Montezumas Reich, dem Reich dieses arglos-blinden Königs, den Untergang, von dem Heine im dritten Teil des Gedichtes spricht.

Heine erzählt den Schreckenstag des Kampfes nicht einseitig. Er gestaltet nicht nur den Kampfeszorn der Azteken, sondern nimmt allmählich auch die Spanier in sein Mitleiden auf. Die erst noch als »fremde Strolche« und als »kecke Abentheurer« bezeichneten Spanier werden »Hispaniens Söhne« (DHA III, 61 f.) genannt. Für deren Situation fern der Heimat empfindet Heine die (eigenen) Exilserfahrungen mit dem Verzicht auf die vertrauten Religionsriten und die heimische Küche nach, später teilt er die Spanier in die »vielen«, die gierig das gestohlene Gold mitschleppen, und »gar manchen / Hochvortrefflichen Hidalgo« (ebd., 64 f.), Repräsentanten einer edlen Soldateska, deren Handeln der Erzähler, hier den europäischen

Quellen folgend, positiv sieht und durch Hinzuerfindung eigener Episoden – wie den Tod Raimond de Mendozas, dem »Sohn der schönen Abbatissin« (ebd., 70) – romantisiert. Wieder, wie im »Präludium«, wo er bekannte, »durch jahrelangen Umgang / Mit den Todten, […] /Der Verstorbenen Manieren /Und geheime Seltsamkeiten« (ebd., 58) angenommen zu haben, sieht er nun auch die Situation der Spanier nicht nur mit der Betroffenheit eines Europäers, sondern eines europäischen Juden. Für die Trauer der fernab von der Heimat Seienden lässt er zweimal – darauf hat Anne Maximiliane Jäger hingewiesen – den berühmten 137. Psalm, den »Exil-Psalm«[15] anklingen: das »Seegestade«, das die fliehenden Spanier erreichen, ist »Karg bepflanzt mit Trauerweiden«, dort stehen sie später »Traurig unter Trauerweiden«. (DHA III, 66, 68).

Dadurch gewinnt Heines Zeitreise in die altmexikanische Vergangenheit eine Weitsicht des Leidens, die den erzählenden Poeten als jemand ausweist, der, frei von »jener Bornirtheit« (DHA XV, 50), die mit dem Fanatismus einhergeht, das Geschehen in der neuen Welt betrachtet und dabei auch die alte Welt und das Land der Bibel in seinen Blick und in sein Mitleiden aufgenommen hat.

Das zeigt sich vor allem bei der Schilderung der »Spuknacht der Triumphes« (DHA III, 66), die Heine weiterhin mit seinen »aus der ihm vertrauten Imagologie sich speisenden Assoziationen« unterlegt, wie Andreas Böhn darlegt.[16] Er assoziiert – um Böhns Beispiele aus vorwiegend christlichem Bildbereich noch zu ergänzen – die aztekische Götzenburg mit ägyptischen, babylonischen und assyrischen kolossalen Bauwerken, also aus jener alttestamentlichen (Architektur-)Periode, in der sich »massenhafte Passion« aussprach (DHA XIV, 128), wie Heine dies bei der Charakterisierung des britischen Malers Martin erläutert.

Er assoziiert den aztekischen Kriegsgott Vitzliputzli mit europäischen Abbildungen in Basel und Brüssel, in denen blasser Tod und ungeniertes Leben kontrastieren, und stellt diese Assoziationen nicht nur als seine persönlichen dar, sondern zieht durch die häufige Verwendung des Personal- bzw. Possessivpronomens ›wir‹ und ›unser‹ die europäische Lesergemeinschaft mit in diese Sehweise ein. Diese prononcierte Verknüpfung des aztekischen Schauplatzes mit bibelländischen und europäischen Kunstprodukten ist von ausgesprochen provozierender Naivität.

Provozierend deshalb, weil der Gott Vitzliputzli für die Europäer der Inbegriff des Fremden, Heidnischen, Teuflischen war. Die Gleichsetzung des aztekischen Kriegsgottes mit dem Teufel schlechthin und dessen Sicht als Affe Gottes geschah schon bald, nachdem die Europäer mit den religiösen Riten der Azteken bekannt geworden waren. Sie diente ihnen als Rechtfertigung für die ›conquista espiritual‹, die geistige Eroberung[17], was bedeutete, dass die Völkerschaften der Neuen Welt vom heidnischen Götzenkult und Joch des Teufels befreit werden sollten.[18] Dennoch behielt – welch ein Kontrast – dieser aztekische Kriegsgott als deifiziertes Böse für die Europäer den Reiz des Fremden, den sie ihrer Kulturgeschichte produktiv einverleibten.

Heine könnte Vitzliputzli bereits in seiner Berliner Zeit begegnet sein. Anne Maximiliane Jäger hat auf die Oper »Fernando Cortez oder die Eroberung Mexiko's« hingewiesen, mit der der Berliner Generalmusikdirektor Spontini in der Königlichen Oper Berlin 1822 sein Debüt als Dirigent gab und die Heine in seinen »Briefen aus Berlin« zweimal erwähnt.[19] Für diese Oper entwarf Karl Friedrich Schinkel die Bühnenbilder und präsentierte im Hintergrund der Bühne als Symbolfigur altmexikanischen Daseins[20] einen affenartig entstellten Teufel als Vitzliputzli. Es sei hier auch darauf hingewiesen, dass sich im Berliner Schloss die Figur eines Vitzliputzlis befand, und zwar über einer der östlichen Türen, die den Rittersaal mit den Paradekammern verband, »eine erhöht stehende, halb menschliche Figur in Frontalansicht, wohl mit einem Federbusch auf dem Haupt, mit Fledermausflügeln, großem Gesicht auf dem Bauch und Bocksbeinen, die in der rechten Hand einen Stab und mit der linken einen ovalen Schild trug.«[21] Diese Darstellung des aztekischen Kriegsgottes war nicht die authentisch aztekische Wiedergabe dieses Gottes, sondern war Teufelsdarstellungen entlehnt, wie sie schon vor der Entdeckung Amerikas in der europäischen Kunst anzutreffen waren.[22]

In den vierziger Jahren dürfte Heine eine weitere europäische Einverleibung und erfolgreiche Vermarktung des bösen Ungetüms in die Hände gefallen sein, im wörtlichen Sinne: denn Heine spielte Karten.[23] Heine dürfte – wenn Schmerzpausen eintraten – in der Abgeschiedenheit der Matratzengruft sich auf die gleiche Weise die Langeweile vertrieben haben, wie Petrus im Gedicht »Himmelfahrt«[24], und neben L'hombre, ein Spiel, das Schiller gerne spielte, dem Tarock gehuldigt haben, wie er es dem »Apollogott« im »Romanzero« als Laster zuschreibt:

> Haben kein Pläsir am Sohne,
> Dieser spielt sehr gut die Leyer,
> Aber leider noch viel besser
> Spielt er oft Tarok und l'Hombre. (DHA III, 36)

Das Tarockspiel, ein sehr schwieriges Spiel mit insgesamt 78 Karten, wurde, seit es seit der Mitte des 18. Jahrhunderts seinen Siegeszug durch Europa begann, mit bildlichen Darstellungen in immer neuen Motiven in den Handel gebracht. Es gab das Tarockspiel mit mythologischen Szenen, mit Sprichwörtern, das Tiertarock, – und als Tribut an das europäische Fernweh – das Tarock der fernen Länder[25], das Tarock mit völkerkundlichen Motiven.

Auf Blatt XXI[26] eines solchen völkerkundlichen Tarocks aus dem 1. Viertel des 19. Jahrhunderts findet sich eine Darstellung »Vitzliputzli«. Vergleicht man sie mit der Beschreibung Vitzliputzlis in Heines Gedicht, dann tritt auch hier der gleiche Effekt ein:

> Dort auf seinem Thron-Altar
> Sitzt der große Vitzliputzli,
> Mexikos blutrünst'ger Kriegsgott.
> Ist ein böses Ungethüm,
>
> Doch sein Aeußres ist so putzig,
> So verschnörkelt und so kindisch,
> Daß es trotz des innern Grausens
> Dennoch unsre Lachlust kitzelt –

> Und bey seinem Anblick denken
> Wir zu gleicher Zeit etwa
> An den blassen Tod von Basel
> Und an Brüssels Mannke-Piß. (DHA III, 67)

In demselben Kartenspiel befindet sich die Karte XVI beschriftet: Insel: Otahiti. Hier könnte Heine beim Bild der »Fluthenfrische[n]« Welt an jene Insel Otahaity gedacht haben, auf der Kolumbus bei seiner Entdeckungsfahrt der neuen Welt am 6. Dezember 1492 landete.[27] Hier fand Heine – möglicherweise ergänzt durch weitere zeitgenössische Abbildungen mit der Darstellung des Religionsritus um den Gott Vitzliputzli, die auch Böhn annimmt[28] –, jene »Welt in Miniatur« (DHA III, 409) vor, in der das Grausige »so puppenniedlich und nette« (ebd., 37) war: in der es einen Oberpriester in rotem »Kamisölchen« zu sehen gab, und einen Kriegsgott, der sogar mit den Augenwimpern zwinkerte, und »Tempel Musici«, deren imaginierte Musik sich nur in einer undifferenzierten Kindersprache als »Gerassel und Getute« (ebd., 67 f.) wiedergeben ließ.

Heine nutzt diese vorgefundene Verkleinerung als vorbereitenden Kontrast für die Darstellung eines Leidensganges, den er für seine europäischen Leser auf die Augennähe der Spanier heranholt, und die Darstellung dann eskalieren lässt zu einem grausamen Schauspiel. Zu einem Kulturprodukt, dem in Europa die Darstellung der gesamten Welt, auch der fremden nichtchristlichen, offenstand, wie das Beispiel des »Vitzliputzli« lehrt. Heine demonstriert daran ein Exemplum seiner Intention, »etwas literarisches zu geben das noch nicht da war« (HSA XX, 232). Er lässt die europäische christliche Lesergemeinde mit den Augen der Spanier sehen und hören, was bei einem heidnischen Menschenopfer geschieht, und dies mit Verben, die die akustische Schmerzgrenze ausloten – kreischen, schleifen, überheulen –, er durchsetzt das Erzählen mit anthropologischer Belehrung auf der Basis eines platten Materialismus und einer Bewertung des christlichen Mysteriums nach der These des Daumer'schen Satzes vom christlichen Molochismus (DHA III, 704).

> Und des Vitzliputzli-Tempels
> Helle Plattform ist die Bühne
> Wo zur Siegesfeier jetzt
> Ein Mysterium tragirt wird.
>
> Menschenopfer heißt das Stück.
> Uralt ist der Stoff, die Fabel;
> In der christlichen Behandlung
> Ist das Schauspiel nicht so gräßlich.

> Denn dem Blute wurde Rothwein,
> Und dem Leichnam, welcher vorkam,
> Wurde eine harmlos dünne
> Mehlbreyspeis transsubstituiret –
>
> Diesmal aber, bey den Wilden,
> War der Spaß sehr roh und ernsthaft
> Aufgefaßt: Man speiste Fleisch,
> Und das Blut war Menschenblut.
>
> Diesmal war es gar das Vollblut
> Von Altchristen, das sich nie,
> Nie vermischt hat mit dem Blute
> Der Moresken und der Juden. (DHA III, 68 f.)

Heines provozierende Perspektivierung des Menschenopfers in christlicher und heidnischer ›Behandlung‹ dürfte in ihrer Negativemotionalität gespeist sein aus jüdischen Erfahrungen: aus dem Aufbegehren gegen die christliche Mär, die die Juden des Menschenopfers bezichtigte. Im 1840 erschienenen »Rabbi von Bacherach« beklagt Heine das »läppische, in Chroniken und Legenden bis zum Ekel oft wiederholte Mährchen: daß die Juden [...] an ihrem Paschafeste Christenkinder schlachteten, um das Blut derselben bey ihrem nächtlichen Gottesdienste zu gebrauchen(DHA V, 110). Durch ein aktuelles Ereignis wurde dieser Mär neue Nahrung gegeben: Als am 5. Februar 1840 in Damaskus ein Kapuzinerpater mit seinem Diener verschwand, wurden die Damaszener Juden beschuldigt – durch den französischen Konsul Ratti-Menton als treibender Kraft – diese ermordet zu haben, um christliches Blut für die Feier des bevorstehenden Paschafestes zu haben. Sieben angesehene reiche Juden wurden gefangen genommen und grausam gefoltert. Ratti-Menton sorgte dafür, dass in französischen katholischen Zeitungen und liberalen Blättern die Anschuldigungen gegen die Juden verbreitet wurden. Erst am 6. September 1840 wurde die Anklage fallengelassen und die überlebt habenden angeklagten Juden freigelassen. Heine berichtete über die Ereignisse in Damaskus und die europäischen Reaktionen darauf in mehreren Artikeln für die Augsburger »Allgemeine Zeitung«. Im Artikel vom 3. Juni 1840 geißelt er den französischen Minister der auswärtigen Angelegenheiten, Thiers, wegen seiner Perfidie.

> In seinen Morgenaudienzen versichert Herr Thiers mit der Miene der höchsten Ueberzeugung, es sey eine ausgemachte Sache, daß die Juden Christenblut am Paschafeste söffen, *chacun à son goût*, alle Zeugenaussagen hätten bestätigt, daß der Rabbiner von Damaskus den Pater Thomas abgeschlachtet und sein Blut getrunken, – das Fleisch sei wahrscheinlich von geringern Synagogenbeamten verschmaust worden [...] (DHA XIII, 59 f.).

Das ist in Prosa eine genaue Entsprechung zu den Strophen:

> Freu' dich, Vitzliputzli, freu' dich,
> Heute giebt es Spanier-Blut,
> Und am warmen Dufte wirst du
> Gierig laben deine Nase.
>
> Heute werden dir geschlachtet
> Achtzig Spanier, stolze Braten[29]
> Für die Tafel deiner Priester,
> Die sich an dem Fleisch erquicken. (DHA III, 69)

Hier enthüllt sich eine weitere Wurzel von Heines gesteigerter Europamüdigkeit angesichts von politischen Ereignissen, durch die der im Orient angefachte Fanatismus gegen die Juden in den Okzident getragen wurde. Und nicht nur in Frankreich, sondern auch in Deutschland wurde diese alte Mär verbreitet: In Antonio de Solis »Geschichte von Mexiko«, die 1838 in deutscher Übersetzung in Leipzig und Quedlinburg erschien, in der de Solis auch über den aztekischen Ritus des Menschenopfers schrieb und auf die anderen Völker hinwies, die diesen praktizierten. Heine könnte dieses Werk, das er sich 1851 schriftlich nach Paris bestellte (DHA III, 701), bereits bei seiner Deutschlandreise gelesen oder von ihrem Inhalt gehört haben.

> Die Menschenopfer begannen fast zu gleicher Zeit mit dem Götzendienste, und schon vor Jahrhunderten führte sie der Teufel bei diesen Völkern ein, von wo sie bis zu den Israeliten kamen, welche bei der Hochzeit von Kanaan ihre Kinder opferten.[30]

In der »AZ« wehrte Heine sich gegen diese in Preußen und Frankreich wieder auflebenden Antisemitismen in einer deutlichen Prosa: »Nein, die Nachkömmlinge Israels, des reinen auserlesenen Priestervolks, sie essen […] keine alte Franziskaner, sie trinken kein Blut […]« (DHA XIII, 61). In der Poesie bringt er dieses Abwehren auf verborgene Art vor. Die Schilderung des Menschenopfers endet mit der Strophe:

> Auf der Bühne, grellbeleuchtet,
> Sahen sie auch ganz genau
> Die Gestalten und die Mienen –
> Sah'n das Messer, sah'n das Blut – (DHA III, 70)

Bereits bei der Schilderung des Opferganges hatte Heine sich durch die Bezeichnung der Azteken als »Wilde« von diesen distanziert und das heidnische Menschenopfer als »Kannibalen-Charivari«(DHA III, 69 f.) bezeichnet. Charivari ist ein Wort, das sich aus dem Mittellateinischen carivarium = Katzenmusik entwickelt hat, in Paris aber auch der Titel einer 1832 gegründeten satirischen Zeitschrift war, in der, wie es der Satire als Gattung entspricht, stets »die Leser zu Richtern« aufgerufen werden.[31] Auch hier ruft Heine in der die Schilderung des aztekischen Menschenopfers abschließenden Strophe die Leser zu Richtern auf. Ich verstehe diese Strophe als einen verborgenen Appell. Hinter dem insistierenden Hinweis auf die Zeugenschaft der Spanier – sahen sie auch ganz genau – bei diesem Menschenopfer unter optimalen Lichtbedingungen – grellbeleuchtet – steht für mich die Aufforderung an die europäischen Leser, doch Augenzeugen zu bringen, Augenzeugen dafür, dass Juden Christen dergestalt getötet haben, wie ihnen das »läppische, in Chroniken und Legenden bis zum Ekel oft wiederholte Mährchen« nachsagt. Denn hierin unterscheiden sich die Azteken, zu denen Heine als Volk, dessen gelobtes Land untergegangen war, Gemeinsamkeiten gefunden hatte, von dem jüdischen Volk:

> Aber nein, […] im Morgenland eben so wenig wie im Abendland erlaubt das alte Testament seinen Bekennern solche schmutzige Atzung, der Abscheu der Juden vor jedem Blutgenuß ist ihnen ganz eigenthümlich, er spricht sich aus in den ersten Dogmen ihrer Religion, in allen ihren Sanitätsgesetzen, in ihren Reinigungszeremonien, in ihrer Grundanschauung vom Reinen und Unreinen, in dieser tiefsinnig cosmogonischen Offenbarung über die materielle Reinheit der Thierwelt, welche gleichsam eine physische Ethik bildet […] (DHA XIII, 61).

Diese christlich-europäische Unterstellung ist nicht mehr als »occzidentaler Aberglauben« (ebd., 46) und hat ebenso hybride Züge wie die christliche Haltung, die in den letzten vier Strophen des zweiten Teils des »Vitzliputzli« dargestellt wird: Heine hat die Trauer der überlebenden Spanier angesichts des miterlebten Menschenopfers in einer fast bis zum Kitsch gehenden Stilisierung gezeichnet, wie sie in den europäischen Quellen zur mexikanischen Geschichte gelesen werden kann: Schilderungen über die durch Tränen sichtbare, aber dennoch gefasste Trauer des Feldherrn Cortez finden sich bei Diaz del Castillo (DHA III, 699), bei de Solis[32], bei Prescott (DHA III, 699). Heine dürfte sie um die Umrahmung mit christlichen Gebetsformeln erweitert haben, um die Verklärung der Altchristen auf jene provozierende Spitze zu treiben, auf der sie in das kritische Gegenteil umschlägt: Sie werden als Vollblut-Christen par excellence dargestellt, Vollblut-Christen aber auch deshalb, weil sie ihr Blut »nie / Nie vermischt« hatten »mit dem Blute / Der Moresken und der Juden« (ebd., 69).

Die aztekische »Spuknacht des Triumphes« (ebd., 66) schildert die Leiden der Spanier durch den Ritus des Menschenopfers in der heidnischen neuen Welt, aber implizit auch die Passion der Juden durch die Fehldeutung ihres Ritus in der christlichen alten Welt.[33] Eine Diffamierung »Durch die langen Ewigkeiten« (ebd., 60), deren Rächen Heine im dritten Teil dem heidnischen Kriegsgott Vitzliputzli überträgt.

*

Der dritte Teil des »Vitzliputzli« enthält das Zwiegespräch zwischen dem aztekischen Opferpriester, der um weitere Siege bittet, und dem aztekischen Kriegsgott, der in der Gegenrede das Projekt seiner Verwandlung zum Teufel und der Flucht nach Europa entwickelt. Heine könnte genauere Kenntnis über die Attribute des Vitzlipitzli gehabt haben. Die in Nürnberg aufbewahrte Vitzliputzlifigur hat einen Spiegel hinter ihrem Rücken – als ein »Verkünder der Zukunft, auch der Milde und des Zorns.«[34]

Der im zweiten Teil noch als kahlköpfiges Männlein im »scharlach Kamisölchen« vorgestellte Opferpriester hat die Verniedlichung verloren, ist reduziert auf eine rote Jacke, und überträgt nun die Verniedlichung auf den Kriegsgott als »Liebstes Göttchen« und dessen Namen, was ein kindliches Gehorsamsverhalten nach sich ziehen soll: »Willst du artig seyn«; »Aber artig mußt du seyn« (DHA III, 71 f.). Er räsoniert fragend und antwortend über die Fremden ausgesprochen volksmundpfiffig, was sich in der Verwendung des Sprichworts und der Entlarvung der handfest materiellen Interessen der christlichen Bekehrungshybris zeigt, und trägt dann – wie aus anderem Zusammenhang bekannt – läppische und auch böse Nachrede nach Art des Volkes über die Fremden zusammen – zweimal wird der Trägersatz: »und es heißt« (ebd., 72 f.) verwendet –, die in die Aufforderung mündet, die »Götterfresser« (ebd., 73) zu vertilgen. Die Verwendung dieses Wortes war einer der Gründe, weshalb der »Romanzero« in Preußen verboten wurde. (DHA III, 704). Dabei ist der Begriff inhaltlich dem in der europäisch-christlichen Geschichte bereitgehaltenen Vorwurf an die Juden, Deicide (DHA XV, 44), nämlich Gottestöter zu sein, so nah – und eine schon einmal vorweggenommene Rache Heines, mit der Anwendung dieses Wortes auf die Christen auch die Herabsetzung der Juden zu ahnen.

Vitzliputzli reagiert keineswegs so artig und so angepasst, wie der Opferpriester es schmeichelnd erreichen wollte, und vermaledeit die Muhme Rattenkönigin wegen ihres Rates zum Krieg: und der »Rath, er war ein Abgrund –« (DHA III, 74). Aber dieser Abgrund des Untergangs ist für den Kriegsgott Vitzliputzli nicht Folge faktischen Kriegsgeschehens, sondern Erfüllung der bösen, »Uralt bösen Prophezeyung«. Heine geht mit der Zeitangabe ›uralt‹ weit über die 300-jährige Geschichte der Azteken hinaus, geht möglicherweise zurück bis in uralt biblische Zeiten.[35]

In der überlieferten Geschichte der Azteken ist zweimal von einer Prophezeiung des Untergangs die Rede. Die erste Prophezeiung, die König Montezuma in seiner

Rede an die Untertanen erwähnte: »daß von Sonnen-Aufgang dereinst Männer kommen würden, welche die Regierung dieses Landes zu übernehmen, und dem Reich und der Herrschaft der Mexikaner ein Ende zu machen bestimmt seien« (bei Diaz del Castillo, DHA III, 688) und aufgrund derer der aztekische König Montezuma bereit ist, den Spaniern zu huldigen. Die zweite Zukunftsaussage ist die bei Diaz del Castillo und Prescott, aber auch bei de Solis genannte Zusicherung Vitzliputzlis, die Feinde in der aztekischen Opferpriester Hände liefern zu wollen. (DHA III, 701).

Heine bezieht sich eindeutig auf die erste Prophezeiung, jene »böse, / Uralt böse Prophezeyung« wohl im Sinne von Unheil bringender Weissagung, die zum Untergang der Azteken geführt hat und zum fortschreitenden Sieg des Christentums mit jener »alleinseligmachenden römisch-katholisch-apostolischen« (DHA XV, 48) Siegesgewißheit, die – wie Diaz del Castillo schreibt – den hl. Jakob und Mutter Maria zu Schutzpatronen der spanischen Eroberer machte (DHA III, 690)[36] und – wie de Solis schreibt – im Schlachtenglück das Mitwirken der Mutter Maria erkennen lasse.[37]

> Sie beschützt das Spaniervolk,
> Und wir müssen untergehen,
> Ich, der ärmste aller Götter,
> Und mein armes Mexiko. (DHA III, 74)

Heine hat mit seiner Erwähnung der Mutter Gottes eindeutig aus den Quellen geschöpft und ist in diesen Quellen einer christologischen Geschichtsinterpretation begegnet, die in ihrer Konstellation seiner mythologischen Geschichtsinterpretation entsprach, wie er sie bereits im zweiten »Nordsee«-Zyklus, in den »Göttern Griechenlands« dargelegt hatte: hier das siegreiche Christentum – dort die verdrängten, die besiegten griechischen Götter. In dem Gedicht, das er als Replik auf Friedrich Schillers »Die Götter Griechenlands« verstand, thematisierte Heine aber nicht nur, wie Schiller, das Verdrängtwerden der griechischen Götter. Heine hebt ausdrücklich das Los der Göttin Juno hervor als derjenigen, die ihre Herrschaft verloren hat

> Hat doch eine Andre das Zepter gewonnen,
> Und du bist nicht mehr die Himmelskön'ginn, (DHA I, 414)

Hier wird dieses Besiegtsein sowohl mit dem Gefühl der Rache als auch dem der Ohnmacht verbunden, wenn es in den »Göttern Griechenlands« weiter heißt:

> Und nimmermehr trifft deine Rache
> Die gottbefruchtete Jungfrau
> Und den wunderthätigen Gottessohn.

In »Vitzliputzli« ist die Ausgangskonstellation analog, wenn Heine Vitzliputzli den Untergang des Aztekenreiches folgendermaßen deuten lässt:

> [...] die Mutter Gottes.
>
> Diese ist es, die mir zürnet,
> Sie, die stolze Himmelsfürstin,
> Eine Jungfrau sonder Makel,
> Zauberkundig, wunderthätig.
>
> Sie beschützt das Spaniervolk,
> Und wir müssen untergehen,
> Ich, der ärmste aller Götter,
> Und mein armes Mexiko. (DHA III, 74).

Aber der aztekische Vitzliputzli geht nicht unter. Heine schafft ihm die Möglichkeit zur Rache. Die geplante Verwandlung des mexikanischen Gottes, der sein Projekt, das Rächen des geliebten Mexiko, durchführen will, indem er sich ›verteufelt‹ und in Europa teuflisch wirken will, ist eine nicht den historischen Quellen entsprechende Zugabe Heines.

Die letzten Strophen können mit dem Ernst gelesen werden, der der Negativität von Vitzliputzlis intendierter Rache und Heines künstlerischer Intention, für die großen Menschheitsfragen zu glühen, entspricht. Sie können aber auch nach der anderen Weise heinescher Verse gelesen werden: als böser Spaß eines göttlichen Teufels in der Attitüde des »Nordsee«-Zyklus: »Doktor, sind Sie des Teufels?« (DHA I, 389) –, der eine neue Karriere plant, als ob dies eine bürgerlich reputirliche Laufbahn im nachnapoleonischen Europa wäre, und dann alle Register ziehen will, um die Weisen akademischer Borniertheit, die Narren deutschtümelnder Prägung, die anti-saint-simonistisch Tugendhaften zu ködern. Und der – nach kollegialem Gruß an die biblischen Teufelskameraden – mit der herausfordernden Begrüßung der Sündenmutter Lilith als zukünftiger Lehrmeisterin die »hochgebenedeite Königinn des Himmels« (DHA XV, 51)[38] verstößt, deren »Legenden ihrer Huld und Güte« Heine in seiner »schönen Madonna-Periode« »in zierliche Reime« (ebd.) gebracht hatte, wie dieser am Ende seines Dichterlebens in den »Geständnissen« schreibt. Die Zeit der Akkulturation ist beendet. Nun will er von der jüdischen Lilith[39] deren »Grausamkeiten / Und die schöne Kunst der Lüge« lernen und als jüdischer Poet, den man nur zu deutlich hinter der Vermummung des göttlichen Teufels Vitzliputzli erkennt, gegen die auftrumpfen, die seine innovativen Gedichte aus dem Welttollhaus Paris als ›Poesie der Lüge‹[40] verurteilt und antisemitisch geschmäht hatten. Allen voran Arnold Ruge 1838 in den »Hallischen Jahrbüchern«[41], ebenso Karl Gutzkow, Wolfgang Menzel, Ludwig Wihl u. a.

Die Rache des verteufelten Gottes in und an Europa ist – wie sollte dies bei einem Dichter anders sein – literarischer Art. Aber von jener provozierend gegen den Zeitgeist gerichteten zweckfreien Art, mit der Heine durch die künstlerische Behandlung eines frevelhaften Stoffes die Autonomie der Kunst geltend machen will[42] und durch die er seine seit 1838 schwelende Verleumdung als ›Talent, doch kein Charakter‹ persiflierend in die Schranken weisen will. Und der mit diesem künstlerischen ›auf die Spitze treiben‹[43] sich vielleicht an einem Staat und einer Gesellschaft rächen will, die ihn eine neu-jüdische Literatur, wie er sie schon 1823 projiziert hatte, unter dem Druck der Akkulturation nie hat wagen lassen[44], und der nun, um 1850, fürchten muss, dass ihm dazu – wie Vitzliputzli – die Kräfte zur Ausführung bzw. mit den Worten Vitzliputzlis: zur Rettung fehlen.

> Mein geliebtes Mexiko,
> Nimmermehr kann ich es retten,
> Aber rächen will ich furchtbar
> Mein geliebtes Mexiko. (DHA III, 75)

Heine dürfte sich bei der weitaus bitterer vorgetragenen Projektion dieser letzten Strophe wohl der im »Präludium« gemachten Selbstcharakteristik in verneinender Form erinnert haben: […] keiner hat / In dem Rückgratmark die Schwindsucht (DHA III, 57). Diese hat ihn in den Zustand eines Erdenmüden gebracht, aber ihm den Triumph einer genial gedichteten Zeitreise nicht nehmen können, in der er in offener Form die Passion eines heidnischen und eines christlichen Volkes in der neuen Welt dargestellt hat und in die er in verborgener Form die leidvollen Erfahrungen seines eigenen Lebens und die des jüdischen Volkes in der alten Welt eingewoben hat.

Abschließend möchte ich noch einmal auf die erste Strophe des Gedichtes eingehen. Hier stellt ja der Erzähler der von Kolumbus entdeckten flutenfrischen Neuen Welt die europäisiert abwelkende heutige Neue Welt entgegen. Heine bezog sich bei dieser Beurteilung wohl auf jenen Aspekt der amerikanischen Zustände, die er unter dem 1. Juli 1830 im zweiten Buch des »Ludwig Börne« anspricht:

> Ihr lieben deutschen Bauern! geht nach Amerika! dort giebt es weder Fürsten noch Adel, alle Menschen sind dort gleich, gleiche Flegel … mit Ausnahme freylich einiger Millionen, die eine schwarze oder braune Haut haben und wie die Hunde behandelt werden! […]Wer auch nur im entferntesten Grade von einem Neger stammt, und wenn auch nicht mehr in der Farbe, sondern nur in der Gesichtsbildung eine solche Abstammung verräth, muß die größten Kränkungen erdulden, Kränkungen, die uns in Europa fabelhaft dünken. Dabey machen diese Amerikaner großes Wesen von ihrem Christenthum und sind die eifrigsten Kirchengänger. (DHA XI, 37).

Heine hat die christliche Ausgrenzung von Menschen auf das Bitterste empfunden, sie in seinem Spätwerk immer noch, aber viel verborgener angeklagt. »Vitzliputzli« ist hierfür ein Beispiel.

Anmerkungen

1 Es wird in dieser Untersuchung noch darauf eingegangen, wie bekannt der aztekische Kriegsgott seit der Barockzeit in Europa gewesen ist. Zu den in DHA III, 709 aufgeführten Hinweisen seien noch einige Zufallsfunde hinzugefügt: Goethe nennt ihn im »West-östlichen Divan« in Verbindung mit Renegatentum; Julius Eduard Hitzig erwähnt 1839 in seiner Vorrede zu Adelbert von Chamissos »Peter Schlemihl« das in Wien 1819 aufgeführte »komische Zauberspiel: Der Puzlivizli oder der Mann ohne Schatten« von Ferdinand Rosenau. Friedrich Hebbel verwendet den Namen in der Rezension der 4. Auflage von Heines »Buch der Lieder« 1841 und zwar im Zusammenhang mit der Frage nach der inneren Wahrheit der heineschen Poesie: »[...] denn von der Gestalt, worin eine Idee zur Erscheinung gelangt, hängt es ab, ob sie wie ein Jupiter verehrt, oder wie ein Vitzliputzli verspottet werden soll, doch eben um diesen Punkt wird der plumpe Ästhetiker sich nie bekümmern.« (Galley/Estermann VI, 455).

2 Dieser von Heine in den »Reisebildern« gebrauchte, auch von Immermann verwendete Begriff wurde von Ernst Willkomm für den Titel seines Romans ›Die Europamüden‹ (1838) verwendet. Ferdinand Kürnberger stellte diesem 1855 den Romantitel »Der Amerikamüde« entgegen.

3 S. dazu den Schluss dieser Untersuchung.

4 Dort sagt der Poet in Caput XVI im Traum zu Kaiser Barbarossa:
„Auch deine Fahne gefällt mir nicht mehr,
Die altdeutschen Narren verdarben
Mir schon in der Burschenschaft die Lust
An den schwarz-roth-goldnen Farben.« (DHA IV, 129).

5 Vgl. Susanne Zantop: Kolumbus, Humboldt, Heine: Über die Entdeckung Europas durch Amerika. – In: Differenz und Identität. Heinrich Heine (1797–1856). Europäische Perspektiven im 19. Jahrhundert. Hrsg. von Alfred Opitz. Trier 1998, S. 79–89.

6 Ferdinand Anders: Huitzilopochtli – Vitzliputzli – Fizlipuzli – Fitzebutz. Das Schicksal eines mexikanischen Gottes in Europa, – In: Focus Behaim Globus (= Ausstellungskataloge des Germanischen Nationalmuseums. Hrsg. von Gerhard Bott). Nürnberg 1992, S. 423–446, hier S. 431.

7 Ein solcher Vergleich soll in der deutschen Übersetzung des Werks von Antonio de Herrera y Tordesillas, »Zwölfter Teil der Neuen Welt«, Frankfurt 1623, genannt sein. Die Einsicht in dieses Werk in der Kölner Universitätsbibliothek war wegen der hohen Beschädigung des Buchs nicht möglich; das in der Universitäts- und Landesbibliothek Düsseldorf vorhandene Exemplar in einer lateinischen Übersetzung »Novis orbis sive Descriptio indiae occidentalis«, 1622, enthielt diesen Part nicht. Des weiteren soll dieser Vergleich in den Amerika-Werken der Frankfurter Drucker de Bry, deren Texte u. a. auf de Herrera basieren, enthalten sein. Mir liegt nur die gekürzte Reprint-Ausgabe de Brys vor, Leipzig 1977 f. In dieser von Friedemann Berger herausgegebenen Reprint von »Amerika oder die Neue Welt«, Frankfurt 1623, sind diese Hinweise im Anhang aufgeführt. Danach sind in dem von de Bry 1601 in Frankfurt herausgegebenem Werk »Warhafftige und eygentliche Abconterfeyung und Fürbildung aller fürnembsten Historien/seltzamen Art /Weise/Sitten und Ceremonien der Völcker,/deßgleichen auch der fürnembsten Stätte /Inseln und Festungen/ von welchem in diesem neundten Theil Americae oder der Weßt Indianischen Historien/ gehan-

delt wird//.Amerika oder die Neue Welt« mehrfach Hinweise auf Verbindungen zwischen den Indianern und den Juden. So wird in diesem Werk, dessen Text auf José de Acostas berühmtem Werk »Historia Natural y Moral de las Indias«, Sevilla 1590, basiert, die zeitgenössische Behauptung widerlegt, alle Indianer stammten von den Juden ab, die nach ihrer Wegführung unter dem assyrischen König Salmanassar nach Amerika gebracht worden seien (Bd. II, S. 213). Dennoch werden Zeremonien und Sitten der Indianer angeführt, »die denen des alttestamentlichen Judentums gleichen: Beschneidung, Eheschließung, Feste im Jahreskreislauf« (ebd., S. 214). Die Auffassung, dass die amerikanischen Indianer die verlorenen Stämme Israels seien, vertrat im 19. Jahrhundert der einflussreiche amerikanische Jude Mordechai Manuel Noah (1785–1851). Heine erwähnt ihn in einem Brief vom 23. 4. 1826 an Moses Moser (HSA XX, 241). Zu diesen Zusammenhängen wären weiterführende Forschungen nötig.

8 Die blutige Herrschaft der Azteken (Time-Life Bücher Untergegangene Kulturen), Amsterdam 1992, S. 36.

9 In der »Disputazion« kleidet Heine diesen Sachverhalt, vorgetragen aus der Sicht des Mönchs, in folgende Verse:
„Er erzählte: wie der Herr / […] später /Litt die herbe Pein des Todes // Unter Pontio Pilato, / Der das Urtheil unterschrieben, / Von den harten Pharisäern, / Von den Juden angetrieben.« (DHA III, 162).

10 Von den Zufallsfunden zu dieser Thematik möchte ich ein Beispiel aus den »Düsseldorfer Heften« anführen: Dort ist in Bd. VII (1854), Nr. 40 eine Karikatur abgebildet: In einer Gasse mit jüdischen Handelshäusern – links das von Moses Hirsch, rechts das von Simon & Levi – werden zwei Juden, Mitglieder der Familie Hirsch, von christlichen Passanten festgehalten und mit Händen und Pritschen geschlagen, worauf der im Vordergrund dargestellte Hirsch – so die Bildunterschrift – die Schuld am Tode Jesu von den ›Herschens‹ weg auf die ›Simons‹ schiebt.

11 Die Frage, ob es nicht besser wäre, unbekannt »zu verhallen«, beantwortet Heine in den späteren »Geständnissen« deutlicher und dergestalt, dass er stolz darauf sei, »daß seine Ahnen dem edlen Hause Israel angehörten, daß er ein Abkömmling jener Märtyrer, die der Welt einen Gott und eine Moral gegeben, und auf allen Schlachtfeldern des Gedankens gekämpft und gelitten haben.« (DHA XV, 42) Er nimmt die jüdische Ausnahmestellung in ihren Extremen an.

12 Diese Metapher begegnet auch bei Antonio de Solis: Geschichte der Eroberung von Mexiko. Aus dem Spanischen des Don Antonio de Solis übersetzt von L. G. Förster. 2 Bde. (= Geschichte der außereuropäischen Staaten. Hrsg. von mehreren Gelehrten.) Quedlinburg und Leipzig 1838, S. 132. Antonio de Solis y Rivadeneyra (1610–1686), spanischer Dramatiker und Historiograph, verfasste dieses Werk 1684. Dort heißt es zum späteren Kampf der Spanier mit den Indianern: Man gewann den aufgegebenen Raum wieder und drängte die Masse der Indianer auf allen Seiten mit solcher Schnelligkeit, daß das ganze Schlachtfeld ein stürmisches Menschenmeer zu sein schien, welchem auch Ebbe und Fluth nicht fehlten. (Bd. II, S. 147).

13 ebd., S. 132.

14 Das Adjektiv ›teuflisch‹ verwendet Diaz del Castillo bei der Beschreibung der rituellen Tötung der Gefangenen: Auf der gewölbten Oberfläche desselben [des Opfersteins] wurde ihre Brust, dem teuflischen Zwecke des priesterlichen Henkers entsprechend, gehoben (DHA III, 700). De Solis [Anm. 12] verwendet den Begriff ›Teufel‹ bei der Beschreibung des Polytheismus der Azteken. (Bd. I, S. 273).

15 Anne Maximiliane Jäger: Große Oper der alten neuen Welt. – In: HJb 39 (2000), S. 47–68, hier S. 54.

16 Andreas Böhn: Der fremde Mythos und die Mythisierung des Fremden. Heines politisch-literarische Mythologie in »Vitzliputzli«. – In: Aufklärung und Skepsis. Internationaler Heine-Kongreß 1997 zum 200. Geburtstag. Hrsg. von Joseph A. Kruse, Bernd Witte, Karin Füllner. Stuttgart, Weimar 1998, S. 367–378, hier S. 372.
17 Anders [Anm. 6], S. 435.
18 ebd., S. 431 ff.
19 Jäger [Anm. 15] weist auf die Erwähnung der Oper in den »Briefen aus Berlin« (DHA VI, 16 u. 26) und in der »Musikalischen Saison von 1844« (DHA XIV, 137) hin. Aufschlussreich ist auch die Passage zu dem Komponisten Spontini in »Lutezia«, in der Heine wieder eine Doppel- bzw. Viererpaarung, und diesmal eine jüdische, gegen den europäischen Spontini antreten lässt. Spontini, der in Paris weniger Erfolg hat als Meyerbeer, klagt vor der ägyptischen Statue in Paris: »Unseliger Pharao! du bist an meinem Unglück schuld. Ließest du die Kinder Israel nicht aus dem Lande Egypten fortziehen, oder hättest du sie sämmtlich im Nil ersäufen lassen, so wäre ich nicht durch Meyerbeer und Mendelssohn aus Berlin verdrängt worden [...]. Unseliger Pharao, [...] durch deine halben Maßregeln geschah es, daß ich jetzt ein zu Grunde gerichteter Mann bin – und Moses und Halevy und Mendelssohn und Meyerbeer haben gesiegt!« Solche Reden hält der unglückliche Mann, und wir können ihm unser Mitleid nicht versagen.« (DHA XIV, 138 f.).
20 Ursula Thiemer-Sachse: Huitzilopochtli – Vitzeputze, ein transkulturelles Phänomen: Wie der aztekische Kriegsgott zu einer Teufelsgestalt im deutschen Sprachgebrauch wurde. – In: De orbis Hispani linguis litteris historia moribus. Festschrift für Dietrich Briesemeister zum 60. Geburtstag. Hrsg. von Axel Schönberger und Klaus Zimmermann, Bd. II, S. 1197–1221, hier S. 1209.
21 http://www./berlinerschloss.html.
22 Siehe Liselotte Wiesinger: Deckengemälde im Berliner Schloß. Mit einem Beitrag von Goerd Peschken. Frankfurt a. M., Berlin 1992, Abbildung Nr. 67.
23 In den »Französischen Malern« erwähnt er angesichts eines Bildes von Delaroche mit Kartenspielern, dass diese »wahrscheinlich Landsknecht [spielen], ein sehr gutes Spiel, das ich selbst in Göttingen gespielt und worin ich einmal sechs Thaler gewonnen. (DHA XII, 36).
24 Petrus sagt zur armen Seele: »[...]Wenn dir die Pracht / Des Himmels einmal Langweile macht, / So komm zu mir; dann spielen wir Karten. / Ich kenne Spiele von allen Arten, / Vom Lanzknecht bis zum König Pharo« (DHA III, 210).
25 Detlef Hoffmann: Kultur- und Kunstgeschichte der Spielkarte. Mit einer Dokumentation von Margot Dietrich zu den Spielen des Deutschen Spielkarten-Museums Leinfelden-Echterdingen, Marburg 1995, S. 112; 148; 111.
26 Deutsches Spielkartenmuseum Leinfelden-Echterdingen, Inv.-Nr. B 386
27 Heine hatte in den »Briefen aus Berlin« bereits auf die Vorstellung ›Landung von Kolumbus auf Otahaity‹ durch die Blondinsche Reitertruppe hingewiesen. (DHA VI, 46).
28 Böhn [Anm. 16], S. 373.
29 In einem Brief an Gustav Kolb vom 21.4.1851 verwendet Heine eine ähnliche Metapher: aufgrund seiner »jetzigen Gottgläubigkeit« hätten gewisse Leute ihn gern als »fetten Braten« »für ihren Himmel« [...] canonisirt. (HSA XXX, 96).
30 de Solis [Anm. 12], Bd. I, S. 299.
31 Gero von Wilpert: Sachwörterbuch der Literatur, Stuttgart 1969, Stichwort ›Satire‹, S. 671.
32 De Solis [Anm. 12], Bd. II, S. 135.
33 In den »Hebräischen Melodien« des »Romanzero« bezeichnet der disputierende Mönch das Judenvolk als »Blutfraßgierig« (DHA III, 163).
34 Anders [Anm. 6], S. 427.

35 Kolumbus gründete seinen Glauben an die religiöse Mission seiner Fahrten auf biblische Weissagungen, vor allem auf die Prophezeiungen im 60. Jesaja-Kapitel, die Zions künftige Herrlichkeit verkünden, auf die Prophezeiungen bei Jesaja 65,17 und im apokryphen 4. Esra-Buch (de Bry: Amerika oder die Neue Welt [Anm. 7], Bd. I, S. 10).

36 Noch deutlicher ist der Hinweis auf die Mutter Gottes bei Diaz del Castillo, als er das unglückliche Gefecht der Spanier in Vera Cruz mit den Mexikanern schildert: »Aber er (Moteczuma) fragte, wieso seine Hauptleute mit weit über zweitausend Mann nicht mit den paar Teules fertig geworden seien. Man erwiderte ihm: die Tapferkeit seiner Mexikaner habe nicht ausgereicht, um die Teules völlig zu vernichten; denn an der Spitze der Weißen sei eine große spanische Göttin gestanden, welche die Feinde immer wieder zu neuen tapferen Taten angefeuert habe. Moteczuma soll davon überzeugt gewesen sein, daß die heilige Mutter Gottes diese erhabene Frau gewesen ist. (Diaz del Castillo, Die Eroberung von Mexiko, Frankfurt a. M. 1982, S. 227).

37 de Solis [Anm. 6], Bd. II, S. 149.

38 Im »Nachwort zum ›Romanzero‹« bezeichnet Heine auch die Venus von Milo mit dem christlichen Marienvokabular: »Nur mit Mühe schleppte ich mich zum Louvre, und ich brach fast zusammen, als ich in den erhabenen Saal trat, wo die hochgebenedeite Göttin der Schönheit, Unsere liebe Frau von Milo, auf ihrem Postamente steht.« (DHA III, 181).

39 Lilith, die erste Frau Adams, steht in der jüdischen Tradition für sexuelle Obsession, aber auch als die, die verleumdet wird.

40 Heine hatte dieser Verurteilung wohl selbst verbalen Vorschub geleistet durch Gedicht XX im »Neuen Frühling« »Die Rose duftet – doch ob sie empfindet / Das was sie duftet, ob die Nachtigall / Selbst fühlt, was sich durch unsre Seele windet, / Bey ihres Liedes süßem Widerhall; – // Ich weiß es nicht. Doch macht uns gar verdrießlich / Die Wahrheit oft! Und Ros' und Nachtigall, / Erlögen sie auch das Gefühl, ersprießlich / Wär' solche Lüge, wie in manchem Fall –« (DHA II, 40).

41 Bernd Kortländer: Freiligrath und Heine. – In: HJb 28 (1989), S. 143–157, hier S. 148.

42 Die bekannte Passage aus dem Brief vom 23.8.1838 an Karl Gutzkow lautet: ... sind auch meine angefochtenen Gedichte kein Futter für die rohe Menge. Sie sind in dieser Beziehung auf dem Holzwege. Nur vornehme Geister, denen die künstlerische Behandlung eines frevelhaften oder allzu natürlichen Stoffes ein geistreiches Vergnügen gewährt, können an jenen Gedichten Gefallen finden. Ein eigentliches Urtheil können nur wenige Deutsche über diese Gedichte aussprechen, da ihnen der Stoff selbst, die abnormen Amouren in einem Welttollhaus, wie Paris ist, unbekannt sind. Nicht die Moralbedürfnisse irgend eines verheuratheten Bürgers in einem Winkel Deutschlands, sondern die Autonomie der Kunst kommt hier in Frage. (HSA XXI, 292).

43 Sakolowski verwendet zur Kennzeichnung des »Romanzero« Charakterisierungen wie Grellheit, Hemmungslosigkeit, in mehrfachen Kombinationen den Begriff grotesk. (Sonja Sakolowski: Aut poeta aut nihil: Poesie als Vexierspiel in Heines ›Romanzero‹. – In: HJb 45 (2006), S. 74–101).

44 In einem Brief von Mai 1823 an Moses Moser schreibt er: »Hast Du an obigem Bilde nicht gemerkt daß ich ein jüdischer Dichter bin? Doch wozu soll ich mich genieren, wir sind ja unter uns, und ich spreche gern in unseren Nazionalbildern. Wenn einst Ganstown erbaut seyn wird und ein glücklicheres Geschlecht am Mississippi Lulef benscht und Matzes kaut, und eine neu-jüdische Literatur emporblüht, dann werden unsere jetzigen merkantilischen Börsenausdrücke zur poetischen Sprache gehören, und ein poetischer Urenkel des kleines Markus wird in Talles und Tefillim vor der ganzen Ganstowner Kille singen: Sie saßen an den Wassern der Spree und zählten Tresorscheine, da kamen ihre Feinde und sprachen gebt uns Londoner Wechsel – hoch ist der Cours. –

Genug der Selbstpersifflage.« (HSA XX, 87). Ich finde es bezeichnend, dass Heine 1823, als er mit den christlichen Akkulturations- = Missionierungsbestrebungen am intensivsten konfrontiert wurde, sich die neu-jüdische Literatur, die er damaligen Planungen entsprechend in Amerika aufblühen lässt, nur als Persiflage des ›Juden‹ vorstellen kann. Und ebenso persiflierend den Exilpsalm umgestaltet. Im »Romanzero« dagegen findet sich eine zunehmend gefühlsinnigere Verwendung des Exilpsalms und weiterer ›hebräischer Melodien‹, die darauf hindeuten, dass Heine sich in der Abgeschiedenheit der Matratzengruft immer mehr von diesem Akkulturationsdruck befreit hat.

II.
Heine und Schiller

Von Helmut Koopmann, Augsburg

Durch nahezu das gesamte Werk Heinrich Heines zieht ein Zug von Schiller-Anspielungen hindurch, aber es ist ein undeutlicher Zug: manches wird wörtlich zitiert, anderes hat Heine falsch erinnert, und gelegentlich wird auch ein Vers auf den Kopf gestellt. Dennoch wird man, wenn man diesen literarischen Einsprengseln folgt, zunächst das Gefühl nicht los, dass es Heine mit Schiller oft so erging wie Swift mit der Ankündigung an einer Jahrmarktsbude, der zufolge dort der größte Elefant der Welt zu sehen sei – außer seiner selbst. Erscheint Schiller wirklich, wenn er bei Heine erscheint? Erwähnt ist Schiller bei Heine immer wieder, selbst da, wo nicht direkt aus seinem Werk zitiert wird. Aber bezeichnend ist, dass er häufig einen ganzen Schwarm literarischer Trabanten um sich hat: er führt ein Gruppendasein, ist stets zur Stelle, wenn von der deutschen Klassik gesprochen wird, aber auch sonst tritt er immer wieder in Gesellschaft auf: ein sonderlich großes Eigenleben scheint er in Heines Vorstellungswelt nicht gehabt zu haben. Zuweilen war es Heine auch wohl nur um eine generelle Verteidigung dessen zu tun, was andere zu Unrecht angegriffen hatten: Er spricht manchmal wie ein Schutzpatron, der sich der Verratenen und Wehrlosen annimmt, vor allem jener, die sich nicht mehr wehren können, weil sie gestorben sind.

Ein gutes Beispiel liefert das Erste Buch der »Romantischen Schule«. Da geht es her über den Turnvater Friedrich Ludwig Jahn, der die nationale Turnbewegung in Deutschland begründet hatte und der immer wieder Zielscheibe des heineschen Spottes wurde, weil er Vertreter eines modernen Grobianismus war, einer der Franzosenfresser und geistiges Mitglied jener Burschenschaftler, die, wie Heine spöttisch in dem Gedicht »Michel nach dem Merz« (DHA III, 239 f.) sagt, sich für den Kaiser entflammten, wenn sie betrunken waren. Ein bornierter Nationalist also, reichlich mit schlechten Manieren versehen, und, wie es in der »Romantischen Schule« heißt, Vertreter eines idealischen Flegeltums, der eine plumpe, ungewaschene und schäbige Opposition gegen jene Gesinnung ins Werk gesetzt habe, die

> eben das Herrlichste und Heiligste ist, was Deutschland hervorgebracht hat, nemlich gegen jene Humanität, gegen jene allgemeine Menschen-Verbüderung, gegen jenen Cosmopolitismus, dem unsere großen Geister, Lessing, Herder, Schiller, Goethe, Jean Paul, dem alle Gebildeten in Deutschland immer gehuldigt haben. (DHA VIII, 141)

Ähnlich ist in »Ueber Polen« die Rede »von unsern edelsten Volkssprechern, Lessing, Herder, Schiller u. s. w.« (DHA VI, 65)

Schiller unter anderen, einer jener großen Geister, über die man aber vornehmlich dann etwas sagt, wenn man sie zusammen mit anderen Granden nennt: hier als Vertreter einer weltbürgerlichen Gesinnung, gegen den Arndts rückständige Deutschtümelei nur umso lächerlicher wirken musste. Manchmal sind die Reihungen noch willkürlicher, noch zufälliger. Im Börne-Buch erscheint Schiller zusammen mit Dante, Milton, Cervantes, Camoens, Philipp Sidney, Wolfgang Goethe – was sie verbindet, ist nichts anderes, als dass sie »nur Dichter« waren DHA XI, 121). Als Dichter ist Schiller bei Heine vor allem der Freiheitsdichter, der »für die großen Ideen der Revoluzion« schrieb, »die geistigen Bastillen« zerstörte, am »Tempel der Freyheit« baute, und zwar, wie Heine hinzusetzt, »an jenem ganz großen Tempel, der alle Nazionen, gleich einer einzigen Brüdergemeinde, umschließen soll«. Das klingt freilich so, als habe er eigentlich Lessing huldigen wollen und nicht dem zwanzig Jahre jüngeren Zeitgenossen. Doch dann wird Schiller in einen engeren Rahmen eingespannt: Am Anfang seines Lebens und Schreibens habe Hass gegen die Vergangenheit gestanden, am Schluss »Liebe für die Zukunft«. Die verkörpert sich für Heine vor allem in »Don Karlos«, genauer: in Marquis Posa. Das sei er selbst, so Heine, der Prophet und der Soldat, der auch für das kämpfe, was er prophezeie, und dann kommt noch ein ganz besonderes Lob: Er, Schiller, trage das schönste Herz unter seinem Mantel, »das jemals in Deutschland geliebt und gelitten hat« (DHA VIII, 153). Marquis Posa, Karl Moor: das sei Schiller selbst, und er sei darin ein wahrer Poet, dass er, als kleiner Nachschöpfer, seine Menschen nach dem eigenen Bilde erschaffe.

Doch sind das alles nicht nur Klischees? Im Übrigen steht Schiller immer wieder im Schatten Goethes, über den in der »Romantischen Schule« sehr viel mehr zu lesen ist. Im Anschluss an die Freiheitstirade zu Schiller ist bezeichnenderweise erneut von Goethe die Rede, und Goethe ist es, der die Maßstäbe setzt, nach denen auch Schiller gewertet wird. Und selbst wenn Schiller gar zum Gottsucher erklärt wird, der gespürt habe, dass Gottes heiliger Odem durch die Blätter der Geschichte wehe, und Schiller, so lautet Heines kühne Schlussfolgerung in Anlehnung an Friedrich Schlegels »Athenäum«, ein »rückwärtsgekehrter Prophet« geworden sei, der den »Abfall der Niederlande«, die »Geschichte des dreißigjährigen Kriegs« und die »Jungfrau von Orleans« und den »Wilhelm Tell« geschrieben habe (ebd., 154), so folgt doch gleich wieder der Zusatz: auch Goethe habe einige große Emanzipationsgeschichten besungen.

Nicht nur hier ragt der Schatten Goethes hinter Schiller auf. Heine kann im Grunde genommen kaum über Schiller sprechen, ohne nicht auch von Goethe zu handeln. Im Vergleich aber unterliegt Schiller. Heine stimmt denn auch nicht in den Chor jener ein, die Goethe zugunsten Schillers gering schätzen, zumal er weiß, dass da nicht nur Pustkuchen mit seinen falschen »Wilhelm Meisters Wanderjahren« ist, sondern eine ganze Reihe anderer, die sich kritisch an Goethe reiben, und mit denen möchte er nichts zu tun haben. Heine kehrt den Spieß um: Wo beide nebeneinander genannt werden, zieht Schiller bei ihm den Kürzeren. Am Ende dieser Schiller-Passage kommt sogar etwas hoch von Heines Kritik an Schiller, auch wenn er den in der »Romantischen Schule« gerade noch als Freiheitskämpfer gelobt hatte. Verdächtig macht ihn, dass er in den Augen Heines einfach der schlechtere Dichter ist. Heine schreibt:

> Oder wußte man wirklich nicht, daß jene hochgerühmten hochidealischen Gestalten, jene Altarbilder der Tugend und Sittlichkeit, die Schiller aufgestellt, weit leichter zu verfertigen waren als jene sündhaften, kleinweltlichen, befleckten Wesen, die uns Goethe in seinen Werken erblicken läßt? Wissen sie denn nicht, daß mittelmäßige Maler meist lebensgroße Heiligenbilder auf die Leinewand pinseln, daß aber schon ein großer Meister dazu gehört, um etwa einen spanischen Betteljungen, der sich laust, einen niederländischen Bauern, welcher kotzt, oder dem ein Zahn ausgezogen wird, und häßliche alte Weiber, wie wir sie auf kleinen holländischen Kabinettbildchen sehen, lebenswahr und technisch vollendet zu malen? Das Große und Furchtbare läßt sich in der Kunst weit leichter darstellen als das Kleine und Putzige. (ebd., 157)

Es fehlt Schiller, mit anderen Worten, an Leben und Lebendigkeit, und aus Schillers Tugend und Sittlichkeit spricht für Heine ein Typus, den er mit Goethe bekämpft hat – der Spiritualist. In den Notizen zur »Geschichte der Religion und Philosophie in Deutschland« heißt es einmal: »Göthe zeigt das Wechselverhältniß zwischen Natur und M‹en›sch – Schiller ist g‹an›z Spiritualist, abstrahirt v‹o›n der Natur, Kantische Aesthetik« (ebd., 449). Und ein andermal: »Schiller = hier feiert der Gedanke seine Orgien – nüchterne Begriffe« (ebd., 466). Schillers Kunstansichten seien geschwängert vom Geist der kantischen Philosophie, und das hieß für Heine im Umkehrschluss: »Der schönen Literatur und den schönen Künsten wurde diese kantesche Philosophie, wegen ihrer abstrakten Trockenheit, sehr schädlich. Zum Glück mischte sie sich nicht in die Kochkunst« (ebd., 90 f.). Von da bis zu Nietzsches Verdikt über Schiller als den Moraltrompeter von Säckingen ist es kein sehr weiter Weg.

Aber nicht nur der moralische Rigorismus Schillers hat Heine offenbar gestört, sondern nicht weniger dessen Lebensferne. Schiller: das war abstraktes Denken, eine tote Gedankenwelt. Goethe war Leben, Sensualismus, Heiterkeit, das war Heidentum, da fand die Rehabilitation des Fleisches statt, mit Goethe konnte man die »Ungenügbarkeit des Geistes« (ebd., 160) begreifen, und so gewann Goethe gegenüber dem hochnäsigen und abstrakten Geist Schillers im gleichen Maße, in dem jener verdächtig blieb. Goethe lebte am Hofe des Großherzogs von Weimar,

»lustig improvisirend«, und was immer auch in Weimar geschehen mochte, »überall aber sehen wir ihn klug, schön, liebenswürdig, eine holdselig erquickende Gestalt, ähnlich den ewigen Göttern« (ebd., 162). Das war fast schon Hagiographie. Schiller zieht den Kürzeren, wo immer er neben Goethe erscheint, und wenn Heine an ihm auch rühmt, dass er sich mit den Romantikern nicht groß eingelassen habe, nichts von ihnen habe wissen wollen, sich über ihre »impertinente Skandalsucht« ärgerte, sie »Laffen« nannte, weil sie durch Skandale Aufsehen machen wollten[1], so war Goethe in seiner Haltung zu den Romantikern im Vergleich mit Schiller der schlechthin Vornehmere: Er lächelte vornehm über sie hinweg. So reagierte eine fast göttliche Erscheinung, während Schiller nur die Widersacher bekämpfte. Zwar kam Heine nicht umhin, in Schiller wenn schon nicht den bedeutendsten, so doch den im Range auf Goethe folgenden Dichter zu sehen. Er zählt ihn zu »den edelsten, wenn auch nicht größten Dichtern der Deutschen«: So erscheint er einmal in der »Reise von München nach Genua« (DHA VII, 76). Aber es war gleichsam Schillers Verhängnis, dass es neben ihm Goethe gab, und wo immer der verherrlicht wurde, sank Schiller in Heines Urteil. Am Ende war Schiller gerade recht, um Goethes solitäre Dichterexistenz zu beschreiben: Heine meinte, dass Goethe sogar zusätzlich zu seinem eigenen Werk noch »einen ganzen Friedrich Schiller mit allen dessen Räubern, Pikkolominis, Louisen, Marien und Jungfrauen« hätte dichten können: so 1828 in der Menzel-Rezension (DHA X, 246). Verständlich, dass Schiller bei einer derartigen Dominanz Goethes kein eigenes Gesicht bekommen konnte.

Seine negative Einschätzung wurde um so größer, je stärker sich im Gefolge der falschen »Wilhelm Meisters Wanderjahre« von Pustkuchen die Vorstellung breit machte, dass Schiller eben doch die »idealisch edelsten Charaktere aufgestellt« (DHA VIII, 151) habe. Aber es war nicht nur Pustkuchen mit seinen Attacken auf Goethe, da war auch Menzel, der in seiner »Deutschen Literatur« Goethe kritisiert hatte – er sei zwar ein Talent, wenn auch kein Genie –, Schiller hingegen zu den »größten unter den poetischen Idealisten« rechnete und ihm »sittliche Schönheit« zusprach.[2] Wenn der Heine verhasste Menzel nun Schiller auf Kosten Goethes lobte, so löste das fast zwangsläufig eine Gegenreaktion aus: Da musste der Größere verteidigt werden, und darunter litt das, was Heine über Schiller zu sagen wusste. Die ganze »Romantische Schule« lief denn auch eigentlich auf eine Verteidigung des goetheschen Werkes hinaus – und eine Minderschätzung des schillerschen.

Sprach aus alledem auch Heines Ärger über den auf dem Buchmarkt allmächtigen Schiller? Nicht nur, dass es seit Pustkuchen Mode geworden war, Schiller hochzuspielen und Goethe herabzusetzen – auch der Buchhandel hatte sich zunehmend auf Schiller hin orientiert. Campe wusste davon ein Lied zu singen und schrieb am 14. März 1840 an Heine:

> Wie der Buchhandel im Verfall ist, können Sie Sich nicht denken, Schillers Werke, 12 schöne Bände, kosten 1 Ducaten, also 12 Franken 9 Franken netto […]. Von Schiller blickt man auf alles – alles Schillert! und giebt für die Bände das Maaß, das Gewicht her, wonach die Preise beurtheilt werden. Urtheilen Sie über alles dieses, wie Sie nur wollen […] (HSA XXV, 248).

Schillers Erfolg: das waren seine Gesamtausgaben, und Heine stand dieser sich explosionsartig ausbreitenden Wirkung Schillers verständlicherweise kritisch gegenüber.

So sind es denn gewissermaßen äußere Einflüsse, die das Urteil Heines über Schiller zumindest mitbestimmen. Dass die Romantiker Schiller kritisierten, machte Schiller für Heine andererseits wiederum akzeptabel und führte zur Aufwertung Schillers – nicht um seiner selbst willen, sondern weil die Romantiker ihn abgewertet hatten. Aber das Bild bleibt schwankend, vor allem dort, wo Schiller in Verbindung mit anderen gesehen wurde.

*

Eine derartige Sichtweise darf man freilich nicht ausschließlich Heine anlasten. Es gab im frühen 19. Jahrhundert durchaus so etwas wie ein netzwerkartiges Literaturbewusstsein, ein Sich-Orientieren in literarischen Gemeinschaften und Gegnerschaften, auch ein Denken in Abhängigkeit vom Denken anderer. Das hat es natürlich immer gegeben – aber die Umbruchzeit im ersten Drittel des 19. Jahrhunderts hat ein derartiges Vergleichen, Abwägen und Bewerten offenbar besonders gefördert. Man wird etwa den großen Realisten des späteren 19. Jahrhunderts kein ausgeprägtes Gruppenbewusstsein zuerkennen können, aber umso deutlicher manifestiert sich ein solches zwischen 1800 und 1840. Politische oder literarische Zweckbündnisse, Generationserfahrungen neuer Art gehören zum Erscheinungsbild dieser Zeit, und alles das bedeutet auch, dass Individualitäten kaum als solche gewertet wurden. Die Vorstellung, dass es Schulen gebe, war weit verbreitet; und Heine hat scheinbar als selbstverständlich genommen, dass auch Schiller oder Goethe jeweils »Vater einer Schule« (DHA VIII, 238 f.) seien. Uhland, so meinte Heine bezeichnenderweise, sei nicht der Vater einer Schule, aber er sei das Kind einer solchen, und aus der entspringe seine Originalität, seine eigentümliche Neuheit, und nicht aus ihm selbst. (ebd., 239) Es war für Heine auch ganz selbstverständlich, von einer »Parthey der Vergangenheit« (ebd., 242) zu sprechen, und dieses Denken in Lagern und Gruppen, in Genealogien und Zuordnungen, in Bündnissen und Parteien, vor allem aber eben in Schulen war damals fast selbstverständlich. (ebd., 207) Goethe und Schiller – das Weimarer Bündnis gegen die übrigen dichtenden Zeitgenossen hatte dieses Denken in Verbindungen und Gruppen ja ohnehin quasi legitimiert. Im Falle von Heines Urteilen über Schiller und Goethe aber kam noch etwas anderes hinzu: die Rivalität mit Börne. Goethe war für Börne eine fatale Persönlichkeit, ein »Knecht der Verhältnisse«[3], ein »Stabilitätsnarr«[4] und mehr noch als Goethe selbst, dessen Tagebücher für Börne eine »Bibel des Unglaubens«[5] waren, waren es die goetheschen Werke, die Börne leidenschaftlich attackierte, ins Lächerliche zog und mit immer schärferen Worten verurteilte. Ein Emanzipationsversuch? Auch Heine hat schon früh, was sein Verhältnis zu Goethe anging, vom »Contrast dieser Natur mit der meinigen« gesprochen (HSA XX, 200), aber doch gleichzeitig festgestellt, dass die goetheschen Schriften, auch wenn sie ihn im Grunde seiner Seele abstießen, von ihm »in poetischer Hinsicht immer verehrt« worden seien. Ist es zuviel gesagt, wenn man feststellt, dass Heines Goethe-Verehrung nicht zuletzt auch durch die erbitterte Goethe-Feindschaft Börnes mitbestimmt worden ist? Wenn Heine Schiller als Freiheitskämpfer und Revolutionsideologen nicht gerade feiert, aber doch rühmt, so war das in etwa auch eine Berichtigung der Darstellungen, die Börne von der deutschen Klassik gegeben hatte. Freilich: im Vergleich mit Heines Goethe-Darstellung blieb das Schiller-Bild auch da, wo Börne getroffen werden sollte, blass, und die Reduktion auf gängige Klischees, auf den Revolutionsdichter, den Kosmopoliten, den Kämpfer und Bannerträger revolutionärer Ideen waren eben »jene Altarbilder der Tugend und Sittlichkeit«, waren »jene hochgerühmten hochidealen Gestalten« (DHA VIII, 157), die Heine an Schiller bei aller Anerkennung als lebensfern kritisierte.

Die Schiller-Kenntnisse Heines waren an sich nicht schlecht. Schiller war schon schulischer Bildungsstoff gewesen, besonders seine Dramen, und nicht nur das; »Die Jungfrau von Orleans« war sogar Vorlage für Übersetzungen.[6] Schillers Gedichte wurden auswendig gelernt – manchmal scheiterte ein Schüler daran, so auch Heine: beim Aufsagen von Schillers »Kassandra« blieb ihm einmal buchstäblich die Sprache weg (DHA X, 31). Natürlich kannte er früh auch Goethe. 1824 soll er einmal gesagt haben, Goethe gefalle ihm mehr, aber Schiller liebe er mehr.[7] Zu den häufiger zitierten Stücken zählen die »Räuber« und »Maria Stuart«, »Don Karlos« und »Wallenstein«, aber auch von »Kabale und Liebe« und von »Fiesko« ist gelegentlich die Rede, ebenfalls von »Wilhelm Tell« und der »Braut von Messina«. Er hat die »Jungfrau von Orleans« in Berlin und »Don Karlos« in Hamburg gesehen, auch wohl »Kabale und Liebe« in Berlin. Doch intensiv dürfte seine Beschäftigung mit Schillers Dramen nicht gewesen sein. Und so erscheint denn Schiller gleichsam zwischen Klischee und literarischer Reminiszenz, oft im Verein mit anderen, so gut wie nie als literarische Individualität. Von Auseinandersetzungen und weiterreichenden Analysen keine Spur, nichts über den problematischen Schiller, den Geschichtsskeptiker Schiller, nichts über jenen Schiller, der in seinem Essay über die ästhetische Erziehung des Menschen quasi schon das voraus nahm, was in der Geschichte dann folgen sollte, nämlich das Bild der arbeitsteiligen Gesellschaft und der von Gegenmitteln sprach, wie diese Selbstentfremdung des Menschen bekämpft und aufgehoben werden könne. Auch nichts von jenem Schiller, der alles andere als ein Originalgenie war, der früh das Prinzip der literarischen Montage in extenso geübt hatte, der im übrigen experimentierfreudig war, der seine Dramenstoffe den literarischen Trends seiner Zeit anpasste, teils aus materiellen Zwängen heraus, teils aber auch, um diesen Strömungen zu steuern und sie auch dadurch zu beeinflussen, dass er sie scheinbar selbst vertrat. Und nichts von Schillers Streitbarkeit, wenn es um Kritik an seinen Zeitgenossen ging, und vor allem nichts über seine Abkehr von Kant, diese tief reichende Auseinandersetzung, die zunächst in vorbehaltloser Zustimmung begonnen hatte und dann schon in der Mitte der neunziger Jahre in eine Kant-Kritik gemündet hatte, die die Beschäftigung mit Kant sogar als Umweg erkennen ließ. Für Heine blieb Schiller eben zeitlebens der Kantianer, der seiner starren Begrifflichkeit und seiner Rigorosität wegen geradezu abschreckend gewirkt hatte. Bei Heine nichts vom Versuch einer Volkserziehung Schillers, nichts von den poetologischen Entwürfen in den ästhetischen Schriften, von Schillers Verhältnis zum Theater und den Möglichkeiten, die er diesem zusprach, nichts von Schillers Ordnungsdenken und auch nichts vom Zusammenbruch dieses Ordnungsdenkens spätestens seit dem »Wallenstein«, nichts über die neuen Ideen vom Kreislauf der Geschichte, die ja auf einen Widerruf der alten aufgeklärten Geschichtsvorstellung hinausliefen, nichts von der Kritik an einer fragwürdigen patriotischen Begeisterung, wie sie im »Wilhelm Tell« zu hören war: Die Liste der Schweigsamkeiten ist lang und könnte ohne Mühe noch verlängert werden. Nicht nur das, was Heine über Schiller sagte, blieb weitgehend Klischee – auch das, was er nicht sagte, verstärkte dieses Klischee, reduzierte Schiller auf wenige Züge, und daran war sicherlich nicht nur schuld, dass Heine selbst kein Dramatiker war und dass er sich deswegen für Schillers Dramen also nur mäßig interessierte. Wäre Schiller nicht so früh gestorben, es wäre denkbar, dass Heine sich mit ihm auf ähnliche Weise wie mit Goethe auseinandergesetzt hätte, dass sein Verhältnis zu ihm differenzierter geworden wäre und an Klischeehaftigkeit verloren hätte. Freilich: neben Goethe hätte Schiller auch dann wohl nicht bestehen können, und das nicht nur, weil Börne ein so erbitterter Goethe-Feind war, sondern wohl auch deswegen, weil Börne im Grunde so wenig zu Schiller gesagt hatte, dass auch Heine sich nicht bemüßigt fühlte, diesem Wenigem und dem Nichtgesagten zu widersprechen.

*

Aber entgegen allem ersten Anschein gibt es bei Heine stellenweise durchaus eine intensivere Auseinandersetzung mit Schiller: in den vielen Zitaten, die über Heines Werk verstreut sind und die von seiner Kenntnis, ja von seiner stellenweise sehr genauen Lektüre zeugen. Und da gibt es auch Kritik an Schiller: in Form von Kontrafakturen, von ironischen Umwertungen, von übertriebenen Pauschalisierungen und in einer Reihe von Versuchen, Schiller gewissermaßen zu belehren – über sich selbst. Manches ist freilich nur ironische Anspielung, wenn etwa in den »Traumbildern« von Rinaldo Rinaldini die Rede ist, von Schinderhanno, Orlandini, »Und besonders Carlo Moor / Nahm ich mir als Muster vor« (DHA I, 43). Aber es gibt auch ernsthaftere Angleichungen. Im ersten Nordseezyklus steht das Gedicht »Sonnenuntergang«. Wie kommt Heine auf das Thema? Hat ihn Goethes »Hochbild« im Buch »Suleika« des »Westöstlichen Divan« angeregt?[8] Doch vermutlich ist Schillers frühe Lyrik, vor allem seine »Hymne an die Sonne«[9] von großem Einfluss auf Heines Gedicht gewesen. Bei Schiller freilich ein Sonnenaufgangsgedicht – aber Heine, der Kontrafakturen zu Schiller liebte, schreibt eben nicht ein weiteres Sonnenaufgangsgedicht, sondern beschreibt den Sonnenuntergang. Auch anderes spricht für den Einfluss Schillers, so der Gebrauch der freien Rhythmen. Doch vor allem enthalten Heines Naturbilder Hinweise auf Schiller, etwa auf das Gedicht »Die Gröse der Welt« und die »Hymne an den Unendlichen«[10]. Der »Griffel des Blizes«[11] bei Schiller, aus dem bei Heine der »zackige Wetterstrahl« (DHA I, 399) geworden ist, das Gedicht »Sturm« im ersten Zyklus, das das Motiv von der Wiege des Sturms aus Schillers »Hymne an den Unendlichen« aufzunehmen scheint, Schillers Gewittersturm, der sich in Heines Gedicht »Gewitter« zu spiegeln scheint, bei Schiller der Flug des Windes bis zum Strand und den Wogen[12] und die »Lüftesegler« (DHA I, 407) bei Heine; die »Wolken des Himmels« und die »Segler der Lüfte«: sie erscheinen bei Heine auch noch einmal in den »Bädern von Lukka« (DHA VII, 164), hier allerdings vielleicht nach der Klage der Maria in »Maria Stuart«.[13]

Es gibt weitere Ähnlichkeiten: Neologismen bei Schiller, Neologismen bei Heine. Es ist, alles in allem, zu vermuten, dass die frühe Lyrik Schillers die Heines, seine Bildlichkeit und seine Sprache viel stärker beeinflusst hat, als man das bisher wahrhaben wollte. »Regenbogenfarbigtes Geschäume« in dem Gedicht »Melancholie an Laura«[14] bei Schiller, dort auch die »Sonnenaufgangsglut«, die »lodernden Strahlen der Sonne«, des Weltraums »Labyrinthenbahnen«[15], die »Geistersonne«, der Gewittersturm, der den Fels »heruntedrönt«[16], die Erde als Grabeshügel: Das ist eine geradezu elementare Bildlichkeit, sind kühne Wortprägungen, und man kann sich kaum des Eindrucks erwehren, dass sich dergleichen in Heines Nordseebildern wiederfindet.

Mit Händen zu greifen ist der Einfluss Schillers auf Heines »Die Götter Griechenlands« (DHA I, 413 ff.). Heine antwortet damit auf das Gedicht Schillers, das den gleichen Titel trägt; es ist Nachdichtung und Kontrafaktur in einem.[17] In Schillers Gedicht sind die Götter Griechenlands verschwunden, nur dem Dichter ist es möglich, sie noch einmal erinnernd erscheinen zu lassen. Schillers Thema ist das »Damals«, und zum »Damals« gehört auch die Erscheinung des Todes: in der griechischen Welt kein »gräßliches Gerippe«, sondern ein Genius, der die Fackel senkt –

ein Leben führen die Untergegangenen nur noch »im Gesang«. In Heines Gedicht
hingegen erscheinen die Götter wirklich, denn was er sieht, sind »keine Wolken«,
sondern

> Das sind sie selber, die Götter von Hellas,
> Die einst so freudig die Welt beherrschten,
> Doch jetzt, verdrängt und verstorben,
> Als ungeheure Gespenster dahinziehn
> Am mitternächtlichen Himmel.

Die Götter also noch präsent, wenn auch als nachtwandelnde Schatten, Schatten deswegen, weil die neuen, jetzt alles beherrschenden tristen Götter, die schadenfrohen »im Schafspelz der Demuth«, weil, mit anderen Worten, das Christentum neue Tempel aufgerichtet hat, die nicht mehr die Tempel der Götter von früher sind. Heines Götter leben nicht im Gesang, sie leben in Heines Phantasie, in den Wolkengestalten, die er sieht. Das ist das Thema der »Götter im Exil«, das hier schon anklingt; sie leben bei Heine fort, und so sehr weit ist seine Phantasiewelt gar nicht entfernt von der Macht des Gesanges bei Schiller. Gemeinsam ist ihnen die Klage über den Einbruch des Christentums in die Welt der alten Götter. Was sie trennt, ist der Wirklichkeitsgrad der Götterbilder, ist das »Damals« bei Schiller vom »Jetzt« bei Heine.

Schiller reicht entgegen dem ersten Eindruck also doch tief in Heines Lyrik hinein, und das nicht nur anspielungsweise. Es ist spielerische Variationslust, die ihn immer wieder treibt, aber es ist wohl auch mehr, nämlich die Auseinandersetzung mit Schillers berühmten Zeilen aus den »Göttern Griechenlandes«: »Was unsterblich im Gesang soll ewig leben, /Muß im Leben untergehen«, so heißt es bei Schiller in der zweiten Fassung des Gedichtes.[18] Die Götter erscheinen bei Heine in Caput XXV von »Atta Troll«, und Heine gedenkt ihrer »von Wehmuth tief ergriffen«. Der Bär ist erlegt, und sein Fell liegt vor Juliettes Bett als »Fußdeck« im Schlafgemach zu Paris, und wenn Heine dann oft, mit »bloßen Füßen«, nachts auf dieser »irdisch / Braunen Hülle« seines Helden steht (DHA IV, 81 f.), denkt er eben an Schillers Worte. Dass das mit Wehmut geschieht, macht die Sache zur Farce: Schillers Zeilen leben als Sprichwort weiter, aber sie werden von Heine hoffnungslos lächerlich gemacht. Eine Auseinandersetzung mit Schiller? Wohl eher eine solche mit der gängigen Münze, zu der Schillers Worte damals schon geworden waren. Aber auch die satirische Kritik an Schiller selbst ist nicht zu überhören.

Was Heine an Schiller gestört hat, ist auch das Pathos – obwohl in seinen eigenen Jugendgedichten, vor allem in den Nordseezyklen, ja nicht wenig davon vorhanden ist. Doch Heine hat sich nie gescheut, vor allem den schillerschen Dramenfiguren einiges von ihrer Heroisierung zu nehmen. Schillers große Posen wirken lächerlich, wenn sie falsch platziert sind. So wird Georg Herwegh in dem Gedicht

»Die Audienz« (DHA III, 228 ff.) verspottet, wenn er die Rolle des Posa in seinem Auftritt vor Friedrich Wilhelm IV. imitiert und schließlich nichts anderes erreicht als seine Ausweisung aus Preußen. Von einer Identifizierung mit Schillers Figuren keine Spur – an Meyerbeer schreibt er am 6. April 1835: »ich handle selten wie ein Marquis Posa [...] ich bin kein Posa, kein Titus Vespasianus, kein Nathan der Weise, ich bin sogar das Gegentheil, kurz, es ist viel bedenkliches über mich zu sagen« (HSA XXI, 102). Der Spott richtet sich vor allem gegen die Dilettanten und schlechten Dichter, die ihm verhasst sind – besonders die schwäbischen. Es seien »Sardellen ohne Salz«, aber Schiller ist ausgenommen: er ist der »große Wallfisch« (DHA X, 269). Mit Fischen wird er immer wieder in Zusammenhang gebracht; in den »Briefen aus Berlin« schreibt Heine satirisch über das Schauspiel, auch über die Schauspieler, und der Ehemann einer schönen Frau »ist auch Schauspieler und glänzte wie Glanzleinen in ›Cabeljau und Hiebe‹« (DHA VI, 44). Es muss Heine gereizt haben, einen schillerschen Titel umzudrehen. Man muss nicht unbedingt Respektlosigkeit dahinter vermuten. Aber auf jeden Fall ist es ein Hieb auf die falsche Popularität Schillers und auf das Schiller-Unverständnis der Berliner Bühne.

Umdeutung, Persiflage, Kontrafaktur, Parodie und Travestie – Schillers Werke reizten Heine, seinen Wortwitz daran zu üben, und bezeichnenderweise ist es eben Schillers und nicht Goethes Sprache, die zur Zielscheibe seines Spottes oder seiner Umdichtung wird. Nur eines findet sich bei Heine nirgendwo: Bewunderung, Verehrung, ungebrochene Akzeptanz. Je pathetischer bei Schiller etwas auftritt, desto größer ist die Neigung Heines, das umzuformen. Aber man ist nie ganz sicher, in welcher Absicht das geschieht. Wenn er im Börne-Buch, in den Helgoländer Briefen, einen Satz aus Schillers »Lied von der Glocke« zitiert, dann zitiert er nicht nur falsch, sondern ordnet ihn auch falsch zu: Es ist nicht »Das Lied von der Glocke«, sondern es sind »Die Worte des Glaubens«, in dem die von Heine zitierten Zeilen stehen: »Vor dem Sclaven, wenn er die Kette bricht, / Vor dem freyen Menschen erzittert nicht«.[19] Heine macht daraus: »Den Sklaven, wenn er die Kette bricht, / Den freyen Mann, den fürchte nicht!« (DHA XI, 49) und setzt hinzu: »Du siehst wie berauscht ich bin, wie außer mir, wie allgemein ... Ich zitire Schillers Glocke«. Man kann nicht auseinanderhalten: ist das ernst gemeint, halb ernst oder ironisch? Zitiert er bewusst falsch, weil er angeblich berauscht ist? Hier kommt wohl alles zusammen, man kann es nicht auseinanderklügeln. Möglicherweise ein Erinnerungsfehler – aber angesichts der Tatsache, dass »Das Lied von der Glocke« zu den auswendig zu lernenden Gedichten gehörte, vielleicht doch nicht. Genaueres können wir weder erschließen, noch sollen wir es wohl.

Es ist die freie Verfügbarkeit der schillerschen Sentenzen, die dazu auffordern, sie entweder auf ihren ursprünglichen Sinn zurück zu beziehen oder sie so lächerlich zu machen, dass der Missbrauch solcher freien Verse geradezu als Warnung verstanden werden kann, sich nicht in die allgemeine verbale Schiller-Euphorie einzubringen. Das gilt vielleicht selbst für falsch angewandte, bewusst aus dem ursprünglichen Zusammenhang gerissene Zeilen. In den »Briefen aus Berlin«, jener großen Verspottung des Lebens in der Kapitale, macht Heine sich auch über das Konzertwesen lustig, schreibt:

> Es ist hier den ganzen Winter hindurch ein Singen und Klingen gewesen, daß einem fast Hören und Sehen vergeht. Ein Conzert trat dem andern auf die Ferse.
>
> > Wer nennt die Fidler, nennt die Namen,
> > Die gastlich hier zusammenkamen,
> > ------
> > Selbst von Hispanien kamen sie,
> > Und spielten auf dem Schaugerüste
> > Gar manche schlechte Melodie. DHA VI, 20)

Das bezog sich auf einen spanischen Violinisten, aber es bezog sich, unschwer zu erkennen, eben auch auf die Verse aus Schillers »Die Kraniche des Ibycus«:

> Wer zählt die Völker, nennt die Nahmen,
> Die gastlich hier zusammen kamen?
> […]
> Von allen Inseln kamen sie,
> Und horchen von dem Schaugerüste
> Des *Chores* grauser Melodie –[20]

Dieser Literatureinfall war zwar nicht Heines Erfindung; auch die »Vossische Zeitung« brachte persiflierend Schillers Verse. Aber wie präsent Schiller bei Heine ohnehin war, lässt sich mancherorts beobachten. Er zitiert einmal aus dem »Lied von der Glocke«:

> Gefährlich ist's den Leu zu wecken,
> Verderblich ist des Tigers Zahn,
> Jedoch der schrecklichste der Schrecken
> Das ist der Mensch in seinem Wahn.[21]

In seinem »Offenen Brief an Jakob Venedey« schüttet Heine seinen erbarmungslosen Spott über diesen aus; er sei »aus der Haut gefahren« und plötzlich zum Dichter geworden, mache Verse,

> Und welche!
> Entsetzlich ists den Leu zu wecken
> Verderblich ist des Tigers Zahn
> Jedoch das Schrec<k>lichste der Schrecken
> Das ist der Esel in seinem Wahn […].

Nicht mehr der Mensch – der Wahn des Esels ist schrecklich, »wenn er ruft: auch ich bin ein Poet und sein versifizirtes I-A ausstößt« (DHA III, 320). Da ist nicht nur der Mensch zum Esel geworden, sondern auch der Poet zum Stümper. Man muss in dem Zitat nicht unbedingt eine Attacke Heines auf Schillers »Lied von der Glocke« sehen[22] – das lange Gedicht Schillers ist einfach nur ein ungeheurer Steinbruch, aus dem man sich immer wieder bedienen konnte. In den »Bädern von Lukka« tauchen einmal die Verse auf »Das Auge sieht den Himmel offen, / Es schwelgt das Herz in Seligkeit!«, wenn der Markese schwärmt und sich sein Gemüt auflöst (DHA VII, 118). Heine bedient sich nicht nur des »Lieds von der Glocke«, sondern auch anderer Dichtungen – so aus Skakespeares »Romeo und Julia« und aus Platens »Gedichten«. In den »Hebräischen Melodien« erscheint Schillers »Lied an die Freude« mit den Versen

> Freude, schöner Götterfunke,
> Tochter aus Elisium,[23]

und Heine variiert es zu

> Schalet, schöner Götterfunken,
> Tochter aus Elysium,
> Also klänge Schillers Hochlied,
> Hätt' er Schalet je gekostet. (DHA III, 128)

Ironie, spielerische Transformation der schillerschen Verse, eine »anmutige Huldigung an den jüdischen Kultus«[24] oder schlichte Übertragung eines schillerschen Hymnus auf einen jüdischen? Diese Veränderung durch ein einziges Wort: wir kennen das ähnlich von Brecht, wenn er etwas umdichtete und es dennoch bei der ursprünglichen Rede beließ – bis eben auf das eine entscheidende Wort.

Annäherungen und Distanzierung. In das Gedicht »Unterwelt« (DHA II, 96–99) nimmt er unverändert als Zitat drei Strophen aus Schillers »Klage der Ceres« auf.[25] Warum? Geht es um Mythen und Mythentravestie? Bei Heine läuft Ceres als »verrückte Göttinn«,

> Ohne Haube, ohne Kragen,
> Schlotterbusig durch das Land,
> Deklamirend jene Klagen,
> Die Euch allen wohlbekannt

und nach den drei eingeschobenen Strophen von Schiller heißt es, dass die Schwiegermutter Ceres doch die Klagen und die Bitten lassen solle. Aber in den karikierenden Ton – das Gedicht beginnt mit den Zeilen:

> Blieb ich doch ein Junggeselle!
> Seufzet Pluto tausendmal –
> Jetzt in meiner Eh'standsqual,
> Merk ich, früher ohne Weib
> War die Hölle keine Hölle.

mischen sich sehr ernsthafte Töne; das Gedicht schließt mit den Zeilen:

> Zuweilen dünkt es mich, als trübe
> Geheime Sehnsucht deinen Blick –
> Ich kenn' es wohl, dein Mißgeschick:
> Verfehltes Leben, verfehlte Liebe!
>
> Du nickst so traurig! Wiedergeben
> Kann ich dir nicht die Jugendzeit –
> Unheilbar ist dein Herzeleid:
> Verfehlte Liebe, verfehltes Leben.

Mythentravestie? Aber was wird hier travestiert? Ist es Schillers Sprache? Denn die »Klage der Ceres« wird hier in den letzten beiden Strophen zwar eigenwillig variiert, aber durchaus ernst genommen. Man hat zuweilen das Gedicht vor allem als Ehestandsgedicht gelesen[26], also einen autobiographischen Bezug herausgestellt. Das ist sicherlich nicht falsch; aber die eingefügten Schillerverse sind nicht allein aus parodistischen Gründen eingebracht worden – die »Klage der Ceres« ist ein Klagelied, das seine Botschaft auch behält, wenn es parodiert wird.

Es gehört zur eigentümlichen Signatur der Beziehungen Heines zu Schiller, dass man selten eindeutig aufteilen kann in Zustimmung und Abwertung, in ernsthafte Übernahme und parodistische Umformung. Gerade das macht aber den Reiz solcher Übernahmen aus. Natürlich wird oft etwas sprachlich karikiert – aber das heißt nicht automatisch, dass auch der Gehalt eines Gedichtes ins Lächerliche gezogen wird. Heine nutzt hier, in dem Gedicht »Unterwelt«, ein durch Schiller verfügbar gewordenes mythologisches Klischee, um sowohl dessen Berechtigung wie dessen Fragwürdigkeit herauszustellen. Heine bedient sich in dem »Unterwelt«-Gedicht gleichsam eines lyrischen Theaters, in dem der Vorhang vor anderen Versen aufgezogen und nach deren Erscheinen wieder zugezogen wird, und ob ernsthaft oder parodistisch: Mythengedichte sind beide, das Schillers und das Heines. Heine spielt ein Rollenspiel, wie es Schiller wohl niemals in den Sinn gekommen wäre, aber wir wissen: der Heine-Schüler Brecht hat sich dessen ebenfalls so gründlich wie weitläufig befleißigt. Natürlich wird die schillersche Unterweltsituation ins schräge Licht gezogen, wenn Proserpina bei Ackerbaugeschäften hilft:

> Einen Strohhut wird sie tragen,
> Wird auch Blumen daran heften.
>
> Schwärmen wird sie wenn den Himmel
> Ueberzieht die Abendröthe,
> Und am Bach ein Bauernlümmel
> Zärtlich bläst die Hirtenflöte.

Hirtenflöte und Bauernlümmel: das passt nicht, passt so wenig in diese Romanze wie das Zitat des »Ceres«-Gedichtes aus Schillers Lyrik. Aber dann geht es doch wieder zurück in den Mythos, wenn er, Pluto, sich entschließt, »Punsch mit Lethe« zu saufen, um die Gattin zu vergessen. Das ist eine höchst virtuose Auseinandersetzung mit Schiller, aber es ist keine Verurteilung der schillerschen Lyrik, allenfalls ein Blick auf deren Fremdartigkeit, die in diesem Kontext komisch erscheinen mag, aber die ernste Botschaft ist nicht aufgegeben. Heines Gedicht ist nicht nur eine Travestie, es ist auch eine Antwort auf Schiller. Und was immer sie auch besagen möge: sie zeigt, dass die Auseinandersetzung mit Schiller, dass die Präsenz Schillers bei Heine fast allgegenwärtig ist. »Wo sind die Söhne Schillers?« Wo sind die Söhne unserer großen Dichter?«, fragt Heine in seinen »Briefen aus Berlin« (DHA VI, 29). Ja, einer der Söhne Schillers ist Heine wohl auch gewesen, wenn auch vielleicht einer, der immer wieder den Aufstand geprobt hat, sich aber doch nicht ganz von diesem poetischen Vater hat freimachen können – und das wohl auch gar nicht wollte.

Auch »Maria Stuart« und »Die Jungfrau von Orleans« liefern Zitatmaterial, wenn etwa in der kleinen politischen Schrift »Johannes Wit von Dörring« von Leicester die Rede ist, »der mit der früheren Geliebten, mit der Freyheit, noch heimlich liebäugeln möchte und sie dennoch öffentlich verläugnet und sich einer gekrönten Vettel in die Arme wirft« (DHA XI, 223 f.). Für einen guten Vergleich war Schiller immer willkommen. Wenn Heine sich lustig macht über die altdeutsche Tracht der selbsternannten Reveluzzer, dann schreibt er in »Johannes Wit von Dörring« auch: »Sentimentale Seelen mögen es ihm verdenken, daß er nicht mehr, im schwarzen Rock und langen Haar, als enthousiastischer Mortimer der Freyheit agirt« (ebd., 223). Jeder konnte damals damit etwas verbinden. Über die Revolution in Hamburg schreibt Heine in den Paralipomena zur Schrift über Ludwig Börne über Karl Ernst Heinrich Samuel Haase, dass man bei ihm »einen Königsanzug und eine Proklamazion an die Franzosen in Jamben« fand, »um so gefährlicher, da sich ergab daß sie größtentheils aus Schillers Jungfr<au> v<on> Orleans« (ebd., 215): Das mündete in die Revolution in Hamburg, bei der es aber im wesentlichen bei eingeworfenen Fenstern blieb. Für so etwas, für eine solche Karikatur, war Schiller immer gut. Manche Figuren tauchen sogar wiederholt auf: Mortimer etwa ist nicht nur in der Schrift über »Wit von Dörring« präsent, sondern auch schon im »Buch der Lieder« (DHA I, 45 ff.). Zu Beginn des 5. Auftritts von »William Ratcliff« geistern offensichtlich Schillers »Räuber« hinein, wenn von der »Diebesherberge« die Rede ist (DHA V, 78). In einem Prologentwurf für Auguste Stich werden in einem Zug »Maria, Thekla / Johanna d'Ark« (ebd., 253) genannt: eine personale Blütenlese. Und wenn es im »Almansor« heißt: »Die allerschlimmste Krankheit ist das Leben; / Und heilen kann sie nur der Tod« (DHA V, 50), dann ist das eine Anspielung auf Schillers »Braut von Messina«: »Das Leben ist der Güter höchstes *nicht*, / Der Uebel größtes aber ist die *Schuld*«.[27] Doch solche Sentenzen sind schon in der Heinezeit klingende Münze, oder vielmehr: abgegriffene Münzen. Auch Heine nutzt sie – so wenn in den »Englischen Fragmenten« unvermittelt das Schiller-Zitat »Der Übel größtes aber ist die Schuld« im Zusammenhang mit der Erwähnung der englischen Staatsschulden nicht genau zitiert auftaucht (DHA VII, 233).

Mit Goethe hat Heine sich solche Scherze nicht erlaubt, goethesche Gedichte hat er nicht genutzt, um etwas zu verspotten und gleichzeitig Goethes Verse in die Verspottung mit einzubeziehen. Nun war Goethe vieldeutiger, dunkler, hintergründiger und jedenfalls sehr viel komplizierter, damit auch schlechter verwertbar als Schiller.[28] Die scheinbare Eindeutigkeit schillerscher Phrasen machte diesen eher verfügbar, provozierte Heine zu ironischen Spielereien und travestierenden Umkehrungen, zu Persiflagen und Spott – er zog Schillers pathetischen Redewendungen oft einfach den Boden unter den Versfüßen weg. Die Unerbittlichkeit und Ernsthaftigkeit des angeblich so kantisch denkenden Schiller: das war nichts für Heine, aber man muss sofort hinzusetzen: wirklich verspottet hat er andere, seine dilettierenden Zeitgenossen, die Romantiker, die Maulhelden der Freiheitsparolen. Eine endgültige Absage an Schiller findet sich bei Heine nirgendwo. Dafür bot Schiller ihm nur zu oft willkommene Gelegenheit, eigene Mehrdeutigkeiten zu inszenieren: und da wurde Heine, gemessen am eindeutigen Schiller, eben das, was er auch an Goethe bewunderte: vieldeutig, mit weit geöffneten Türen und Fenstern ins literarische Hinterland. Wenn etwas Heines Modernität ausmacht, dann ist es das changierende Spiel zwischen den Ebenen, dieses In-Dienst-Nehmen einer fremden Feder, um daran die eigene zu wetzen, und es ist nichts anderes als die Vieldeutigkeit auch des literarischen Zitats, das Umspielen einer fremden Meinung mit Hintersinn und Nebensinn, das Umwandeln und Abwandeln scheinbar unverrückbarer Verse, das plötzlich ein Bezugssystem eigener Art herstellt, in dem weniger die eigene Aussage zählt als vielmehr das ironische und manchmal auch sehr ernsthafte Spiel mit anderen. Wenn *Schiller* zitiert hat – und selten genug war es der Fall – dann hat er mythologisches Grundwissen zitiert, wie es in jedem besseren Mythologiebuch zu finden war, aber eigentlich kaum jemals andere Autoren – es sei denn, sie wären mit vollem Namen genannt und nicht etwa nur auf versteckte Weise präsent. Schiller ist letztlich ein auf Eindeutigkeit und Verständlichkeit bedachter Aufklärer und Erzieher, Heine aber gerade in seiner Zitationstechnik, in seiner Anspielungslust und Mehrdeutigkeit eben das, was sich als Typus des Intellektuellen im 19. Jahrhundert herausbildet.

Zum Intellektuellen gehört auch der Verzicht auf voreilige Parteinahmen. Über den Streit, ob Schiller oder ob Goethe der größere sei oder umgekehrt, konnte er letztlich nur lächeln, und er hat das auch literarisch getan. Er hat sich amüsiert über Menzels Feststellung, dass Goethe kein Genie sei, sondern nur ein Talent. Aber noch unsinniger erschien ihm das Gerede über die Frage, ob Schiller oder Goethe der größere sei – »oder umgekehrt«. Und Heine soll hier das letzte Wort haben in dieser Frage, und er hat es gehabt: in der 3. Abteilung der »Nordsee«:

> Ich stand neulich hinter dem Stuhle einer Dame, der man schon von hinten ihre vier und sechzig Ahnen ansehen konnte, und hörte über jenes Thema einen eifrigen Diskurs zwischen ihr und zwey hannövrischen Nobilis, deren Ahnen schon auf dem Zodiakus von Dendera abgebildet sind, und wovon der Eine, ein langmagerer, quecksilbergefüllter Jüngling, der wie ein Barometer aussah, die Schillersche Tugend und Reinheit pries, während der Andere, ebenfalls ein langaufgeschossener Jüngling, einige Verse aus der »Würde der Frauen« hinlispelte und dabey so süß lächelte, wie ein Esel, der den Kopf in ein Syrupfaß gesteckt hatte und sich wohlgefällig die Schnauze ableckt. Beide Jünglinge verstärkten ihre Behauptungen beständig mit dem betheuernden Refrain: »Er ist doch größer, Er ist wirklich größer, wahrhaftig, Er ist größer, ich versichere Sie auf Ehre, Er ist größer.« Die Dame war so gütig, auch mich in dieses ästhetische Gespräch zu ziehen, und fragte: »Doktor, was halten Sie von Goethe?« Ich aber legte meine Arme kreuzweis auf die Brust, beugte gläubig das Haupt, und sprach »La illah ill allah – wamohammed rasul allah« (DHA VI, 146 f.).

Und dann spricht Heine ausführlich über Goethe und dessen Verdienste, schwatzt sich geradezu fest an Goethe – und Schiller kommt auf den nächsten Seiten überhaupt nicht mehr vor. War das dann doch sein Urteil in dieser Streitfrage? Manches kann man bekanntlich nicht deutlicher aussprechen, als wenn man es verschweigt.

Anmerkungen

[1] DHA VIII, 149; dazu auch S. 1318 und 1058.
[2] Zitiert nach DHA VIII, 1320.
[3] Ludwig Börne: Sämtliche Schriften. Neu bearbeitet und hrsg. von Inge und Peter Rippmann. Düsseldorf 1964. Bd. II, S. 857.
[4] Ebd., S. 869.
[5] Ebd., Bd. III, S. 285.
[6] Zum Folgenden vgl. DHA VIII, S. 1321 f.

7 DHA VII, 926.
8 Pierre Grappin verweist in seinem Kommentar der DHA mit Stuart Atkins auf Goethes Gedicht (I, 1015). Grappin nennt ebenfalls »Trösteinsamkeit« und ein Gedicht Christian Schlossers mit dem Titel »Sehnsucht« als Einflussgedichte, freilich mit dem Hinweis, dass man über Christian Schlosser letztlich auch wieder auf Goethes »Divan« oder auf Hymnen der Jugendzeit zurückkomme.
9 Schillers Werke. Nationalausgabe. Im Auftrage des Goethe- und Schiller-Archivs, des Schiller-Nationalmuseums und der Deutschen Akademie hrsg. von Julius Petersen und Gerhard Fricke. Weimar 1943 ff. [im folgenden als NA mit Band- und Seitenzahl]. Hier: NA I, 51 f.
10 Ebd., 102 und 101.
11 Ebd., 101.
12 Ebd., S. 102.
13 Dazu DHA VII, 1583.
14 NA I, 114.
15 Ebd., 110.
16 Ebd., 101.
17 Benno von Wiese hat in seinem Aufsatz über Heine und Schiller – eine der wenigen gründlichen Arbeiten, die sich mit dem Thema befassen – die Bedeutung des schillerschen Gedichtes für Heines »Götter Griechenlands« allerdings stark heruntergespielt, wenn er sagt: »Sein Gedicht *Die Götter Griechenlands* nimmt zwar den Schillerschen Titel wieder auf, bezieht sich aber sonst an keiner Stelle auf diesen Hymnus«. Aber Entgegensetzungen sind ja auch eine Art des Bezuges. Vgl. Benno von Wiese: Heine und Schiller. – In: Jahrbuch der Deutschen Schillergesellschaft. Jg. 20. Stuttgart 1976, S. 448–463, hier S. 460 f.
18 NA II,1, 367.
19 NA I, 379.
20 NA I, 387.
21 NA II,1, 237.
22 So Benno von Wiese [Anm. 17], S. 459.
23 NA II,1, 185.
24 So Benno von Wiese [Anm. 17], S. 460.
25 Nach NA II,1, 372.
26 So Elisabeth Genton in ihrem Kommentar zur Ausgabe der »Neuen Gedichte« (DHA II, 612 ff.).
27 NA X, 125.
28 Manfred Windfuhr betont zu Recht in seinem Kommentar zur »Romantischen Schule«, wie sehr Goethe für Heine »ein Gegenstand produktiver Beziehungen war und blieb, in Kritik und Annäherung lebenslänglich als existentielle Herausforderung verstanden wurde« (DHA VIII, 1322).

»Mein Herz, mein Herz ist traurig« und »Ich weiß nicht, was soll es bedeuten« – ein Vergleich. Strukturanalyse – Hermeneutik – Ideologiekritik

Von Klaus H. Kiefer, München

> »Zu fragmentarisch ist Welt und Leben«
> Heinrich Heine: »Die Heimkehr« LVIII

1. Schülerperspektiven

1.1. Heine-Präsentation in Text und Bild

Der Einstieg in eine Heine-Unterrichtseinheit für die 9. Jahrgangsstufe[1] erfolgt mit einem Bild, das einen »weltberühmten Popsänger« zeigt:[2]

Ob die Schüler die Modernisierung des »Lieder-Buch-Machers« durchschauen, ist schwer zu prognostizieren. Möglicherweise stellen sie Ähnlichkeiten mit Musikpoeten wie etwa Bob Dylan[3] fest (wenn dieser überhaupt noch bekannt sein sollte). *Erkennen* die Schüler Heinrich Heine, so kann man zumindest nach den Verfremdungsverfahren der Photomontage fragen. Die Sonnenbrille – um die es dabei vor allem geht – als Zeichen von Differenz und Distanz wird ja heute gerne von Stars, Intellektuellen und auch Jugendlichen gebraucht ... Das Heine-Bild ist die seitenverkehrte Wiedergabe eines Portraits von Gottlieb Gassen, während Heines Münchner Aufenthalt 1828 entstanden.[4] Die Photomontage wiederum wurde anlässlich eines Schülerwettbewerbs zu Heines 200. Geburtstags 1997 von einer Düsseldorfer Werbeagentur angefertigt.

Die beiden Heine-Texte[5], die im Zentrum des Interesses stehen sollen, werden – nicht nur um Papier zu sparen – parallel abgedruckt: Werner H. Preuß zufolge bilden sie eine »Einheit«[6], und so sollen sie auch als Kopie an die Schüler nach dem Bildimpuls ausgeteilt werden. Beide Texte sind titellos, und man zitiert sie entweder mit der Anfangszeile: »Mein Herz, mein Herz ist traurig« bzw. »Ich weiß nicht, was soll es bedeuten« oder den letzteren Text eben doch unter dem von Heine 1838 selber geprägten Titel »Loreley«. Beide Texte sind jedoch viel früher, in zeitlicher Nachbarschaft, nämlich Frühjahr (Mai?) bzw. Herbst 1823 in Lüneburg entstanden, als H. – lies: Harry[7] – Heine, wie er damals noch hieß – (Christian Johann) Heinrich erst nach seiner evangelischen Taufe am 28. Juni 1825 – in den »Schooß« (HSA XX, 88 f. u. 90 f.) seiner Familie zurückkehrte[8], die es nach wechselvollem Schicksal April 1821 nach Lüneburg verschlagen hatte.[9] Diese und einige elementare Informationen können in einem kurzen Lehrervortrag mit Zeittafel[10] vorgestellt werden; weitergehende Angaben sind erst begleitend und ergänzend zur Interpretation einzuführen. Obwohl »Ich weiß nicht, was soll es bedeuten« der Autorintention zufolge stets vor »Mein Herz, mein Herz ist traurig« abgedruckt wird[11], beginnt die Lektüre mit letzterem; deswegen, weil das autobiographisch wirkende Gedicht weder einen Gattungssprung von der lyrischen Ich-Aussage zum Erzählgedicht (und zurück) besitzt, noch eine Metaebene, ich meine: Heines Kunst- und auch Selbstreflexion im Medium der Loreley-Gestalt. Diese lernpsychologische Komplikation, bestimmt die didaktische Entscheidung.

Harry Heine könnte allerdings auch bekannt sein, wenn nämlich die Schüler im empfohlenen Alter zwischen 12 und 14 Jahren den Jugendkrimi von Jürgen Seidel »Harry Heine und der Morgenländer«[12] gelesen haben. Sie kennen im übrigen auch seit Jahrgangsstufe 5 die Gattung von Märchen und Sage – Heine sagt »Märchen« (B 1, 107), wo er nach heutiger Terminologie – die den Brüdern Grimm folgt – »Sage« sagen sollte[13], wobei auch die Datierung »aus uralten Zeiten« problematisch ist. Da die Quellen der Rheinsage um den Echofelsen bei Bacharach[14] diffus sind und die literarische Formung auf Clemens Brentano zurückgeht,[15] es sich gewissermaßen um eine Kunstsage der Romantik handelt, wird man sie allenfalls im Rahmen dieser Epoche kennenlernen oder eben im Kontext Heines. Eine literaturgeschichtlich vertiefte Beschäftigung mit Heines Versepik am Beispiel des »Wintermärchens« ist für die 11. Klasse vorgesehen.

Die Auswahl der beiden Vergleichstexte stellt eine »lectio difficilior« Heines dar, anspruchsvoller als etwa die Beschäftigung mit einem heineschen »Liebeskummergedicht«[16], wie z. B. das bekannte »Ein Jüngling liebt eine Mädchen« (B 1, 90 f.), das sich im Internet in einer Reihe mit themengleichen Gedichten von Franz Grillparzer, Theodor Storm, August von Platen (!), Eduard Mörike, Erich Kästner u. a. findet und offensichtlich erotische Seelsorge für früh und spät Pubertierende leisten soll. Die Authentizität jugendlichen und auch heineschen »Herzschmerzes« sei unbestritten[17] – ich komme auf Entwicklungspsychologie und »Lebenshilfe« durch Literatur[18] noch zurück –; allerdings verführt die Verankerung in diesem thematischen Rahmen eher zu einer unangemessenen Biographisierung des lyrischen »Arrangements« des Verfassers.[19] Und es ist doch sehr fraglich, ob der junge Heine über seiner unglücklichen Liebe zur Cousine Amalie zum Dichter geworden ist – dann wären wohl viele von uns Dichter ...

Auch ein Vergleich von Heines mit Brentanos Version oder anderen, insbesondere neueren Bearbeitungen des Loreley-Stoffes, wie z. B. von Arno Holz, Rose Ausländer, Ulla Hahn u. a.[20], ist möglich, aber der Didaktiker bzw. der Lehrer hat sich ständig für *eine* Möglichkeit zu entscheiden – ein Faktor des bekannten Burn-out-Syndroms. Er bedarf zudem einer Anwendungs- und Aktualisierungskompetenz, ohne freilich die künstlerische Freiheit etwa des Theaterregisseurs oder des Journalisten zu besitzen.

1.2. Lehrplan, Inhalt und Methode

Jeder Lehrplan beansprucht einerseits eine Kontrolle und Steuerung der kulturellen Reproduktion, erlaubt andererseits jedoch eine Orientierung der Inhalte auf die Schüler hin. Dieses Verhältnis ist nicht ohne Spannungen, aber mit einem Wort gesagt: Mit dem G 8-Lehrplan zur 9. Jahrgangsstufe[21] kann der Heine-Kenner gut leben, d. h. zwischen den Postulaten des Fachprofils und dem Gegenstand lassen sich akzeptable Korrelationen herstellen.

Die so genannte didaktische Analyse Wolfgang Klafkis besitzt, ohne dass es der Erfinder genügend reflektiert hätte, strukturanalytische *und* hermeneutische Dimensionen.[22] Zur letzteren gehören die Gegenwarts- und die Zukunftsbedeutung, die nicht nur wirkungsästhetisch bedingt sind, sondern auch wirkungsgeschichtlich in einander übergehen.[23] Das (hermeneutische) Prinzip der Exemplarizität ist damit verknüpft: Welches Allgemeine lässt sich an diesem Besonderen erschließen? Exemplarizität besitzt aber auch eine pars pro toto-*Struktur*. Die beiden Gedichte stehen in diesem Zusammenhang für die vom Lehrplan geforderte Literatur des 19. Jahrhunderts, stehen für Heine im Kontext der Biedermeierzeit im Übergang von der Romantik zum Jungen Deutschland, für den frühen Heine des »Buchs der Lieder«. Doch das ist nur der sehr vereinfacht formulierte literaturgeschichtliche Sachbezug. Der Lehrplan fordert inhaltlich weit mehr: die Beschäftigung mit »Grundfragen der menschlichen Existenz«, die sich *auch* der Jugendliche – der Gegenwart – zu stellen hat. Dies soll im Sinne einer »thematischen Betrachtungsweise« geschehen; doch weder wird in der Fachliteratur die postulierte Methode definiert[24], noch findet sich ein Katalog solcher »Grundfragen« – der jeden Philosophen herausfordern würde.[25] »Thema« kann und muss daher in seiner allgemeinsten Bedeutung verstanden werden: als durch Abstraktion erschlossener Leitgedanke des Textes, meist auf der Basis einer Problemkonstellation.[26] Dass es sich im konkreten Fall von »Mein Herz, mein Herz ist traurig« um die Integration des Subjekts in die Gesellschaft handelt, im Falle von »Ich weiß nicht, was soll es bedeuten« um das Verhältnis von Kunst, Utopie und Wirklichkeit, muss im Unterricht selber erarbeitet werden, und auch hierbei wirken strukturale und hermeneutische Verfahren zusammen.[27]

Ob nun gerade diese universellen Strukturen[28] zum – zwar zögernd einsetzenden – Erfolg von Heines »Buch der Lieder« beigetragen haben und insbesondere »Ich weiß nicht, was soll es bedeuten« und »Mein Herz, mein Herz ist traurig« zu wahren Klassikern gemacht haben, ist schwer nachzuweisen.[29] Man wird die beiden Gedichte ohnehin kritisch – »gegen den Strich« – lesen müssen. Vor allem die Vertonung durch Friedrich Silcher hat Heines »Loreley« 1838 zu einem schlichten Volkslied gemacht[30], dem kein zünftiger deutscher Männer- oder Frauenchor widerstehen konnte. Zahlreiche Vertonungen von Heine-Liedern reißen die Texte nicht nur aus dem Kontext des ganzen Zyklus, sondern re-romantisieren – oder wenn man so will: verbiedermeiern – sie, indem sie Heines ironische Brüche und »maliziöse« Dissonanzen harmonisieren.[31] Ohne Zweifel sollte diese Vertonung – oder eine andere – auch im fächerübergreifenden Unterricht nicht fehlen; von der bildenden Kunst wird noch die Rede sein. Die Frage stellt sich jedoch, ob die etwas kitschig eingängige »Melodei« nicht zu sehr die Erwartung eines Popmusikanten enttäuscht. Die gegebenenfalls durch Silcher aufgebaute Erwartungs- oder gar Abwehrhaltung seitens der Schüler müsste jedenfalls durch die Textanalyse überwunden werden. Eine andere Möglichkeit wäre es, die Vertonung *nach* der Textanalyse an deren Gehalt zu »messen«. In beiden Fällen wird das vom Lehrplan geforderte ästhetische Urteilsvermögen der Schüler geübt.

Ganz ähnlich liegt die Wertungsfrage angesichts der zahlreichen Parodien der »Loreley« – die von Carl Valentin[32] und Erich Kästners »Handstand auf der Loreley«[33] sind die bekanntesten. Der Lehrplan der 9. Jahrgangsstufe fordert ja im Rahmen des produktiven Umgangs mit Sprache und Literatur auch dazu auf, selber Parodien zu schreiben. Obwohl ich angesichts des Karikaturenstreits meine, dass Satire unbedingt alles darf[34], schlage ich im gegebenen Fall eine andere Lösung vor. Da Heines Werk einen wichtigen Beitrag zur Emanzipationsgeschichte der Menschheit bietet, somit auch in dieser Hinsicht »existentielle Grundfragen« berührt, sollte es nicht durch – in der Regel misslingende – Schülerparodien beschädigt werden. Verordnete Parodien – an sich schon ein Widerspruch – eignen sich mehr und sind notwendig z. B. hinsichtlich einer kritischen Medienerziehung. Durch eine »szenische Interpretation« von »Mein Herz, mein Herz ist traurig« käme dagegen ein sublimes »rire d'acceuil«[35] zustande. Auf jeden Fall ist Sorge zu tragen, dass sich der Textgehalt gegen die parodistische Sub-Version behauptet.[36] Dieses Phänomen ist an Robert Gernhardts Parodie des »Buchs der Lieder« aufzuzeigen, wo die letzte Strophe auf »Mein Herz, mein Herz ist traurig« zu sprechen kommt – und Heines Kunst »rettet«:

> Das »Buch der Lieder« zu lesen,
> Ist manchmal schon eine Straf'.
> Das stete Lieben und Leiden
> Wiegt selbst den Wachsten in Schlaf.
>
> Das ständige Scheiden und Meiden
> Stets nasser Äugelein klein,
> Getragen vom Heben und Senken
> Unzähliger Vierzeiler fein
>
> Mit all ihren grausamen Liebchen
> Und all ihren Nixen so kalt,
> Sie ließen den Leser oft seufzen:
> Ich fürchte, hier werd' ich nicht alt.
>
> Doch dann stößt er plötzlich auf Zeilen
> Zu enden all seine Not,
> Auf so gewaltige Schlüsse
> Wie »Ich wollt' er schösse mich tot«.[37]

1.3. Familie – Heimat – Pubertät

Man sollte in der 9. Jahrgangsstufe nicht gleich mit Begriffen wie »Junges Deutschland« ins Haus fallen; für Literaturgeschichte im engeren Sinne ist eher die 11. Klasse da.[38] Vielmehr rückt man Heines »Buch der Lieder« und die beiden exemplarischen

Gedichte in eine Perspektive ein, die für Jugendliche hier und heute assimilierbar ist (Gegenwartsbedeutung). Die großen Themen der Sozialisation, die Rolle von Idealbildern in Fiktion und Wirklichkeit, die ich oben schon erwähnt habe, prägen die gesamte Unterrichtssequenz und werden erst am Ende begrifflich gefasst und gewissermaßen »eingeholt«. Konkrete Aspekte, die Schüler mit »eigenen Erfahrungen« verknüpfen können, wie es der Lehrplan vorsieht, werden aber schon bei der Kurzpräsentation von Heines Biographie gestreift: z. B. das Familienleben im provinziellen Lüneburg[39], wo sich der junge Heine nicht zuhause fühlt, womit im übrigen auch das Thema »Heimat« anklingt oder gar »Deutschland« – wenn man dem »Spiegel«-Artikel zu Heines 150. Todesjahr folgen will: »Du bist Deutschland? Wenn es heute einer ist, dann Heine.«[40] Andere Aspekte können bei der Gedichtinterpretation selber berücksichtigt bzw. explizit herausgearbeitet werden, um Identifikationsmöglichkeiten für Jugendliche[41] zu schaffen, so z. B. die gerade bei den beiden Gedichten angesprochenen pubertären Spannungen und Widersprüche. Schon die ersten beiden Verse beider Gedichte zeugen Wort für Wort davon: »Ich weiß nicht, was soll es bedeuten, / Daß ich so traurig bin « (B I, 107) oder »Mein Herz, mein Herz ist traurig, / Doch lustig leuchtet der Mai« (B I, 108).[42] Wird hier die Rolle einer melancholischen »Marginalperson«[43] thematisiert, so wird Frustration in Rahmenhandlung und Binnengeschichte der »Loreley« doppelt motiviert: Das lyrische Ich verspürt Wehmut wegen einer »alten Geschichte« (B I, 91), und der Schiffer scheitert in seinem Verlangen nach der offenbar indifferenten Frau. Dass es sich bei letzterer um ein mythisches Wesen handelt, eine Felsenfee, die hier einen Be*trieb*sunfall verursacht, lasse ich vorerst beiseite. Damit soll aber der 26jährige Dichter weder in die Pubertät zurückversetzt werden, noch sollen diese zur Erlebnislyrik umdeklariert werden. Was der Motivationspsychologie ziemt – und auch gar nicht vermeidbar ist –, ist der Philologie nicht unbedingt erlaubt, obwohl Heines diesbezügliche Aussagen changieren. Seine Brust sei »ein Archiv deutschen Gefühls« (HSA XX, 148), schreibt er z. B. am 7. März 1824 an Rudolf Christiani, an Karl Immermann dagegen im Juni ein Jahr zuvor: »[…] wie wenig ist oft das äußere Gerüste unserer Geschichte mit unserer wirklichen, inneren Geschichte zusammenpassend! Bey mir wenigstens paste [sic] es *nie*.« (ebd., 93) Auch »Identifikation« meint im gegebenen Fall keineswegs, dass der Schüler/Leser so werden soll wie die Figuren der beiden Gedichte, auch nicht wie die traurige Hauptfigur, das lyrische Ich.[44] Literaturdidaktik ist transgressiv[45], d. h. sie stellt *ihre* Werte über die Werte des Textes, auch wenn für Literaturwissenschaftler diese Heteronomie bedenklich erscheinen mag.[46] Die beiden Texte werden selber zu einem Medium ihrer Überwindung.

Joseph A. Kruse zögert im übrigen nicht, Heines Frühwerk auch unter dem Blickwinkel von »Studentenliteratur«[47] zu sehen, und in der Tat klagt der Verleger

Julius Campe am 12. Juli 1833 angesichts des anfänglich schleppenden Verkaufs: »Ihr Buch geht nach den Universitäten, an junge Männer und dergl. – die kein Geld haben.« (HSA XXIV, 188) Natürlich sind Schüler noch keine Studenten. Das Problem der Verfrühung – Rolf Geißler zufolge ist Lektüre von Dichtung aber »immer verfrüht«[48] – hat auch eine Kehrseite, die hier freilich weniger interessiert, warum nämlich auch reifere Menschen Heines »Buch der Lieder« lesen. Mit Horkheimer und Adorno kann in Kürze vielleicht geantwortet werden: »Furchtbares hat die Menschheit sich antun müssen, bis das Selbst, der identische, zweckgerichtete, männliche Charakter des Menschen geschaffen war, und etwas davon wird noch in jeder Kindheit wiederholt.«[49] Heine schreibt zwar keine Kinder- und Jugendliteratur, vielmehr nimmt er gerade in seinem Frühwerk nicht selten eine »altkluge« Perspektive ein. So mögen Jugendliche und Erwachsene von unterschiedlichem Ende her an seinem Werk partizipieren.

2. Ästhetische Bildung

2.1. Das Ich und die Andere(n)

Der ästhetische Primärkontakt mit dem Gedicht vollzieht sich über die ausgesprochenen visuellen Zeichen des Drucks oder nur eine vorgestellte »innere Sprache«.[50] Zu diesem nach wie vor geheimnisvollen Vorgang *keine* und zu Metrum und Strophenbau nur *einige wenige* Bemerkungen, die keineswegs so zu verstehen sind, dass damit angefangen werden soll. Metrum und Strophenbau erschließen sich beim erprobenden Lesen: Vierzeiler, kreuzweise gebundene weibliche und männliche Reime, drei Hebungen, unregelmäßige Füllung.[51] Dabei kann erfragt werden, ob Schüler noch deutsche Volkslieder kennen, wie z. B. Wilhelm Müllers »Lindenbaum«.[52] Wenn es die Funktion des Metrums ist, »bringing unexpected words under ictus«[53], so geschieht das z. B. bei »Mein Herz, mein Herz ist traurig« im Falle des Enjambements von V. 5 f. Die Überraschung, dass auf das romantische »Blau« keineswegs die »Donau« reimt oder sonst ein romantisches Gewässer wie etwa der Blautopf, sondern ein simpler Stadtgraben, wird durch den Hiatus zwischen der ausklingenden Kadenz »bláùè« und dem mit Hebung anlautendem »Stádtgraben« provoziert: der Mund bleibt dem Leser gewissermaßen offen (drei Senkungen lang), und im Zusammenprall von Betonung und Bedeutung erhält die volksliedhafte Inszenierung einen ironischen Bruch – eine Ironie, aus der am Ende aber (fast) wieder bitterer Ernst wird. Heines »Nähe *und* Distanz«[54] zur (romantischen) Volksliedtradition kann auch an verschiedenen Archaismen von »Ich weiß nicht, was soll es bedeuten« gezeigt werden. Volksliednähe bezeugen z. B. Inversion statt Verbendstellung in V. 1, »gefüllte« Morpheme in »sitzet« oder »blitzet«, Substantive wie »Melodei«, »Geschmeide« usw. Distanz kommt zum Ausdruck dadurch, dass der Text nur Erinnerung ist, regressive Imagination. »Mein Herz, mein Herz ist traurig« besteht vom ersten bis zum letzten Vers nur aus »impressionistischer« Reflexion – Reflexion von Außenwelt und Innenwelt, ohne Interaktion.

Doch das Gedicht hat durchaus »Handlung« – entgegen der Erwartung, dass Lyrik handlungsarm sei. Das lässt sich, methodisch gesehen, leicht erfragen und an die Tafel anschreiben: Ein lyrisches Ich[55] steht zwar relativ passiv einer um so aktiveren Umwelt gegenüber: vita contemplativa vs. vita activa. Seine Sinne sind wach – es sieht und hört –, aber es verharrt wie angewurzelt »gelehnt an der Linde«[56], während die anderen dramatis personae einer mehr oder weniger gemächlichen und sinnvollen Tätigkeit nachgehen: Bedienstete, Handwerker bzw. »Vor-Industrielle« (der hyperaktive Müller), Bürgerliche allesamt, die rotberockte Obrigkeit nicht zu vergessen. Die »Formel« dieser Figurenkonstellation lautet: »das Ich vs. die Anderen«. Diese Opposition zwingt zur Stellungnahme, denn Werte treten normalerweise nur bei Konflikten ins Bewusstsein; ansonsten sind sie soziokulturell »eingespielt«. Das Verhältnis kann als ideologisch bestimmt werden.[57] Wie ist das geschilderte Verhältnis zu bewerten? Welche Partei ergreift man? Welche Moral bringt man in Anschlag? Ist das lyrische Ich ein romantischer »Taugenichts«, ein Müßiggänger, gar ein Faulpelz, ein Außenseiter, ist es arbeitslos oder »nur« depressiv? Sollte man ihm nicht zumindest raten, BWL oder Jura[58] zu studieren oder einfach mit anzupacken? »Jüngling, beschäftigen Sie sich mit angewandten Wissenschaften«[59], wie Bebuquin ange*herrscht* wird, der Titel-›Held‹ des ersten Romans von Carl Einstein (1885–1940). Oder aber anders gefragt: Was ist der Grund seiner Marginalposition, ja seines wertherschen Suizidwunsches – den er aber auch nicht selber realisieren will (im Unterschied zu Bebuquin)? Ist seine Trauer grundlos oder nicht vielmehr bedingt?

Bevor ich diese Fragen wieder aufgreife, wende ich mich dem zweiten Textbeispiel zu, das eine ähnliche Form, aber wie eingangs schon bemerkt eine komplexere Struktur besitzt. Der schlicht konstatierte Kontrast »Trauer vs. Frühlingsgefühle« in »Mein Herz, mein Herz ist traurig« wird in »Ich weiß nicht, was soll es bedeuten« zumindest »angedacht« als ein Nicht-Wissen. Eine Begründung von Trauer und Melancholie erhält der Leser aber weder hier noch dort. Auch das Ende von »Ich weiß nicht, was soll es bedeuten« ist reflexiv-rätselhaft; das lyrische Ich sagt es ja von Anfang an selber – ein hoffnungsloser Fall? Unsere parzivaleskpädagogische Frage »Was fehlt dir?« geht ins Leere.[60] Anstatt selber seine Verwirrung aufzuheben, beschwört das lyrische Ich auch noch eine mysteriöse Gestalt herauf, die Loreley, an die es sich in der ersten und letzten Strophe erinnert und die es in einem balladesken Exkurs (Str. II–V) vorstellt[61] – das lyrische Ich wan-

Klaus H. Kiefer · »Mein Herz, mein Herz ist traurig«

delt sich unter der Hand in ein episches. Ich brauche nur eine Strophe (III) zu zitieren, damit der Wandel von der Ich- zur Er-Form klar wird, auch wenn es sich um eine Sie handelt:

> Die schönste Jungfrau sitzet
> Dort oben wunderbar
> Ihr goldnes Geschmeide blitzet,
> Sie kämmt ihr goldenes Haar.

Statt der Opposition »das Ich vs. Die Anderen« findet sich hier, augenfällig in den Binnenhandlung: »das Ich vs. die Andere«. »Chercher la femme« und deren narzisstische Schönheitspflege: »[a] systematically distorted communication«, denn nicht nur der Schiffer sucht Kontakt, auch Loreley kann nicht »nicht kommunizieren«.[62] Sie tut es auf vielerlei Art: musikalisch-verbal sowie nonverbal:[63]

Die Maler haben das mediale Problem, symbolische in ikonische Zeichen umzuwandeln, unterschiedlich gelöst. Das Singen z. B. wird in der Regel nur metonymisch, d. h. durch ein Musikinstrument dargestellt, nicht durch einen singend geöffneten Mund. Die durchaus femininen Motive der Felsenfee bleiben – zumindest für Männer – rätselhaft. Schönheitspflege und Liedvortrag, die ein gemeinsames ästhetisches Merkmal besitzen, bilden freilich eine Periphrase für »Kunst«. Das glücklose Verhältnis von Mann (Schiffer) und Frau (Loreley) wird somit »gesteigert«: nicht nur durch die Opposition von Realität und Mythos[64], sondern Loreley ist Kunstfigur und Figur der Kunst zugleich, die verstörend auch auf das lyrische Ich zurückwirkt. Sowohl das lyrische Ich, der Dichter, als auch der Schiffer haben ja, wenn auch zeitversetzt, ein »Verhältnis« mit Loreley.[65]

Welche sprachlichen Indizien gibt es, um das Rätsel dieser beiden »Trauerfälle« zu lösen? Da des Rätsels Lösung nur im ganzen Gedicht gefunden werden kann, gehen wir systematisch von »außen« nach »innen« vor. Wir untersuchen zuerst den Tatort bzw. den Ort der »Un-tat«.

2.2. Raum/Zeit-Wahrnehmung und Analogiebildung

Umberto Eco – und dem Lehrplan – zufolge konstruieren die Schüler zu diesem Zwecke nicht den Gegenstand, sondern dessen »Wahrnehmungsmodell«[66] auf der Basis der vorliegenden Zeichen. Zu diesem Zwecke können Arbeitsgruppen gebildet werden. Im Falle von »Ich weiß nicht, was soll es bedeuten« ist in Hinsicht der »Trennung« (als Klassen- oder Oberbegriff) zunächst ein Zeit*unterschied* festzustellen: »Ein Märchen aus uralten Zeiten« kommt ja dem lyrischen Ich der Textgegenwart »nicht aus dem Sinn«, eine Art Ohrwurm, wenn man an die schon erwähnte Silcher-Vertonung des Gedichts denkt. Es scheint hier allerdings eine tiefergehende Obsession vorzuliegen. Augenfällig ist auch der Höhen*unterschied* (als Qualitätsunterschied) zwischen der mythischen Frau auf dem Felsen und dem einfachen Rheinschiffer unten in der vom lyrischen Ich freilich nur erinnerten Geschichte. Eine studentische Arbeitsgruppe im Heine-Seminar des Wintersemesters 05/06 hat das mittels der auf S. 117 folgenden Abbildung visualisiert.[67]

Die quasi empirischen Beobachtungen zu Raum und Zeit können auf die Figuren hin erweitert werden (auch dies kann als Auftrag an die Arbeitsgruppen gegeben werden, deren Ergebnisse im Plenum der Klasse zur Synthese gebracht werden): Was unterscheidet sie – oder haben sie etwas gemeinsam? Das lyrische Ich, das sich eines Märchens erinnert, und der »Schiffer im kleinen Schiffe«, der dann zugrunde geht, stehen in der Tat in Parallele; sie sind äquivalent[68], denn beide »haben« etwas nicht, nämlich das »Märchen«. Gewiss liegt dieses dem lyrischen Ich

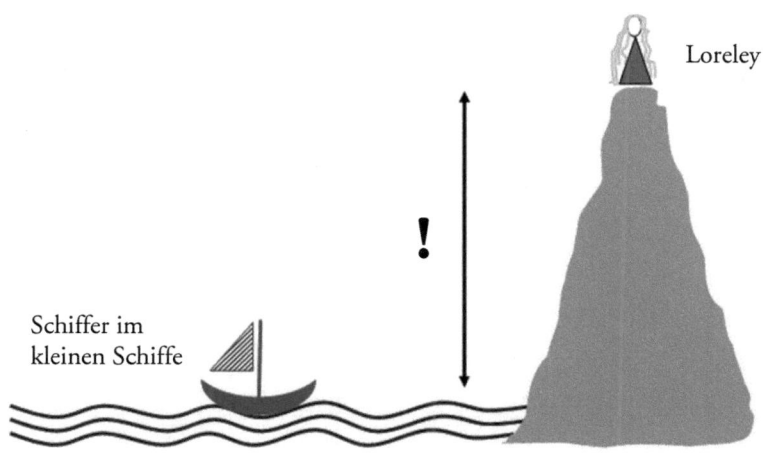

im Sinn, aber dieser Tagtraum wirkt als Trauma, denn das Märchen wird ebenso wenig wahr, wie der Schiffer die märchenhafte Frau bekommt. In ihrer Superposition »dort oben« ist sie u-topisch, nicht greifbar: ein Ideal-Bild, ausgedrückt durch übermäßigen Golddekor und superlativische Schönheit.

In »Mein Herz, mein Herz ist traurig« bemerkt man vor allem den *Höhen*unterschied: »Hoch auf der alten Bastei« sieht das lyrische Ich die Anderen »da drunten« in »winziger« Gestalt, auch das Gesumm der Mühle ist »fern«. Das Alter der Bastei und des Turmes scheint nicht so relevant, obwohl auch hier eine heroische Vorzeit (Bastei, Turm) in die biedere (biedermeierliche) Gegenwart herüberscheint. Diese dominante, das Ich überhöhende, zugleich aber distanzierende Raumstruktur lässt sich produktiv, d. h. graphisch, ja geo-graphisch erschließen. Man kann eine Skizze anfertigen lassen[69], wo sich das lyrische Ich in Bezug auf die anderen herumspringenden oder auf und ab marschierenden Figuren und die genannten teilweise gewerblich genutzten »Immobilien« befindet, das Fischgewässer, die Mühle, die Lusthäuser, ja selbst das Schilderhäuschen. Das kann an der Tafel geschehen, bei Bedarf in wechselseitiger Ergänzung der Schüler. Damit die relative Offenheit dieser »produktionsorientierten Methode«[70] nicht zu einem unbrauchbaren Produkt führt, ist der Hinweis ratsam, dass die räumlichen Verhältnisse quasi als Landkarte (aus der Vogelperspektive) dargestellt werden sollen. Das Verfahren erfüllt den Zweck, dass sich die Schüler/Leser vorstellungsmäßig[71] in den Text hineinversetzen – eine schadlose ästhetische, nicht zwangsläufig affektive – oder deutlicher kritisch: »affektierte« – Einfühlung im Sinne eines »Ergriffenseins«[72] –, das würde bei Heine auch gar nicht so recht funktionieren. Das Ergebnis wird nun mit einem historischen Stadtplan von Lüneburg verglichen, in den Werner H. Preuß Standort und Aussicht des lyrischen Ichs eingezeichnet hat:[73]

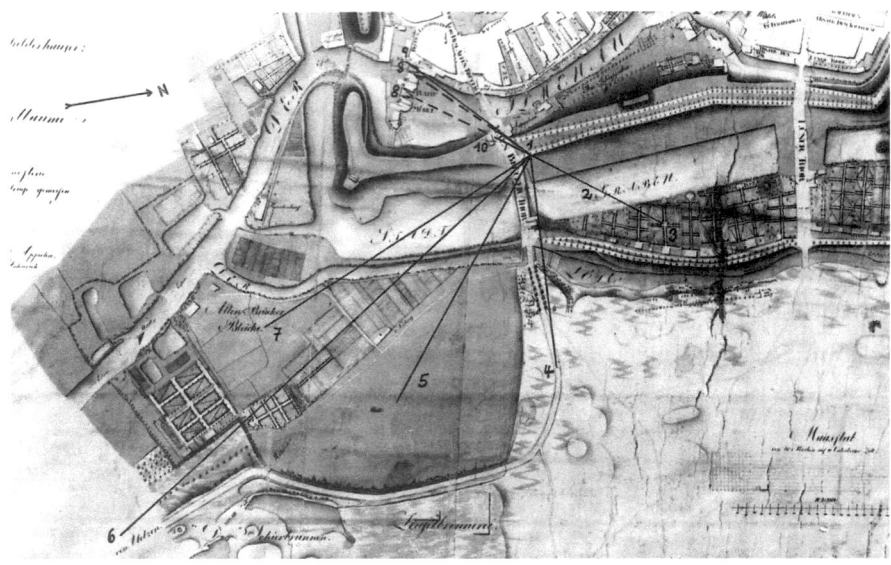

Dieses lyrische Ich ist, so scheint es, recht nahe beim historischen Autor angesiedelt – »angesiedelt« im geographischen Sinne verstanden –, hat es doch einen markanten Standort, und nicht nur einen Standpunkt –, was sich auch durch Briefzeugnisse belegen lässt, die man für die Schüler kopiert. So schreibt Heine am 18. Juni 1823, vier Wochen nach Eintreffen am Wohnort seiner Eltern, an Moses Moser:

> Ich lebe hier ganz isoliert, mit keinem einzigen menschlichen Menschen komme ich zusammen [...]. Ich habe hier also bloß mit den Bäumen Bekanntschaft gemacht, und diese zeigen sich jetzt wieder in dem alten grünen Schmucke, und mahnen mich an alte Tage, und rauschen mir alte vergessene Lieder ins Gedächtniß zurück, und stimmen mich zur Wehmuth. (HSA XX, 96)

Die Behauptung der Kontaktlosigkeit stimmt freilich nur für die ersten Wochen,[74] ist aber auch noch tiefgründiger zu analysieren. Lyrisches und autobiographisch oder historisches Ich (des Briefschreibers) sind ohnehin nie identisch[75], können es aufgrund der Zeichenstruktur auch der intimsten Ich-Aussage gar nicht werden – auch für den Normalmenschen ein Identitätsproblem! Schon Schiller – oder Goethe – wusste: »*Spricht* die Seele, so spricht ach! Schon die *Seele* nicht mehr.«[76] Aber selbst der biographischste Ansatz[77] behauptet *nicht*, dass Heine das »Lied« tatsächlich »gelehnt an der Linde« geschrieben hat – das gehört ins Reich der literarischen Legendenbildung –, und Heine hat ja auch keine »Aufnahme« von pfeifenden Knaben und kreischenden Mägden gemacht. Allerdings »spricht« das lyrische Ich am angegebenen Ort. Womöglich kam Heine dank dieses erhobenen Orts auch der Loreley-Felsen in den Sinn, der freilich wo ganz anders liegt als der Lüneburger Lösegraben, der aber mit dem Lüneburger Wall immerhin die Höhe gemeinsam hat.

Soll die Klasse die vom Lehrplan geforderten Schlussfolgerungen weiter üben, kann eine weitere Analogiebildung[78] über die Textgrenze hinaus vorgenommen werden: Es gibt in beiden Gedichten ja zwei »Super-stars«, die singen – und darin gleichen sie sich. Das lyrische Ich *als* Loreley – warum nicht? Auch dies eine legitime Äquivalenzbildung oder ein Parallelismus.[79] Durch ein anschauliches Tafelbild kann der gewagte Analogieschluss unterstützt werden:

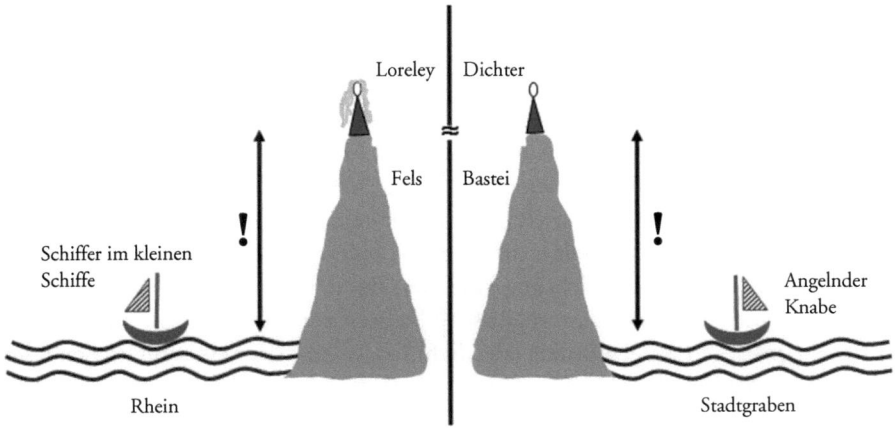

Man kann, neudeutsch ausgedrückt, dieses Schaubild noch toppen, indem man die Vision der Loreley in einer Sprech- oder Vorstellungsblase des lyrischen Ichs von »Mein Herz, mein Herz ist traurig« erscheinen lässt – die Gefahr besteht in der Naturalisierung des schöpferischen Vorgangs (s. Abbildung S. 120). Allerdings kommt die Metafiktion gut zum Vorschein.

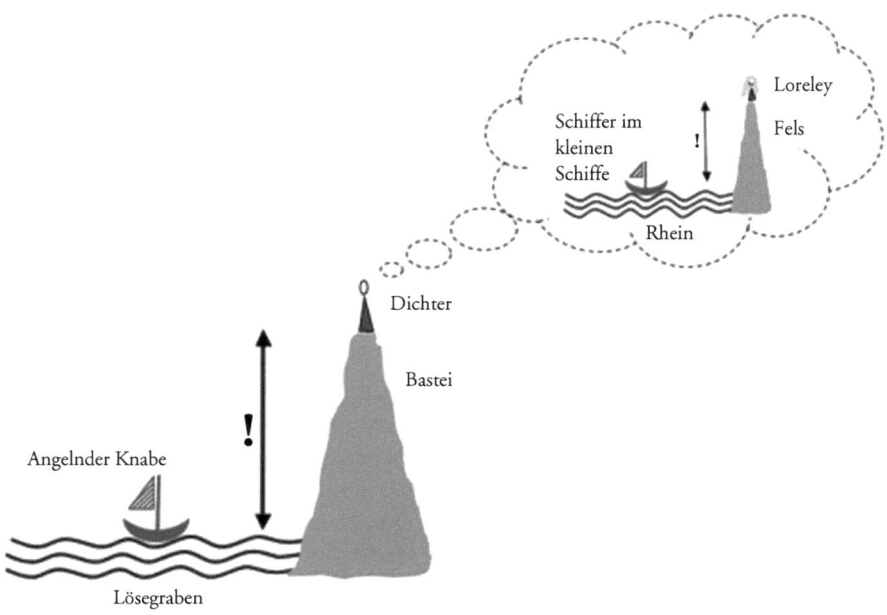

Das letzte Schaubild macht auch deutlich, dass das Verhältnis von lyrischem Ich und Sagengestalt nur »gebrochen« sein kann – Identität: ein Wunschtraum. Das »Es war einmal« bedeutet: Praeteritum. Aber lässt der Dichter nicht zumindest seine Verse funkeln wie die Loreley ihre Schönheit dazumal? Sie *singt* (oder sang) – und der Liedermacher Heine (be)singt *sie*. Jocelyne Kolb identifiziert zurecht »das Lied der Loreley mit Dichtung, und zwar mit der Dichtung der Romantik«.[80] Beide, Dichter und Loreley, romantische Figuren zur falschen Zeit, am falschen Ort? Zu überlegen wäre, wer dabei den Schiffer »spielt«, der dem ästhetischen oder erotischen Attentat der Loreley zum Opfer fällt. Meine Hypothese: es ist zum einen das Publikum, vom Künstler gleicherweise begehrt wie verachtet, zum anderen ist es der Dichter selber, der seines Kunstideals habhaft werden will – und daran »scheitert«, und dieses sublimierte »Scheitern« ist – mit Nietzsche zu sprechen – »echt«.[81] Loreley als »Künstlerin« besitzt zwar ein Publikum, auch wenn dieses darob zugrunde geht, nicht aber das lyrische Ich von »Mein Herz, mein Herz ist traurig«. Dem jungen »Künstler« hier fehlt der Anschluss an eine Gemeinschaft, sein Publikum ist absent, erscheint im Gedichtvergleich als »Leerstelle«, als Desiderat.

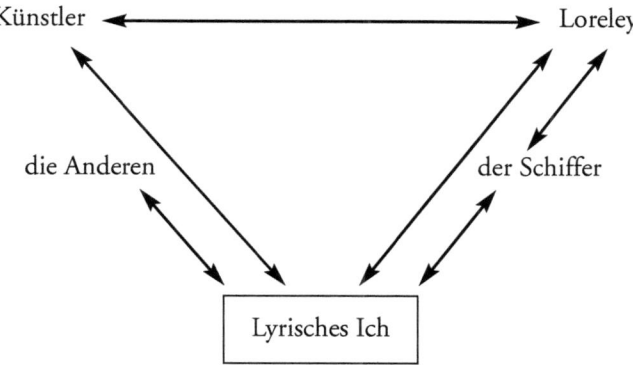

2.3. Texttranszendenz – Heines Judentum

Das lyrische Ich beider Gedichte ebenso wie der Schiffer aus »Ich weiß nicht, was soll es bedeuten« haben – wie schon bemerkt – etwas *nicht*: Sie haben keine »Beziehung«, wenn ich dieses vielsagende Wort gebrauchen darf. Auch Heines Loreley scheint einsam, ganz anders als bei Brentano, wo es der Partner, die alle nur das Eine wollen, zu viele gibt. Statt des unzeitgemäßen »katholischen Liebestods« der brentanoschen Frauengestalt[82], interessiert uns hier nur die zunächst genannte Konstellation: die in der Textstruktur angelegte Suche nach Integration. Nach den Spielregeln der Entwicklungspsychologie finden junge Erwachsene durch Partnerwahl und Eheschließung und eben einen anständigen Beruf ihren »Sitz im Leben«.[83] Das wäre eine erste – biedermeierlich-konventionelle – Problemlösung, die allen Heranwachsenden auch heute noch vertraut ist. Jede Wahl folgt Leitbildern. – Aber was, wenn die Erwählte eine Loreley ist, die dem jungen Mann nicht aus dem Sinn/den Sinnen kommt?[84]

Eine zweite gehobenere Version[85] bemüht sich jedenfalls um die Verwirklichung – in Produktion wie Rezeption – idealer »postkonventioneller« Werte,[86] womit das Lernziel »ästhetische Bildung« berührt wird. Jeffrey L. Sammons zeigt auf, dass Heine das Misslingen der ersten Version zum Ausdruck der zweiten Version macht:

> Es bleibt in Heines Lyrik von Anfang bis Ende die utopische Sehnsucht nach einem verlorenen Paradies, das einerseits nur noch in der Poesie, d. h. in der fiktionalen Einbildungskraft existiert, andererseits nur durch Poesie zum Ausdruck kommen kann. Hauptsymbol dieses unwiederbringlich verlorenen, wenn auch tief zurückgesehnten Paradieses wurde die unerreichbare Geliebte.[87]

Ich ergänze: oder die Loreley. – Doch das Figurenkarussell kann noch weiter gedreht werden. Man kann nun die Passage, die im oben zitierten Brief zunächst ausgelassen wurde, zitieren:

> Ich lebe hier ganz isolirt, mit keinem einzigen menschlichen Menschen komme ich zusammen, weil meine Eltern sich von allem Umgang zurückgezogen. Juden sind hier, wie überall, unausstehliche Schächerer und Schmutzlappen, [die] christliche Mittelklasse [ist] unerquicklich, mit einem ungewöhnlichen Rischeß, die höhere Classe [ist es] ebenso im höheren Grade. (HSA XX, 96)

»Rischeß« ist Hebräisch für »Judenhass« oder »Antisemitismus«, und es müsste nun die jüdische Herkunft Heines und seine evangelische Taufe als »Entréebillett« erläutert werden, nicht nur »zur europäischen Kultur« (B VI.1, 622), wie er selber einmal schreibt, sondern zu Beruf und Karriere, also konkret zur Gesellschaft.[88] Weder erscheint aber das lyrische Ich in beiden Gedichten als jüdisch, geschweige denn die goldblonde Loreley, die eine reine Erfindung des Romantikers Clemens Brentano war und nicht ein germanisch-weizenblondes Sagenwesen, als das sie allenfalls die Nazis identifizierten.[89] Keines der heineschen Gedichte aus dem »Buch der Lieder«, in denen das lyrische Ich autobiographische Nähe fingiert, erscheint als Werk eines rassisch Verfolgten; Heines jüdische Herkunft, so sehr sie ihn in Mitleidenschaft gezogen haben mag, ist zumindest in den beiden fraglichen Texten nicht markiert. Allerdings folgert Jocelyne Kolb aus der Komposition des »Heimkehr«-Zyklus, der mit drei religiös thematisierten Gedichten[90] schließt, dass Heine »im Loreleygedicht eine Anspielung auf seine Situation als Jude in Deutschland macht«. Die Loreley werde »zur Repräsentantin der deutschen Gesellschaft«. Das würde bedeuten: Heine personifizierte seine ausbleibende Integration im Scheitern des Schiffers, und auch die »Randstellung«,[91] wie Kolb sagt, des lyrischen Ichs von »Mein Herz, mein Herz ist traurig« könnte jetzt ethnisiert[92] werden. In analoger Weise hat man in der Tat die Integrationsversuche des Affen in Franz Kafkas »Bericht an eine Akademie« gedeutet: im Sinne eines Verhältnisses nicht nur des Individuums, sondern auch des Künstlers *und* des Juden zur Gesellschaft.[93]

Freilich geraten hier Strukturanalyse und Textinterpretation an eine Grenze des im Unterricht der Mittelstufe Möglichen und Machbaren, obwohl das Thema »Judentum« bzw. »Antisemitismus« aus den Fächern Geschichte, Religion, Ethik schon bekannt ist. Die biographischen und historischen »Hintergründe«, wie man signifikanterweise zu sagen pflegt, können von Schülern jedenfalls nicht aus den Texten selbst positiv belegt und abgeleitet werden. Gesamtwerk und Forschung sowie entsprechende Textmodelle stehen der 9. Jahrgangsstufe nicht zur Verfügung. Der Unterricht muss hier »Abkürzungen« wählen, d. h. – was auch beim Studium nicht falsch ist – man muss zur Fachliteratur greifen.[94] Fachliteratur komprimiert, so dass nach einem Schülerreferat[95] oder Lehrervortrag das erworbene Allgemeinwissen wieder an die Textlektüre angebunden werden kann. Man kann aber auch das wahrhaft erdrückende Belegmaterial für Heines Beschäftigung mit dem bzw. seinem Judentum gerade im Kontext der beiden Gedichte präsentieren[96], so dass die Schlussfolgerung nahegelegt wird, dass die Oppositionen, Dichotomien oder Disjunktionen der behandelten Texte tatsächlich mit Heines Judentum und den damit verknüpften Integrationsproblemen zu tun haben. Auszuschließen ist dies nicht. Aber wenn die Loreley eine »archetypisch verwandelte Amalie«[97] darstellen sollte, d. h. in die Reihe der missglückten Liebschaften Heines einrückt, dann darf man doch bemerken, das Heines Cousine aus gutem jüdischen Hause stammte.

Anmerkungen

1 Dem Aufsatz liegt ein Vortrag zugrunde, der am 19. Februar 2006 auf einem Lehrgang der Akademie für Lehrerfortbildung und Personalführung (Dillingen), »Literaturgeschichte in der Sekundarstufe I«, in Gars am Inn gehalten wurde. Eine bei diesem Anlass erprobte »szenische Interpretation« von »Mein Herz, mein Herz ist traurig« wird separat veröffentlicht: Kiefer: »Mein Herz, mein Herz ist traurig ...« – Ethische und ästhetische Implikationen szenischer Interpretation. – In: Deutschmagazin, H. 2 (2007): Werteerziehung im Deutschunterricht. S. 55–58. Mit strukturanalytischem, hermeneutischen, ideologiekritischem und produktivem Verfahren werden die wichtigsten literaturdidaktischen Konzeptionen der Gegenwart vorgestellt. Zur Passung von Thema und Lehrplan der 9. Jahrgangsstufe s. Kap. 1.2.

2 Der Begriff »Popsong« kann wörtlich mit »Volkslied« übersetzt werden; der Begriff »Lied« steht in der Romantik für »Gedicht«. Quelle der Abb. s. Anm. 4.

3 Vgl. Bob Dylan: www.picsearch.de; insbesondere die frühen Bilder mit Sonnenbrille! Ein Problem kann entstehen, wenn Schüler »jüdische« Gesichtszüge bei Heine und Dylan (jüdisch-russischer Herkunft) feststellen. Die physiognomische Identifizierung Heines als »Jude« ist historisch belegt; vgl. Kap. 2.2.

4 Ich referiere hier einen Brief von Marianne Tilch vom 27. 1. 2006, für den ich mich ebenso bedanke wie für die die Farbkopie. Die Photomontage war auch zu finden unter http:// www.heinrich-heine.net/index-2.htlm (30. Oktober. 2005; die Seite ist nicht mehr aufrufbar). Das Original gehört zum Bestand des Heinrich-Heine-Instituts, Abb. s. »Ich Narr des Glücks«. Heinrich Heine 1797–1856. Bilder einer Ausstellung, u. Mitwirk. v. Ulrike Reuter u. Martin Hollender hrsg. v. Joseph A. Kruse. Stuttgart, Weimar 1997, S. 1.

5 Heinrich Heine wird mit den gebräuchlichen Siglen DHA und HSA sowie B zitiert (B nach der Hanser-Ausgabe von 1968–1976). Es gibt ansonsten zahlreiche zu Studienzwecken brauchbare und preiswerte Separatausgaben von Heines »Buch der Lieder«, so z. B. m. Nachw., Zeittafel, Anm. u. bibliogr. Hinweisen v. Josef Schnell, o. O. 1992 (4. Aufl.; Goldmanns Klassiker mit Erläuterungen).

6 Werner H. Preuß: Heinrich Heine und Lüneburg. Loreley am Lösegraben. Hamburg 1987, S. 80.

⁷ Was Schüler fragen könnten: »Harry« ist angeblich eine Reverenz vor einem englischen Geschäftsfreund des Vaters, möglicherweise klingt auch »Heymann« an, der Vorname des Großvaters väterlicherseits. Beides konnotiert auf jeden Fall »nicht-deutsch«, daher die Abkürzung H. auf den frühen Publikationen. Vgl. Joseph A. Kruse: Heinrich Heine. Suhrkamp BasisBiographie. Frankfurt a. M. 2005, S. 14.

⁸ Daher Titel des Zyklus: »Die Heimkehr«; unter diesem Titel erstmals zusammengestellt 1826 in: H. Heine: Reisebilder. Erster Theil. »H.« unterdrückt »Harry«. Bei der Widmung der »Heimkehr« im Kontext der »Reisebilder« und beim ersten Gesamtdruck des »Buchs der Lieder« 1927 vermeidet Heine den jüdischen Namen (Rahel) von Friederike Varnhagen von Ense; vgl. DHA I.2, 868; s. Kap. 2.2.

⁹ Vgl. Ralf Schnell: Heinrich Heine zur Einführung. Hamburg 1996, S. 12 ff.

¹⁰ Eine brauchbarer Überblick findet sich bei Höhn 2004, S. 504–506. Die Zeittafel enthält für den für die Gedichtinterpretation relevanten Zeitraum folgende Angaben: Geburtsjahr, Schulbildung, berufliches Scheitern, erste Liebe zur Cousine Amalie Heine, Studium, Lüneburger Aufenthalt, Erstdruck der beiden Gedichte bzw. des »Buchs der Lieder«. Zwischen diesen Angaben bleiben Zeilen frei für eine Overlay-Folie mit (kursiv gesetzten) Angaben zu Heines Verhältnis zum Judentum; s. dazu Anm. 96.

¹¹ Die Komposition des Zyklus ist primär philologischen Interesses und kann hier vernachlässigt werden; vgl. dazu DHA I.2, 870–874. Klaus Briegleb (Hrsg.): Heinrich Heine: Sämtliche Gedichte in zeitlicher Folge. Frankfurt a. M., Leipzig 2005 berücksichtigt die entstehungsgeschichtliche Priorität von »Mein Herz, mein Herz ist traurig« allerdings nicht.

¹² Jürgen Seidel: Harry Heine und der Morgenländer, Weinheim, Basel 1997; der Protagonist ist hier 18 Jahre alt.

¹³ Vgl. Brüder Grimm: Vorrede zu: Deutsche Sagen. Hrsg. v. Hans-Jörg Uther, Darmstadt 1993, Bd. I, S. 15–25, hier S. 15: »Das Märchen ist poetischer, die Sage historischer […]«; letztere »haftet« an einem Ort.

¹⁴ Detailliert dargestellt in DHA I.2, 879 ff. Das Sagenmotiv »Lauern auf das Echo« hat Heine kaum interessiert, es sei denn, das Echo wäre zum Lied erweitert; vgl. Anm. 90.

¹⁵ Clemens Brentano: Zu Bacharach am Rheine. – In: ders.: Werke in zwei Bänden: Unter. Mitwirk. v. Wolfgang Frühwald hrsg. v. Friedhelm Kemp. München 1972: Bd. I, S. 37–41. Das Gedicht steht ursprünglich im Kontext von Brentanos Roman »Godwi« (1802). Die relevante Quelle für Heine ist jedoch Aloys Schreiber: Die Jungfrau auf dem Lurley. – In: ders.: Handbuch für Reisende am Rhein von Schafhausen bis Holland, in die schönsten anliegenden Gegenden und an die dortigen Heilquellen. Heidelberg 1818 (2., verb. u. verm. Aufl.), S. 63–65 (abgedr. in: DHA I.2, 883–884; leicht verändert auch als »romantische Kunstsage« in: Deutsche Sagen, für die Sekundarstufe hrsg. v. Leander Petzold, Stuttgart 1977, S. 119–121); Heine hat das Reisehandbuch 1819–20 an der Universitätsbibliothek Bonn ausgeliehen.

¹⁶ S. http://www.liebeskummer-online.de/LiKu-on/Gedichte/liebeskummergedichte.htm (30. 10. 2005).

¹⁷ Meine Google-Recherche nach einem zufällig im Autoradio aufgeschnappten Schlager zum Thema »Herzschmerz« war *insofern* wenig erfolgreich, als zu den Suchwörtern »Herzschmerz Schlager« 10200 Einträge und dazu noch die Dienste einer www.herzschmerz-community.net angeboten wurden.

¹⁸ Vgl. Otto Schober: Studienbuch Literaturdidaktik. Neuere Konzeptionen für den schulischen Umgang mit Texten, Analysen und Materialien, Kronberg/Ts. 1977, S. 35.

19 Vgl. Norbert Altenhofer: Ästhetik des Arrangements. Zu Heines »Buch der Lieder«. – In: Text + Kritik, Nr. 18/19 (1982; 4., völlig veränd. Aufl.), S. 16–32.
20 Vgl. Wolfgang Minaty (Hrsg.): Die Loreley. Gedichte, Prosa, Bilder. Ein Lesebuch, Frankfurt a. M. 1988 u. Frank Rainer Max (Hrsg.): Undinenzauber. Geschichten und Gedichte von Nixen, Nymphen und anderen Wasserfrauen. Stuttgart 1991. Die Zahl der wesensverwandten Melusinen, Sirenen etc. ist unüberschaubar.
21 Im Folgenden wird ausschließlich der Lehrplan des 8-jährigen Gymnasiums im Freistaat Bayern berücksichtigt; dieser liegt noch nicht gedruckt vor und kann daher nicht mit genauer Seitenangabe zitiert werden, s. www.isb.bayern.de.
22 Vgl. Ingbert von Martial: Einführung in didaktische Modelle. Baltmannsweiler 1996, S. 204. Der Begriff »Analyse« legt ausschließlich strukturale Verfahren nahe, was der Sachlage nicht entspricht. Stark vernachlässigt erscheint vor allem die kritische bzw. wertorientierte Dimension der Didaktik.
23 Im Sinne von Hans-Georg Gadamer: Wahrheit und Methode. Grundzüge einer philosophischen Hermeneutik. Tübingen 1965 (2., u. e. Nachtr. erw. Aufl.).
24 Der Begriff findet sich z. B. weder in Hartwig Schröder: Didaktisches Wörterbuch. Wörterbuch der Fachbegriff von »Abbilddidaktik« bis »Zugpferd-Effekt«. München, Wien 2001 (3., erw. u. akt. Aufl.) noch in Dietrich Homberger: Lexikon Deutschunterricht. Sprache – Literatur – Didaktik und Methodik. Stuttgart u. a. 2002.
25 Anregungen finden sich weniger im Deutschlehrplan als vielmehr bei den Fächern Religion, Ethik und Sozialkunde.
26 Am ausführlichsten bei Armin Schulz: Thema. – In: Reallexikon der deutschen Literaturwissenschaft. Neubearb. des Reallexikons der deutschen Lieraturgeschichte, gem. m. Georg Braungart u. a. hrsg. v. Jan-Dirk Müller. Berlin, New York 2003, Bd. III, S. 634–635.
27 Vgl. Oliver Jahraus: Literaturtheorie. Theoretische und methodische Grundlagen der Literaturwissenschaft. Tübingen, Basel 2004, bes. S. 269 u. ö.
28 Vgl. »Es ist eine alte Geschichte, / Doch bleibt sie immer neu […]« (B I, 91).
29 Vgl. Schnell [Anm. 5], Nachwort, S. 253–323, bes. S. 299 ff. Höhn 2004, S. 76 ff.
30 Eine Aufnahme, die Repräsentanz und Beliebtheit des Heine-Liedes belegt: Deutschland, Deine Lieder. Beliebte Volkslieder & die deutsche Hymne Deutsche Grammophon 2005; das Lied wird interpretiert von Peter Schreier. Die vor allem durch Theodor W. Adorno 1956 in Umlauf gebrachte »Ehrung« von Heines »Loreley«, dass es im Dritten Reich als Volkslied mit der Angabe »Dichter unbekannt« gedruckt worden sei (Adorno: Die Wunde Heine. – In: ders.: Noten zur Literatur. Hrsg. v. Rolf Tiedemann. Frankfurt a. M. 1974, S, 95–100, hier S. 95), konnte bislang nicht belegt werden; vgl. Kruse [Anm. 1], S. 124 f.
31 Vgl. Jens Malte Fischer: Lieber die Lieder. Heinrich Heine und seine Komponisten. – In Süddeutsche Zeitung, Nr. 40 (17. Februar 2006), S. 17; speziell zu Loreley-Vertonungen s. Heinrich Lindlar: Loreley-Report. Heinrich Heine und die Rheinlied-Romantik. Köln 1999, S. 103 ff.
32 Carl Valentin: Die Loreley. – In: ders.: Sturzflüge im Zuschauerraum. Der gesammelten Werke anderer Teil. Hrsg. v. Michael Schulte. München 1969, S. 101–102; davon gibt es auch eine Tonaufnahme: Gesamtausgabe Ton 1928–1947, 8 CDs, o. O.: Trikont 2002, CD 8.
33 Erich Kästner: Der Handstand auf der Loreley (Nach einer wahren Begebenheit). – In: ders.: Zeitgenossen, haufenweise. Gedichte. In Zus.arb. m. Nicola Brinkmann hrsg. v. Harald Hartung. München 1998, S. 182–183. Der Turner bricht sich das Genick, als er sich der heineschen »Loreley« erinnert.

34 Werden nicht angesichts dieses erneuten »Eiapopeia vom Himmel« (B IV, 577) – in dem die Glaubenskrieger, die sich und andere in die Luft gesprengt haben, 72 Jungfrauen erwarten – die Gefühle eines aufgeklärten Westeuropäers verletzt? Nach einer anderen Lesart des Korans handelt es sich ohnehin nur um weiße Trauben (vgl. Jörg Lau: Keine Huris im Paradies. – In: Die Zeit, Nr. 21 (15. Mai 2003), S. 47). Heine, der immer beliebte, auch die Politik zu »erotisieren«, hätte hier ein weites Betätigungsfeld gefunden, was z. B. nach »Gebrauch« dieser Jungfrauen geschieht, ob es im Himmel Kindergärten gibt, und was mit den Frauen geschieht, die Jungfrauen nun einmal werden, wo doch Frauen dem Propheten zufolge gar nicht ins Paradies dürfen.

35 Eugène Dupréel: Le problème sociologique du rire. – In: Revue philosopique. Bd. 106 (1928), S. 213–260, bes. S. 234, vgl. Anm. 1.

36 Vgl. Helmut J. Serve: Kreativität als Herausforderung an schulische Bildungsarbeit. – In: Bildung und Erziehung an der Schwelle zum dritten Jahrtausend. Multidisziplinäre Aspekte, Analyse, Positionen, Perspektiven. Hrsg. v. Norbert Seibert u. dems.. München 1994, S. 1137–1166.

37 Robert Gernhardt: Er liest im »Buch der Lieder«. – In: ders.: In Zungen reden. Stimmenimitationen von Gott bis Jandl. 3. Aufl. Frankfurt a. M. 2002, S. 52–53; auch als Aufnahme vorhanden, s. ders.: In Zungen reden. Stimmenimitationen von Gott bis Jandl. Mitschn. d. Lesung v. 3. Mai 2001 Würzburg, geles. v. Autor. München 2001.

38 Das Verhältnis Heines zur Romantik, zum Jungen Deutschland, zu Biedermeier oder Frührealismus oder wie die Begriffe alle heißen, ist nicht epochal abtrennbar, sondern strukturell. Zur »deutlichen didaktischen Relativierung der literarischen Epochenbegriffe« seit Ende der 90er Jahre überhaupt vgl. Karlheinz Fingerhut: Didaktik der Literaturgeschichte. – In: Grundzüge der Literaturdidaktik. Hrsg. v. Klaus-Michael Bogdal u. Hermann Korte. München 2002, S. 147–165, hier S. 160.

39 Heine nennt Lüneburg »die Residenz der Langeweile« (HSA XX, 110 f.); er steht damit nicht allein: Karl Friedrich Haage, der 1823 als Junglehrer ans Lüneburger Johanneum kam, spricht von einer »Spießbürgerstadt« (zit. n. Preuß [Anm. 8], S. 97).

40 Matthias Matussek: Pistolenknall und Harfenklang. – In: Der Spiegel, Nr. 7 (13. Februar 2006), S. 112–117, hier S. 112.

41 Vgl. Walter Schönau: Einführung in die psychoanalytische Literaturwissenschaft. Stuttgart 1991, S. 58.

42 Vgl. Gerd Mietzel: Wege in die Entwicklungspsychologie. Kindheit und Jugend. Weinheim 2002 (4., vollst. überarb. Aufl.), S. 386 f.; Rolf Oerter / Eva Dreher: Jugendalter. – In: Entwicklungspsychologie. Ein Lehrbuch. Hrsg. v. Rolf Oerter u. Leo Montada. Weinheim 1995 (3., vollst. überarb. u. erw. Aufl.), S. 310–395.

43 Oerter / Dreher [Anm. 42], S. 361.

44 Das lyrische Ich ist keine Identifikationsfigur im Sinne eines »Verhaltensvorbildes«; vgl. Geert Hofstede, zit. n. Hans-Jürgen Lüsebrink: Interkulturelle Kommunikation. Interaktion, Fremdwahrnehmung, Kulturtransfer. Stuttgart, Weimar 2005, S. 11.

45 S. Klaus H. Kiefer / Margit Riedel: Dada, Konkrete Poesie, Multimedia – Bausteine zu einer transgressiven Literaturdidaktik. Frankfurt a. M. u. a. 1998, bes. S. 7 ff.

46 Vgl. Renate von Heydebrand / Simone Winko: Einführung in die Wertung von Literatur. Systematik – Geschichte – Legitimation. Paderborn u. a. 1996, S. 27. Die Autonomie des Werks ist freilich bloß eine heuristische Fiktion. Sobald ein Werk gelesen wird, in Gebrauch genommen wird, entsteht ein »misreading«. Zu diesem Begriff Harold Blooms vgl. The New Princeton Encyclopedia of Poetry and Poetics. Hrsg. v. Alex Preminger u. T. V. F. Brogan. Princeton 1993, S. 607 f.

u. Jeremy Hawthorn: A Concise Glossary of Contemporary Literary Theory. London u. a. 1992, S. 153 f.

47 Kruse [Anm. 1], S. 79.

48 Rolf Geißler zit. n. Elisabeth K. Paefgen: Einführung in die Literaturdidaktik. Stuttgart, Weimar 1999, S. 25.

49 Max Horkheimer / Theodor W. Adorno: Dialektik der Aufklärung. Philosophische Fragmente. Frankfurt a. M. 1971, S. 33.

50 Vgl. Lem Semjonowitsch Wygotski: Denken und Sprechen. Übers. v. Gerhard Sewekow, m. e. Einl. v. Thomas Luckmann hrsg. v. Johannes Helm. Frankfurt a. M. 1981, S. 223 ff. Das Unterrichtsgespräch stellt das tragende Medium der Gedichtinterpretation dar; es wechselt zwischen »fragend-ermittelndem« Verfahren und ergebnisoffenerem »literarischem Gespräch«. Der Methodenwechsel zu Arbeitsgruppe oder Lehrer/Schülerreferat wird weiter unten angegeben.

51 Beim wie »aufgezogen« auf und ab marschierenden Soldaten (B I, 108, V. 17–20) ist das (jambische) Metrum streng alternierend.

52 Wilhelm Müller: Der Lindenbaum. – In: ders.: Die Winterreise und Die schöne Müllerin. Mit Zeichnungen von Ludwig Richter. Zürich 1984, S. 14–15. Die Bedeutung von Müller wird von Heine selbst bestätigt.

53 Vgl. The New Princeton Encyclopedia of Poetry and Poetics [Anm. 46], S. 775.

54 Höhn 2004, S. 68. Adorno hat hier zu pointiert von einem »absichtsvoll falschen Volkslied« gesprochen (Adorno [Anm. 30], S. 100.)

55 Dass dieser Begriff problematisch ist, betont zurecht Dieter Burdorf: Einführung in die Gedichtanalyse. Stuttgart, Weimar 1997 (2., überarb. u. akt. Aufl.), S. 194 ff. Die begrifflichen Alternativen sind allerdings nicht überzeugend.

56 Diesbezügliche Überlegungen von Ulrike Brunotte: Ein absichtsvoll falsches Volkslied. Konstruktion und Kritik der Idylle in Heinrich Heines »Heimkehr III«. – In: HJb 32 (1992), S. 57–78, hier S. 59 erscheinen mir überzogen; ebenso wie ihre »überdrehte« Interpretation zu V. 15 (ebd., S. 67).

57 Vgl. Terry Eagleton: Ideology. An Introduction. London / New York 1991, S. 1 f.; Eagleton hat 16 Definitionen von »Ideologie« zusammengestellt, »currently in circulation«, von denen mehrere auf den gegebenen Fall zutreffen: (a) bis (d), (f), (i), (l) und (o), und das gilt für das lyrische Ich wie für den angelnden Knaben oder den auf und ab marschierenden Schutzmann, das gilt für den Schiffer wie für die Loreley. All ihr Tun ist »ideologisch«, und das des abbildenden Künstlers allemal. Für unsere Zwecke genügt hier Definition (b) »a body of ideas characteristic of a particular social group or class«.

58 Vergessen wir nicht, dass Heine dies tat, unterstützt vom reichen Onkel Salomon, dem Hamburger Bankier.

59 Carl Einstein: Bebuquin oder Die Dilettanten des Wunders (1912). – In: ders.: Werke. Berliner Ausgabe. Bd. I: 1907–1918. Hrsg. v. Hermann Haarmann u. Klaus Siebenhaar. Berlin 1994, S. 92–130, hier S. 93.

60 Platon erkannte das bereits als Problem der Schrift; im »Phaidros«-Dialog lässt er Sokrates sagen: »Denn das Schlimme hat doch die Schrift, [...] und ist darin ganz eigentlich der Malerei ähnlich; denn auch diese stellt ihre Ausgeburten hin als lebend, wenn man sie aber etwas fragt, so schweigen sie gar ehrwürdig still. Ebenso auch die Schriften: Du könntest glauben, sie sprächen, als verständen sie etwas, fragst du sie aber lernbegierig über das Gesagte, so bezeichnen sie doch stets nur ein und dasselbe.« (Platon: Phaidros. – In: ders.: Sämtliche Werke, Bd. IV. Hrsg. v. Walter F. Otto, Ernesto Grassi, Gert Plamböck. Hamburg 1958, S. 7–60, hier S. 55).

61 Die Ballade wird bzw. wurde in der 7. Jahrgangsstufe behandelt.
62 Vgl. Paul Watzlawick, Janet H. Beavin, Don D. Jackson: Menschliche Kommunikation. Formen, Störungen, Paradoxie, Bern, Stutgart, Wien 1974 (4. Aufl.), S. 50 ff.
63 Eines der bekanntesten Bildnisse ist Carl Joseph Begas' »Die Lureley« (1835), Abb. 2 s. Mythos Rhein. Ein Fluß – Bild und Bedeutung. Katalog [Teilbd.], hrsg. v. Richard W. Gassen u. Bernhard Holeczek. Ausstellung Wilhelm-Hack-Museum Ludwigshafen am Rhein, 12. Juni – 16. August 1992, S. 281. Man erinnere sich, warum Gotthold Ephraim Lessing zufolge Laokoon nicht schreien »durfte« (vgl. Lessing: Laokoon oder Über die Grenzen der Malerei und Poesie. – In: ders.: Werke und Briefe in zwölf Bänden. Hrsg. v. Wilfried Barner u. a. Bd. V/2: Werke 1766–1769. Frankfurt a. M.: 1990 (Bibliothek deutscher Klassiker, Bd. 57), S. 11–206, bes. S. 17) und warum Nahaufnahmen von Sängern und Sängerinnen bei Opern-Aufzeichnungen so unschön sind. Auch die gymnastische Übung, zugleich zu singen und sich zu kämmen (oder dabei gar ein Instrument zu spielen), stellt ein ästhetisches Problem dar – was erst à propos »Laokoon« Dada erkannte: »DADA hat Laokoon und Söhnen nach tausendjährigem Ringkampf mit der Klapperschlange endlich ermöglicht auszutreten.« (Hans Arp, zit. n. Raoul Hausmann: Am Anfang war Dada. M. e. Nachw. v. Karl Riha hrsg. v. dems. u. Günter Kämpf. Giessen 1980, S. 13. Zum selben Zeitpunkt (1916) parodiert Karl Valentin die »Loreley« wie folgt (ich zitiere eine von sechs Strophen [Anm. 32], Bd. II, S. 101):

> Viel tausend Jahr hock ich hier oben
> bei Sonnenschein, Regen und Schnee
> auf diesem steinigen Felsblock
> mir tut schon mein Rückgebäud weh.
>
> Ich singe und zupfe die Harfe,
> ich wüßt ja net, was i sonst tat,
> ich weiß nicht, was soll es bedeuten,
> das Lied wird mir jetzt schon bald fad!

64 Nicht selten kommen die mythischen Frauen nicht nur aus der Vorwelt, sondern auch aus der Unterwelt oder gar Unterwasserwelt; vgl. Frank Rainer Max [Anm. 20] mit ausführlichem Literaturverzeichnis.
65 Möglicherweise unterstellt man dem einfachen Seemann allzu vordergründig erotische Absichten. Auch Matrosen haben Sinn für Höheres.
66 Vgl. Umberto Eco: Einführung in die Semiotik. Autor. dt. Ausg. v. Jürgen Trabant. München 1972, S. 213. Die Zeichen können symbolischer oder ikonischer Natur sein; vgl. Winfried Nöth: Handbuch der Semiotik. Stuttgart, Weimar 2000 (2., vollst. neu bearb. u. erw. Aufl.), S. 178 ff.
67 Die graphische Gestaltung der handschriftlichen Vorlagen zu SS. 117, 119, 120 danke ich meiner Assistentin Miriam Geldmacher.
68 Vgl. Roman Jakobson: Linguistik und Poetik (1960). – In: ders.: Poetik. Ausgewählte Aufsätze 1921–1971. Hrsg. v. Elmar Holenstein u. Tarcisius Schelbert. Frankfurt a. M. 1989 (2. Aufl.), S. 83–121, hier S. 107.
69 Je nach Klassengröße übernehmen die Arbeitsgruppen die unterschiedlichen Aufgaben gleichzeitig oder sukzessiv arbeitsteilig. Die Aufgabenstellung ist aus den obigen Ausführungen abzuleiten.
70 Nur so kann man die Verhältnismäßigkeit der Medientransformation von Text in Bild garantieren; zur Problematik der »Offenheit« vgl. Günter Waldmann: Produktiver Umgang mit Li-

teratur im Unterricht. Grundriss einer produktiven Hermeneutik. Theorie – Didaktik – Verfahren – Modelle. Baltmannsweiler 1999 (2. korr. Aufl.), S. 90 ff.

71 Das entspricht dem ecoschen »Wahrnehmungsmodell«; vgl. Ulf Abraham: Vorstellungsbildung und Deutschunterricht. – In: Praxis Deutsch, Jg. 26 (1999), Nr. 154: Vorstellungs-Bildung, S. 14–22. Vgl. a. Kiefer: Zeichen – Wahrnehmung, Vorstellung, Sprache, Bild. Prolegomena zu einer Bildsemiotik und -didaktik. – In: Argumente und Materialien zum Zeitgeschehen 57 (2007): Wissensgenese an Schulen – Beiträge zu einer Bilddidaktik.

72 Vgl. dagegen Emil Staigers Maxime »begreifen, was uns ergreift« (ders.: Die Kunst der Interpretation. Studien zur deutschen Literaturgeschichte. München 1971, S. 7–27, hier S. 8).

73 Abb. bei Preuß [Anm. 6], S. 91; S. 73 f. u. 90 zufolge sind zu erkennen: (1) Standort Heines bzw. des lyrischen Ichs: Schießgrabenwall (mit Lindenbestand), (2) Stadtgraben (Lösegraben), (3) Gärten, (4) Chaussee nach Dahlenburg und Uelzen (mit Ochsengespannen), (5) Laffertsches Camp (großes Wiesengrundstück), (6) Richtung Wald, (7) Altenbrücker Bleiche, (8) Mühlräder der Ratsmühle, (9) Turm der Ratswasserkunst, (10) Altenbrücker Torwache.

74 Es handelt sich um die Stimmung der ersten Wochen; später schließt Heine Freundschaft mit Rudolf Christiani, der ihn in die Lüneburger Gesellschaft und den »Club von 1785« einführt (s. Preuß [Anm. 6], S. 98 u. 102).

75 Vgl. Philippe Lejeune: Le pacte autobiographique. – In: Poétique, Bd. 14 (1973), S. 137–162.

76 Tabulae votivae von Schiller und Goethe: Sprache. – In: Friedrich Schiller: Sämtliche Werke. Bd. I: Gedichte – Dramen I. Darmstadt 1987 (8., durchges. Aufl.), S. 313.

77 Vgl. Maximilian Heine: Erinnerungen an Heinrich Heine und seine Familie. Von seinem Bruder. Berlin 1868, S. 67, der betont, die lyrische Szenerie passe »genau auf die damalige Lokalität des Lüneburger Walles«.

78 Vgl. Norbert Seel: Psychologie des Lernens. Lehrbuch für Pädagogen und Psychologen, München, Basel 2000, S. 193 ff. In der Regel haben weder Schüler *noch* Studenten eine Ahnung von Syllogismen; vgl. Kiefer: Interaktion – Abduktion – Transgression. Zur Semiotik der literarischen Interpretation in Schule und Hochschule. – In: Wirkendes Wort H 1 (2007), S. 79–96.

79 Die Doppelung wurde nachträglich bzw. für eine zweite Unterrichtseinheit hergestellt; sie kann aber auch durch Eintragungen in die erste Skizze hergestellt werden.

80 Jocelyne Kolb: Die Lorelei oder die Legende um Heine. – In: Gedichte von Heinrich Heine. Hrsg. v. Bernd Kortländer. Stuttgart 1995, S. 52–71, hier S. 66.

81 Nietzsche lässt den geprügelten Zauberer bekennen: »[…] Alles ist Lüge an mir; aber dass ich zerbreche – diess mein Zerbrechen ist ächt!« (Friedrich Nietzsche: Also sprach Zarathustra. Ein Buch für Alle und Keinen. – In: ders.: Kritische Studienausgabe in 15 Bänden. Hrsg. v. Giorgio Colli u. Mazzino Montinari, München u. a. 1980, Bd. IV, S. 319); zu Nietzsches Heine-Verehrung s. ders.: Ecce homo. Wie man wird, was man ist. Ebd., Bd. VI, S. 255–374, hier S. 286.

82 Jürgen Kolbe: Ich weiß nicht was soll es bedeuten. Heinrich Heines Loreley. Bilder und Gedichte. München, Wien 1976, S. 33.

83 Vgl. Oerter/Dreher [Anm. 42], S. 370.

84 Vgl. die Pin up-Bildpostkarten: Rendezvous mit Loreley. Sankt Goarshausen bei Peter Ruf: Kitsch und Souvenir. – In: Mythos Rhein. Ein Fluß in Kitsch und Kommerz. Katalog [Teilbd.] [Anm. 63], S. 79–97, hier S. 85.

85 Ich schließe mich hier nur unter (großen) Vorbehalten der Moralstufenlehre von Lawrence Kohlberg an (zusammengefasst in: Kohlberg: Die Psychologie der Moralentwicklung. Hrsg. v. Wolfgang Althof, Frankfurt a. M. 1995). Gewiss folgt die ethische Sozialisation gewissen Aufbau-

regeln, das Verhältnis von sinnlicher Befriedigung sowie ästhetischer und ethischer Erfüllung wird aber spätestens mit Erreichen der Pubertät ein permanentes Problem. Am Lehrerbildunszentrum der Ludwig-Maximilians-Universität untersucht eine Projektgruppe »Ethische und ästhetische Dimensionen in Bildungsprozessen«, s. unter www.edu.lmu.de/Ethik-Aesthetik/Kiefer-DD-Tag-Vortr.2.7.05.pdf meinen Vortrag: »Deutschunterricht und Wert(e)erziehung – Aperçus« zur 68. Tagung des Arbeitskreises der DeutschdidaktikerInnen an bayerischen Hochschulen: Standards, Werte, Kompetenzen, 1.–2. Juli 2005.

86 Vgl. Leo Montada: Moralische Entwicklung und moralische Sozialisation. – In: Entwicklungspsychologie [Anm. 42], S. 862–894.

87 Jeffrey L. Sammons: Heinrich Heine. Stuttgart 1991, S. 31.

88 Vgl. Schnell [Anm. 9], S. 28.

89 Zur Planung einer Thing-Stätte auf dem Loreley-Felsplateau s. Peter Dittmar: Legendenkiller Loreley. – In: http://www.welt.de/data/2004/09/02/326849.html?prx=1 (2. September 2004).

90 Mich überzeugt Kolbs These nicht, da ein gemeinsamer »Nenner« der drei Gedichte, »Donna Clara«, »Almansor« und »Die Wallfahrt nach Kevlaar« (B I, 156–165), nicht zu erkennen ist. Überhaupt wird das von Kolb ([Anm. 80], S. 67 ff.) stark beanspruchte »Echo« als textexternes Prinzip in den Zyklus hineinprojiziert.

91 Ebd., S. 62.

92 Vgl. Heinz Antor: Ethnizität. – In: Metzler Lexikon Literatur- und Kulturtheorie. Ansätze – Personen – Grundbegriffe. Hrsg. v. Ansgar Nünning. Stuttgart, Weimar 1998, S. 136–137; dieser Ansatz, der nichts anderes ist als ein »völkischer«, nur mit anderen – postkolonialen – Vorzeichen, ist abzulehnen; zumindest der Literaturdidaktiker muss den Weg der Universalisierung gehen.

93 Vgl. Kafka-Handbuch in zwei Bänden. Hrsg. v. Hartmut Binder. Stuttgart 1979, Bd. II: Das Werk und seine Wirkung, S. 334 f.

94 Die beiden schon genannten Biographien von Schnell [Anm. 9] und Kruse [Anm. 7] eignen sich auch für Schüler; vgl. auch Klaus Briegleb: Heinrich Heine. – In: Metzler Lexikon der deutsch-jüdischen Literatur. Hrsg. v. Andreas B. Kilcher. Stuttgart, Weimar 2000, S. 213–219; allgemein zum Judentum s. Julius H Schoeps: Neues Lexikon des Judentums. Gütersloh 2000. In diesem Zusammenhang ist insbesondere ein fächerübergreifender Unterricht zu erwägen.

95 Der Lehrplan der 9. Jahrgangsstufe fordert: »anspruchsvollere Informationen verständlich, einfach, knapp und anschaulich referieren und kommentieren«.

96 Die Zeittafel zu Heines Judentum, die als Overlay über die allgemeine biographische Zeittafel konzipiert ist (s. o. Anm. 10), enthält folgende Angaben: Heine in der Grundschule wegen seines jüdischen Großvaters verspottet und geprügelt (B VI.1, 576 f.), 1819 sog. Hep-Hep-Pogrom, 1820 Duell wegen antisemitischer Beleidigung, Ausschluss aus der Burschenschaft aus antisemitischen Gründen, 1822 aktives Mitglied im »Verein für Cultur und Wissenschaft der Juden«, 1824 Beginn der Arbeit am »Rabbi von Bacherach« (1840 abgeschlossen), 1825 evangelische Taufe auf den Namen Christian Johann Heinrich.

97 Ursula Jaspersen: Heinrich Heine. »Ich weiß nicht, was soll es bedeuten«. – In: Die deutsche Lyrik. Form und Geschichte. Interpretationen: Von der Spätantike bis zur Gegenwart. Hrsg. v. Benno von Wiese. Düsseldorf 1957, Bd. II, S. 128–133, hier S. 133.

Höllenfahrt des Heinrich Heine
Anlass und Anliegen einer literarischen Maskerade

Von Heribert Rissel, Unkel

I.

Er war gerade ein halbes Jahr tot, der nach langem Krankenlager im Februar 1856 elend gestorbene Heinrich Heine – da betrat er wieder die literarische Bühne. Aus dem Totenreich hielt er Gericht über die Künste und Künstler, ein Übergott aller Kunstschöpfung seiner Zeit. Aufgemacht, als sei er der Verfasser, machte ein in Hannover erschienenes Büchlein in der literarischen Szene Deutschlands wie überhaupt in kunstinteressierten Kreisen Furore: »Höllenfahrt. Von Heinrich Heine«.[1] Dem aus der Welt abberufenen Dichter wird am Himmelstor von Petrus der Zutritt zum Reich der Seligen verwehrt. Es bleibt dem Abgewiesenen nichts anderes übrig, als zur Hölle zu fahren. Bevor er in den ewigen Gluten brennen wird, berichtet er seinen Schicksalsgenossen, was er bei einer tour d'horizon durch die Künste und Kunstwelt wahrgenommen hat, nicht ohne zuvor mit spitzen Bemerkungen vor den höllischen Leidensgenossen über sein eigenes Leben und Schreiben zu lästern. Die virtuelle Totenreise, eigentlicher Inhalt der Verssatire, ist eine Erkundigung nach dem angeblichen »Kunstwerk der Zukunft«, das Poesie, bildende Kunst und Musik miteinander verbinde. Unter dem Vorwand dieser Suche lässt Heine sie Revue passieren, die Dichter und Maler, die Baumeister und Komponisten. Über die wenigen Gerechten vor seinem Richterstuhl stimmt er verhalten Loblieder an. Gegen jene, die beim Maßnehmen mit der Elle seines Kunstverständnisses nicht bestehen, richtet sich in saloppen Versen der Bannstrahl des ominösen Oberrichters von eigenen Gnaden. Es ist etwa 150 Jahre her, dass die literarisch interessierte Öffentlichkeit von dem merkwürdigen Elaborat aufgeschreckt wurde; Anlass, dieses literarische Scharmützel einmal genauer in den Blick zu nehmen und nach dem Motivhintergrund zu fragen.

Die 457 vierzeilige Strophen zählende Versdichtung erregte bei Ihrem Erscheinen sofort Aufsehen. Mancher mit der dichterischen Inspiration und der sprachlichen Brillanz Heines weniger Vertraute hielt sie anfangs für ein posthum veröffentlichtes Epos des Dichters. Schon bald jedoch wurde deutlich, dass ein Anonymus am Werk war, der die Person des toten Sprachartisten vorgeschoben hatte und mehr schlecht als recht im Stil von dessen »Wintermährchen« die Feder gegen Leben und Tun des Toten wie gegen die zeitgenössische Literatur und Kunst richtete. Die »Höllenfahrt« war ein Erfolg auf dem damaligen Buchmarkt. Die auf 1.500 Exemplare bemessene Erstauflage, die im Herbst 1856[2] herauskam, war binnen zwei bis drei Wochen vergriffen. Noch im Monat ihres Erscheinens brachte der Verlag eine zweite Auflage auf den Markt. In literarischen Zirkeln wie in Künstlerkreisen setzte ein vehementes Rätseln über den Verfasser ein. Einige, die in den Verdacht der Autorschaft gerieten, wie der als Heine-Gegner bekannte Literaturwissenschaftler Karl Goedeke, dessen vielbändiger »Grundriss zur Geschichte der deutschen Dichtung aus den Quellen« bibliographisch heute noch geschätzt wird, sahen sich genötigt, sich öffentlich zu distanzieren.[3] Vor allem in rheinischen Literaten- und Künstlerkreisen verdichtete sich die Vermutung, dass hinter der literarischen Maskerade Heines Landsmann Müller von Königswinter steckte. Fast einer Enthüllung kam es gleich, als Anfang 1857 eine Verteidigungsschrift für Heine – dazu nachfolgend im Einzelnen – Müller mehr oder minder deutlich als Verfasser erscheinen ließ. Bis an sein Lebensende hat er seine Autorschaft geleugnet oder sich in Schweigen gehüllt, so sehr das Pamphlet auch Irritationen auslöste oder er dafür Schelte bezog. Das enthob ihn zeitlebens jeder Art von Büßerhaltung.

Wolfgang Müller (eig. Peter Wilhelm Karl M., 1816–1873), der seinen Vornamen zur deutlicheren Unterscheidung von dem dichtenden Dessauer Namensvetter Wilhelm Müller (»Griechen-Müller«) geändert hatte und etwa seit 1845 ›von Königswinter‹ dem Familiennamen anfügte, war schon in seiner Schulzeit in Düsseldorf und erst recht seit den Tagen seines Bonner Medizinstudiums als Versemacher aktiv.[4] Nicht zuletzt die Mitgliedschaft in Johanna und Gottfried Kinkels »Maikäferbund« beflügelte ihn wie manche von dessen Adepten, sich literarisch vernehmen zu lassen. Müllers schriftstellerisches Terrain war schon bald der Rhein und die Rheinromantik: Burgen, Rittergestalten und die Sagen um und über diesen Strom. Seit 1841 veröffentlichte er eine Vielzahl von Rheinbüchern, die, verschiedentlich neu bearbeitet, inhaltlich umgestellt oder erweitert, vor allem in den fünfziger Jahren des 19. Jahrhunderts zum Teil zahlreiche Auflagen erlebten.[5] Einige seiner Dichtungen enthielten dabei Verse durchaus nicht obrigkeitsgenehmer Tonlage; mit seinen »Bruderschaftsliedern eines Rheinischen Poeten« (1846) war er einmal gar in die Fänge der preußischen Zensur geraten. Nach der Heirat mit einer Kölner Bankierstochter 1847 und dem Umzug nach Köln gab er den in Düsseldorf ausgeübten Arztberuf auf und widmete sich ganz der Schriftstellerei. Er betätigte sich daneben stets auch publizistisch, nahm zu Fragen insbesondere der bildenden Kunst Stellung, rezensierte literarische Werke und erarbeitete einen ersten Katalog der Gemälde für das Kölner Wallraf-Richartz-Museum. Ende der fünfziger Jahre weitete der rastlos

Schreibende sein literarisches Programm noch aus und war mit Bühnenwerken und Reiseschilderungen erfolgreich. Über den Dichterkreis um die beiden Kinkel und die dem Elternhaus verbundenen Künstler hinaus hatte Müller mit zahlreichen dichtenden und malenden Zeitgenossen Bekanntschaft. In Berlin lernte er Eichendorff kennen, Heinrich Heine besuchte er zweimal in Paris, zuletzt 1847. Mit Gottfried Keller stand er länger in Briefverkehr.[6]

II.

Nach ihrer Veröffentlichung 1856 wurde die »Höllenfahrt« nur 1905[7] und 1919 nochmals aufgelegt. Häufig fehlt sie heute selbst großen Bibliotheken. Der Text soll deshalb hier – in aller Kürze – einmal etwas genauer vorgestellt werden, als dies üblicherweise im Schrifttum geschieht.

Den am Himmelstor abgewiesenen und zu den Qualen ewigen Feuers bestimmten Heine lässt Müller vor den Höllengenossen zur Einsicht über sein Leben und Schreiben kommen, sozusagen eine Lebensbeichte ablegen. Den Himmel habe er nicht verdient, bekennt Heine, denn

> Mein Himmel war das lust'ge Paris
> Lutetia war mein Leben,
> Und wenn Ihr das Wort mit Koth übersetzt,
> So lebt' ich im Kothe eben.
> […]
> Zumal als die Jugendeselei,
> Die sentimentale, geschwunden.
> Ich habe gespottet, gezerrt, gehetzt
> Und meine Rechnung gefunden.
>
> In Philosophie und Politik
> Hab' ich unwissend orakelt,
> Hauptsächlich aber mit Klatscherei
> Bei Kunst und Künstlern gemakelt.
> […]
> Im Tode muß die Wahrheit an's Licht,
> Ihr feuerversengten Genossen!
> Im Orkus hilft das Lügen nicht,
> Da enden Schwänke und Possen.
> […]
> Bald sang ich noch wie ein Engelein,
> Bald grunzt' ich wie garstige Thiere;
> Stets trieb ich als das alte Genie
> Mich durch die alte Schmiere.

> Faust, Romanzero, Lutetia,
> Das sind meine letzten Büchlein,
> 'S ist Krankheitsbeuleneiter darin,
> Sie haben ein garstig Gerüchlein.
> […]
> Ich war kein Charakter, doch ein Genie,
> Drum kam mich der Teufel holen,
> Zur Hölle, die Dante so herrlich besang,
> Macht ich mich auf die Sohlen. […] (Caput I)

Die als Selbsterkenntnis camouflierte Heine-Schelte steht mit dem Nachfolgenden, der kunstkritischen Rundreise des Höllenkandidaten durch die Welt da oben, zunächst in keinem erkennbaren, jedenfalls nicht in einem plausiblen Zusammenhang. Etwas unvermittelt spricht Heine (Caput II) vom langweiligen, biederen Deutschland, einem Land der Treue von Pudeln und beschränktem Untertanenverstand, bevölkert von Menschen sanften Gemüts. Bis nach Paris sei von dort die Kunde gedrungen, in diesem Land habe sich Unglaubliches zugetragen, jedenfalls theoretisch sei das »Kunstwerk der Zukunft« geschaffen, das »Poesie, Musik und Bildnerei« als »heil'ge Dreieinigkeit« in sich vereine. Wenngleich Heine sich fragt, ob das nicht ein Gerücht aus dem Bierhaus oder vom Teetisch sei, will er ihm als »technischer Commissar« nachgehen.

Zunächst fragt er dazu in den »Büreaus/ Der Literaturgeschichte« nach, bei Gervinus, Vilmar, Julian Schmidt und anderen (Caput III). Aber so gescheit sie auch sind, so sehr sie alles Geschriebene, auch das »wirre[] Schaffen« der Zeit kennen, hier führt die Kunstwerkrecherche nicht zu Klarheit. Der eine lässt neben Shakespeare kaum etwas gelten, ein anderer ist in seinen abstrakten Prinzipien gefangen, und schließlich fehlt es den Herren an Verständnis für den »feine[n] Künstlerduft,/ Der Seele Farbenschiller«, wie bei Julian Schmidt festzustellen ist. So muss Heine die Kärrnerarbeit der Suche nach dem ominösen Kunstwerk vor Ort anstellen, bei den Dichtern und Künstlern, und spricht sich dafür Mut zu:

> Du gehörst in den Kampf, Du gehörst in den Streit:
> Frisch auf die Ungeheuer!
> Die Schlechten zermalme, den Guten hilf,
> Du bist den Guten theuer!

Lessing ist der Ausgangspunkt der Suche. Der war »ein deutscher Mann« »aus deutschem Geiste«. »Daß Keiner sich/ Ihm zu vergleichen erdreiste!« Zu Wieland, Goethe und Schiller genieße man Müllers Einsichten im Wortlaut, wie er sie durch den forschenden Höllenkandidaten verkünden lässt:

> Gemach, gemach, die klassische Zeit
> Hat auch verschiedene Mängel,
> Und wer gestorben, wird, wie ich
> Auch noch nicht gleich ein Engel!
> [...]
> Jakobi, Wieland, Heinse, die Herrn,
> Sie haben sich angelehnet
> An die Franzosen und Engländer,
> Und zwar ein wenig gedehnet.
>
> Der Goethe hätte besser gethan
> Im deutschen Styl zu bleiben,
> Als in den griechischen Formen sich
> So viel herumzutreiben.
>
> Der prächtige Schiller erhob gar oft
> Das Pathos zu hellenisch,
> Zumal im lyrischen Gedicht, –
> Viel besser sprach er scenisch.
>
> Der edle Platen, der Künstler Stolz,
> War auch im Fremden befangen,
> Drum ist er nie der Nation
> In Mark und Blut gegangen. [...] (Caput IV)

Nach solchem Befund fragt sich Heine, ob etwa der Romantik jenes gerüchteumwobene Kunstgebilde der Zukunft gelungen sei (Caput V). Aber deren »confuse[s] Zeug« habe man »In Deutschland bis zum Rand dick«. Die meisten Dichter der romantischen Ära seien vergessen, Novalis, die Schlegel, Tieck, Arnim, Fouqué, Brentano. Mit Ehren bestehen nur Kleist und »Eichendorff, der Sänger«, die ihn, Heine, beten, singen und dichten lehrten. Sie habe er, schlägt er reuevoll an seine Brust, »Zum Dank mit Füßen getreten«.

Im Caput VI geht es um das Junge Deutschland, vor allem um Karl Gutzkow und Heinrich Laube, die man auch nicht mehr lese, gleichwohl habe letzterer »erträgliche Dramen« geschrieben und Gutzkow stets gewusst, »wie in der Literatur/ Die Aktien stehn«, aber »Goethe's Meisterstuhl/ Bis jetzt noch nicht erstiegen«. Auch hier gilt: »daß Keiner erfand/ Das Kunstwerk der Zukunft, ist faktisch«.

War dessen Erfindung etwa der politischen Dichtung mit ihrem lauten »Trompetenton« gelungen, einer weiteren Station auf der Suche nach dem chimärenhaften Kunstwerk? Deren Vertreter meinten, sie sei »die einzige Dichtung«. Doch schaffen konnten es weder Gottfried Kinkel, der »Phrasendrechsler«, »Meinungenwechsler«, »Bald Christ, bald Pan-, bald Atheist«, »Romantisch und puritanisch«, noch der ehemals fanatische Georg Herwegh, der jetzt dem Vernehmen nach statt

Literatur »Zoologie« betreibe, noch Hoffmann von Fallersleben, »Der süße Sänger von Minne und Wein«, der jetzt in Weimar »Altdeutsche Schmöcker« studiere, dann und wann »ein schönes Lied/ Wie in alter Zeit tirilirend«. Immerhin fallen einige lobende Worte für Ferdinand Freiligrath ab (Caput VII).

Über die nach dem »Revolutionchen« von 1848 Mode gewordene fromme Deutschlanddichtung und deren Vertreter Oskar von Redwitz, den »Heiland der Poesie«, räsoniert Müllers Heine im Caput IX, und das Caput X widmet er den »Bombastvergeuder[n]«: »In Oestreich sind die Leute zu Haus,/ In Ungarn, Schlesien, Böhmen.« Zu ihnen zählt er Anastasius Grün, Karl Beck und Rudolph Gottschall.

Danach tut sich Heine in den Salons der »so-/ Genannten gebildeten Klassen« um, wo man Literatur »luftig, duftig, dünn/ Und züchtig, innig, minnig« goutiere; »liebliche Süßholzraspelei« gelte, so der Befund, »heut zu Tage für sinnig«. Als Hauptvertreter identifiziert er Emanuel Geibel: »Den Goethe, Uhland, Freiligrath,/ Den Heine, Rückert, Platen/ Ahmt lieblich er nach«, aber nur »Das Edle, Züchtige, Reine« (Caput XI).

Nach einem Abstecher in die preußischen Provinzen, in denen die Junker den Ton angeben und die Dichtung nach »Sporen« und »Knüppeldamm« klingt (Caput XIII), erklärt der Suchende, was er von einem wahren literarischen Kunstwerk erwartet. Es ist nicht viel, was er verlangt, Hauptsache es ist deutsch. Im Caput XV zieht er noch einmal »in den deutschen Dichterwald«, lobt die Schwaben Uhland und Mörike, die Franken Platen und Rückert, den Österreicher Lenau. »In Schlesien und im Preußenland,/ Da wohnen die deutschen Türken,/ Sie dichten als tränken sie Opium«, ausnehmen will er nur die Schlesier Eichendorff und Hauenschild. In Preußen, Brandenburg und Pommern ist das Land zu flach, sind die Menschen zu nüchtern, um Sänger und literarische Frucht hervorzubringen. Wer sich trotzdem zum Schriftsteller berufen fühlt, muss in »südliche Hügel« ziehen, wie Ernst Moritz Arndt, Robert Prutz und Robert Reinick, aber er lobt auch Klaus Groth und Theodor Storm und »die todte Annette Droste, [...] Ihr Lied glüht gleich dem Moste.« Doch das »reichste Land« ist das »Land des Weins«, denn »Dort singt: Es ist mein Herz am Rhein /Der Müller von Königswinter.«

Mit der Epik ist es auch nicht mehr wie zu den Tagen Goethes, Jean Pauls oder Kleists, »langdrähtige[]/ Erzählungen«, »französische[] Aefferei«, unoriginelle Nachahmungen von Balzac, Dumas, Sue und George Sand. Gemäßigt lobende Erwähnung finden unter anderen Berthold Auerbach, Adalbert Stifter, Gottfried Keller, Gustav Freytag (Caput XVI).

Den Dramatikern ist das nächste Caput gewidmet, die ein ähnlich abträgliches Urteil trifft; sie sind von »Verteufelter Mittelmäßigkeit« oder »entsetzlich schuftig«. Gelobt wird Grillparzer, etwas halbherziger Heinrich Laube und Karl Gutzkow. Schuld an der Misere des Theaters sind schließlich auch die »Lumpendirectoren,/

Die sich für schnöden Lapalienkram/ Ganz gegen die Kunst verschworen!«, auch »invalide Lieutenants/ Und welke Kammerherren«, die in den Residenzstädten »Meister der lustigen Bretterwelt« sind.

Im XVIII. Caput sucht Müllers Heine bei den schreibenden Frauen nach dem »Kunstwerk der Zukunft«. Er findet sie »Mit fliegenden Haaren, gehobenem Rock« als Hexen in der Walpurgisnacht auf dem Brocken. Für keine fällt ein Wort des Lobes ab, weder für Bettina von Arnim (»pantheistische Faselei« und sociale[] Flausen«) noch für Ida Hahn-Hahn, Elise Polko, Fanny Lewald, Charlotte Birch-Pfeiffer und das »Heer/ Von namhaften Namenlosen!« »Sie werden das Kunstwerk der Zukunft nicht/ Dem harrenden Deutschland gebären.«

Nach einem abschätzigen Blick auf literarische »Cliquen« wendet sich der Suchende in den Capita XX und XXI den bildenden Künsten zu. Er findet, die Architektur zeichne sich durch stümperhafte Imitation alter Stile aus:

> Hei, unsre Romanen im Rundbogenstyl
> Sind meistens scharf und eckig,
> Hei, unsre Gothen im Spitzbogenstyl
> Sind klotzig, puppig, buntscheckig.

Auch um die Skulptur steht es nicht besser: Statt der »Griechen sinnliche Nacktheit«, finde man »steife Versimpelung« und »Abgeschmacktheit«. Lob erhält der Bildhauer Christian Daniel Rauch.

Bei den Malern steht Peter von Cornelius an der Spitze, weil er sich der »Sagen des Vaterlands« angenommen hat, gelobt werden aus ähnlichem Grund sein Schüler Schnorr von Carolsfeld, Moritz von Schwind, Ludwig Richter, bedingt auch Wilhelm Kaulbach. Die meisten Maler suchten ihre Sujets am liebsten in der Fremde:

> Nur keine deutsch gestimmte Natur,
> Schneeberge lieber und Palmen
> Und Kaktus, Orangen und starker Taback,
> Vulkane, die spucken und qualmen.

Da kommt Müllers Schwager Jakob Becker gerade recht; der malende Verwandte schildere »Das schöne reiche Leben des [eigenen] Volks« in seinen Bilder. Besonders hervorgehoben wird der Historienmaler Carl Friedrich Lessing, denn »Der deutschen Geistesbefreiung/ Dient seine Kunst«. Er war ein Freund des Elternhauses und Müller widmete ihm mehrfach Gedichte.[8]

Im Caput XXII »kommen wir zur Musik«. Der Impetus des Kunstwerksuchers, oder besser seines Autors, scheint erlahmt, sie ist nicht sein Gebiet, schon gar nicht die zeitgenössische. Er greift weit zurück. »Echte Tonkunst« ist von »Bach und Gluck und Händel,/ Von Mozart, Haydn und Beethoven«. Auch Weber, Schubert, Mendelssohn und Schumann lässt er gelten. Was man sonst höre, sei meist »ausländisch Getändel«, »haschen nach welschem Tand«: Meyerbeers »Französischer Putz, italischer Quark«, auf seinen Spuren Friedrich von Flotow, »Kleinkinderwerk, das gilt allein«. Es folgt eine wütende Philippika auf das Virtuosentum und die neuere Musik, allerdings ohne konkret zu sagen, gegen wen genau der Zorn sich richtet.

Richard Wagner, von dem gesagt wird, dass er »das Kunstwerk der Zukunft erfand«, ist das Caput XXIII gewidmet. Allerdings beeindruckt den Suchenden nur Wagners Arbeitsenergie:

> Seine Opern sind aus eigner Fabrik:
> Stoff, Dichtung, Verse, Töne.
> Er macht das Textbuch und die Musik,
> Daß das Werk den Meister kröne.

Das Werk dieses Künstlers bleibt ihm fremd und so findet er bei »Tannhäuser« und »Lohengrin« die Verse »ziemlich schlecht,/ Und die Weisen nicht gelungen.« Abschluss der Suche ist der Rat »Ihr deutschen Künstler treibt deutsche Kunst« und der Wunsch, das Vaterland möge »hoch und herrlich« gedeihen.

Im letzten Caput, nach einer Aufzählung der noblen Gesellschaft, in der er sich im Vierten Kreis der Dante'schen Hölle befindet – von Sophokles bis Schiller –, gibt sich Müllers Heine bußfertig und bittet alle, die er im Leben verletzt hat, um Verzeihung.

III.

Der von Müller als Mensch und Dichter attackierte und seiner Kulturschelte dienstbar gemachte Heinrich Heine blieb nicht ohne publizistischen Beistand. Er kam von einer Frau, der Kölner Dichterin Emilie Emma von Hallberg, Verfasserin volksnaher Versdichtungen, Balladen und Märchen. In einem Büchlein von knapp 60 Seiten »Heinrich Heine's Himmelfahrt« ließ sie den von ihr geschätzten Dichter statt zur Hölle hinab zu den Göttern auffahren.[9] Mit ihrer kleinen Versdichtung hatte Hallberg Erfolg, schon weil eine anonyme Streitschrift in der Affäre per se Interesse hervorrief, vor allem aber, weil darin erstmals Müller von Königswinter für den, der zu lesen verstand, öffentlich der Autorschaft der »Höllenfahrt« bezichtigt wurde. Wie Müller die Form von Heines »Wintermährchen« übernehmend, lässt sie den toten Meister kontern:

> So krumme Verse schrieb ich noch nie,
> Die auf allen Füßen hinken,
> Die schlimmsten duften nach Poesie –
> Die Deinen hinken und stinken.

> [...]
> Daß ich den Schlot der Literatur
> Gefegt mit kritischem Besen,
> D'rum bin in Deinen Augen ich
> Der schwärzeste Schuft gewesen.
>
> Du machtest gar noch schwärzer mich,
> Weil Du ein Achselträger.
> So geht's, der M ü l l e r macht sich weiß
> Und schwarz der Essenfeger. (Caput I)

Müllers Namen hatte die offenbar ehrlich entrüstete Hallberg von einem gemeinsamen Bekannten, dem Trierer Redakteur Nikolaus Hocker erfahren, dem »Schwanzträger Müllers«, so Hallberg später; ihm hatte sich der Autor der »Höllenfahrt« geoffenbart. Ob die Heine-Verehrerin nur zur Verteidigung ihres Lieblingsautors in die Saiten griff oder auch deshalb sich zur Gegenattacke veranlasst sah, weil auch sie zeitweilig der Verfasserschaft der »Höllenfahrt« verdächtigt wurde, ist kaum zu sagen. Auch soll dahinstehen, ob sie mit der raschen Gegendichtung auf eine ähnliche, ihrer Bekanntheit förderliche Resonanz in literarischen und literarisch interessierten Kreisen spekulierte, wie sie Müller erreicht hatte. Jedenfalls hat sie sich mit Anonymität und dem griffigen Titelpendant Erfolgselemente von Müllers Epos zu Diensten gemacht. Im Vorwort des ersten Hefts ihrer Verssatire »Die neue deutsche Nationalliteratur«[10] beteuerte sie, ihre »Hauptabsicht« mit der Gegenschrift sei gewesen, dem Verfasser der »Höllenfahrt« einen Denkzettel zu geben, der sich »erdreistet, Heinrich Heine, unsern [...] unsterblichen Dichter anzugreifen«. Sie habe sich von gerechtem Unwillen hinreißen lassen und erst später erkannt, dass ein Dichter wie er keiner Verteidigung bedarf.

Fast Punkt für Punkt reimt Emilie Emma von Hallberg gegen Müllers Verurteilungen an. Bei der Ehrenrettung für die schreibenden Frauen wie Charlotte Birch-Pfeiffer oder Ida Hahn-Hahn – »Was der Bauer nicht kennt, das frißt er nicht« – lässt sie Heine nicht gerade als Freund ihrer Zunft auftreten: »Ich selber habe die Frauen nicht gern/ In der Dichterzunft gelitten« (Caput XI). Kampffreudig legt sie ihrem Heine Schelte für zwei neuere Dichtungen Müllers[11] in den Mund, für Hellhörige ein Hinweis mehr, dass dieser hinter der »Höllenfahrt« steckte:

> Der holde sel'ge Prinz Minnewin
> Ist ohne alle Bedeutung –
> Lobhudelst Du aber ihn anderwärts
> Wirst Du's in der Kölnischen Zeitung.
>
> Derselbe Verfasser schrieb auch noch
> Ein Drama Rothmantel geheißen, –
> Er hätte freilich besser gethan
> Sich an den Nägeln zu beißen. (Caput VI)

Auch die Strenge von Müllers Rezensionen neuer Dichtung missfällt der Advokatin Heines. Aus den himmlischen Höhen lässt sie ihn grummeln:

> Der M ü l l e r bewässert die Kölnische
> Mit ellenlangen Kritiken,
> Den jungen deutschen Dichtern will
> Er immer am Zeuge was flicken. (Caput XII)

Anders als bei der »Höllenfahrt« blieb die Verfasserschaft für die Gegendichtung nicht lange ein Geheimnis. Wenige Monate nach deren Erscheinen, im August 1857, machte der Kölner Korrespondent der Augsburger »Allgemeinen Zeitung« Hallbergs Namen publik.[12] In ihrer zu dieser Zeit erschienenen »Nationalliteratur« war das Versteckspiel dann gänzlich zu Ende, die Dichterin machte ihre schon erwähnten Gründe für die »Himmelfahrt« dort bekannt. Da sie darin einige bekanntere Namen der literarischen Szene, so den Literaturprofessor Kaufmann und die mit ersten Dichtungen hervorgetretene schwärmerische Amara George, mit wenig freundlichen Zeilen bedacht hatte, handelte sie sich eine Verleumdungsklage mit Schadenersatzforderung ein, vor allem wegen der Verse:

> Das Kunstwerk der Zukunft – erschien es nicht
> Bei Arnz *et* Compagnie
> In Düsseldorf – der Braten ist gut,
> Doch Amara verwässert die Brühe.
> [...]
> Ein Gänschen ist's, das zum erstenmal
> Das Schnattern und Fliegen probiret,
> Ich sag' es *con amarezza* Euch,
> Daß K a u f m a n n sie stark protegiret. (Caput XIII)

Trotz persönlich wie über einen Vermittler angebotener Entschuldigung kam es in ihrer Abwesenheit zur Verurteilung zu Geldstrafe und Entschädigungszahlung (der Verleger hatte Haft gefordert!). Aus Zeit- und Kostengründen appellierte die Gemaßregelte nicht. Die von ihr in der »Nationalliteratur« ausgebreitete Prozesssache und deren Vorgeschichte sei, so Hallberg süffisant wie beiläufig, ihre erste veröffentlichte Prosa, für deren Mängel sie den verehrten Leser um Nachsicht bitte. Verse wollten ihr, woher immer das komme, einfach besser gelingen. Mit Seitenblick auf den Reimeschmied vom Siebengebirge befindet sie, dass manche – anders als sie – nicht schreiben, was sie denken, und nicht denken, was sie schreiben. Das Scharmützel war damit beendet, zumal Müller, wollte er sich nicht noch mehr verraten, mit Äußerungen dazu nicht aus den Kulissen treten konnte.

IV.

Es ist nicht bekannt, ob bei dem immer mehr auf Müller fallenden Verdacht damals ähnlich interessiert über dessen Absichten mit der ungewöhnlichen Dichtung gerätselt wurde. Keine Frage ist, dass sich über Anliegen und Motivhintergrund seither aus dem Schrifttum so gut wie keine Klärung ergibt. Das gilt auch für neuere Arbeiten zum literarischen Umfeld Heines in dessen späteren Jahren, zu Parodien seiner Dichtung oder zu Adaptionen einzelner seiner Werke in der Folgezeit, sofern die »Höllenfahrt« überhaupt Erwähnung oder ihr Inhalt gar Beachtung findet.[13]

Aus dem Text des Versepos ist zunächst nicht ohne weiteres zu ersehen, aus welchem Beweggrund und in welcher Absicht sein Verfasser den berühmten Dichter und rheinischen Landsmann über die eigene Existenz und Dichtung mit rüden Selbstvorwürfen herziehen lässt und dann für einen kulturräsonierenden Rundumschlag vorschob. Angesichts der erstaunlich dichten Folge des Erscheinens von Büchern Müllers um die Jahrhundertmitte, fast in der Art heutiger verlegerischer Schnellschüsse – Verse und Prosa müssen ihm zu dieser Zeit nur so aus der Feder geflossen sein – sollte es ihm eigentlich nicht um schriftstellerischen Erfolg, auf welche Weise auch immer, zu tun gewesen sein. Ein Schreiben Müllers an den Hannoveraner Verleger der »Höllenfahrt«, Carl Rümpler, bei Gelegenheit des Korrekturaustauschs im August 1856 spricht aber wohl gegen diese Annahme. Müller zeigt sich erfreut, dass sein »Ding« beim Verlag Gefallen gefunden hat und er hofft, dass es einigen »Lärm« machen und damit, auch für den Verlag, zu einem guten Geschäft werde. Er erörtert mit Rümpler, auf welche Weise man den Verkauf fördern könne, etwa durch eine zunächst nicht so hohe Erstauflage und eine rasche, großes Interesse und starke Nachfrage suggerierende Zweitauflage. Auch dass Müller beim Verlag darauf dringt, nur ja um Geheimhaltung seines Namens vor allem auch im eigenen Haus besorgt zu sein: »die Literaten werden rathen, je mehr sie rathen, desto besser!«[14] deutet darauf hin, dass ihm einiges an dem »Ding« und dessen Beachtung lag. Er sah es offenbar nicht als Zwischensaat bei der Bestellung seines eigentlichen literarischen Feldes an, nicht als beiläufig herausgegebene Gelegenheitsarbeit.

Bei der Suche nach Motiven für Müllers Elaborat unter Heines Namen muss man auf missweisende Umstände dieser ungewöhnlichen Inszenierung gefasst sein. Luchtenberg, der sich wie kein anderer mit Person und Werk Müllers befasst hat, weiß letztlich keines zu nennen. Eher lakonisch befindet er, dass man »die seelischen Untergründe nicht ganz aufdecken könne[], aus denen die ›Höllenfahrt‹ hervorging und die Gestalt annahm, in der sie uns vorliegt.«[15] Er glaubt nicht an ein planvolles, von einem schon früher gefassten Vorsatz geleitetes Tun, vielmehr an eine ihrem Urheber plötzlich in den Sinn gekommene Idee. Nach den von Luchtenberg wiedergegebenen Tagebucheinträgen Müllers unmittelbar nach Heines Tod am 17. Februar 1856 erscheinen Zweifel daran angebracht. Am 19. Februar vermerkte Müller »Heines Tod erfahren«, bereits am 22. »Heines Höllenfahrt«, also fast den endgültigen Titel, dies ebenso in Einträgen vom 25. bis 28., und am 29. Februar »Heines Höllenfahrt beendet«. Unmittelbar danach, vom 1. bis 8. März, fertigte er die Reinschrift.[16] Dass in so kurzer Zeit das Konzept, die Idee des Versteckens hinter einer gleichzeitig geschmähten Größe der Dichtung, die ungewöhnliche Form des Titels und ein Verskorpus von über 400 Strophen entstanden, ist nicht eben wahrscheinlich.

In der Sekundärliteratur werden zwei Motive für die »Höllenfahrt« genannt, für die weder eine plausible Herleitung noch Belege geboten werden. Wesentlicher Beweggrund Müllers war danach der der Rache, die er an Heine sozusagen stellvertretend für die von ihm Gescholtenen übt, »für Börne, für Platen oder für alle, die je unter Heines Witz gelitten hatten«.[17] Den rheinischen Rächer sieht diese Meinung in der Nachfolge jener, die offen oder verdeckt in der Faktur von Heine Themen seiner Dichtung lästerten oder ins Lächerlich-Dubiose zu ziehen versuchten. Für den gleichfalls von Müller gescholtenen, damals renommierten Kritiker Julian Schmidt stehen diese Kritiker den nicht wenigen Heuchlern nahe, die einst Heines brillante Feder goutierten, nach seinem Tod es dann aber für geraten hielten, auf den Schöpfer ihres einstigen literarischen Vergnügens einzuprügeln und sich so als seinen und seiner Dichtung Verächter darzutun.

Wenn man Aschner recht versteht, war neben dem Rachemotiv die Absicht, etwas Sensationelles hervorzubringen, ein gleichgewichtiger Beweggrund für Müller. Dies wird man differenziert zu sehen haben. Gerade um die Zeit des Erscheinens der »Höllenfahrt« war Müller nicht nur mit neuen Büchern oder Neuauflagen in der Öffentlichkeit präsent und jedenfalls bei einem bestimmten Publikum erfolgreich. Auch journalistisch hat er immer wieder zu aktuellen Fragen der Kunst und mit Literaturrezensionen Position bezogen, insbesondere in der damals überregional beachteten »Kölnischen Zeitung«. Zudem redigierte er in dieser Dekade viele Jahre das »Düsseldorfer Künstler-Album«. Bei einem solch vielstimmigen Auftritt in der Kulturszene dürfte ein vorbedachter Plan bestanden haben, bei geeigneter Gelegenheit, abseits des journalistischen Alltags, gleichsam mit einem Paukenschlag, notfalls mit einem Eklat die eigene literarisch-kunstkritische Zeitanalyse ins allgemeine Gespräch zu bringen. Es stellt sich die Frage, warum für Müller Heines Tod dazu der geeignete Anlass und seine Dichtergestalt das geeignete Medium waren.

Mit der durch Anonymität und irreleitenden Titel auf breite Wahrnehmung angelegten Schrift verfolgte ihr Urheber wohl mehrere Absichten. Ohne den Namen des berühmten Toten hätte er selbst als bekannter Schriftsteller und häufig das Wort führender Rezensent seinen salopp-spaßigen, aber durchweg ernst gemeinten Ansichten[18] von Dichtung und bildender Kunst der Zeit nicht ein solches Forum schaffen, nicht derartige Aufmerksamkeit sichern können. Heines Tod ließ die Öffentlichkeit, wohl nicht nur die literarische, Person und Werk des Dichters in besonderer Weise in den Blick nehmen. Hiervon wollte Müller mit der extrem rasch fertig gestellten »Höllenfahrt« profitieren.[19]

Anders als Heine im Leben stehend und wohl deutlicher die politisch-gesellschaftlichen und damit einhergehenden kulturellen Zeitströmungen in Deutschland aufnehmend, hält Müller romantische Geisteshaltung wie jungdeutsche Programmatik und deren Ausdrucksformen für obsolet. Im Zuge einer nach 1848 heraufziehenden Folgeära auf das Junge Deutschland stellen sich für ihn neue Themen. Der Tod Heines dürfte für den Autor der »Höllenfahrt« wie für viele Zeitgenossen eine Wegmarke dieses Änderungsprozesses dargestellt haben, Chiffre einer dahingegangenen Zeit. Mit ihr hatten sich die bisherigen insbesondere literarischen Formen und Formelemente überlebt, phantastischer Gedankenflug und Wirklichkeit ausblendende Sehnsucht und Illusionssteigerung der Romantik ebenso wie die Formlosigkeit der Jungdeutschen, aphoristisch-feuilletonistische Formen, jungdeutsche wie auch die oft genießerische, über die eigene Existenz sich erhebende Ironie der Romantiker. Aus der Zeit war für Müller schließlich eine niedere Sprache, gar ein Gassenjungenton, dessen er Heine sich bezichtigen lässt. Dichtung und Kunst sollten in Thematik und Ton nicht Streithelfer in den sozialen Konflikten der Zeit sein, nicht mehr Dienerinnen der Politik. Dabei ist nicht zu übersehen, dass bei der von Müller vorgenommenen Ortsbestimmung von Literatur und Kunst Positionen der Romantik wie des Jungen Deutschland transportiert werden, zuweilen im Widerspruch zu Prinzipien des mit der »Höllenfahrt« propagierten ›neuen‹ Kunstverständnisses. Romantik und Historismus werden abgetan, aber jene Dichter und Künstler mit Lob bedacht, die sich an altes Herkommen halten, in rechter Weise an die Art der alten Meister – schließlich war Müller selbst mit seiner geschichtslastigen Rheindichtung ein typischer Vertreter der spätromantischen Periode. Das Junge Deutschland mit seinen politisch-sozialen und emanzipatorischen Forderungen ist nicht mehr Programm, Müller lässt Heine aber ungerügt in den Deutschen ein Volk unterwürfiger Treue und dumpfen Untertanenverstands sehen. Dabei verstand sich Müller nicht nur bei seiner Bestandsaufnahme des Kulturgeschehens als »Bannerträger einer neuen Zeit«.[20] Gleichwohl stand er, im Widerspruch zu solchem Verständnis, den Erscheinungen des Kulturlebens seiner Zeit weithin reserviert gegenüber: Vorbehalte gegen dichtende Frauen, gegen Salons und ihren literarischen Geschmack, gegen Wagners Bühnenwerke; dahingehend auch sein Urteil über die Moderne als »wirres Schaffen der Zeit« – jedenfalls wenn nicht nach den eigenen Vorstellungen. Die Kunstwerksuche in den »Literarischen Büreaus«, bei der Literaturkritik und den Fachgelehrten der Dichtkunst ist eine Fundamentalkritik an diesen Spruchstellen literarischer Wertzumessung, mit deren Urteil die eigene Meinung kaum je konform geht. Es fehle dort am Sinn für manche Äußerungen der Zeit. Auch zu den »Cliquen« im Kulturbetrieb (Caput XIX) wird einem spezifischen Hader mit den Verhältnissen Raum gegeben. Als Zirkel bestimmter Kunstauffassungen, niedriger regionaler Themenhorizonte und einseitiger Tendenzen in den Redaktionen entschieden diese »Ruhmfabriken« über Erfolg oder Ablehnung von Dichtung und Kunst.

Müllers Vermessen der Kultur ist weithin von einer spezifischen Programmatik durchsetzt. Sie ist eine Art Leitschiene dieser Besichtigung aller Kunstäußerung, Maßstab und schließlich Zielvorgabe für die Kulturschaffenden. Dichtung, Bildende Kunst und Musik müssen, wenn von rechter Art in den Augen des Kulturinspizienten, von deutschem Geist bestimmt sein, des deutschen Volkes Seele widerspiegeln und aus dessen Tugenden und Werten schöpfen. Der Dauerton dieses Räsonnements ist ungeachtet des salopp-biederen Anschlagens ein deutlicher Ordnungsruf, fast ein Alarmsignal. Dichter vor allem lehnten sich an fremde Art an, nähmen sie zum Vorbild. Wenn Fremdländisches nicht direkt Platz greife wie in den Opern- und Konzerthäusern, nähmen die Geister im Land doch daran Maß, ließen sich von Themen, von Landschaft und Volkstum oder von den Formen anderer Kulturen inspirieren. Das patriotische Plädoyer versteht Clasen als Reflex auf die Verabschiedung der Romantik und das Ende des Vormärz, damit wohl Inhalt und Anliegen der »Höllenfahrt« verkürzend.[21] Auch ihr Anlass, das mit dem Tod Heines verstärkte Empfinden einer neuen Ära mit anderen Themen, werden von ihm, anders als von Sengle und Stern[22], übersehen oder nicht angesprochen. Bei diesen bleibt dagegen die Volkstümelei gänzlich unerwähnt. Sie betonen, dass die Höllenfahrt nicht eine bloß gehässige Schmähschrift gegen Heine ist.

Die Suche nach dem Kunstwerk der Zukunft führt als Fazit zu einer zweifachen Vorgabe für die Künstler der anbrechenden Zeit: in patriotischer Gesinnung genuin deutsche Werke zu schaffen, »Entsprossen des Volksthums Geiste« (Caput XXIII). Diese sollen in einem wieder geschärften Formbewusstsein entstehen. Das bleibt ziemlich unbestimmt und ist nur aus Müllers eigener Dichtung und seinen Vorlieben für bestimmte Zeitgenossen zu fassen. Es ist die Vorstellung von schlichter Rückkehr zu den überkommenen Formen der großen Zeit deutscher Dichtung, Kunst und Musik, Rückkehr zu vermeintlich ideologiefreier, unaggressiver, wohlgeordneter und gefälliger Darstellung, dem Volk eingängig und die Realität seines Lebens in den Blick nehmend, bei einem Recht gleichwohl des Erhabenen und Schönen in Literatur und Kunst. Aus dieser Position erklären sich die Urteilssprüche des Kunstrichters, etwa die Sympathie für Autoren wie Gustav Freytag, Gottfried Keller, Paul Heyse oder Otto Ludwig, für volksnahe »Sänger« wie

Eduard Mörike, für Maler wie Moritz von Schwind, Ludwig Richter oder Peter von Cornelius.

Die Notenvergabe an Dichter und Kunstwelt aus einem Kunstverständnis nationalkonservativer Tönung heraus dürfte losgelöst von Müllers Umwelt nicht zureichend zu verstehen sein. Die »Höllenfahrt« erhält von dorther womöglich einen Nebensinn. In seiner Dichtung wird seit Beginn der fünfziger Jahre immer deutlicher ein vaterländischer Ton vernehmbar. Aus Neuauflagen seiner Bücher entfernte Müller politisch fordernde oder sozialkritische Texte der frühen Dichterjahre; in Selbstdarstellungen ist davon meist nicht mehr die Rede. Mit seiner Heirat war er in die Kölner Gesellschaft aufgestiegen, verkehrte mit den ersten Familien der Stadt und gehörte dem Aufsichtsrat der Köln-Mindener Eisenbahn an, dem sein Schwiegervater, der Bankier und Kommerzienrat Schnitzler, vorsaß. Die Sichtweisen und Werte seiner neuen gesellschaftlichen Umgebung dürfte Müller sich bald zu eigen gemacht haben. Dass der stets vaterländisch gesinnte Sänger des Rheins mit dem Eintreten für das volksnahe, deutsches Wesen kündende Kunstwerk nichts weiter als publikumswirksame Selbstvergewisserung, eine Art öffentlicher Ahnenprobe seines Dichtertums im Sinn hatte, mag man annehmen, Belege dafür finden sich in der »Höllenfahrt« nicht. Ein aus Müllers Situation zu verstehendes Anliegen mit der Verssatire dürfte sich dagegen von dessen persönlichem Umkreis her erschließen. Es erscheint plausibel, dass Müller mit Blick auf ihn und zu dessen Gefallen seine Haltung zur deutschen Nation und ihren Werten nachdrücklich deutlich machen will. In diese Richtung zu verstehen, weil ebenso plausibel, könnte auch das Abrücken von mancher literarischen Praxis und Ausdrucksweise des ansonsten von ihm geschätzten Heinrich Heine sein, dessen Einstellung zu Deutschland und dessen (angenommener) Lebenswandel in Müllers jetziger gesellschaftlicher Klasse suspekt gewesen sein müssen. Dass die vaterländischen Bekenntnisse anonym abgegeben wurden, spricht nicht schon gegen eine solche (Neben-)Absicht. In den Zirkeln der Gebildeten wie in Literaten- und Künstlerkreisen war die wirkliche Autorschaft wie erwähnt schon bald kein echtes Geheimnis mehr, und ein striktes Geheimhalten von Müller bei allem Bestreiten womöglich nicht allzu ernsthaft gewollt. Nicht nur, dass er sich als verhältnismäßig unbedeutendem Autor in der »Höllenfahrt« rühmende Zeilen widmet. Auch die auffällige Berücksichtigung dort von Personen und Vorgängen der Düsseldorfer Kulturszene dürfte zumindest in rheinischen Kreisen eine Spur zu ihm gelegt haben.

Dass Müller für die Form der »Höllenfahrt« das »Wintermährchen« zur Vorlage nahm, geschah sicher nicht aus Bewunderung für dessen Autor. Für eine echte Nachfolge fehlten ihm nicht nur die dichterische Imagination und das sprachliche Vermögen Heines. Mit seiner konservativ-affirmativen Lebenseinstellung und Weltsicht war Müller zu nichts weniger geeignet als dazu, kämpferisch und mit zielgenauer Schärfe die sozialen und politischen Mißverhältnisse der Zeit aufzuzeigen. Spitzzüngige Zeitkritik wie Satire überhaupt waren nicht seine Sache. 1848 war Müller Abgeordneter des Frankfurter Vorparlaments. Nach einer Periode intensiver Rheindichtung widmete er sich zunehmend dem Verfassen von Bühnenwerken, etwa Lustspielen, sowie der balladenartigen Bearbeitung historischer Stoffe. 1870 begrüßte er den Deutsch-französischen Krieg mit dem Gedichtband »Durch Kampf zum Sieg«. Die Heine-Maskerade mit ihrer fröhlich-ernsten Befragung der Kultur der Zeit blieb eine Einzelerscheinung im Werk des thematisch vielseitigen Schriftstellers.

Anmerkungen

1 Hannover: Carl Rümpler 1856.

2 Wann genau die Erstauflage herauskam, ist nicht mehr bekannt, vermutlich um die Monatsmitte September 1856. Am 4. September sandte Müller die letzten Korrekturen an den Verleger: »Beiliegend die letzte Revision der Höllenfahrt. Die Getroffenen werden wohl Feuer u Flamm sprühen, aber das Publikum lacht sie aus. Sie senden mir wohl die 12 Ex. nach Köln« (HHI, Slg. Gottschalk, 91.5050/127/2).

3 Karl Goedeke: Grundriss zur Geschichte der deutschen Dichtung aus den Quellen. Bd. III/1, Dresden 1881, S. 465, zu einer Meldung der Novellen-Zeitung vom 23. 9. 1857, S. 606. Goedeke vermutet, dass Müller der Verfasser sei; Rümpler sei er, wie eine Nachfrage bei ihm ergeben habe, unbekannt.

4 Die Angaben zur Person und zu den schriftstellerischen Aktivitäten Müllers folgen weithin Paul Luchtenberg: Wolfgang Müller von Königswinter. 2 Bde. Köln 1959 (= Veröffentlichungen des Kölnischen Geschichtsvereins e. V. 21).

5 Vgl. dazu Gero von Wilpert/Adolf Gühring: Erstausgaben deutscher Dichtung. Eine Bibliographie zur deutschen Literatur 1600–1990; 2. Aufl., Stuttgart 1992, S. 1111 f.; vgl. auch das ausführliche Schriftenverzeichnis bei Luchtenberg [Anm. 4], Bd. II, S. 440 ff.

6 Müller hat seine Begegnungen mit Heine in Paris (1842 und 1847) ausführlich unter dem Titel »In's alte romantische Land!« beschrieben (Westermann's Illustrirte Deutsche Monatshefte Bd. VI (1859) S. 537–540). Zu seiner Korrespondenz mit Gottfried Keller vgl. u. a. Luchtenberg [Anm. 4], Bd. I, S. 461, 486 f.

7 Höllenfahrt von Heinrich Heine. Herausgegeben, kommentiert und eingeleitet von Siegfried Aschner. Berlin 1905 (= Neudrucke literarhistorischer Seltenheiten 4). Es existiert außerdem ein Amsterdamer Nachdruck durch F. C. Bührmann von 1862.

8 Vgl. Wolfgang Müller von Königswinter: Gedenk verschollener Tage. Erinnerungsbuch. 2. verm. Aufl. Halle o. J., S. 127 ff. Sein Buch »Johann von Werth. Eine deutsche Reitergeschichte«. Köln 1858, widmete er Lessing mit einer vierstrophigen Zueignung, und verfasste schließlich noch ein Gedicht zu Lessings Ernennung zum Akademiedirektor in Karlsruhe, ebenfalls 1858.

9 Heinrich Heine's Himmelfahrt. Eine Geisterstimme. Trier 1857. Zu Hallberg vgl. ADB Bd. X, S. 416; die Literatur-Lexika von Wilhelm Kosch und Franz Brümmer bieten nur einige Lebensdaten sowie Titel und Erscheinungsjahr ausgewählter Werke.

10 Die neue deutsche Nationalliteratur kritisch, humoristisch, satyrisch. Von der Verfasserin von Heinrich Heine's Himmelfahrt. 1. Heft. Trier 1857. Ein zweites Heft folgte 1858.

11 Prinz Minnewin. Ein Sommerabendmärchen von Wolfgang von Königswinter. Köln 1854. – Rothmantel. Lustspiel in 5 Aufzügen. Manuskript für Bühnen. Köln 1854.

12 Allgemeine Zeitung, Augsburg, 5. 8. 1857; vgl. Aschner [Anm. 7], S. XLII.

13 Etwa bei Herbert Clasen: Heinrich Heines Romantikkritik. Tradition – Produktion – Rezeption. Hamburg 1979, S. 277 ff.; Martin Stern: »Poetische Willkür«. Heine im Urteil Gottfried Kellers. – In: HJb 16 (1977), S. 49–70.

14 Brief vom 23. 8. 1856, zit. nach Luchtenberg [Anm. 4], Bd. II, S. 61.

15 Luchtenberg [Anm. 4], Bd. II, S. 63.

16 Bei der ungewöhnlich raschen Fertigstellung der »Höllenfahrt« bis zur Reinschrift, der Übersendung des Manuskripts an den Verlag aber erst Anfang August 1856 ist anzunehmen, dass Müller Schwierigkeiten hatte, einen Verleger zu finden, möglicherweise andere, zunächst angesprochene Verlage – vielleicht erfolglos – Änderungen wünschten. Der eigentliche Druck dauerte nur zwei bis drei Wochen.

17 Aschner [Anm. 7], S. XII.

18 Nach Meinung des von Müller gleichfalls geschmähten (Cap. XVI) Literaten und Kritikers Robert Prutz sind die Urteile in der »Höllenfahrt« »ihrer poetischen Hülle entkleidet [...] größtenteils recht verständig und treffend« (zit. nach Aschner [Anm. 7], S. XLV).

19 Auf die Absicht einer zu Heines Tod zeitnahen Verwertung mit der Hoffnung auf besondere Wirkung deuten der auf die Todesnachricht unverzügliche Arbeitsbeginn, das hohe Arbeitstempo und das rasche Fertigstellen der Dichtung hin.

20 Luchtenberg [Anm. 4], Bd. I, S. 155.

21 Clasen [Anm. 13], S. 279 ff.; Müllers Liebe zu Deutschland und seine »kerndeutsche« Gesinnung sind nach Luchtenberg [Anm. 4] kein Anlass, hierin den »inneren Beweggrund« für die »Höllenfahrt« zu sehen (Bd. II, S. 70).

22 Friedrich Sengle: Biedermeierzeit. Deutsche Literatur im Spannungsfeld zwischen Restauration und Revolution 1815–1848. Bd. II. Stuttgart 1972, S. 739; Stern [Anm. 13], S. 50 f. Bei dem verbreiteten und wohl so weniger reflektierten nationalen Patriotismus im frühen 20. Jahrhundert bildet in dieser Zeit Müllers Deutschtümelei für Bearbeiter des »Höllenfahrt«-Themas keinen des Bemerkens werten Aspekt, so für Aschner [Anm. 7] und Adolf Kohut: Wolfgang Müller von Königswinter und Heinrich Heine. – In: Neues Wiener Journal Nr. 8061, v. 9. 4. 1916, S. 9.

Kleinere Beiträge

I.

Spiegelbilder. Zur Neukommentierung der »Reisebilder 1824 bis 1828«

Von Sikander Singh, Düsseldorf

Die Kommentierung eines Werkes im Rahmen einer historisch-kritischen Edition eröffnet die Möglichkeit, Entstehungsgeschichte und Quellen neu zu bewerten und erschließt damit auch veränderte Perspektiven auf die Gattungsdiskurse, in deren Kontext das jeweilige Werk von der Literaturgeschichtsschreibung verortet worden ist. Die Kommentierung der frühen, zwischen 1824 und 1828 veröffentlichten »Reisebilder« im Rahmen der »Säkularausgabe« der Werke, Briefwechsel und Lebenszeugnisse Heinrich Heines (HSA), deren letzte Kommentarbände, fast vierzig Jahre nach dem Erscheinen der ersten Textbände, vor dem Abschluss stehen, bietet eine solche Gelegenheit.[1]

Die vier Bände der »Reisebilder«, die Heine in den Jahren 1826 bis 1831 im Hamburger Verlag Hoffmann und Campe erstveröffentlichte und die den jungen Schriftsteller zu einer ebenso geschätzten wie umstrittenen Größe auf dem deutschen Buchmarkt machten, stehen in einer langen Tradition der Reisebeschreibung in der europäischen Literatur, die von Herodot über Marco Polo bis zu Johann Wolfgang von Goethe und Adelbert von Chamisso reicht und gehen zugleich, indem sie tradierte Konventionen der Gattung durchbrechen und eigene ästhetische Maßstäbe entwickeln, darüber hinaus. Die Radikalität, mit der die »Reisebilder« die Tradition hinterfragen und dem in sich geschlossenen Bericht einer Reise und der auf ihr gewonnenen Erkenntnisse und Einsichten ein anarchisches Drunter und Drüber von Ernst und Spiel, Spiel im Ernst, von Satire und Ironie, gedanklicher Tiefe und philosophischer Reflexion in fragmentarischer Form entgegenstellen, hat die Leser und Literaturkritiker der Zeit ebenso fasziniert wie verstört.[2] Zudem hat sie den Blick dafür verstellt, dass sich die »Reisebilder« zwar von den ihnen vorangegangenen Konventionen lösen, zugleich aber den vorläufigen Endpunkt einer Tradition der Reiseliteratur bilden, die mit der in der Aufklärung einsetzenden Emanzipation des Individuums begonnen hat.

Indem seit den mittleren Jahrzehnten des 18. Jahrhunderts Reiseberichte, -beschreibungen und -erzählungen künstlerisch gestaltet und die Anschauungen und Meinungen des reisenden Individuums mit der sachlichen Schilderung topographischer Gegebenheiten verbunden wurden, erlangte das Genre eine bis dahin beim Lesepublikum nicht erreichte Verbreitung. Vor dem Hintergrund der sich entfaltenden Genie-Ästhetik des Sturm und Drang spiegelt sich in den Reiseberichten die Individualität des Reisenden und umgekehrt wird die beschriebene Welt zum Spiegel des reisenden Subjektes. Diese ästhetische Entwicklung der Gattung ist zugleich Ausdruck einer sich in Folge der Aufklärung verändernden Gesellschaftsform: Das Primat der die europäische Geschichte bislang prägenden feudalen Ordnung wich der Dominanz einer bürgerlichen Kultur. Für die sich emanzipierenden bürgerlichen Schichten eröffnete sich die Möglichkeit, auf Reisen Bildung zu erlangen und hierdurch ihre Persönlichkeit zu entwickeln und auszubilden. Bereits in Johann Gottfried Herders »Journal meiner Reise von Riga nach Frankreich im Jahr 1769«, das erst 1846 in Erlangen veröffentlicht wurde, ist das Ziel der Reise nicht mehr die Kenntnis der objektiven, sondern die Entdeckung der subjektiven Welt, die Entfaltung der eigenen Individualität. Und Johann Wolfgang von Goethe verschränkt in seinen im Herbst 1779 entstandenen, jedoch erst 1796 in Schillers Zeitschrift »Die Horen« veröffentlichten »Briefen auf einer Reise nach dem Gotthard« meteorologische und topographische Beobachtungen mit der Bildungsgeschichte des reisenden Ich.[3] Wie tiefgreifend diese Vorstellungen die Entwicklung der Gattung bis in das 19. Jahrhundert geprägt haben, zeigt sich in einer Rezension, die Goethe im September 1830 in den »Jahrbüchern für wissenschaftliche Kritik« veröffentlichte. In seiner Besprechung der ersten beiden Bände der »Briefe eines Verstorbenen. Ein fragmentarisches Tagebuch aus England, Wales, Irland und Frankreich, geschrieben in den Jahren 1828 und 1829« von Hermann Fürst von Pückler-Muskau (München 1830) betont er nicht die Bedeutung des Werkes als Reisebericht, sondern die subjektive Perspektive des Reisenden: »Mit heiterer Neigung trägt er das Monotonste in der größten individuellen Mannigfaltigkeit vor. Nur durch seine Darstellungsgabe werden uns die zahllosen Abteien und Schlösser Irlands, diese nackten Felsen und kaum durchdringlichen Moore bemerkenswert und erträglich.«[4] Wenn Friedrich Sengle über das erzählende Ich der »Reisebilder« sagt, es sei »keine durchgeführte Fiktion«[5], dann ist auch festzuhalten, dass die Identität von Erzähler und Autor bereits in der seit der Aufklärung akzentuierten subjektiven Tendenz der Gattung angelegt ist und keineswegs nur auf die von Lawrence Sterne entwickelte Verbindung von »Leben und Meinungen« zurückzuführen ist.[6]

Neben der Bedeutung der Reiseliteratur sowohl dem reisend Schreibenden wie dem lesend Reisenden Möglichkeiten zur Ausbildung seiner Persönlichkeit zu eröffnen, hatte die Gattung in der zweiten Hälfte des 18. Jahrhunderts, in der Tradition der seit der frühen Neuzeit verbreiteten wissenschaftlichen Reiseberichte, die Funktion, den Leser zu belehren, ihn über geographische, botanische, zoologische aber auch historische und politische Merkmale der bereisten Länder in Kenntnis zu setzen. Im Sinne der Aufklärung hatte die Reisebeschreibung somit auch eine didaktische Funktion: Die vermittelten Kenntnisse und Einsichten brachten dem Leser einen theoretischen wie praktischen Nutzen und wurden, nicht zuletzt auch aus diesem Grunde, auf eine unterhaltsame Weise vermittelt. Heines Reiseprosa zielt zwar nicht auf die Vermittlung positiven Wissens, gleichwohl verfolgen die Beobachtungen und Phantasien, die philosophischen und zeitkritischen Reflexionen, die Träume, Parodien und lyrischen Einschübe die Absicht, das politische Bewusstsein des Lesers zu verändern.[7] Ironisch, hinter einem rhetorischen Gestus der Bescheidenheit verborgen, notiert Heine in diesem Sinne in dem Entwurf eines Vorwortes zur zweiten Auflage des vierten Teils der »Reisebilder«: »Solches allgemeine Interesse wird für das gegenwärtige Buch nicht in Anspruch genommen. Es will nur die Geister ergötzlich bewegen, und diese harmlose Aufregung ist dessen höchster Zweck.« (HSA V, 206)

Für den Verfasser wie den Leser von Reiseberichten in der zweiten Hälfte des 18. Jahrhunderts war ebenfalls bedeutsam, dass die Schilderungen des Fremden, bislang Unbekannten auch als indirekte, zumeist zeit- und kulturkritische Kommentare zu den Verhältnissen in der Heimat verstanden werden konnten. So sind Georg Forsters Aufzeichnungen seiner gemeinsam mit Alexander von Humboldt unternommenen Reise, die er unter dem Titel »Ansichten vom Niederrhein, von Brabant, Flandern, Holland, England und Frankreich im April, Mai und Junius 1790« im Jahr 1791 in Berlin veröffentlichte auch als Reflexion über die Auswirkungen der Französischen Revolution auf die politischen Verhältnisse in Deutschland wie in Europa zu lesen. Das Widersprüchliche und Unabgeschlossene dieses Reiseberichtes korrespondiert mit der die feudale Gesellschaftsordnung in Frage stellenden Erhebung des Jahres 1789 und macht die Beobachtungen und Erfahrungen der Reise zu einem Rahmen für geschichtsphilosophische Betrachtungen. Noch deutlicher tritt die politische Bedeutung der Reiseliteratur in den »Briefen aus Paris, zur Zeit der Revolution geschrieben« hervor, die in Braunschweig im Jahr 1790 erschienen sind. Ihr Verfasser, Joachim Heinrich Campe, war ein Onkel des Hamburger Verlegers Julius Campe, bei dem Heine die vier Bände der »Reisebilder« veröffentlichte. Seine Pariser Berichte thematisieren die Differenz zwischen dem revolutionären Aufbruch in Frankreich und den stagnierenden politischen Verhältnissen in seiner deutschen Heimat. Campes und Forsters Reiseberichte instrumentalisieren die Gattung als ein Medium ihrer über die Literatur hinausweisenden politischen Anliegen und bereiten damit die in den »Reisebildern« sich entfaltende Schreibart vor, die in Anlehnung an diese Traditionen als nationalpädagogisch charakterisiert werden kann.

Diese Tendenz zeigt sich auch in Berichten deutscher Schriftsteller über Reisen durch die Partikularstaaten des Heiligen römischen Reiches deutscher Nation. So reiste der Berliner Aufklärer Friedrich Nicolai im Jahr 1781 durch Deutschland. Der unter dem Titel »Beschreibung einer Reise durch Deutschland und die Schweiz im Jahre 1781« in Berlin und Stettin von 1783 bis 1796 in zwölf Bänden veröffentlichte Reisebericht referiert im Stil der Reisehandbücher der Zeit aus anderen Reisebeschreibungen, Zeitschriften und Enzyklopädien zusammengetragene Fakten über die besuchten Städte und Landschaften und polemisiert zugleich gegen die Zeitverhältnisse, vor allem gegen die religiösen Normen, welche, wie Nicolai auch in seinen publizistischen Schriften betont, die Gewissensfreiheit des Einzelnen einschränken. Und die »Reise nach Braunschweig«, die Adolph Franz Friedrich Ludwig Freiherr von Knigge 1792 in Hannover publizierte, zeichnet sich durch eine latent ironische Schreibart aus, welche die Beschreibung von Sehenswürdigkeiten und regionalen Besonderheiten in den Hintergrund treten lässt und die Rückständigkeit Deutschlands in Sinne eines zeitkritischen Panoramas aufzeigt. Heines Verbindung von Reisebeschreibung, Ironie und Polemik, die bereits in den »Briefen aus Berlin« zu beobachten ist, ist somit auch als Rekurs auf diese in deutschen Reiseberichten der Aufklärung vorgebildeten Tendenzen zu verstehen.

Diese politische und gesellschaftliche Relevanz der Gattung, die in der Aufklärung entwickelt und im Kontext der Emanzipationsbewegung der zwanziger Jahre des 19. Jahrhunderts erneut akzentuiert wurde, war bereits in den fiktionalen Reiseromanen und -erzählungen seit der frühen Neuzeit angelegt. Daniel Defoes »The Life and strange surprizing Adventures of Robinson Crusoe of York, Mariner« (London 1719–1720) oder Johann Gottfried Schnabels »Insel Felsenburg« (Nordhausen 1731–1743) nutzten den Rahmen einer Reise, um im Spiegel eines utopischen Gesellschaftsentwurfes die gesellschaftlichen Verhältnisse ihrer Gegenwart zu hinterfragen. Die Tradition dieser fiktiven Reiseerzählungen wurde im weiteren Verlauf des 18. Jahrhunderts in Ludvig Holbergs »Niels Klims unterirdische Reise« (Kopenhagen und Leipzig 1741) oder Voltaires »Candide ou l'Optimisme« (Genf 1759) fortgeführt. Zusammen mit empfindsamen Reisen, wie Lawrence Sternes »A Sentimental Journey through France and Italy. By Mr. Yorick« (London 1768), Johann Timotheus Hermes' »Sophiens Reise von Memel nach Sachsen« (Leipzig 1769–1773), Johann Gottlieb Schummels »Empfindsame Reisen durch Teutschland« (Wittenberg und Zerbst 1770–1772) oder Moritz August von Thümmels »Reise in die mittäglichen Provinzen von Frankreich im Jahr 1785–1786« (Leipzig 1791–1805), in welchen Reiseerlebnisse als Hintergrund empfindsamer oder moralischer Reflexionen dienten, bilden sie die Tradition, in der die Genese des neuen Genres literarischer Reiseberichte mit sozialem und politischen Anspruch zu verstehen ist. So lenkt bereits Johann Gottfried Seumes »Spaziergang nach Syrakus im Jahre 1802«, der 1803 in Braunschweig veröffentlicht wurde, die Aufmerksamkeit des Lesers nicht auf die römischen Altertümer, sondern auf die politischen und sozialen Verhältnisse Italiens nach den napoleonischen Feldzügen. Indem Heine, von der »Harzreise« bis zu den »Englischen Fragmenten«, zwischen publizistischem Engagement und philosophischer Reflexion alternierend, die historische Notwendigkeit einer politischen Emanzipation thematisiert, zitiert er auch die Tradition der Reiseliteratur, welche die Gattung von der Anbindung an die Beschreibung geographischer und kulturhistorischer Erscheinungen löste und zu einem Medium philosophischer, moralischer oder zeitkritischer Reflexionen machte.[8]

Parallel hierzu entwickelte sich im späten 18. Jahrhundert unter dem Einfluss der Schriften Johann Joachim Winckelmanns sowie der Tradition der wissenschaftlichen Reisebeschreibung die Reiseliteratur der Klassik. Goethes »Italiänische Reise« (Stuttgart und Tübingen 1816/17) verbindet Beschreibungen kulturgeschichtlich bedeutsamer Stätten der römischen Antike mit eigenen Beobachtungen und Betrachtungen zu einer Programmschrift der klassischen Ästhetik. Die Reise dient als Hintergrund einer über die topographische Beschreibung hinausweisenden Reflexion, deren zentrales Moment das Bildungserlebnis des Künstlers ist. Heine hinterfragt in seinen italienischen »Reisebildern« zwar Goethes Werk, das die Entwicklung der Reiseberichte über Italien paradigmatisch geprägt hat, bleibt aber gleichwohl durch Parodie und Kontrafaktur auf Goethe bezogen.[9]

In der Romantik verliert der Reisebericht als Gattung an Bedeutung. Im Sinne der Forderung des 116. »Athenäums«-Fragmentes nach einer »progressiven Universalpoesie« akzentuiert die romantische Poetik zwar das Motiv der Reise, allerdings als ein fiktives Geschehen.[10] Das Wandern, als zentrales Motiv der Flucht vor der Enge der bürgerlichen Welt, verbindet sich in Ludwig Tiecks »Franz Sternbalds Wanderungen« (Berlin 1798), Novalis' »Heinrich von Ofterdingen« (Berlin 1802) oder Joseph Freiherr von Eichendorffs »Aus dem Leben eines Taugenichts« (Berlin 1826) mit aus der empfindsamen Tradition übernommenen Sehnsuchtstopoi, die, vornehmlich in den lyrischen Werken der Epoche, Motive des wehmütigen Abschieds thematisieren. Die Romantik versteht die Reise als Weltfahrt, wie als Weltflucht, wobei der Ausbruch aus den Konventionen und Normen der bürgerlichen Welt auf eine für die Epoche charakteristisch paradoxe Weise dem aufklärerischen Gedanken einer Emanzipation des Individuums verpflichtet bleibt. Vor allem in den frühen »Reisebildern« greift Heine diese Motive auf, überträgt sie ironisch überzeichnend aus der Vergangenheit in eine eigene Bildsprache und erneuert in der Negation ihr wirkungsästhetisches Potential für die Gegenwart.

Die »Reisebilder« stehen nicht nur unter dem Einfluss dieser seit der Aufklärung vollzogenen Entwicklungen des Genres, vielmehr sind sie durch ein Nebeneinander dieser lediglich aus der Retrospektive der Literaturgeschichtsschreibung poetologisch wie programmatisch distinkten Traditionen gekennzeichnet. Heines Lektüre dokumentiert die Popularität des Genres in den ersten Jahrzehnten des 19. Jahrhunderts und belegt seine differenzierte Kenntnis der Traditionen, auf die seine Werke auf unterschiedliche Weise Bezug nehmen.[11] Die kontroversen Diskussionen, welche die ab 1826 veröffentlichten »Reisebilder« in den Feuilletons der deutschen Kulturzeitschriften auslösten und der Erfolg, den sie auf dem literarischen Markt hatten, wie die Neuauflagen aller vier Bände der Sammlung bis zum Todesjahr des Dichters und darüber hinaus belegen, basiert nicht nur auf der geschickten Vermarktungsstrategie Julius Campes und der Popularität des Genres an sich, sondern darauf, dass Heine, die unterschiedlichen Tendenzen und Traditionen der Gattung miteinander verbindend, einen neuen Typ der Reiseliteratur schuf.

Erste Hinweise auf ein mehrbändiges Werk, das die in der ersten Hälfte der 1820er Jahre entstandenen lyrischen und prosaischen Arbeiten, die zu einem großen Teil als verstreute Zeitschriftendrucke erschienen waren, in Buchform zusammenfassen sollte, finden sich in der zweiten Hälfte des Jahres 1825. In einem auf den 19. Dezember 1825 datierten Brief aus Hamburg berichtete Heine dem Berliner Freund Moses Moser von einem mehrbändigen »Wanderbuch«, das er plane. (HSA XX, 228) Der zu diesem Zeitpunkt verwandte Titel verweist zum einen auf die ältere Tradition der Bücher, die »früher die wandernden handwerksburschen bei sich tragen muszten und in das zeugnisse und polizeiliche bescheinigungen geschrieben wurden«[12], eine Tradition, auf die Heine auch in der Begegnung »mit einem reisenden Handwerksburschen« (HSA V, 14) in der »Harzreise« verweist und die zugleich die romantische Stilisierung des Wanderns als Weltfahrt anklingen lässt. Zum anderen bezeichnet der Begriff die seit dem 18. Jahrhundert verbreiteten Reisehandbücher, die, in einer Epoche des Übergangs von der Grand tour und der Badereise des Adels zu dem bürgerlichen Phänomen des Tourismus, auf Reisen gewonnene Erkenntnisse und Erfahrungen in Form eines Reiseführers zusammenfassten und damit im Geist der Aufklärung anderen Menschen nützlich werden ließen. Auf seinen Reisen durch Deutschland, England und Italien hat Heine wiederholt auf solche Werke Bezug genommen.

Bereits in dem angeführten Schreiben an Moses Moser verwendet Heine den von ihm geprägten Begriff »Reisebilder« (HSA XX, 229), der Ende Januar 1826, nach dem ersten Zusammentreffen mit dem Verleger Julius Campe, zum Titel der gesamten

Reihe werden sollte.¹³ Das von Heine eingeführte Kompositum charakterisiert die inhaltliche Struktur der Sammlung sehr präzise, indem die erste Konstituente die Erwartungshaltung des Lesers auf die Tradition der Werke lenkt, die auf Reisen gewonnene Einsichten literarisch verarbeiten, während die zweite bereits auf das Episodische und unabgeschlossen Fragmentarische der Erzähleinheiten verweist. Heine stellt die diskursive Offenheit des Begriffs und des von ihm bezeichneten Genres in den frühen vierziger Jahren nochmals heraus, indem er, in einem auf den 20. Februar 1844 datierten Brief an Campe, das Versepos »Deutschland. Ein Wintermährchen« als »versifizirte Reisebilder« charakterisiert. (HSA XXII, 96)

Auch zeichnet sich bereits in diesem frühen Entwurf das für die ersten beiden Bände der »Reisebilder« charakteristische Nebeneinander von Lyrik und Prosa ab.¹⁴ Analog zu dem Kompositionsprinzip der einzelnen Werke, bilden die »Reisebilder«-Bände eine Sammlung unterschiedlicher Texte und Gattungen. Sie zitieren damit, wie Joseph A. Kruse herausgestellt hat, die Kompositionsstruktur der Musenalmanache des 18. Jahrhunderts und schreiben sie in das 19. Jahrhundert fort.¹⁵ Während die besuchten Landschaften und Länder, mit ihren jeweils spezifischen Eigenheiten, für Heine nur einen äußeren Rahmen bilden, der es ermöglicht, ästhetische, politische, persönliche und historische Anschauungen in assoziativer Weise miteinander zu verknüpfen, und die Zusammenstellung dieser Bilder bezogen auf die thematisierten Inhalte und verwandten Gattungen nicht minder heterogen ist, werden die »Reisebilder« nicht nur durch die Satire, wie Ronald Schneider konstatiert, den Gedanken der Emanzipation, wie Gerhard Höhn herausstellt, und das Paradigma der Bewegung, wie Bernd Kortländer betont, zu einer Einheit.¹⁶ Indem Heine die seit den mittleren Jahrzehnten des 18. Jahrhunderts entwickelten Formen der Reiseliteratur in seine Texte integriert, zitiert oder parodierend hinterfragt, entsteht ein komplexes Geflecht intertextueller Bezüge, das nicht nur als ein abstrakter, allgemeiner Gattungsbezug zu verstehen ist, sondern, im Sinne Gérard Genettes, als metatextuelle Referenz. Während die Reiseprosa der Aufklärung, wie zahlreiche Gattungen der Epoche, voraussetzungslos ist, weil sie das pädagogische Ziel verfolgt, den Leser zu belehren, Kenntnisse und Einsichten zu vermitteln und ihn zu bilden, erfordert die Lektüre der »Reisebilder« die Kenntnis der ihnen vorausgegangenen Werke des Genres.¹⁷ Somit korrespondiert das die Bände kennzeichnende Nebeneinander verschiedener Inhalte und Gattungen mit dem Nebeneinander unterschiedlicher Traditionen. Die durch das Zitat akzentuierte Gleichzeitigkeit ist jedoch nicht im Sinne einer postmodernen Gleichwertigkeit der Diskurse zu verstehen: Analog zu dem Anspruch der Aufklärung, die Emanzipation des Menschen durch Kritik zu befördern, eröffnen die »Reisebilder«, indem sie Traditionen adaptieren, transformieren und implizit kommentieren, dem Autor wie dem Leser die Möglichkeit, sich von den ästhetischen und programmatischen Paradigmen des literarischen Diskurses der Zeit zu befreien. Wenn Heine nach der Veröffentlichung des ersten Bandes in einem Brief an Karl August Varnhagen von Ense vom 24. Oktober 1826 betont, »dieses Alles schreib ich Ihnen aus der ganz besondern Absicht, damit Sie sehen wie es mir ein Leichtes ist im 2ten Theil der Reise*bilder* Alles einzuweben, was ich will«, so spiegelt dies auch das Bewusstsein einer neugewonnenen Autonomie wider. (HSA XX, S. 271) Der Brief an Varnhagen belegt ferner, dass die äußere Form des von Heine erschaffenen Genres zugleich mit ihrem Inhalt korrespondiert. In diesem Sinne schreibt Heine in einem Entwurf des »Préface« zur zweiten Auflage der »Tableaux de voyage« aus der Retrospektive des Jahres 1855: »In dieser Beziehung ward es auch Prototyp einer Denk- und Schreibweise, die bey dem Autor erst einige Jahre später ganz zur Entwicklung kam [...]. Dieser Autor bin ich selbst und ich rede von den Reisebildern, die in der That wie ein Gewitter einschlug*en* in die Zeit der Fäulniß und Trauer.« (HSA XIV, 217)

Die Publikationsform der »Reisebilder« ist nicht, wie Friedrich Sengle betont hat, als ein »Gefäß seiner launigen Betrachtungen oder Phantasien und seiner Polemik« zu verstehen[18], sie eröffnet die Möglichkeit, unterschiedlichen Gattungen und verschiedenen entstehungsgeschichtlichen Kontexten zuzuordnende Werke zusammenzustellen und zu einem, wie insbesondere die wiederholten Neuordnungen des ersten und zweiten Bandes der Sammlung belegen, Gesamtwerk zu formen, dessen einzelne Teile in einem Korrespondenzverhältnis zueinander stehen. Wie die zeitgenössische Literaturkritik hervorhob, emanzipierte sich Heine damit von der von der klassischen Ästhetik postulierten und über die Romantik bis in seine Gegenwart nachwirkenden paradigmatischen Vorstellung der Geschlossenheit des Kunstwerkes. Indem jedoch die Intertextualität die Einheit der »Reisebilder« und ihre künstlerische Autonomie konstituiert, findet Heine in der Dekonstruktion ästhetischer Paradigmen zurück zu einem integralen Kunstwerk.

Dieser Zitatzusammenhang der »Reisebilder« ist vor dem Hintergrund der literaturgeschichtlichen Entwicklungen ihrer Entstehungszeit zu verstehen: Indem die Klassik auf die Antike als ästhetisches Paradigma verweist und die Romantik auf das Mittelalter, sind die den literarischen Diskurs der zwanziger Jahre prägenden Strömungen auf die Vergangenheit bezogen und stellen der Wirklichkeit die synthetische Vorstellung einer idealen Kunst kontrapunktisch gegenüber. In dem Zitat einer Tradition, die durch das Zitat einer anderen als Zitat dekuvriert wird, in der Gleichzeitigkeit unterschiedlicher literarischer Ausdrucksformen, die sich gegenseitig aufheben, wird dem gegenüber in den »Reisebildern« die Gegenwart zum Paradigma der Literatur. Wenn die Erscheinungen der Zeit im Sinne Georg Wilhelm Friedrich Hegels, Manifestationen eines historischen Bewusstseinszustandes sind, dann muss die Kunst, sofern sie den Anspruch gesellschaftlicher Relevanz erhebt, ein Spiegel dieser Erscheinungen sein. Die »Reisebilder« lösen diesen Anspruch ein, indem sie die literarischen und politischen Entwicklungen der Restaurationsepoche kritisch thematisieren und indem sie durch Kompositionsstruktur und Metatextualität die Pluralität der Diskurse ihrer Epoche kommentieren, ohne ihre künstlerische Autonomie zu veräußern. Das »Schlußwort« zum vierten Teil, das, im November 1830 entstanden, nicht nur den letzten Band sondern auch die gesamte Sammlung der »Reisebilder« beschließt, kleidet diese komplexe Denkfigur in das einfache Bild des Narren: »O, deutsches Vaterland! theures deutsches Volk! ich bin dein Kunz von der Rosen. Der Mann, dessen eigentliches Amt die Kurzweil und der dich nur belustigen sollte in guten Tagen, er dringt in deinen Kerker zur Zeit der Noth; hier unter dem Mantel bringe ich dir dein starkes Zepter und die schöne Krone – erkennst du mich nicht, mein Kaiser?« (HSA V, 203).

Anmerkungen

1 Band V K: Reisebilder I. 1824–1828. Bearbeitet von Sikander Singh und Christa Stöcker erscheint, wie der von Renate Francke bearbeitete Band III K: Gedichte 1845–1856, im Jahr 2008. Der letzte Kommentarband XII K: Späte Prosa 1847–1856. Bearbeitet von Bernd Kortländer, Joseph A. Kruse und Sikander Singh erscheint 2009.

2 Vgl. hierzu Sikander Singh: Heinrich Heines Werk im Urteil seiner Zeitgenossen 1821–1856. Stuttgart, Weimar 2006. (Heine-Studien), S. 31–36.

3 Goethes Reisebericht wurde schließlich unter dem Titel »Briefe aus der Schweiz« in den 11. Band der zweiten Abtheilung seiner bei Cotta erschienenen Werkausgabe aufgenommen. (Tübingen 1806–1810).

4 Johann Wolfgang Goethe: Gedenkausgabe der Werke, Briefe und Gespräche. Hrsg. v. Ernst Beutler. Zürich 1953, Bd. XIV, S. 393 f. In dem »Vorwort« zu den »Nachträgen zu den Reisebildern« verweist Heine auf Goethes Rezension. (HSA V, 200).

5 Friedrich Sengle: Biedermeierzeit. Deutsche Literatur im Spannungsfeld zwischen Restauration und Revolution 1815–1848. Stuttgart 1971–1980, Bd. III, S. 566.

6 Lawrence Sternes in neun Bänden von 1759 bis 1781 in York und London veröffentlichter Roman »The Life and Opinions of Tristram Shandy Gentleman« erschien erstmals in deutscher Übersetzung unter dem Titel »Das Leben und die Meynungen des Herrn Tristram Shandy« 1769 in Berlin und Stralsund.

7 Ronald Schneider spricht in diesem Kontext von einer »politisch-publizistischen Wirkungsabsicht«, mit der sich in den »Reisebildern« »eine ästhetisch-artistische Wirkungsabsicht konkurrierend verbindet«. (Ronald Schneider: »Themis und Pan«. Zu literarischer Struktur und politischem Gehalt der »Reisebilder« Heinrich Heines. – In: Annali. Sezione Germanica XVIII,3. Studi Tedeschi. Neapel 1975, S. 9).

8 Wolfgang Preisendanz charakterisiert dies als »Funktionsübergang von Dichtung und Publizistik«. (Wolfgang Preisendanz: Der Funktionsübergang von Dichtung und Publizistik. – In: ders.: Heinrich Heine. Werkstrukturen und Epochenbezüge. München 1973, S. 52).

9 Vgl. hierzu die »Reise von München nach Genua« (HSA VI, 53); bereits in »Nordsee. Dritte Abtheilung« schreibt Heine in diesem Sinne: »In dieser Hinsicht möchte ich am liebsten auf Goethe's italienische Reise hindeuten, indem wir alle, entweder durch eigene Betrachtung oder durch

fremde Vermittelung, das Land Italien kennen, und dabey so leicht bemerken, wie jeder dasselbe mit subjektiven Augen ansieht, dieser mit Archenhölzern unmuthigen Augen, die nur das Schlimme sehen, jener mit begeisterten Corinnaaugen, die überall nur das Herrliche sehen, während Goethe, mit seinem klaren Griechenauge, Alles sieht, das Dunkle und das Helle, nirgends die Dinge mit seiner Gemüthsstimmung kollorirt, und uns Land und Menschen schildert, in den wahren Umrissen und wahren Farben, womit sie Gott umkleidet.« (HSA V, 66).

10 Athenäum. Eine Zeitschrift. Hrsg. v. August Wilhelm Schlegel u Friedrich Schlegel. Erster Band. Berlin 1798, S. 204.

11 Die Gesamtentstehungsgeschichte der vier Bände der »Reisebilder« wird im Kommentar zu Band fünf der »Säkularausgabe« umfassend dokumentiert und beinhaltet eine detaillierte Zusammenstellung der Werke der Reiseliteratur, die Heine bis zur Veröffentlichung des vierten Teils der »Reisebilder« im Jahr 1831 gekannt hat.

12 Deutsches Wörterbuch von Jacob Grimm und Wilhelm Grimm. Bd. XIII. Leipzig 1922, Sp. 1648.

13 Vgl. Edda Ziegler: Julius Campe. Der Verleger Heinrich Heines. Hamburg 1976. (Heine-Studien) S. 99.

14 Heine schreibt in seinem auf den 19. Dezember 1825 datierten Brief an Moses Moser: »Ich habe nemlich Lust nächsten Ostern unter dem Titel ›Wanderbuch, 1ter Theil‹ folgende Piezen drucken zu lassen: 1°. Ein neues Intermezzo, etwa 80 kleine Gedichte, meist Reisebilder, und wovon Du schon 33 kennst, 2°. Die Harzreise, die Du dieser Tage im Gesellschafter schon sehen wirst, aber nicht vollständig 3°. Das Dir bekannte Memoir über Polen, völlig umgearbeitet und bevorwortet. 4°. Die Seebilder, wovon Du einen Theil beykommend erhältst.« (HSA XX, S. 228).

15 Joseph A. Kruse: »... weil die Musen nie in Prosa sprechen« Almanache und Taschenbücher aus dem Heine-Kontext. – In: Jahrbuch der Rückert-Gesellschaft e. V. 2000/2001. Würzburg 2001, S. 60. Die These wird durch Heines Absicht bestätigt, in den zweiten Band der Sammlung auch Werke befreundeter Schriftsteller aufzunehmen. Diesbezügliche briefliche Anfragen ergingen im Oktober 1826 an Karl L. Immermann (HSA XX, Nr. 192), Moses Moser (HSA XX, Nr. 193) und Karl August Varnhagen von Ense (HSA XX, Nr. 197).

16 Schneider [Anm. 7], S. 14; Höhn 2004, S. 186 f.; Bernd Kortländer: Heinrich Heine. Stuttgart 2003, S. 145–156.

17 Christa Stöcker hat die direkten Anspielungen und impliziten Verweise auf vorangegangene Werke der Reiseliteratur in den von 1828 bis 1831 entstandenen »Reisebildern« in ihrem Kommentar detailliert aufgearbeitet. (HSA VI K) Der im Entstehen begriffene Kommentar zu den »Reisebildern 1824–1828« belegt, über die von Jost Hermand im Rahmen der Düsseldorfer Heine-Ausgabe (DHA VI) erarbeiteten Einsichten hinausgehend, die intertextuelle Bezogenheit der frühen Reiseprosa Heines auf die ihr vorangegangenen Traditionen.

18 Sengle [Anm. 5], Bd. III, S. 566.

»Eine alte Romanze«:
Heinrich Heine and the Roland Saga

Von Nigel Reeves, Aston

> Die Mährchen fangen an zu leben,
> Die Ritter steigen aus der Gruft;
> Bei Ronzisvall da giebt's ein Streiten,
> Da kömmt Herr Roland herzureiten,
> Viel kühne Degen ihn begleiten,
> Auch leider Ganelon, der Schuft.

These are the opening lines of a poem that Heine published in December 1821 under the title »An eine Sängerin. Als sie eine alte Romanze sang« (DHA I, 105 f.).[1] The work marks the first appearance in Heine's production of Charlemagne's ill-fated warrior and nephew, Roland, and the beginning of a near-lifetime fascination with the Roland Saga. The poet recalls his tears as he listens to the singer, whose words carry him back to his childhood home, where his mother is reading him wondrous tales, ›Mährchen wunderfeine‹, while the wind howls outside. But it is hardly a comforting story for Roland only finds a resting-place in death. The second stanza continues with the consequence of his betrayal by Ganelon:

> Durch den wird Roland schlimm gebettet,
> Er schwimmt in Blut, und athmet kaum;
> Kaum mochte fern sein Jagdhornzeichen
> Das Ohr des großen Carls erreichen,
> Da muß der Ritter schon erbleichen, –
> Und mit ihm stirbt zugleich mein Traum.

During Heine's childhood two versions of the story of Charlemagne's campaign against the Moors in Spain and its disastrous conclusion in the Pyrenean ravine, Ronceval, had been published, Fouqué's »Romanzen vom Thale Ronceval« of 1805 and Friedrich Schlegel's German rendering of the voluminous Latin language chronicle attributed to Archbishop Türpin, »R o l a n d. Ein Heldengedicht in Romanzen nach Türpins Chronik« of 1809. Textual evidence indicates that Heine drew on Schlegel's version.[2] Heine's spelling of Ronceval – Ronzisvall – is close to Schlegel's spelling, Roncisval. As in Schlegel's version Roland is at first mounted and the gory depiction of his fight to the last – ›Er schwimmt in Blut‹ – echoes Schlegel's depiction of the Paladin and his companions battling ›in Blutes Strome‹. Although in Schlegel's version Roland blows simply a ›Horn‹ to sound the alarm and recall Charlemagne's main army rather than a ›Jagdhorn‹, as in Heine, Schlegel also recounts how Ganelon distracts Charlemagne from his treacherous arrangement with the Moors by telling them that the bugle notes he could hear came from a hunting expedition led by Roland (!)[3] Further, Heine's sub-title ›An eine Sängerin‹ names the poem ›eine alte Romanze‹, echoing the term ›Romanze‹ with which Schlegel entitled the sub-sections of his work. As in Schlegel's version, in which about a hundred knights rush to Roland's aid upon hearing the alarm, in Heine »Viel kühne Degen ihn begleiten«. And finally, as Roland nears death, in Schlegel »er sinkt ermattet« while Heine writes that through Ganelon's treachery »wird Roland schlimm gebettet«.

Within a year of the publication of »An eine Sängerin« Heine had read Karl Immermann's tragedy »Das Thal von Ronceval«, which had originally been published in 1819 and then republished in a collection of three tragedies by the author in 1822.[4] It seems certain that Heine first encountered Immermann's work through that collection. In a letter dated Christmas Eve 1822 (HSA XX, 59) Heine thanked Immermann for the positive review he had published of his first volume of verse, »Gedichte«, adding that a Dr Schulz had sent him a copy of the »Tragödien«.

Just over three months later Heine wrote to Immermann again, mentioning what he calls a coincidental similarity between Immermann's play and his own tragedy, A l m a n s o r, which had just appeared. Asking which of the three tragedies in the collection Immermann had written first, Heine says he had always assumed it to be »Das Thal von Ronceval« and stresses how he was moved by the passage where Roland's Moorish beloved, Zoraide, tries to persuade Roland to flee rather than to fight to the end in the ravine:

> Es kömmt mir vor, als hätte ich selbst diese Stelle mahl schreiben wollen und konnte es nicht vor übergroßem Schmerze. Im Almansor habe ich es irgends wieder versucht aber vergebens. Sie werden die Stelle schon finden. Wunderbar, wie manche Aehnlichkeit diese Stücke haben, sogar im Stoff und Lokal. (HSA XX, 80)

It is in Act IV scene 3 of Immermann's tragedy that Roland is led to the princess's chamber by Zuleima, the maid of the Moorish princess, Zoraide. Here Zoraide receives the Christian king with garlands of roses and bouquets of myrtle. In what appears to be an echo of Kleist's »Penthesilea«, the warrior princess appears transformed by her love of the arch-enemy into a tender bride. Removing the helmet and armour of ›rude Mars‹ that adorn Roland she begs him to follow her along a secret path down to the water's edge. A boat awaits to take them to Mallorca, a locus amoenus where, she says, there is no Moorish King Marsilius, only vines, ivy, spreading elms and olive groves. But Roland refuses to act as a traitor, as he sees it, while she cannot give way and accept baptism.

Only after Roland has left does Zoraide discover Ganelon's ambush plot. Dismayed, she calls on her father, Marsilius, to fight out in the open, like a true warrior. She reaches Roland in the ravine, reveals how Ganelon's treachery lay behind the ambush, asks Archbishop Türpin to baptise her and then to marry her to Roland under the Christian name, Maria. Together they fight to the end. Roland breaks his sword Duranda, and Maria lulls him in her arms as he dies. There is no joint suicide as between Almansor and Zuleima but in both dramas there is a vision of heaven awaiting the tragic pair. However, in other respects the two works are in stark contrast. At the level of characterisation Zoraide is a warrior, not the gentle victim of Heine's work, and appears to have been modelled on Kleist's Penthesilea, undergoing similar alternations between brutality and tenderness, her frenzied deeds on the battlefield closely resembling those of the Amazon queen:

> Doch jetzo taumelt sie von Mord zu Mord,
> Und selbst dämonisch, unverletzlich, rollt sie
> Dem Felsen gleich, der aus dem alten Sitze
> Durch des Orkanes luft'gen Arm gehoben,
> Zerschmetternd niederstürzt vom Bergesrücken![5]

Zoraide challenges Roland to battle as Penthesilea had challenged Achilles, accusing him of cowardice when he refuses to fight a woman. But Roland, like Achilles, is struck by instant love, and realises that as a consequence he is a »todgeweihter Mensch«. Indeed as he predicted, it is only as he dies trapped in Ronceval that the couple are to be married, Roland sensing in his last moments the approach of an ›eternal spring‹. Zoraide, however, survives, is baptised by Archbishop Türpin and is granted by a reflective Charlemagne the throne of Spain in recognition not only of her status as Roland's widow but also of her inborn royalty of spirit.

Heine's praise for Immermann's work seems surprising when we consider the contrasting sympathies of the two writers towards the warring peoples and their rival religions. Heine's depiction of Moorish Granada is of an ideal state, where chivalry, respect for the affairs of the heart and a life-loving religion co-exist in harmony, while the Christian Spaniards are depicted as small-minded and jealous of one another. The sacrament at the very centre of Christianity's ecclesiastical ceremonies haunts Almansor as if it were an act of cannibalism. Zoraide, on the contrary, greets the cross as her salvation. The spring of purest water where she is baptised and beside which she cradles Roland in his death-throes features as a key motif in the prologue, where Legend personified speaks as the guardian of the spring's waters. For Immermann the drama was not only a tale of tragic love, it revealed the superior sentiments of Christianity over the pagan rival, a theme that is emphasised by the sub-plot of Charlemagne's distraction from the Spanish campaign by the Saxon uprising in the North of the Empire against Christianity and in favour of the ancient gods. For Heine the tragedy lay both in the death of the lovers and in the destruction of an ideal civilisation, where beauty, art and love ruled together without the intrusion of dogma. Yet unlike in Heine's subsequent clashes with Platen and Ludwig Börne, where ideological disagreements rapidly grew into a profound sense of antipathy, Heine seems to have wished to overlook the chasm between his own and Immermann's intellectual leanings. Far from seeing the advance of Christianity as a victory Heine was later, in his essay of the mid 1830s, »Elementargeister«, to depict paganism as the true and original religion of the people.

In a letter of 6 September 1818 Immermann had written to Fouqué of his own vision of Charlemagne's commitment to convert Moorish Spain, of the battles that ensued, of Ganelon's treachery and finally Roland's end, vainly blowing on his horn to summon help. He continues »Der Gedanke welcher in diesem Gedichte lebendig werden soll, wird seyn: wie das Christenthum über Gewalt List und Verrath durch seine Göttlichkeit und Milde siegt und wie es grade dann in den Gemüthern seine Herrschaft gründet, wenn es aeußerlich am Boden liegend erscheint.«[6] It would be hard to imagine a view further from Heine's!

The explanation for Heine's benevolent view of Immermann's work lay in their shared dislike of the student Burschenschaft movement. In his Christmas Eve letter Heine declared Immerman to be his brother-in-arms. Indeed the next, if only passing, reference in Heine's work to Roland is in poem LXXXIV of »Die Heimkehr«, which speaks of the statue of Roland in Halle market-place. Roland is now literally petrified, »vor Schreck versteinert« (DHA I, 297) – and therefore implicitly unable to assist the students' protest against the censorship imposed by Prussia. In March 1824 the ring-leaders had been prosecuted, an act forcibly brought home to Heine when he visited Halle in the September, following his journey through the Harz.

In the autumn of 1825 Heine had read Paul-Philippe de Ségur's »Histoire de Napoléon et la grande armée pendant l'année 1812«, which had appeared in Paris the year before. It brought back memories of his youthful admiration for Napoleon as the liberator of his birthplace, Düsseldorf, memories which were to form the core of his whimsically structured »Ideen. Das Buch Le Grand« of 1826, published in 1827. Ségur's account triggered reflections on the destiny of heroes and the depiction of their fates in the great national epics, reflections that were in part engendered by the teaching of his Berlin professor, Hegel, that the progress of history was driven forward by a few exceptional yet tragic men of action whose mission was to act as the unwitting agents of the World Spirit. Such heroes, Heine mused in the third part of the »Nordsee« work, had been celebrated in the world's great national epics, the »Mahabharata«, the »Edda«, the »Nibelungenlied« – and the »Rolandslied«, which, he adds, was lost, »dessen Worte verschollen, dessen Sage aber noch nicht erloschen, und noch unlängst von einem der größten Dichter des Vaterlandes, von Immermann, herauf beschworen worden«. In »Das Thal von Ronceval«, Heine discerned, then, what for him were also key characteristics of the epic, the fall of one of history's great heroes through misfortune and betrayal, »durch Unglück und Verrath«. (DHA VI, 163)[7]

Heine's fascination with the Roland saga then seems to have lain dormant for some years. His great essay on the history of German literature, »Die romantische Schule«, which appeared in both French and German language versions from 1833 through to the final German book version of 1836, only mentions the tales of Charlemagne's deeds in passing and in the context of the spirit of the Crusades. But in 1835 a young French scholar, Francisque Michel, uncovered the earliest French language manuscript of the epic in Oxford University's Bodleian Library, preserved among the papers of a seventeenth century bibliophile, Sir Kenelm Digby. Michel published his transcript of the text in Paris in 1837 under the title »La chanson de Roland ou le Roman de Roncevaux«. Moreover in 1838 Wilhelm Grimm published the Middle High German version of the epic ascribed to Pfaffe Konrad, which had been preserved in Heidelberg University Library. It may well have been a reading of these texts that prompted Heine to investigate the Pyrenees as a location for a restorative vacation in the summer of 1841, following the furore created by his essay about »Ludwig Börne«, a trenchant critique of Ludwig Börne's political ethos and his relationship with a married woman, Jeanette Wohl. His destination in the Pyrenees was Le Cauterets, a spa town close to the fateful scene of Roland's demise, Ronceval. It was to be Heine's opportunity to explore for himself a crucial scene in the heroic clash between Christianity and Islam, reviving the early interest in the Reconquista that had stimulated his writing the tragedy »Almansor«.

On 23 June Heine left Paris for Le Cauterets. On 7 July he was able to see Ronceval for himself. But when he returned to Paris at the beginning of August the clash with Jeanette Strauß's husband came to a head: Heine was challenged to a duel. He married Mathilde to ensure her security should he be killed. Fortunately the duel concluded without either party being seriously injured and Heine then concentrated on writing his satirical verse epic, »Atta Troll. Ein Sommernachtstraum«, work that continued until the end of 1842. It was initially serialised in the »Zeitung für die elegante Welt« in the winter and spring of 1843.

Proclaiming itself to be a poetic fantasy, a ›Midsummer Night's Dream‹, the work is far more than a reckoning with Börne. True, Börne's surname may have prompted Heine to choose a bear as his protagonist, particularly after he had witnessed a performance by a dancing bear in Le Cauterets. Furthermore Troll's revolutionary egalitarian ideas are an obvious travesty of Börne's Republican ideals with their plea for the equality of all animals, irrespective of species or size, as is Troll's Proudhonian rejection of wealth on the grounds that wealth is ›unnatural‹ since bears are born without pockets. Though Troll only preaches in the safety of his home, a cave in the Pyrenees, his views are presented as sufficiently dangerous in their radicalism to warrant his being hunted down as a threat to mankind. Nevertheless the work is also a highly complex composition that draws not only on the texts of the medieval Roland Saga published by Michel and by Konrad but also on Ludovico Ariosto's vast verse epic »Orlando Furioso« and on Musäus' more whimsical »Rolands Knappen«. The extent of the reading underlying the work may help to explain the long gestation of some fifteen months, a labour that is belied by the sense of lightness and agility conjured up by Heine's adoption of the Flying Horse, Pegasus, as the metaphor for the unfettered imagination that transports the poet to the Pyrenees on a flight allegedly without political purpose:

> Traum der Sommernacht! Phantastisch
> Zwecklos ist mein Lied. Ja, zwecklos
> Wie die Liebe, wie das Leben,
> Wie der Schöpfer sammt der Schöpfung! (DHA IV, 17)

Let us first consider Michel's text.[8] In this version of the Saga one of the Frankish knights is named Atton or Attun (l. 2187). This could have suggested the eponymous bear's very odd name, Atta. (In Pfaffe Konrad's text the equivalent name is Hatte.) The setting of mountains and ravines where Roland and the rearguard of Charlemagne's army were to try and contain the advance of the Moorish Troops is sombre:

> Halt sunt li pui e tenebrus e grant, AOI
> Li val parfunt e les ewes curant.[9]
> (Hautes, ténébreuses et imposantes sont les montagnes,
> Profondes les vallées, impétueux les torrents.)

It is an atmosphere that Heine recaptured in the opening lines of his work but with an ironic touch, the urbane elegance of the spa town contrasting with the shadowy mountains and anticipating the thematic contrast between the lightness of his satire and the self-important gravity of the quarry, Troll:

> Rings umragt von dunklen Bergen,
> Die sich trotzig übergipfeln,
> Und von wilden Wasserstürzen
> Eingelullet, wie ein Traumbild,

> Liegt im Thal das elegante
> Cauterets.   (Caput I. DHA IV, 13)

But the similarity goes beyond what might be a coincidence of common descriptive terms for the imposing Pyrenean mountain range. At the heart of the Old French text is the dual theme of betrayal and its opposite, the upholding of the feudal values of loyalty and allegiance. A hierarchy of mutual obligation extends down from Emperor to King, to Duke and Knight, underpinned by a system of reward and punishment decided after trial by combat. There is a celebration of courage and scorn for cowardice, symbolised by Roland's reluctance to sound the alarm with his horn, the Oliphant, until it is too late. Ganelon's treachery, deception and lies contrast starkly with Roland's heroic yet ultimately tragic demonstration of steadfastness. They call for retribution. At the height of the battle, as the Moorish army descends upon the trapped peers,

> Ço dist Rollant: »Oliver, compaign, frere,
> Guenes li fels ad nostre mort juree.
> La traïsun ne poet estre celee;
> Mult grant venjance en prendrat l'emperere.«[10]
>
> (Roland s'écrie alors: »Olivier, mon ami, mon frère,
> Le traître Ganelon a juré notre mort.
> Il n'est plus possible de cacher la trahison.
> L'empereur en tirera une très grande vengeance.)

In Heine's verse narrative it is Troll who is depicted as the traitor, the enemy of mankind.[11] The task of vengeance is assumed by the narrator and his companion, the huntsman Laskaro, whose quasi-Spanish name is a near-anagram of that of Charlemagne as it is rendered in Michel's Old French text: Carles.[12] Indeed if the name Laskaro alludes to that of Charlemagne we find a double irony in Heine's text for the narrator's mysterious companion could then be seen as the Emperor himself returned from the dead to mete out justice to the traitor, Troll, just like Charlemagne in the epic who returns to Ronceval, there finding Roland already dead. The Emperor has Ganelon seized and judged through trial by combat. The deadly encounter between the narrator, Laskaro and Troll in Ronceval would then reflect in travestied form the duel fought between the champions, Thierry and Pinabel, representing the Emperor and Ganelon. The death of Ganelon's champion seals the traitor's fate also.

The Emperor has premonitions of the terrible events ahead in two dreams. In one he dreams that he is back in his capital, Aix, where ›a cruel bear‹ (uns vers si mals) bites his right arm. Later he dreams that his knights are being attacked by bears, leopards and many other vicious beasts:

> Urs e leuparz les voelent puis manger,
> Serpenz e guivres, dragun e averser.[13]

In a further vision Charlemagne again sees himself in Aix, this time leading a bear on a chain, a scene surely travestied by Heine in his depiction of Troll being led through Le Cauterets market-place by the apostate monk and robber captain who had served the Pretender to the Spanish throne, Don Carlos.[14] Even as Charlemagne stands by the balustrade thirty more bears appear, endowed with human speech:

> Après icel li vien un'altre avisiun,
> Qu'il ert en France, ad Ais, a un perrun,
> En dous chaeines si teneit un brohun.
> Devers Ardene veeit venir .xxx. urs,
> Cascun parolet altresi cume hum.[15]

> (Après cette vision, il lui en vient une autre. Il est à Aix, sur un perron, et il retient un ours avec une double chaîne. Du côté de l'Ardenne il voit venir trente ours, chacun d'eux parle comme le ferait un homme.)

When the traitor, Ganelon, is seized, a collar is fastened around his neck, he is chained up like a bear and placed on a mule for all to mock and watch being beaten by the Emperor's cooks, armed with their ladles:

> E si li metent el col un caeignun,
> Si l'encaeinent altresi cum un urs;
> Sur un sumer l'unt mis a deshonor.
> Tant le guardent quel rendent a Charlun.[16]

> (Ils lui passent au cou un carcan et ils le lient à une
> chaîne comme un ours. Ils le hissent sur une bête de somme pour le couvrir de honte et le gardent jusqu'au jour où ils le mettront à Charles.)

After his death in Ronceval Troll's corpse is also triumphantly paraded through the town, not on the saddle of a mule but in one of the spa's wicker armchairs, borne by four strong men:

> Vier gewalt'ge Männer trugen
> Im Triumph den todten Bären;
> Aufrecht saß er in dem Sessel,
> Wie ein kranker Badegast. (Caput V, DHA IV, 80)

We find similar parallels in the Middle High German version of the text by Pfaffe Konrad. We have already observed that one of the Emperor's twelve paladins is named Hatte. He is described as ›ain warer gotes degen‹, whose body was protected by the steel of his armour and his spirit by his faith in God. Troll, too, was a believer – in the giant polar bear who looked after the spiritual needs of all bears, as Troll taught his cubs. In Konrad's text bears feature as a force of menace in Charlemagne's nightmares. The Emperor dreams that he is in Aix and that a chained bear is standing before him. The bear then breaks free and bites him:

> in dûchte, wie er ze Ache waere
> unt ain bere vor im laege
> mit zwain keten gebunden.
> sâ ze den stunden
> der bere in vaste ane sach,
> die keten er bêde zebrach.
> an lief in der bere.
> die fürsten wolten in were.
> der kaiser en macht sich sîn nicht erhaln.
> er geweltigôt im den arm.[17]

In another nightmare, after the battle in Ronceval, the Emperor dreams of an apocalypse in which bears and other wild beasts come storming in to consume human beings. He manages to kill a lion that sets upon him but immediately frightful bears appear that speak with human tongue, demanding that the bodies of bears which had been killed should be returned to their children.[18] Here we find a parallel to Troll's return to his cubs after his escape but with the parodistic twist that it is only after he has been reunited with his children that he meets his end.

The one source to which Heine alludes directly in Atta Troll is Ludovico Ariosto's vast mock epic »Orlando Furioso«, depicting Roland's, or rather Orlando's, adventures in the service of Charlemagne *prior* to the tragic events in the Pyrenees. In Ariosto the horrific end met by Roland and his paladins in Ronceval does not feature at all. Heine draws attention to Ariosto and gently mocks the fantastic nature of the epic at the beginning of Caput XXVII using a quotation attributed to Ariosto's patron prince upon reading the work, which the poet had dedicated to him.

> Wo des Himmels, Meister Ludwig,
> Habt Ihr all' das tolle Zeug
> Aufgegabelt?   (DHA IV, 85)[19]

Heine uses the quotation further to reinforce the impression that his own epic was purely imaginary and not politically motivated. While, as we have seen, the pun on

Börne's surname through the choice of a bear as the mock hero is intentionally obvious, Heine further relished the irony that Ariosto and Börne shared the same given name, Ludovico / Ludwig, as the quotation draws out.

In Ariosto's epic[20] it is the Hippogriff, like Pegasus, a winged horse but born of a mare and a griffin and trained by the magician Atlante, which bears Ruggiero, the pagan prince and hero first from France to the island of the sorceress, Alcina, (Canto VI), and then around the world to London (Canto X). The witch, Uraka, from whose home Heine's poet narrator has the vision of the Wild Hunt, finds an antecedent in this sorceress, who can transform her victims into animals or plants. When Ruggiero first encounters her, he is entranced by her extraordinary beauty.[21] Another enchantress, Melissa, who seeks Ruggiero out in Alcina's palace on behalf of his betrothed, Bradamante, breaks the spell. Ruggiero now sees Alcina as an aged and hideous crone, the forerunner, then, of Uraka. Uraka was able to bring her mysterious dead son, Laskaro, back to life by anointing him with a magic ointment. In Ariosto's work Angelica, the lovely daughter of the Great Khan of Cathay, revives one of her loves, Medoro, who has been mortally wounded in battle, by applying the magic herb, dittany, to his limbs in the safety of a shepherd's hut, where they are then married.[22] Like Uraka's hut it, too, is located in the Pyrenees.

In »Orlando Furioso« this event is of key importance. Orlando chances upon the shepherd's hut and there finds Angelica's and Medoro's declarations of love inscribed on the walls and on the trunks of nearby trees.[23] This discovery induces the rage that then takes possession of him. Could it be a coincidence that Orlando's calm after slaying the monstrous orc and being insulted by the islanders where the beast had resided is likened to that of a bear led to fairgrounds, unperturbed by the crowds and by yapping dogs?[24] Certainly Atta Troll's posthumous humiliation when he is trussed up and presented to the public resembles the fate of Ariosto's knight, Odorico. Entrusted with the care of Princess Isabella, Odorico had assaulted her. When this is discovered Odorico is seized, bound and placed on a nag to be taken away for judgment.[25]

But Heine's satirical epic is above all a travesty. Not only is Börne lampooned as the renegade performing bear, his love for the married woman, Jeanette Wohl, is parodied in the domestic bliss of Troll and Mumma, snuffling in the seeming security of their mountain cave. Though Orlando's frustrated love turns into a mad rage, he is finally cured. On the contrary, Troll's love of Mumma is his undoing. It is Laskaro's imitation of Mumma's mating call that lures the bear out of the cave to meet his death.

Nor does Heine's research into the Roland saga even seem to have ended with Ariosto's »Orlando Furioso«. He would also appear to have consulted Johann Karl

August Musäus' comic sequel to the Roland Saga, »Rolands Knappen«[26], which traces the adventures of three of Roland's companion knights, Audiol, Amarin and Sarron. Escaping the slaughter in the Pyrenees they come across a cave with a cauldron bubbling on a fire outside. It belongs to an old witch who asks the three warriors to catch her tom-cat. Like Laskaro, whose imitation of Mumma's mating call lures Troll out of the safety of the cave, Amarin succeeds in imitating »die Minnesprache des Katzengeschlechts«, and the cat is bagged and returned to his mistress.[27] Horrible in appearance, the hag is able to prepare herbal concoctions that rejuvenate the lovers whom she lures to her cave, though unfortunately for her victims the medication does not reduce the effects of ageing on her.[28] When Sarron falls asleep she first punishes him with stomach pains and then administers »eine bewährte Salbe, damit hieß sie ihn den Nabel bestreichen, worauf alle Schmerzen bald verschwanden«[29], which would seem to be the antecedent of Uraka's remedy for reviving her dead son, Laskaro. And while the witch herself is referred to as »die Druide«, there is an »Urraka« in the tale, King Garsias' wife, a coquettish beauty of fabulous and entrancing charm, another amusing twist that Heine prepared for discerning readers familiar with Musäus' tale.

The old witch had given the three knights three magic gifts, a tablecloth that could conjure up endless banquets, a magic purse that produced endless quantities of gold, and a magic thumbstall that could render its wearer invisible. By various devious means Urraca steals the gifts from the hapless knights and starts to use them. All works well for her until the King falls ill after partaking of one of her magic banquets. She is then arrested, separated from her magic possessions and locked away. Thus both Princess Urraca in Musäus' tale and the witch, Uraka, possess magic powers. However while Princess Urraca's powers bring purely material benefits, Heine's witch has a supernatural gift, the ability to bring the dead back to life. Further, Heine may have found the metaphor of the ›Kleeblatt‹ to describe the three ghostly beauties that ride together in the Wild Hunt in Musäus' tale: the three knights are called a »Kleeblatt«[30], while Princess Urraca's insatiable passion is transferred to the passion glowing in the eyes of Heine's female ghosts.

Travesty and tragedy might seem to be uncomfortable bed-fellows but Heine discerned both at work in his own times, as he had recorded in »Ideen. Das Buch le Grand«, where he depicted the succession of the Bourbon Monarchy to the French Republic and the Napoleonic Empire as the stage entry of the clowns, following a tragic crisis, clearly a Shakespearian sequence:

> […] nach dem Abgang der Helden kommen die Clowns und Graziosos mit ihren Narrenkolben und Pritschen, nach den blutigen Revoluzionscenen und Kaiseractionen, kommen wieder herangewatschelt die dicken Bourbonen mit ihren alten abgestandenen Späßchen und zartlegitimen Bonmots […] (DHA VI, 200)

Pupil of Hegel in Berlin, Heine had associated Napoleon's demise with the tragic fall of other figures of destiny who were instruments of the World Spirit in shaping World History, in his essay of 1825, »Nordsee« III. He had cited the »Rolandslied« as the story of one such tragic figure. Travesty, on the contrary, pricks the bubble of pretentiousness. Troll, the troglodyte Utopian, the leveller in animal guise, is the comic counterpart – and counterpoint – to Roland. Heine the satirist, recreates his rival Börne as an absurd figure yet one who, in his fanaticism, has to be hunted down. This Midsummer Night's Dream, beneath its multilayered texture and its literal embodiment of fantasy in the poet's winged steed Pegasus, is deadly serious.

Notes

[1] The poem was included in Heine's first volume of collected verse, »Gedichte« of 1822.

[2] Friedrich Schlegel: Kritische Friedrich-Schlegel Ausgabe. Hrsg von Ernst Behler: Munich, Paderborn, Vienna, Zurich 1962, vol 5: Dichtungen. Hrsg. und eingeleitet von Hans Eichner, pp. 95–147.

[3] Schlegel, op. cit., p. 132, p. 134 f.

[4] Karl Immermann: Trauerspiele. Hamm und Münster 1822.

[5] Immermann, op.cit., p. 40 (recte 38). Cp. Heinrich von Kleist: Penthesilea. Scene 1, where Penthesilea and her troops fall like furies upon the two warring sides, the Greeks and the Trojans. A messenger is sent to warn the Amazons that there is a terrible mistake:
Doch eh der Bote, den sie senden wollten,
Den Staub noch von der Rüstung abgeschüttelt,
Stürzt die Kentaurin, mit verhängtem Zügel,
Auf sie und uns schon, Griech' und Trojer, ein,
Mit eines Waldstroms wütendem Erguß
Die einen, wie die andern, niederbrausend.
Heinrich von Kleist: Sämtliche Werke und Briefe. Hrsg. von Helmut Sembdner. Darmstadt 1962, vol 1, p. 326.

[6] Karl Immerman: Im Schatten des schwarzen Adlers. Ein Dichter und ein Zeitbild in Selbstzeugnissen, Werkproben, Briefen und Berichten. Hrsg. von Fritz Böttger. Berlin 1968, p. 130.

[7] The entire passage in »Nordsee« III on the great national epics of the past seems to have been inspired by a reading of Friedrich Schlegel's »Geschichte der Alten und Neuen Litteratur«. It is in the fifth chapter, or rather lecture, that Schlegel writes of the great Indian epics, including the »Mahabharata«, in the sixth of the »Nibelungenlied« and the »Edda«, and in the seventh of the »Rolandslied«. Kritische Friedrich Schlegel-Ausgabe. Hrsg. und eingeleitet von Hans Eichner. vol 6. Munich, Paderborn, Wien, Zurich 1961, pp. 115–144; p. 160; p. 166; pp. 169–170, pp. 187–189.

[8] La Chanson de Roland, édition bilingue. Traduction, préface, notes et commentaires par Pierre Jonin, Paris, 1979 (= Jonin).

[9] Jonin, Canto CXXXVIII, ll 1830 f, p. 202. Cp Canto LXVI, p. 118, ll 814 f:
Halt sunt li pui e li val tenebrus,
Les roches bises, les destreiz marveillus.

¹⁰ Jonin, Canto CXII ll 1456–1459, p. 172.

¹¹ DHA IV, Caput VIII, p. 30; Caput X, pp. 33–35.

¹² Jonin, Canto LVII ll 731, 736, Canto LVIII l 740, p. 112. Giorgio Tonelli in Heine e la Germania. Palermo 1963, associates the name Laskaro with the British naval term ›lascar‹, ›lascaree‹, an East Indian sailor. In Spanish, following Wellington's campaign and British naval participation in the Carlist wars, the term had come to refer to an artilleryman or ›gun-lascar‹, cp. Murray's Dictionary. Oxford 1903, vi.I.81 and the Encyclopedia Universal Illustrada. Barcelona, (no date), xxix, 908. In my earlier article »Atta Troll and His Executioners: the Political Significance of Heinrich Heine's Tragi-comic Epic«, E u p h o r i o n 73 (1979), 388–409, I argue for Laskaro as symbolising the demonic force of the pagan revolution that Heine had foreseen emerging from ancient German pantheism. Heine first makes this prophecy in »Elementargeister«, then most dramatically at the close of »Zur Geschichte der Religion und Philosophie in Deutschland«, where pagan forces enact the revolutionary thoughts that he discerned in the philosophies of Kant and Fichte (Reeves, op.cit. esp 403 f). Laskaro, the ›gun-lascar‹, then becomes the executioner who eliminates the forces of reaction, just as the lictor, the narrator's companion in »Deutschland. Ein Wintermährchen«, was to smash the shrine of The Three Kings in Cologne Cathedral to clear the way for revolution. Are my two theories incompatible? Heine certainly had a profoundly ambivalent view of monarchy. In »Ideen. Das Buch Le Grand«, in the ›Briefe aus Helgoland‹ section of »Über Ludwig Börne« and in »Deutschland. Ein Wintermährchen« royalty is depicted as anachronistic. Yet Heine also felt for the ›royalty of spirit‹ that could be embodied in monarchy and that was threatened by revolutionary egalitarianism, a central theme in the Börne book. Troll, the egalitarian and symbol for Börne, would then be seen as deserving of execution by a royal ›revenant‹ in the form of Charlemagne, ›Carles‹, ›Laskaro‹. In »Elementargeister«, for example, we hear of the legend still prevalent in the forests of Westphalia that King Wittekind would return to drive out Christianity and restore ancient paganism. His return is announced to the narrator by a forester bearing a large axe. If this is another source of inspiration for Laskaro, the Pyrenean huntsman could then be seen as a conflation of the pagan forester and another royal revenant, Charlemagne, ›Carles‹ or ›Karles‹, ›Laskaro‹. The theory presents another difficulty, however. Laskaro, the son of the witch, is evidently a symbol of pagan power and not of Christianity as Charlemagne would be.

¹³ Jonin, Canto CLXXXV, ll 2542–3, p. 258.

¹⁴ DHA IV, Caput I, pp. 13 f.

¹⁵ Jonin, Canto CLXXXVI ll 2555–2559, p. 260.

¹⁶ Jonin, Canto CXXXVII, ll 1826-29, p. 202.

¹⁷ Das Rolandslied des Pfaffen Konrad (= Konrad). Hrsg., übersetzt und kommentiert von Dieter Kartschoke. Stuttgart 1993, 1996, ll 3068–3077, p. 216.

¹⁸ Konrad, ll 7102–7112, p. 480.

¹⁹ It was a quotation also beloved of Goethe and Kant, as Ritchie Robertson has pointed out in his excellent article on the epic traditions on which Heine drew for »Atta Troll«, including »Orlando Furioso«: »A World of Fine Fabling«: Epic Traditions in Heine's »Atta Troll«. – In: Heine und die Weltliteratur. Ed. T. J. Reed and Alexander Stillmark. London 2000, pp. 64–76.

²⁰ Edition consulted: Ludovico Ariosto: Orlando Furioso (= Ariosto), A Romantic Epic. Translated with an introduction by Barbara Reynolds, in two parts. Harmondsworth 1975.

²¹ Ariosto, part 1 Canto VII, strophes 11–16, pp. 244–246, strophes 26–27, p. 248.

²² Ariosto, part 1 Canto XIX, strophes 19–40, pp. 588–594.

²³ Ariosto, part 1 Canto XXIII, strophes 101–136, pp. 718–727.

24 Ariosto, part 1 Canto XI, strophe 49, p. 357.
25 Ariosto, part 2, Canto XXIV, strophes 15–27, pp. 32–35.
26 Johann Karl August Musäus: M ä r c h e n u n d S a g e n. Berlin 1962, pp. 85–122 (originally published as Volksmärchen der Deutschen, in five volumes, 1782–87).
27 Musäus, p. 90.
28 Musäus, pp. 90, 94.
29 Musäus, p. 92.
30 Musäus, p. 101.

Probleme authentischer Vermittlung in Heinrich Heines Schriften über Deutschland und Frankreich

Von Thomas Stähli, Genf

Heinrich Heine eröffnet seine »Romantische Schule« mit dem Verweis auf Madame de Staël, deren 1814 erschienenes Werk »De l'Allemagne« er als die »einzige umfassende Kunde« bezeichnet, »welche die Franzosen über das geistige Leben Deutschlands erhalten haben«. »Die Belehrung rühmend die man aus diesem Werke schöpfen kann«, sieht er dennoch Anlass, gewisse Vorbehalte gegenüber dem Buch zu äußern, die er gleichsam zum Beweggrund seiner eigenen Beschäftigung mit der romantischen Schule in Deutschland nimmt.

Anknüpfungspunkt seiner Kritik ist der Vorwurf, es handle sich hierbei um ein »Koteriebuch«, in welchem die Autorin sich nicht selbst ausspreche, sondern vielmehr die Stimme A. W. Schlegels zu Gehör komme: »[...] in dem Getöse der verschiedensten Stimmen, die aus diesem Buche hervorschreyen, hört man doch immer am vernehmlichsten den feinen Diskant des Herrn A. W. Schlegel.« So gehorche sie letztlich »fremden Einflüsterungen« und huldige damit einer Schule, deren Wesen ihr »ganz fremd und unbegreifbar« sei und im Widerspruch zu ihrer »protestantischen Klarheit« stehe. Wo sie dagegen »ganz selbst ist, wo die großfühlende Frau sich unmittelbar ausspricht mit ihrem ganzen stralenden Herzen, mit dem ganzen Feuerwerk ihrer Geistesraketen und brillanten Tollheiten: da ist das Buch gut und vortrefflich« (DHA VIII, 125 f.).

Heine stellt das Problem der geistigen Autorschaft, insofern er Madame de Staël bezichtigt, ihr Deutschland-Buch letztlich nicht selbst, sondern unter dem Diktat Schlegels geschrieben zu haben.[1] Kern der Kritik ist somit das Problem mangelnder Authentizität. Dieses Konzept lässt sich in Heines Verwendung auf die ursprüngliche Bedeutung des griechischen Substantivs αὐθέντης als ›Urheber, Ausführer, Selbstherr‹ zurückführen, »jemand, der etwas mit eigener Hand, dann auch aus eigener Gewalt vollbringt«. In der latinisierten Form erscheint der Begriff *authenticus* dann als regelmäßige Adjektivform zu *auctoritas*, wodurch der Urheber zum Autor und zur Autorität wird. Der Zusammenschluss von ›original, echt, beglaubigt, auf den Urheber zurückgehend‹ mit ›autoritär, autoritativ‹ führt unter anderem bei Thomas von Aquin (und allgemein im Mittelalter) zu einer Ausweitung des Begriffes *authenticus*, nicht im Sinne von ›original‹, sondern ›wahr‹, ›glaubhaft‹.²

Heine bezieht sich auf diese beiden Bedeutungskomponenten des Begriffes *authentisch*, indem er das Problem der Authentizität auf die geistige Autorschaft des Buches festlegt. Gedanklicher Urheber der Schrift sei *erstens* nicht die Autorin selbst. *Zweitens* sei dieser Autorin das beförderte Gedankengut wesensfremd, und deshalb seien letztlich Schrift und Autorin durch die so entstandene Entzweiung nicht glaubhaft.

Auf das Paradigma der Einheit von Schrift und Autor, das in der Identität von Seele und Ausdruck, von Innerem und Äußerem, Leben und Werk wurzelt, weist Heine ausdrücklich in seiner positiven Bewertung Jean Pauls hin, von dem er sagt: »Sein Herz und seine Schriften waren eins und dasselbe« (DHA VIII, 218). In ähnlicher Weise betont er in einem auf den 3. August 1854 datierten Brief an Julius Campe in Bezug auf seine »Geständnisse«, diese zeigten »die Einheit aller [s]einer Werke und [s]eines Lebens« (HSA XXIII, 358). In denselben »Geständnissen« erklärt Heine die Preisgabe seines Projektes einer »allgemein verständliche[n] Darstellung der ganzen Hegelschen Philosophie« mit seiner späteren Absage an den Atheismus und schreibt: »Ich war in eine sonderbare Verlegenheit gerathen: Autor und Schrift paßten nicht mehr zusammen« (DHA XV, 35).

Was Heine hier anspricht, trifft in seiner Substanz den Kern der Kritik, die er auch in Bezug auf Madame de Staëls Deutschland-Buch äußert: Problem ist die ungeprüfte Übernahme eigentlich fundamental wesensfremder oder mit der Zeit fremd gewordener Ideen und dadurch bedingt das Auseinanderbrechen der Einheit von Autor und Schrift.

Das Postulat der geistigen Urheberschaft und der Einheit von Autor und Schrift ist direkt gebunden an das Konzept der Unmittelbarkeit. In seiner »Phänomenologie des Geistes« knüpft Hegel dieses Konzept an den Begriff der Vermittlung, von der er sagt:

> [...] die Vermittlung ist nichts anderes als die sich bewegende Sichselbstgleichheit, oder sie ist die Reflexion in sich selbst, das Moment des fürsichseienden Ich, die reine Negativität oder, auf ihre reine Abstraktion herabgesetzt, das einfache Werden. Das Ich oder das Werden überhaupt, dieses Vermitteln ist um seiner Einfachheit willen eben die werdende Unmittelbarkeit und das Unmittelbare selbst.³

Andreas Arndt zufolge bezeichnet Unmittelbarkeit im weiteren Sinne eine »identische Beziehung auf sich, den Kern eines Selbstseins, der von Vermittlungen umspielt wird, aber nicht in ihnen aufgeht und von ihnen vielleicht berührt, aber nicht wesentlich affiziert wird«⁴. Um den »Kern eines Selbstseins«, um »sich bewegende Sichselbstgleichheit«, die für Heine auch ein »tiefes Anschauungsleben« (DHA VI,

96) bedingt, geht es ihm, wenn er Madame de Staëls Buch an jenen Stellen als »gut und vortrefflich« bezeichnet, wo sie »ganz sie selbst« ist und sich »unmittelbar ausspricht«. Gerade in dieser Einfachheit des sich direkt manifestierenden Subjekts liegt für Heine das Authentische begründet. Wo dieses Subjekt allerdings hinter der Vielzahl der von ihm herangezogenen Vermittlungen völlig aufgeht und verschwindet, entfremdet es sich von seinem Gegenstand und verspielt seine Authentizität. Darauf mag Heine ironisch unter anderem verweisen, wenn er in den »Geständnissen« Madame de Staël mit einer Horde von »einigen hundert tausend Deutschen« in Paris einmarschieren lässt. Die »pompeuse« Aufsplitterung der Authentizität verbürgenden lebendigen Illustration in eine Armee personaler Vermittlungen einerseits und die Amalgamierung von Bildlichem und Lebendigem andererseits führt zu einer komischen Dissonanz, deren Zweck das Hervorkehren gerade des Unauthentischen ist:

> Als der Kaiser unterlag, zog Frau von Staël siegreich ein in Paris mit ihrem Buche »*de l'Allemagne*« und in Begleitung von einigen hundert tausend Deutschen, die sie gleichsam als eine pompeuse Illustrazion ihres Buches mitbrachte. Solchermaßen illustrirt durch lebendige Figuren mußte das Werk sehr an *Authenticität* gewinnen, und man konnte sich hier durch den Augenschein überzeugen, daß der Autor uns Deutsche und unsere vaterländischen Tugenden sehr treu geschildert hatte. (DHA XV, 19 f., Hervorhebung von mir)

Aus dem Vorangegangenen seien folgende Punkte festgehalten, die ausschlaggebend für Heines Auffassung vom Authentischen sind und als Ausgangspunkt der weiteren Beobachtungen dienen mögen: *erstens* zweifelt Heine an der geistigen Urheberschaft Madame de Staëls, deren Werk nicht im Einklang mit ihrer eigentlichen protestantischen Klarheit stehe, *zweitens* führe das zum Auseinanderbrechen der Ganzheit und zum Verlust der Einheit von Autor und Schrift, und *drittens* sei das Buch folglich nur da gut, wo die Autorin »ganz selbst« sei und somit dem Prinzip der Unmittelbarkeit gerecht werde.

Letztlich lässt sich Heines Verständnis von Authentizität anhand dieser wenigen Beispiele nur negativ erschließen, d. h. ausgehend davon, was Heine als nichtauthentisch bewertet. Wenn er also in der »Romantischen Schule« ein authentisches Deutschland-Bild vermitteln will, dann geschieht diese Vermittlung zunächst automatisch durch Verneinung. Heine reiht sich damit in eine Denktradition ein, die bereits von Hegel vorgezeichnet ist und der zufolge jede Vermittlung immer auch Negation bedeutet. Es handelt sich, so Hegel, um »ein Anfangen und ein Fortgegangensein zu einem Zweiten, so dass dies Zweite nur ist, insofern zu demselben von einem gegen dasselbe Anderen gekommen worden ist«.[5] Im 20. Jahrhundert weitet Adorno das Konzept des Negativen in seiner »Ästhetischen Theorie«[6] so weit aus, dass das Authentische nur im Durchschreiten seiner eigenen Verneinung möglich ist. Ausgehend von diesen Befunden soll im Folgenden versucht werden genauer zu bestimmen, worin für Heine das Authentische liegt und in welcher Beziehung es ihm gelingt, seinem Anspruch an sein Werk als ein einheitliches, authentisches Ganzes gerecht zu werden. Gleichzeitig wird zu erhellen sein, inwiefern auch bei ihm das Authentische ein Negatives ist, d. h. vor allem insofern besteht, als es die Unmöglichkeit seiner vollen Realisierung als Konstituente in sich aufnimmt.

Als positives Konzept findet sich das Authentische in Heines Texten meist versteckt in der Terminologie des ›Echten‹, des ›Naiven‹, ›Ehrlichen‹, ›Treuen‹, ›Natürlichen‹. All diesen Begriffen sind die Konzepte des Unmittelbaren und Unverstellten, Einheitlichen, des direkten Bezugs zwischen Innen- und Außenwelt, Körper und Geist inhärent. Das wird deutlich an der Hochschätzung, die Heine in der »Romantischen Schule« in Bezug auf Arnims und Brentanos Volksliedsammlung »Des Knaben Wunderhorn« (1805–1808) ausdrückt. In diesen Liedern, die er zu »Naturerzeugnisse[n]« stilisiert und als solche der Kunstpoesie kontrastiv gegenüberstellt, sieht Heine den »Herzschlag des deutschen Volks« offenbart, und er ruft aus: »Welche Naivität in der Treue! In der Untreue welche Ehrlichkeit!« (DHA VIII, 202). »Grimms Wörterbuch« erklärt das dem Französischen entlehnte Substantiv *Naivität* durch ›natürliche einfachheit, ungezwungenes wesen, offenheit‹ und zitiert Kant, für den Naivität »der ausbruch [...] der der menschheit ursprünglich natürlichen aufrichtigkeit wider die zur andern natur gewordenen verstellungskunst«[7] ist.

Diese natürliche Aufrichtigkeit, die frei jeder Verstellungskunst ist, will Heine zum einen in der improvisierten Genese der Volkslieder wiederfinden, zum anderen in dem in ihnen enthaltenen Personal. Die Dichter dieser Volkslieder setzten sich meist aus »wandernde[m] Volk, Vagabunden, Soldaten, fahrende[n] Schüler[n] oder Handwerksburschen« (DHA VIII, 206) zusammen, seien aber namentlich unbekannt. Diese Tatsache ist für ihn kennzeichnend für alle großen Denkmäler der Kunst: »Sonderbar! von den vortrefflichsten Büchern, Gedichten, Bauwerken und sonstigen Denkmälern der Kunst, weiß man selten den Urheber.« (ebd., 208)

Das eigentliche Paradoxon mangelnder Authentifizierbarkeit – im Sinne nicht identifizierbarer Urheberschaft – dieser für ihn gerade als Muster des Authentischen dienenden Lieder lässt sich zum einen wortgeschichtlich durch die Polysemantik des Authentizitätsbegriffes, zum anderen sachtheoretisch durch die Grundthese lösen, dass diese Texte durch ihre betonte Natürlichkeit und die Verankerung im Kollektiv des Volkes keiner intellektuellen auktorialen Vermittlerinstanz bedürfen und somit der Frage der Urheberschaft letztlich enthoben sind. Heine löst das Paradoxon in seiner eigenen Person durch das Verbürgen persönlicher Augenzeugenschaft und authentifiziert somit die Lieder gleichsam durch das eigene, subjektive Erleben:

> Gar oft, auf meinen Fußreisen, verkehrte ich mit diesen Leuten und bemerkte, wie sie zuweilen, angeregt von irgend einem ungewöhnlichen Ereignisse, ein Stück Volkslied improvisirten oder in die freye Luft hineinpfiffen. Das erlauschten nun die Vögelein, die auf den Baumzweigen saßen, und kam nachher ein anderer Bursch, mit Ränzel und Wanderstab, vorbeygeschlendert, dann pfiffen sie ihm jenes Stücklein ins Ohr, und er sang die fehlende Verse hinzu, und das Lied war fertig. Die Worte fallen solchem Burschen vom Himmel herab auf die Lippen, und er braucht sie nur auszusprechen, und sie sind dann noch poetischer als all die schönen poetischen Phrasen die wir aus der Tiefe unseres Herzens hervorgrübeln. (ebd., 206)

Das verwendete narrative Verfahren besteht in der Autobiographisierung der Fiktion und gleichzeitiger Fiktionalisierung der Autobiographie. Heine knüpft zeit- und kulturgeschichtliche Phänomene an eigenes, persönliches Erfahren und kommt damit dem Anspruch an den »wahren Dichter« nach, welcher wie Dante das, was er beschreibt, nicht nur gedichtet, sondern immer auch »gelebt«, »gefühlt«, »gesehen«, »betastet« (DHA XI, 130) habe. Der Subjektivismus dieser Schreibart, der in der Rückführung des Dargestellten auf die eigene Erfahrung besteht und den Wolfgang Preisendanz unter dem Stichwort des »Hervorkehrens vermittelnder Subjektivität«[8] zusammenfasst, ermöglicht die wechselseitige Durchdringung von Fremd- und Selbstdarstellung, Außen- und Innenerfahrung. Dieses Verfahren erfüllt dreierlei Zweck: *Erstens* dient es Heine als Garant für die Authentizität des dargestellten Sachverhalts, *zweitens* bietet es ihm die Möglichkeit, gleichzeitig verhüllend enthüllend Aufschlüsse über sein eigenes Wesen zu geben und sich selbst im Gegenstand seiner Rede widerspiegelnd abzubilden, und *drittens* erlaubt es ihm jederzeit ein ironisch-distanziertes Eingreifen in denselben Gegenstand.

Die für Heine so typische, sich aus Nähe und Distanz, Autobiographisierung und Generalisierung konstituierende Doppelperspektive verankert das Interesse an den Volksliedern in diesem Sinne sowohl im Persönlichen als auch im Überpersönlich-Ideologischen. Das macht sich vornehmlich am Personal der besprochenen Volkslieder bemerkbar. Die in diesen Liedern auftretenden Figuren – der »schweitzer Landsknecht«, der aus Heimweh nach der Heimat desertiert und deshalb exekutiert werden wird, der »arme Schwartenhals«, der Straßenraub treibt, Hans und Gretel – können durch den konstanten Verweis auf das Subjekt des Autor-Ichs in ihrem Außenseitertum als »Signaturen« Heines eigener Existenz betrachtet werden. Eine solche Funktion schreibt Benno von Wiese vielen der von Heine besprochenen Figuren zu.[9] Bei diesem Befund stehen zu bleiben, würde allerdings der sehr viel weiter reichenden, gesamtgesellschaftlichen Bedeutung dieser Figuren nicht gerecht werden und Heines Werk auf das rein Biographische reduzieren. Das lässt sich wiederum am Begriff der Authentizität festmachen: Der Landsknecht, Schwartenhals, Hans und Gretel sind authentische Gestalten und teilen als solche miteinander den Wunsch nach direkter Befriedigung unmittelbarer Grundbedürfnisse. Ihre

Ehrlichkeit besteht darin, dass sie nichts anderes vorgeben zu sein, als das, was sie sind, und der existenziellen Natürlichkeit ihres Wesens freien Lauf lassen. Ihr äußeres Verhalten steht somit in unmittelbarer Beziehung zu ihrem inneren Dasein. Heine opponiert in diesem Zusammenhang das Gretchen des Volkslieds, dessen Kleider Hans im Wirtshaus verpfändet hat, um mit ihm zu »schlemmen« und es später in einem »Gärtlein« zu verführen, dem Gretchen Goethes. Diesem Volkslied-Gretchen gehe es weder um Moral noch um Ehre oder verlorene Unschuld, sondern um ganz materielle Sorgen. Es bereut den Verlust seiner Kleider:

> »Es reut mich nicht mein freyer Muth,
> Dazu auch nicht meine Ehr;
> Es reuen mich meine Kleider,
> Die werden mir nimmermehr.« (DHA VIII, 205)

Im Gegensatz zu den Figuren Goethes, die als Erzeugnisse der Kunst lediglich ästhetisches Zierwerk, Statuen und daher kinderlos, d. h. ohne gesellschaftliche Implikationen seien[10], zeichnen sich die Volksliedfiguren für Heine durch Verankerung im Leben und in der Tat aus. In einem weiten Sinn manifestiert sich an ihnen das, was Heine vor dem Hintergrund seines Gedanken-Tat-Schemas vor allem in »Zur Geschichte der Religion und Philosophie in Deutschland« als Modell des Lebens und des Fortschritts äußert.[11]

Bei genauerer Betrachtung scheint das Authentische dieser Figuren aber im Grunde schief, schließlich realisiert sich ihre Freiheit nur in einer gewissen Brutalität und in Marginalisierung, die es ihnen nicht erlaubt, wirklich an der Gesellschaft teilzuhaben. Diese Marginalisierung gipfelt in Bezug auf den »schweitzer Landsknecht« in der Auslöschung seiner Existenz, und damit in der Negation des authentischen Prinzips, das zwar eigentlich in seiner Konsequenz siegt, aber in seiner allerletzten Realisierung dieser Konsequenz nicht lebensfähig ist:

> Ihr Brüder allzumahl,
> Heut seht Ihr mich zum letztenmahl;
> Der Hirtenbub ist doch nur Schuld daran,
> Das Alphorn hat mir solches angethan,
> Das klag ich an. — — — (DHA VIII, 202)

Dem Authentischen mischt sich somit ein fremd- und selbstdestruktives Moment bei. Als Zeichen dieses Negativen scheint daher nicht verwunderlich, wenn Heine bei der Beschreibung der Volkslieder auf Klischees zurückgreift und in ein stereotypes, d. h. semantisch im Grunde unproduktives und daher nicht mehr wirklich authentisches Sprechen verfällt. Dieses stereotype Sprechen ist zum einen Ausdruck verloren gegangener – oder vielmehr nicht mehr angemessener – Authentizität, zum anderen bewusstes Mittel der Distanzierung und Komisierung. So schwingt hier sehr viel Ironie mit, wenn Heine von den Volksliedern sagt: »Hier trommelt der deutsche Zorn, hier pfeift der deutsche Spott, hier küßt die deutsche Liebe. Hier perlt der ächt deutsche Wein und die ächt deutsche Thräne.« (ebd., 202)

Vor diesem Hintergrund ist auch die Authentizität stiftende Schilderung der eigenen Begegnung mit den Handwerksburschen (vgl. ebd., 206) geradezu Kitsch, der in der Erwähnung der »Vögelein« als Mitgestalter der Volkslieder gipfelt. Gerade in dieser stereotypen Überspitzung wird das Postulat absoluter Natürlichkeit als unangemessen entlarvt.

Durch die so vollzogene Distanzierung tritt Heine in ein dialogisches Verhältnis zu seinem Adressaten. Er selbst bemerkt in diesem Sinne in »Ludwig Börne. Eine Denkschrift«, das »beständige Constatiren [s]einer Persönlichkeit [sei] das geeignetste Mittel ein Selbsturtheil des Lesers zu fördern« (DHA XI, 119). Und Preisendanz schließt daraus, es sei somit »keineswegs paradox, die manifeste Subjektivität als Garantie von Objektivität zu bewerten«.[12] Die distanzierend-ironisierende Nähe mindert somit zwar nicht die Bewunderung, die Heine für diese Volkslieder empfindet, macht diese Bewunderung aber intellektuell bewusst und enthebt sie einer Haltung blinder Identifikation. Ziel von Heines Doppelperspektive ist somit die kritische Prüfung sowohl des Redegegenstandes als auch seiner eigenen emotionalen Haltung gegenüber diesem Gegenstand. Nicht mehr angemessen und daher in seiner Authentizität obsolet ist der Stoff der Volkslieder darüber hinaus insofern, als er der aktuellen Zeitgeschichte und auch Heines eigenen Lebensumständen nicht mehr angepasst ist. Das verdeutlicht er am Beispiel der Gedichte Uhlands, die er einst voller Begeisterung deklamierte und für die er nun, zwanzig Jahre später, keine Ergriffenheit mehr empfindet. Das Verständnis des Authentischen stellt sich somit immer auch als rezeptions- und zeitgebunden heraus, d. h. nicht statuarisch immobil, sondern in der Bewegung begriffen. Bezüglich der »Gedichte von Ludwig Uhland« schreibt Heine:

> Dasselbe Buch habe ich wieder in Händen; aber zwanzig Jahre sind seitdem verflossen, ich habe unterdessen viel gehört und gesehen, gar viel, ich glaube nicht mehr an Menschen ohne Kopf, und der alte Spuk wirkt nicht mehr auf mein Gemüth. Das Haus, worin ich eben sitze und lese, liegt auf dem Boulevard Mont-Martre; und dort branden die wildesten Wogen des Tages, dort kreischen die lautesten Stimmen der modernen Zeit; das lacht, das grollt, das trommelt; im Sturmschritt schreitet vorüber die Nationalgarde; und jeder spricht französisch. – Ist das nun der Ort, wo man Uhlands Gedichte lesen kann? (DHA VIII, 233)

Angesichts veränderter sozialer, politischer und technischer Gegebenheiten, die Heine unter dem Stichwort der »modernen Zeit« zusammenfasst, kann die vorbürgerliche volksliedhafte Welt somit nicht mehr authentisch, d. h. im unmittelbaren Mitfühlen rezipiert werden.¹³ Zu groß ist die Kluft zwischen der Großstadt Paris und dem dörflichen Leben der Vagabunden und Handwerksburschen geworden.

Seit seiner Ankunft in Paris im Mai 1831 beschäftigt sich der Autor daher verstärkt mit Aspekten der aktuellen französischen Zeit- und Tagesgeschichte und nähert sich den Ideen des Saint-Simonismus an, der im industriellen Fortschrittsgedanken fußt. Die fortschreitende Technisierung der Gesellschaft, vor allem die Entwicklung der Eisenbahnen, lässt den Dichter nicht gleichgültig, da er in ihr das Potential zu neuen Ausdrucksformen und drastischen Veränderungen der »Anschauungsweise« angelegt sieht. Das bringt er im Lutezia-Artikel vom 5. Mai 1843 anlässlich der Eröffnung von zwei neuen Eisenbahnlinien nach Rouen und Orléans zum Ausdruck. Diese Neueröffnung, so meint er, »verursacht [...] eine Erschütterung, die jeder mitempfindet, wenn er nicht etwa auf einem sociale Isolirschemel steht«, und er ruft aus: »Welche Veränderungen müssen jetzt eintreten in unsrer Anschauungsweise und in unsern Vorstellungen!« (DHA XIV, 57 f.)

Die Beschleunigung gesellschaftlicher und sozialer Impulse, an deren Quelle Heine sich in Paris befindet, führt zu einer Umorientierung seiner eigenen Schreibweise in Richtung des Tagesberichts und der journalistischen Berichterstattung. Der unmittelbar erfahrbare »Augenblick« gewinnt als Gegenstand des literarischen und politisch-sozialen Interesses zunehmend an Bedeutung. So schreibt Heine im 6. Artikel der »Französischen Zustände«, in dem er eine Beschreibung der Cholera in Paris liefert, seine Mitteilung habe »vielleicht das Verdienst, daß sie gleichsam ein Bülletin [sei], welches auf dem Schlachtfelde selbst, und zwar während der Schlacht, geschrieben worden, und daher unverfälscht die Farbe des Augenblicks« trage. (DHA XII, 132 f.)

Das entspricht der Vorstellung vom ›wahren Dichter‹, der nach danteschem Vorbild das von ihm Beschriebene jeweils selbst erlebt haben soll. Heine reiht sich in herkömmliche Traditionen ein und vergleicht seinen Cholera-Bericht gleichsam mit den Pestberichten früherer Autoren, wie Thukydides und Boccaccio, behauptet ihnen gegenüber jedoch größere Unmittelbarkeit und Unverfälschtheit. Rutger Booß steht dem allerdings skeptisch gegenüber und deutet an, dass der Beginn dieser Cholera-Schilderung nicht wirklich authentisch, sondern vielmehr ein »Bündel verschiedener Topoi und erzählerischer Strickmuster«¹⁴ sei. Das macht er vor allem an der Schilderung des Lynchmords in der Rue Vaugirard fest, die mit dem darin vorkommenden »Weibsbild mit entblößten Brüsten« und der männlichen Leiche mit dem Strick um die Knöchel eindeutige Reminiszenzen an Delacroix' Gemälde »La Liberté guidant le peuple« (1830) enthalte:

> Auf der Straße Vaugirard, wo man zwey Menschen, die ein weißes Pulver bey sich gehabt, ermordete, sah ich einen dieser Unglücklichen, als er noch etwas röchelte, und eben die alten Weiber ihre Holzschuhe von den Füßen zogen und ihn damit so lange auf den Kopf schlugen,

bis er todt war. Er war ganz nackt, und blutrünstig zerschlagen und zerquetscht; nicht bloß die Kleider, sondern auch die Haare, die Scham, die Lippen und die Nase waren ihm abgerissen, und ein wüster Mensch band dem Leichname einen Strick um die Füße, und schleifte ihn damit durch die Straße, während er beständig schrie: *voilà le Cholera-morbus!* Ein wunderschönes, wuthblasses Weibsbild mit entblößten Brüsten und blutbedeckten Händen stand dabey, und gab dem Leichname, als er ihr nahe kam, noch einen Tritt mit dem Fuße. Sie lachte und bat mich, ihrem zärtlichen Handwerke einige Franks zu zollen, damit sie sich dafür ein schwarzes Trauerkleid kaufe; denn ihre Mutter sey vor einigen Stunden gestorben, an Gift. (DHA XII, 136)

Heine hatte Delacroix' Gemälde im Salon von 1831 gesehen und in seinen »Französischen Malern« besprochen. Dort schreibt er über die weibliche Zentralfigur, die für ihn eine »seltsame Mischung von Phryne, Poissarde und Freyheitsgöttinn« darstellt und ihn an jene »peripatetischen Philosophinnen« erinnert, »die des Abends auf den Boulevards umherschwärmen«: »Sie schreitet dahin über Leichen, zum Kampfe auffordernd, entblößt bis zur Hüfte, ein schöner, ungestümer Leib, das Gesicht ein kühnes Profil, frecher Schmerz in den Zügen« (ebd., 20). Die Parallelen zwischen der Freiheitsgöttin des Gemäldes und dem »Weibsbild« der »Französischen Zustände«, das nicht zufällig als Weibs*bild* bezeichnet wird, sind eindeutig. So ist das Ich in diesem Passus auch eher distanzierter Betrachter (vgl. »sah ich«) als wirklicher Teilhaber am Geschehen. Ähnlich dem Gemälde scheint die Bewegung in diesem Passus fortzuschreiten und dennoch wie auf Leinwand festgehalten zu sein. Das äußert sich in dem Verb »stehen« (»stand dabey«), dessen Verwendung das Geschehen wie im Bild fixiert. Fast ist es, als wolle die Frau dem Autor hier Modell stehen. Aus der Konstruiertheit der Szene kann man schließen, dass es sich letztlich um eine Mischung aus erweiterter Bildbeschreibung und Bildkomposition handelt, die lediglich am Ende durch die direkte Anrede der Frau an das Autor-Ich durchbrochen wird.

Booß schließt aus diesen Ähnlichkeiten mit dem Gemälde, dass Heine wahrscheinlich überhaupt nicht Feldforschung vor Ort betrieben habe, sondern seine Cholera-Beschreibung hauptsächlich auf der Lektüre von Zeitungsartikeln basiere.[15] Michael Perraudin relativiert dagegen das Urteil, es handle sich bei der Lynchmord-Episode um eine Fiktion, durch den Vermerk, dass viele Details in Heines Schilderung nicht im Gemälde wieder zu finden, die anderen zugleich durchaus empirisch vorstellbar seien.[16] Die Frage nach der empirischen Nachprüfbarkeit all dieser geschilderten Elemente, die in der Forderung nach Authentizität wurzelt, scheint mir aber letztlich sekundär. Worum es geht, ist gerade das Zusammenspiel von Fiktion und Empirie und deren narrative, gleichsam mythisierende Montage. Fiktionale Elemente, literarische Reminiszenzen und Reminiszenzen aus der bildenden Kunst, ebenso wie mythische Elemente und Elemente revolutionären Denkens, mischen sich dem erinnerten Erlebnis bei. Perraudin nennt das von Heine hier angestrengte Verfahren daher eine ›mythische‹, ›textliche‹, ›supernaturalistische‹ »Expansion erinnerter Erlebnisse«.

Darüber hinaus scheint hier wiederum ein Verfahren ironischer Distanzierung zur Anwendung zu kommen, das dem Autor überhaupt erst ermöglicht, das Schreckliche der Cholera-Epidemie sprachlich in eine Form zu bringen. Diese Distanz macht sich bereits in der von Heine einleitend getroffenen, fast zynischen Aussage bemerkbar, seine Arbeit an dem Artikel sei »viel gestört« worden, »zumeist durch das grauenhafte Schreyen meines Nachbars, welcher an der Cholera starb« (DHA XII, 132). Er selbst ist sich bewusst, dass die Epidemie seine schriftstellerische Tätigkeit ohne weiteres verunmöglichen kann, d. h. »dass überhaupt jedes Weiterschreiben davon abhängt« (ebd., 131). Dies verankert zum einen die literarische Vermittlung in der direkten Wirklichkeitserfahrung, mit der das Schreiben steht und fällt, führt zum anderen aber zwangsläufig zum ästhetischen Rückzug des Dichters, der nur in diesem Rückzug, und nicht wirklich »auf dem Schlachtfelde«, künstlerisch produktiv sein kann. Insofern stellt sich ein authentisches Abbilden der Wirklichkeit als nicht realisierbar heraus, da absolute Authentizität – im Sinne von unmittelbarem Erleben – angesichts des Entsetzlichen im Grunde nur durch Schweigen zu verwirklichen wäre und somit unvermittelbar bliebe. Wenn das Autor-Ich daher in der Lynchmordszene in der Rolle des Zuschauers verharrt, dann geschieht das im Sinne einer ästhetischen Distanzierung des unsagbar Grausamen, das nur durch die Eingliederung in bereits gegebene Bildmuster und dadurch erwirkte Veräußerlichung zum Ausdruck kommen kann. Die ironisierende Pointe am Schluss der Lynchmord-Passage – nämlich die ironisch-zynische Erwähnung des »zärtliche[n] Handwerk[s]« der Frau und deren Bitte um ein wenig Geld für ein Trauerkleid – hat in diesem Zusammenhang eine doppelte Funktion: Zum einen schafft das Lachen der Frau in der Überspitzung der Grausamkeit eine Art komische Distanz; zum anderen wird durch die Erwähnung der verstorbenen Mutter das Grausame gleichsam humanisiert, und somit hat die Ironie dieser Passage Versöhnungs- und Schutzfunktion.

Die Authentizität der Cholera-Darstellung besteht folglich in der bewussten Verweigerung eines quasi photographisch abbildenden Sprechens. In diesem Sinn kann die »Farbe des Augenblicks« daher für Heine auch nicht durch eine den Betrachter auslöschende Objektivität gegeben werden. Diese, so schreibt er in »Shakspeares Mädchen und Frauen«, sei sowieso »nichts als eine trockene Lüge«, denn es sei nicht möglich, die Zeit zu schildern, »ohne ihr die Färbung unserer eigenen Gefühle zu verleihen« (DHA X, 14). Insofern bleibt Heine seinem Treueanspruch gerecht, wenn er von dem Prinzip ausgeht, die Geschichte werde »nicht von den Dichtern verfälscht«, sondern »sie g[ä]ben den Sinn derselben ganz treu, und sey es auch durch selbsterfundene Gestalten und Umstände« (DHA VII, 28).

Wenn Heine sich daher am Ende seines Lebens auf neue, an moderner Technik orientierte Darstellungsformen beruft und so zum Beispiel die Daguerreotypie-Metapher verwendet, um die Authentizität seines Werkes zu garantieren, dann geschieht das unter großem Vorbehalt. In den »Geständnissen« wird daguerreotypischem Abbilden so zwar Richtigkeit zuerkannt, diese bewertet Heine aber als »ängstlich«, d. h. nicht das Wagnis der Selbstgefährdung auf sich nehmend und daher unproduktiv. Ohne das aktive Sich-Einbringen des Subjekts sei solches Abbilden, so Heine, letztlich nur ›pedantische Nachäfferei‹ und Karikatur, die den Weg zum »Echte[n], Unvergängliche[n] und Wahre[n]« verstelle: »alles [sei] grau in grau, und es fehl[e] der sonnige Farbenschmelz« (DHA XV, 45). Im »Zueignungsbrief« seiner 1854 erschienenen »Lutezia« kommt die Daguerreotypie-Metapher zu einer positiveren Anwendung. So erhebt Heine hier den Anspruch an seine Berichte, sie sollten »ein daguerreotypisches Geschichtsbuch« sein, in dem jeder Tag »sich selber abkonterfeit« und »das Dargestellte seine Treue authentisch durch sich selbst dokumentirt«. Gleichzeitig bleibt er aber an herkömmlichen Traditionen orientiert, wenn er sein Buch als ein »getreue[s] Gemälde« und Produkt »künstlerische[r] Zusammenstellung« darstellt. Garant der Authentizität ist letztlich der »ordnende Geist des Künstlers« und somit erscheint das Werk als »ein Produkt der Natur und der Kunst« (DHA XIII, 16, 19). Nur im versöhnenden Zusammenfließen beider kann folglich authentisches Abbilden gewährt sein.

Zusammenfassend sei folgendes festgehalten: Ausgehend von dem von Heine an Madame de Staël gerichteten Vorwurf mangelnder Authentizität lässt sich Heines gesamtes Werk unter dem Stichwort des Authentischen beleuchten. Am Konzept des Unmittelbaren erhellt, kann Heines Authentizitätsbegriff nur in einem dualistischen Verhältnis gleichsam affirmativer und negierender Vermittelbarkeit erfasst werden. Das Konzept des Unmittelbaren ist bei Heine unter gleichzeitiger Berufung auf eine ideale Natürlichkeit in diesem Zusammenhang nicht ohne das Bewusstsein von Künstlichkeit zu verwirklichen. Ohne das Zurückgreifen auf bereits vorhandene rhetorische, ›unechte‹ und teilweise ›stereotype‹ Muster ist das Authentische letztlich auch für ihn nicht möglich. Dieser Gedanke findet sich bereits im 18. Jahrhundert unter dem Stichwort des »discours naïf« in den Schriften von Charles Batteux und Jean-Baptiste Du Bos[17], und in ähnlicher Weise formuliert ihn Adorno in den »Minima moralia«, wo er den Regungen, auf die man reflektiert, nachsagt, sie seien nie ganz ›echt‹, sondern enthielten stets »etwas von Nachahmung, Spiel, Anderssseinwollen«.[18] Das in Heines kulturgeschichtlichen Schriften zum Ausdruck kommende Konzept des Authentischen besteht somit letztlich im steten Bewusstmachen der Tatsache, dass Authentizität eigentlich nur in der Negation ihrer selbst sich wirklich entfalten, und folglich nur in steter Distanzierung dem Anspruch der Vermittelbarkeit Genüge tun kann. In diesem Sinne ist auch Heines Authentizität »Ausdruck des Bruchs«[19] und als solcher bereits ein »Krisenbegriff«.[20]

Anmerkungen

[1] Dass Heine die Rolle Schlegels überschätzt und Unrecht hat mit dem Vorwurf, die Autorin habe ihr Deutschland-Buch nicht selbst geschrieben, wurde vielfach belegt (vgl. Eve Sourian: Madame de Staël et Henri Heine: Les deux Allemagnes, Paris 1974) und braucht daher nicht mehr im Detail erörtert zu werden.

[2] Vgl. Ästhetische Grundbegriffe (ÄGB). Historisches Wörterbuch in sieben Bänden. Hrsg. v. Karlheinz Barck et al., Bd. VII. Stuttgart, Weimar 2005, S. 40.

[3] Georg Wilhelm Friedrich Hegel: Phänomenologie des Geistes. Jubiläumsausgabe, in revidiertem Text herausgegeben und mit einer Einleitung versehen von Georg Lasson. Leipzig 1907, S. 14 f. (Philosophische Bibliothek, Bd. 114).

[4] Andreas Arndt: Unmittelbarkeit. Bielefeld 2004, S. 7 (Bibliothek dialektischer Grundbegriffe 14).

[5] G. W. F. Hegel: Enzyklopädie der philosophischen Wissenschaften I, auf der Grundlage der Werke von 1832–1845 neu editierte Ausgabe. Redaktion Eva Moldenhauer u. Karl Markus Michel. 4. Aufl., Frankfurt a. M. 1999, § 12, S. 56.

[6] Vgl. Theodor W. Adorno: Ästhetische Theorie. – In: Gesammelte Schriften. Bd. VII. Hrsg. v. Gretel Adorno u. Rolf Tiedemann. Frankfurt a. M. 1970.

[7] Deutsches Wörterbuch von Jacob Grimm und Wilhelm Grimm. 16 Bände, Leipzig 1854–1960, Quellenverzeichnis 1971. Band XIII, Sp. 321–343.

[8] Wolfgang Preisendanz: Heinrich Heine. Werkstrukturen und Epochenbezüge. 2. verm. Aufl. München 1983, S. 74.

[9] »Heine hat das Komplexe seines Wesens in Figuren projiziert, die gleichsam zu Signaturen seiner eigenen Existenz geworden sind. Es waren nicht nur Erfindungen seiner Phantasie, sondern auch historische oder mythische Gestalten wie Lord Byron oder der Tannhäuser im Venusberg oder Don Quijote, der Ritter von der traurigen Gestalt.« (Benno von Wiese: Signaturen. Zu Heinrich Heine und seinem Werk. Berlin 1976, S. 45).

[10] »Sie [i. e. die goetheschen Meisterwerke] zieren unser theueres Vaterland, wie schöne Statuen einen Garten zieren, aber es sind Statuen. Man kann sich darin verlieben, aber sie sind unfruchtbar: die goetheschen Dichtungen bringen nicht die That hervor, wie die Schillerschen. Die That ist das Kind des Wortes, und die goetheschen schönen Worte sind kinderlos. Das ist der Fluch alles dessen, was bloß durch die Kunst entstanden ist.« (DHA VIII, 155).

[11] Vgl. ebd., 79 u. 118.

[12] Preisendanz [Anm. 8], S. 74.

[13] Die Haltung, die Heine in diesem Passus gegenüber den Gedichten Uhlands einnimmt, entspricht in etwa jener, die er in den »Göttern im Exil« dem »sehr gebildete[n] und wohlunterrichtete[n] Leser« zuschreibt, der angesichts des »schönen Spuks« des Bacchuszuges höchstens ein »ästhetisches Grüseln« (DHA IX, 130) empfinde, nicht aber authentisch mitfühlen, miterleben könne.

¹⁴ Rutger Booß: Empirie und Fiktion. Die Juli-Revolution und die Anfänge von Heines Pariser Berichterstattung. – In: Wolfgang Kuttenkeuler (Hrsg.): Heinrich Heine. Artistik und Engagement. Stuttgart 1977, S. 66–85, hier: S. 80.

¹⁵ Ebd., S. 81.

¹⁶ Michael Perraudin: Heinrich Heines Welt der Literatur. Realistisches und Antirealistisches in seinem Werk. – In: Martina Lauster (Hrsg.): Vormärzliteratur in europäischer Perspektive III. Bielefeld 2000, S. 15–29, hier: S. 25.

¹⁷ Vgl. Ästhetische Grundbegriffe [Anm. 2], Bd. VII, S. 47 f.

¹⁸ Ebd., S. 55 f.

¹⁹ Theodor W. Adorno: Die Wunde Heine. – In: ders.: Gesammelte Schriften. Bd. II: Noten zur Literatur. Hrsg. v. Rolf Tiedemann. Frankfurt a. M. S. 95–100, hier: S. 98.

²⁰ Susanne Knaller, Harro Müller (Hrsg.): Authentizität. Diskussion eines ästhetisches Begriffs. Paderborn 2006, S. 10.

II.
Im Horizontwandel des Verstehens. Italienische Rezeption Heinrich Heines im 19. und 20. Jahrhundert

Von Gabriella Pelloni, Padua

1. Ein Blick auf das 19. Jahrhundert

Die Rezeption von Heinrich Heines Werk in Italien ist, was das 19. Jahrhundert betrifft, schon oft untersucht worden. Der Reichtum an Material, den die Studie von Anne Fiedler Nossing »Heine in Italien im XIX Jahrhundert«[1] zum Vorschein gebracht hat, erlaubt es zu behaupten, dass Heine im 19. Jahrhundert in Italien »zu den bekanntesten und auch beliebtesten deutschen Autoren gehörte, und zu den wenigen Nichtitalienern, denen man geistige Ehrenbürgerrechte gewährte.«[2]

In der italienischen Heine-Forschung hat es nie wirklich einen Bruch gegeben. Es gibt kaum einen deutschen Dichter, der sich so schnell in Italien durchgesetzt und, aufgrund der enormen thematischen Spannweite seines Werkes, eine kontinuierliche Wirkung auf verschiedene Denker und Epochen ausgeübt hat wie Heine. Seine Rezeptionsgeschichte ist insofern von besonderer kulturgeschichtlicher Bedeutung, als sie die Wandlung des Geschmacks und der Sensibilität reflektiert, die mit der Entwicklung der italienischen Gesellschaft zusammentrifft. Die Veränderungen in seiner Rezeption dokumentieren sowohl die Entstehung und das Absterben von literarischen Moden, als auch die Wandlung der literaturkritischen Ansätze.

Unter dieser Perspektive scheinen mir die ersten Jahrzehnte des 20. Jahrhunderts besonders wichtig, weil sich zu dieser Zeit ein radikaler Wandel in der Heine-Rezeption vollzieht, der die allmähliche Loslösung von der romantischen Literaturkritik und der positivistischen Ästhetik und die Durchsetzung einer neuen literaturkritischen Praxis reflektiert, die zuerst in der Perspektive der literarischen *Décadence* die totale Autonomie der Kunst beansprucht und dann mit der neoidealistischen Ästhetik Benedetto Croces auf einen ausgeprägten ethischen Ansatz zurückgeht.

Im 19. Jahrhundert ist Heine in Italien sowohl eine literarische Instanz als auch eine politische Macht. Die Anteilnahme an seinem Leiden und Tod löst eine Phase der schwärmerischen Verehrung aus, die durch politische Impulse unterstützt wird und die bis zirka 1870 reicht. Sie ist durch den Versuch gekennzeichnet, dem heineschen Werk immer neue Motive zur Bereicherung des politischen und geistigen *Risorgimento* abzugewinnen, was zu einem ziemlich einseitigen Bild des Dichters führt. Wie Anne Fiedler Nossing nachgewiesen hat, regt das Werk Heines zu dieser Zeit zu zahlreichen Nachdichtungen, Übersetzungen und auch zu ersten kritischen Auseinandersetzungen an, wobei man sich eher mit den französischen Übersetzungen beschäftigt. Dass der Name Heine als ein Leitwort der revolutionären Bewegung und damit als ein Faktor bei der Einigung Italiens gefeiert wird, ist trotz der ernsthafteren Beschäftigung mit den deutschen Originalen auch für die zweite Phase der Rezeption charakteristisch, die von Giosué Carducci eingeleitet wird und bis zur Jahrhundertwende reicht. Im Grunde handelt es sich um den Anfang einer sachlicheren und verständnisvolleren Beschäftigung mit dem Dichter, ohne dass man zu einem neuen Heine-Bild kommt.

Was war so fesselnd am Heine-Bild des 19. Jahrhunderts, dass sich eine ganze Poetik und eine neue Geschmacksrichtung darin widerspiegeln und zum Teil daran bilden konnten? Die Inspirationen im einzelnen nachzuweisen, die italienische Dichter in dieser Zeit von Heine empfangen haben, ist in diesem Rahmen unmöglich und auch nicht Absicht dieser Abhandlung. Zum besseren Verständnis der Stellung der Literaturkritik im 20. Jahrhundert ist es dennoch wichtig, kurz auf das Wesentliche des Heine-Bildes des *Risorgimento* einzugehen.[3]

Von grundlegender Bedeutung ist das ganz im Sinne der italienischen Debatte zwischen klassischer und romantischer Kunst verstandene Ideal der volkstümlichen Dichtung, die antirhetorisch und antiklassizistisch ist, reine Gefühle ausdrückt und oft prosaisch, fast dissonant klingt. Nicht zu vergessen ist außerdem die Komponente der Ironie, auf die Tullo Massarani, der so genannte Entdecker Heines[4], in seiner literaturhistorischen Biographie »Enrico Heine e il movimento letterario in Germania«[5] von 1857 als erster ausdrücklich hinwies. Das damit verbundene Bild der Antithese, das Heine als Genie mit doppeltem Gesicht darstellt, ist hingegen auf Giosuè Carducci zurückzuführen, der sich mit dem heineschen Werk sowohl als Übersetzer als auch als Kritiker beschäftigte und sich von ihm mehrmals in seiner eigenen dichterischen Praxis inspirieren ließ. In seinem eher unsystematischen, oft widersprüchlichen literaturkritischen Werk, dem aber das Verdienst zukommt, romantische Geschichtsschreibung, mit dem ›Volksgeist‹ als Mittelpunkt, mit einer humanistischen, ›heidnischen‹ Klassik zu verbinden[6], widmet Carducci Heine mehrere Rezensionen und Beiträge, die er dann unter dem Titel »Conversazioni e divagazioni heiniane« sammelte. Hier weist er ausdrücklich auf Heines Doppelnatur hin, die sich in der Wahl von antithetischen, ironischen Bildern manifestiert.[7]

Was aber Carducci, der selbst antiklerikal und antiromantisch eingestellt war, zu Heine zog, war vor allem dessen polemischer Geist. Das ist der Grund, warum er dem Heine-Übersetzer Bernardino Zendrini vorwarf, in seine Auswahl von Heines Lyrik (»Il Canzoniere«, 1865) die politischen Gedichte nicht aufgenommen und Heine als rein sentimentalen, apolitischen Dichter dargestellt zu haben.[8] Sowohl in den »Conversazioni« als auch in der Einleitung zu Giuseppe Chiarinis Übersetzung von »Atta Troll«[9], hebt Carducci Heines radikale Natur hervor und verwandelt den Dichter in einen Revolutionär. Für ihn und seine Anhänger, wie für die meisten Republikaner des *Risorgimento*, ist Heine in erster Linie ein jakobinisches Symbol und erst dann ein weltschmerzlicher Liebesdichter.[10]

2. Der Wandel der Rezeption um die Jahrhundertwende

Das Bild des Revolutionärs Heine, so Luciano Zagari[11], ist das erste, das um die Jahrhundertwende der neuen Sensibilität zum Opfer fällt. Zum einen fehlen jetzt die geschichtlichen Voraussetzungen der früheren Periode, zum anderen kommt man allmählich dazu, Heines politisches Interesse nicht mehr ernst zu nehmen und eher die Unbeständigkeit seines Geistes hervorzuheben. Es beginnt eine neue Phase der Heine-Rezeption in Italien. Heine wird fast ausschließlich zum Gegenstand der Literaturkritik, während sich der neuen Generation von Dichtern und Schriftstellern französische und englische Vorbilder von unmittelbarer Aktualität darbieten.

Trotzdem erscheint die Feststellung einer Loslösung von Heine etwas übereilt, wenn man die enorme Zahl von Übersetzungen und Ausgaben der einzelnen Schriften berücksichtigt, die nach der Jahrhundertwende in Italien veröffentlicht wurden. Es ist sicher nicht zu leugnen, dass die Heine-Mode merklich abklang und dass sein Werk an Popularität einbüßte, aber diese Tendenz scheint die Voraussetzung für eine kritischere Auseinandersetzung gewesen zu sein, vor allem wenn man bedenkt, dass das Interesse des 19. Jahrhunderts vor allem auf den Dichter beschränkt war. Die »Reisebilder« waren vor allem in der französischen Übersetzung bekannt und fanden erst ab den 90er Jahren Übersetzer und Interpreten;[12] noch weniger bekannt sind die erzählende Prosa, die theoretischen und die autobiographischen Schriften, die erst ab 1900 übersetzt und ediert wurden.[13]

Wenn die neue dekadente Sensibilität, die hauptsächlich in Gabriele D'Annunzio ihre Chiffre findet, keinen Sinn für das Heine-Bild des 19. Jahrhunderts hat, scheint es mir doch, dass gerade die dialektische Erfahrung der *Décadence* und des Ästhetizismus, oder was man in Italien als »Dannunzianesimo« bezeichnet, eine neue Richtung in der Heine-Forschung bedingt, ganz im Sinne des rezeptionstheoretischen Phänomens des »Horizontwandels«[14], nach dem historische Ereignisse, aber auch jüngere ästhetische Erfahrungen, den Blick auf ältere Literatur beeinflussen und einen neuen hermeneutischen Zugang zum literarischen Text erschließen.

Heine wird jetzt nämlich zum Forschungsgegenstand der prominentesten Literaturkritiker Italiens, deren Texte die Nähe zu einer ästhetisierenden Kritik im Sinne D'Annunzios oder ihre Ablehnung dokumentieren.[15]

Wenn die Kritik das Heine-Bild des 19. Jahrhunderts teilweise korrigiert und in dem Dichter oft nur den Symbolisten sieht, geschieht das u. a. aufgrund des neuen zentralen Wertes, der der Komponente des Humors im Werk Heines beigemessen wird. Die erste Definition des heineschen Humors stammt von Francesco De Sanctis, dem einflussreichsten italienischen Kritiker des 19. Jahrhunderts und bedeutendsten Vertreter der romantischen Historiographie.[16] De Sanctis beschäftigt sich nie direkt mit Heine, aber in einem Aufsatz von 1856 über die Reiseberichte von Giovan Battista Cesereto, der sich in seinem »Giornale di un viaggio nella Svizzera durante l'agosto 1854« (1854–1855), von Heine inspirieren ließ, widmet er dem deutschen Dichter, den er als den Humoristen schlechthin bezeichnet, eine eigene Betrachtung. De Sanctis macht auf die Zersetzungsfunktion des Humors aufmerksam, versteht darunter aber keinen willkürlichen, kapriziösen Instinkt, sondern eine künstlerische Form, die die bewusste Zerstörung der Grenzen beabsichtigt (»una forma artistica che ha per significato la distruzione del limite con la coscienza di essa distruzione«; einen Gemütszustand, dessen Wesen der Widerspruch ist. Mit der Bemerkung, dass »das heinesche Lachen vor Blut trieft« (»di quanto sangue gronda il suo riso«), nimmt De Sanctis Pirandellos eigene Konzeption von Humor vorweg, gleichzeitig bleibt er aber dem Postulat der romantischen Geschichtsschreibung treu, nach dem jeder literarische Ausdruck als Produkt eines bestimmten historischen Zusammenhangs zu betrachten ist. Er behauptet nämlich, dass humoristische Formen vor allem in Zeiten der gesellschaftlichen Auflösung erscheinen[17], eine Feststellung, die er dann in dem Aufsatz von 1868 über »Armando« von Giovanni Prati wieder auf Heine bezieht.[18] Hier deutet er Heines Ironie als Folge seines ausgesprochenen Realitätssinnes und seines Verlangens nach Erneuerung und schreibt ihr somit historische Bedeutung zu: Heines Lachen markiere, so De Sanctis, das Ende einer philosophischen Epoche. Eine historische Erklärung der heineschen Ironie liefert auch Carducci, für den Spott, Humor und Satire den komplementären Teil des heineschen Idealismus darstellen, der an der Erfahrung der Realität zerbricht. Heines Ironie sei nämlich Ausdruck einerseits seines »blutenden Herzens«, andererseits der »Zwietracht der Epoche« nach der Französischen Revolution.[19]

Um die Jahrhundertwende unterliegt niemand Geringerer als Luigi Pirandello einer Faszination für die ironischen, humoristischen Aspekte vom Werk Heines, des ausländischen Dichters, »der ihn am meisten bewegt«, wie seine Antwort auf eine Umfrage unter den italienischen Schriftstellern nach den beliebtesten ausländischen Dichtern lautet, die 1902 die mailändische Zeitschrift »Natura e Arte« veranstaltete.[20] Heine, der, wie die Kritik inzwischen nachgewiesen hat, einen großen Einfluss auf Pirandellos lyrische Produktion ausgeübt hat[21], wird in seinem epochalen Aufsatz »Der Humor« (»l'Umorismo«)[22] von 1908 als einer der größten Vertreter der humoristischen Literatur erwähnt. Auf Heine bezogen ist nämlich die Formel »über den eigenen Schmerz lachen«[23] konstitutiv für Pirandellos eigenes Verständnis von Humor. Gegen die Vertreter der positivistischen Ästhetik beansprucht er nämlich eine neue Konzeption von Humor, unter dem er eine Reaktion auf das Gefühl der Absurdität und der Leere des menschlichen Daseins versteht, das heißt auf einen psychischen Zustand, der nicht auf einen bestimmten historischen Zusammenhang bezogen ist, sondern eine ontologische Dimension besitzt. Das Lachen des Humoristen entspringt einer Reflexion über das Elend des menschlichen Lebens, einer Reflexion, die jedes Gefühl einem Analyse- und Zerlegungsprozess unterzieht. Dieser zersetzenden Reflexionsarbeit entspringen die entfremdenden Wahrnehmungen des Humoristen, der hauptsächlich mit Kontrasten und verzerrten Bildern arbeitet:

> Deshalb auch seine Suche [des Humoristen] nach den Gegensätzen und Widersprüchen, auf denen sein Werk sich gründet, während die anderen sich ganz im Gegenteil gerade um Kohärenz bemühen. Daher rührt dann auch das Ungeordnete, Zusammenhanglose, Eigenartige, sowie alle diese Abschweifungen, die man in humoristischen Werken findet, ganz im Gegensatz zum geordneten Aufbau, zum *Komponierten*, das die Kunstwerke sonst an sich haben.[24]

Wenn Pirandello sich auf Heines Gedichte und »Reisebilder« bezieht, ist es klar, dass er nicht an den politischen, revolutionären Heine denkt, sondern an den zerrissenen Dichter, der wegen seiner psychischen Disposition zu einem modernen Vertreter de Absurdität des menschlichen Daseins geworden ist.

3. ›Prophet Heine‹ in der Zeit des Ersten Weltkriegs

Die entrüstete Reaktion der italienischen Publizistik auf den Denkmal-Streit und die Verurteilung des »engstirnigen Patriotismus« der offiziellen deutschen Kritik, wie der Journalist Arnaldo Cervesato 1903 in seinem Plädoyer »Per un Monumento ad E. Heine in Germania«[25] schreibt, münden in die Tendenz, das Ereignis des Krieges durch Heines Worte zu interpretieren und den Dichter als einen Verbündeten gegen die hegemonialen Ansprüche Deutschlands zu feiern. Zahlreiche Reaktionen auf den Denkmal-Streit finden sich zwischen 1906 und 1909 auch in der Zeitschrift »Marzocco«, die in dieser Zeit eine besonders kritische Haltung gegenüber Deutschland an den Tag legt und sehr empfänglich für den Mythos Heine gewesen zu sein scheint.[26]

Diese Tendenz gipfelt in der ersten Übersetzung von »Zur Geschichte der Religion und Philosophie in Deutschland«, die 1915 mit dem Titel ›Was Deutschland ist. Analysen und Prophetien‹ in Mailand erschien und eine Vorrede enthält, die die Aktualität von Heines Angriff auf die mittelalterlichen Verhältnisse Deutschlands betont und den Dichter aufgrund seiner demokratischen und humanitären Gesinnung als geistesverwandt zelebriert.[27] Diese antideutsche Perspektive liegt auch der neuen Übersetzung von »Deutschland. Ein Wintermährchen« zugrunde, die im selben Jahr mit dem Titel »Germania, poema polemico« veröffentlicht wurde. Dasselbe gilt für die Heine-Schriften von Giuseppe Fanciulli, der 1916 eine Auswahl von Textpassagen aus »Zur Geschichte der Religion und Philosophie in Deutschland« (»Germania: pagine scelte«) herausgab und 1918 die deutschen Ereignisse der Nachkriegszeit durch Heines Prophetie interpretiert und seine ausgeprägte frankophile Haltung hervorhebt.[28]

Gegen diese Tendenz protestiert der Schriftsteller und Germanist Giuseppe Antonio Borgese, der nach der Publikation des literaturkritischen Werks »La vita e il libro« als einer der wichtigsten Literaturkritiker und Theoretiker der ersten Jahrzehnte des 20. Jahrhunderts gilt.[29] Borgese, der Heine in seinen komparatistisch gerichteten Sammelbänden mehrere Aufsätze widmet, tut diese Tendenz als willkürlich und unbegründet ab und betrachtet Heines theoretisch-kritische Schriften nur als Konglomerate lyrischer Fragmente und ästhetischer Visionen. Er leugnet, dass Heine jemals einen Sinn für politische Ereignisse hatte und sieht in ihm nur den Dichter, der sich von der Politik verführen ließ, sofern sie seinen ästhetischen Sinn anregte.[30]

Am Anfang des neuen Jahrhunderts gilt Borgese, zu dieser Zeit Chefredakteur der »Hermes«, einer der prominentesten literarischen Zeitschriften des dekadenten Ästhetizismus, als einer der größten Vertreter einer Kritik im Sinne D'Annunzios, die keine ethischen Ansprüche an die Kunst stellt und vom Inhalt absieht, um sich nur auf Ausdruck, Stil und Form zu konzentrieren. Die ersten Aufsätze über Heine dokumentieren diesen ausgesprochen ästhetischen Ansatz, der den Kritiker dazu führt, im Denkmalstreit das Wort zu ergreifen und Heine nur um seiner »exquisiten lyrischen Kunst« willen zu retten.

Borgeses Wertschätzung für Heine als Dichter, als reiner Ästhet, gipfelt in einem Aufsatz von 1915 über die »Reisebilder«.[31] Die ästhetische Perspektive bietet dem Kritiker die Möglichkeit, zu einer neuen Interpretation zu gelangen, nachdem man im 19. Jahrhundert vor allem vom Philisterhass, vom Napoleon-Kult und von der demokratischen Gesinnung, die in diesem Werk zum Ausdruck kommen, begeistert war. Besonders aufschlussreich für das Verständnis der »Reisebilder« im 19. Jahrhundert ist das Urteil von Tullo Massarani, der im »Reisebilder«-Kapitel seiner Heine-Biographie von 1857 die Kraft und Intensität der Schilderung, die revolutionäre

Gesinnung, den lebhaften und realistischen Stil lobt und behauptet, dass das Werk nicht so sehr der Kunst, sondern eher der Natur zu gehören scheine.

Am Anfang des neuen Jahrhunderts hingegen beschreibt Borgese Heines Reiseschilderungen als Produkt einer ›ultraromantischen‹ Sensibilität, als impressionistisches, sogar visionäres Werk, in dem unnachgiebiger Individualismus und scharfer Humor bedingungslos walten. Gerade an den »Reisebildern« merke man die Virtuosität des Künstlers Heine, der seiner kapriziösen Natur freien Lauf und Figuren von idealer Schönheit gegen groteske, zotige Charaktere stoßen lässt.

Der Begriff der Antithese, auf den schon Carducci hingewiesen hatte, wird von Borgese zugespitzt und als Konflikt zwischen engelhaften und dämonischen Elementen der Phantasie des Dichters dargestellt. Daraus zieht Borgese die Schlussfolgerung, dass Heines Kunst wirklich genial und seine Bilder wirklich mächtig sind, wenn sie aus dem boshaften Teil seiner Seele entstehen. Im Sinne Nietzsches und D'Annunzios wird somit Grausamkeit zu einer Bedingung ästhetischer Schönheit. Der Angriff auf Platen wird daher als der schönste Teil der »Reisebilder« betrachtet und als »Schauspiel exquisiter, harmonischer Grausamkeit«[32] bezeichnet.

4. Die ästhetische Wende der Rezeption

Mit Borgese setzt eine neue Phase in der Heine-Forschung ein, die als ›ästhetisch‹ bezeichnet werden kann und die eher mit den Prosaschriften als mit der lyrischen Produktion verbunden ist. In den Fokus des Interesses rücken vor allem die erzählende Prosa und die »Reisebilder«, während die theoretischen Schriften als widersprüchlich und unsystematisch abgewertet und als bloße Zeugnisse des sprachlichen und stilistischen Talents des Autors betrachtet werden. Nicht einmal die Übersetzung der Deutschland-Schriften, die 1915 der Jurist und Rechtsphilosoph Giacomo Perticone veröffentlicht, stellt eine Gegentendenz dar, da er, nachdem er bei Heine in gleichem Maße kosmopolitische Neigung und Heimatliebe zu erkennen glaubt und seine Entrüstung über die Haltung der deutschen Kritik äußert, den Text keiner kritischen Analyse unterzieht und hauptsächlich auf die Eleganz und Anmut des Stils hinweist.[33]

Die Heine-Schriften von Antero Meozzi sind ein typisches Beispiel für die Einstellung der italienischen Heine-Kritik in den 20er Jahren. In der kritischen Einleitung zur Ausgabe der »Gedanken und Einfälle« wendet sich Meozzi gegen Carduccis Auffassung der heineschen Ironie, die er nicht als ›Zeitkrankheit‹, sondern, im Sinne Pirandellos, als eine Reaktion auf die Absurdität und Widersprüchlichkeit der Realität verstehen will.[34] Ein besonderer Akzent wird auf Heines nervöse, unstete Natur gelegt, die ganz im Sinne der ästhetizistisch- dekadenten Ästhetik des

Fin de siècle als Voraussetzung für sein lyrischen, impressionistischen Stil gedeutet wird. Auch im Vorwort zu seiner zweiten Ausgabe der heineschen Prosaschriften (»Scritti minori«, 1920) preist Meozzi Heine als großen Stilisten und klagt über die schlechte Qualität der ersten Übersetzungen, die eher darauf bedacht waren, den Inhalt bekannt zu machen, als dem Stil gerecht zu werden.

Die Idee der Vorläuferschaft Heines für die impressionistische, dekadente Ästhetik scheint sich in den folgenden Jahren in der Forschung zu etablieren. Das wird besonders deutlich in dem Heine-Aufsatz von 1921 des Literaturkritikers Luigi Tonelli.[35] Auch er sieht in Heine nur den *Homo Aestheticus*, spricht den theoretischen Schriften jeden kritischen Wert ab und rettet sie nur aufgrund der meisterhaften Ausdrucksweise des Autors. Heines Virtuosität und impressionistische Darstellungskunst, die ihn zu einem der wichtigsten Vorläufer des französischen Symbolismus machen, manifestieren sich laut Tonelli vor allem in den »Reisebildern«, denen er den größten Teil seines Essays widmet und bei denen er vor allem die Heterogenität und die Disharmonie hervorhebt. Schon Borgese hatte auf den ›gotischen‹, inhomogenen, sogar monströsen Charakter der »Reisebilder« aufmerksam gemacht, der auf Heines Zerrissenheit und Ironie zurückzuführen sei. Obwohl Borgese und Tonelli sich nicht direkt auf Pirandello beziehen, scheint sich die Idee der ›Zerlegung der Form‹, die er in seinem Aufsatz über den Humor als Grundzug jedes humoristischen Werkes bezeichnet, in der Heine-Kritik etabliert zu haben.

In seinem Aufsatz von 1935 geht der Germanist Giovanni Necco noch weiter als Tonelli, indem er Heines Bildern jedes Gefühl abspricht und seine Dichtung und Prosa als rein intellektuelles Spiel bezeichnet, das die Ästhetik der *art pour l'art* und moderne humoristische Formen, die an der Grenze zwischen Literatur und Journalismus stehen, vorwegnimmt.[36] Das Abschweifende, Ungeordnete und Widersprüchliche im Werk Heines erklärt auch Necco als eine Folge seines Humors, der als zersetzender Faktor eine wesentliche Rolle in der Konzipierung der Werke spielt. Es ist außerdem interessant zu sehen, wie das Element des Jüdischen, das früher nur gelegentlich erwähnt und mit Heines Plädieren für Freiheit und Gleichheit in Verbindung gebracht wurde, jetzt sozusagen ›ästhetisch‹ gedeutet wird, um Heines nervöse Sensibilität und geistige Unstetigkeit, aber auch seinen ausgesprochen ästhetischen Sinn für Bilder, seine Witze und seine mythographische Phantasie zu erklären.

5. Benedetto Croces Unterscheidung zwischen ›Poesie‹ und ›Nichtpoesie‹

Das Ende des Heine-Kults des vorigen Jahrhunderts wird endgültig von Benedetto Croce markiert, dessen Heine-Aufsatz 1921 in der Zeitschrift »La Critica« erschien. Croce kritisiert Heine aus einer doppelten Perspektive: einerseits zweifelt er an seinem aufrichtigen Glauben an das Ideal und wirft daher Carducci »geringes Unterscheidungsvermögen« vor; andererseits bedingt der behauptete Gegensatz zwischen Poesie und Nicht-Poesie ein ambivalentes Urteil über den Dichter, der in eine deutliche Zwischenposition gerät.

Zentral in Croces Aufsatz ist die Komponente des Humors und des Spottes, derer sich der Kritiker bedient, um nicht nur Heines politische Gedanken und seinen Glauben an die höchsten Ideale zu bagatellisieren, sondern auch den größten Teil seiner Dichtung in Frage zu stellen. Der Heine-Aufsatz ist symptomatisch für Croces typisches kritisches Verfahren, das von biographischen Fakten und vom historischen und kulturellen Zusammenhang absieht, um sich auf die Bestimmung des psychologischen Grundzugs eines Schriftstellers zu konzentrieren, der dann verabsolutiert und als unveränderbares Paradigma dargestellt wird. Was Heine betrifft, so sei Spott die Grundform seines Geistes: »Sein Ziel war [...] auf Spott gestellt, und dieser, nicht Freiheit, nicht Demokratie, nicht Pantheismus noch Theismus, war die Grundform seines Geistes, die er stets bewahrte.«[37] Daraus folgt, dass er nicht groß und echt in einer Sache wie der Poesie sein konnte, die laut Croce fast etwas Religiöses an sich hat.

Croce hat immer auf der Unmöglichkeit bestanden, eine philosophische Definition von Humor zu geben, was ihn zu einer offenen Polemik gegen Pirandello führte. Um Spottsucht zu definieren, bezieht er sich jetzt auf den schon in seiner »Ästhetik« (»Estetica come scienza dell'espressione e linguistica generale«, 1902) behaupteten Unterschied zwischen rein lyrischer und rednerischer Kunst, zwischen dem wahren Dichter, der den Blick in die Tiefe des eigenen Ichs richtet, um das, was er dort findet, zu verbildlichen, und dem Redner, der die Absicht verfolgt, sein Publikum zu überzeugen. Spott ist laut Croce kein naiver Gemütszustand, keine leidenschaftliche Anlage, aus der Poesie entspringen könnte, sondern eine Tätigkeitsform, ein praktischer Akt, der darauf gerichtet ist, sich selbst und anderen Vergnügen zu bereiten. Wie der Redner ist daher der Spötter ein Artist, ein Virtuose, der Bilder verbindet und manipuliert, um ein praktisches Ziel zu erreichen. Heine hat sich

> jenes recht allgemeine und verschwommene Ideal [...] vor allem aus einer künstlerischen Notwendigkeit heraus gestaltet. Denn wie hätte sich ein geselliger Geist gleich dem seinen, stets offen dem Mutwillen, Schabernack, dem Spott und Hohn, der Sucht zu karikieren, der komischen Phantasie [...], wie hätte er sich anders als bei einem solchen unbezwinglichen Bedürfnis Genüge tun können ohne irgend etwas, das ihm als Ideal diente?[38]

Wenn man es genau betrachtet, entspricht Croces Urteil über Heine im Grunde seiner Ablehnung der als individualistisch-regressiv abgewerteten *Décadence*. In seiner »Ästhetik« verteidigt er noch die Idee einer absoluten Autonomie der lyrischen Intuition, da Kunst, als Aktivität des Ausdrucks, dem theoretischen Bereich, zu dem

Moral gehört, in einer idealen Stufung vorausgeht.[39] Im Laufe der Jahre wird ihm aber die Gefahr einer solchen Position, die irrationalen Tendenzen freien Raum lässt, bewusst und er verlangt von der kritischen Praxis immer mehr einen ethischen Standpunkt. Dem Vorwurf des so genannten psychischen Dilettantismus, den er gegen D'Annunzio schon in seinem ersten D'Annunzio-Essay von 1903 erhob[40], liegt eine ethische Kategorie zugrunde, die auch im Heine-Aufsatz eine wesentliche Rolle spielt: die der Aufrichtigkeit, die Croce sowohl bei dem dekadenten Künstler als auch bei Heine vermisst. Croce kann nicht umhin, die Anmut und Eleganz der heineschen Sprache zu loben, der Inhalt seiner Dichtung weise aber Oberflächlichkeit und Mangel an wahren Idealen und an ernsthafter Durchdringung auf, so dass auch bei ihm, wie bei D'Annunzio, jene Trennung von Form und Inhalt entstehe, die die Ästhetik des *l'art pour l'art* kennzeichnet und die laut Croce verantwortlich für den ›Decadentismo‹ der Literatur ist.

Was Croce an Heine kritisiert, könnte man als ›psychischen Infantilismus‹ bezeichnen, vor allem wenn man bedenkt, dass er doch in Heine eine echte, freie poetische Ader erkennen will, die gerade seinem kindlichen Gemüt entspringe und die in seiner Liebe für Sagen und Märchen zum Ausdruck komme. Diese so genannte Poesie der Kindheit, zu der einige ›zarte Gedichte‹ wie »Die Grenadiere«, »Die Wallfahrt nach Kevlaar«, »Loreley« und »Schlachtfeld bey Hastings« zählen, möchte Croce wohl retten, weil sie Ausdruck wahrer, unverdorbener Gefühle, wie Liebe, Soldatentreue, Schmerz und Trauer sei. Damit unterscheidet sich Croces Urteil nicht wesentlich von der Kritik des Nationalisten und Antisemiten Heinrich von Treitschke, der Heine bloße Virtuosität und moralische Gleichgültigkeit vorwirft, aber dem Zauber einiger Gedichte, die »deutsche Gefühle und Werte« ausdrückten, nicht widerstehen kann: »In den Stunden, da er ein Dichter war, empfand er ganz deutsch.«[41]

6. ›Croce und die Folgen‹

Man könnte jetzt die Frage aufwerfen, ob Croces Kritik die Heine-Forschung in den folgenden Jahren beeinflusste und ob seine Abwertung des politischen Heine sich tatsächlich auf die Praxis der Übersetzung niederschlug, wie die Kritik bisher mit Nachdruck behauptet hat. Wenn man einen Blick auf die Heine-Übersetzungen und Ausgaben wirft, die von der Jahrhundertwende bis ungefähr zur Mitte der 30er Jahre veröffentlicht wurden, fällt aber auf, dass neben den zahlreichen Anthologien der heineschen Gedichte auch mehrere Ausgaben der »Reisebilder«, Übersetzungen der erzählenden Prosa, der autobiographischen, politischen und literaturkritischen Schriften erschienen, u. a. auch im Verlag Carabba in Lanciano, dem prominentesten Verlag in der ästhetisch-philosophischen Diskussion des frühen

20. Jahrhunderts, in dem auch Pirandello 1908 seine Abhandlung über den Humor veröffentlichte. Besonders an dieser übersetzerischen und editorialen Tätigkeit, die parallel zur so genannten ästhetischen Wende in der Rezeption läuft, ist das Interesse für humoristische Aspekte im Werk Heines hervorzuheben, das sich auch in der Herausgabe von Anthologien mit Textauszügen äußert, die als besonders humorvoll gelten.[42] In den Vor- und Nachworten dieser Ausgaben kommt wiederholt zum Ausdruck, dass die Aufmerksamkeit vor allem dem besonderen ästhetischen Charakter der Schriften und den humoristischen Stilelementen gilt, was sich in einer starken Bemühung um adäquate Übersetzungen niederschlägt.

In den kritischen Aufsätzen über Heine, die in den 20er und 30er Jahren erscheinen, kündigt sich allerdings eine Tendenz an, die auf die Ästhetik Croces zurückzuführen ist und die sich in einer Suche nach der Quelle der wahren Inspiration der Dichtung manifestiert. Ich beziehe mich vor allem auf die Arbeiten der Germanisten Rodolfo Bottacchiari und Italo Maione[43], Autoren der wichtigsten Studien über Heine, die in den 20er Jahren erscheinen. Sowohl Bottacchiari als auch Maione weichen einer präzisen historischen Einordnung Heines aus: Bottacchiari tut das ideologische Schaffen als journalistisch und das polemische Element als unlyrisch ab, während Maione sich nur dem dichterischen Werk und den »Reisebildern« widmet und auf der Banalität des ideologischen Gedankenguts besteht.

Worin sich aber diese Studien von Croce unterscheiden, ist die Aufwertung des Humors im Werk Heines, der nicht als rein äußerliche Form, sondern als geistige Einstellung gedeutet wird, aus der wohl Poesie entspringt. Genauso könnte man Bottacchiaris Erklärung des heineschen Humors auf Pirandello zurückführen, da er ihn als eine geistige Reaktion auf die Irrationalität der Welt betrachtet. Das Abschweifende und Ungeordnete der »Reisebilder« interpretiert er auch als Folge einer ironischen, humoristischen Einstellung der Wirklichkeit gegenüber, aber es ist gerade diese Einstellung, die als einender Faktor im Werk auftritt. Auch Maione liefert eine psychologische Erklärung des heineschen Lachens. Damit stellt er sich ausdrücklich gegen Croces Reduzierung des heineschen Humors auf ein bloßes Tändeln, und erklärt ihn als eine Reaktion des Dichters auf seine eigene Fähigkeit, einen tiefen Einblick in die Absurdität der Welt zu gewinnen. Daher sei sein Lachen, das bitter und schmerzhaft sei, Ausdruck des Zustands des modernen Menschen auf der Erde und besitze somit universalen Charakter.

Wie gesagt sind die 20er und die erste Hälfte der 30er Jahre noch von vielen Ausgaben, Übersetzungsversuchen und Kommentaren des heineschen Werks gekennzeichnet. Und doch fehlt es noch immer, trotz der Übersetzungen der ideologischen Schriften, an einer Auseinandersetzung mit dem politischen Heine. Nur Croce die Verantwortung dafür zu geben, scheint mir aber, seine Bedeutung in der Heine-Forschung etwas zu überschätzen, zumal es sich um eine Tendenz handelt, die sich schon, wie ich gezeigt habe, um die Jahrhundertwende ankündigt. Erst um die Mitte der 30er Jahre scheint die Heine-Rezeption fast ein Ende zu nehmen, aber dafür ist, worauf Lia Secci anlässlich der Feier der 175. Wiederkehr von Heines Geburtstag hinwies[44], wahrscheinlich eher die kulturelle Politik des Faschismus oder der Bann des Dritten Reichs verantwortlich.

Anmerkungen

[1] Anne Fiedler Nossing: Heine in Italia nel secolo XIX. New York: S. F. Vanni, 1948.

[2] Walter Papst: Heinrich Heine im Spiegel der italienischen Dichtung und Kritik. – In: Romanistisches Jahrbuch 3 (1950), S. 210.

[3] Vgl. dazu Luciano Zagari: Heine in der italienischen Kritik. – In: HJb 1965, S. 51–63.

[4] Der Ausdruck stammt von Carlo Bonardi, der sich Anfang des 20. Jahrhunderts wiederholt mit der Rezeption von Heines Werk in Italien beschäftigte und ihr u. a. folgende Studien widmet: Enrico Heine e l'opera di Giosuè Carducci (1903), La monografia heiniana di Tullo Massarani (1916), Enrico Heine nella letteratura italiana avanti la »Rivelazione« di Tullo Massarani (1907).

[5] Tullo Massarani: Enrico Heine e il movimento letterario in Germania. – In: Studi di letteratura ed arte. Florenz: Le Monnier, 1873, S. 181–316.

[6] Rene Wellek: Geschichte der Literaturkritik 1750–1950. Bd. III: Das späte 19. Jahrhundert. Darmstadt 1977, S. 128.

[7] Giosuè Carducci: Conversazioni e divagazioni heiniane. – In: Edizione Nazionale delle Opere. Bologna: Zanichelli, 1943. Bd. XXVII, S. 119–157, hier S. 148.

[8] Zur Kontroverse Carducci-Zendrini um das echte Heine-Bild, wie zur Beschäftigung Carduccis mit Heine vgl. Gerhart Hoffmeister: Heine in der Romania. Berlin 2002, S. 81–102.

[9] Enrico Heine: Atta Troll, tradotto da Giuseppe Chiarini, con una prefazione di Giosuè Carducci e note di Karl Hillebrand. Bologna: Zanichelli, 1878, S. V–LVI. Nachdruck in: Edizione Nazionale. Bd. XXIII, S. 93–148.

[10] Jost Hermand: Streitobjekt Heine: ein Forschungsbericht 1945–1975. Frankfurt a. M. 1975, S. 170–171.

[11] Zagari, [Anm. 3], S. 55.

[12] »Reise von München nach Genua« wurde 1887 als erster Teil der »Reisebilder« von G. Verdaro übersetzt (»Viaggio in Italia«); noch im selben Jahr übersetzte V. Trettenero »Die Harzreise« (»Viaggio sull'Harz. Da Reisebilder: impressioni di viaggio«; 1894 folgte die erste vollständige, von A. Cimino Foti herausgegebene Übersetzung der »Reisebilder«: »I Reisebilder: schizzi di viaggio«. Im 20. Jahrhundert erschienen die folgenden Übersetzungen: »I Reisebilder: figurine di viaggio«, hrsg. von Fr. Palazzi (1912); I Reisebilder: figure di viaggio, hrsg. von V. Trettenero (1913); »Della Polonia«, hrsg. von V. Trettenero (1915). In den 20er und 30er Jahren erschienen die Ausgaben der Germanisten Rodolfo Bottacchiari (»Reisebilder«, 1927) und Italo Maione (»Reisebilder«, 1931).

[13] Im 19. Jahrhundert wurden nur die »Florentinischen Nächte« (»Notti Fiorentine«, hrsg. von P. Valabrega, 1887) und »Shakespeares Mädchen und Frauen« (»Donne e Fanciulle di Shakespeare«, hrsg. von G. Zippel, 1894) veröffentlicht. In den ersten Jahrzehnten des neuen Jahrhunderts, erschienen außer den Neuauflagen und den neuen Übersetzungen der schon edierten Schriften auch: »Dalle memorie del Signor Schnabelewobski« (1910), »Il Rabbi di Bacherach«, hrsg. von L. Terracini Klonower (1926), »Il Rabbi di Bacherach e altri racconti«, hrsg. von E. Rocca (1933). Die

Deutschland-Schriften wurden zum ersten Mal übersetzt: »Che cos'è la Germania. Analisi e profezie«, hrsg. von E. Somarè (1915); »La Germania, pagine scelte«, hrsg. von G. Fanciulli (1916); »Sulla storia della religione e della filosofia in Germania« und »Sulla storia della nuova letteratura in Germania«, hrsg. von G. Perticone (1915); »Fuoriusciti tedeschi«, hrsg. von G. Perticone (1931); »La scuola romantica« (1927). Zusätzlich erschienen mehrere Ausgaben der autobiographischen Schriften (»Confessioni e memorie«, hrsg. von Baccio Ziliotto, 1922; »Confessioni«, hrsg. von G. Perticone, 1923; »Pagine Autobiografiche«, hrsg. von G. Perticone, 1926), einige Anthologien mit Prosastücken (»Pagine scelte«, hrsg. von A. Cimino Foti, 1905; »Pagine scelte: prose«, hrsg. von S. Colangelo, 1922; »Pensieri e ghiribizzi«, hrsg. von A. Meozzi, 1919; »Scritti vari di politica e letteratura«, 1925) und eine erste Auswahl der Briefe (»Lettere, hrsg. von V. Trettenero, 1933).

14   Hans Robert Jauss: Literaturgeschichte als Provokation der Literaturwissenschaft. – In: Literaturgeschichte als Provokation. Frankfurt a. M. 1979, S. 177.

15   Zur italienischen Literaturkritik am Anfang des 19. Jahrhunderts vgl. Paolo Orvieto: D'Annunzio o Croce: La critica in Italia dal 1900 al 1915. Roma: Salerno Editrice, 1991.

16   Wellek [Anm. 6], S. 92–117.

17   Francesco De Sanctis: Saggi critici. 3 Bde. Hrsg. von Luigi Russo. Bari: Laterza, 1972, Bd. I, S. 286–290; Zitate S. 288 f.

18   Ebd., Bd. III, S. 220–223.

19   Carducci [Anm. 7], S. 148.

20   Paola Casella: L'umorismo di Pirandello. Fiesole: Cadmo, 2002, S. 39.

21   Vgl. dazu Alfredo Barbina: Fascinazione Heine. – In: L'ombra e lo specchio. Pirandello e l'arte del tradurre. Roma: Bulzoni, 1998, S. 54–63.

22   Luigi Pirandello: L'Umorismo. Saggi, poesie e scritti vari. Hrsg. von Manlio Lo Vecchio Musti. – In: Opere di Luigi Pirandello. Bd. IV. Mailand: Mondadori, 1993 [1. Aufl. 1960]). Dt. Version: Der Humor. Mindelheim 1986.

23   Pirandello bezieht sich auf den Aufsatz »L'umorismo nell'arte moderna« (1885) von Giorgio Arcoleo, der in dieser Formel den Sinn von Heines »Romanzero« zusammenfasst. Die Formel taucht im »Humor« sowohl in Bezug auf Heine (S. 139), als auch in Bezug auf den italienischen Dichter Luigi Pulci (S. 79) und auf Don Quijote (S. 123) auf. Vgl. dazu Casella [Anm. 20], S. 143–144.

24   Pirandello [Anm. 22], S. 207.

25   Arnaldo Cervesato: Per un monumento ad E. Heine in Germania. Roma: Ufficio della Nuova Parola, 1903, S. 6.

26   Vgl. u. a. Giulio Caprin: »La letteratura tedesca in Italia. – In: Marzocco 17 (1908) und Giuseppe Saverio Gargano: L'ira oltre il rogo. Heine e i filistei. Marzocco 24 (1908).

27   Heine. Che cos'è la Germania. Analisi e profezie. Hrsg. von E. Somarè. Milano: Sonzogno, 1915. Vorwort.

28   Giuseppe Fanciulli: Heine profeta. – In: Rivista d'Italia (1918), S. 410–417.

29   Torino: Bocca, Bde. 1–2 1910/11, Bd. 3 1913. Zu Borgese vgl. Salvatore Cataldo: Giuseppe Antonio Borgese (Messina: Sicania, 1990).

30   Giuseppe Antonio Borgese: Le profezie di Heine. – In: La guerra delle idee. Milano: Treves, 1916, S. 46–59.

31   Giuseppe Antonio Borgese: Heine viaggiatore. – In: Studi di letterature moderne. Milano: Treves, 1915, S. 211–219.

32   Ebd., S. 218.

33   Enrico Heine: Germania. Bd. I: Sulla Storia della filosofia e della religione in Germania. Hrsg. von Giacomo Perticone. Lanciano: Carabba, 1915, S. V–VI.

34 Enrico Heine: Pensieri e ghiribizzi. Hrsg. von Antero Meozzi. Lanciano: Carabba, 1919, S. 37.
35 Luigi Tonelli: La personalità di Heine. – In: Rivista d'Italia XXIV (1921), S. 417–441. Nachdruck: Heine. – In: L'anima moderna da Lessing a Nietzsche. Milano: Modernissima, 1925, S. 171–205.
36 Giovanni Necco: Gloria di Heine. – In: Circoli (1935), S. 610–621. Nachdruck in: Realismo e idealismo nella letteratura tedesca moderna. Bari: Laterza 1937, S. 93–116.
37 Benedetto Croce: Heine. – In: La Critica (1921). Nachdruck in: Poesia e non poesia. Bari: Laterza, 1923, S. 172–185. Deutscher Text in: Helmut Koopmann (Hrsg.): Heinrich Heine. Darmstadt 1965, S. 10–23, Zitat S. 13.
38 Ebd., S. 12 f.
39 Vgl. dazu Karl-Egon Lönne: Benedetto Croce als Kritiker seiner Zeit. Tübingen 1967, S. 126 f.
40 Benedetto Croce: Gabriele D'Annunzio. – In: La letteratura della nuova Italia. Saggi critici. Bari: Laterza, 4. Aufl. 1942, Bd. IV, S. 7–71, hier S. 10. Zu Croces D'Annunzio-Kritik vgl. Mario Puppo: Croce e D'Annunzio. – In: Croce e D'Annunzio e altri saggi. Firenze: Olschki, 1964, S. 11–34.
41 Heinrich von Treitschke: Deutsche Geschichte im XIX. Jahrhundert. Bd. V (1885). S. 605.
42 Z. B. Prose d'umorismo, hrsg. von Antonio Cimino Foti, 1931.
43 Rodolfo Bottacchiari: Heine. Torino: Bocca, 1927. Italo Maione: La poesia di Heine. Firenze: Vallecchi, 1925.
44 Lia Secci: Heine in Italien: Croce und die Folgen. – In: Europäische Gemeinschaft 12 (1972), S. 32–33.

Die Heine-Konferenz 1956 in Weimar

Von Dieter Schiller, Berlin

1956 stand – nach Goethe und im Jahr zuvor Schiller – Heinrich Heine auf dem offiziellen Feiertagskalender der DDR: sein 100. Todestag stand ins Haus. Kulturpolitisch war das ein glücklicher Zufall, denn damit ergab sich die Möglichkeit, im öffentlichen Bewusstsein des Landes eine Art Triade der Gipfelfiguren deutscher Nationalliteratur als Orientierungsgrößen zu propagieren. Heine, als »Abschluß und letzter Höhepunkt der Literaturepoche des aufstrebenden Bürgertums« und zugleich »Vorläufer des sozialistischen Denkens«[1] aufgefasst, sollte sozusagen den Bogen schlagen zur Gegenwart des sozialistischen Aufbaus. Dass die deutsche Arbeiterbewegung es war, die das Werk des politischen Heine beim kulturbewussten Teil ihrer Mitglieder lebendig gehalten und gewürdigt, es gegen reaktionäre Verfälschung und Diffamierung verteidigt hat, war ja eine unbestreitbare Tatsache, an die angeknüpft werden konnte. Man darf davon ausgehen, dass – nach dem Modell des Schiller-Jahres – ursprünglich eine republikweite kulturpolitische Heine-Kampagne geplant war. Sie sollte wohl – nach dem Schriftstellerkongress – mit Heine ein Urbild und Vorbild schriftstellerischen Engagements vorstellen, einen Schriftsteller, der als Lyriker, Journalist und Publizist künstlerische Meisterschaft, philosophischen Weitblick und eingreifende politische Haltung in sich verband. Wenn aus solch hochfliegenden Plänen wenig wurde, ist das nicht zuletzt den Zeitumständen geschuldet. Kurz nach dem Jubiläumstag – am 25. Februar – brachte die in der Internen Sitzung des XX. Parteitages der KPdSU vorgetragene Rede Nikita Chruschtschows »Über den Personenkult und seine Folgen«[2] ganz andere Gedanken in Bewegung.

Die Initiative zur Heine-Ehrung war, – soweit ich das aus den Quellen erschließen kann – fast schon routinemäßig vom Ministerium für Kultur ausgegangen. Nach den entsprechenden Vorberatungen mit der Akademie der Künste[3] hatte man in der Hauptabteilung Schöne Literatur im Sommer 1955 eine Vorlage für die Parteiführung der SED ausgearbeitet.[4] Sie enthielt – das sei hier vorweggenommen – bereits relativ detailliert das tatsächliche Programm der zentralen Veranstaltungen zum Heine-Jahr. Als Höhepunkte werden der Festakt am 17. Februar, die Enthüllung eines Heine-Denkmals von Prof. Grzimek in Ludwigsfelde und eine internationale wissenschaftliche Konferenz in Weimar genannt, die von den Nationalen Forschungs- und Gedenkstätten der klassischen deutschen Literatur (NFG) durchgeführt werden sollte. Als Aufgabe dieser Konferenz wird – offenbar ohne sonderliches Nachdenken, was da verlangt wurde – die »Schaffung eines Heine-Bildes« beschlossen. Dazu wurde sogar eine Liste von Themen vorgegeben: die wichtigsten waren darauf gerichtet, den »Verfälschungen Heines durch die bürgerliche Literaturwissenschaft« entgegenzutreten, das Problem »Heine und die deutsche Nation« zu erforschen, dem Verhältnis zwischen »Marx und Heine« nachzugehen und »Heines Stellung zum Sozialismus und zur Arbeiterbewegung« zu klären. Der endgültige Sekretariatsbeschluss enthält dazu noch eine wesentliche Korrektur. Er verlangt, die kritische Erforschung des Neuen im künstlerischen Werk Heines und dessen Bedeutung für die Entwicklung der deutschen Literatur in der Gegenwart stärker zu berücksichtigen.[5] Wer alles das hätte leisten sollen und können, bleibt offen – das Feld der Fachleute war damals in der DDR noch recht dünn besät. Doch das fiel nicht mehr in den Bereich der prinzipiellen Festlegungen und wurde delegiert an die als verantwortlich Benannten. Wer freilich diese Verantwortung tatsächlich tragen sollte, war letztlich unklar geblieben, denn im Text des Beschlusses sind die Verantwortlichen sowohl die Nationalen Forschungs- und Gedenkstätten in Weimar als auch eine Kommission zur Vorbereitung der geplanten wissenschaftlichen Konferenz. Diese aber war in Berlin angesiedelt und wurde direkt vom Kulturministerium gesteuert.[6]

Eine Beschlussfassung im Sekretariat des ZK der SED[7] hatte man im Kulturministerium zunächst in der ersten Augustwoche erwartet, tatsächlich erfolgte sie erst am 28. September 1955. Wie es scheint, wurde die Information darüber dann noch zusätzlich bis Ende Oktober verzögert.[8] Das im Beschluss vorgesehene repräsentative Heinrich-Heine-Komitee – mit einem Sekretariat als Arbeitsorgan – wurde daraufhin, nach einer vorbereitenden Sitzung am 4. November, am 8. Dezember 1955 endlich konstituiert. Das war viel zu spät, um noch ernstlich inhaltlich richtunggebend, beratend, anleitend und koordinierend wirken zu können.[9] Bruno Kaiser, der ausgewiesene Vormärz-Spezialist und Herausgeber der Werke Georg Weerths, meinte deshalb skeptisch, die verzögerte Gründung mache eine Ehrung Heines, wie sie erforderlich wäre, nicht mehr möglich. Dennoch sagte er seine Mitarbeit zu und wurde später sogar zu einer zentralen Figur bei der Vorbereitung der wissenschaftlichen Konferenz.

Die politischen Akzente der Heine-Ehrung waren durch den Sekretariatsbeschluss präjudiziert: Das war zum einen, Heines Stellung zur Arbeiterbewegung und seine Freundschaft mit Marx und Engels den Werktätigen nahe zu bringen; zum andern sollte Heines Bedeutung als nationaler Dichter und Patriot zur Grundlage einer Verständigung und Zusammenführung fortschrittlicher Kräfte ganz Deutschlands auf dem Gebiet der Kultur gemacht und eine gemeinsame zentrale Heine-Ehrung angestrebt werden; zum dritten wurde gefordert, Heines Bedeutung für die Weltkultur zu nutzen, um die kulturellen Beziehungen zur Sowjetunion und vor allem

Dieter Schiller · Die Heine-Konferenz 1956 in Weimar

zu Frankreich zu festigen.[10] Aber ob die leitungsinternen Papiere den Mitgliedern des Komitees überhaupt bekannt gewesen sind, bleibt unsicher, denn in seiner Eröffnungsrede zur Gründungsversammlung gab Abteilungsleiter Manfred Kobs vom Kulturministerium nur eine knappe Erläuterung des ersten Beschlussentwurfs aus seinem Haus[11], ohne auf die speziellen Schwerpunkte des Sekretariats-Beschlusses einzugehen. Die Mehrheit der namhaften Komitee-Mitglieder dürfte die Sache ohnehin nur als eine repräsentative Angelegenheit betrachtet haben, nicht wenige blieben der Veranstaltung fern. Dem Bericht über Vorbereitung und Ablauf der Festtage im Februar 1956 ist zu entnehmen, dass ein arbeitsmäßiger Kontakt nur in Einzelfällen zustande gekommen sei, weil viele mit eigenen Heine-Arbeiten oder mit Vorbereitungen zum Schriftstellerkongress beschäftigt waren. Die Kommissionen für Programmgestaltung, internationale Verbindungen, Publikationen, Finanzen und für die Vorbereitung der wissenschaftlichen Konferenz seien gar nicht erst zusammengetreten.[12] Meines Wissens ist in der Folgezeit von den zentral berufenen Gremien nur die letztere aktiv geworden. Sie war – am Rande bemerkt – schon im Beschluss für die gesamte wissenschaftliche Behandlung Heines einschließlich der wissenschaftlichen Publikationen verantwortlich gemacht worden.

Während sich bei der Schiller-Ehrung 1955 Ministerpräsident Otto Grotewohl und Kulturminister Johannes R. Becher engagiert hatten, war das bei der Heine-Ehrung offenbar nicht der Fall. Auch die Massenorganisationen arbeiteten nur höchst platonisch im Heine-Komitee mit. In großer Sorge schrieb Hauptabteilungsleiter Peter Nell deshalb an den Stellvertretenden Minister Alexander Abusch, es fehle jemand aus der »obersten Spitze«, um die Bedeutung Heines zweckdienlich zu unterstreichen.[13] So ist es denn kaum ein Zufall, dass auf der Gründungssitzung des Komitees in der Akademie der Künste vorwiegend über die wissenschaftliche Konferenz und die geplante Festschrift gesprochen wurde, also über jenen Teil des Jubiläumsjahres, der den beteiligten Literaturwissenschaftlern am Herzen lag. Prof. Gerhard Scholz fordert, gegenüber dem »Gipsbüstenkult« neue Formen der Klassiker-Ehrung zu finden, während Hans Kaufmann, der über Heines »Wintermärchen«[14] promoviert hatte, verlangt, die geplante Festschrift – sie sollte vor allem aus den Beiträgen zur Konferenz hervorgehen – zu einem Dokument von wissenschaftlichem Wert zu machen. Mit kritischem Blick auf das eben zu Ende gehende Schiller-Jahr besteht auch Wolfgang Harich, Cheflektor und Herausgeber der Heine-Ausgabe des Aufbau-Verlages, darauf, keine Mauer der blinden Verehrung um Heine zu errichten. Zusammen mit Schriftstellern solle auf der Konferenz vielmehr nach den produktiven Anregungen gefragt werden, die er für die Gegenwart bereit hält. Nur Alexander Abusch stellt die literaturpropagandistische Seite der Arbeit des Komitees in den Vordergrund: Es gehe darum, am Dichter gut zu machen, was der Faschismus an ihm gesündigt hat. Denn noch sei es nicht gelungen, ihm im Bewusstsein des Volkes die Geltung zu verschaffen, ihm den Platz zurückzugeben, der ihm gebührt.[15] Helmut Holtzhauer, der Direktor der Nationalen Forschungs- und Gedenkstätten, war nicht anwesend.[16]

Ob unbeabsichtigt oder – wie ich eher vermute – gezielt rührt Harich jedoch an ein sehr heißes Eisen, wenn er anregt, die Akademie der Wissenschaften solle aus Anlass des Heine-Jahres eine historisch-kritische Gesamtausgabe in Angriff nehmen. Denn eben eine solche Ausgabe nicht anderen Institutionen zu überlassen, sondern in sein eigenes Haus zu holen, war das Ziel, das Helmut Holtzhauer als Ergebnis der internationalen wissenschaftlichen Konferenz in Weimar durchsetzen wollte, der Konferenz also, die sein Institut laut Plan zunächst im Februar, dann im Juni 1956 durchführen wollte. Unter diesem Gesichtspunkt hatte er seine Einladungspolitik für die Konferenz betrieben und Kontakte mit internationalen Heine-Forschern aufgenommen, inzwischen sogar einen, nämlich Professor Wadepuhl, als Herausgeber gewonnen.[17] Aber eine solche langfristige Arbeit spielte im kulturpolitisch angelegten und auf unmittelbare Wirkung zielenden Sekretariats-Beschluss zur Heine-Ehrung 1956 überhaupt keine Rolle. Hinzu kam, dass Holtzhauer, ehemals Chef der Staatlichen Kommission für Kunstangelegenheiten, sich keiner sonderlichen Beliebtheit im Umkreis des Kulturministeriums und der Akademie der Künste erfreute. Das veranlasste – beispielsweise – die Leitung der Akademie, ernste Zweifel an der Kompetenz des Weimarer Instituts zu äußern, das formal der Akademie unterstand. Dessen Aufgabe sei es, erklärte der Vertreter der Akademie, vor allem Volksausgaben zu schaffen. Vom wissenschaftlichen Standpunkt seien die Nationalen Forschungs- und Gedenkstätten nicht in der Lage eine historisch-kritische Ausgabe herauszugeben. Vielmehr solle zu diesem Zweck eine Arbeitsstelle der Akademie der Wissenschaften geschaffen werden.[18] Ungerührt von alledem betrieb Holtzhauer jedoch seinen Plan einer historisch-kritischen Säkularausgabe der Werke, Briefe und Lebenszeugnisse Heines weiter[19] – Irritationen westdeutscher Forscher, die fürchteten, er wolle sie von dieser Säkularausgabe fernhalten[20], hinderten ihn dabei nicht.

Als ein ausgefuchster Stratege nutzte Holtzhauer eine Fehlleistung des Berliner Heine-Komitees, um sich Handlungsfreiheit zu verschaffen. Er hatte sich an westliche Forscher gewandt, um sie für die wissenschaftliche Konferenz und damit die Beratung seines Vorhabens zu gewinnen. Aber die hohe, nahezu unerfüllbare Zielstellung des Sekretariatsbeschlusses und die lange Untätigkeit der Kommission ließen es der Leitung des Kulturministeriums geraten erscheinen, den Termin der Konferenz zu verschieben. Eine Sitzung bei Abusch kam Ende Februar zu dem Schluss, die Durchführung der Konferenz sei vor September 1956 nicht möglich.[21] Das war nun schon die dritte Terminverschiebung, und sie wurde offenbar mit dem vorgesehenen Veranstalter in Weimar nicht abgesprochen. Man verstand sich in

Berlin als oberste Entscheidungsinstanz, wie das den internen Festlegungen im Ministerium vom Januar entsprach.[22] So geschah es denn, dass sich das Heine-Komitee an Wissenschaftler wandte, die Holtzhauer bereits angeschrieben hatte – nur mit einem andern Terminvorschlag.[23] Holtzhauer reagierte prompt und kündigte die Mitarbeit seines Instituts an der Vorbereitung der Konferenz auf.

Die Kontakte des Weimarer Instituts mit Germanisten der ganzen Welt hätten es durchaus möglich gemacht, die wissenschaftliche Konferenz zum ursprünglichen Termin im Februar durchzuführen, ließ er die Vertreter des Ministeriums wissen. Kurz und bündig erklärt er, da die NFG nicht mit der Durchführung der Veranstaltung beauftragt seien, habe er die ausländischen Interessenten auf die Zuständigkeit anderer Institutionen verwiesen.[24] Angesichts des desolaten Zustands hinsichtlich der Vorbereitung – faktisch war Johanna Rudolph vom Kulturministerium im Frühjahr 1956 das einzige aktive Mitglied der Vorbereitungskommission[25] – dreht er den Spieß um. Der wissenschaftliche Ruf seines Instituts erlaube es nicht, sich verantwortlich für eine Veranstaltung einzusetzen, welche die internationalen wissenschaftlichen Grundsätze nicht beachte. Zu viel hätten die NFG bei einem Misslingen zu verlieren.[26] Am vorgesehenen Veranstaltungsort Weimar rüttelte er allerdings nicht, sondern erklärte sich sogar bereit, Mitarbeiter für die Gästebetreuung bereitzustellen. Denn das Projekt der Säkularausgabe betrieb er natürlich zielstrebig weiter und war deshalb höchst interessiert, dass die Konferenz in seinem Einflussbereich stattfand. Am Ende konnte er den Triumph erleben, dass ein ganzer Tag der internationalen Heine-Konferenz in Weimar – und zwar unter der alleinigen inhaltlichen Verantwortung der NFG – den Überlegungen und Verhandlungen über die Heine-Säkularausgabe gewidmet wurde. Die Vereinbarung darüber wurde von mehreren Teilnehmern und – wenn auch zurückhaltender – sogar von Offiziellen als wichtigstes oder zumindest ein greifbares Ergebnis der Konferenz gewertet.[27] Ganz zweifellos war damit ein beträchtlicher Prestigegewinn verbunden.

Doch das heißt nicht, dass die Konferenz im übrigen gescheitert sei. Im Gegenteil, sie wurde im Rahmen des Möglichen sogar zu einem unerwartet eindeutigem Erfolg. Vorauszusehen war das nicht ohne weiteres gewesen. Denn die Aktivitäten zum Heine-Jubiläum hatten in der Öffentlichkeit nicht im entferntesten das Echo gefunden, das man von früheren Jubiläen gewohnt war. Natürlich lief alles nach dem üblichen Ritual ab. Das Zentralkomitee der SED veröffentlichte seine Stellungnahme[28], in Berlin fanden drei Festtage mit Ausstellungseröffnungen, einem akademischen Festakt der Humboldt-Universität und einer Matinee der Staatsoper statt. Stephan Hermlin sprach auf der offizielle Feier in der Volksbühne »Über Heine«[29], und in der Akademie traten Prof. Vermeil aus Paris und Prof. Wadepuhl mit Vorträgen auf. In allen Bezirksstädten veranstalteten die bezirklichen Komitees Heine-Ehrungen und der Kulturbund konnte auf 800 Vorträge und künstlerische

Veranstaltungen verweisen.[30] Trotzdem ist es charakteristisch, dass es selbst für den offiziellen Festakt in der Volksbühne keine Möglichkeit für Proben gab und während der Veranstaltung viele Plätze frei blieben. Es waren solche aus dem Kontingent für das diplomatische Korps, staatliche Institutionen und Massenorganisationen, sodass man sich im Ministerium entschloss, künftig bei dergleichen Veranstaltungen auf normalen Kartenverkauf zu setzen. Im Sommer 1956 wurde das Sekretariat des Heine-Komitees auf Anordnung der Abteilung Kunst und Literatur des ZK überraschend abgewickelt.[31] Den Auftrag, die wissenschaftlichen Konferenz in Weimar organisatorisch-technisch vorzubereiten, erhielt das Büro für Theaterfragen.[32]

Ernsthafte Überlegungen zum Konzept der Konferenz begannen im März 1956 mit einer Sitzung der Vorbereitenden Kommission, die von Peter Nell aus dem Kulturministerium geleitet wurde. Hans Kaufmann sprach über Aufgaben und Ziele der Konferenz, denn er war mit der Ausarbeitung von »Gedanken zur wissenschaftlichen Konzeption der Heine-Tagung« beauftragt worden. Kernpunkt war für ihn, dass sich die Konferenz »von dem Jubiläumsartikelstil entschieden lösen« müsse. Die »künstlerische Leistung Heines als Nationalautor der nachklassischen Periode« solle im Mittelpunkt stehen und herausgearbeitet werden, dass er in seinem künstlerischen Schaffen zu völlig anderen Lösungen gekommen sei als Klassik und Romantik. So könne die zentrale Rolle Heines in der deutschen Nationalliteratur des 19. Jahrhunderts klargestellt und der im Westen verbreiteten Tendenz entgegengewirkt werden, Heine zur Randfigur zu degradieren.[33] Damit wollte Kaufmann eine gemeinsame Zielsetzung der Teilnehmer aus der DDR vorschlagen und zugleich einen produktiven Dialog mit westdeutschen und ausländischen Heine-Forschern ermöglichen. Das fand die Zustimmung der Anwesenden[34], löste aber nicht das Problem, wer das Hauptreferat halten solle. Abusch schlug Wolfgang Harich, den Herausgeber der Heine-Ausgabe des Aufbau-Verlages vor, aber Kaufmann und einige andere sprachen dagegen. Sie fürchteten mit Recht, er werde die philosophische und ästhetische Seite so stark betonen, dass die Dichtung und ihre Interpretation in den Hintergrund treten müsse. Weil kein deutscher Wissenschaftler in der Lage sei, zusammenfassend und auf hohem Niveau vor internationalem Publikum zu referieren, einigte man sich auf eine Eröffnungsansprache von einer Persönlichkeit des öffentlichen Lebens.[35] Am Ende freilich blieb es dann doch bei Abuschs Vorschlag, was zwar die Befürchtungen bestätigte, sich aber letztlich als anregend für die Debatte erwies.

Es würde zu weit führen, den nun einsetzenden Klärungsprozess im einzelnen nachzuzeichnen. Einig war man darin, von den Referenten keinen Elementarunterricht zu erwarten, sich auf Heine selbst und seine Rezeption zu konzentrieren und dafür zu sorgen, dass die Teilnehmer nicht aneinander vorbeireden – also den Standpunkt der DDR-Forscher so darzulegen, dass auch westliche Teilnehmer zur sachlichen Diskussionen herausgefordert werden.[36] Versuche, Georg Lukács und Ernst Fischer als Referenten zu gewinnen, schlugen fehl. Je mehr die konkreten Fragen des Tagungsprogramms ins Zentrum der Überlegungen rückten, umso klarer wurde, dass der Anspruch, ein umfassendes marxistisches Heine-Bild zu entwickeln, unrealistisch war. Im Juni entschieden die zuständigen Abteilungen des ZK, Bruno Kaiser mit der ideologisch-fachlichen Vorbereitung der Konferenz zu beauftragen und zu seiner Unterstützung Eva Kaufmann freizustellen.[37]

Wenn ich die vorhandenen Quellen richtig interpretiere, war damit eine Wendung zum Pragmatischen, zum Machbaren verbunden. Schon kurze Zeit später legte Kaiser den Verantwortlichen im Kulturministerium seine Vorstellungen dar. Die Bedeutung der Konferenz, meint er nun, bestehe darin, dass sie ein internationales Treffen der Heine-Forscher sei und zum erstenmal eine Überblick über den internationalen Stand der Heine-Forschung gebe. Er legt eine Zusammenstellung möglicher Referenten aus der DDR und ihrer Themen vor und kann sogar schon auf einige Zusagen aus dem Ausland verweisen[38] – endgültige waren es freilich noch nicht. Im September schließlich wurde Johanna Rudolph im Kulturministerium mit den Angelegenheiten der Konferenz betraut[39], und nun fällt auch die Entscheidung, Wolfgang Harich das Hauptreferat zum Thema »Heines philosophische Anschauungen« zu geben und dem Bemühen um eine Heine-Säkularausgabe einen ganzen Tag der Konferenz zu widmen[40] – man darf annehmen, dass sich der sowjetische Gelehrte Alexander Dymschitz, als ehemaliger Kulturoffizier ein bekannter und einflussreicher Mann, unter den Befürwortern dieser Entscheidung befand.[41]

Dass all diese Vorgänge sich auf dem Hintergrund der offenen und internen Debatte über die Schlussfolgerungen aus dem XX. Parteitag der KPdSU vollzogen, dass sie in gewisser Weise sogar indirekt die Bemühungen um geistige Emanzipation vom Stalinismus spiegelten, kann ich hier nur andeuten. Der Hauptredner Harich hat das insofern thematisiert, als er sich ausdrücklich gegen die Stalin-Shdanowsche Verdammung der hegelschen Philosophie als aristokratische Reaktion auf die Französische Revolution wandte. Freilich ist charakteristisch, dass sein Vortrag über »Heines Bild der klassischen deutschen Philosophie« erklärtermaßen nur die Redefassung eines bereits erschienen Textes war. Harich steckte mitten in den Überlegungen für eine Alternative zur Politik der SED – und da war der Heine-Kongress für ihn nur ein Termin am Rande, interessant vor allem durch die Gelegenheit, mit den Gästen aus befreundeten Ländern wie Polen oder Ungarn ins Gespräch zu kommen, vor allem aber Informationen und Erfahrungen auszutauschen.[42] In seinem Referat ging es Harich darum, Heines Stellung als eine Übergangsgestalt zwischen Hegel und Marx zu untersuchen, das Besondere seines revolutionären Demokratismus zu bestimmen. Er wollte den Einfluss des jungen Marx auf Heine nicht überschätzt sehen und betonte nachdrücklich, Heine sei nie ein Verfechter des wissenschaftlichen Sozialismus gewesen.⁴³ Dass dies keine im engeren Sinne literaturwissenschaftliche Fragestellung war, gestand er seinen Kritikern zu und meinte am Ende, sein Referat sei wohl für eine Heine-Konferenz zu speziell und als Hauptreferat ungeeignet gewesen.⁴⁴ Damit reagierte er auf eine Kritik von Prof. Wolfheim aus Hamburg, er mache die Literaturwissenschaft zur Magd der Philosophie und messe Heine an Marx, statt ihn in seiner Originalität zu erfassen.⁴⁵ Wie schwer sich die Diskutierenden aus den beiden Deutschländern taten, die Kontexte ihrer Argumente mitzudenken, zeigt auch der Einwand von Hans Martin Elster – einem Neffen des bekannten Heine-Herausgebers Ernst Elster –, es sei Heine nicht im Traum eingefallen, auf den kommenden Marxismus hinzuarbeiten. Zu begreifen sei er als der erste moderne Mensch, der seinen menschlichen Gefühlen und Gedanken freien Ausdruck gab, und seinem Anliegen, den Franzosen sein Deutschland zu zeigen, das geheime und freie Deutschland.⁴⁶

Übrigens ging es nicht nur um eine Ost-West-Kontroverse, auch der Prager Paul Reimann betonte mit kritischem Unterton, die These vom modifizierten Hegelianer führe nicht zum Verständnis Heines, den man nur als große selbstständige Figur erfassen könne.⁴⁷ Die massiven Attacken reizten den jungen Siegfried Streller zum Widerspruch. So berechtigt eine Kritik von Harichs Methode auch sei, betonte er, so wenig dürfe übersehen werden, dass er ein grundsätzliches Problem kühn und geistvoll angepackt habe. Die Besonderheit Heines zu erfassen, bedeute nicht, diesen Ansatz zu verwerfen, sondern eben: Heine als Dichter, nicht als Philosoph zu betrachten, der Art nachzugehen, wie er sein Freiheitsideal und Weltbild im künstlerischen und publizistischen Werk wirksam macht.⁴⁸ Auch Alfred Kurella, damals noch Leiter des Becher-Instituts in Leipzig, argumentierte ähnlich. Die Rolle Heines als Dichter-Denker zu behandeln sei richtig gewesen, nur sei das auf einer zu engen Basis geschehen. Harich sei beim »Schulgeheimnis« stehen geblieben, statt das Spezifische von Heines Versuch zu sehen, die Philosophie zu demokratisieren. Überhaupt gehe es heute zunächst einmal darum, Heine wieder populär zu machen, die Periode des Vormärz mit ihrer markantesten Figur Heine zu rehabilitieren oder aber neu zu entdecken.⁴⁹

Das Bemerkenswerte der Konferenz lag nicht so sehr in einer Vielzahl mehr oder weniger fundierter Vorträge, als in der breiten, ja ausufernden freien Debatte, vor allem der zu Harichs Referat.⁵⁰ Man redete zwar aneinander vorbei, aber bemühte sich dennoch, kritisch aufeinander einzugehen. Hans Kaufmanns Vortrag über »Gestaltungsprobleme in Heines ›Wintermärchen‹« trug sicher viel dazu bei, dass sich die Wogen glätteten, denn er war der einzige, der eine solide Werkinterpretation mit gattungstheoretischen Überlegungen zum neuen Genre »versifiziertes Reisebild« verband und die heinesche Subjektivität stringent aus den Bedingungen der aktuellen Kämpfe seiner Zeit herleitete.⁵¹ Den mir bekannten Quellen zufolge, war das Lob dafür einhellig, der namhafte ungarische Gelehrte Turoczi-Trostler schwärmte geradezu, Kaufmann habe den Schritt von der Mikro- zur Makro-Philologie gemacht, das Höchste, wozu Philologie es bringen könne.[52] Diskutiert wurde über Kaufmanns Vortrag freilich kaum; dass er die offiziellen Normen einer am Klassischen orientierten Kunstästhetik in der DDR über den Haufen warf, scheint nicht wahrgenommen worden zu sein. Nur Professor Gerhard Scholz, Kaufmanns wichtigster Lehrer, suchte auf einige Implikationen in dessen Werkanalyse aufmerksam zu machen, von denen her erst eine grundsätzliche Debatte jenseits billiger Konfrontationen zu führen wäre. Die Debatte um Harich aufnehmend, macht er darauf aufmerksam, dass dichterische Aneignung von Philosophie funktionell ist. Das Philosophische – wie auch das Politische – werde in die Metaphorik des künstlerischen Ausdrucks eingebunden. Im dichterischen Werk entstehe ein Ensemblezusammenhang des Poetischen und der rezipierten Theorie, dessen jeweils besondere historische Qualität es zu untersuchen gelte, statt beide künstlich von einander zu isolieren.[53]

Ganz zweifellos war das dichterische Werk Heines auf dieser Konferenz zu kurz gekommen, aber letztlich fiel das Urteil der Teilnehmer doch recht positiv aus. Der Börne-Spezialist Helmut Bock, der als letzter Referent auftrat, schloss seinen Beitrag über Heines ökonomisch-politische Vorstellungen mit dem Bekenntnis, beeindruckt zu sein vom Bemühen der Teilnehmer, in allen Meinungsverschiedenheiten doch das Gemeinsame zu suchen.[54] Dr. Walter Vontin aus Hamburg verbindet seine – natürlich berechtigte – Kritik, dass vom Juden Heine nicht die Rede gewesen sei, mit dem dankbaren Bewusstsein, nun an einer gemeinsamen Sache mitarbeiten zu können: der historisch-kritischen Säkularausgabe Heines.[55] Geradezu euphorisch schließt Bruno Kaiser die Konferenz, in der offenen, freundschaftlichen und manchmal aggressiven Aussprache sei man einander näher gekommen, ja, die Teilnehmer seien in gemeinsamer Freundschaft zu Heine selbst Freunde geworden.[56] Das war zweifellos übertrieben und doch wieder ganz so falsch nicht, denn Klaus Gysi hatte schon während der Konferenz einmal gesagt: schon die Beschäftigung mit Heine sei ein geistespolitisches Programm.[57]

Mehrfach war während der ganzen Veranstaltung versichert worden, das Protokoll der Veranstaltung oder zumindest viele Beiträge würden gedruckt werden. Im Kulturministerium war man auch fest entschlossen dazu, eine Summe von 25000.– Mark und – was fast noch wichtiger war – sogar das Papierkontingent standen zur Verfügung.[58] Doch die Geschichte um das Nichterscheinen wächst sich bald zu einer bitteren Groteske aus. Johanna Rudolph, die nun die Fäden in der Hand hat, nimmt mit der erst vor wenigen Monaten gegründeten literaturwissenschaftlichen Zeitschrift »Weimarer Beiträge« Verbindung auf, um das Protokoll in einem Sonderheft mit erweitertem Umfang veröffentlichen zu können.[59] Eine Redaktionskommission, die sie zugleich vorschlägt, wird zunächst von den Weimarern akzeptiert, aber als aus Berlin Forderungen nach einem Wechsel des Verlags für dieses Heft gestellt werden, wehrt sich die Redaktion vehement gegen solche Einmischung[60] und verweist auf ihre Souveränität – ob ein Redaktionsgremium nötig sei, entscheide sie selbst und niemand sonst.[61] Auch Holtzhauer hatte zunächst seine Bereitschaft erklärt, ein druckfertiges Manuskript herzustellen und in 500 Exemplaren herauszubringen.[62] Allerdings verlangte er dafür volles Vertrauen in die wissenschaftliche und politische Arbeit seiner Forschungsstätten.[63] Als er sich mit dem Vorschlag eines Redaktionsgremiums aus Berlin konfrontiert sah, zog er seine Zusage umgehend zurück.[64] Nun wird Hans Kaufmann mit der Redaktion des Protokolls betraut und Überlegungen über einen geeigneten Verlag beginnen[65], doch die Verhaftung Wolfgang Harichs Ende November 1956 macht die Herausgabe des Protokolls unmöglich.[66] Bruno Kaiser, der sich bewusst war, dass ein Nichterscheinen den Erfolg der Konferenz auslöschen musste und einen gewaltigen Prestigeverlust mit sich bringen würde, schlug schließlich vor, 200 Exemplare im Abzugsverfahren herzustellen und wenigstens an die Teilnehmer zu verschicken.[67] Doch dieser Vorschlag wurde gar nicht erst an die Entscheidungsgremien des Kulturministeriums, geschweige im Zentralkomitee der SED, weitergegeben. Nur wenige Vorträge erschienen dann doch in den »Weimarer Beiträgen«, das Protokoll aber blieb eines der ungedruckten Bücher in der DDR, und die Konferenz versank in Vergessenheit.

Anmerkungen

[1] Stellungnahme des ZK der SED zum 100. Todestag Heinrich Heines. Anlage 11 zum Protokoll der Sitzung des Sekretariats des ZK der SED vom 7. 3. 1976 (Reinschriftprotokoll Nr. 6/56). Stiftung Archiv der Parteien und Massenorganisationen der DDR im Bundesarchiv (SAPMO-BArch) DY 30 J IV 2/3–504. Ich danke der Stiftung für die freundliche Unterstützung meiner Arbeit.

[2] Josef Gabert und Lutz Pries (Hrsg.): SED und Stalinismus. Dokumente aus dem Jahre 1956. Berlin 1990, S. 8 ff.

[3] Vorberatungen hatten bereits im Mai 1955 im Rahmen der Sektion Dichtkunst und Sprachpflege stattgefunden. Eingeladen waren verschiedene Institutionen der DDR, das Protokoll macht deutlich, dass die offiziellen Strukturen noch unklar waren, in den Festlegungen ist von einem Heine-Ausschuss und einem Heine-Kuratorium die Rede. Im Übrigen werden eine Festveranstaltung und eine wissenschaftliche Konferenz in Weimar sowie Publikationen vorgeschlagen. Der Vorschlag, ein Heine-Museum zu schaffen, wird in späteren Besprechungen nicht wieder aufgenommen (AdK Sektion Dichtkunst und Sprachpflege 25. 5. 1955. Kurzprotokoll über die Besprechung am 24. 5. 1955). Natürlich waren in sämtliche Vorberatungen auch die Vertreter der zuständigen Abteilungen im ZK der SED einbezogen, der Abteilung Kunst, Literatur und kulturelle Massenarbeit und der Abteilung Wissenschaft und Propaganda. Das geht aus der Beschlussvorlage vom 2. 9. 1955 hervor, die vom Sekretär des ZK Paul Wandel und dem Leiter der Abteilung Kunst,

Literatur und kulturelle Massenarbeit J. Mückenberger eingebracht wurde. SAPMO-BArch DY 30 J IV 2/3A-487.

4 Abschrift. Entwurf Sekretariatsvorlage (Vertraulich). Bundesarchiv (BArch) DR 1/1328.

5 Sitzung des Sekretariats des ZK der SED vom 28. 9. 1955, Reinschriftprotokoll 38/55. Anlage Nr. 4 Betr. Heine-Ehrung 1956. (Dabei auch:) Deutsche Heine-Ehrung 1956. SAPMO-BArch DY 30 J IV 2/3-487. – Die Änderungen, die in der Beratung des Sekretariats gegenüber der ursprünglichen Beschlussvorlage vorgenommen wurden, sind im ersten Teil des Beschlusses formuliert, genau nachzuvollziehen sind sie im handschriftlich korrigierten Text des Arbeitsprotokolls der Sitzung. SAPMO-BArch DY 30 J IV 2/3A-487.

6 Im Unterschied dazu gab es in einem Bericht an das Kollegium des MfK im Januar noch eine klare Festlegung: Veranstalter sei das Heinrich-Heine-Komitee in Verbindung mit den NFG Weimar, dem Staatssekretariat für Hochschulwesen, der Deutschen Akademie der Künste, der Deutschen Akademie der Wissenschaften. Informatorischer Bericht des HA-Leiters Peter Nell im Kollegium am Fr., d. 20. 1. 1956 über die Heine-Ehrung. BArch DR 1/1390.

7 HV Schöne Literatur P. Nell/M. Kobs: Zwischenbericht zur Vorbereitung der Heine-Ehrung 1956. 30. 7. 1955. BArch DR 1/1390.

8 P. Nell an A. Abusch 27. 10. 1955. BArch DR 1/1390.

9 Johanna Rudolph schrieb am 2. 12. 1955: »Schade, daß die Sache ein wenig spät beginnt.« BArch DR 1/1390.

10 Siehe Anm. 5: Anlage Nr. 4 Betr. Heine-Ehrung 1956. SAPMO-BArch DY 30 J IV 2/3-487.

11 (Eröffnungsrede) BArch DR 1/1389.

12 Bericht des Sekretariats des Heinrich-Heine-Komitees über die Vorarbeiten und den Ablauf der Festtage am 17., 18. und 19. Februar 1956. BArch DR 1/1328.

13 Peter Nell an Alexander Abusch 9. 2. 1956. BArch DR 1/1390.

14 Hans Kaufmann: Politisches Gedicht und klassische Dichtung. Heinrich Heine: Deutschland. Ein Wintermärchen. Berlin 1958 (Das Vorwort ist auf Dezember 1956 datiert. D. S.)

15 Protokoll der Gründungssitzung des Heinrich-Heine-Komitees am 8. 12. 1955 in der Akademie der Künste. BArch DR 1/1389.

16 Er hatte wegen eines Delegationsbesuches abgesagt. NFG Direktor Helmut Holtzhauer an Peter Nell. 2. 12. 1955. BArch DR 1/1390.

17 NFG Helmut Holtzhauer an Amt für Literatur 18. 11. 1955. BArch DR 1/1390.

18 Peter Nell an Alexander Abusch 4. 4. 1956 (Information über eine Besprechung im MfK über die Historisch-kritische Heine-Ausgabe). BArch DR 1/1390. – Ob Harich über solche Pläne informiert war, ist unklar. Möglich ist es, dass er als Verlagsmann und Herausgeber mit Beziehungen im Wissenschaftsbereich in informelle Vorabsprachen einbezogen war.

19 NFG Direktor Helmut Holtzhauer an den Direktor der Landesbibliothek Düsseldorf Dr. Galley 29. 5. 1956. BArch DR 1/1390.

20 H. M. Elster an Leo Menter 9. 6. 1956. BArch DR 1/1390.

21 HA Schöne Literatur. (Manfred Kobs:) Aktennotiz vom 3. 3. 1956. BArch DR 1/1390.

22 Informatorischer Bericht des HA-Leiters Peter Nell im Kollegium am Fr., d. 20. 1. 1956 über Heine-Ehrung. BArch DR 1/1390. – Allerdings geht aus dem Abschlussbericht Leo Menters vom 1. 8. 1956 hervor, dass für ihn, den Sekretär des Heine-Komitees, noch zu diesem Zeitpunkt keine Klarheit über den verantwortlichen Träger der Konferenz und die Auswahl der Einzuladenden bestand. Er beklagt, dass die NFG Weimar ohne Kenntnis des Sekretariats bereits 1955 Vorbereitungen für eine wissenschaftlichen Konferenz betrieben und einen Briefwechsel geführt hätten. (Leo Menter: Abschlußbericht des Sekretariats des Heinrich-Heine-Komitees 1956. 31. 7. 1956. BArch DR 1/1390.)

23 Peter Nell an Alexander Abusch 4. 4. 1956. BArch DR 1/1389.
24 Haupt: Aktennotiz 19. 4. 1956. Betr. Rücksprache mit Direktor Holtzhauer am 13. 4. 1956. BArch DR 1/1389. – In einem späteren Brief beklagt sich der Stellvertretende Direktor der NFG Louis Fürnberg darüber, alle zur Heine-Konferenz führenden Vorschläge seien von Weimar aus gemacht worden, das Weimarer Institut habe eine entscheidende Vorarbeit geleistet. Dieser Tatsache werde aber in Berlin nicht Rechung getragen. Louis Fürnberg an Johanna Rudolph 7. 11. 1956. BArch DR 1/1390.
25 Protokoll der Arbeitsbesprechung am 23. 5. 1956 über die Heine Konferenz. BArch DR 1/1403. – Im Protokoll heißt es, der vorbereitenden Kommission sei es nicht gelungen, Material und Persönlichkeiten, die für den Inhalt der Konferenz bestimmend sind, zusammenzubringen.
26 Haupt: Aktennotiz 19. 4. 1956. Betr. Rücksprache mit Direktor Holtzhauer am 13. 4. 1956. BArch DR 1/1389
27 Heinrich-Heine-Ehrung der DDR 1956. Stenographisches Protokoll der Wissenschaftlichen Heine-Konferenz in Weimar vom 8.–13. Oktober 1956. BArch DR 1/1387. – Vgl. Helmut Holtzhauer: Zur Säkularausgabe von Heines Werken, Briefwechsel und Lebenszeugnissen. – In: Weimarer Beiträge 1957/ II, S. 267 ff.
28 Reinschriftprotokoll der Sitzung des Sekretariats des ZK der SED Nr. 6/56 vom 7. 3. 1956, Anlage Nr. 11: Stellungnahme des ZK der SED zum 100. Todestag Heinrich Heines. – Die Stellungnahme war nicht beraten worden, sondern wurde im Umlauf bestätigt.
29 Stephan Hermlin: Über Heine. – In: Stephan Hermlin: Äußerungen 1944–1982. Hrsg. v. Ulrich Dietzel. Berlin und Weimar 1983, S. 209 ff.
30 Leo Menter: Abschlußbericht des Sekretariats des Heinrich-Heine-Komitees 1956. 31. 7. 1956. BArch DR 1/1390.
31 Haupt: Aktennotiz 13. 6. 1956. BArch DR 1/1391.
32 Manfred Kobs, Abteilungsleiter HA Schöne Literatur an Koll. Schmidt, Abteilung Haushalt. 1. 8. 1956. BArch DR 1/1389.
33 Hans Kaufmann: Gedanken zur wissenschaftlichen Konzeption der Heine-Tagung. BArch DR 1/1328.
34 Eingeladen waren Bruno Kaiser, Heinz Kamnitzer, Alfred Kantorowicz, Wolfgang Harich, Hans Kaufmann, Helmut Holtzhauer, Johanna Rudolph u. a. Manfred Kobs: Aktennotiz für Koll. Nell. 2. 3. 56. BArch DR 1/1328.
35 Protokoll der Sitzung der Vorbereitenden Kommission zur wissenschaftlichen Konferenz des Heinrich-Heine-Komitees. 9. 3. 1956. BArch DR 1/1389.
36 Vgl. Besprechung am 20. 3. 56 bei Gen. Rudolph. BArch DR/1385.
37 Manfred Kobs: Bericht zur Vorbereitung der wissenschaftlichen Heine-Konferenz. 21. 6. 1956. BArch DR 1/1391.
38 HA Schöne Literatur. Aktenvermerk 14. 7. 1956. BArch DR 1/1391. – Als Referenten aus der DDR nennt er: Hans Mayer (Heine und die Romantik), Hans Kaufmann (Heine und Marx), Bruno Kaiser (Heine und Weerth), Walter Dietze (Heine und das Junge Deutschland), Wolfgang Harich (Heines philosophische Anschauungen). Außerdem werde Stephan Hermlin gebeten zu sprechen.
39 Protokoll der Arbeitsbesprechung am 5. 9. 1956. BArch DR 1/1403.
40 Johanna Rudolph: Wissenschaftliche Heine-Konferenz vom 8.–13. Oktober 1956 (13. 9. 1956). BArch DR 1/1385.
41 Auf der Heine-Konferenz trat Alexander Dymschitz mit einem Referat über »Heinrich Heine in Rußland und der Sowjetunion« auf. BArch DR 1/1387, S. 237.

42 Vgl. dazu Wolfgang Harich: Keine Schwierigkeiten mit der Wahrheit. Zur nationalkommunistischen Opposition 1956 in der DDR. Berlin 1993, S. 54. – Siehe auch Siegfried Prokop: Ich bin zu früh geboren. Auf den Spuren Wolfgang Harichs. Berlin 1997, S. 93.
43 Dr. Wolfgang Harich: Heines Bild der klassischen deutschen Philosophie. BArch DR 1/1387.
44 Wolfgang Harich (Schlußwort). BArch DR 1/1387. – Im Schlusswort formuliert Harich noch einmal sein Anliegen, das Vorurteil zu widerlegen, dass die Klassiker des deutschen Idealismus Kant, Fichte und Hegel reaktionäre Erscheinungen seien. Heine sei für ihn Kronzeuge, dass die klassische deutsche Philosophie eine progressive und revolutionäre Bedeutung habe.
45 Dr. Wolfheim, Hamburg (Erste Diskussionsrede). BArch DR 1/1387, S. 96 ff. – Die Rede von Hans Wolfheim hatte das Thema: »Heine und die deutsch-französischen Beziehungen«. BArch DR 1/1387, S. 214 ff.
46 Dr. Hans Martin Elster (Diskussionsrede). BArch DR 1/1387, S. 85 ff.
47 Paul Reimann (Diskussionsrede). BArch DR 1/1387, S. 88 ff. – In seinem vorbereiteten Vortrag befasste sich Paul Reimann mit der »Wirkung Heines auf die tschechische Literatur«. BArch DR 1/1387, S. 276).
48 Siegfried Streller (Diskussionsrede). BArch DR 1/1387, S. 125 ff.
49 Alfred Kurella: Zur Kontroverse um das Thema des Hauptvortrags: Philosophische Haltung Heines. BArch DR 1/1387. – Vgl. auch: Diskussionsrede Heine-Tagung Weimar. 10. 10. 1956 (hs. Notizen). Stiftung Archiv der Akademie der Künste. Alfred-Kurella-Archiv Sign. 246.
50 Deshalb wurde die Tagung über den ursprünglich vorgesehenen Zeitraum hinaus verlängert, nachdem zuvor schon angekündigt worden war, auf den Vortrag einer Reihe von Beiträgen zu verzichten,. BArch DR 1/1387, S. 211. 213.
51 Hans Kaufmann: Gestaltungsprobleme in Heines »Wintermärchen«. – In: Weimarer Beiträge 1957/ II, S. 244–266.
52 Prof. Turoczi-Trostler (Budapest): Zur Weltliterarischen Stellung Heines. BArch DR 1/1387, S. 259 ff.
53 Prof. Gerhard Scholz (Diskussionsrede). BArch DR 1/1387, S. 149 ff.
54 Helmut Bock (Leipzig). BArch DR 1/1387, S. 283 ff.
55 Dr. Walter Vontin (Hamburg). BArch DR 1/1387, S. 289.
56 Prof. Dr. Kaiser (Zum Abschluß). BArch DR 1/1387, S. 296.
57 BArch DR 1/1387, S. 140a.
58 Johanna Rudolph an Peter Nell. Aktenvermerk 30. 11. 1956. BArch DR 1/1403.
59 Johanna Rudolph an Dr. Bruno Kaiser 16. 10. 1956. BArch DR 1/1390.
60 Louis Fürnberg an Johanna Rudolph 30. 10. 1956. BArch DR 1/1385.
61 Louis Fürnberg an Johanna Rudolph. 7. 11. 1956. BArch DR 1/1390.
62 Helmut Holtzhauer an Peter Nell 18. 10. 1956. BArch DR 1/1385.
63 Helmut Holtzhauer an Peter Nell 20. 11. 1956. BArch DR 1/1403.
64 Helmut Holtzhauer an Peter Nell 26. 11. 1956. BArch DR 1/1403.
65 Johanna Rudolph an Bruno Kaiser 19. 11. 1956. BArch DR 1/1390.
66 Peter Nell Aktennotiz 4. 12. 1956. BArch DR 1/1390.
67 Johanna Rudolph: Aktenvermerk 9. 1. 1957. BArch DR 1/1390.

Heine, Handke und die Folgen

Von Hartmut Steinecke, Paderborn

1. Der »Heine-Preis der Landeshauptstadt Düsseldorf« 2006

»Zu Ehren ihres großen Sohnes, des Dichters Heinrich Heine, der mit seinem Werk der ganzen Menschheit gehört, stiftet die Landeshauptstadt Düsseldorf zu seinem 175. Geburtstag den Heine-Preis.« Diese Stiftung von 1971 war, trotz des heute etwas pathetisch klingenden Tones, eine kulturpolitische Tat. Zwar sieht der bestimmte Artikel (*den* Heine-Preis) nicht nur über den 1937–39 vom »Schutzverband deutscher Schriftsteller« in Paris verliehenen Heine-Preis hinweg, sondern auch – und das wohl demonstrativ – über den seit 1957 bestehenden Heine-Preis der DDR. (Auch Düsseldorf selbst hätte bereits fast einmal einen Heine-Preis gestiftet, der dann aber auf einmal – wieder – Immermann-Preis hieß.) Aber besser spät als nie. Die Entscheidungen über die Preisträger fanden nicht durchweg Beifall, aber auch nur selten fundierte Kritik. Einige der gekürten Schriftsteller – im letzten Jahrzehnt Hans Magnus Enzensberger, W. G. Sebald, Elfriede Jelinek, Robert Gernhardt – brachten dem Preis ein wachsendes Prestige. Um im Heine-Gedenkjahr 2006 den Preis auch finanziell in die Spitzengruppe deutscher Literaturpreise zu bringen, verdoppelte die Stadt die Summe auf 50.000 Euro – das verdient uneingeschränktes Lob.

Zum 16. Preisträger wählte das Preisgericht am 20. Mai 2006 Peter Handke. Nachdem dieser erklärt hatte, dass er die Auszeichnung »mit Freude« annehme, meldete das Presseamt der Stadt am 23. Mai die gute Nachricht, rühmte den Preis und dessen »finanzielle Ausstattung«. Zitiert wurde aus der Satzung, der Preis werde durch den Rat der Stadt »aufgrund einer Entscheidung des Preisgerichts« an

> Persönlichkeiten verliehen, die durch ihr geistiges Schaffen im Sinne der Grundrechte des Menschen, für die sich Heinrich Heine eingesetzt hat, den sozialen und politischen Fortschritt fördern, der Völkerverständigung dienen oder die Kenntnis von der Zusammengehörigkeit aller Menschen verbreiten.

Schließlich folgte die Begründung des Preisgerichts:

> Eigensinnig wie Heinrich Heine verfolgt Peter Handke in seinem Werk seinen Weg zu einer offenen Wahrheit. Den poetischen Blick auf die Welt setzt er rücksichtslos gegen die veröffentlichte Meinung und deren Rituale.

Die ersten Berichte in den Zeitungen und im Internet würdigten den Preis und den »bekannten österreichischen Schriftsteller«, der gelegentlich »umstritten« genannt wurde. Sehr bald tauchte jedoch der Begriff »Skandal« auf. Man erinnerte an Handkes Haltung zum Balkankrieg in seinen Schriften und Interviews, vor allem an seine Verteidigung des Serbenführers Milošević, der vom Haager Kriegsverbrechertribunal verurteilt wurde und an dessen Beerdigung Handke teilgenommen hatte. Der Kommentator der Düsseldorfer »Rheinischen Post«, Godehard Uhlemann, gab den politischen Tenor vor: »Düsseldorfs unsensible Entscheidung ist ein Skandal angesichts der Toten der Balkankriege.«

Die Redakteure der Zeitung baten einige »Prominente« um ihre Meinung und veröffentlichten deren überwiegend ablehnende Kommentare. In den nächsten Tagen befassten sich die Feuilletons der meisten überregionalen Tageszeitungen und Wochenzeitschriften in Meldungen, Kommentaren, Interviews mit dem »Fall«, fast ausschließlich kritisch:

»Frankfurter Allgemeine Zeitung«, Hubert Spiegel: »Heine wird verhöhnt [...] unglaubliches Schauspiel«;

»Die Welt«, Hans Christoph Buch: »Die falsche Entscheidung zur falschen Zeit am falschen Ort«;

»Süddeutsche Zeitung«, Johannes Willms: »es ist schlimmer als ein Fehler, eine Dummheit, gegen die man den Namenspatron [...] in Schutz nehmen muss«;

»Der Spiegel«, Matthias Matussek: »Skandal mit Ansage – eines der bizarrsten Spektakel der letzten Jahre«.

Dazu kam ein Chor weiterer Literaturkritiker.

Marcel Reich-Ranicki: »Empörende Beleidigung und Verhöhnung des Dichters Heine«;

Hubert Winkels: »ein Schildbürgerstreich«;

Hellmuth Karasek: »erschreckend und peinlich, dass ausgerechnet Heines Geburtsstadt [...] den Namen ihres großen Dichters durch diese Preisverleihung in Misskredit bringt«.

Schriftstellerkollegen äußerten sich ähnlich. Günter Kunert, Heine-Preisträger 1985, zeigte sich entsetzt, dass der »Barde des Diktators« im Namen Heines ausgezeichnet werden solle. Und Günter Grass betonte, Schriftsteller dürften keinen »Geniebonus« erhalten, wenn sie politisch den »gemeingefährlichsten Unsinn« mitmachten. Verteidiger Handkes waren kaum zu hören oder zu lesen, selten blieben auch eher gelassene Stimmen wie die von Joseph A. Kruse, des Direktors des Heinrich-Heine-Instituts, der bekannte, er sei kein »Anhänger von Handke«; da die Jury aber nun einmal diese Entscheidung getroffen habe, könne er »damit leben«, schließlich klebe an Handkes »Händen kein Blut«.

Auch zahlreiche Politiker äußerten – gefragt und ungefragt – ihre Meinungen: bekannte – NRW-Ministerpräsident Jürgen Rüttgers (»nicht nachzuvollziehen«) oder Grünen-Fraktionsvorsitzender Fritz Kuhn (»empörend«, »Entscheidung rückgängig machen«) – und weniger bekannte, Stadtratsmitglieder, Landtagsabgeordnete, Europaparlamentarier und das parteiübergreifend. Der politische Druck auf den Oberbürgermeister Joachim Erwin – zugleich Vorsitzender des Preisgerichts – und den Stadtrat nahm zu, in diesem Gremium selbst mehrten sich die Stimmen, das Votum der Jury nicht zu akzeptieren. Sprecher verschiedener Fraktionen äußerten, sie würden gegen die Verleihung stimmen, um den guten Ruf der Stadt zu schützen. Besorgt um den guten Ruf Nordrhein-Westfalens und Deutschlands zeigten sich viele Mitglieder des Landtages in Düsseldorf. In einer Fragestunde am 31. Mai mit dem »Fall« befasst, war man sich weitgehend einig darin, dass die Entscheidung der Jury verhängnisvoll sei und korrigiert werden müsse. In der öffentlichen Diskussion wurden diese Ankündigungen als Drohungen und die Drohungen als Entscheidungen gewertet. Fortan lauteten die Schlagzeilen: »Kein Heine-Preis für Handke«.

Damit begann eine zweite Diskussionswelle, von der die erste weitgehend überlagert wurde: Es ging nun weniger um die Eignung Handkes für den Heine-Preis als um das Verhältnis von Kunst und politischer Macht. Viele, nicht nur Politiker, begrüßten den »Sieg der Vernunft in der letzten Minute« (Tilman Krause, Die Welt), noch mehr wandten sich entrüstet gegen das Diktat der Politik und sahen die im Grundgesetz garantierte »Freiheit der Kunst« in Gefahr. Diese Ansicht wurde in unterschiedlicher Vehemenz gegen die Befürworter einer Ablehnung des Jury-Urteils gewendet. Damit geriet man allerdings nolens volens auch zum Befürworter der Preisverleihung an Handke, die man zuvor vielleicht abgelehnt hatte. Das führte zu gequälten Formulierungen wie der Stellungnahme von Imre Török, dem Vorsitzenden des Verbandes Deutscher Schriftsteller: Beim Thema Milošević könne er Handke nicht folgen; die Entscheidung für ihn sei problematisch, aber gefallen: »Als Verbandsvorsitzender will ich aber noch immer eine zarte Lanze für die Kunstfreiheit ergreifen, obwohl ich weiß, dass ich mich da als Advocatus Diaboli betätige.« Deutlich wird: Nun verliefen in der Diskussion die Frontlinien teilweise deutlich anders als zuvor.

Vor allem waren es natürlich Schriftsteller, die sich scharf gegen die Einmischung der Politiker wandten. Die Nobelpreisträgerin Elfriede Jelinek verurteilte die wachsende hysterische »Hetze« gegen ihren Landsmann, ebenso Marlene Streeruwitz (»So beginnt der Weg zu Zensur und Unfreiheit«) und Robert Menasse: »Wenn Politik so hinein regieren kann in geistige und kulturelle Debatten, dann ist das ein unglaublicher Skandal.« Auch die Chefin des Suhrkamp Verlages, in dem Handkes Werke erscheinen, Ulla Unseld-Berkéwicz, trat für ihren bedrängten Autor ein:

Handke werde »diffamiert«, der Umgang mit ihm sei ein »Zeichen für den drohenden Bankrott unserer Kultur«. Mehrere Schriftsteller-Vereinigungen schlossen sich diesen Protesten an: der Deutsche PEN, der Verband Deutscher Schriftsteller, die IG Autorinnen und Autoren, deren Geschäftsführer Gerhard Ruiss einen »glasklaren Fall von Zensur« erkannt.

Und Handke selbst? Die FAZ bot ihm bereits am 29. Mai ein Forum, seine Haltung zu den jugoslawischen Kriegen, den Verbrechen der Serben und Milošević's noch einmal zu erklären, Interviewäußerungen, die bereits früher für Empörung gesorgt hatten, abermals zu widerrufen oder richtigzustellen. Und auch in der »Süddeutschen Zeitung« vom 1. Juni erhielt er Gelegenheit zu appellieren: »Hören wir endlich einander zu, statt uns aus feindlichen Lagern anzubellen und -zuheulen«. Dieses Bedürfnis war allerdings gering, die Angriffe auf ihn nahmen ungeachtet solcher Klärungsversuche zu und verschärften sich. So schrieb Handke am 2. Juni an den Oberbürgermeister, der ihm in der Vorwoche die Auszeichnung angetragen hatte. Er teilte ihm mit, dass er sein Werk »nicht wieder und wieder Pöbeleien solcher wie solcher Parteipolitiker ausgesetzt sehen möchte«, und er gab ihm den Ratschlag, »sich und der Welt« eine Sitzung des Stadtrats über die Rücknahme des Preises »zu ersparen« und »die Stadträte an die frische Luft zu entlassen, z. B. zu einem Picknick an den Rhein.«

Der Oberbürgermeister stimmte in seiner Antwort Handkes Einstellung und Schelte ausdrücklich zu:

> kein Picknick für Hasenfüße, die sich in hellem Aufruhr um den kühlen Verstand bringen und in ihrer vorauseilenden Angst panisch alles niedertrampeln [...]. Welch eine Chance wurde vertan in der zweifelhaften Manier, um jeden Preis und alles in der Welt politically correct dazustehen [...]. Es stimmt mich traurig, dass unter den politischen Kräften der Stadt, der ich als Oberbürgermeister die Ehre habe vorzustehen, sich nur so wenige finden, den Dichtern und Künstlern in ihrem eigensinnigen Schaffen Gehör zu schenken. Offenbar fehlt es den meisten an Schneid [...].

Verständlich, dass einige Ratsmitglieder solche Charakterisierungen ihrer Person in der Öffentlichkeit mit Gegenangriffen beantworteten und ihrerseits das Demokratieverständnis des Oberbürgermeisters anzweifelten. Allerdings reagierten einige auch nicht gerade sehr demokratisch, wenn sie zur Verhinderung des ungeliebten Jury-Entscheids eine Abstimmung im Stadtrat forderten. Denn in der Satzung stand – wie in der Pressemitteilung der Stadt vor Beginn des Skandals richtig zitiert –, dass der Stadtrat eine »Entscheidung« des Preisgerichts vollziehe, nicht etwa über eine Empfehlung abzustimmen habe; sowie, dass diese Entscheidung »unabhängig und endgültig« getroffen werde. Da städtische Juristen die Satzung verfasst haben dürften, werden sie wissen, ob sie damit Interpretationsräume öffnen oder verhindern wollten ...

Und so ging es weiter. Das Ausschnittarchiv des Heinrich-Heine-Instituts Düsseldorf hat in acht umfangreichen Ordnern das publizistische Echo auf die Preisverleihung gesammelt – wilde Polemiken und kluge Kommentare, spöttische Glossen und ernsthafte Analysen, nicht selten garniert mit Düsseldorfer Insiderinformationen, mit Betrachtungen sowohl aus der Lokalperspektive als auch im Horizont des politischen Weltgeschehens und der allgemeinen Fragen von Kunst und Politik, Meinungsfreiheit und Zensur.

2. Das Preisgericht: »Eigensinnig wie Heine ... zu einer offenen Wahrheit«

Im Mittelpunkt der Angriffe stand von Beginn an das Preisgericht, zunächst wegen seiner Entscheidung für Handke, sodann wegen seines Verhaltens gegenüber den politischen Angriffen. Zudem wurde bald bekannt, dass einige Mitglieder Handkes Werke gar nicht oder nur oberflächlich kannten. Der eine oder andere begründete sogar die Revision seiner Zustimmung damit, dass er erst aus dem Presseecho etwas über die politischen Einstellungen Handkes erfahren habe. Solche gravierenden Defizite sind zu erklären – nicht zu entschuldigen – durch die Zusammensetzung der Jury, in der ausgewiesene Literaturkenner in der Minderheit sind. Das wiederum ist eine Folge der Satzung. Sie sieht nicht weniger als zwölf Mitglieder vor, davon allein fünf politische Funktionsträger aus der Stadt; von den übrigen sieben (die über zwei Stimmen verfügen) kommt eines aus der Landesregierung, ein weiteres Mitglied, ebenfalls qua Amt, ist der Rektor der Heinrich-Heine-Universität, also nicht unbedingt ein Literaturkenner. Vier Mitglieder werden vom Rat gewählt – nicht notwendigerweise wegen ihrer Kenntnis der zeitgenössischen Literaturszene (so 2006 – neben der Literaturkritikerin Sigrid Löffler und dem Literaturwissenschaftler Jean-Pierre Lefebvre – der Potsdamer Historiker Julius H. Schoeps und der frühere Berliner Senator Christoph Stölzl). Schließlich eine einzige Person, die nicht qua Amt oder Wahl durch den Stadtrat hinzukommt, vorgeschlagen von der Heinrich Heine-Gesellschaft.

Die derart heterogen zusammengesetzte Jury bot in der Tat vielerlei Angriffsflächen. Zwar unterzeichneten zunächst auch die Überstimmten den Würdigungstext des gewählten Preisträgers; dies war jedoch zugleich der letzte gemeinsame Akt. Als die Angriffe gegen die Wahl Handkes zunahmen, schwiegen die einen unter Berufung auf die (nirgendwo geforderte) Vertraulichkeit der Sitzung, andere gingen umso lautstärker an die Öffentlichkeit und berichteten vielerlei Interna: die späte und ungenügende Information über die Nominierten, die zum großen Teil rudimentäre Kenntnis der Werke und politischen Äußerungen Handkes, das Abstimmungsverhalten einzelner Mitglieder. So kam es auch zu keiner gemeinsamen Erklärung der

Jury zu ihrem Votum und – was sicher am wichtigsten gewesen wäre – gegen den politischen Druck wegen dieser Entscheidung. Zwei Preisrichter verließen die Jury: Löffler, die als die energischste Befürworterin Handkes bezeichnet wurde, und Lefebvre. Sie begründeten ihren Austritt in der »Süddeutschen Zeitung« vom 2. Juni mit dem opportunistischen Verhalten der meisten Mitjuroren und der Einmischung der Politiker. In kräftigen Worten prangerten sie, teils zornig, teils ironisch, das »Düsseldorfer Hysterienspiel« an, das »Dada-Spektakel, dargeboten von den ausgewiesenen Literaturkennern im Stadtrat und in der Landesregierung und verstärkt durch den Chor so prominenter Handke-Exegeten wie Jürgen Rüttgers oder Fritz Kuhn; die Skandalisierung Handkes scheint [...] ein willkommener Anlass gewesen zu sein, um intern politische Rechnungen unter alten Feinden zu begleichen«. Zwar: »Niemand wird Handkes bizarre Aktionen in Sachen Milošević nachvollziehen oder gar billigen wollen. Auch seine Auffassungen zur Balkanpolitik muss man nicht teilen.« Das rechtfertige jedoch nicht die »blindwütige Aggressivität«, mit der Handke »mundtot gemacht und in seinem Werk beschädigt werden soll«.

Die Empörung über die Einmischung der Politiker ist zu verstehen, weniger überzeugend wirken die Gegenangriffe. Die Verweigerung eines Preises macht einen Autor nicht »mundtot«; Handke erhielt im Gegenteil in mehreren Medien ein Forum, seine Ansichten zu Serbien und Milošević abermals darzulegen, die Preis-Affäre zu kommentieren und seine sämtlichen Werke – insgesamt sechs – zur Jugoslawien-Thematik vorzustellen und zur Lektüre zu empfehlen.

Die Kernfrage der Gegner einer Ehrung Handkes ließen die beiden Juroren unbeantwortet: Warum soll der Dichter ausgerechnet einen Preis für Achtung der »Grundrechte des Menschen«, »politischen Fortschritt« und »Völkerverständigung« erhalten? Gerne hätte man von Sigrid Löffler eine ausführlichere Begründung, also eine Würdigung des politischen Schriftstellers Handke anhand dieser drei zitierten Leitbegriffe, gelesen. Das wäre auch eine gute Gelegenheit gewesen, die hohlen Formulierungen der Laudatoren-Prosa vergessen zu lassen. Denn »Eigensinn« ist ein wahrlich winziger gemeinsamer Nenner zwischen Heine und Handke. Und: worin die »offene Wahrheit« in Handkes Texten über die Balkankriege liegt, die »zu Ehren« Heines ausgezeichnet werden soll, erführe man auch gerne genauer. (Handkes bedeutendes Lebenswerk auf diesen Ausschnitt ›Jugoslawienkriege‹ zu reduzieren, ist zwar einseitig, aber seit über einem Jahrzehnt steht diese Thematik eindeutig im Mittelpunkt seines Schreibens und Handke glaubte sich daher zu Recht eben dafür ausgezeichnet: »Mir dünkt, mich bedünkt, für diese Schriften ist der Heinrich-Heine-Preis«, so betonte er in seinem Artikel in der FAZ.)

Wie konnte es überhaupt zu einem Votum kommen, das dem Stadtrat missfiel – angesichts der starken Präsenz der politischen Funktionsträger verbunden mit ihrer Entscheidung bei der Auswahl der »freien« Mitglieder? Wie konnte die notwendige

Zweidrittelmehrheit zustande kommen? Es war wohl nicht nur die Eloquenz der Handke-Befürworter, sondern in erster Linie die schlechte Vorbereitung und die Unkenntnis der potentiellen Handke-Gegner. Dazu kam noch, als ironische Pointe, das Verhalten des obersten Kulturbeamten des Landes, des Staatssekretärs für Kultur, Hans-Heinrich Grosse-Brockhoff. Der zwölfte Mann der Jury, früherer Kulturdezernent in Düsseldorf und zerstritten mit seinem damaligen Dienstvorgesetzten und Parteifreund, dem Oberbürgermeister, nahm nicht an der Sitzung teil, die von diesem geleitet wurde. Er äußerte danach, er hätte gegen Handke gestimmt; damit wäre die Mehrheit für diesen verhindert worden. Die »Lokalposse« erhielt eine landesweite Dimension, als der Fall im Landtag zur Sprache kam. Nun stellte sich der Ministerpräsident, der sich bereits gegen Handke ausgesprochen hatte, vor seinen Staatssekretär – nicht nur die Opposition genoss das peinliche Spektakel.

3. Die Nicht-Verleihung: das Ende der Affäre?

Die Überreichung des Heine-Preises in einer Feierstunde an Heines Geburtstag, am 13. Dezember 2006, »bildet« – so hieß es in der eingangs zitierten offiziellen Mitteilung der Stadt im Mai im zukunftsgewissen Präsens des Faktischen – den »würdigen Abschluss« des Heine-Jahres 2006.

An diesem Tag erinnerte nochmals die eine oder andere Notiz in der Tagespresse an den Streit, man fragte nach dem Stand der Dinge (»Düsseldorfer Scherbenhaufen«, Andreas Rossmann, FAZ). Offen war noch immer fast alles: Hat Handke den Preis eigentlich abgelehnt? Hat der Rat irgendeine Entscheidung getroffen? Haben die schlechten Erfahrungen mit der Satzung und mit der nach deren Bestimmungen gewählten Jury Folgen für die Zukunft? Hat ein derart beschädigter Preis überhaupt eine Zukunft?

Zum Heine-Geburtstag erschien eine erste Buchpublikation über den Preis von dem Journalisten Peter Jamin: »Der Handke-Skandal. Wie die Debatte um den Heinrich-Heine-Preis unsere Kultur-Gesellschaft entblößte«. Diese Streitschrift bringt zwar viele Zitate, mischt aber ständig Fakten mit Spekulationen und Gerüchten, vor allem: Sie teilt nach allen Seiten mit kräftigsten Worten aus. Die Schelte gilt in erster Linie der Düsseldorfer »Kulturgesellschaft«, den verschiedensten Institutionen und Repräsentanten der Düsseldorfer »Heine-Pflege« – sei es wegen ihrer Äußerungen oder ihrer nicht erfolgten Äußerungen. Man hat oftmals das Gefühl, dass auch hier – wie Löffler im Blick auf die Politiker formuliert hatte – zugleich ältere Rechnungen beglichen werden.

Für den Nicht-Düsseldorfer sind diese Lokalintrigen und -possen nur in sehr begrenztem Maße interessant und unterhaltsam. Seine Zwischenbilanz am Ende des Heine-Jahrs 2006 lautet: Die Verantwortlichen des Heine-Preises haben sich in eine Sackgasse manövriert. Sie haben bisher nicht zu erkennen gegeben, wie sie weiter verfahren wollen.

Es wäre bedauerlich, wenn man, um künftigem Ärger vorzubeugen, den Preis einstellen würde – bei seinen Vorläufern bedurfte es dazu immerhin des Einmarsches der deutschen Truppen in Paris 1940 und des Falls der Mauer 1989.

Es wäre beschämend, wenn man glaubte, den Fall aussitzen, auf das kurze Gedächtnis der Öffentlichkeit vertrauen zu können und daher 2009 weitermachte, als sei nichts geschehen.

Es wäre sinnvoll, die Satzung zu ändern und zu präzisieren: eine kleinere Jury mit weniger Amtsträgern, weniger Politikern, weniger Düsseldorfern, auch de facto unabhängig.

Es wäre vor allem sinnvoll und notwendig, über das erwünschte Preisträgerprofil neu nachzudenken. Die in der Satzung gegebenen Bestimmungen wurden bereits angeführt: eine Persönlichkeit, die die Grundrechte achtet, den sozialen und politischen Fortschritt fördert, der Völkerverständigung dient oder die Kenntnis von der Zusammengehörigkeit aller Menschen verbreitet. Die Persönlichkeiten müssen also nicht etwa als Dichter und/oder politische Schriftsteller ausgewiesen sein, sondern durch eine bestimmte politische Haltung. Genauer sollte man vielleicht nicht nachfragen, weil man dann darüber diskutieren müsste, ob der Preis etwa für politische Gesinnung vergeben werden soll. Bekanntlich ist auch durchaus umstritten, wer bestimmt, ob jemand den »sozialen und politischen Fortschritt« im Lande verkörpert (CDU? die Linke? der Heine-Preisträger Kunert oder die Heine-Preisträgerin Jelinek?). Interessant wäre es auch zu erfahren, wie das »oder«, das eine Alternative ankündigt (Fortschritt oder Zusammengehörigkeit der Menschen; was heißt, im übrigen, »Zusammengehörigkeit«?) zu verstehen sei. Dass Handke diesem politischen Profil nicht gerecht wird, werden wohl auch die Liebhaber seines »poetischen Blicks auf die Welt« zugeben. Wie auch immer: Das in der Satzung skizzierte Preisträgerprofil zielt eigentlich mehr auf einen weisen Bundespräsidenten als auf einen streitbaren (zu schweigen von »revolutionären«) Dichter. Sollte man nicht den Preis von diesen detaillierten politischen Auflagen entlasten und für seine Ausrichtung als Leitfaden nehmen, was die Satzung zu Recht an den Anfang gesetzt hat als Ziel des Preises: »Zu Ehren [...] des Dichters Heinrich Heine«? Das allerdings dürfte nicht ohne weiteres heißen: »im Sinne Heines«, denn das würde zu krampfhaftem Bemühen führen, Gemeinsamkeiten und Anknüpfungspunkte zu suchen. Das hat die Diskussion gezeigt; zum Beispiel wurde Handkes Einstellung zu Milošević in »Parallele« zu Heines Napoleon-Begeisterung gebracht ...

Es wäre schließlich sinnvoll und notwendig, mit diesem Neustart offensiv und öffentlich umzugehen, zum Beispiel indem man eine der hochkarätigen »Heine-

Institutionen« vor Ort – das Heinrich Heine-Institut oder die Heinrich Heine-Universität mit ihren Literatur- und Kulturwissenschaftlern – bäte, eine Dokumentation des »Heine-Preises 2006« zu erstellen und ein Symposion zu organisieren über die Neugestaltung des Heine-Preises und vielleicht darüber hinaus über mögliche Aufgaben einer »Heine-Stadt« (und das, siehe oben, nicht primär mit Düsseldorfer Beiträgern; die Satzung selbst betont, dass Heine »mit seinem Werk der ganzen Menschheit gehört«).

4. Wirkungsgeschichtliche Fußnote: Heine lebt

Der Skandal um die missglückte Preisverleihung weist – aus einiger räumlichen und zeitlichen Entfernung betrachtet – verschiedene Aspekte auf, die jenseits der »Provinzposse« von Interesse sind. Er machte deutlich: Heine kann noch immer Streit auslösen. Wie so oft in der Vergangenheit spielen dabei Einzelheiten seiner Person und seines Werkes eine geringe Rolle; meistens ging es bei diesen Streitigkeiten nicht primär um innerliterarische Kontroversen, sondern auch und in erster Linie um im weitesten Sinn politische Themen. Früher waren das häufig Fragen des deutschen nationalen Selbstverständnisses, des Verhältnisses von jüdischen und nichtjüdischen Deutschen, gegenwärtig sind es – wieder einmal – Fragen des Verhältnisses von Literatur und Politik, Literatur und Moral, Kunst und Gesinnung, der Meinungsfreiheit und ihren Grenzen, der Zensur. Es ist kein Zufall und kein schlechtes Zeichen, dass derartige Grundfragen unseres Kunst- und Gesellschaftsverständnisses am Beispiel und im Zeichen von Heine diskutiert werden.

Dem füge ich noch einen Aspekt vonseiten der Wirkungsgeschichte hinzu, und da ich mich mit diesem Komplex derzeit beschäftige, ist es auch ein persönlicher Aspekt. Ich gebe zusammen mit meinem Grazer Kollegen Dietmar Goltschnigg die erste umfassende Dokumentation und Darstellung über »Heine und die Nachwelt« heraus. Geplant ist, die 150 Jahre dieser Wirkungsgeschichte von Heines Tod 1856 bis zur Gegenwart, 2006, in drei Bänden zu je 50 Jahren zu behandeln. Der erste Teil, erschienen 2006, zeigte unter dem Titel »Der unsterbliche Liederdichter« – »Ein Pfahl in unserm Fleische« worüber 1856–1906 gestritten wurde. Und es ist klar, dass Streit auch die beiden anderen Teile dominiert: Karl Kraus, George-Kreis, »Ausrottung« in der Nazizeit, deutsche Spaltung, Universitätsbenennung Düsseldorf ... Erst die Ausrufung der »Heinrich Heine-Universität« und der ein Jahr später erfolgte Fall der Mauer führte in den 1990er Jahren zur raschen Entspannung. War »unser Heine« nach dem Krieg ein Anspruch der DDR, den ihr im Westen lange niemand streitig machte, war 1972 »Und alle lieben Heine« noch ein hochironischer Buchtitel, so stimmten nun in der Tat nahezu alle ein. Diese neue politische und wissenschaftliche Einigkeit fand ihre Höhepunkte in den zahlreichen glanzvollen Feiern im Jubiläumsjahr 1997, deren größtes Fest mit dem dicksten Sammelband Düsseldorf zu verdanken war. Gerhard Höhn resümierte im »Heine-Handbuch«: »Die Feiern zur 200. Wiederkehr seines Geburtstags haben Heines Kanonisierung abgeschlossen. Das lange umstrittene ›Enfant terrible‹ der deutschen Literatur wird seitdem als anti-klassischer Klassiker umjubelt.«

Für den Umgang der Deutschen mit Heine ist das eine höchst erfreuliche Entwicklung. Allerdings: ›Klassiker‹ – das muss zwar nicht Sterilität bedeuten, aber für die Geschichte der Wirkungsgeschichte und mithin unser genanntes Projekt stand damit zu erwarten, dass der letzte Akt – das Jahr 2006 mit den Feiern zum 150. Todestag – zwar ein Happy ending, aber auch die Langeweile des einhelligen (und meistens rhetorisch nicht eben mitreißenden) Rühmens bringen würde – kein Gegner, kein Schmäher, nirgends.

Zwar sieht aus der Perspektive der heineschen Wirkungsgeschichte und aus dem Abstand eines Jahres der »Skandal der Skandale« (Jamin) nicht mehr gar so erschreckend aus, er zeigt auch seine komischen und grotesken Seiten. Auf jeden Fall bleibt festzuhalten: Die Preisaffäre sorgt für einen farbigen Abschluss der Gesamtdarstellung. (Auch die bayerische Staatsregierung hat durch ihre brillante Behandlung des subversiven Vorschlags, Heine in die Walhalla aufzunehmen, zur Vielstimmigkeit des Jahres 2006 beigetragen.) So endet das Gedenkjahr und die Dokumentation nicht mit einer Antiklimax, sondern kann die ungebrochene Lebendigkeit Heines zeigen. Zudem: An Heines Geburtstag am Ende des Gedenkjahrs, stand nicht eine Feier zu Ehren von Handke im Mittelpunkt, sondern Heine selbst und die eindrucksvolle Bilanz, die das Heinrich Heine-Institut über die wissenschaftlichen und literarischen Aktivitäten im Jahr 2006 zog, national und international.

Verschiedene Kommentatoren des Heine-Handke-Skandals behaupteten: alle daran Beteiligten seien »beschädigt«: »Am Ende nur Verlierer« – nicht nur der Preis, die Stadt, die Jury, die Politiker, sondern auch Heine. Das ist erfreulicherweise falsch. Heine wurde und wird nicht beschädigt, wenn er für irgendetwas vereinnahmt wird, das (und vieles andere) zeigt seine Wirkungsgeschichte. Er wurde und wird auch weder verhöhnt noch verletzt durch rätselhafte Entscheidungen von Preisgremien und politischen Institutionen – ebenso wenig durch die Wahl Handkes wie durch die Inflation von Heine-Preisträgern der DDR, unter denen weit mehr wackere Parteisoldaten waren als Dichter, die unter den »besten Namen« des Landes zu nennen wären oder sich gar durch ihr Schreiben politisch mit dessen Machthabern angelegt hätten. Und Heine wurde und wird auch nicht beschädigt durch die Schaffung eines »Berliner Heinrich-Heine-Preises«, den Claus Peymann im Februar 2007 an Handke vergab, der die von Peymann eingeworbene Summe von symbolträchtigen 50.000 € symbolträchtig und fernsehgerecht der serbischen Enklave Velica Hora im Kosovo stiftete.

Hätte Heine es als »Ehre« (Satzung, Satz 1) empfunden, dass Handke in seinem Namen geehrt wird, hätte ihn »Handkes Mut [...] vermutlich beeindruckt« (Alice Schwarzer)? Stünde Heine »ohne Zögern auf Seiten des eigensinnigen, mutigen und unbeirrten (wenn auch nicht irrtumsfreien) Dichters« Handke (Wim Wenders)? Oder hätte Heine die Auszeichnung als »Verhöhnung« (Reich-Ranicki) angesehen? Hätte er diejenigen, die ihn vor solcher Verhöhnung bewahren wollten, gerühmt oder hätte er sie geschmäht, weil sie im Übereifer bereit waren, die Meinungsfreiheit ein wenig zu beschädigen und die Kunstfreiheit ein wenig einzuschränken?

Als sich vor über 100 Jahren Heine-Anhänger und -Gegner jahrelang wegen eines Denkmals befehdeten, das der Düsseldorfer Stadtrat zunächst genehmigte, bevor er nach einigen Jahren politischer Angriffe seinen Beschluss wieder aufhob, erschien 1895 in der sozialdemokratischen Zeitschrift »Der Wahre Jacob« eine Karikatur: Die Kontrahenten prügeln sich, das Denkmal ist halb gestürzt, oben im »Olymp« blickt Heine aus einer Loge lachend auf das Getümmel seiner Gegner und Verteidiger, an seiner Seite eine schöne Frau mit einem Spruchband in der Hand; darauf stehen die letzten Verse von Heines Gedicht »Disputazion«.

> Welcher Recht hat, weiß ich nicht,
> Doch es will mich schier bedünken
> Daß der Rabbi und der Mönch,
> Daß sie alle Beide stinken.

Heinrich-Heine-Institut.
Aus der Arbeit des Hauses

Politik und Maskerade. Von Heine bis heute
9. Forum Junge Heine Forschung 2006
mit neuen Arbeiten über Heinrich Heine

Von Karin Füllner, Düsseldorf

»Wie faszinierend auch 150 Jahre nach Heines Tod die Forschung über Düsseldorfs größten Dichter ist, konnte man beim neunten Forum für junge Wissenschaftler am Samstag erleben«, hieß es in der Düsseldorfer Tagespresse am 11. Dezember 2006.[1] Das Interesse der jungen Forschung an Heine war im Gedenkjahr seines 150. Todestages besonders groß und die Bewerbungen kamen aus »Nähe und Ferne«. Sechs Vortragende wählten die Veranstalter aus: Lydia Fritzlar aus Hannover, Jan Scheithauer aus Paris, Simon Wortmann aus Berlin, Anne Stähr aus Potsdam, Thomas Stähli aus Genf und Dr. Gabriella Pelloni aus Padua.[2] »Die Rituale der Veranstaltung im Heinrich-Heine-Institut sind seit Beginn die gleichen: Vorträge, gemeinsames Mittagessen, Zeit für Gespräche, Empfang und Abendprogramm. Immer anders und die besondere Herausforderung aber ist der Tag für jene sechs jungen Männer und Frauen, die vortragen.« Dass sie ihre Vorträge vor Heine-Experten halten: »Das allein ist mutig. Sie anschließend gegen Einwände zu verteidigen, hat etwas von Prüfungsstress. So ließ sich auch dieses Mal der eine in die Enge treiben, während der andere unbeirrt und selbstbewusst blieb."[3]

Den Auftakt machte Lydia Fritzlar mit ihrem Vortrag »Dichten zwischen Traditionssuche und Traditionsfindung – Heinrich Heine und das jüdische Projekt der Moderne«. Die Referentin rekurrierte auf die Arbeiten von Shulamit Volkov und Florian Krobb und fragte nach Heines Anteil am Prozess der dort definierten Traditionsfindung im deutschen Judentum. Die »neu-jüdische Literatur«, von der Heine selbst im Brief an Moses Moser vom 23. Mai 1823 spricht (HSA XX, 87), sei »eine jüdische Literatur in deutscher Sprache, welche, anknüpfend an die althergebrachte literarische Tradition des Judentums, die Konflikte der modernen jüdischen Existenz im neunzehnten Jahrhundert thematisiert.« Wie Heine das traditionelle Bildinventar jüdischer Diaspora in seinen Texten einsetzt und diese Bildlichkeit dabei gleichzeitig profaniert, zeigte sie überzeugend an der Skizzierung Gumpelinos und Hirsch-Hyazinths in »Die Bäder von Lukka«. Bilder jüdischer Diaspora blieben »unverzichtbare Ingredienz für die Zustandsbeschreibung des deutschen Judentums«, so Lydia Fritzlar, und schärften in der Parodie den Blick auf gesellschaftliche und politische Positionen jüdischer Existenz. Auch im Satirisch-Grotesken bleibe die Erinnerung an traditionelles jüdisches Leben präsent und zeige somit in der Spannung zwischen Traditionssuche und Traditionsfindung »die für den ›Zeitschriftsteller‹ typische Zerrissenheit des schreibenden Subjekts in der Moderne«.[4]

Auch der zweite Vortrag des Vormittags widmete sich Heines Verhältnis zum Judentum. Jan Scheithauer untersuchte »Heines ›Napoleon‹ als Chiffre seines kulturellen Judentums: Das Beispiel der Damaskus-Affäre (1840)«. Dabei ging es ihm nicht monokausal vereinfachend darum, »die Napoleonverehrung des Dichters als unmittelbare Konsequenz der Veränderung des Status der Juden in Deutschland während der napoleonischen Epoche« zu deuten. Vielmehr zeigte er, dass die assimilatorische Judenpolitik Napoleons, die durchaus von Ressentiments geprägt war, von Heine erst positiv gesehen wurde auf der Folie der christlich-reaktionären Judenpolitik im Deutschland der nachnapoleonischen Ära, wenn auch das »explizite Verknüpfen von Napoleonbild und jüdischer Thematik […] offensichtlich unter die Selbstzensur Heines« fiel. Wie Heine Napoleon selbst gegen den »exklusiven Nationalismus« der Franzosen für sich und sein »universalisiertes jüdisches Selbstverständnis« vereinnahmt, untersuchte Scheithauer sehr interessant am Beispiel der Damaskus-Affäre und der zeitgleichen in Paris euphorisch gefeierten Napoleonüberführung. Heine sehe seine Verteidigung der Damaszener Juden »in den universellen Kampf um die Emanzipation der Menschheit« eingegliedert. Die Franzosen aber verhielten sich in dieser wichtigen Frage »mehr als indifferent« und feierten zugleich die Rückführung Napoleons schwärmerisch als »eine lokale Privatsache« (DHA XIII, 317). Am »Buch Le Grand« und dem dort geschilderten Unterricht mit der Trommel zeigte Scheithauer, wie Heine einem »eingeweihten Publikum« zu verstehen gegeben habe, »dass sein ›Napoleon‹ die Maske ist, unter der er den Kampf für die Sache der Juden fortsetzen wird«: Napoleon sei für Heine »die Inkarnation einer idealisierten Gesellschaft, in der die Exklusion aufgehoben ist« und mit diesem universalistischen Napoleonbild könne Heine aus jüdischer Perspektive publizistisch sogar selbst die Ideologie des napoleonischen Assimilationsprogramms bekämpfen.[5] Ein Vortrag, provokativ und intelligent wie Heines Napoleonapotheose, der zu einer spannenden Diskussion anregte.

Simon Wortmann leitete mit seinem Beitrag »›Ich gebe vielmehr den Körpern ihren Geist zurück‹ – Tanz-Inszenierungen bei Heinrich Heine und die Ästhetik des Performativen« die Nachmittagsvorträge ein. Ausgehend von der theaterwissenschaftlichen Terminologie der »Ästhetik des Performativen« von Erika Fischer-Lichte untersuchte er zum einen den Ereignischarakter des von Heine in den »Florentinischen Nächten« beschriebenen Tanzes der Laurence, zum anderen die Wirkung der Tanzinszenierungen in Heines »Lutezia«. Durch den »leiblichen Ausdruck« des Tanzes, der »die Eigendynamik des Leibes selbst« verkörpere, durch die »radikale Präsenz« der tanzenden Laurence werde der Betrachter Maximilian in besonderer Weise sensibilisiert und begeistert: »Was ihn aber buchstäblich ansteckt, ist ihr Blick am Ende der Performance«. Akteur und Zuschauer erlebten so eine »leibliche Ko-Präsenz«. Maximilian ist vom Tanz der Laurence »wie verzaubert« (DHA V, 233), und werde, so Wortmann, »als Zuschauer in das Tanz-Ereignis involviert«: »Gerade in dieser ›Verzauberung‹ liegt die Schwellenerfahrung.« Die Bedeutung des Tanzes allerdings ist dem Leser nicht mitteilbar. Heine lasse mit dieser »inszenierten Schwellenerfahrung« den Leser »das Lesen als Krise« erleben und rücke »die ästhetische Performativität der Erscheinung in den Mittelpunkt«. Auch in »Lutezia« verfahre Heine erneut als »ein Regisseur von Körper-Inszenierungen«. Auch hier interessiert ihn in der Wahrnehmung von Tänzen, wie Wortmann eindrucksvoll zeigte, die »Schwellenerfahrung« des Zuschauers und mit Rekurs auf Fischer-Lichte sprach Wortmann von einer möglichen »Wiederverzauberung der Welt«. Wie Fischer-Lichte in Nietzsche »einen Ahnvater bei der Bewusstwerdung performativer Kulturmomente« erkennt, so sieht Wortmann die »Sensibilität für ästhetische Performanz« schon 1833 programmatisch formuliert bei Heine: »ich gebe vielmehr den Körpern ihren Geist zurück« (DHA VIII, 494).[6]

Im Anschluss stellte Anne Stähr die Parisschrift »Lutezia« unter dem Gesichtspunkt des Karnevals in den Mittelpunkt ihrer Überlegungen: »›das neue Ministerium ist vielleicht eine Maske des Königs für den Karneval‹ – Politik und Maskerade. Zu einem zentralen Motivkomplex in ›Lutezia‹«. Nachdem sie einleitend skizziert hatte, wie Heine schon in den 1830er Jahren mit einem Vokabular, »das sich aus Wortfeldern wie ›Theater‹, ›Karneval‹ und ›Maskerade‹ konstituiert«, seine kritischen Reflexionen zur Politik formulierte, analysierte sie die Weiterführung dieses »metaphorischen Programms« in den Korrespondenz-Artikeln der 1840er Jahre. »Der Autor von ›Lutezia‹«, stellte sie wie Wortmann fest, »arbeitet in seinen Texten als Regisseur, er inszeniert das Erlebte, das Gesehene für seine Leserschaft, die dramatisch aufbereiteten Reportagen über die Pariser Politik besitzen subjektiv gefärbten Kunstcharakter.« Bezogen auf die Arbeiten von Burghard Dedner, Rolf Hosfeld, Frank Schwamborn und Michail Bachtin untersuchte sie Karnevals- und Theatermetaphorik: »Karneval, so zeigen seine Texte, bedeutet neben Spaß immer auch Gefahr, es handelt sich um eine Art Schwellensituation, eine Krise, deren Ausgang ungewiss ist.« Brillant illustrierte Anne Stähr die Zusammenhänge von Politik und Maskerade an folgenden Beispielen: Louis-Philippe, der »königliche Hampelmann im Kostüm des bürgerlichen Monarchen, die kommunistischen Krokodile unter dem Verkleinerungsglas, das sie zu Flöhen mutieren lässt, das Karnevalsministerium und nicht zuletzt das stilisierte Ich des maskierten Flaneurs«. Die vielfältigen Bezüge zu Theater, Karneval und Maskerade finde man aber nicht nur auf der inhaltlichen Ebene, auch auf der Textebene, so zitierte sie die Forschung, handele es sich »um eine karnevalisierte Form des Ausdrucks«: Das Schreiben selbst ist »ein Produkt der heineschen Ironie, eine Mixtur aus Ernst und Unernst angesichts massiver politischer und gesellschaftlicher Asymmetrien«.[7]

Thomas Stähli untersuchte Heines Darstellungsformen unter dem Aspekt der von Heine selbst eingeforderten Authentizität: »Das Problem authentischer Kulturvermittlung in Heinrich Heines Schriften über Deutschland und Frankreich«. So wie der späte Heine in »Lutezia« die »Daguerreotypie-Metapher verwendet, um die Authentizität seines Werkes zu garantieren«, wirft er umgekehrt schon in der »Romantischen Schule« Madame de Staëls Werk »De l'Allemagne« mangelnde Authentizität vor. In diesem »Koteriebuch«, so Heine, höre man ein »Getöse der verschiedensten Stimmen«, sie gehorche »fremden Einflüsterungen«. Wo sie dagegen »ganz selbst« sei, sei »das Buch gut und vortrefflich« (DHA VIII, 125 f.). Vor diesem Hintergrund zeigte Thomas Stähli mit Bezügen auf die Forschungsliteratur sehr interessant, wie sich »Heines gesamtes Werk unter dem Stichwort des Authentischen beleuchten« lässt. Heines Suche nach dem Paradigma der Einheit von Schrift und Autor, das er bei Jean Paul positiv verwirklicht sieht, führe ihn auch zur Hochschätzung der Volksliedsammlungen, deren Autorschaft im Kollektiv des Volkes begründet ist. Volksliedfiguren zeichneten sich für Heine »durch Verankerung im Leben und in der Tat« aus. Indes schwinge in Heines bewunderndem Schreiben über Volkslieder auch sehr viel Distanz und Ironie mit. Gerade aber in dieser Distanzierung, indem der Autor immer wieder seine Position als Betrachter bewusst mache, durch »Heines Doppelperspektive«, so Stähli, werde »das Postulat absoluter Natürlichkeit als unangemessen entlarvt«: »Das Verständnis des Authentischen stellt sich somit immer auch als rezeptions- und zeitgebunden heraus«. Am Beispiel von Heines Cholera-Bericht zeigte er sehr eindrucksvoll, wie das »Konzept des Authentischen« bei Heine letztlich im »Bewusstmachen der Tatsache« besteht, »dass Authentizität eigentlich nur in der Negation ihrer selbst sich wirklich entfalten, und folglich nur in steter Distanzierung dem Anspruch der Vermittlung Genüge tragen kann«. Heines Authentizität sei in diesem Sinne ein »Krisenbegriff«.[8]

Nach den vielfältigen Analysen des heineschen Werkes unter unterschiedlichen und sich doch immer wieder aufeinander beziehenden Gesichtspunkten widmete sich der letzte Vortrag des Kolloquiums einem Rezeptionsthema: Gabriella Pelloni stellte ihre Untersuchungen zu »Heine in der italienischen Literaturkritik im frühen 20. Jahrhundert« vor und zeigte sehr differenzierend und genau Bedingungen und Bezüge innerhalb der Rezeptionsgeschichte vom 19. zum 20. Jahrhundert. Einerseits sei es durchaus richtig festzustellen, dass mit der Jahrhundertwende eine »neue Phase der Heine-Rezeption in Italien« beginne: »Es ist sicher nicht zu leugnen, dass die Heine-Mode merklich abklingt und dass sein Werk an Popularität einbüßt«. Die neue, von Gabriele D'Annunzio geprägte »dekadente Sensibilität« habe sich nicht mehr für das Heine-Bild des »Risorgimento« interessiert, in dem vor allem der »Mythos des Revolutionärs Heine« eine Rolle gespielt hatte und Heines politisches Engagement verehrt wurde. Andererseits, so der neue Ansatz von Gabriella Pelloni, habe »gerade die dialektische Erfahrung« des »Dannunzianesimo« eine »neue Richtung in der Heine-Forschung bedingt«: Heine werde »zum Forschungsgegenstand der prominentesten Literaturkritiker Italiens«, die sich anerkennend oder ablehnend auf »eine ästhetisierende Kritik im Sinne D'Annunzios« beziehen. Am Beispiel eines neuen Interesses an Heines Humor und Ironie zeigte Pelloni unterschiedliche Bewertungen der Literaturkritik auf. Im Sinne D'Annunzios etwa sah Giuseppe Antonio Borgese, Chefredakteur einer der prominentesten Zeitschriften des dekadenten Ästhetizismus, Grausamkeit als Bedingung ästhetischer Schönheit und pries die Genialität von Heines scharfem Humor. Benedetto Croce dagegen kritisierte Heine gerade wegen seiner virtuosen Spottlust und forderte vom Dichter »Aufrichtigkeit« und einen »ethischen Standpunkt«. Croces im Grunde gegen den ›Decadentismo‹ gerichtete Heine-Diffamierung, so Pelloni, war folgenreich in der italienischen Heine-Rezeption. Jedoch erkannte sie in der Literaturkritik der 20er Jahre interessanterweise abweichend von Croce wieder eine »Aufwertung des Humors im Werk Heines«, der als positive geistige Einstellung gesehen worden sei.[9]

»Junge wie etablierte Forscher verbrachten einen langen Tag mit akademischem Diskurs«, hieß es in der Düsseldorfer Presse: »Von einer der ›Hauptschlagadern der Heine-Forschung‹ sprach eine Referentin. Mit Recht«.[10]

Den Preis für das 9. Forum Junge Heine Forschung erkannte die Jury[11] dem Beitrag von Thomas Stähli zu, der seit 2005 als Assistent der Neueren deutschen Literatur an der Universität Genf arbeitet und über das Authentische in Heines Schriften über Frankreich und Deutschland promoviert. Die Heine-Gesellschaft verlieh ihm den Preis auf ihrer Mitgliederversammlung 2007.[12]

Anmerkungen

[1] Claus Clemens: Wenn Heine-Experten neue Thesen anhören. – In: Rheinische Post, Düsseldorf, vom 11. Dezember 2006.
[2] Zu Konzeption, Organisation und Geschichte des von Heinrich-Heine-Institut, Heinrich-Heine-Gesellschaft und Heinrich-Heine-Universität gemeinsam veranstalteten Forums mit neuen

Arbeiten über Heine vgl. auch die Berichte über die vorangegangenen Kolloquien in den Heine-Jahrbüchern 2001–2006.

3 Vgl. Anm. 1.
4 Zitiert nach dem von Lydia Fritzlar vorgelegten Beitrag.
5 Zitiert nach dem von Jan Scheithauer vorgelegten Beitrag.
6 Zitiert nach dem von Simon Wortmann vorgelegten Beitrag.
7 Zitiert nach dem von Anne Stähr vorgelegten Beitrag.
8 Zitiert nach dem von Thomas Stähli vorgelegten Beitrag, der im vorliegenden Jahrbuch abgedruckt ist.
9 Zitiert nach dem von Gabriella Pelloni vorgelegten Beitrag.
10 Vg. Anm. 1.
11 Mitglieder der Jury waren in diesem Jahr: Dr. Karin Füllner, Regina Grundmann, Prof. Dr. Joseph A. Kruse, Renate Loos und Prof. Dr. Manfred Windfuhr.
12 Vgl. Yaena Kwon: Thomas Stähli forscht über Heine. – In. Rheinische Post vom 27. März 2007.

Heinrich Heine: »Reisebilder«
Vortrag zur Eröffnung der Reihe »Düsseldorf liest ein Buch«, Oktober 2006

Von Karol Sauerland, Warschau

Heinrich Heines »Reisebilder« sind zu einem Begriff geworden, auch für diejenigen, die sie nur angelesen haben. Für manche reduzieren sie sich auf die »Harzreise«, für manche sogar nur auf die witzigen Sätze an ihrem Anfang:

> Die Stadt Göttingen, berühmt durch ihre Würste und Universität, gehört dem Könige von Hannover, und enthält 999 Feuerstellen, diverse Kirchen, eine Entbindungsanstalt, eine Sternwarte, einen Karzer, eine Bibliothek und einen Rathskeller, wo das Bier sehr gut ist. Der vorbeyfließende Bach heißt »die Leine«, und dient des Sommers zum Baden; das Wasser ist sehr kalt und an einigen Orten so breit, daß Lüder wirklich einen großen Anlauf nehmen mußte, als er hinüber sprang. Die Stadt selbst ist schön und gefällt einem am besten, wenn man sie mit dem Rücken ansieht. (DHA VI, 83)

Heine beginnt mithin klassisch mit einer Stadtbeschreibung, wie es in gelehrten Reisebeschreibungen üblich war[1], aber er verkehrt sofort die Reihenfolge. Erst die Würste und dann die Universität und schließlich die Wertung, die Stadt sei am schönsten, wenn man sie mit dem Rücken ansehe, d. h. ihr den Rücken kehre. Damit kann die Wanderung in den Harz beginnen. Hier knüpft Heine an die so genannten romantischen Reisen an, bei denen die Helden zu Fuß ein Gebiet oder ganze Länder durchqueren. Wer denkt da nicht an den 1826 erschienenen »Taugenichts« von Eichendorff, der jahrzehntelang obligatorische Schullektüre auf den Gymnasien war und von dem Thomas Mann in dem Kapitel »Von der Tugend« seiner »Unpolitischen Betrachtungen« einleitend schreibt, er erinnere an die »Reinheit des Volksliedes und des Märchens«, er habe

> Naivität und Freimenschlichkeit gemeinsam mit Gestalten wie dem Wagnerschen Waldknaben, dem Helden der Dschungelbücher und Kasper Hauser. Aber er hat weder Siegfrieds Muskelhypertrophie, noch Parsifals Heiligkeit, noch Mowglis Halbtierheit, noch Hausers seelische Kellerfarbe. Das alles wären Exzentrizitäten; der Taugenichts aber ist human-gemäßigt. Er ist Mensch, und er ist es so sehr, daß er überhaupt nichts außerdem sein will und kann; eben deshalb ist er der Taugenichts.

Er sei in seiner Anspruchslosigkeit ein »rührendes und erheiterndes Symbol reiner Menschlichkeit, human-romantischer Menschlichkeit, noch einmal denn: des deutschen Menschen.«[2] Dieser sei in seinem Wesen unpolitisch.

Heines Erzähler der »Harzreise« ist es auf keinen Fall. Er weiß sich als Deutscher und ist auch einer, aber einer, der diejenigen, die Deutsch ihre Muttersprache nennen, nicht über den grünen Klee lobt, sondern sie eher als Blüten besonderer Art ansieht. Da trifft er einen Bergmann bei Clausthal, der ihn durch das Innere des Bergwerks führt. Der Erzähler bezeichnet ihn als »eine kreuzehrliche, pudeldeutsche Natur«. Diese äußere sich in seiner Treue zum Herzog von Cambridge und allen Herzögen überhaupt, wie man der Beschreibung entnehmen kann:

> Innig rührt es mich jedesmal, wenn ich sehe, wie sich dieses Gefühl der Unterthanstreue in seinen einfachen Naturlauten ausspricht. Es ist ein so schönes Gefühl! Und es ist ein so wahrhaft deutsches Gefühl! Andere Völker mögen gewandter seyn, und witziger und ergötzlicher, aber keines ist so treu, wie das treue deutsche Volk. Wüßte ich nicht, daß die Treue so alt ist, wie die Welt, so würde ich glauben, ein deutsches Herz habe sie erfunden. Deutsche Treue! sie ist keine moderne Adressenfloskel. An Euren Höfen, Ihr deutschen Fürsten, sollte man singen und wieder singen das Lied von dem getreuen Eckart und dem bösen Burgund, der ihm die lieben Kinder tödten lassen, und ihn alsdann doch noch immer treu befunden hat. Ihr habt das treueste Volk, und Ihr irrt, wenn Ihr glaubt, der alte, verständige, treue Hund sey plötzlich toll geworden, und schnappe nach Euern geheiligten Waden. (DHA VI, 95 f.)

Ludwig Tieck hatte in seiner Erzählung »Der getreue Eckart und der Tannenhäuser« dieses »Lied« verarbeitet. Eckart erduldet von seinem Herrn, dem Herzog von Burgund, alles, sogar die Tötung seiner beiden Söhne. Im entscheidenden Augenblick rettet er den Herzog aus größter Gefahr und opfert sich dann für dessen Söhne im Kampf gegen böse Zwerge. Die Erzählung wurde 1799 in die »Romantischen Dichtungen« und kurz darauf in den »Phantasus« aufgenommen. 1822, also zwei Jahre, bevor sich Heine an die Abfassung seiner »Harzreise« setzte, war ein Drama unter dem Titel »Der treue Eckart« von einem gewissen Georg Döring erschienen. Heine spricht vom Eckart nicht zufällig nach seiner Bergwerksbesichtigung, denn auch Eckart war in einen Berg gefahren, in den Venusberg, wo er allen Lockungen standhält. Dem hält Heine jedoch ein recht unangenehmes, realistisches Bild vom Berginnern entgegen. Danach lobt er allerdings die schönen alten Märchen, die die Bergleute zu erzählen pflegen. Ja, in der folgenden Nacht träumt der Erzähler, wie er als Ritter in einen tiefen Brunnen steigt, »wo unten die schönste Prinzessin zu einem starren Zauberschlafe verwünscht ist«. Aber der Traum will das Märchen nicht so träumen, wie es erzählt wird. Mir erscheinen, berichtet der Erzähler, plötzlich

> viele Lichter, aus allen Seitenlöchern stürzten die wachsamen Zwerglein, schnitten zornige Gesichter, hieben nach mir mit ihren kurzen Schwerdtern, bliesen gellend ins Horn, daß immer mehr und mehre herzu eilten, und es wackelten entsetzlich ihre breiten Häupter. Wie ich dar-

auf zuschlug und das Blut heraus floß, merkte ich erst, daß es die rothblühenden, langbärtigen Distelköpfe waren, die ich den Tag vorher an der Landstraße mit dem Stocke abgeschlagen hatte. Da waren sie auch gleich alle verscheucht, und ich gelangte in einen hellen Prachtsaal; in der Mitte stand, weiß verschleyert und wie eine Bildsäule starr und regungslos, die Herzgeliebte, und ich küßte ihren Mund, und, beym lebendigen Gott! ich fühlte den beseligenden Hauch ihrer Seele und das süße Beben der lieblichen Lippen. Es war mir, als hörte ich, wie Gott rief: »Es werde Licht!« blendend schoß herab ein Stral des ewigen Lichts; aber in demselben Augenblick wurde es wieder Nacht, und Alles rann chaotisch zusammen in ein wildes, wüstes Meer. Ein wildes, wüstes Meer! über das gährende Wasser jagten ängstlich die Gespenster der Verstorbenen, ihre weißen Todtenhemde flatterten im Winde, hinter ihnen her, hetzend, mit klatschender Peitsche, lief ein buntscheckiger Harlequin, und dieser war ich selbst – und plötzlich, aus den dunkeln Wellen, reckten die Meerungethüme ihre mißgestalteten Häupter, und langten nach mir mit ausgebreiteten Krallen, und vor Entsetzen erwacht' ich.

»Wie doch zuweilen die allerschönsten Mährchen verdorben werden!«

heißt es dann weiter. Selten würden seine Liebesträume ein »schönes Ende nehmen« (ebd. 98 f.). Wer denkt da nicht an die »Loreley«, als der Schiffer von den Wellen verschlungen wurde. So meint es jedenfalls das lyrische Ich.

> Ich glaube, die Wellen verschlingen
> Am Ende Schiffer und Kahn;
> Und das hat mit ihrem Singen
> Die Lore-Ley gethan. (DHA I, 209)

In der »Harzreise« ist es die Prinzessin Ilse von Ilsenstein, die es dem Wanderer angetan hat. Er möge in ihr Schloss kommen, ruft oder flüstert sie ihm zu, und mit ihr »selig seyn«:

> Dein Haupt will ich benetzen
> Mit meiner klaren Well',
> Du sollst deine Schmerzen vergessen,
> Du sorgenkranker Gesell!
>
> In meinen weißen Armen,
> An meiner weißen Brust,
> Da sollst du liegen und träumen
> Von alter Mährchenlust.
>
> Ich will dich küssen und herzen,
> Wie ich geherzt und geküßt
> Den lieben Kaiser Heinrich,
> Der nun gestorben ist.
>
> Es bleiben todt die Todten,
> Und nur der Lebendige lebt;
> Und ich bin schön und blühend,
> Mein lachendes Herze bebt.

Ihn soll ihr »Arm umschlingen, / Wie er Kaiser Heinrich umschlang«. Sie hielt diesem zu »die Ohren, /Wenn die Trompet' erklang« (DHA VI, 132 f.). Das ist gegen die Italienfeldzüge der deutschen Kaiser gerichtet, die von dem Wunsche verlockt wurden, wie wir in der »Harzreise« lesen, »römische Kaiser zu heißen«. Sie folgten damit einer »echtdeutschen Titelsucht, woran Kaiser und Reich zu Grunde gingen« (ebd., 134). Nach dieser Feststellung ist man geneigt anzunehmen, dass die Prinzessin Ilse nur deswegen eingeführt worden ist, um einen Anlass zu schaffen, die deutsche Geschichte als eine große Verfehlung zu charakterisieren und damit in die Geschichtspolitik, wie es heute heißt, einzugreifen. Aber es gehört nun einmal zum Stil Heines, alles mit allem zu verquicken. Es ist ein echt romantisches Prinzip, d. h. ein solches, wie es u. a. dem Frühromantiker Friedrich Schlegel vorschwebte. Er sprach davon, dass Bildung eine »antithetische Synthesis, und Vollendung bis zur Ironie« sei[3], davon, dass ein »recht freier und gebildeter Mensch [...] sich selbst nach Belieben philosophisch oder philologisch, kritisch oder poetisch, historisch oder rhetorisch, antik oder modern [müsste] stimmen können, ganz willkürlich, wie man ein Instrument stimmt, zu jeder Zeit, und in jedem Grade«.[4] Heine vermochte dies. Heute sagt man solches den Postmodernen nach und verurteilt sie gern, weil man sie verdächtigt, keine Prinzipien zu haben. Diesem Vorwurf war ja auch Heine nicht entgangen.

Der Protagonist der »Harzreise« geht zu Fuß von Göttingen auf den Brocken. Er folgt damit einer Tradition, die am Ende des 18. Jahrhunderts aufgekommen war. Sie war gegen die vornehmen Reisen mit der Kutsche und vor allem gegen die so genannten Bildungsreisen der jungen Adligen gerichtet. Der berühmteste deutsche Reisebericht aus dieser Zeit ist Johann Gottfried Seumes »Spaziergang nach Syrakus im Jahre 1802«, der von Dresden bis nach Sizilien und über Paris wieder zurück nach Leipzig führte. 1798 waren Ludwig Tiecks »Franz Sternbalds Wanderungen« erschienen, die in der Dürerzeit angesiedelt sind. Sternbalds Weg führt von Nürnberg über Holland nach Italien. Im gewissen Sinne wird hier die Bildungsreise in die Reise eines Künstlers, eines Dürer-Schülers verwandelt, der die Werke und großen Maler seiner Zeit kennenlernen möchte. Echt romantisch irrt er durch die Welt, er kann sich zu nichts recht entscheiden. Gleichzeitig ist er von der Suche nach seiner verlorenen Jugendgeliebten Marie erfasst, durch die er die Sinne völlig zu verlieren droht. Tiecks Werk blieb unvollendet. Er war noch nicht auf die Idee gekommen, eine neue Gattung zu schaffen, die der Reisebilder, bei der der Autor sich nicht zu einem eigentlichen Ende verpflichtet fühlt. »Die ›Harzreise‹ ist und bleibt Fragment«, schreibt Heine am Schluss dieses Reisebilds,

> und die bunten Fäden, die so hübsch hineingesponnen sind, um sich im Ganzen harmonisch zu verschlingen, werden plötzlich, wie von der Scheere der unerbittlichen Parze, abgeschnitten. Vielleicht verwebe ich sie weiter in künftigen Liedern, und was jetzt kärglich verschwiegen ist,

wird alsdann vollauf gesagt. Am Ende kommt es auch auf Eins heraus, wann und wo man etwas ausgesprochen hat, wenn man es nur überhaupt einmal ausspricht. Mögen die einzelnen Werke immerhin Fragmente bleiben, wenn sie nur in ihrer Vereinigung ein Ganzes bilden. (ebd., 134 f.)

Von Anfang an plante Heine eine Fortführung dessen, was er mit dem Gattungsnamen Reisebilder belegte. Es folgten »Die Nordsee«, »Ideen. Das Buch Le Grand«, »Reise von München nach Genua«, »Die Bäder von Lukka«, »Die Stadt Lukka« und »Englische Fragmente«. In diesen Teilen bleibt von dem, was wir im allgemeinen Reisebeschreibung nennen, nur noch wenig übrig, weswegen ich einmal von Anti-Reisebeschreibung gesprochen habe.[5] Ich bezog die »Harzreise« allerdings bei der Darstellung der Gattungseigentümlichkeiten mit ein.

Die »Nordsee« beginnt mit einer erstaunlichen soziologisch-historischen Analyse der Situation der Bevölkerung und dessen, was später mit den Begriffen ›Einzug der Moderne‹ sowie Globalisierung benannt werden sollte. Der Erzähler charakterisiert die Einwohner von Norderney, die vorwiegend vom nicht ungefährlichen Fischfang leben. Viele Männer lassen ihr Leben auf dem Meer. Trotzdem wirkt auf Außenstehende das Leben der Inselbewohner sehr einförmig, was so manchen Badegast mit Sympathie erfüllt. Den Erzähler stimmt es dagegen melancholisch, denn das, was »diese Menschen so fest und genügsam zusammenhält«, sei keineswegs »so sehr das innig mystische Gefühl der Liebe«, sondern »das naturgemäße Ineinander-Hinüberleben, die gemeinschaftliche Unmittelbarkeit«. Man könnte dies mit gleicher »Geisteshöhe« bezeichnen, aber besser sei es, von gleicher »Geistesniedrigkeit« zu sprechen,

> daher leichtes Verständniß unter einander; und sie sitzen verträglich am Feuer in den kleinen Hütten, rücken zusammen, wenn es kalt wird, an den Augen sehen sie sich ab, was sie denken, die Worte lesen sie sich von den Lippen, ehe sie gesprochen worden, alle gemeinsamen Lebensbeziehungen sind ihnen im Gedächtnisse, und durch einen einzigen Laut, eine einzige Miene, eine einzige stumme Bewegung erregen sie unter einander so viel Lachen, oder Weinen, oder Andacht, wie wir bey unseres Gleichen erst durch lange Expositionen, Expektorazionen und Deklamazionen hervorbringen können.

Der Erzähler zieht die moderne Form des Zusammenlebens vor, bei der jeder ein Individualist ist, seine eigenen Gedanken und Ideen vertritt, wenn dies auch zwangsweise zu Konflikten mit der nächsten Umgebung und innerhalb der Familien führt und wir dadurch »im Grunde geistig einsam« leben. Verallgemeinernd heißt es:

> durch eine besondere Erziehungsmethode oder zufällig gewählte, besondere Lektüre hat jeder von uns eine verschiedene Charakterrichtung empfangen; jeder von uns, geistig verlarvt, denkt, fühlt und strebt anders als die Andern, und des Mißverständnisses wird so viel, und selbst in weiten Häusern wird das Zusammenleben so schwer, und wir sind überall beengt, überall fremd und überall in der Fremde. (DHA VI, 141 f.)

Aber dieses überall Fremdsein sei nun einmal ein Bestandteil der Moderne. Alles andere sei Mittelalter. Die katholische Kirche habe jahrhundertlang versucht, die Menschen in einem solchen Zustand zu halten, indem sie »alle Lebensbeziehungen, alle Kräfte und Erscheinungen, den ganzen physischen und moralischen Menschen unter ihre Vormundschaft« nahm. Keiner sollte sich hervortun, das Unbekannte erhellen zu wollen. Doch es stellte sich heraus, dass »der Geist [...] seine ewigen Rechte« hat,

> er läßt sich nicht eindämmen durch Satzungen und nicht einlullen durch Glockengeläute; er zerbrach seinen Kerker und zerriß das eiserne Gängelband, woran ihn die Mutterkirche leitete, und er jagte im Befreyungstaumel über die ganze Erde, erstieg die höchsten Gipfel der Berge, jauchzte vor Uebermuth, gedachte wieder uralter Zweifel, grübelte über die Wunder des Tages, und zählte die Sterne der Nacht. Wir kennen noch nicht die Zahl der Sterne, die Wunder des Tages haben wir noch nicht enträthselt, die alten Zweifel sind mächtig geworden in unserer Seele – (ebd., 142).

Das bringe zwar für die Masse nicht unbedingt »mehr Glück [...] als ehemals«, aber es fällt dem Einzelnen, zumindest dem Intellektuellen, schwer, in der Lüge oder besser ohne Zweifel und stetige Reflexion zu leben.

Diese Bemerkungen Heines sind nach wie vor aktuell, denn nach wie vor gibt es große Kräfte, die nach einer Vereinheitlichung des gesellschaftlichen Lebens streben. Ihre extreme Form erleben wir in den verschiedenen fundamentalistischen Bewegungen. Es ist keineswegs so, wie der Erzähler in »Die Nordsee« konstatiert:

> Die Tage der Geistesknechtschaft sind vorüber; alterschwach, zwischen den gebrochenen Pfeilern ihres Colisäums, sitzt die alte Kreuzspinne, und spinnt noch immer das alte Gewebe, aber es ist matt und morsch, und es verfangen sich darin nur Schmetterlinge und Fledermäuse, und nicht mehr die Steinadler des Nordens. (ebd., 143)

Der Norden, d. h. der Geist der Aufklärung, hat keineswegs gesiegt. Millionen von Menschen im nahen und fernen Osten sollen der Single-Existenz der ›bösen Intellektuellen‹ abschwören, sich einer familiären Einheitlichkeit unterwerfen. Die »Zerrissenheit der Denkweise unserer Zeit« (ebd.), wie es Heine, Hegel und zuvor die Romantiker nannten, wäre damit überwunden. Für die Fundamentalisten ist sie ein Satansgut, die Ausgeburt westlicher Dekadenz, als deren Höhepunkt die Postmoderne anzusehen sei.

Heine erkennt aber auch, warum die Fremden – es sind die Badegäste auf Norderney – als fremd empfunden werden. Diese sind einfach reicher als die Insulaner, das Geld, das diese durch den Badebetrieb verdienen, »reicht nicht hin für die eindringenden, neuen Bedürfnisse«, was »innere Lebensstörung«, großen »Schmerz« (ebd.) hervorruft. Die neue Zeit produziert mit einem Wort soziale Gegensätze stärker denn je. Sie stehen im Widerspruch zur Selbstgenügsamkeit in den geschlossenen Gesellschaften.

Die Kritik hat auf den zweiten Teil der »Reisebilder« mit der Bemerkung reagiert, dass der Autor einige seiner Reflexionen auch woanders als auf Norderney hätte schreiben können, in seiner Studierstube oder »vom Vesuv aus«.[6] Tatsächlich hatte Heine kaum etwas auf der Insel verfasst.

Die »Ideen. Das Buch Le Grand« haben gar nichts mehr mit einer Reisebeschreibung zu tun. Beim flüchtigen Lesen hat man den Eindruck, der Autor vermische spielerisch-ironisch Liebesbezeugungen an eine unerreichbare verheiratete Dame mit seinen Erinnerungen an die Kindheit in Düsseldorf und seiner einstigen Begeisterung für Napoleon. Doch in Wirklichkeit handelt es sich hier um ein bewusst durchkomponiertes Werk, wie der amerikanische Germanist Jeffrey L. Sammons gezeigt hat.[7] Man muss es nur aufmerksam lesen. Der Erzähler oder besser Adressierende ähnelt einem Minnesänger, der sein Liebesobjekt anhimmelt, ohne je auf einen Erfolg hoffen zu können. Die Frau, die er mit Madame anredet, ist verheiratet, wie wir gleich auf der ersten Seite erfahren. Unter dem Motto zu den »Ideen« steht: »Evelina empfange diese Blätter als ein Zeichen der Freundschaft und Liebe des Verfassers« (DHA VI, 170). Wer diese Evelina ist, wissen wir nicht, obwohl sich die Germanisten noch und noch darüber den Kopf zerbrochen haben. Sie ist eine Unerreichbare, um derentwillen ein Werther in den Tod gegangen wäre. Doch der Erzähler verwirft nach einem längeren Hin und Her diese Lösung. Das Leben ist, wie Immermanns Edwin aus dem gleichnamigen Trauerspiel sagt, »doch das Höchste«. Heine zitiert bejahend diesen Zeitgenossen. Dessen Trauerspiel war vier Jahre vor der Abfassung der »Ideen« erschienen. Der Erzähler will sogar alle überleben, um am Ende von »rosenwangigen Knaben« eine »alte Harfe in die zitternde Hand« gedrückt zu bekommen mit den Worten: »du hast schon lange geschwiegen, du fauler Graukopf, sing' uns wieder Gesänge von den Träumen deiner Jugend.« Er ergreift die Harfe, »die alten Freuden und Schmerzen erwachen, die Nebel zerrinnen, Thränen blühen« aus den »todten Augen« und »es frühlingt wieder« in seiner Brust, »süße Töne der Wehmuth beben in den Saiten der Harfe« (ebd., 177). Es wird jedoch sein letztes Lied sein.

Der Erzähler gibt sich als jemand aus, der er nicht ist, um endlich seine wahre Herkunft näher zu beschreiben, ohne von seinem romantischen Ton abzulassen. Er erzählt von seiner Heimatstadt Düsseldorf, vom Einmarsch der französischen Truppen, den er als Kind erlebte, vom Tambour Le Grand, der ihn trommelnd die Bedeutung der Worte *liberté* und *egalité* lehrte, und vom Kaiser Napoleon selbst, dessen Einzug in die Stadt er miterlebte. Aber nun ist der Kaiser tot und auch sein Tambour stirbt:

> Die Pappeln neben uns erzitterten, als er wieder den rothen Guillotinenmarsch erdröhnen ließ.
> Auch die alten Freyheitskämpfe, die alten Schlachten, die Thaten des Kaisers, trommelte er wie

sonst, und es schien, als sey die Trommel selber ein lebendiges Wesen, das sich freute, seine innere Lust aussprechen zu können. Ich hörte wieder den Kanonendonner, das Pfeifen der Kugeln, den Lärm der Schlacht, ich sah wieder den Todesmuth der Garde, ich sah wieder die flatternden Fahnen, ich sah wieder den Kaiser zu Roß – aber allmählig schlich sich ein trüber Ton in jene freudigsten Wirbel, aus der Trommel drangen Laute, worin das wildeste Jauchzen und das entsetzlichste Trauern unheimlich gemischt waren, es schien ein Siegesmarsch und zugleich ein Todtenmarsch, die Augen Le Grands öffneten sich geisterhaft weit, und ich sah darin nichts als ein weites, weißes Eisfeld bedeckt mit Leichen – es war die Schlacht bey der Moskwa.

Die Trommel gibt nun nur noch »schmerzliche Laute« von sich.

Es waren getrommelte Thränen, und sie tönten immer leiser, und wie ein trübes Echo brachen tiefe Seufzer aus der Brust Le Grands. Und dieser wurde immer matter und gespenstischer, seine dürren Hände zitterten vor Frost, er saß wie im Traume, und bewegte mit seinen Trommelstöcken nur die Luft, und horchte wie auf ferne Stimmen, und endlich schaute er mich an, mit einem tiefen, abgrundtiefen, flehenden Blick – ich verstand ihn – und dann sank sein Haupt herab auf die Trommel.

Monsieur Le Grand hat in diesem Leben nie mehr getrommelt. Auch seine Trommel hat nie mehr einen Ton von sich gegeben, sie sollte keinem Feinde der Freyheit zu einem servilen Zapfenstreich dienen, ich hatte den letzten, flehenden Blick Le Grands sehr gut verstanden, und zog sogleich den Degen aus meinem Stock und zerstach die Trommel. (ebd. 199 f.)

In der Folge nimmt der Erzähler Napoleons Ausspruch dem französischen Botschafter in Warschau gegenüber wörtlich, dass nach dem Erhabenen das Lächerliche folge. Es sind die Narren, die schon immer und vor allem in der Gegenwart das Sagen haben. Für den Erzähler scheinen die Gelehrten die Obernarren zu sein, insbesondere die aus Göttingen, womit wir an die »Harzreise« erinnert werden.

Die Narren befinden sich erwartungsgemäß in der Überzahl. Das sollte uns jedoch nicht hindern, sie im Namen der Vernunft zu bekämpfen. Der Erzähler selbst habe sich, gesteht er seiner Adressatin, zu der Partei der Vernünftigen geschlagen, die schon seit 5588 Jahren, nach der jüdischen Zeitrechnung also seit Erschaffung der Welt, einen »Krieg mit den Narren« führen (ebd., 213). Dieser Krieg macht allerdings den Eindruck eines närrischen Kriegs. In seinem Kopfe, schreibt der Erzähler, finde ein wahres Spektakel statt; so gäbe es in diesem des Nachts einen »Congreß von allen Völkern der Gegenwart und Vergangenheit, es kommen die Assyrer, Egypter, Meder, Perser, Hebräer, Philister, Frankfurter, Babilonier, Karthager, Berliner, Römer, Spartaner, Türken, Kümmeltürken –« (ebd., 216). Hier bricht der Erzähler zu Recht ab, um zu der Zeit nach dem Tod Le Grands und vor allem zu der Adressatin, zu Madame, zurückzukehren. Liebe, Tod und Wahnsinn werden vermischt. Sie gehören einfach zusammen, obwohl der Erzähler das »Buch Le Grand« mit dem hoffnungsvollen Ausblick beendet:

Wir wollen von andern Dingen sprechen, vom Jungfernkranz, von Maskenbällen, von Lust und Hochzeitfreude – lalarallala, lalarallala, lalaral – la – la – la. – (ebd., 222)

Am Schluss des Kapitels davor hatte er allerdings erklärt:

> Und, Madame, in der kleinen Brust eines Menschen kann sich gar viel Elend verstecken, und so gut versteckt halten, daß der arme Mensch selbst es tagelang nicht fühlt und guter Dinge ist und lustig tanzt und pfeift und trällert – lalarallala, lalarallala, lalaral – la – la – la. (ebd.)

So bleibt es bei der für den modernen Menschen charakteristischen Zerrissenheit, indem sich Privates und Politisches, die ganze Weltgeschichte und die Gegenwart miteinander verbinden, worüber man sowohl lachen als auch weinen kann.

Heine begab sich im August 1828 nach Italien, wo er mehrere Monate verweilte. Die Niederschrift einer Italienreise war ein gewagtes Unternehmen. Seit Ende des 18. Jahrhunderts waren unzählige Italienreisebeschreibungen in Englisch und Französisch, aber auch in Deutsch erschienen. 1816 und 1817 hatte Goethe seine »Italienreise« publiziert. Doch Heine ließ sich nicht beirren. Die Route, die er einschlägt und in »Reise von München nach Genua« beschreibt, stimmt sogar teilweise mit der von Goethe überein. Aber sein Blick ist ein anderer. Ihn interessieren kaum die Baudenkmäler und landschaftlichen Schönheiten, sondern die einfachen Menschen, die zum großen Teil einen armseligen Eindruck machen. Man ist geneigt, ihn mit Johann Wilhelm Archenholz zu vergleichen, der in seinem mehrbändigen Werk »England und Italien« aus den achtziger Jahren des 18. Jahrhunderts beide Länder gegenüberstellt um zu zeigen, dass der Wohlstand Englands auf seine Verfassung und die Missstände in Italien auf die politische Zersplitterung und Unterdrückung des Volkes durch die Regierenden zurückzuführen seien. Heine geht auf die Ursachen des Elends nicht ein, obwohl man sie indirekt in dem dort herrschenden Katholizismus zu suchen habe, der nicht daran interessiert ist, das Volk aufzuklären. Doch das sagt Heines Erzähler nicht so eindeutig. Im Kapitel XIV, das Trient gewidmet ist, lesen wir:

> Ich betrachtete abwechselnd die Häuser und die Menschen, und ich meinte fast, diese Häuser hätte ich einst in ihren besseren Tagen gesehen, als ihre hübschen Malereyen noch farbig glänzten, als die goldenen Zierrathen an den Fensterfriesen noch nicht so geschwärzt waren, und als die marmorne Madonna, die das Kind auf dem Arme trägt, noch ihren wunderschönen Kopf aufhatte, den jetzt die bilderstürmende Zeit so pöbelhaft abgebrochen. Auch die Gesichter der alten Frauen schienen mir so bekannt, es kam mir vor, als wären sie herausgeschnitten aus jenen altitalienischen Gemälden, die ich einst als Knabe in der Düsseldorfer Gallerie gesehen habe. Ebenfalls die alten Männer schienen mir so längst vergessen wohlbekannt, und sie schauten mich an mit ernsten Augen, wie aus der Tiefe eines Jahrtausends. Sogar die kecken jungen Mädchen hatten so etwas jahrtausendlich Verstorbenes und doch wieder blühend Aufgelebtes, daß mich fast ein Grauen anwandelte, ein süßes Grauen, wie ich es einst gefühlt, als ich in der einsamen Mitternacht meine Lippen preßte auf die Lippen Marias, einer wunderschönen Frau, die damals gar keinen Fehler hatte, außer daß sie todt war. (VII, 40 f.)

Das Bild der toten Marie kommt dem Erzähler noch einmal in einem Traum der folgenden Nacht in Trient. Dieser Stadt sind mehrere Kapitel gewidmet; oder besser: mehrere Kapitel spielen dort. Man hat den Eindruck, der eigentliche Grund dafür ist, dass hier das Tridentinische Konzil stattgefunden hatte, auf dem die Maßnahmen zur Gegenreformation beschlossen wurden. Sie hätten allerdings »wenig ausgerichtet«, geblieben sei ein »kümmerlicher Flitterstaat« (ebd., 45), in den sich die Gläubigen nur noch am Sonntag kleiden. Aber wirklich tot sei der Katholizismus wiederum nicht. Er habe eine gewisse Anziehung behalten, gerade durch die Mutter Gottes. In der »Romantischen Schule« heißt es einige Jahre später:

> Die katholische Klerisey hat überhaupt, wenn es die Madonna galt, dem Sensualismus immer einige Zugeständnisse gemacht. Dieses Bild einer unbefleckten Schönheit, die noch dabey von Mutterliebe und Schmerz verklärt ist, hatte das Vorrecht, durch Dichter und Maler gefeiert und mit allen sinnlichen Reizen geschmückt zu werden. Denn dieses Bild war ein Magnet welcher die große Menge in den Schooß des Christenthums ziehen konnte. Madonna Maria war gleichsam die schöne Dame dü Comptoir der katholischen Kirche, die deren Kunden, besonders die Barbaren des Nordens, mit ihrem himmlischen Lächeln anzog und festhielt. (DHA VIII, 132)

Heines Erzähler gibt sich in der »Reise von München nach Genua« als ein solch nordischer Barbar.

In diesem Reisebild steht auch die viel zitierte Stelle, wo Heine seine Hoffnung ausdrückt, dass mehr und mehr die »Nazionalvorurtheile« verschwinden, »alle schroffen Besonderheiten« in »der Allgemeinheit der europäischen Civilisazion« untergehen werden. Es »giebt jetzt in Europa keine Nazionen mehr, sondern nur noch Partheyen […]«. Diese würden aber immer wieder wechseln. Wie man auch dazu stehe, zur Zeit gäbe es nur eine große Aufgabe, die der Emanzipation. Es sei nicht »bloß die der Irländer, Griechen, Frankfurter Juden, westindischen Schwarzen und dergleichen gedrückten Volkes«, sondern »die Emanzipazion der ganzen Welt, absonderlich Europas, das mündig geworden ist und sich jetzt losreißt von dem eisernen Gängelbande der Bevorrechteten, der Aristokratie«. Es werde »freylich noch einige Zeit dauern«, bis man das Fest der erreichten Emanzipation werde feiern können, aber

> sie wird doch endlich kommen, diese Zeit, wir werden, versöhnt und allgleich, um denselben Tisch sitzen; wir sind dann vereinigt, und kämpfen vereinigt gegen andere Weltübel, vielleicht am Ende gar gegen den Tod – dessen ernstes Gleichheitssystem uns wenigstens nicht so sehr beleidigt wie die lachende Ungleichheitslehre des Aristokratismus.
> »Lächle nicht, späterer Leser.« fügt der Erzähler hinzu: Jede Zeit glaubt, ihr Kampf sey vor allen der wichtigste, dieses ist der eigentliche Glaube der Zeit, in diesem lebt sie und stirbt sie, und auch wir wollen leben und sterben in dieser Freyheitsreligion, die vielleicht mehr den Namen Religion verdient, als das hohle, ausgestorbene Seelengespenst, das wir noch so zu

benennen pflegen – unser heiliger Kampf dünkt uns der wichtigste, wofür jemals auf dieser Erde gekämpft worden, obgleich historische Ahnung uns sagt, daß einst unsre Enkel auf diesen Kampf herabsehen werden, vielleicht mit demselben Gleichgültigkeitsgefühl, womit wir herabsehen auf den Kampf der ersten Menschen, die gegen eben so gierige Ungethüme, Lindwürmer und Raubriesen, zu kämpfen hatten. (ebd. 69 f.)

In ihren Interpretationen nahmen die Linken Heines Diktum, dass es jetzt in Europa keine Nationen mehr gäbe, sondern nur noch Parteien, allzu wörtlich. Sie wunderten sich dann bekanntlich, dass sich die Proletarier im Ersten Weltkrieg nicht gegen den Krieg vereinigten, sondern bereit waren, gegeneinander zu kämpfen. Sie wollten einfach nicht zur Kenntnis nehmen, dass die nationalistischen Auseinandersetzungen in der Nach-Heine-Zeit eher zu-, als abnahmen. Zugleich glaubten sie an den Erfolg von Revolutionen, erkannten nicht, dass sich die Idee der Gleichheit, vor allem der gleichen Rechte, besser durch Reformen durchsetzen lässt als durch bewaffnete Auseinandersetzungen, wie u. a. Hannah Arendt in ihrem Buch über die Revolution an der Gegenüberstellung von amerikanischer und französischer Revolution gezeigt hatte. Aber vielleicht ist die Zeit angebrochen, in der Heines Diktum seine Aktualität erlangt hat, obwohl die Parteien andere geworden sind, als sie Heine vor Augen standen. Er ahnte nicht, dass die Ressourcen der Erde zu knapp für ein Gleichheitsprinzip im Reichtum, in der guten französischen Kochkunst, um mit Heine zu sprechen, geworden sind.

Heine erfuhr bei seiner Rückreise aus Italien, dass sein Vater schwerkrank sei. Er eilte nach Hamburg, traf ihn aber nicht mehr lebend an. Gleichzeitig waren seine Hoffnungen auf eine Professur in München zerschellt. Die ersten Kapitel von »Reise von München nach Genua« waren schon während des Italienaufenthalts entstanden und erschienen ab dem 1. Dezember 1828 in Fortsetzungen in Cottas »Morgenblatt für gebildete Stände«. Als Heine bereits an der Fortsetzung des Reiseberichts arbeitete, erfuhr er von Platens gegen Immermann und ihn gerichtete Satire »Der romantische Ödipus«. Er wurde in ihr u. a. als »Petrark des Lauberhüttenfests« bezeichnet.[8] Heine rächt sich, indem er Platen der Homosexualität bezichtigt. Hierüber ist viel geschrieben worden. Hans Mayer meint, dass sich hier zwei Außenseiter, ein erotischer und ein jüdischer, in die Haare bekommen haben.[9] Andere sehen in Heines Angriff eine prinzipielle Auseinandersetzung mit Aristokratismus und katholischem Klerikalismus. Heine konstruiert in den »Bädern von Lukka« eine recht verwickelte Handlung. Der Ich-Erzähler trifft in Lucca zwei alte Hamburger Bekannte, den Bankier Christian Gumpel, der sich hat taufen lassen und in Italien Markese Gumpelino nennt, und seinen Diener Hirsch, von Gumpelino Hyazinth genannt. Gumpelino wirbt bisher vergebens um Julie, eine Engländerin. Als sie ihn in der letzten Nacht vor ihrer Abreise aus Italien empfangen will, ist er nicht imstande, ihrem Wunsch nachzukommen, weil er ein zu starkes

Abführmittel genommen hat. Gumpelino versucht sich mit Platens Gedichten zu trösten. Damit ist der Ausgangspunkt für die Attacke gegen Platen geschaffen. Heine wirft ihm vor, dass er trotz »seinem Pochen auf Classizität [...] seinen Gegenstand« ganz und gar »romantisch, verschleyernd, sehnsüchtig, pfäffisch« behandle. Ja, er sei heuchlerisch, denn er vermeide die »genaueren Geschlechtsbezeichnungen«. Am Ende heißt es, »er ist mehr ein Mann von Steiß als ein Mann von Kopf, der Name Mann paßt nicht für ihn, seine Liebe hat einen passiv pythagoräischen Charakter, er ist in seinen Gedichten ein Pathikos, er ist ein Weib« (DHA VII, 141). Diese und ähnliche Charakteristiken stießen schon seinerzeit selbst bei Freunden von Heine auf Ablehnung. Er selber schien die Sache zu bedauern, wollte zeitweilig auf das Platenkapitel verzichten, aber schließlich verblieb es in der Neuauflage der »Reisebilder«.

An Heines eigenartiger Darstellung von Frauenfiguren hat dagegen kaum jemand Anstoß genommen. Es beginnt bereits mit dem Bericht über seine Reise nach Polen, den er nicht in die »Reisebilder« aufgenommen hat. Die wohl am häufigsten zitierte Stelle aus »Ueber Polen« ist seine Charakterisierung der Polinnen, die mit dem Satz beginnt: »Jetzt aber knien Sie nieder, oder wenigstens ziehen Sie den Hut ab – ich spreche von Polens Weibern.« Sie lassen sich nicht einmal, versichert Heine, mit den zartesten und lieblichsten Blumen Indiens vergleichen. Er konstatiert bei ihnen einen »immerwährenden Wechsel des Charakters«, was sogar ein Vorzug sei, denn ein

> Charakter entsteht durch ein System stereotyper Grundsätze. Sind letztere irrig, so wird das ganze Leben desjenigen Menschen, der sie systematisch in seinem Geiste aufgestellt, nur ein großer, langer Irrthum seyn. Wir loben das, und nennen es »Charakter haben« wenn ein Mensch nach festen Grundsätzen handelt, und bedenken nicht, daß in einem solchen Menschen die Willensfreyheit untergegangen, daß sein Geist nicht fortschreitet, und daß er selbst ein blinder Knecht seiner verjährten Gedanken ist. Wir nennen das auch Consequenz, wenn Jemand dabey bleibt, was er ein für allemal in sich aufgestellt und ausgesprochen hat, und wir sind oft tolerant genug, Narren zu bewundern und Bösewichter zu entschuldigen, wenn sich von ihnen nur sagen läßt: daß sie consequent gehandelt. Diese moralische Selbstunterjochung findet sich aber fast nur bey Männern; im Geiste der Frauen bleibt immer lebendig und in lebendiger Bewegung das Element der Freyheit. Jeden Tag wechseln sie ihre Weltansichten, meistens ohne sich dessen bewußt zu seyn. Sie stehen des Morgens auf wie unbefangene Kinder, bauen des Mittags ein Gedankensystem, das, wie ein Kartenhaus, des Abends wieder zusammen fällt. Haben sie heute schlechte Grundsätze, so wette ich darauf, haben sie morgen die allerbesten. Sie wechseln ihre Meinungen so oft wie ihre Kleider. (DHA VI, 66 f.)

Kurz darauf versichert Heine, er meine mit alldem hauptsächlich die Polinnen; das deutsche Volk habe dagegen »durch seinen angeborenen Tiefsinn eine ganz besondere Anlage zu einem festen Charakter«. Auch die deutschen Frauen hätten etwas davon, was jedoch nicht verwerflich sei, denn jede Frau habe nun einmal ihre Vorzüge:

> In einem sonnenhellen Blumenthale würde ich mir eine Polinn zur Begleiterinn wählen; in einem mondbeleuchteten Lindengarten wählte ich eine Deutsche. Zu einer Reise durch Spanien, Frankreich und Italien wünschte ich mir eine Polinn zur Begleiterinn; zu einer Reise durch das Leben wünschte ich eine Deutsche. Muster von Häuslichkeit, Kinder-Erziehung, frommer Demuth und allen jenen stillen Tugenden der deutschen Frauen wird man wenige unter den Polinnen finden. (ebd., 68)

Ich will nicht darüber befinden, welche Frauen, die deutschen oder die polnischen, sich am meisten angegriffen fühlen könnten. Es hängt wohl davon ab, wie hoch eine jede den Ehestand und das Beständige schätzt. Interessanter ist, wie Heine hier Stereotype aufbaut und sie zugleich festigt. Das Stereotyp ist das der schönen Polin. Diese ist spielerisch, nimmt sich die Freiheiten, die sie haben will; sie legt deshalb keinen Wert darauf, einen Charakter zu haben, was Heine allerdings so nicht sagt. Er drückt es umgekehrt aus: Einen Charakter haben, bedeute, auf seine Willensfreiheit zu verzichten, Knecht verjährter Gedanken, ein Gestriger zu sein. Frauen, d. h. Polinnen, legen auf so etwas keinen Wert. Sie schätzen wie Heine die Freiheit, möchte man meinen, aber da gibt es zugleich sein Bekenntnis, dass er fürs Leben eine Deutsche vorziehe. Und es mutet auch eigenartig an, dass er bei jenem Teil des deutschen Adels, der sich nicht »in Sitten und Ansprüchen dem Bürgerstand angeschlossen hat,« »Haus-Tugenden« in »weit empfindlicherer Weise« vermisst als bei den Polinnen.

Der Abschnitt über die Polinnen folgt den recht prinzipiellen Reflexionen über Polens politischen Zustand. Heine erstaunt der unerhörte Nationalstolz dieses Volkes, wenngleich dieser wegen seiner »Geringschätzung des Deutschen« ärgerlich sei. »Die Vaterslandsliebe«, schreibt Heine,

> ist bey den Polen das große Gefühl, worin alle Gefühle, wie der Strom in das Weltmeer zusammen fließen; und dennoch trägt dieses Vaterland kein sonderlich reitzendes Aeußere. Ein Franzose, der diese Liebe nicht begreifen konnte, betrachtete eine trübselige polnische Sumpfgegend, stampfte ein Stück aus dem Boden, und sprach pfiffig und kopfschüttelnd: »Und das nennen die Kerls ein Vaterland!« Aber nicht aus dem Boden selbst, nur aus dem Kampfe um die Selbständigkeit, aus historischen Erinnerungen und aus dem Unglück ist bey den Polen diese Vaterlandsliebe entsprossen. Sie flammt jetzt noch immer so glühend wie in den Tagen Kosziuszkos: vielleicht noch glühender. Fast bis zur Lächerlichkeit ehren jetzt die Polen Alles, was vaterländisch ist. Wie ein Sterbender, der sich in krampfhafter Angst gegen den Tod sträubt, so empört und sträubt sich ihr Gemüth gegen die Idee der Vernichtung ihrer Nationalität, Dieses Todeszucken des polnischen Volkskörpers ist ein entsetzlicher Anblick! Aber alle Völker Europas und der ganzen Erde werden diesen Todeskampf überstehen müssen, damit aus dem Tode das Leben, aus der heidnischen Nationalität die christliche Fraternität hervorgehe. Ich meine hier nicht alles Aufgeben schöner Besonderheiten, worin sich die Liebe am liebsten abspiegelt, sondern jene von uns Deutschen am meisten erstrebte und von unsern edelsten Volkssprechern, Lessing, Herder, Schiller u. s. w. am schönsten ausgesprochene Menschenverbrüderung, das Urchristenthum. (ebd., 65 f.)

Den Polen fehle dieser Geist, sie lebten noch zu sehr im Katholizismus. Und wenn sie von Freiheit sprächen, meinten sie weniger die »washingtonsche« (ebd., 65), sondern die der adligen Privilegien. Sie sähen nicht, dass »die Freyheiten« untergehen müssen, »wo die allgemeine gesetzliche Freyheit gedeihen soll.« Im gewissen Sinn hätten sie ihren Untergang sich selbst zu verdanken, indem sie, müsste man hinzufügen, nichts von der absolutistischen Herrschaft, wie wir sie aus Frankreich oder auch aus Russland und Preußen kennen, hielten. Heine sieht in Polens Geschichte die »Miniaturgeschichte Deutschlands«, obwohl sich der polnische Adel nie so »selbständig gemacht« habe wie der deutsche, aber in Krakau hätte der Reichstag, sprich Sejm, einen Luther nie »so ruhig, wie in Augsburg, aussprechen lassen.« Dazu wären sie Polen zu stürmisch – dass es in Polen lange Zeit Arianer und Calvinisten in großer Zahl gab, scheint Heine nicht zu wissen oder wissen zu wollen – und gerade der »Grundsatz von der stürmischen Freyheit, die besser seyn mag, als ruhige Knechtschaft«, war es, der »trotz seiner Herrlichkeit die Polen ins Verderben gestürzt.« (ebd., 66) Mit anderen Worten: Freiheit ist nichts fürs Leben. Sie kann man eine kurze Zeit genießen wie eine Geliebte. Die ruhige Knechtschaft in der Ehe sorgt für den Erhalt, wenngleich sie nicht lobenswert ist. Die Auslassungen über die polnischen Frauen dienen, wie im Nachhinein zu erkennen ist, als Begründung für die Beantwortung der Frage, welche Wege einzuschlagen wären, um zur Freiheit im washingtonschen Sinne gelangen zu können. Dahinter steckt auch eine indirekte Kritik an den Deutschen, daran, dass sie selbst noch nichts für diese Form von Freiheit getan haben.

Die Kunst von Heine ist es, alles miteinander zu verbinden: Sex, Politik, Geschichte, Religion und Vorurteile. Den Leser amüsiert es einerseits, andererseits ist er irritiert, denn er möchte gern wissen, worum es Heine wirklich geht. Die Germanisten, Publizisten und Heinespezialisten glauben es zu wissen. Je nach dem Interesse ihrer Zeit, ja nach dem Zeitgeist reden sie den Lesern ein, wie sie es zu verstehen haben. Aber vielleicht ist es so, dass in jedem Kopf Sex, Politik, Geschichte, Religion, allerlei Sehnsüchte und Ängste durcheinander schwirren, sich gegenseitig durchdringen und sich zugleich ausschließen. Insofern wären die Reisebilder das immer Zeitgemäße.

Anmerkungen

1 Siehe hierzu auch meinen Aufsatz: Der Übergang der gelehrten zur aufklärerischen Reise im Deutschland des 18. Jahrhunderts. – In: Virtus et Fortuna. Festschrift für H. G. Roloff. Bern 1983, S. 557–570.

2 Thomas Mann: Aufsätze, Reden, Essays. Bd. II (1914–1918). Berlin, Weimar 1983, S. 543 f.

3 Friedrich Schlegel: Philosophische Lehrjahre 1796–1806. KFSA Bd. XVIII. Hrsg. von Ernst Behler. München u. a. 1963, S. 82 f.

⁴ Friedrich Schlegel: Charakteristiken und Kritiken (1796–1801). Hrsg. von Ernst Behler, München u. a. 1967, S. 154.
⁵ Siehe Verf.: Heinrich Heines Reisebilder – ein besonderes literarisches Genre? – In: Heinrich Heine. Streitbarer Humanist und volksverbundener Dichter. Weimar 1973, S. 145–158, bes. S. 151 f.
⁶ So Amalie Henriette Caroline von Voigt in der Jenaischen Allgemeinen Literatur-Zeitung, 1827, Nr. 171, Sp. 407 (Galley / Estermann I, 282).
⁷ Jeffrey L. Sammons: Ein Meisterwerk: »Ideen: Das Buch Le Grand«. – In: Heinrich Heine. Hrsg. von Helmut Koopmann. Darmstadt 1975, S. 307–347.
⁸ August Graf von Platen: Der romantische Oedipus. Ein Lustspiel in fünf Akten. Stuttgart und Tübingen 1829, S. 95. Vgl. den Beitrag von Ruth Esterhammer in diesem Jahrbuch.
⁹ Siehe das Kapitel: Der Streit zwischen Heine und Platen. – In: Hans Mayer: *Außenseiter*. Frankfurt a. M. 1981.

Heinrich-Heine-Gesellschaft e.V. – Bericht

Der Schülerwettbewerb im Heine-Schumann-Jahr 2006

Von Renate Loos, Düsseldorf

Heines und Schumanns 150. Todesjahr in Düsseldorf

Im Jahr 2006 wurde in der Landeshauptstadt Düsseldorf und andernorts des 150. Todestages von Heinrich Heine und Robert Schumann gedacht. Die Lebenswege der beiden großen Künstler der deutschen und europäischen Geistesgeschichte des 19. Jahrhunderts sind mit der Stadt Düsseldorf eng verbunden. In verschiedenen Gesellschaften, wissenschaftlichen Instituten und öffentlichen Einrichtungen werden ihre Werke und ihr Wirken intensiv gepflegt.

Die Landeshauptstadt Düsseldorf, Geburtsstadt des Dichters, das Heinrich-Heine-Institut, Zentrum der internationalen Heine-Forschung, die Heinrich-Heine-Universität Düsseldorf, die Kunsthalle Düsseldorf und die Robert-Schumann-Forschungsstelle e. V. boten zusammen mit der Heinrich-Heine-Gesellschaft e. V., die 2006 ihr 50-jähriges Bestehen feiern konnte, aus Anlass des Gedenkjahres ein breit gefächertes Programm. Das 9. Schumannfest der Robert-Schumann-Gesellschaft Düsseldorf, das vom 5. bis 20 Mai 2006 stattfand, nahm ebenfalls Bezug auf den Dichter.

Das Heine-Schumann-Jahr begann am 17. Februar, dem Todestag Heines, mit einem Festakt in der Oper, bei dem die Ehrengabe der Heinrich-Heine-Gesellschaft an Alice Schwarzer verliehen wurde. An diesem Tag wurde auch die offizielle Eröffnung des Heinrich-Heine-Geburtshauses in der Bolkerstraße 53 feierlich begangen. Die Stadt Düsseldorf und die NRW-Stiftung als Eigentümerinnen und die Heinrich-Heine-Gesellschaft als Nutzungsberechtigte hatten das Konzept für die neue Gestaltung und die Nutzung als Literaturzentrum dieses originalen Heine-Ortes in Düsseldorf entwickelt und zusammen mit der Literaturhandlung Müller – nach umfangreicher Sanierung und baulicher Erweiterung des Gebäudes – umgesetzt.

Unter dem Titel »Das letzte Wort der Kunst« stand vom 12. März bis zum 11. Juni eine große Ausstellung in der Kunsthalle Düsseldorf und im Heinrich-Heine-Institut, die in Zusammenarbeit mit der Schumann-Forschungsstelle und der Kunstakademie das Wirken von Heinrich Heine und Robert Schumann mit der Gegenwart des 21. Jahrhunderts verband. Bestandteil der Ausstellung war die Aufführung einer Musiktheater-Collage »Die Schönheit der Schatten« im eigens dafür in der Kunsthalle aufgebauten Experimentaltheater. Die Inszenierung des renommierten Regisseurs Werner Schroeter unternahm, ausgehend von Texten Heines und Kompositionen Schumanns, eine fiktive Reise in die Kindheit beider Künstler.

Die Heinrich-Heine-Universität Düsseldorf, die Robert-Schumann-Hochschule Düsseldorf und das Heinrich-Heine-Institut veranstalteten gemeinsam vom 7. bis 10. Mai einen wissenschaftlichen Kongress an der Heinrich-Heine-Universität, der sich dem Thema »Übergänge. Zwischen Künsten und Kulturen« widmete mit dem Ziel, die literarischen, ästhetischen und medialen Wechselwirkungen im Schaffen von Heine und Schumann zu untersuchen. Der Kongress wurde eröffnet in der Kunstsammlung Nordrhein-Westfalen (K 20) mit dem Festvortrag »Die Kunst, die Freiheit, der Teufel und der Tod. Strategien des Überlebens bei Heine und Schumann« von Peter von Matt, Zürich, sowie der Aufführung von Robert Schumanns Klavierquintett Es-Dur op. 44 durch Studenten der Robert-Schumann-Musikhochschule.

Alle diese Veranstaltungen wurden nicht nur personell, sondern auch mit Mitteln der Heinrich-Heine-Gesellschaft e. V. unterstützt. Insgesamt wendete sie in den Jahren 2005 und 2006 über 82.000 € für das Heine-Schumann-Jahr auf.

Der Schülerwettbewerb »Wort. Zeit. Rhythmus«

Der Vorstand der Heinrich-Heine-Gesellschaft beschloss in Aufnahme eines seiner zentralen Satzungsziele, im Gedenkjahr 2006 Schülerinnen und Schüler zu intensiver Auseinandersetzung mit dem Werk Heinrich Heines anzuregen. Nach dem im Jubiläumsjahr 1997 mit großem Erfolg durchgeführten Schülerwettbewerb wurde festgelegt, erneut einen Schülerwettbewerb für das Land Nordrhein-Westfalen auszuschreiben, der diesmal – dem Anlass entsprechend – Heine und Schumann in ihrer Verbindung in Leben und Schaffen zum Thema machen sollte. Der Verfasserin als der zweiten Vorsitzenden der Heinrich-Heine-Gesellschaft wurde die Aufgabe der Planung und Durchführung des Wettbewerbs übertragen. Beim Heinrich-Heine-Institut wurde eine Praktikantin, Christine Thewes, beauftragt, mir u. a. bei Organisationsfragen zuzuarbeiten.

Zu planen war zunächst das Gesamtkonzept in seinem zeitlichen und organisatorischen Ablauf: die Wettbewerbsbedingungen, die inhaltliche Ausschreibung und deren Bekanntmachung, die Jurierung der Beiträge, die Veranstaltung der Preisverleihung, die Ausstellung der Schülerarbeiten im Heinrich-Heine-Institut sowie die Finanzierung.

Als erstes wurden die Wettbewerbsbedingungen festgelegt. Schüler und Schülerinnen aller Altersstufen und Schulformen in Nordrhein-Westfalen sollten Adressaten des Wettbewerbs sein. Die Themen wie auch die Formate der Wettbewerbsbeiträge sollten im Rahmen des Anlasses, Gedenkjahr für Heine und Schumann, freigestellt, Einzel-, Gruppen- und Klassenbeiträge sollten akzeptiert werden. Geld- und Sachpreise sollten ausgelobt, der Termin für die Preisverleihung im Görres-Gymnasium wurde angesetzt, die Mitgliedschaft in der Heinrich-Heine-Gesellschaft für den Jahresbeitrag von 1 € angeboten.

Verschiedene Wege sollten für die Information der Schulen, Lehrerinnen und Lehrer mit ihren Schülerinnen und Schülern und der Öffentlichkeit genutzt werden: die amtlichen Mitteilungswege über das Schulministerium und die Bezirksregierungen, das Internet über die Homepage der Heinrich-Heine-Gesellschaft und schließlich eine Papierversion in Form eines Leporellos. Außerdem wurde der Schülerwettbewerb als Teil des spartenübergreifenden Projekts der Landeshauptstadt Düsseldorf zum 150. Todesjahr von Heinrich Heine und Robert Schumann in den Pressedienst der Stadt aufgenommen. Dies bedeutete die Teilnahme an städtischen Pressekonferenzen wie auch die Veranstaltung einer speziellen Pressekonferenz zum Tag der Preisverleihung mit Unterstützung der Stadt Düsseldorf.

Nach der Diskussion der verschiedenen graphischen Entwürfe für das Lay-out des Leporellos wurde aus werbestrategischen und finanziellen Gründen entschieden, das Leporello in seinem Design in das Konzept der Stadt Düsseldorf für die Ankündigungen aller Veranstaltungen des Heine-Schumann-Jahres einzupassen. Für das Deckblatt wurde ein leuchtendes, helles Rot ausgewählt.

Während der Sommerferien wurden die Texte für die ausführliche Ausschreibung und die Wettbewerbsbedingungen formuliert und Anregungen für die Schülerinnen und Schüler verfasst und gestaltet. So entstand ein 16-seitiges, wie ich meine, in inhaltlicher und ästhetischer Hinsicht sehr gelungenes und motivierendes Leporello. Für die 6.766 Schulen in Nordrhein-Westfalen und die Auslage in der Stadt wurden 45.000 Exemplare benötigt, allein etwa 34.000, um die Schulen mit je 5 Exemplaren zu versorgen. Den Versand an die Schulen übernahmen, begleitet von erläuternden und empfehlenden Verfügungen der Abteilungsleiter der Schulabteilungen, im November 2005 die fünf Bezirksregierungen.

Im Januar 2006 schloss sich, vermittelt durch das Schulministerium, das Französische Generalkonsulat mit einer zusätzlichen Ausschreibung an für eine Arbeit zum Thema »Napoleon«. Ausgelobt wurden zwei Hin- und Rückflüge nach Paris mit einem Aufenthalt dort auf den Spuren Heinrich Heines. Auch wegen dieser hochwillkommenen, ergänzenden Ausschreibung wurde der Abgabetermin für die Einsendungen der Wettbewerbsbeiträge vom 20. März auf den 26. April 2006 verlegt.

Insgesamt wurden für den Schülerwettbewerb in den Jahren 2005 und 2006 32.250 € aufgewendet. Die Stadtwerke Düsseldorf AG unterstützten den Wettbewerb mit 15.000 €, die Arbeitsgemeinschaft Literarischer Gesellschaften und Gedenkstätten e. V. gab einen Zuschuss von 4.000 €, die Stadt Düsseldorf von 2.000 €, der Rest wurde durch die Heinrich-Heine-Gesellschaft e. V. finanziert. Verwendet wurden die Beträge für den Druck der Leporellos, für die Geldpreise (je 800 € für 5 erste Preise, je 400 € für 5 zweite Preise, je 250 € für 5 dritte Preise, 825 € für Sonderpreise), für Sachpreise (T-Shirts und Taschen mit Büchern und Broschüren), Schülerfahrtkosten, Transportkosten für Beiträge zur Ausstellung, Gagen für das Theaterprojekt und die Stadtführungen am Tag der Preisverleihung.

Die inhaltliche Vorbereitungsarbeit für den Wettbewerb begann im Frühjahr 2005 mit der Zusammenstellung der Planungsgruppe. Vertreten waren Germanisten, Musiker, Künstler, Lehrer verschiedener Schulformen und -stufen wie auch wettbewerbserfahrene Personen. Folgende Personen konnten gewonnen werden: Gabriele Maaßen-Meyer und Brigitta Nolte für den Bereich Grund- und Förderschulen; Dr. Klaus-Hinrich Roth, langjähriger Dozent für deutsche Sprache und Literatur an der Heinrich-Heine-Universität; Dr. Karin Füllner, wissenschaftliche Mitarbeiterin am Heinrich-Heine-Institut; Dr. Beatrix Müller, Dr. Rolf Kauffeldt, Dr. Walter Gerschler für das Fach Deutsch an Gymnasien; Peter Haseley, Leiter der Clara-Schumann-Musikschule Düsseldorf; Dr. Udo Rademacher für das Fach Musik an Gymnasien; Michael Kortländer, Bildender Künstler und Kunstlehrer. Kontakte bestanden auch zur Robert-Schumann-Gesellschaft sowie zur Leiterin des Institut Français Düsseldorf, Madame Brigitte Borsdorf, wegen des zusätzlich vom französischen Generalkonsulat ausgeschriebenen Napoleon-Preises. Die meisten Mitglieder der Gruppe hatten bereits beim Schülerwettbewerb 1997 mitgewirkt.

Nachdem die Planungsgruppe den Titel für den Wettbewerb gefunden hatte: »Wort. Zeit. Rhythmus. Heinrich Heine und Robert Schumann zum 150. Todesjahr«, wurden auch die Themenfelder festgelegt, die in der Ausschreibung mit Texten und Bildern Anregungen für die Themenwahl der Schülerbeiträge, differenziert nach Primar- und Sekundarstufe, geben sollten.

Für die Primarstufe wurden folgende Anregungen für die Lehrer formuliert:

> In der jeweils eigenen »Sprache« finden sich bei Heine und Schumann Inhalte, die auch Grundschulkindern gut zugänglich sind. Einige der Werke der Künstler sind miteinander zu verknüpfen. Dabei sind viele gestalterische Erscheinungsformen denkbar: malen, texten, spielen, singen, vertonen ...

und folgende Themenfelder wurden vorgeschlagen: »Der Rhein. Spiele. Träume. Märchen. Reisen. Angst.« Als ein Beispiel sei hier die entsprechende inhaltliche Anregung aufgeführt:

Märchen
    Schumann: Stücke aus *Märchenbilder, Märchenerzählungen* und *Gespenstermärchen* aus *Klavierstücke* op. 85, Nr. 11
    Heine: *Aus alten Märchen winkt es (Lyrisches Intermezzo XLIII* aus *Buch der Lieder)*, von Schumann vertont in *Dichterliebe*
    Aus alten Märchen winkt es
    Hervor mit weißer Hand,
    Da singt es und da klingt es
    Von einem Zauberland

Für die Sekundarstufen wurden folgende Anregungen formuliert:

Robert Schumann hat in seinem Tagebuch über das Treffen mit Heinrich Heine 1828 in München berichtet. In Form eines szenischen Dialogs zwischen Heine und Schumann kann ein Ausschnitt der gemeinsam verbrachten Stunden dargestellt werden. Unter dem Titel »Eine einmalige Begegnung« ist es möglich, das Treffen in den biographischen Zusammenhang zu stellen und auch den historischen und kulturellen Hintergrund miteinzubeziehen: Welche politischen, kulturellen, wirtschaftlichen und religiösen Themen beschäftigten die Menschen um diese Zeit? Worüber könnten sich die beiden unterhalten haben? Der szenische Dialog kann in Textform, als Hörspiel oder als Video-Aufzeichnung eingereicht werden. […]
    Zum 150. Todesjahr von Heine und Schumann:
eine ca. 10minütige Aufzeichnung für eine Radiostation z. B. im Stil der »Zeitzeichen«-Sendung im WDR. […]
    Wie sollten nach Heinrich Heine oder Robert Schumann benannte Schulen oder Musikschulen ihren Namensgeber innerhalb oder außerhalb des Schulgebäudes präsentieren?

Die folgenden Themenfelder wurden vorgeschlagen: »München 1828: Schumann trifft Heine. Napoleon. Der Rhein. Düsseldorf. Reisen. Liebe – in Gedichten und Liedern«. Exemplarisch sei auch hier eine inhaltliche Anregung dargestellt:

Liebe – in Gedichten und Liedern
    Nach dem Münchner Zusammentreffen und Gedankenaustausch zwischen Robert Schumann und Heinrich Heine gab es nur von Schumann noch einige, allerdings besonders intensive geistige und künstlerische Begegnungen mit dem Dichter. Dazu gehören vor allem die Vertonungen von Gedichten aus dem *Buch der Lieder* im Jahr 1840.
    Im *Liederkreis* op. 24 sind die neun Gedichte aus den *Jungen Leiden* komponiert. Sie gestalten das Thema der unglücklichen Liebe in (teils ironisch gebrochenen) Bildern von Erwartung und Enttäuschung, von Schmerz und Klage, von Abschieds- und Todesphantasien. Schumanns sowohl entsprechende als auch kontrastierende oder eigenständig weiterführende Tonfassungen haben ihn selbst tief berührt: *Das Tönen und Musizieren macht mich beinahe tot jetzt; ich könnte darin untergehen.* Am 22. Mai schreibt er an Clara: *Übrigens macht der Heine*'-

sche Zyklus, wie ich höre, viel Sprechens, und das ist mir ganz lieb. Tags darauf verfasst er einen Begleitbrief an Heine in Paris zu *einem Heft Liedern:*
Ein alter sehnsüchtiger Wunsch geht mir mit diesen Zeilen in Erfüllung, der, mich Ihnen etwas mehr nähern zu dürfen; denn eines Besuches in München vor vielen Jahren, wo ich noch angehender Mensch war, werden Sie sich schwerlich noch erinnern. Möchte Ihnen meine Musik zu Ihren Lieder gefallen. Kämen meine Kräfte der warmen Liebe gleich, mit der ich geschrieben, so dürften Sie auf Gutes hoffen.

Schon vor Weihnachten waren die ersten Wettbewerbsarbeiten eingesandt worden und es zeigte sich bald, dass für die Lagerung und Ordnung nach Formaten erheblicher Raumbedarf bestehen würde. Zwischen Plakaten bzw. DVDs und einer Arbeit in Gestalt einer sich drehenden Litfaßsäule, einer Klaviatur aus zentnerschwerem Beton bzw. einer Installation, die den Rhein bei der Loreley mit 150 Schiffchen mit beschrifteten Segeln darstellte, war die Bandbreite an Umfang und Gewicht erheblich.

Die Arbeiten wurden nach einem differenzierten System, das u. a. die Themen, die literarischen bzw. Kunst-Sparten und Medien auswies, erfasst. Auf dieser Grundlage wurde der Bedarf für die personelle Ergänzung der Planungsgruppe für ihre Tätigkeit als Jury ermittelt. Es gelang, für die spartenbezogenen Teiljurys weitere Personen zu gewinnen. Es waren dies Elke Hartfiel und Andrea Ingenhoven für die Grund- und Förderschulen, Holger Ehlert für eingesandte Spiele und vom Heinrich-Heine-Institut Heidemarie Vahl, Dr. Sikander Singh und Christine Thewes für wissenschaftliche und künstlerische Arbeiten.

So konnte kurz nach Einsendeschluss eine erste Jury-Sitzung einberufen werden, die sich mit den Kriterien für die Bewertung beschäftigte. Für die Arbeit in den schulstufen- und spartenbezogenen Teiljurys wurden die folgenden Kriterien vereinbart: Relevanz von Anlass und Thema des Wettbewerbs, Idee/Stringenz, Originalität, Passung von Form und Inhalt, Qualität der Aus-/Durchführung, Anteil der Schüler/Anteil der Lehrperson. Auf eine angemessene Repräsentanz der Schulformen sollte geachtet werden. Die Beschäftigung mit Heine oder Schumann allein sollte nicht Ausschlusskriterium sein. Bei qualitativ hochwertigen Zweifelsfällen sollte gegebenenfalls ein Sonderpreis vergeben werden In einen einheitlichen Bewertungsbogen umgesetzt, wurde dieser die Grundlage für die Entscheidungen in den Teiljurys und die Erstellung von Ranking-Listen.

Um den Umfang der Juryarbeit darzustellen, seien einige Zahlen differenziert aufgeführt. Insgesamt wurden 226 Arbeiten eingesandt. 110 Schulen beteiligten sich mit 184 Klassen-, Gruppen- oder Kursbeiträgen. 42 Beiträge kamen von einzelnen Schülern, bzw. 2 oder 3 Schülern, die sich, unabhängig von der Schule, aus eigener Initiative zusammengetan hatten. Nach Schulformen aufgeschlüsselt waren es 10 Grundschulen, 6 Förderschulen, 2 Hauptschulen, 12 Realschulen, 8 Gesamtschulen, 64 Gymnasien, 6 Berufskollegs und 2 Waldorfschulen, die teilnahmen.

Die eingesandten 226 Wettbewerbsbeiträge stellten sich, auf Sparten/Formate bezogen, etwa folgendermaßen dar: 90 wissenschaftlich/literarische, 80 künstlerische, 30 musikalische, 40 szenische und dokumentierende Beiträge sowie 20 Spiele. Teilweise waren die Beiträge spartenübergreifend, daher liegt die Summe über der Gesamtzahl der Einsendungen.

Das Jurierungs-Verfahren verlief folgendermaßen: Die Teiljurys bewerteten nach den vereinbarten Kriterien und ermittelten aus ihrer Sicht preiswürdige Beiträge. In einer gemeinsamen Sitzung wurden die Ergebnisse in einer Synopse erfasst. Die Qualität der Beiträge wurde nach bewertenden Vorträgen aus den Teiljurys gegeneinander abgewogen und so wurde, für alle Jurymitglieder vertretbar, eine Gruppe von preiswürdigen Arbeiten im Konsens ermittelt. Dabei zeigte sich, dass die vorgesehene Zahl von 15 Preisen nicht hinreichen würde, um der Qualität der vorgelegten Arbeiten gerecht zu werden. Deshalb wurde angeregt, die Zahl der Preise zu erhöhen und zwar durch die Bereitstellung weiterer Preisgelder bzw. Sachpreise. Dies ließ sich dann u. a. dank der großzügigen Unterstützung der Stadtwerke Düsseldorf AG verwirklichen. So konnten zusätzlich zu den ausgelobten je 5 ersten, zweiten und dritten Preisen noch 12 Sonderpreise vergeben werden. Auf die Schulformen aufgeschlüsselt wurde folgendes Ergebnis für die Prämierung festgelegt: 3 Preisträger aus der Grundschule, 1 aus der Förderschule, 1 aus der Hauptschule, 1 aus der Realschule, 2 aus der Gesamtschule und 19 aus Gymnasien. Nach Sparten aufgeschlüsselt waren es: 6 Preise für Musikbeiträge, 9 für Kunstbeiträge, 6 für literarische Beiträge, einer für ein Spiel und 5 für spartenübergreifende Beiträge.

Exemplarisch seien aus allen Preisgruppen Wettbewerbsarbeiten vorgestellt, wie sie am Tag der Preisverleihung mit der Begründung präsentiert wurden:

1.Preis
Heinobert-RAP, St. Notburga-Grundschule und Brüder-Grimm-Grundschule, Viersen, Klassen 3 und 4, Musik und Text, CD-R: Eine außerordentlich überzeugende Arbeit, schulübergreifend zu Heines und Schumanns Biographie getexteter und komponierter RAP sowie ein inhaltlich und gestalterisch vorzügliches Booklet. Parallel dazu wurde eine Tanzperformance entwickelt und einstudiert. Eine auch künftig vielfältig einsetzbare Arbeit.

2. Preis
150 Schiffe an der Loreley, Quirinus-Gymnasium, Neuss, Quinta C, Kunst, Rauminstallation: Ausgezeichnet wird eine überaus originelle »Bildlösung«, die den Raum ausdrücklich einbezieht und die Betrachterwahrnehmung gezielt auf die Thematik Heine lenkt.

3. Preis
Heine und Schumann, Montessori-Gesamtschule Borken, Klassen 9 und 10, Kindergarten, Medien u. a., CD, Ausdrucke, Bilder, Kladde: Ausgezeichnet wird eine Arbeit, die mehrere Altersstufen umfasst sowie die Schulöffentlichkeit zu interessieren vermochte, dazu multimedial angelegt ist.

Sonderpreise:

2007. Stunden Tage Ewigkeiten. Christof Grobelski, Amplonius-Gymnasium, Rheinberg, Jahrgangsstufe 11, Kunst, Kalender 2007: Ausgezeichnet wird eine erstaunliche Einzelleistung, die handwerklich und inhaltlich rundum überzeugend Heine und Schumann verbindet.

Auf der Suche nach op. 24, Johannes-Rau-Gymnasium, Wuppertal, Grundkurs Kunst 12, Graphik, verschiedene gestaltete Blätter: Ausgezeichnet wird eine höchst originelle Idee, die Heine und Schumann verbindend auch formal außerordentlich überzeugt.

Hoffnungsvolle Zeit, Leonie Viola Thöne, Moers, 15 Jahre, Musik, Bild und Text, Gesamtkunstwerk: Einsendung, die facettenreich dichterische, musikalische und malerische Aspekte ihrer Inspirationen zum Thema Begegnung Heine/Schumann darstellt. Kreative Impulse in allen Sparten.

Lotosblume, Combo bzw. Bigband des Theodor-Fliedner-Gymnasiums, Düsseldorf, jahrgangsübergreifend, Musik und Literatur, Aufführung/Partitur und Ausdruck, wissenschaftliche Ausführungen: Arrangement des Liedes von Schumann mit gekonnter Verwendung moderner Musikstilelemente. Die resultierende Partitur ist das Ergebnis gründlicher Analyse und des kreativen Umgangs mit dem Material.

Parallel zu der Registrierung und Jurierung der Wettbewerbsbeiträge fand die Vorbereitung des Tages der Preisverleihung statt. Der Ablauf sah dafür zwei Teile vor: zunächst am frühen Nachmittag eine 90-minütige Stadtführung auf den Spuren Heinrich Heines und Robert Schumanns in Düsseldorf und teilweise zeitgleich ein Straßentheater bei der Kunsthalle mit der Möglichkeit, sich der Stadtführung wieder anzuschließen, danach, um 16.00 Uhr, im Görres-Gymnasiums, jener Schule, die Heinrich Heine selbst besucht hat, die Preisverleihung, verbunden mit einer Ausstellung von Wettbewerbsarbeiten und einem kleinen Imbiss

Die Schulen und individuellen Einsender hatten nach dem Eingang ihrer Arbeiten eine Bestätigung erhalten verbunden mit einer Einladung an alle zum Tag der Preisverleihung am 8. Juni 2006 in Düsseldorf. Das Ergebnis der abschließenden Jury-Sitzung wurde umgehend allen Teilnehmerinnen und Teilnehmern des Wettbewerbs mitgeteilt zusammen mit der Information über den Ablauf des Tages der Preisverleihung. Auf die erbetene Rückmeldung hin erhielten wir die Zusage von etwa 320 Personen, die zum größten Teil die Stadtführungen wahrnehmen wollten. Etliche Gruppen meldeten sich auch zusätzlich für das Straßentheater.

Mit dem Görres-Gymnasium, das sich gern und mit großem Engagement als Gastgeber für die offizielle Preisverleihung zur Verfügung gestellt hatte, wurden die Verabredungen für die Ausstellung, den Imbiss und die Dispositionen in der Aula getroffen. Frau Barbara Maerker, koordinierte die schulischen Aktivitäten. Sie übernahm die Zuständigkeit für die Einrichtung der Ausstellung und die Erfrischungen. Der Chor wurde für die musikalische Eröffnung des Programms am Nachmittag vorgesehen, Schülerinnen und Schüler sollten das Geleit der Gäste übernehmen.

Am 6. Juni 2006 fand im Heinrich-Heine-Institut die Pressekonferenz zur Preisverleihung statt. Dazu wurde für die anwesende örtliche Presse und die Radiostationen eine umfassend informierende Pressemappe von Christine Thewes erarbeitet und vorgelegt. Einige Preisträger-Gruppen waren zugegen und konnten Teile ihrer Arbeiten präsentieren. Das Presse-Echo in den nächsten Tagen war höchst erfreulich.

Der 8. Juni 2006, Robert Schumanns 196. Geburtstag, war ein sonniger und sehr heißer Tag. Für die Freiluftveranstaltungen war dies äußerst günstig. Die Stadtführer und Stadtführerinnen hatten große Gruppen zu betreuen, auch beim Straßentheater vor und in der Kunsthalle drängten sich viele Interessierte. Pünktlich um 16.00 Uhr begann die festliche Preisverleihung in der Aula des Görres-Gymnasiums. Zahlreiche Ehrengäste waren der Einladung gefolgt, so als Vertreter der Bezirksregierung Düsseldorf Abteilungsdirektor Volker Allmann, der Leiter der Schulabteilung, als Vertreter der Landeshauptstadt Düsseldorf Kulturdezernent Hans-Georg Lohe; Rainer Pennekamp, Vorstandsmitglied der Stadtwerke Düsseldorf AG; und schließlich mit dem besonderen Preis für eine Arbeit zum Thema Napoleon, der Generalkonsul Frankreichs in Düsseldorf, Monsieur Gilles Thibault in Begleitung der Direktorin des Institut Français Düsseldorf, Madame Brigitte Borsdorf.

Das Programm begann mit Robert Schumanns »Zigeunerliedchen«, dargebracht vom Chor des Görres-Gymnasiums unter der Leitung von Ulrich Brall, und der Begrüßung durch den Hausherrn, Oberstudiendirektor Dr. Otto Wirtz. Es folgte die tänzerische und gesangliche Darbietung des RAPs, der den Schülerinnen und Schülern der 3. und 4. Klasse der beiden Grundschulen aus Viersen den ersten Preis beschert hatte. Der Vorsitzende der Heinrich-Heine-Gesellschaft, Prof. Dr. Joseph A. Kruse, als Träger des Schülerwettbewerbs, stellte dessen Bedeutung im Gesamtprogramm des Heine-Schumann-Jahres 2006 dar, dankte den großzügigen Sponsoren wie auch den ehrenamtlich Beteiligten und lud schließlich auch zur Eröffnung der Ausstellung der Schülerarbeiten im Heinrich-Heine-Institut am 20. Juni 2006 ein. Es folgte ein weiterer Wettbewerbsbeitrag, »Hoffnungsvolle Zeit«, der von der Preisträgerin, Leonie Viola Thöne, am Flügel begleitet von ihrem Bruder, vorgetragen wurde.

An erster Stelle bei der Preisvergabe stand die Auszeichnung mit dem »Napoleon-Preis«, einem Flug nach Paris mit Aufenthalt dort für zwei Personen, die durch den Generalkonsul, Monsieur Thibault, vorgenommen wurde. Ausgezeichnet wurden Torben Pacholleck und Pascal Kuhs von der Hildegardis-Schule in Hagen. Sodann wurden die Preise von den ›zuständigen‹ Mitgliedern der Jury und den Sponsoren vergeben, beginnend mit den Sonderpreisen bis hin zu den ersten Preisen. Den Abschluss bildete die Aufführung der »Lotosblume« durch die Combo des Theodor-Fliedner-Gymnasiums, Düsseldorf. In Fröhlichkeit und etwas geräuschvoll löste sich die Festversammlung schließlich gegen 17.30 Uhr auf.

Unter der Federführung von Heidemarie Vahl, der Leiterin des Museums des Heinrich-Heine-Institutes, wurden in den folgenden Wochen zusammen mit Dr. Karin Füllner, Heike Moritz, Ilona Terstappen, Jan Caspers, Otmar Blank und Bernd Vollberg die Ausstellung der Schülerarbeiten sowie die Vernissage und Finissage vorbereitet. Am frühen Abend des 20. Juni 2006 konnte die Ausstellung mit einem Großteil der eingesandten Wettbewerbsbeiträge eröffnet werden. Etliche Klassen und Gruppen waren angereist, eine Preisträgerin trug den von ihr geschriebenen und komponierten Beitrag vor. Bei dieser Gelegenheit konnte auch noch ein Preis an einen bei der Veranstaltung am 8. Juni verhinderten Schüler vergeben werden.

Im Laufe der Sommerferien kamen immer wieder einzelne Schüler, Familien oder Gruppen, die die Ausstellung besuchten. Am 19. August 2006 wurde sie in Anwesenheit einer Reihe von Schülerinnen und Schülern mit deren Lehrern oder Eltern geschlossen. Dabei wurden noch einmal Erläuterungen zu den Ideen und Absichten bei der Arbeit an den Ausstellungsstücken vorgetragen. Einige Arbeiten hat das Heinrich-Heine-Institut für Ausstellungszwecke erworben.

Bei einem informellen Treffen der Jury am 15. Oktober 2006 wurde Rückschau gehalten, Zielsetzungen und Ergebnisse verglichen. Die einhellige Einschätzung war positiv. Sowohl die Zahl der Schülerinnen und Schüler, die sich mit Heine und Schumann beschäftigt haben, als auch die Qualität des ganz überwiegenden Teils der eingesandten Schülerarbeiten wurden als äußerst zufrieden stellend angesehen.

Gemessen an der Zielsetzung in der Satzung der Heinrich-Heine-Gesellschaft kann für den Schülerwettbewerb im Heine-Schumann-Jahr 2006 festgestellt werden, dass sich – vorsichtig geschätzt – etwa 4.000 Schülerinnen und Schüler in Nordrhein-Westfalen beteiligt und intensiv mit Heinrich Heine auseinandergesetzt haben. Wie viele darüber hinaus sich aus Anlass des Wettbewerbs noch mit Heine und Schumann beschäftigt und, aus sicherlich verständlichen Gründen, von der Teilnahme abgesehen haben, ist nicht zu ermitteln.

Zum Abschluss soll ein Schüler mit dem letzten Satz seines Dankesbriefs nach der Preisverleihung zu Wort kommen: »Ich hoffe, auch bei Ihrem nächsten Schülerwettbewerb teilzunehmen.«

Buchbesprechungen

Therese von Bacheracht: »*Heute werde ich Absonderliches sehen*«. *Briefe aus Java 1850–1852*. Hrsg. und kommentiert von Renate Sternagel. Königstein/Taunus: Ulrike Helmer Verlag 2006. 323 S., € 24,90.

Das Ziel von Therese von Bacheracht, die seit 1850 in Niederländisch-Indien lebte, ihre »Briefe aus Java« einer Edition zuzuführen, konnte erst 154 Jahre nach ihrem Tod realisiert werden. Mit der Herausgeberin Renate Sternagel fand sich eine ausgezeichnete Kennerin der Verhältnisse in der holländischen Kolonie Java im 19. Jahrhundert und der damaligen geografischen, ethnografischen und naturwissenschaftlichen Darstellungen zu dieser südostasiatischen Region. Neben einem sehr informativen Anmerkungsteil und biografischen Kurzporträts zu zeitgeschichtlich relevanten Personen bietet eine »Einführung« den wünschenswerten Orientierungsrahmen in lebensgeschichtlicher, politischer, sozialer und kulturhistorischer Hinsicht. Sternagels ergänzende Auswertung ungedruckter Briefe von Thereses Freundin und Schriftstellerinnen-Kollegin Fanny Lewald an Adolf Stahr bringt wichtige Aufschlüsse über private Hintergründe, die in den Java-Briefen ausgeblendet werden. So gelingt eine Rekonstruktion der letzten und bisher von Mutmaßungen umrankten Lebensphase von Therese von Bacheracht.

In den Jahren zwischen 1841 und 1849 hatte sie sich als Verfasserin von Romanen, Novellen und Reisebildern wie den »Briefen aus dem Süden« (1841) literarische Anerkennung verschafft. Die Entscheidung, nach dem Scheitern ihrer Liebeziehung zu Karl Gutzkow und der Scheidung von Robert von Bacheracht als Ehefrau von Heinrich von Lützow, Oberst und Kommandeur der dritten Abteilung der niederländischen Kolonialarmee, ein neues Leben in Ostjava zu beginnen, bedeutete gleichzeitig eine bewusste Beendigung ihrer Schriftstellerinnen-Karriere. An ihren Verleger Eduard Vieweg schrieb sie im Frühjahr 1849: »Ich habe mich nicht ohne tiefe Erschütterung von meinen bisherigen Beziehungen losgerissen und gehe einer neuen Zukunft entgegen. Diese Zukunft schließt jede Verbindung mit der Literatur aus. Indem ich aufhöre, Schriftstellerin zu sein, können Sie mich als tot betrachten.« (42)

Doch das Niederschreiben ihrer Eindrücke und Beobachtungen während ihres Aufenthalts im Kommandanturstandort Surabaya und während vieler Reisen durch Ost- und Mitteljava wurde ihr in unerwartet schwierigen privaten Lebensumständen (späte Mutterschaft, Verschuldung, Untreue des Ehemanns, geringe gesellschaftliche Integration als Frau) zu einer sinnstiftenden Tätigkeit, die fortschreitend auf eine Drucklegung hin ausgerichtet war. Darin wurde sie von Fanny Lewald bestärkt, die auf der Basis der ersten Briefe diese »für das Beste« hielt, »was Therese je geschrieben« habe; sie erwartete ein »zauberhaft interessantes Werk« (277), dessen sensuelle Anschaulichkeit in den Naturschilderungen auch den heutigen Leser noch zu fesseln vermag.

Von der Fülle und Schönheit der Natur ging für Therese eine sich ständig erneuernde Faszination aus, die umso nachhaltiger war, wenn die üppige Natur durch Eingriffe der Menschen zu einer Kulturlandschaft, zur »lächelnden Natur« (218) umgestaltet worden war. Die Autorin bietet Einblicke in das Leben der kolonialen Führungsschicht, der javanischen und chinesischen Oberschicht, in ihre Paläste, Feste, Tänze, Jagdpartien und religiösen Rituale. Die Suche nach dem ›authentischen‹ Java führt sie immer wieder zu Begegnungen mit einheimischen Frauen, deren Schönheit und edle Anmut sie hervorhebt.

Als Ehefrau eines Repräsentanten der holländischen Ordnungsmacht stellt sie das Kolonialsystem nicht grundsätzlich in Frage, kritisiert aber Auswüchse von Repression gegenüber den Einheimischen und die einseitige und erzwungene Ausrichtung der Landwirtschaft auf Exportprodukte wie Kaffee, Tee, Reis und Gewürze. Die Frage nach der spezifischen Wahrnehmungsperspektive gegenüber dem Fremden offenbart bei Therese von Bacheracht eine ambivalente, aber letztendlich eurozentrische Haltung. Als Grundtenor findet sich die Überzeugung, dass »der Europäer dem Eingeborenen überlegen in der Kultur ist« (83) und dass der »sanfte lenksame Charakter der Eingeborenen« (85) den Kultur- und Bildungstransfer begünstigte. Allerdings ist sie sich der Eingeschränktheit ihrer Einblicke bewusst: »Um dieses Volk ganz zu kennen, um den Kreis seiner Gedanken und Anschauungen zu durchschreiten, muss man jahrelang unter ihm und namentlich im Inneren des Landes leben.« (219)

Auf ihren Reisen ins Innere der Insel war sie, bedingt durch die militärische Position ihres Mannes, stets ›Reisende erster Klasse‹ mit Begleitern und Dienerschaft; für sie standen auf jeder Tagesetappe zivilisatorische Refugien bereit. Hier wird der Unterschied zur Reiseschriftstellerin Ida Pfeiffer deutlich, die beinahe zeitgleich neben Kleinasien, Persien, China auch Ost-Indien auf sich gestellt ohne Zuhilfenahme kolonialer Infrastruktur erkundete (»Eine Frauenfahrt um die Welt«, Wien 1850).

Die »Briefe aus Java« blieben Fragment; die im Sommer 1852 unternommene beschwerliche Reise von Batavia aus durch West- und Mitteljava hin zur Südküste, die dazu dienen sollte, ihr »Manuskript über Java noch zu komplettieren« (261), endete am 16. September 1852 mit Therese von Lützows unerwartetem Tod. Ein überlieferter Bericht des Reisebegleiters Dr. Heinrich Bürger dokumentiert am Ende der Edition die Umstände der letzten Reise in den Tod (261–269).

Ariane Neuhaus-Koch

Barbara Beßlich: *Der deutsche Napoleon-Mythos. Literatur und Erinnerung 1800–1945*. Darmstadt: Wissenschaftliche Buchgesellschaft 2007, 504 S., € 79,90.

In den Jahren 2006/2007 gab es in Deutschland eine kleine, aber doch signifikante Renaissance der medialen und ausstellungsbezogenen Beschäftigung mit der historischen Überfigur Napoleon. Sicher spielte dabei das Erinnerungsjahr an das eher sang- und klanglose Ende des Heiligen Römischen Reiches vor 200 Jahren eine gewichtige Rolle – ein unrühmliches Ende im Jahre 1806, das letztlich durch Napoleon und die durch ihn erwirkte und beschleunigte Umwälzung Europas wesentlich befördert wurde – in den satirisch angehauchten Worten Heines von 1827: »diese Lippen brauchten nur zu pfeifen – und das ganze heilige römische Reich tanzte«. Über die tief gestaffelte Wirkungsgeschichte des Korsen in der deutschen Literatur- und Kulturgeschichte weit über seinen Tod hinaus liegt nun fast passend zu diesem »Trend« mit der Monographie von Barbara Beßlich eine Untersuchung vor, die zurückgeht auf eine Freiburger germanistische Habilitationsschrift aus dem Jahre 2005 – und insofern natürlich einen wesentlich längeren Vorlauf hatte. Die Autorin bietet erstmals umfassend eine Literaturgeschichte des deutschen Napoleon-Mythos von 1800 bis 1945. Wesentlicher Erkenntnisgewinn dieser Studie – das sei schon hier formuliert – ist der Nachweis der hohen Bedeutung des

Napoleon-Mythos weit über die in den bisherigen punktuellen Untersuchungen zu dem Thema meist angenommene Grenze der Mitte des 19. Jahrhunderts hinaus. Besonders die rhetorische Gleichsetzung von napoleonischem Charakter und Willen mit Deutschland als »personifiziertem Subjekt der Geschichte« (23) in den Jahrzehnten nach 1890 ist ein zentraler Gegenstand dieser Abhandlung. Dabei wird das Thema gesehen als »deutsche Erinnerungsgeschichte und kulturelle Bedeutungsgeschichte«, wobei sich in diesem Falle die Schriftsteller als »eigentliche Mythenmacher« erwiesen (22). Der deutsche Napoleon-Mythos ist eben »keine Angelegenheit öffentlicher politischer Rituale, sondern wird in der Literatur inszeniert« (29). Ein wesentlicher Faktor für diese erfolgreiche Mythenproduktion ist – abgesehen von der kurzen Phase der so genannten »Befreiungskriege« – die Tatsache, dass Napoleon nicht als »Franzose« gesehen wurde, sondern als »Teil einer positiv besetzten nationalen Mythologie« (31), die den Kaiser »sukzessive identifikatorisch auf Deutschland« (12) bezog und dabei erst nach 1890 ihre »größte identifikationsstiftende Reichweite« (40) entfaltete.

Als Quellenkorpus legt Beßlich insgesamt ca. 250 literarische Texte (vom Gelegenheitsgedicht bis zum Geschichtsdrama und zum Roman) zu Grunde. Sie berücksichtigt dabei auch Texte zweiten und dritten literarischen Ranges, weil diese Texte in ihrer »mythenformenden und erinnerungsgeschichtlichen Symptomatik den ›zeitüberragenden‹ Werken überlegen sind« (37). Die Intensität der Analyse der einzelnen Texte schwankt zwischen sehr breit angelegten Textexegesen etwa zu Hauffs Erzählung »Das Bild des Kaisers« auf fast 30 Seiten bis hin zu eher aufzählenden Überblicksdarstellungen. Die Untersuchung ist chronologisch aufgebaut und gliedert sich in drei Teile. Der erste Teil (41–168) beschäftigt sich mit der Literatur zu Lebzeiten Napoleons und reicht somit bis 1821, der zweite Teil (169–309) analysiert die siebzig Jahre bis etwa 1890 und der dritte Teil (311–435) widmet sich den deutschen Napoleon-Texten des Zeitraumes bis 1945. Ein knapper Ausblick (437–447) skizziert dann noch die weitere Entwicklung der literarischen Beschäftigung mit Napoleon in Deutschland nach 1945 u. a. bei Dieter Kühn und W. G. Sebald.

Das breit gefächerte Feld der literarischen Äußerungen zu Lebzeiten Napoleons wird von Beßlich überzeugend strukturiert. Es gelingt ihr dabei, die sich in den Texten vollziehenden Veränderungen der Rolle des Korsen herauszuarbeiten – vom verehrten Revolutionsgeneral und der Begeisterung für den Kaiser als Tatmensch bei Hölderlin, Wieland und beim jungen Görres hin zum Bild des verhassten Nationalfeindes bei Arndt, Fichte, Kleist und wiederum Görres. Arndt etwa stilisiert Napoleon zum »mythischen Proteus, der geschickt die historischen Rollen nach Bedarf wechselt und dabei als unaufhaltsame Naturkraft verbildlicht wird« (68), bei Fichte ist Napoleon der »schlechthin Unzeitgemäße« (74). In der Lyrik der so genannten »Befreiungskriege« wird das Negativbild Napoleon dann ins Apokalyptische gesteigert. In der Phase der Verbannung auf Elba und dann auf St. Helena verändert sich dieser Duktus natürlich erheblich: Der einsame Verbannte wird zu einer entrückten Figur außerhalb der Welt stilisiert – oder es wird nur noch der volkstümliche Ruhm der Epochenfigur thematisiert wie etwa in Heines bekanntem Gedicht »Die Grenadiere« (entstanden ca. 1819/20), das den »modernen Napoleon-Stoff [...] archaisiert und in eine vormodern anmutende Form einpasst« (133). Spannend ist ein umfängliches Kapitel, das sich auf europäischer Ebene mit den literarischen Reaktionen auf den Tod Napoleons am 5. Mai 1821 beschäftigt – das Datum wird hier als »Chiffre einer Epochenschwelle« verortet und in den Zusammenhang der Diskussion um die Epigonalität der eigenen dichterischen Existenz gerückt. Napoleon wird so zur »poetologischen Sonde, mit der man den eigenen Abstand zum Außergewöhnlichen auszumessen sucht« (138). Beim späten Goethe wird dann Napoleon sogar zum rein »poetologischen Mythos, dessen Handeln zum Bild für das künstlerische Schaffen wird« (155).

Unter dem Titel »Erinnerte Größe in kleinen Zeiten« beschreibt die Autorin im zweiten Großkapitel die deutsche Napoleon-Literatur nach dem Tod des Korsen. Neben einer luziden Analyse der Erzählung »Das Bild des Kaisers« von Hauff, in der die konkurrierenden Mythisierungen Napoleons wie sonst kaum in einem anderen deutschsprachigen Text aufeinander treffen, wird hier natürlich auch ausführlich Grabbes theatralisches Experiment »Napoleon oder die hundert Tage« (1831) interpretiert als verwobenes Spiel um die Deutung von Geschichte, um die »Sinnstiftungsmonopole« (262) von Geschichte in Zeiten eigener Unfähigkeit zur Größe. Die Napoleon-Lyrik dieser Phase (Platen, Immermann, Gaudy u. a. m.) dreht sich vorrangig um das Schicksal des im Exil Verstorbenen, um so mit dem poetisch stilisierten Blick des Wiedergängers in kritischer Perspektive auf Europas Gegenwart zu blicken. Hier wäre unter der von der Autorin gewählten Prämisse der Berücksichtigung von Autoren auch aus der (literarisch) eher zweiten Reihe eine Erweiterung der Textbasis sinnvoll gewesen – als Beispiel nenne ich den zeitgenössisch durchaus bedeutenden rheinischen Autor Wilhelm Smets (1796–1848), den Beßlich nur am Rande in einer Fußnote (214) mit dem (späteren) Gedichtabdruck in einer Anthologie von 1913 erwähnt. Von Smets gab es jedoch eine größere Zahl von Gedichten, die sich mit Napoleon und dem Mythos Napoleons beschäftigten. Noch 1840 (!) gelangten die meisten dieser Gedichte, immerhin 40 Druckseiten, die zunächst in den 1830er Jahren in rheinischen Zeitungen und Zeitschriften veröffentlicht wurden, in den Band »Gedichte. Vollständige Sammlung«, den Smets bei Cotta veröffentlichen konnte.

Natürlich behandelt Beßlich auch Heinrich Heines intensives Arbeiten am Mythos Napoleon (225–245). Es wird herausgearbeitet, dass die Figur sich zum »poetischen Konstrukt« verselbständigt und »stellvertretend für ein unentfremdetes Dasein in modernen Zeiten« steht (226). Napoleon als »Sehnsuchtschiffre für erträumte Ganzheit« (229) wird zum Wunschbild des Intakten, nicht Entfremdeten, das letztlich nur noch in Kindheitserinnerungen rekonstruierbar ist – wie an dem von Heine in den »Ideen. Das Buch Le Grand« stilisierten Einzug Napoleons in Düsseldorf. Dieses ganze Buch wird gesehen als »napoleonisches Bekenntnisbuch« (239) und damit als deutliche Reaktion auf die antinapoleonische Befreiungskriegsliteratur. Beim späten Heine wird dann der Blick auf Napoleon nur noch zur »Chiffre für ferne, vormoderne Zeit« (244), wobei als Sprachspiel sogar die historische Existenz Napoleons in Frage gestellt wird.

Nachdem in einem knappen Abriss auch die auf das Militärische ausgerichteten Abenteuerromane und eher sentimentalischen Dramen des 19. Jahrhunderts behandelt wurden, beschäftigt sich Beßlich intensiv mit dem Bild Napoleons im Werk von Friedrich Nietzsche. Der Korse ist der »schlechthin Unzeitgemäße, der Tatmensch« (288) und wird mit einem im Nachlass überlieferten Neologismus als »Freithäter« bezeichnet. Napoleon als »höherer Mensch«, als »Synthese von Unmensch und Übermensch« wird als Phänomen einer Spätzeit gedeutet, als »Gegner einer Moderne ausgestaltet, die sich durch Kapitalismus und Spießbürgerlichkeit auszeichnet« (297). Nietzsches »kulturkritisches Napoleon-Bild wird zum Prätext fast aller deutschen Napoleon-Texte des frühen 20. Jahrhunderts« (177). Die Wirkung dieses Konzeptes zeigt sich aber auch schon in den postnaturalistischen Dramen »Der Uebermensch« von Karl Bleibtreu und »Napoleon Bonaparte« von Carl Hauptmann, die intensiv analysiert werden.

Das 20. Jahrhundert, dem sich das letzte Großkapitel widmet, wurde zur »Ära des ›deutschen Napoleon‹«, womit gemeint ist, dass »in einer verzwickten rhetorischen Übertragung Napoleon als Figur mit dem deutschen Volk analogisiert« wird (311) und partiell zur Identifikationsfigur eines imaginierten kollektiven deutschen Nationalcharakters besonders in der Weimarer Republik wurde. »Napoleon« ist in ganz unterschiedlichen Konstellationen und »Lagern« quasi omnipräsent: bei Georg Heym und Gertrud Kolmar in der Lyrik oder in den vielen hier erstmals umfassend behandelten Napoleon-Dramen zwischen Expressionismus und Exil (u. a. von Hermann Essig, Fritz von Unruh, Walter Hasenclever, Georg Kaiser). Intensiv wird dann die Bedeutung Napoleons bei Stefan George und im Kontext des George-Kreises behandelt, wo ja die Thematisierung des genialen, Epochen prägenden Einzelmenschen Dauerthema war. Bei Berthold Vallentin (»Napoleon und die Deutschen«, 1926) etwa steigerte sich die Beschäftigung mit Napoleon fast schon zur Besessenheit: »Das Studium Napoleons wird bei Vallentin zur Deutschstunde, in der die Weltherrschaft auf dem Lehrplan steht« (388). Aber auch in der zeitgenössisch ebenso erfolgreichen wie umstrittenen »historischen Belletristik« wurde Napoleon zum Gegenstand, etwa bei Emil Ludwig, der ihn zum ersten Demokraten eines »Paneuropa« und als »Boten einer zivilisatorischen Moderne« (393) stilisierte.

Napoleon wurde zunehmend nicht mehr als historische Größe erinnert wie im 19. Jahrhundert, sondern »wurde zur Beschwörungsformel für die politische Zukunft« Deutschlands (400). So war es fast zwangsläufig, dass sich vor allem nach 1933 eine Fülle von Analogisierungen von Napoleon mit Hitler finden ließen – aus durchaus ganz unterschiedlichen Perspektiven. Hitler-kritische Autoren wie Joseph Roth, Thomas Mann oder Arnold Zweig werden in diesem interessanten Kapitel ebenso behandelt wie Apologeten des Diktators (Rudolf Hohlbaum, Wulf Bley und Philipp Bouhler, letzterer seit 1934 Leiter der »Kanzlei des Führers«, somit quasi offizieller Napoleon-Biograph der Nationalsozialisten) oder Gegner Hitlers wie Arnolt Bronnen, Ferdinand Bruckner oder Heinrich Frank. Der deutsche Napoleon-Mythos wurde nach 1945 nicht wiederbelebt – zu tief saß wohl die Wahrnehmung von »Napoleon« als Vorläufertyp des modernen Diktators und damit die mehr oder weniger ernst gemeinte Gleichsetzung mit Hitler.

Barbara Beßlichs Arbeit überzeugt durch die intensive philologisch-textanalytische Durchdringung eines breiten Feldes der deutschen Literatur (im weiteren Sinne), das als wesentlicher Aspekt der deutschen Ideologiegeschichte hier erstmals ausgemessen wurde und hoffentlich auch jenseits der Germanistik angemessen rezipiert werden wird. Die Studie bietet gerade für den Zeitraum nach 1850 eine Fülle von erstmals systematisch behandeltem Material und ist im Kontext einer immer intensiver werdenden kulturgeschichtlichen Debatte um »Erinnerungskulturen« in Deutschland und Europa ein wichtiger Beitrag zur Geschichte der kulturellen Sinnproduktion durch Mythisierung einer historischen Epochengestalt im umfassenden zeitlichen Längsschnitt. Für weitere interdisziplinäre Forschungen, für die Beßlich eine sichere und konsistente Basis geliefert hat, wäre es interessant, über den vorwiegend literarischen Textbereich hinauszublicken. Hier wären intensive Recherchen unter Einbeziehung auch von publizistischen Quellen zum direkten oder indirekten Napoleonbezug in politischen Texten, Reden oder Denkschriften anzustellen, die sich auch mit der Frage nach der Funktion Napoleons als Vorbild oder Negativfolie für politische Lager und Parteiungen in Deutschland beschäftigen wie es beispielsweise Andreas Schulz in seinem (von Beßlich nicht zitierten) Beitrag »Der ›deutsche Napoleon‹ – charismatisches Vorbild der Nationalbewegung?« in Ansätzen getan hat (in: Frank Möller (Hrsg.): Charismatische Führer der deutschen Nation, München 2004, S. 19–41). Das faszinierende Thema »Napoleon und die Deutschen« wird uns auch weiter beschäftigen – nun aber in Kenntnis eines durch Barbara Beßlich vorbildlich erschlossenen dichten literarischen Beziehungsgeflechts.

Georg Mölich

Adolf Glaßbrenner: *»Dedication an Apollo« und andere Narrentexte.* Hrsg. von Olaf Briese. Bielefeld: Aisthesis Verlag 2006 (Archiv 7). 118 S., € 14,50.

»Es ist (aller)höchste Eisenbahn«, diese Redewendung stammt, wie ein kurzer Blick in Wikiquote zeigt, von Adolf Glaßbrenner (1810–1876), der dem Vormärzfreund heute allenfalls noch als Produzent humoristischer Berliner Eckensteherliteratur bekannt ist, in der er Volksansichten über soziale und politische Zustände der Zeit im komischen, oft stark satirischen Gewand publizierte. Als Chronisten oder gar Erfinder des Berliner Volkshumors bezeichnet ihn Olaf Briese in seinem ungemein instruktiven Vorwort zur Neuedition verschiedener Narrentexte von Adolf Glaßbrenner aus den Jahren 1847–1853. Friedrich Sengle zählt den Autor in seiner monumentalen Epochendarstellung »Biedermeierzeit« neben Georg Weerth zu den »zwei großen revolutionären Satirikern«. Wobei sich Glaßbrenner, so Sengle weiter, dem »Übergang von der satirischen zur komischen oder humoristischen Spielkultur« nicht ganz entziehen konnte, da er bis 1869, also bis weit in den Nachmärz hinein, publizierte.

Bereits als 17jähriger debütiert Glaßbrenner mit Rätseln und Gedichten, mit 22 Jahren beginnt er damit, als meisterhafter Verfasser literarischer Genrebilder, die bekannte Fortsetzungsserie »Berlin, wie es ist und – trinkt« zu veröffentlichen, die in fünfzig Heften bis 1850 erscheint. In den 30er Jahren macht Glaßbrenner eine Wandlung zur politischen Satire durch; zunehmend richtet sich sein Humor gegen die »überlebten Institutionen des Ancien régime«, so Olaf Briese. Da bleiben natürlich Probleme mit der staatlichen Zensur nicht aus. Das Jahr 1848 bringt schließlich einen erneuten Akzentwandel mit sich. In seinen ab 6. Mai in Berlin erscheinenden »Freien Blättern« verkündet er die neue Maxime: »der Humor steht über den Partheien, das Schöne allein ist wahr«. Die strikte politische Parteinahme Glaßbrenners scheint mit dem Erstarken der reaktionären Kräfte in Preußen an ein frühes Ende zu gelangen. Er weist, so Olaf Briese, »den Druck der Straße mit seinem Bestehen auf Ruhe, Gesetzlichkeit und Ordnung mit typisch liberalistischer Geste deutlich zurück« (12).

Die von Briese edierten Narrentexte Glaßbrenners erweisen sich bei genauer Lektüre als literarisch ungeheuer vielschichtig, sie zeugen von einem hohen Grad an »literarisch-artistischer Intertextualität«, sind Ergebnisse »virtuosen literarischen Verweisspiels« und vermengen gezielt die »Hierarchien der literarischen Diskurse« (21). Hier kommt dem Leser nun der von Briese erarbeitete kundige Einzelstellenkommentar zur Hilfe, der selbst abgelegene Anspielungen aufhellt wie »Ueberreste eines Schneidergesellen« (30), »nur 2 Prozent« (41) oder »Rhinozeroshaut« (45).

Mit dem ›Hausheiligen‹ Heine freilich möchte Glaßbrenner nicht verglichen werden. Widerfahren ist ihm solches 1838 in einer Rezension in den »Blättern für literarische Unterhaltung«, die sich, so spottet Glaßbrenner, »durch die Literatur unterhalten«. Der unbekannte Rezensent lobt an einer neu erschienenen Prosasammlung von Glaßbrenner, er übertreffe darin an Witz seinen »Meister H. Heine«. Doch damit ist Glaßbrenner ganz und gar nicht einverstanden. In der »Dedication an Apollo« (1847) ruft er aus: »Ha, Heine! Nein, ich will lieber mein Bischen Humor und Poesie gegen einen Orden vertauschen, als der Schüler eines solchen Meisters sein« und fährt fort mit den Worten: »Ich bin ein Mann und zu einer Kokette wäre ich nie in die Lehre gegangen. Ich bin überhaupt keines Menschen Schüler, ich ahme das Leben nach« (25).

Der letzte von Briese vorgestellte Narrentext stammt von 1854. Noch einmal schlüpft Glaßbrenner in die Rolle des Narren, so nimmt er demonstrativ Abschied von seinem Publikum und »verkündet, ironisch zugespitzt, den unvermeidlichen Weltuntergang« (21). In der Rolle des Propheten spricht er zu seinem Volke und »erwecket die Schläfer und erheitert die Traurigen«:

Denn, siehe, es ist Alles verrückt.
Denn, siehe, es ist die Zeit des revolutionären Conservatismus und der blutrothen Naseweisheit, des halbnackten Luxus und des Millionenvergeudenden Geizes, der stupiden Gelehrsamkeit und der raffinirten Naivetät, des herablassenden Hochmuthes und der grausamen Demuth, des studirten Aberglaubens und des bezopften Radicalismus, des ehrenhaften Verbrechens und der sündigenden Gerechtigkeit [...]. Und es ist die Zeit des bewaffneten Friedens, der umkehrenden

Wissenschaft, der fluchenden Frömmigkeit, des russischen Protektorates, der *in's* Verderben rennenden Vorsicht, der herrschgieren Freiheitsliebe, des verfinsternden Unterrichts, der bezahlten Gehaltlosigkeit und so weiter, und so weiter, und so weiter! (79)

Bernd Füllner

Dietmar Goltschnigg u. Hartmut Steinecke (Hrsg.): *Heine und die Nachwelt. Geschichte seiner Wirkung in den deutschsprachigen Ländern. Texte und Kontexte, Analysen und Kommentare. Band I: 1856–1906.* Berlin: Erich Schmidt Verlag 2006. 710 S., Abb., € 79,–.

Rezeptionsgeschichtliche Untersuchungen sind trotz der seit einigen Jahren die literaturwissenschaftlichen Debatten bestimmenden kulturwissenschaftlichen Ansätze an den Rand der philologischen Forschung gedrängt worden. Wenngleich diese Entwicklung das Ergebnis eines Emanzipationsprozesses von den insbesondere die deutsche Philologie bis in die Mitte des 20. Jahrhunderts prägenden positivistischen Anschauungen des 19. Jahrhunderts ist und somit wissenschaftshistorisch verstehbar, kann dennoch das Paradoxe dieser Tendenz nicht übersehen werden. Eröffnet doch die Nachwirkung eines literarischen Werkes Einblicke in unterschiedliche Bereiche des intellektuellen Diskurses: Hierzu gehören die Begriffs- und Geistesgeschichte ebenso wie die Ideen- und Mentalitätsgeschichte. Darüber hinaus ist auch die wissenschaftliche Auseinandersetzung mit einem literarischen Kunstwerk von den Lektüreerfahrungen und Deutungen vorangegangener Generationen geprägt, so dass die kritische Beschäftigung mit den Diskussionen, die ein Werk seit seiner Veröffentlichung ausgelöst hat, die historische Relativität der eigenen Anschauungen aufzuzeigen vermag. In diesem Sinne ist Rezeptionsgeschichte für den literaturwissenschaftlichen Diskurs auch ein unverzichtbares Instrument der Selbstreflexion.

Grundlage für die Auseinandersetzung mit der Wirkungsgeschichte eines Schriftstellers sind Quelleneditionen. Bereits der Umstand, dass solche Sammlungen für das Werk Heinrich Heines, im Gegensatz zu anderen Schriftstellern der Jahre 1750 bis 1850, nicht im späten 19. Jahrhundert erarbeitet worden sind, sondern erst ab der zweiten Hälfte des 20. Jahrhunderts, wirft ein Schlaglicht auf die politischen und ästhetischen Vorstellungen, welche die Rezeption seiner Schriften über lange Zeit dominiert haben. Erst in den späten 1970er Jahren begannen Eberhard Galley und Alfred Estermann in deutschsprachigen Kulturzeitschriften zu Heines Lebzeiten erschienene Rezensionen und Notizen zu veröffentlichen. Die Sammlung unter dem Titel »Heinrich Heines Werk im Urteil seiner Zeitgenossen«, die zwölf Dokumentationsbände umfasst und durch einen die Rezeptionsgeschichte einordnenden und bewertenden Kommentarband ergänzt wird, wurde von Christoph auf der Horst und mir fortgeführt; sie konnte im vergangenen Jahr abgeschlossen werden. Im selben Jahr ist der hier vorliegende erste Band einer auf drei Bände angelegten Edition erschienen, welche die postume Wirkungsgeschichte Heines, beginnend mit dem Todesjahr des Dichters bis in das Jahr 2006 dokumentieren soll.

Das Gemeinschaftsprojekt von Hartmut Steinecke und Dietmar Goltschnigg ist nicht auf den vollständigen Nachdruck aller auffindbaren Wirkungszeugnisse angelegt, was vor dem Hintergrund der unüberschaubaren Anzahl rezeptionsgeschichtlicher Dokumente sinnvoll ist. Die 145 Texte bzw. Textauszüge des ersten Bandes sind gleichwohl für den Berichtszeitraum, der die Jahre 1856 bis 1906 umfasst, repräsentativ. Sie sind das Ergebnis eines Abstraktionsprozesses und wurden, wie die Herausgeber im Vorwort herausstellen, aus einem Korpus von fünfhundert Texten ausgewählt. (S. 7) Quantitative Untersuchungen, wie Hans Hörling sie in Bezug auf die französische Heine-Rezeption geleistet hat, sind somit nicht möglich. Die auf Vollständigkeit angelegte Edition der zu Heines

Lebzeiten veröffentlichten Rezensionen und Notizen hat jedoch gezeigt, dass die weitaus meisten der fast 6000 nachgewiesenen Belege, keine eigenständigen Wertungen und Beurteilungen beinhalten, sondern von wenigen, einflussreichen Meinungsäußerungen abhängig sind.

Dass die ein ebenso differenziertes wie vielschichtiges Bild der Heine-Wirkung in der zweiten Hälfte des 19. Jahrhunderts vermittelnde Auswahl Steineckes und Goltschniggs auf Dokumente des deutschen Sprachraumes beschränkt bleibt, ist nicht nur damit zu begründen, dass die Rezeption des Dichters im Ausland bereits wiederholt qualitativ wie quantitativ untersucht worden ist. Die Urteile der Schriftsteller und Intellektuellen, der Kulturkritiker und Literaturwissenschaftler, die sich nach Heinrich Heines Tod in Deutschland mit seinem Werk und seiner Person auseinandergesetzt haben, spiegeln widersprüchliche Standpunkte: Das von Franz Sandvoß bereits 1888 geprägte Wort »ein Pfahl in unserm Fleische« ist beredter Ausdruck der Schwierigkeit der Nachwelt im Umgang mit dem Dichter. Linke wie rechte, progressive wie konservative Kritiker haben versucht, den Dichter mit oftmals gleichen Argumenten und (Fehl-)Interpretationen seines Werkes für die eigene Sache zu vereinnahmen. Diese strukturelle Parallelität der Argumente, ungeachtet der inhaltlichen und sachlichen Differenzen, macht Heine zu einer Ausnahme in der deutschen Literaturgeschichte. Die Auseinandersetzungen um sein Werk wurden einerseits von außerliterarischen, an der Person und Biographie des Dichters orientierten Argumenten gesteuert. Andererseits forderten die Dualismen und Widersprüche seiner Dichtungen und Schriften ambivalente Reaktionen heraus. Das Ambivalente und Gegensätzliche, sowohl auf inhaltlicher wie formaler Ebene, widersetzt sich dem Versuch der Einordnung und Klassifizierung und provoziert eine wie auch immer geartete Auseinandersetzung. Vor allem jedoch spiegelt die Nachwirkung Heines den Kontrast zwischen den für die deutsche Geistesgeschichte charakteristischen normativen poetologischen Vorstellungen, die aus dem Kontext klassisch-romantischer Kunstanschauung bis in das 20. Jahrhundert tradiert worden sind, und den Brüchen und Verwerfungen der Moderne, die Heine in seinem Werk thematisiert. Vor diesem Hintergrund bietet die vorliegende Quellensammlung auch eine Materialbasis für Untersuchungen zur Genese der deutschen Ideologie im 19. Jahrhundert.

Das der Dokumentation vorangestellte Vorwort der Herausgeber bietet in diesem Sinne nicht nur eine übersichtlich gegliederte Einführung in die Urteilsstrukturen und Meinungsmechanismen des Berichtszeitraumes, sondern diskutiert die Wirkungsgeschichte vor dem Hintergrund der politischen und gesellschaftlichen Entwicklungen im späten 19. Jahrhundert. Die von Helmut Koopmann und Michael Behal bereits skizzierten Umrisse der postumen Rezeptionsgeschichte müssen zwar aufgrund der nun vorliegenden, umfangreichen Materialbasis nicht revidiert, können aber um wesentliche Aspekte ergänzt und vertieft werden. Dies gilt vor allem für die Entwicklung der antisemitisch motivierten Urteile über Heinrich Heine und sein Werk, die Steinecke und Goltschnigg detailliert aufarbeiten.

Hieran anschließend werden die Dokumente in der chronologischen Folge ihres Erscheinens dargeboten. Der Anhang bietet kurze biographische Skizzen zu den jeweiligen Verfassern, bibliographische Nachweise und prägnante Stellenkommentare, die sich im wesentlichen darauf beschränken, die in den Texten zitierten Werke Heines nachzuweisen. Die Register erschließen nicht nur Personen und Sachen, sondern auch die Werke Heines, auf die in den Dokumenten Bezug genommen wird.

In Deutschland haben Wissenschaft wie Lesepublikum lange gebraucht, um die Polemik, die Ironie, das scheinbar Widersprüchliche und ästhetisch Ungebundene der Dichtungen Heines als Kunstwerk anzuerkennen. Über viele Jahrzehnte, und auch dies belegt die vorliegende Quellensammlung, wurde der Lyriker gegen den Prosaschriftsteller, der »junge« gegen den »alten« Heine, der Dichter des »Buches der Lieder« gegen den Verfasser des »Wintermährchens« ausgespielt. Dass Heine erst in den vergangenen Jahrzehnten kanonisiert worden ist, ist jedoch, wie der editorische

Standard dieser Quellensammlung und ihr wissenschaftliches Reflexionsniveau belegen, kein Schaden. Heinrich Heine, der verspätete Klassiker, der »Spion seines Ruhms«, wie August Traxel im Jahr 1836 den in Pariser Clubs in deutschen Zeitschriften nach Artikeln über sich selbst suchenden Dichter charakterisierte, hätte seine Freude an ihr gehabt.

Sikander Singh

Das letzte Wort der Kunst. Heinrich Heine und Robert Schumann zum 150. Todesjahr. Hrsg. von Joseph A. Kruse unter Mitarbeit von Marianne Tilch. In Zusammenarbeit mit Ulrike Groos und Bernhard R. Appel. Berlin/Kassel: Metzler/Bärenreiter. 478 S., € 24,95.

Beide starben 1856 nach schwerer Krankheit, beider Nachlässe bilden Sammelschwerpunkte des Heinrich-Heine-Instituts, beide stehen als exemplarische Künstlerpersönlichkeiten für ihre Epoche. Dass beide Beziehungen zu Düsseldorf haben, weil der eine dort aufgewachsen ist, der andere für einige Jahre als städtischer Musikdirektor wirkte, dass sich beide immerhin einmal getroffen haben und sich ihre Lebenskreise über gemeinsame Freunde und Feinde immer wieder berührten, scheint es zu rechtfertigen, dass das Heine-Institut und die Kunsthalle Düsseldorf im Frühling 2006 mit einer gemeinsamen Ausstellung an beide erinnerten: Heinrich Heine und Robert Schumann.

Den Übergängen zwischen den Künsten, zwischen Musik und Literatur, galt beider Aufmerksamkeit. Schumann vertonte Heine-Gedichte, versuchte sich an der Adaption zahlreicher anderer literarischer Vorlagen, griff als Musikjournalist in die Debatten der Zeit ein, Heine sandte seine Gedichte zu Kompositionswettbewerben, schrieb Ballettszenarien und kam in seinen publizistischen Arbeiten ebenfalls immer wieder auf das Thema Musik zurück. Ein Zitat aus Heines »Lutezia«, der Sammlung seiner Korrespondenzartikel für die Augsburger »Allgemeine Zeitung«, gab dann auch das Motto der Ausstellung: »[...] die Musik ist vielleicht das letzte Wort der Kunst, wie der Tod das letzte Wort des Lebens.« (DHA XIII, 124 f.) »Nichts könnte«, schreibt Joseph A. Kruse in seiner Einführung zum hier anzuzeigenden Buch zur Ausstellung, »besser das Doppelthema auf den Punkt bringen.« (11)

Kein Katalog soll das Werk sein, sondern ein »Lesebuch« (1) und »Begleitband« (11), der essayistische Beiträge versammelt, die Heine und Schumann in ihre Zeit stellen und Gemeinsamkeiten und Differenzen herauszuarbeiten suchen. Den Abteilungen der Ausstellung entsprechen die Kapitel des Bandes: Der einleitende Teil zu »Romantik und Revolution« erhellt den historischen und kulturellen Kontext, nach dem »Doppelleben in Sprache und Musik« bei beiden Künstlern fragt ein weiterer. Der dritte Teil schließlich stellt ins Zentrum, was Anlass und Motto nahe legen: »Krankheit und Sterben« – der beiden Protagonisten, aber auch als historisch bedingtes Konstrukt in ihrer Zeit. Ein Kapitel zum Nachruhm der beiden und ein weiteres, das die in die Ausstellung integrierten künstlerischen Auseinandersetzungen mit Heine und Schumann dokumentiert, schließen sich an. Die Frage, der sich ein solcher Band stellen muss, ist die, ob die Brücke, die hier zwischen Heine und Schumann geschlagen wird, tatsächlich trägt. Also: Vermittelt der Band Einsichten, die eine Publikation »nur« zu Heine, »nur« zu Schumann nicht geboten hätte? Die Antwort fällt, wie nicht anders zu erwarten, uneinheitlich aus. Manche Beiträge leisten mehr, manche weniger, und nicht ganz zu Unrecht hat ein Rezensent im »Deutschlandradio Kultur« bemerkt, der Band gleiche mitunter einer Festschrift, der die Beiträge sammle, die die Verfasser schon immer einmal hätten schreiben wollen.

Nützlich und erhellend sind die Beiträge eines solchen Begleitbandes vor allem dann, wenn sie die spezifischen Möglichkeiten des Genres nutzen und sich eng auf die zahlreichen Abbildungen der ausgestellten Objekte beziehen. Hervorragend gelingt dies dem instruktiven Beitrag von Bettina Baumgärtel, »Heine und die Malerei: deutsch-französischer Kulturtransfer« (33–49), der Text und Katalogabbildungen in intensive Zwiesprache bringt und Einsichten ermöglicht, die der Text allein nicht hätte bieten können. Überhaupt lebt der Band von diesem Katalog- oder Begleitbuchcharakter, vor allem von den vielen Abbildungen von Manuskripten, Dokumenten und zeitgenössischen Drucken, die selbst noch in der Abbildung Literatur und Tonkunst mit einem Abglanz der Aura materialer Erfahrbarkeit umgeben. Das gilt insbesondere für die Photographien der großformatigen Blätter, auf die der geschwächte und fast blinde Heine in seiner Matratzengruft mit dem Bleistift seine Gedichte mehr kritzelt als schreibt. Drei vierzeilige Strophen passen auf ein quer gehaltenes Blatt (295) – das in diesem Format fast ein wenig wie die Vorwegnahme einer PowerpointFolie erscheint. Überhaupt fällt das Kapitel über »Krankheit und Sterben« am eindrücklichsten aus, vielleicht weil hier die thematische Konzentration dichter ist als in den anderen Teilen des Buches.

Heine und Schumann tatsächlich zusammenzubringen, gelingt nicht in allen Beiträgen gleich gut, so stehen ihrer beider Auseinandersetzungen mit dem Faust-Stoff und dem Vorbild Goethe fast unvermittelt nebeneinander, und auch die Tatsache, dass beide einmal länger in Bonn waren, der eine zum Studieren, der andere in der Endenicher »Anstalt für Behandlung und Pflege von Gemütskranken und Irren«, trägt nicht recht als roter Faden eines Beitrags. Auch sei dahingestellt, ob man szenische Collagen aus Heine-Texten unbedingt in einem Ausstellungsbegleitband lesen und nicht lieber auf einer Theaterbühne sehen will. Manches abwegige ist aber sehr vergnüglich, so bietet die interessanteste und wohl auch skurrilste Entdeckung, die das Buch enthält, Christian Liedtkes Beitrag (350–366) über die Heine-Romane von Kathinka Zitz (1864) und Katharina Diez (1870). In ersterem finden sich Prosa-Paraphrasen als biographische Quelle gelesener Lyrik, die große Lust auf das ganze (Mach-)Werk erwecken: »Als er die deutsche Grenze erreichte und aus jedem Munde wieder deutsche Worte vernahm, wurde es ihm wunderlich zu Sinne«, weiß Frau Zitz zum Beispiel von der Deutschlandreise Heines im Herbst 1843 zu berichten. (354) Nicht minder vergnüglich ist es, das sei abschließend bemerkt, im Begleitband zur Ausstellung wenigstens im photographischen Abbild den Installationen und Objekten wiederzubegegnen, mit denen Studierende der Düsseldorfer Kunstakademie auf Heine, Schumann und das Ausstellungsthema reagiert haben. Erwähnt sei hier besonders das aus über einem Spiegel aufgehängten Wollfäden bestehende Objekt »Kölner Dom« von Mitsura Sugiura (448), das prägnant zur Anschauung bringt, was der Erzähler des »Wintermährchens« in dem »verteufelt schwarz« emporragenden »kolossalen Gesellen« (DHA IV, 98) gesehen haben könnte, der ihm beim nächtlichen Gang durch Köln begegnet.

Robert Steegers

Marie-Ange Maillet: *Heinrich Heine*. Paris: Editions Belin 2006 (= Voix allemandes. 12), 223 S., € 16,50.

Die seit 2003 bestehende Reihe »Voix allemandes«, die von Michel Espagne im Verlag Belin, Paris, herausgegeben wird, hat sich zum Ziel gesetzt, die Stimmen deutscher Autoren, nicht nur der Literaten, sondern zum Beispiel auch der Historiker und Philosophen, in Frankreich widerhallen zu lassen, und damit auch ihren Beitrag zur Polyphonie der europäischen Kultur deutlich zu machen. Die attraktiv gestalteten und preiswerten Bände – bislang sind zwölf erschienen (u. a. »Arthur Schnitzler« von Jacques Le Rider, »Heiner Müller« von Florence Baillet, »Elias Canetti« von Olivier Agard, »Rainer Maria Rilke« von Karine Winkelvoss und »Franz Kafka« von Florence Bancaud) – haben einführenden Charakter und richten sich nicht so sehr an die germanistischen Fachkollegen als vielmehr an ein interessiertes Publikum von Nicht-Spezialisten. Michel Espagne, ein Heine-Forscher von Rang, konnte sich offenbar nicht dazu entschließen, den Band über Heine selbst zu verfassen, sondern hat ihn einer seiner Schülerinnen, Marie-Ange Maillet, anvertraut, die schon als Übersetzerin der mythologischen Schriften Heines und als Verfasserin des im Jahre 2004 erschienenen Buches »Heinrich Heine et Munich« (vgl. die Rez. im HJb 2005) in der Heine-Forschung hervorgetreten ist.

In ihrer Einleitung (7–13) präzisiert die Autorin zunächst das Ziel ihrer Monographie. Sie geht aus von der Tatsache, dass es neben der vorzüglichen Studie von Gerhard Höhn (»Heinrich Heine, un intellectuel moderne«. Paris 1994) und der bekannten Biographie von Michael Werner und Jan-Christoph Hauschild (die französische Fassung erschien im Jahre 2001) in französischer Sprache kaum Bücher gibt, die Heines Gesamtwerk der interessierten Öffentlichkeit ohne Jargon und befreit von den Kontroversen der Detailforschung darlegen. Trotz der Tatsache, dass Heine fast die Hälfte seines Lebens in Paris verbrachte und trotz verschiedener Initiativen (wie z. B. der Ausstellung, die zu Heines 200. Geburtstag auch in Paris gezeigt wurde; vgl. die franz. Ausgabe des Katalogs: »La Loreley et la liberté: Heinrich Heine (1797–1856), un poète allemand de Paris«. Paris: Éditions du Cerf 1997), die daran erinnerten, ist Heine im kulturellen Leben Frankreichs immer noch unzureichend präsent. Diese Lücke zu schließen, ist die Aufgabe, die sich die Autorin stellt und die ihr auch weitgehend gelungen ist. Dabei haben sich die Bedingungen für ihr Projekt in den letzten Jahren dadurch entscheidend verbessert, dass fast alle Texte von Heine in neuen und überzeugenden Übersetzungen im Verlag Cerf in Paris erschienen sind (die Einzelheiten lassen sich der Bibliographie entnehmen: S. 221 f.). Die Struktur des vorliegenden Bandes, die ebenfalls noch in der Einleitung dargelegt wird, folgt der chronologischen Abfolge von Heines Hauptwerken in acht kurzen, doch informativen Kapiteln. Die biographische Entwicklung und deren Kontext werden dann bei der jeweiligen Werkepoche mitgeliefert und behandelt. Bei der chronologischen Darstellung der Werke liegt der Akzent allerdings klar auf der späteren französischen Periode des Dichters (ab 1831), die mit sechs der insgesamt acht Kapitel – vom »Buch der Lieder« (Kap. 1) bis zum »Romanzero« und der späten Lyrik (Kap. 8) – wesentlich schwerer wiegt, als Heines in Deutschland entstandenes Frühwerk. Das mag vielleicht daran liegen, dass die Autorin das sozio-politische Anliegen Heines von Beginn an in den Vordergrund stellt und dementsprechend schon in ihrer Einleitung von der allgegenwärtigen sozialen Frage (»omniprésence de la problématique sociale«) spricht. Damit ist zwar ein zentraler Aspekt von Heines Werk angesprochen – daneben stellt die Autorin seine Freiheitsliebe und seinen Antikonformismus (»une volonté permanente de résister aux idées dominantes«; S. 13) –, ob diese Grundintentionen jedoch ausreichend behandelt werden und ob sie den ganzen Heine ausmachen, wäre vielleicht kritisch nachzufragen.

Jedenfalls werden die politischen Gehalte von Heines Schriften, nicht nur von denjenigen, in welchen diese explizit hervortreten (»Ludwig Börne. Eine Denkschrift«), sondern z. B. auch in den »Französischen Malern«, wo das politische Engagement hinter dem kulturellen Thema rasch sichtbar wird, in Maillets Buch genau analysiert. Auch »Atta Troll« und das »Wintermährchen« werden in dieser Hinsicht entscheidend erhellt. In diesem Zusammenhang geht die Autorin ebenfalls detailliert auf die komplizierte Entstehungsgeschichte der »Romantischen Schule« und »Zur Geschichte der Religion und der Philosophie in Deutschland« ein. Trotz der Komplexität dieses Themas bleibt die Darstellung angenehm lesbar und verständlich.

Neben den politischen Gehalten werden andere Facetten von Heines Werk nicht vernachlässigt oder als Nebensache behandelt: sein allgegenwärtiger Innovationsgeist, ein Indiz für seine Modernität, zieht sich zum Beispiel wie ein Leitfaden durch die ganze Monographie, ob es nun um seine frühen lyrischen Neuerungen, z. B. in seinen »Nordsee«-Zyklen, deren Originalität im ersten Kapitel nachdrücklich hervorgehoben wird, um die neue Form der »Reisebilder« oder um die für Heine spezifische Verwebung der weltgeschichtlichen mit der persönlich-biographischen Dimension geht.

Auch die philosophische Seite von Heines Werk und Leistung – mit »Zur Geschichte der Religion und Philosophie in Deutschland« als Mittelpunkt – wird knapp aber klar umrissen: seine frühen Studien bei Hegel werden ebensowenig übergangen, wie die Entwicklung seines Religionsbegriffes und seiner Religionskritik, und sein ›pantheistischer Ausflug‹ zu den Saint-Simonisten in den 1830er Jahren. Das deutsch-jüdische Spannungsfeld, in welchem Heine und sein Werk Zeit seines Lebens standen, und das die Forschung immer wieder beschäftigt hat, wird verschiedentlich angesprochen (z. B. »La question juive«, 202–204), konnte allerdings im vorliegenden Rahmen wohl nicht hinreichend gewürdigt werden. So wird schon deutlich, dass die Autorin der ganzen Bandbreite von Heines Schaffen weitgehend gerecht wird. Selbst die oft vernachlässigten dramatischen Versuche des jungen Heines (»William Ratcliff«, »Almansor«) werden kurz erörtert (16–22). Und auch Heines journalistische Tätigkeit, für deutsche und französische Zeitungen, erfährt die ihr gebührende Aufmerksamkeit.

Eine abschließende Würdigung sollte hervorheben, dass Marie-Ange Maillet die Ziele, die sie sich für dieses Buch gestellt hat, weitgehend erreicht hat. Es gelingt ihr, Heine einem interessierten Publikum wirklich näher zu bringen. Die Gelehrsamkeit kommt nicht zu kurz, doch tritt sie so diskret und unprätentiös auf, dass sie den französischen Leser, der vielleicht neu zu Heine kommt, nicht erschreckt. Die kritische Distanz, unentbehrlich für die wissenschaftliche Auseinandersetzung, fehlt Maillet keineswegs, doch hat sie es offenbar geschafft, sich eine ursprüngliche Begeisterung für ihren Autor zu bewahren. Dies merkt man ihrem frischen Buch an, das die Lust erweckt, mehr über Heine zu erfahren und vor allem, den Autor selbst zu entdecken. Heines Engagement und seine Kämpfe kommen ebenso wenig zu kurz wie seine Leiden und seine Verzweiflung, doch lacht uns Heine in diesem Buch auch immer wieder zu, ein Autor der es versteht, seine Modernität mit Humor und Chuzpe zum Ausdruck zu bringen. Dies ist nötig, wenn die Autorin auch ihr weiteres Ziel erreichen will, nämlich dazu beizutragen, dass Heine im französischen »Pantheon der deutschen Schriftsteller« (10) endlich seinen Platz an Goethes Seite erhält.

Nina Bodenheimer und Norbert Waszek

Anthony Phelan: *Reading Heinrich Heine.* Cambridge: Cambridge University Press 2007. XIV, 307 S., £ 55,–.

Das Buch hat eine doppelte Perspektive: Es präsentiert eigene Heine-Lektüren des Verfassers, kombiniert mit der Darstellung der einflussreichsten deutschsprachigen Heine-Interpretationen des 20. Jahrhunderts. Es ist keine Rezeptionsstudie im engeren Sinne, dennoch nimmt die Erörterung bestimmter Rezeptionszeugnisse breiten Raum ein; rund ein Drittel seines Gesamtumfangs ist ihr gewidmet. Ausgangspunkte sind hier die drei Essays, die der Verfasser mit Recht als die für die moderne Wirkungsgeschichte Heines bedeutsamsten Stellungnahmen ansieht: Karl Kraus' »Heine und die Folgen« (1910), Theodor W. Adornos »Die Wunde Heine« (1956) und Helmut Heißenbüttels »Materialismus und Phantasmagorie im Gedicht« (1972). In jeweils eigenen Kapiteln werden ihre Kernthesen zusammengefasst und knappen, kritischen Analysen unterzogen. Geschickt werden dabei die Bezüge zwischen ihnen heraus gearbeitet. Gespiegelt in dem durchaus nicht homogenen Heine-Bild, das auf diese Weise entsteht, erscheinen dann die daran anschließenden eigenen Ausführungen Phelans, die die Werturteile und Thesen Kraus', Adornos und Heißenbüttels aufgreifen und sie an Heines Texten zu überprüfen versuchen.

Das verbindende Element von Phelans Lektüren ist die immer wiederkehrende Frage nach der Modernität Heines. In seinen Betrachtungen zum »Buch der Lieder«, den Stadtschilderungen der

»Reisebilder«, »Atta Troll«, »Ludwig Börne«, »Lutezia« und der Spätlyrik benennt er eine Vielzahl von Aspekten dieser Modernität wie Stilbrüche, die Rhetorik der Selbstunterbrechungen und Abschweifungen, Heines gezielte Problematisierung poetischer Selbstdarstellung oder die bewusste Überdeterminierung literarischer Repräsentationsmittel (exemplarisch vorgeführt an der Verwendung der Allegorie im »Atta Troll«, deren Untersuchung eine der gelungensten Passagen des Buches ist). Methodisch ist Phelan weitgehend dem *close reading* verpflichtet, der detailgenauen Lektüre gezielt isolierter Textpassagen. Die daraus resultierende Sachlichkeit ist die große Stärke seiner Darstellungsweise. Sie zeigt sich insbesondere in den Ausführungen zum »Ludwig Börne«, die überzeugend auf den impliziten Stildiskurs der Denkschrift hinweisen und deutlich machen, dass der Konflikt zwischen Heine und Börne nicht in erster Linie persönlicher oder ideologischer Natur ist, sondern vor allem mit fundamentalen Unterschieden ihrer Ansichten über das Schreiben und die Rolle des Schriftstellers zusammenhängt.

Literaturgeschichtliche, philosophische, religiöse oder politische Fragen stehen durch die gewählte Vorgehensweise naturgemäß eher im Hintergrund. Das erweist sich für den wirkungsgeschichtlichen Schwerpunkt des Buches als gewisser Nachteil, da sich die Sprengkraft von Heines Werk schließlich mitunter gerade seinem provozierenden Umgang mit diesen Fragen verdankt, und trägt dazu bei, dass das Bild von der Heine-Rezeption, das Phelan zeichnet, insgesamt etwas zu starke akademisch-literarische Züge trägt. So wird ein derart spezieller und eher abseitiger Aspekt wie der ästhetizistische Umgang, den Stefan George und Rudolf Borchardt mit Heines Lyrik pflegten, recht ausführlich behandelt, während breite, in der allgemeinen Öffentlichkeit geführte Debatten wie der Denkmalstreit oder die politisch-ideologischen Auseinandersetzungen der 70er Jahre um das »Streitobjekt Heine« (Jost Hermand) gar nicht berührt werden. Ihre Funktion als Anstöße für Phelans eigene, detailreiche und stets anregende Betrachtungen zur Modernität von Heines Schreibweise erfüllen seine Studien einflussreicher Heine-Lektüren aber vorzüglich.

Zitiert werden Heines Werke in der Regel zweisprachig: auf Deutsch nach der Edition von Klaus Briegleb, auf Englisch nach der Übersetzung von Hal Draper (Lyrik) sowie eigenen Übertragungen des Verfassers (Prosa). Ein detailliertes Personen- und Werkregister sorgt ebenso für Leserfreundlichkeit wie die konzentrierte, an Heines Texten orientierte Darstellungsweise, die auf Forschungsdiskussionen weitgehend verzichtet. Besonders interessant ist der Ausblick, der das Buch beschließt. »The tribe of Harry« (»Der Stamm Harrys«) – eines von zwei Kapiteln, die zuvor bereits an anderer Stelle publiziert wurden – untersucht ein selten behandeltes Thema, nämlich Heines Einflüsse auf die deutsche Lyrik des 20. Jahrhunderts (Thomas Brasch, Hans Magnus Enzensberger, Günter Kunert, Peter Rühmkorf u. a.). Mit vielen Textbeispielen belegt er noch einmal die Modernität und ungebrochene Anregungsvielfalt, die »reading Heine« immer wieder erweist und der Anthony Phelan in seiner gleichnamigen Studie überzeugend das Wort redet.

Christian Liedtke

Lucia Ruprecht: *Dances of the Self in Heinrich von Kleist, E. T. A. Hoffmann and Heinrich Heine*. Aldershot: Ashgate 2006, 158 S., £ 45,–.

Wer das Verhältnis von Tanz und Literatur bei Heinrich Heine untersucht, sieht sich in ein tanzendes Universum (B. von Wiese) gestellt. In ihrer Dissertation »Dances of the Self in Heinrich von Kleist, E. T. A. Hoffmann and Heinrich Heine« gelingt Lucia Ruprecht die darin nötige Orientierung, indem sie methodisch innovativ Heine als dritte und kulminierende Kraft einer mit Heinrich von Kleist und E. T. A. Hoffmann einsetzenden neuartigen Literarisierung des Tanzes im 19. Jahrhundert begreift.

Den kulturgeschichtlichen Kontext der zeitgenössischen Ästhetik und Praxis des Tanztheaters wählt Ruprecht als Folie, vor der sie die interdiskursiven und intermedialen Bezüge der literarischen Tänze analysiert. Umgekehrt schlägt die Autorin den Bogen zurück von der Literatur zum Tanz, wenn sie bei den exemplarischen Dichtern die Vorgeschichte für den Tanz der Moderne zu Beginn des 20. Jahrhunderts vermutet. Nach dieser Vorgeschichte sucht das mit einigen Abbildungen und einem nützlichen Register versehene Buch mit Hilfe von drei methodischen Perspektiven: der diskursanalytischen Theorie zur Subjekt-Konstitution beim späten Foucault, der Kategorie des Performativen der Gender-Theorie Butlers und der Kategorie des Traumas der psychoanalytischen Theorie. Thematisch steht die Expressivität des traumatisierten Subjekts im literarisch dargestellten Tanz im Mittelpunkt. Ausgehend von der These des Tanzes als »language in its own right« wird der expressiven Tanzbewegung eine symptomatische und möglicherweise heilende Dimension zugesprochen. Vor dem Hintergrund dieser diagnostischen und therapeutischen Perspektive wird die Medialität der Tanzbewegung zur Herausforderung für die Literatur.

Überzeugend stellt die Autorin dar, wie Kleist, Hoffmann und Heine sich produktiv mit dem ästhetischen Diskurs und der konkreten Praxis des klassischen Balletts auseinandersetzen – stets vergegenwärtigend, welche Aufführungen des damaligen Tanztheaters den Dichtern, zumal als Zuschauer, bekannt gewesen sein könnten. Auf die Disziplinierungspraxis dieses Balletts, das sich an der neoklassizistischen Idealisierung des Körpers orientiert, reagieren die drei Dichter mit der eigenen poetischen Vision. In Kleists Text »Über das Marionettentheater« wird zum ersten Mal für den Tanz die sich an der Anmut orientierende Ästhetik des 18. Jahrhunderts überschritten. Das im Text vorgeführte Gespräch mit einem Tänzer wird zu einer doppeldeutigen Fallgeschichte, wobei der traumatische Fall des für den Tanz ungenügenden Körpers in der rhetorischen Strategie des Paradoxes gespiegelt wird. In dieser paradoxalen Textbewegung erkennt Ruprecht eine performative Dimension des Textes. Hoffmann wendet sich in »Prinzessin Brambilla« der *commedia dell'arte* zu und vollzieht eine Interaktion zwischen Text und Tanz, indem der Text die Eigenschaften des Tanzes assimiliert und die Identitäten der Figuren als choreographische Modalität des Tanzes vorgeführt werden. Die Ironie ist die narrative Strategie dieser dialogischen Tänze wie auch die Distanzierungsoption des Erzählers zum aporetischen Trauma in »Der Sandmann«.

Heine steht in diesem Buch für die neue Sprache des Körpers im 19. Jahrhundert, die selbst schon den modernen Ausdruckstanz einer Isadora Duncan literarisch vorwegnimmt. Der Leser erhält bemerkenswerte Einsichten in das Tanztheater als konkreten Erfahrungsraum, wo detaillierte Hinweise für Heines nuancierte Aufmerksamkeit für die körperlichen Prozesse während der Aufführungen des Tanztheaters gesammelt werden. So ist es der für die physischen Bedingungen des Tanzes sensibilisierte Zuschauer Heine, der literarisch die Wahrnehmung einer differenzierteren Sprache des Tanzes vor Augen führen kann. Dass ein figuratives Verständnis des Tanzes als Metapher für die Schreibstrategie des Dichters nicht ausreicht, um Heines virtuoser Annäherung an den Tanz gerecht zu werden, verdeutlicht die Autorin hinsichtlich der expressiven Komplexität, die in der literarisch thematisierten Körpersprache des Tanzes bei Heine zu finden ist.

Im Mittelpunkt steht Heines Novelle »Florentinische Nächte«, insbesondere der rätselhafte Tanz der Laurence aus der zweiten Nacht, dessen Vielschichtigkeit und paradigmatischer Status betont wird: »However, the dance of *Florentinische Nächte* is not only paradigmatic for the incompatibilities of embodiment and description; it also condenses and reflects upon the difficulty of representing and communicating psychic pain, and the complex displacements engendered by this desire for expression.« (99) Bevor die Autorin die Kommunizierbarkeit des Traumas in der Sprache des Tanzes und deren Übersetzung wiederum in die verbale Sprache thematisiert, beleuchtet sie, inwiefern Laurence mit ihrem Auftritt in den »Florentinischen Nächten« etwas wirklich Unerhörtes verkörpert.

Zum einen wird der ekstatische Tanz der Laurence in kulturtheoretische Bezüge gestellt, wobei die kollektiven Vorstellungen von der Reinheit des weißen Frauenkörpers und die neoklassizistische Ästhetik der Skulptur als historische Diskurse auf das Neutralisieren des realen Körpers im so genannten *ballet blanc,* einer dominierenden Inszenierungsweise des zeitgenössischen Balletts, bezogen werden. Heines eigene Kulturtheorie des Tanzes wird vor diesem Hintergrund durch sein Interesse für den Cancan und die Belebung der Skulptur, das Phänomen des Dionysischen und die spiritualistische Zeitdiagnose gekennzeichnet. Mancher Hinweis der Forschung zu diesen Themen wird hier von der Autorin bei aller Wichtigkeit der Bezüge nicht ganz wahrgenommen. Zum anderen führt der Vergleich mit dem zeitgenössisch aufgeführten Ballett »Giselle« den Nachweis über Heines neue Ästhetik der Bewegung. Ruprecht zufolge überschreitet der Tanz bei Heine die ästhetischen Codes der Zeit und birgt im Kontrast zur Inszenierung der »Giselle« ein signifikantes Widerstandspotenzial in sich. Über Kleist und Hoffmann hinaus äußert sich – so die zentrale These – in Heines poetischer Tanzvision die kulturell-personale Verwundbarkeit im Vollzug einer Körpersprache, die das verbal undarstellbare Trauma gerade in der eigenen Sprache des Tanzes erfolgreich artikulieren kann. Der Autorin gelingt es, in der Perspektive Freuds die pathologische Trauer und insbesondere das Phänomen der Hysterie und Melancholie in dem Verkörperungsprozess des Tanzes selbst symptomatisch zu analysieren. Methodisch innovativ bezieht sie Butlers Begriff des Performativen auf die im Text vorgeführte Wahrnehmung des Tanzes als konkreten physischen Vorgang und exponiert die Sensibilität des Erzählens für die interaktive Körperlichkeit von Tänzerin und Betrachter. Dass Ruprecht die zwanghaften Umstände und vor allem den problematischen semiotischen Status dieses Tanzes, der von keiner ursprünglichen Geschichte der Tänzerin erzählt, zur Kenntnis nimmt und vorsichtigerweise die symptomatische und heilende Funktion des Tanzes in den »Florentinischen Nächten« zumindest nicht eindeutig erfüllt sieht, fällt positiv ins Gewicht.

Die Verbalisierung des Tanzes durch den erzählenden Protagonisten Maximilian führt mitten hinein in den Versuch der Untersuchung, Literatur und Tanz produktiv aufeinander zu beziehen. Die Autorin argumentiert vorwiegend inhaltlich, nachdem sie die Unmöglichkeit der Übersetzung des Tanzes in die Sprache des Erzählers konstatiert hat. Den Begriff der Signatur und der Klangfigur zurückweisend, versteht sie nun den Tanzakt wie einen performativen Sprechakt der Figuren im Text. Dieses Sprechen des Tanzes im Text wird mit Hilfe des benjaminschen Begriffs der Allegorie als eine andersartige Kommunikationsform zwischen Tänzer und Betrachter verstanden, die der verbalen Sprache entgehen muss. Der Befund der Einleitung bestätigt sich: »Language shows dance as much as hiding it [...].« (18)

Bei allen forschungsrelevanten Gesichtspunkten dieser Arbeit verschenkt die Autorin hier aufgrund der eigenen methodischen und thematischen Verengung Möglichkeiten zu untersuchen, wie die literarischen Texte die von ihnen selbst geschaffene neue Körpersprache des 19. Jahrhunderts *sprachlich* inszenieren. Ohne Zweifel gibt diese lesenswerte Dissertation wichtige methodische Impulse, das reziproke Verhältnis zwischen Literatur und Tanz bei Heine differenzierter wahrzunehmen. »In their encounter with, and distinction from, each other, writing and dancing see their own blindness; yet they also celebrate the triumph and the wisdom of their unique performances.« (139)

Simon Wortmann

Roland Schiffter: »*Sie küsste mich lahm, sie küsste mich krank*«. *Vom Leiden und Sterben des Heinrich Heine*. Würzburg: Koenigshausen & Neumann 2006. 96 S., 29 Abb., € 16,80.

Was hier von dem Berliner Neurologen R. Schiffter als Leiden und Sterben Heinrich Heines dargestellt wird, ist keine reine Krankengeschichte, auch wenn sie einen Großteil des Buches einnimmt; sie wird vielmehr mit zahlreichen seiner Gedichte unterlegt und trägt so zur Werkinterpretation bei. Über die medizinische Diagnose der Krankheit Heines wurde zeit seines Lebens und über die folgenden 150 Jahre kein Konsens erzielt, und sogar bis in die jüngste Zeit gab es Versuche, Heine von dem Makel einer venerischen Infektion zu befreien. Deshalb ist die vorliegende Dokumentation aus der Feder eines erfahrenen Neurologen wichtig, um mit den z. T. absurden Krankheitsinterpretationen selbst von Medizinern aufzuräumen. Dabei bekommen wir heute das auf Heine zutreffende Krankheitsbild – die meningo-vaskuläre Lues (Syphilis) oder chronische syphilitische Entzündung der Schädelbasis und des Rückenmarkkanals – nicht mehr zu sehen. Lehrbücher der Neurologie des ausgehenden 19. und der 1. Hälfte des 20. Jahrhunderts schildern diese Krankheit aber ausführlich, war doch die Syphilis besonders im 19. Jahrhundert weit verbreitet und nicht sehr wirksam behandelbar.

Heines Krankheit begann – abgesehen von migräneartigen Kopfschmerzen, die ihn später noch oft und intensiv heimsuchen sollten – im Jahre 1831 mit einer Pupillenerweiterung. Im folgenden Jahr stellten sich Lähmungserscheinungen der linken Hand ein, bald trat ein »Augenübel« hinzu und besserte sich innerhalb zwei Wochen. Im Jahre 1837 ist die rechte Pupille weit, zwei Jahre darauf wird Heine als korpulent beschrieben, die Augen seien halb verdeckt; diese so genannte Ptosis ist auf Portraits Heines zu erkennen. 1844 treten quälende Doppelbilder auf, zeitweise kann der Dichter keine Buchstaben erkennen. Ein Jahr später: »Seit 4 Wochen bin ich blinder als je.« Aber: »Was macht es schon, wenn ich völlig erblinde. Meine Verse müssen darunter nicht leiden. Eher im Gegenteil – wenn die Nachtigallen singen, ist es ja auch dunkel.« 1847 ist er an beiden Beinen gelähmt durch eine inkomplette Querschnittslähmung des Rückenmarks, kann nicht mehr gehen, nur noch mühsam stehen. Ein Jahr später kann er »keine 3 Schritte mehr gehen« (Friedrich Engels an Karl Marx). Krampfhafte Schmerzen an Rumpf und Extremitäten werden ihn fortan quälen. Er erlebt alles bei klarem Verstande (1848: »Mein Kopf ist frey, geistesklar, sogar heiter.«). Er kann nun nicht mehr gehen, seine »Matratzengruft« beginnt. Hirnnervenlähmungen beinträchtigen in wechselnder Intensität die Gesichtssensibilität, die Mimik, das Kauen und Schlucken. So kann er zeitweise wieder sehen, schlucken, mit der rechten Hand schreiben und zeigt später auch wieder eine normale Mimik. 1855 hat er das »Händchen von einer Mumie« und schreibt trotzdem noch; er ist »zusammengeschrumpft zum Gewicht eines Kindes, aber Witz und Frivolität waren ihm treu geblieben«, wie ein Freund beschreibt. Die erbärmlichen und qualvollen Monate werden gelindert durch liebevolle Pflege, Opium und Morphium. Die ärztliche Behandlung war sonst hilflos und bediente sich fragwürdiger Methoden, wie sie der damaligen (romantischen, noch der althergebrachten Säftelehre verpflichteten) Medizin eigen waren (vgl. auch das Buch von R. Schiffter: »… ich habe immer klüger gehandelt … als die philisterhaften Ärzte …« Romantische Medizin im Alltag der Bettina von Arnim – und anderswo. Würzburg 2006). Dazu gehörten Kauterisierungen mit dem Brenneisen am Rücken (Heine 1849: »Ich glaube zwar noch nicht an den Himmel, aber ich genieße bereits den Vorgeschmack der Hölle, durch die Brandwunden, welche man mir soeben an der Wirbelsäule beigebracht hat.«), aus der Vorstellung der Ärzte, damit Einfluss auf den Rückenmark-Krankheitsprozess auszuüben. Diese für unser heutiges Verständnis unsinnigen Methoden waren aber für Patient und Arzt mit Hoffnung verbunden, was auch von Heines mindestens 23 Bäder-Besuchen anzunehmen ist. Jodkali, ein damals gebräuchliches antisyphilitisches Mittel, hat er praktisch über alle Krankheitsjahre eingenommen, »das einzige Medikament, das ich in meiner ganzen Krankheit genommen habe, war Jodkali, ohne dass ich dadurch eine Verbesserung meines Zustandes verspürt hätte.« Ist aber vielleicht damit – wie der Autor Schiffter vermutet – der bei dieser Krankheit bekannte Verlauf von maximal 15 Jahren auf 25 Jahre im Fall Heines verlängert worden?

Von der Ansteckung mit der Syphilis ist nicht nur Heine selbst überzeugt, auch die öffentliche Meinung bringt sie in Zusammenhang mit angeblichen Ausschweifungen eines ›Wüstlings‹. Aber er weist dies zurück: »Glauben Sie mir, ich habe moralischer gelebt als die meisten der Menschen«. Wo und wann er sich infizierte (1824 in Göttingen?), bleibt offen, wird aber durch eigene Hinweise annähernd belegt. Die Latenz bis zu seinen ersten neurologischen Symptomen wird mit ca. 7 Jahren angenommen. Heines Gedichte sind schon in früher Zeit von Liebe und Tod geprägt, später von seiner Liebeskrankheit. Das »Buch der Lieder« erzählt von Glück und Leid der Liebenden. Der vorliegende Buchtitel : »Sie küsste mich lahm, sie küsste mich krank« aus macht Heines eigene Krankheitsinterpretation deutlich, heißt es doch weiter:

> Sie küßte mir blind die Augen;
> Das Mark aus meinem Rückgrat trank
> Ihr Mund mit wildem Saugen.
>
> Mein Leib ist jetzt ein Leichnam, worin
> Der Geist ist eingekerkert –
> Manchmal wird ihm unwirsch zu Sinn,
> Er tobt und rast und berserkert.

Heine hat in seiner Matratzengruft gegen Leiden und Sterben angekämpft, seine Gedichte sind keine Sterbelyrik (A. Pistiak), sondern mit Widerstand, Ironie und Lebensbejahung erfüllt. Die im dem vorliegenden Buch versammelten Zeugnisse, von Heine selbst und seinen Freunden und Besuchern niedergelegt, und seine, die Krankheitsthematik widerspiegelnde Lyrik lassen keine andere Krankheitsinterpretation zu, »einfach weil sie den höchsten Grad an Plausibilität und Wahrscheinlichkeit hat und weil sie ansonsten eine Krankheit bezeichnet, die so wenig mit Ehre und Anstand, Schuld, Sühne oder gar Judentum und Deutschtum zu tun hat wie jede andere Krankheit auch.« Dieser Schlussfolgerung des Autors kann der Referent (selbst Neurologe) uneingeschränkt zustimmen wie auch dem ganzen Buch, das an stichhaltigen Argumenten, fachlicher Begründung sowie guter Lesbarkeit nichts zu wünschen übrig lässt. Die »Wunde Heine« (Adorno), vom Autor um die medizinische Dimension erweitert, ist immer noch offen, aber vielleicht durch Sympathie (Mitleid) besser zu ertragen.

Bernd Holdorff

Thomas Synofzik: *Heinrich Heine – Robert Schumann. Musik und Ironie*. Köln: Dohr 2006. 190 S., zahlreiche Abb. und Notenbeispiele. € 24,80.

Das Phänomen der Ironie an sich und insbesondere ihr Erscheinungsbild im musikalischen Kontext sei schwer zu bestimmen. Diesen Befund muss zunächst auch Thomas Synofzik, promovierter Musikwissenschaftler und Direktor des Robert-Schumann-Hauses in Zwickau, gleich zu Beginn seines Buches eingestehen. Gleichwohl gelingt es ihm, einen detaillierten Einblick in die romantische Ironie zu geben, die – strikt zu trennen von der antiken (rhetorischen) Ironie – von Personen wie Tieck, Schlegel, Solger und Novalis vertreten wurde und die sich Schlegel zufolge als »Wechselspiel des Unendlichen und des Endlichen« präsentiert. Von dieser Ironie wiederum unterscheide sich Heinrich Heines eigene Spielart, verweise doch bei ihm die Ironie »auf die Realität der Verhältnisse und damit zugleich auf die Unmöglichkeit, die ideale utopische Welt außerhalb des Gedichts aufrecht zu halten« (um eine von Synofzik auf S. 29 zitierte Formulierung Wolfgang Preisendanz' aufzugreifen).

Synofziks Vorüberlegungen im einleitenden Abschnitt deuten den weiteren einleuchtenden Gang seiner Untersuchungen an. Dem Kapitel über die Rezeptionsgeschichte der Heine-Lieder Robert Schumanns, zu deren Konstanten die mehrfach belegte Auffassung gehört, »dass Heines Ironie in Schumanns Musik keine Umsetzung erfahren habe« (8), folgt ein Kapitel über die Ironie in Heines früher Lyrik überhaupt und speziell in dessen »Buch der Lieder«, die sich besonders in Schlusswendungen, aber auch innerhalb von Gedichten zeigt. Dem eigentlichen Thema nähert sich Synofzik mit einer minutiösen Darstellung der Schumannschen Beschäftigung mit Heines Texten, die nahezu ausschließlich in das so genannte Liederjahr 1840 fällt und ihren Niederschlag namentlich in den beiden Liederzyklen »Liederkreis« op. 24 und »Dichterliebe« op. 48 findet. Heines lyrische Ironie als Ambiguität zu interpretieren, bildet nach Ansicht des Autors eine »fruchtbare Basis für die Suche nach Entsprechungen in Schumanns Musik« (38). Diesem Hauptanliegen ist das umfangreichste Kapitel gewidmet, in dem Synofzik »Musik und Ironie in Schumanns Heine-Vertonungen« behandelt unter den Lemmata Kontrastierung, Schlussbildung (mit einem durch exaktes Quellenstudium sich auszeichnenden Exkurs zu Schumanns kompositorischen Revisionen), Ambiguität und Ambivalenz als den Wesensmerkmalen der Ironie schlechthin, Stilimitation und -parodie, Zitat und Allusion, musikalische Ironiesignale wie etwa den Doppelschlag sowie musikalische Bilder und Topoi. Diese Lemmata sind geschickt jeweils angebunden an entsprechende Äußerungen Schumanns als »Wegweiser und Motto für die einzelnen Etappen der analytischen Beschäftigung« (8), wobei lediglich die Identifizierung von »Dilettantismus« und »Volkston« bzw. »volkstümlich« (119 ff.) dem Rezensenten nicht einleuchten mag. Mit seinen Analysen, die sich an ausführlichen Notenbeispielen überprüfen lassen, will Synofzik wiederum seine »ironische Lesart der Heine-Lieder Schumanns veranschaulichen und verständlich machen« (10).

Synofziks klarer und flüssiger Schreibstil ermöglicht eine angenehme Lektüre. Nur gelegentlich lässt uns der Autor mit seinen Gedankengängen im Stich, indem er sie nicht bis zum Ende ausführt, so bei seiner Analyse der Schlusstakte von »Warte, warte wilder Schiffmann« op. 24 Nr. 6 als Paradigma für Schumanns Sequenztechnik in Verbindung mit der Kontrastbildung als Zeichen für Ironie (60 ff.) oder bei der Erwähnung von Schumanns »ironischem zweiten Weihnachtstag 1839« (41), von dessen Bedeutung man gerne Näheres erfahren hätte. Das erstgenannte Beispiel mit einer übrigens durchaus ›berechenbaren‹ Tonfolge im Diskant in den letzten Takten offenbart überdies das Manko, dass dem Autor die im Henle-Verlag 2006 publizierte Urtextausgabe von Schumanns op. 24 (noch) nicht zur Verfügung stand.

Die wenigen minimalen Fehler – beispielsweise korrespondieren auf S. 60/1 und S. 123/4 die Taktzahlen im Haupttext nicht mit denen in den Notenbeispielen – zeugen von einer sehr sorgfältigen Herstellung des Buches durch den Autor und den Verlag. Insgesamt betrachtet stellt Synofziks Buch also einen maßgebenden Beitrag zu Robert Schumanns kompositorischer Auseinandersetzung mit der Lyrik des Ironikers par excellence Heinrich Heine und zu ihrer musikalischen Umsetzung in der Romantik dar.

Michael Beiche

Buchbesprechungen

Christina Ujma: *Fanny Lewalds urbanes Arkadien. Studien zu Stadt, Kunst und Politik in ihren italienischen Reiseberichten aus Vormärz, Nachmärz und Gründerzeit.* Bielefeld: Aisthesis Verlag 2007. 491 S., € 58,–.

Stets war es schwierig, Kategorien zu finden für Fanny Lewald: Jüdin, bürgerliche Liberale, Tendenzschriftstellerin, Anhängerin der 48er Revolution, Frauenrechtlerin, Salonnière, Erfolgsautorin. Eines war sie sicher, eine hervorragende Reiseschriftstellerin – ihr widmet nun Christina Ujma eine umfangreiche Monographie. Gegenstand der Untersuchung sind die Berichte von Lewalds Italienreisen, die sie zu verschiedenen Zeiten ihres Lebens unternahm: Das »Italienische Bilderbuch« (1845/46), das (posthum veröffentlichte) private »Römische Tagebuch« aus der gleichen Zeit, »Ein Winter in Rom« (1866/67), die »Reisebriefe aus Deutschland, Italien und Frankreich« (1877, 1878) sowie ihre letzte Reisebeschreibung aus den Jahren 1879 bis 1881 »Vom Sund zum Posilip«. Vor dem Hintergrund der traditionellen Italienberichte des 19. Jahrhunderts analysiert Christina Ujma Lewalds bisher wenig erforschte Leistung auf diesem Gebiet, die darin besteht, den politischen Prozess der Nationenbildung nach dem italienischen Risorgimento sowie die politischen und kulturellen Veränderungen Italiens sichtbar zu machen und gleichzeitig die Faszination des Sehnsuchtslandes Italien zu vermitteln, eine einzigartige Mischung aus literarischem und politischem Reisebericht also, die der klassischen Gattung des Italienberichts einen völlig neuen Anstrich verleiht und von einem Paradigmenwechsel kündet: weg von der Antike zum Italien der Italiener! Damit steht Lewald eher in der Tradition Byrons und der englischen Romantik als des deutschen Klassizismus.

Lewalds »Italienisches Bilderbuch« von 1845 wird gewertet als ein Dokument des »Aufbruchs und Ausbruchs« (50), Kosmopolitismus, Sensualismus und Radikalismus, nicht zuletzt begründet durch die geographische, individuelle und gesellschaftliche Grenzüberschreitung, die die junge Schriftstellerin mit dieser Reise vornimmt. Lewalds erster Reisebericht, dem Ujma den umfangreichsten Teil ihrer Untersuchung widmet, beschreibt norditalienische Stadtlandschaften, Rom als mythischen Ort und Stadt des Begehrens, italienische Städte als Schauplätze des Politischen und im Gegensatz dazu die wilde, unzivilisierte Region Süditaliens um Neapel. Vor allem für das imperiale Rom und seine Relikte kann sich die geborene Jüdin kaum begeistern, mit ihrem kritischen Blick eckt sie bei allen (männlichen) Autoritäten an und stellt die Ansicht von Rom »vom Kopf auf die Füße« (121). Sie sucht das neue, zeitgenössische Rom, bevorzugter Erzählraum und zentraler Schauplatz ist die Straße (da bestimmte Institutionen Frauen weitestgehend verschlossen sind), eine bisher ungewöhnliche Wahrnehmung. Lewalds Bericht gehört den in Deutschland wenig erforschten Italienbeschreibungen an, für die die Poesie des Volkslebens zentral ist, dessen mythischer Höhepunkt der Karneval bildet. Auch zieht sie das ungekünstelte Element der religiösen Volkskultur den inhaltslosen Ritualen der katholischen Kirche vor. Aufgrund der toleranten Moralvorstellung Italiens erscheint ihr Rom als Paradies für Frauen, nicht zuletzt deshalb, weil sie dort mit zahlreichen intellektuellen Frauen verkehrt, die ihre weibliche Kreativität ungehinderter als zu Hause entfalten können.

Mit ihrer Sympathie für das als rückständig geltende Italien grenzt sich Lewald gegenüber ihren Schriftstellerkollegen aus dem Vormärz ab, ihr gelten die in Deutschland und Italien herrschenden Verhältnisse als prinzipiell verwandt und vergleichbar: Kleinstaaterei, politische Zersplitterung und ungerechte Privilegien der Herrschenden kritisiert sie in beiden Ländern. Aus der Perspektive der Vormärzautorin wird quasi im Vorübergehen ein Bild der politischen Verhältnisse in Italien gezeichnet. Ihre Sympathie für Genua resultiert vor allem daraus, dass Jakobiner, Carbonari und Junges Italien hier ihre Hochburg hatten, im rebellischen Bologna steht die Diskussion politischer Zustände gar im Mittelpunkt. Eine allgemeine Amnestie verurteilter Rebellen im Spätsommer 1846 versetzt die ganze Stadt in Euphorie. Im römisch-katholischen Imperium dagegen wendet Lewald ihren Blick vor allem auf politische Missstände, Bespitzelung, Repressionen und drakonische Strafjustiz des Papststaates. Lewalds Beobachtungen gewinnen retrospektiv politische Signifikanz, als sie den Vorlauf der Revolution von 1848/49 schildern. Ihr Bericht enthält Hinweise auf die politische Situation Italiens, die in kaum einem anderen deutschen Reisebericht zur Kenntnis genommen wird.

Ganz anders dagegen der Tenor von »Ein Winter in Rom«. Im Vergleich zum »Italienischen Bilderbuch« haben sich nun die Prioritäten verschoben. War zuvor die Politik noch ein Nebenschauplatz, steht sie nun im Vordergrund. Fanny Lewald und Adolf Stahr gehören nun zu einer Gruppe politisch interessierter Italienreisender, die – wehmütig – die Fortschritte des Jungen Italien und seiner Vorkämpfer Mazzini und Garibaldi in Augenschein nehmen: Denn hier war das geglückt, was im eigenen Land gescheitert war, ein Nationalstaat und eine freihheitliche Bewegung. Zentraler Schauplatz der Begegnung mit dem neuen Italien ist dabei Florenz, Hauptstadt und intellektuelles Zentrum. In der Florentiner Gesellschaft, vor allem im Salon Ludmilla Assings, die hier die varnhagensche Salontradition fortsetzt, treffen sich Altachtundvierziger und Risorgimento-Aktivisten zu einer außerordentlichen kosmopolitischen Geselligkeit. In Rom dagegen scheint die Zeit stehen geblieben, die Stadt dem Untergang geweiht zu sein, überall ist Armut, Elend, Unterdrückung sichtbar, das Rom Goethes existiert nicht mehr, Arkadien ist nur noch ein Mythos. Rom ist nicht länger Hauptstadt innovativer deutscher Künstler, sondern es hat sich eine anglo-amerikanische Kunstszene etabliert.

Die »Reisebriefe aus Deutschland, Italien und Frankreich« (1877,1878) dagegen sind wieder auf Rom zentriert, seit 1870 nun endlich die Hauptstadt des italienischen Staates. Im Gegensatz zu vielen anderen ausländischen Betrachtern (allen voran Ferdinand Gregorovius und Hermann Grimm), die gegen den Umbau Roms als Profanisierung der Ewigen Stadt polemisieren, gefallen Lewald die Veränderung, die Betriebsamkeit und Lebenssituation der modernen Stadt auf dem Weg zur Metropole. Nach einem eigenen Schicksalsjahr (1876 war Adolf Stahr gestorben, dem Lewald 1845 in Rom begegnet war), gerät Lewald 1878 unvermittelt in ein Schicksalsjahr der italienischen Geschichte: Der Tod des ersten italienischen Königs Vittorio Emmanuele II markiert das Ende des Risorgimento und der italienischen Einigung. Ein direkter Vergleich zwischen Italien und Deutschland drängt sich auf, denn auch hier hat die Reichsgründung endlich stattgefunden, der Grund für den deutlich spürbaren Patriotismus Lewalds in ihren Reisebriefen. Gerade unter Italienliebhabern war die Unterstützung Bismarcks sehr ausgeprägt. Wenn auch der Weg der Staatsgründung in Italien der bessere und liberalere war, hält doch das neue Italien nach Lewalds Ansicht nicht, was die Volksbewegung des Risorgimento versprochen hatte, deren ungekrönte Häupter Garibaldi, Mazzini und Daniele Manin sie aus persönlichem Kontakt kannte und denen noch immer ihre Begeisterung gilt. Auch die Hauptstadt Rom hatte als geteiltes Zentrum von politischer und religiöser Macht nicht länger Vorbildcharakter für Berlin.

Der letzte Reisebericht »Vom Sund zum Posilip« ist ein Buch des Abschieds der nun 70-jährigen Schriftstellerin von ihrem Arkadien; sie weiß, dass es sich um ihre letzte große Reise handelt. Sie entdeckt nun Italien nicht mehr, sie versucht nicht mehr, es zu verstehen und zu analysieren, sondern überlässt sich ihren Impressionen. Noch einmal erlebt sie römische Geselligkeit und Feste, doch die Stadt, in die sie sich einst verliebte, ihr Paradies, ist unwiederbringlich verloren, ebenso wie das Gefühl des Aufbruchs von einst, die Idee ebenso wie die Persönlichkeiten des Risorgimento haben nur noch eine historische Dimension. Immerhin ist Italien das Land, in dem Frauen Zugang zu Universitäten haben und Juden die vollen Bürgerrechte.

So, wie das Land Italien großen Einfluss auf Leben und Werk Fanny Lewalds ausgeübt hat, hat diese selbst mit ihren viel gelesenen Reisebeschreibungen – schließlich erreichte sie mit ihren in

Tageszeitungen erscheinenden Berichten breite Leserschichten – die deutsche Italienrezeption stark geprägt.

Es war die Absicht von Christina Ujmas breit angelegter, kenntnisreicher und informativer Untersuchung, die allerdings zuweilen mehr beschreibt als analysiert, gleichzeitig vernachlässigte Aspekte der deutschen Italienrezeption des 19. Jahrhunderts und die Italienrezeption einer noch immer vernachlässigten Autorin aufzuarbeiten. Das ist ihr gelungen, gelungen ist es ihr auch nachzuweisen, dass Fanny Lewald auch im Nachmärz als »eminent politische Autorin« (233) anzusehen ist, dies bekunden die Reisebeschreibungen deutlicher als die Romane und Erzählungen. Doch Ujmas Untersuchung kann die Lektüre von Lewalds Reisebeschreibungen nicht ersetzen. Es bleibt zu wünschen, dass die wenig erforschte Autorin auch wieder mehr gelesen wird.

Gabriele Schneider

Michaela Wirtz: *Patriotismus und Weltbürgertum. Eine begriffsgeschichtliche Studie zur deutsch-jüdischen Literatur 1750–1850.* Tübingen: Max Niemeyer Verlag 2006, 266 S., € 72,–.

Der Emanzipations- und Akkulturationsprozess der deutschen Juden führte auch dazu, dass jüdischerseits über zentrale Begriffe wie Patriotismus, Vaterland und Nation neu reflektiert wurde, wie Michaela Wirtz in ihrer Dissertation »Patriotismus und Weltbürgertum« detailliert nachgewiesen hat. In dieser Arbeit geht Wirtz der Frage nach, wie Moses Mendelssohn, David Friedländer, Saul Ascher, Rahel Varnhagen, Ludwig Börne, Heinrich Heine, Gabriel Riesser und Berthold Auerbach in ihren Schriften ›Vaterland‹, ›Vaterlandsliebe‹ und ›Patriotismus‹ definieren und ob diese Definitionen aus einem primär jüdischen oder deutschen Selbstverständnis der Autoren resultieren. Im Vordergrund ihrer Studie steht auch die Frage nach dem Verhältnis zwischen Patriotismus und Kosmopolitismus im deutsch-jüdischen Diskurs der zweiten Hälfte des 18. und der ersten Hälfte des 19. Jahrhunderts. Nach einer Einführung in den Patriotismus- und Vaterlandsbegriff des 18. Jahrhunderts und die Implikationen dieses Begriffes für die deutschen Juden untersucht die Verfasserin in chronologischer Reihenfolge das Werk der angeführten deutsch-jüdischen Autoren unter dem Aspekt der skizzierten Fragestellung, wobei sie jedes Kapitel mit einer biographischen Skizze einleitet und auch den jeweiligen historischen Kontext berücksichtigt.

In Bezug auf Heine, in dessen Herzen eine »große Vorliebe für Deutschland grassirt«, so der Dichter 1843 in einem Brief an Campe, weist Wirtz eine kontinuierliche Auseinandersetzung mit den Themen Deutschland, Nationalität und Patriotismus nach. Eine Konstante in Heines politischem Denken ist sein »Haß gegen die Nazionalisten« (XIII, 295), die »nur Raçe und Vollblut und derg‹leichen› Roßkammgedanken im Kopfe tragen« (XIV, 276), und, damit verbunden, seine Kritik an ihrem ›falschen‹ Patriotismus, der dazu führe, dass der deutsche Patriot »nicht mehr Weltbürger, nicht mehr Europäer, sondern nur ein enger Teutscher seyn will.« (VIII, 141) Diesen ›engen‹, nationalistisch ausgerichteten Patriotismus der Deutschtümler kontrastiert Heine mit einem revolutionären, alle nationalen Grenzen überschreitenden, menschheitlichen und kosmopolitischen Patriotismus. Heine ist der Überzeugung, dass der Kosmopolitismus letztlich an die Stelle des nationalstaatlichen Denkens treten und »am Ende die allgemeine Gesinnung« in Europa werde. Die eigentliche Bestimmung Deutschlands sieht er in der Förderung dieses »moderne[n] Prinzip[s]« (X, 125), wobei Wirtz zeigt, dass von den in der Studie untersuchten Autoren außer Heine Saul Ascher die Vorreiterrolle Deutschlands hinsichtlich der universellen Menschheitsverbrüderung betont. In Bezug auf Heines Thematisierung des Vaterlandsbegriffes der deutschen Juden konstatiert Wirtz, dass Heine die Empfindung Deutschlands als Vaterland von der bürgerlichen Gleichberechtigung abhängig mache, im Gegensatz zu David Friedländer beispielsweise, der trotz der eingeschränkten rechtlichen Situation der Juden Preußen als Vaterland bezeichnet. Das restaurative Deutschland kann daher nach Heines Überzeugung für die jüdische Bevölkerung nur ein »Stiefvaterland« (VI, 229) sein, wobei nachgewiesen wird, dass Heine, wie auch Börne, die Bedingungen vaterländischer Empfindungen nicht mehr nur im Kontext der bürgerlichen Gleichberechtigung der Juden erläutert, sondern auch im Zusammenhang mit einer Erweiterung der politischen Freiheiten für die Deutschen generell.

Der wissenschaftliche Wert dieser Studie liegt primär in der vergleichenden Zusammenführung des Vaterlands- und Patriotismusbegriffes der jeweiligen Autoren, die die Heterogenität des deutsch-jüdischen Patriotismus- und Vaterlands-Diskurses zwischen 1750 und 1850 belegt. Beispielsweise zeigen sich grundlegende Differenzen hinsichtlich des Selbstverständnisses der deutsch-jüdischen Autoren und, daraus resultierend, hinsichtlich der Bestimmung der deutschen Juden als Angehörige einer jüdischen Nation oder als Deutsche. Eine grundlegende Gemeinsamkeit weist Wirtz in der Kompatibilität von Patriotismus und Kosmopolitismus nach. Auch nach dem Erstarken des Nationalismus, dessen antijüdische Komponente nicht nur von Heine akzentuiert wird, haben die untersuchten Autoren an dem kosmopolitischen Patriotismusverständnis der Aufklärung festgehalten. Der Glaube an die Vereinbarkeit von Patriotismus und Kosmopolitismus gehe immer einher, so Wirtz, »mit der Ablehnung von Nationalstolz und Nationalismus als einer Form der andere Nationen ausgrenzenden Vaterlandsliebe« (S. 231). Durch die Fokussierung auf die Frage nach der Vereinbarkeit von Patriotismus und Kosmopolitismus leistet Wirtz' Dissertation nicht nur einen wichtigen Beitrag zu der Erforschung des Selbstverständnisses deutsch-jüdischer Schriftsteller im 18. und 19. Jahrhundert, sondern auch zu einem in verschiedenen wissenschaftlichen Kontexten intensiv diskutierten Thema.

Regina Grundmann

Karin Wollschläger: *»daß unser Leben nur ein farbiger Kuß Gottes sey«. Heinrich Heines religiöser Sensualismus.* Tönning, Lübeck und Marburg: Der Andere Verlag 2005. 350 S., € 37,90.

Das religiöse Thema im Zusammenhang von Heines Werk gewinnt in der jüngsten Forschung ausgesprochen an Bedeutung. Was früher gelegentlich und nebenher oder nur in Bezug auf die vom Autor selbst so bezeichnete Matratzengruft seiner letzten Pariser Jahre und die damit verbundene so genannte Bekehrung bzw. theologische Revision der Spätzeit eine gewisse Rolle spielte, hat augenblicklich geradezu Konjunktur. Heine schien aufgrund seiner Ironie und seines Witzes lange Zeit wirklich nicht als Gewährsmann für fromme Worte und theologische Fragestellungen dienen zu können. Ausnahmen wurden allerdings von jeher für das ambivalent in den Blick genommene Judentum gestattet. Heines jüdische Herkunft, die protestantische Taufe und katholische Eheschließung verliehen dem sprichwörtlichen Freigeist unter den Bedingungen der ersten Hälfte des 19. Jahrhunderts jene Würze, deren Konsistenz wenigstens als Erbe der Väter vor dem bitteren Tode eine Rolle spielen durfte. Der Rest blieb lange Zeit unter der Überschrift Aufklärung und Religionskritik, Verkündung des Todes Gottes (vor Nietzsche) und von der Religion als Opium (vor Marx) im Gedächtnis der Heine-Forschung verzeichnet. Der Autor hatte es schließlich mit einigen Titeln auf den Index der römisch-katholischen Kirche gebracht, worüber der kath. Kirchenhistoriker Hubert Wolf, Münster, in den vergangenen Jahren wichtige Dokumente beigebracht hat.

Eine Entdeckung Heines für den religiösen Kontext konnte zuvor leicht als verspäteter Missionierungsversuch missdeutet werden, der sich eines kritischen modernen Kirchenvaters versichern wollte. Aber auch der Interessenlage der Heine-Forschung insgesamt war nicht nach Religion zumute. Zuerst hatte die politische Dichtung ihr Recht einzufordern, dann die von Heine subkutan ständig diskutierte jüdische Bedingung als eine der Voraussetzungen für sein autobiographisches Schreiben. Nach den Beiträgen von Wilhelm Gössmann, Literaturwissenschaftler und kath. Theologe (seit dem Düsseldorfer Heine-Kongress von 1972), Ferdinand Schlingensiepen, der sich als protestantischer Theologe seit 1981 immer wieder mit Heines Religion und Taufe auseinander setzte, und weiteren wenigen Spezialisten, die an dem einschlägigen Thema Interesse bewiesen, hat, wie die Autorin des vorliegenden Bandes mit Recht herausstellt, Beate Wirth-Ortmann 1995 mit ihrer Düsseldorfer Dissertation über »Heinrich Heines Christusbild. Grundzüge seines religiösen Selbstverständnisses« neue Maßstäbe gesetzt und damit das Thema schon vor dem enormen Aufschwung an unterschiedlichsten Beiträgen zum Gedenkjahr von Heines 200. Geburtstag auch zur religiösen Frage neu positioniert. Somit wurde endlich ein Bereich erschlossen, der in der heutigen Öffentlichkeit offenbar den Nerv trifft, gerade weil der Schwund eines christlich-abendländischen Bewusstseins und Alltagslebens mit Händen zu greifen ist. Die Münsteraner Dissertation von Karin Wollschläger nimmt bei dieser Debatte einen respektablen Platz ein und stellt sich neben die große, ebenfalls 2005 erschienene Heidelberger Habilitationsschrift zum Thema »Heines religiöse Revolte« von Christoph Bartscherer (s. die Rez. von Robert Steegers im HJb 2005), womit u. a. das 150. Todesjahr des Dichters eingeläutet wurde.

Heine ist gewiss nicht der Retter in der Not, jedoch der Zeuge für eine differenzierte Auffassung von Religion in der Gesellschaft, was für das Verständnis seiner Person wie des 19. Jahrhunderts und der Bedingungen bis heute von nachhaltigem Interesse bleibt. Dafür zeugt auch bereits die Studie von Karl-Josef Kuschel aus dem Jahre 2002 mit dem Titel »Gottes grausamer Spaß? Heinrich Heines Leben mit der Katastrophe« (s. die Rez. von Wilhelm Gössmann im HJb 2003), deren origineller Stellenwert in diesem Zusammenhang noch einmal eigens betont werden muss. Die hier anzuzeigende Arbeit nutzt die Ergebnisse und Überlegungen der Vorgänger, kann die gleichzeitige Arbeit von Ch. Bartscherer selbstverständlich noch nicht zur Kenntnis nehmen, bewegt sich allerdings sowieso vom scheinbaren Rand des komplexen Themas her, nämlich vom Sensualismus und der erotischen wie sexuellen Komponente aus, hin zu einer zweifellos von Heine authentisch anerkannten Mitte des humanen, hier alles in allem mit gescheiter Empathie und distanziertem Argumentationsmodus vorgetragenen Diskurses über gerade auch deren religiöse Herkunft und Bedeutung. Die Autorin erreicht damit wesentliche Einblicke in die Unbefangenheit Heines, seine Primärlektüre in jedem Sinn von geistlichen Botschaften, deren ursprünglichen Sinn er aufzudecken imstande ist, indem er zeigt, wie Sakrales und Säkulares aufs engste zusammenhängen und wie sehr der christlich-jüdische Spiritualismus durch einen durchaus religiös grundierten Sensualismus aus den überlieferten Angeln gehoben werden kann.

In sechs Schritten wird Heines eigenständiges Religions- und Gottesbild mit der für ihn zwar changierenden aber gültigen individuellen Note entfaltet. Nach der Erörterung der Gemeinsamkeiten der beiden Phänomene »Religion versus Eros?« wird die »Gretchenfrage« an Heine selbst gerichtet in einer allerdings mehr als kurzen (65–74) »biographischen Annäherung«, bevor dann unter der Überschrift »Querdenker zwischen Blasphemie und Frömmigkeit« die »Frage nach Religiosität in Heines Werk« gestellt wird. Die religiösen Sprachmuster und das religiöse Sprechen Heines sind hier von Interesse und die Religionskritik sowie die » emanzipierte Sinnlichkeit« bei Feuerbach. Daran schließt sich eine »Ideengeschichtliche Verortung Heines« an, die sachkundig und erkenntnisreich auf die so wichtige Reihe von Spinoza und Lessing über Schelling, Hegel und die Saint-

Simonisten bis zu Swedenborg rekurriert. Im Anschluss daran werden diese stichhaltigen Hinweise unter der Kapitelüberschrift »Über den Körper-Geist-Dualismus« auf die Deutschland-Essays angewendet und schließlich die »Manifestation göttlicher Sinnlichkeit in Heines Dichtung«, wie die Erläuterung lautet, unter dem Phänomen des »Irdischen Widerscheins der Erotik Gottes« ebenso spannend, feinfühlig wie einsichtig verortet.

Besonders dankenswert ist die stringente Interpretation von glücklicherweise nicht immer den gleichen Heine-Texten und -Zitaten. Die Verf. beherrscht ihren Gegenstand und macht mit Recht darauf aufmerksam, dass viele heinesche blasphemische Profanierungen heute nicht mehr als echauffierend empfunden würden, wobei der Autor obendrein von vornherein keine neue Religion schaffen wollte, sondern einzig die Erneuerung aus der Erinnerung schöpfte und stets die biblischen Wurzeln und die Besonderheit der sprachlichen Muster anerkannte. Stets bleibt deutlich, dass der Titel der Arbeit über »unser Leben«, das »nur ein farbiger Kuß Gottes sey«, den »Memoiren des Herren von Schnabelewopski« entstammt, sich auf den Maler Jan Steen bezieht und sich durch und durch spiegelt in Heines Gottesvorstellung selbst, samt der damit verknüpften Auffassung vom Hl. Geist mit seinem Licht und Lachen, worin sich im übrigen die Synthese von Sensualismus und Spiritualismus verbirgt (88).

Dabei ist stets Heines offener Umgang mit den Religionen als Voraussetzung seiner Haltung zu veranschlagen: Es geht ihm weniger um Theologie als um eine lebenspraktische Tauglichkeit bzw. Brauchbarkeit (171). Immer wieder weist die Verf. sehr richtig auf Heines beharrlichen Blick auf eine »Religion der Freude« hin (z. B. 178 u. 191). Der privat-poetische »Kirchengründer« Heine (213) ist bei allem Respekt vor dem (wie Moses im Alten Testament) sozialistischen, ja sogar terroristischen Christus des Neuen Testaments (80) darüber hinaus vor allem, trotz jahrelangen schweigenden Verdrängens, ein Anhänger der Jungfrau und Gottesmutter Maria geblieben, der die in der Tat lohnenswerte Anteilnahme der Verf. gilt (Kap. VII.3: 258–281). Maria als bewundernswerte »Spiritualismusfalle« (207) auf dem Felde der katholischen Frömmigkeit spielt der in diesem Zusammenhang wahrlich nicht unbegründeten Meinung nach sogar im großen Gedicht »An die Mouche« eine überzeugend tragende Rolle. Damit setze Heine »der Marien-Figur ein letztes, romantisches Denkmal, bevor er endgültig die desillusionierende Bankrotterklärung für die reale Überwindung des Dualismus von Sensualismus und Spiritualismus« unterschreibe (281). Man wird der Verf. aufgrund ihrer einläßigen Untersuchung gerne folgen, wenn sie weiterhin resümiert, dass nach Heine durch das Palimpsest des spiritualistischen Lebens hindurch der Sensualismus als göttliche Urschrift »ungebrochen« hindurchscheine (297). Überzeugend ist unter den mancherlei Beiträgen zum Textverständnis bei Heine auch ihre Deutung des Gedichtes »Der Ungläubige«: Die Sexualität als sensualistischer Akt bedeutet nichts anderes als die göttlich-innerweltliche Erlösung (317). Dass der Eros als elementare menschliche Empfindung für Heine auch konstitutiv ist für das Göttliche, versteht sich danach von selbst (323); die lebensspendende Kraft des göttlichen Sensualismus, so die eindringliche Summe der Arbeit, bildet in der Tat »ein Leitmotiv in Heines Dichtung« (326). Die Verf. – das darf anerkennend gesagt werden – hat zum intensiveren wie gründlicheren Verständnis der Heineschen Weltsicht ihren schlüssigen Teil beigetragen.

Trotz einiger sprachlicher oder Schreibversehen und kleinerer sachlicher Irrtümer (von der »Reise von München nach Genua« und nicht von der »Harzreise« ist gerade die Rede [239]; zwischen dem Passionsblumenmotiv in der »Romantischen Schule« und im Mouche-Gedicht »Es träumte mir von einer Sommernacht« liegen nur zwei und nicht drei Jahrzehnte [278]; wieso ist die »Disputazion« aus dem »Romanzero« ein lyrisches Fragment? [305]), die leicht hätten behoben werden können, empfiehlt die Arbeit sich durch die lesbare Darstellung und die ebenso selbstbewusste wie selbständige Hermeneutik, die einige bisher wenig beleuchtete Facetten eines derart multivalenten Autors wie Heine ans Licht holt. Eines Autors im übrigen, der Fragen an die Religion wie die Aufklärung zu stellen wusste, die tatsachlich bis heute »virulent« zu sein vermögen (323).

Joseph A. Kruse

Zu Heinrich Heines Spätwerk »Lutezia«. Kunstcharakter und europäischer Kontext. Hrsg. von Arnold Pistiak und Julia Rintz. Berlin: Akademie-Verlag 2007. 390 S., € 49,80.

Der Anlass des Gedenkjahres 2006, der 150. Todestag Heinrich Heines, hat es nahegelegt, dass in besonderem Maße den letzten Lebensjahren und auch dem Spätwerk des Autors Aufmerksamkeit zuteil geworden ist. Unter den Tagungen des Jubiläumsjahres nimmt dabei das vom Institut für Künste und Medien der Universität Potsdam und der Berlin-Brandenburger Sektion der Heine-Gesellschaft im März 2006 veranstaltete Symposium »Lutezia – Lutèce. Kunstcharakter und europäischer Kontext« einen besonderen Rang ein, da sich hier erstmals eine Tagung speziell der 1854 in deutscher und 1855 in französischer Sprache veröffentlichten überarbeiteten Sammlung von Heines Korrespondenzartikeln für die Augsburger »Allgemeine Zeitung« gewidmet hat. Die Beiträge zu diesem Symposium liegen nun vor.

Die Herausgeber weisen in ihrer Einleitung auf den Umstand hin, dass die »Lutezia« einerseits als zentrales Werk Heines wahrgenommen (und als solches in den beiden historisch-kritischen Ausgaben gründlich aufgearbeitet präsentiert) wird, andererseits offenbar »in der Regel nicht als Ganzes gelesen, nicht als Schrift mit Kunstcharakter zur Kenntnis genommen, sondern eher auf eine Art Stichwortgeber reduziert« (11) wird. Heine selbst hatte, sicher nicht nur als Argument zur Überzeugung des von diesem Projekt nicht recht überzeugten Verlegers, den Plan zur »Lutezia« schon im Juni 1852 vor einer solchen Einschätzung zu bewahren gesucht: »[…] in meinem Geiste formirt sich ein Buch, welches Blüthe und Frucht, die ganze Ausbeute meiner Forschungen während einem Vierteljahrhundert in Paris sein wird, und wo nicht als Geschichtsbuch, doch gewiß als eine Chrestomathie guter publicistischer Prosa, sich in der deutschen Literatur erhalten wird.« (HSA XXIII, 210) Den Doppelcharakter als »Produkt der Natur und der Kunst«, als »Geschichtsquelle« und »ehrliches Daguerreotyp« (DHA XIII, 19) betont Heine auch im Zueignungsbrief an den Fürsten Pückler-Muskau, den Heine der »Lutezia« voranstellt. Beiden Aspekten, dem Quellen- wie dem Kunstcharakter, dieser »Berichte über Politik, Kunst und Volksleben«, wie der Untertitel der »Lutezia« lautet, versuchen die Beiträge des Symposiums gerecht zu werden.

Zwei Fragen an ein so verdienstvolles Projekt drängen sich auf. Zum einen die, ob der doppelte historische Boden, auf dem man sich beim Umgang mit der »Lutezia« bewegt, hinreichend reflektiert wird. Denn neben die Zeit der Entstehung der Artikel für die »Allgemeine Zeitung«, 1840 bis 1843, die dem Leser auch in der Buchausgabe immer wieder als Datumsangabe zu Beginn der Berichte ins Bewusstsein gerufen wird, tritt mit gleichem Recht und Gewicht die Zeit der Überarbeitung und Veröffentlichung, also im wesentlichen der Zeitraum von 1852 bis 1854. Die HSA hat aus dem komplexen Entstehensprozess der »Lutezia«, in dem Heine teils versucht, Redaktions- und Zensureingriffe rückgängig zu machen, teils umkomponiert, ergänzt und verändert, er also gleichzeitig die Ursprungstexte bewahrt und verfremdet, den Schluss gezogen, dass nur eine doppelte Präsentation, einmal in der Textgestalt der 40er Jahre (HSA X), einmal in der der 50er Jahre (HSA XI), diesem Spannungsverhältnis gerecht werden kann. Zwischen beiden Textstufen liegt der historische Einschnitt der Revolution von 1848 und der persönliche des Beginns von Heines Matratzengruft. Doch oft genug kann es einem aufmerksamen Leser in der Heine-Literatur begegnen, dass

Zitate aus der »Lutezia« mal für den einen, mal für den anderen Zeitabschnitt herangezogen werden, ohne dass geprüft wird, wer nun eigentlich gerade spricht: das Ich der Korrespondenzartikel oder das Ich des retrospektiven Paris-Buches. Im vorliegenden Tagungsband arbeitet Lucienne Netter, Herausgeberin der betreffenden HSA-Bände, die Unterschiede zwischen beiden Text- und Zeitebenen anhand politischer Selbstpositionierungen Heines in ihrem Beitrag (263–274) heraus, und differenziert noch zusätzlich hin zur französischen Fassung, »Lutèce«, die 1855 erschien. Am Beispiel der Darstellung der Schriftstellerkollegin und Freundin George Sand stellt Karin Füllner in ihrem Beitrag gleichfalls die dem Entstehungs- und Bearbeitungsprozess geschuldete Mehrschichtigkeit des »Lutezia«-Textes heraus, in der sich das veränderte Verhältnis zwischen Heine und Sand, zu der der bettlägerige Dichter keinen Kontakt mehr hat, widerspiegelt. Wie an einigen anderen Stellen markiert Heine im Artikel V der »Lutezia« die Differenz der historischen Ebenen, indem er eine »Spätere Notiz« anfügt, ein »überraschend umfangreiches Porträt der Sand« (94), verschleiert aber damit zugleich, was erst der genaue Blick in die Textgeschichte verrät, dass nämlich auch der vermeintlich ursprüngliche Text aus dem April 1840 für die Buchfassung wesentliche Veränderungen erfahren hat. Explizit weist auch Wulf Köpke in seinem Beitrag über »Heinrich Heines *Lutezia* als literarische Sammlung« (99–116) auf diese Mehrschichtigkeit des Werkes hin.

Die zweite Frage, die sich angesichts einer Tagung und Veröffentlichung zur »Lutezia« aufdrängt, ist die nach dem größeren Werkkontext: Wenn auch eindeutig als eigenes Werk erkennbar, unter anderem durch den vorangestellten Zueignungsbrief und die eigenen Titelseiten, sind die beiden Bände der »Lutezia« zugleich Teil der »Vermischten Schriften«, Heines letztem neuen Werk für den deutschsprachigen Buchmarkt. Arnold Pistiak, der seit einigen Jahren den dort ebenfalls enthaltenen »Gedichten. 1853 und 1854« zu der verdienten Aufmerksamkeit verhilft, hat 2005 einen Reprint der »Vermischten Schriften« veranlasst und damit Heines letzte Sammlung, deren Bestandteile in den Ausgaben auf mehrere Bände verteilt sind, wieder im Zusammenhang sichtbar gemacht. Die Gesamtkonzeption und -komposition dieser drei Bände herauszustellen, die von den »Geständnissen« über den letzten Gedichtzyklus bis hin zum Libretto der »Göttinn Diana« heterogenes Material enthalten, wäre ein Verdienst, das zugleich auf die »Lutezia« erst das rechte Licht werfen könnte. Vielleicht ist das ein zweiter Schritt, den die Heine-Forschung erst gehen kann, wenn der erste, die Entdeckung der »Lutezia«, noch weiter gediehen ist. Joseph A. Kruse liefert im vorliegenden Band einen wichtigen Ansatz, indem er den ursprünglich ebenfalls in der »Allgemeinen Zeitung« publizierten Aufsatz »Ludwig Marcus. Denkworte«, der seinen Platz am Abschluss des ersten Bandes der »Vermischten Schriften« gefunden hat, auf seine »Klammerfunktion« (213) hin untersucht und so den »enormen Kompositionswillen und die dazu passende Begabung« (219) des Verfassers der »Vermischten Schriften« hervorhebt.

Deutlich wird der »Kunstanspruch« (177), den Arnold Pistiak der »Lutezia« bescheinigt und den ihr Autor in der ihm eigenen Unbescheidenheit im Vergleich seines Werkes mit »dem alten Heldenliede« von »Trojas Brand« (DHA XIII, 18) reklamiert, in den Beiträgen des Symposiums nicht zuletzt darin, dass sich fast die Hälfte der Beiträge unter der Rubrik »Ästhetik/Literaturkritik« sammelt. Hier verdienen neben anderen die Beiträge von Roland Berbig über das Personal der »Lutezia« und das Text-Ich mitten unter ihnen (59–82) und der sehr assoziative, sehr enthusiastische, aber ungemein spannende und anregende Beitrag von Gerhard Müller zu Heine und Richard Wagner (149–163) der Hervorhebung. Die Beiträge der zweiten Rubrik, »Philosophie und Aufklärung«, gehen der Frage nach, welche Aufschlüsse die in der »Lutezia« gesammelten Texte über Heines Verhältnis zum Judentum und zur Frage der jüdischen Emanzipation ermöglichen. Neben dem schon erwähnten Aufsatz von Joseph A. Kruse zum Ludwig-Marcus-Nachruf stehen Beiträge von Robert Holub und Jakob Hessing, die beide die Damaskus-Affäre als Angelpunkt der jüdischen

Buchbesprechungen

Thematik in Heines Korrespondenzartikeln sehen. Während Holub Heines Auseinandersetzung mit der Damaskuskrise vor allem historisch situiert (und dabei die Gestalt des Advokaten und Politikers Isaac-Adolphe Crémieux akzentuiert), schlägt Hessing einen Bogen zum zeitgleichen Versuch Heines, die Arbeit am Fragment des »Rabbi von Bacherach« wieder aufzunehmen.

Ein dritter thematischer Block, »Zeitgeschichte«, umfasst neben dem genannten Beitrag von Lucienne Netter einen Versuch von Daniel Azuélos, Heine und Alexis de Tocqueville nebeneinander zu stellen, und einem Text von Jost Hermand zu Heines Napoleonbild einen Aufsatz von Bodo Morawe, in dem in genauer Textlektüre vor der Folie der zeitgenössischen Publizistik der französischen Frühsozialisten herausgearbeitet wird, dass die »causa republicana« die »subversive Thematik der Pariser Berichte« (276) ist, die Heine mit den klassischen rhetorischen Mustern der *simulatio* und der *dissimulatio* transportiert. An den ersten vier »Lutezia«-Artikeln demonstriert Morawe sehr überzeugend, wie Heine sich der Sprache der Herrschenden bedient, um, wie er es in einer deutschen Vorstufe zum »Lutèce«-Vorwort formuliert, den republikanischen Kommunisten eine »höllische Reklame« (DHA XIII, 294) zu machen. Auf die Beantwortung der Frage, was Intention und Aussage der »Lutezia« ist, zielen auch die Beiträge des letzten Blocks, »Ausblicke«. Während Paul Peters versucht, die »Lutezia« als prophetischen Text zu lesen, der die Katastrophen der europäischen Geschichte des 20. Jahrhunderts vorwegnimmt, und Renate Stauff nach der Art fragt, in der Heine in der »Lutezia« die Kontingenzerfahrungen der Moderne thematisiert, ruft Helmut Peitsch den von Norbert Altenhofer ins Spiel gebrachten Begriff der literarischen Totenbeschwörung noch einmal auf und entwickelt an ihm Heines Kritik des Nationalismus.

Insgesamt vermag es der bedeutende Tagungsband, die wenig gelesenen und in den historisch-kritischen Ausgaben unter der stupenden Masse der notwendigen historischen Erläuterungen und Kontextualisierungen beinah verschütteten Texte der »Lutezia« zum Leben zu erwecken und facettenreich zu beleuchten. Weitere Untersuchungen können nun folgen und sind ebenso willkommen wie ein nun noch deutlicher als Desiderat erkennbares Tagungs- oder Publikationsprojekt, das die »Vermischten Schriften«, Heines letzte (Neu-)Publikation für den deutschen Buchmarkt, einmal als Ganzes in den Blick nimmt.

Robert Steegers

Heine-Literatur 2006/2007 mit Nachträgen

Zusammengestellt von Elena Camaiani

1 *Primärliteratur*

1.1 Werke
1.2 Einzelausgaben und Teilsammlungen
1.3 Texte in Anthologien
1.4 Übersetzungen

2 *Sekundärliteratur*

2.1 Dokumentationen, Monographien und Aufsätze
2.2 Literatur mit Heine-Erwähnungen und Bezügen

3 *Rezensionen*

4 *Rezeption*

4.1 Allgemein
4.2 Literarische und künstlerische Behandlung von Person und Werk
    4.2.1 Literarische Essays und Dichtungen
    4.2.2 Werke der bildenden Kunst
    4.2.3 Werke der Musik, Vertonungen
    4.2.4 Das Werk auf der Bühne
4.3 Denkmäler

5 *Gedenkstätten und Sammlungen. Vereinigungen. Preise. Ausstellungen. Wissenschaftliche Konferenzen*

1 Primärliteratur

1.2 Einzelausgaben und Teilsammlungen

… aus der Apotheke des Poeten : Heinrich Heine (nicht nur für Studierende). Hrsg. von Alfons Labisch und Christoph auf der Horst unter Mitarb. von Stephan von Dahlen. 2., veränd. Aufl. Düsseldorf 2006.

… im fernen Morgenland : Heinrich Heine und der Orient; Lieder und Texte. Monika Häckermann, Sprecherin. Johann Werner Prein, Baß. Ernst Ueckermann, Klavier. Vocalensemble Darmstadt, Leitung: Andreas Boltz. Programmkonzeption: Sabine Dreißigacker. [Wiesbaden] 1997. 1 CD.

Düsseldorf liest Heine. Hrsg. von Volker Albrecht und Frank Meier. Text: Heinrich Heine. Sprecher: Thomas Allofs, Claudia Burckhardt, Doro, Frank Fenstermacher, Peter Hein, Walter Köberle, Joseph A. Kruse, Alfons Labisch, ... Düsseldorf 2006. 1 CD.

Heine für Kinder : »Lebet wohl, wir kehren nie, nie zurück von Bimini!«. Kommentierte Lesung ausgewählter Gedichte und Prosa. Ab 8 Jahren. Peter Härtling liest. München 2006. 1 CD (57 Min.).

Die Heine-Box : die schönsten Gedichte; Deutschland. Ein Wintermärchen; Die Harzreise. Katharina Thalbach, Jan Josef Liefers und Alexander Khuon lesen. Regie: Torsten Feuerstein. Ungekürzte Lesung. Berlin 2005. 5 CDs & Beih. (Argon-Hörbuch).

Heine, Heinrich: Aus den Memoiren des Herren von Schnabelewopski. Mit Ill. von Julius Pascin. Entstehung, Anmerkungen und Erläuterungen von Rudolf Wolff. Bad Schwartau 2006.

Heine, Heinrich: Deutschland. Ein Wintermärchen. Mit Graphiken von Hans Ticha. Hrsg. v. Alexander Scholz. Vevais 2006.

Heine, Heinrich: Deutschland. Ein Wintermärchen : geschrieben im Januar 1844. Mit Komm. von Winfried Woesler und Thomas Vormbaum und 11 Collagen von Ruth Tesmar. Berlin 2006. (Juristische Zeitgeschichte; Abteilung 6: Recht in der Kunst; 26).

Heine, Heinrich: Der Gott unserer Väter : über Juden und Judentum. Mit e. Nachw. v. Bernd Kortländer. Ausw. u. Red.: Ralf Kalscheur. Essen 2006. (Wir in Nordrhein-Westfalen; 10).

Heine, Heinrich: Die Harzreise. Bearb. Orig.-Ausg. von 1922. Braunschweig 2006. (Edition Braunschweiger Zeitung; [3]).

Heine, Heinrich: Die Harzreise. Fotos von Günter Pump. 2. Aufl. Husum 2006.

Heine, Heinrich: Die Harzreise. Sprecher: Martina Gedeck. Berlin 2006. 1 CD.

Heine, Heinrich: Hundert Gedichte. Regie: Gerda Zschiedrich. Es lesen: Winnie Böwe u. a. Berlin 2006. 2 CDs (101:52 Min.). (Ohreule).

Heine, Heinrich: Ich – bin – ganz – aus – Phosphor. [Mit drei Ill. zu Heinrich Heines Gedicht »In der Fremde« in Russ., Franz. und Dt. von Christian Ewald]. Einmalige limitierte Aufl. Berlin 1997.

Heine, Heinrich: Ideen. Das Buch Le Grand. [Ill. Ladislav Minarik]. Hilden 2006.

Heine, Heinrich: Ideen. Das Buch Le Grand : Kapitel 1–20 (gekürzt). Lesung: Gerd Erdmann. Trommel: Nils Wrage. Kiel 2006. 2 CDs.

Heine, Heinrich: Im Pavillon am Jungfernstieg : eine literarische Reise von Helgoland bis in den Harz. Hrsg. u. m. Einl. vers. von Jan-Christoph Hauschild. Hamburg 2006. (Bibliothek des Nordens).

Heine, Heinrich: Loreley. Aljoscha Blau. Berlin 2006. (Poesie für Kinder).

Heine, Heinrich: Mit scharfer Zunge : 999 Apercus und Bonmots. Ausgew. von Jan-Christoph Hauschild. 6. Aufl. München 2006. (dtv; 13392).

Heine, Heinrich: Prosa und Gedichte. Sprecher: Axel Grube. Düsseldorf 2003. 1 CD. (Onomato-Hörbücher).

Heine, Heinrich: Der Rabbi von Bacherach : ein Fragment. Gelesen von Gunter Cremer. Kleinblittersdorf, [2004]. 2 CDs.

Heine, Heinrich: Recht, Rechtswissenschaft und Juristen im Werk Heinrich Heines. Thomas Vormbaum (Hrsg.). Berlin 2006. (Juristische Zeitgeschichte. Abteilung 6: Recht in der Kunst; 27).

Heine, Heinrich: Reisebilder : mit sämtlichen Illustrationen der Erstausgabe. Hrsg. v. Heinrich Laube. [Vorw. z. Neuausgabe 2006: Michael Dörflinger]. Neuausg., [Repr.] d. Ausg. Wien, Bensinger 1884]. Augsburg 2006. (Weltbild-Sammler-Editionen).

Heine, Heinrich: Reisebilder. Hamburg. Italien. 2006. 6 CDs & Beih. (7 S.).

Heine, Heinrich: Sämtliche Gedichte : kommentierte Ausgabe. Hrsg. von Bernd Kortländer. Stuttgart 2006.
Heine, Heinrich: Die schönsten Gedichte. Katharina Thalbach liest. Regie: Torsten Feuerstein. Gedichtausw.: Holger Lieb. Berlin 2006. 1 CD. (Argon-Hörbuch).
Heine, Heinrich: Die schönsten Lieder, Gedichte, Reisebilder, Skizzen und Briefe. Hrsg. von Marianne Bernhard. Bindlach 1997.
Heine, Heinrich: Shakespeares Mädchen und Frauen. Geleitw. von Eduard Engel. Neu-Isenburg 2006.
Heine, Heinrich: Das Sklavenschiff. – In: Schweizer Monatshefte. Zürich 2005, 6/7. S. 46.
Heine, Heinrich: Und grüß mich nicht unter den Linden : Heine-Gedichte. Komm. v. Elke Schmitter. 2. Aufl. München 2006.
Heine, Heinrich: Zur Geschichte der Religion und Philosophie in Deutschland. Hrsg. v. Jürgen Ferner. Stuttgart 2006. (Universal-Bibliothek; 2254).
Heinrich Heine – Lyrik und Prosa : literarisches Porträt eines Zerrissenen. Grünwald 2006. 1 CD (28 Min.).
Heinrich Heine Kalender 2007. Hrsg. Jan-Christoph Hauschild. Hamburg 2006.
Heinrich Heine und der Sozialismus. Ausgew. u. eingel. v. Hermann Wendel. Nachdr. [der Ausg.] Berlin, Cassirer 1919. Hannover 2007. (Die EU und ihre Ahnen im Spiegel historischer Quellen / 3; 11).
Huber, Wolfram: Heinrich Heine – Dichterliebe. Ralph Petruschka spielt Robert Schumann. Wien 2006. 1 CD. (Wolfram Huber live; 2).
Otto Sander liest Heinrich Heine zum 60. Geburtstag der Düsseldorfer Volksbühne. [Zwischenmusik: Gerd Bessler]. Düsseldorf, [2006]. 1 CD.
»Der Weg von Ihrem Herzen bis zu Ihrer Tasche ist sehr weit« : aus dem Briefwechsel zwischen Heinrich Heine und seinem Verleger Julius Campe. Hrsg. u. m. e. Einl. v. Gerhard Höhn u. Christian Liedtke. Hamburg 2007.

1.3 Texte in Anthologien

47 & 11 : echt Kölnisch Lyrik. Hrsg. von Axel Kutsch. Weilerswist 2006. [Deutschland. Ein Wintermärchen, Ausz. S. 124–127].
Elements of Italy. Ed. and introduced by Lisa St Aubin de Teran. London 2001. (A Virago book). [Zitate].
Der ewige Brunnen : ein Hausbuch deutscher Dichtung. Ges. und hrsg. von Ludwig Reiners. 2. Aufl. der Jubiläumsausg. Akt. und erw. von Albert von Schirnding. München 2006.
Fröhlich, Frank: Das Gitarren-Hörbuch : eine Liebeserklärung. Sprecher: Daniel Minetti. Beitr. von Heinrich Heine ... Dresden 2006. 1 CD (59 Min.). [»Heimkehr«].
Für Dich, Meine Freundin : Gedichte an Sie. Hans Christian Meiser (Hrsg.). Reinbek bei Hamburg 1994.
Gärten von Goethe bis Rilke. [Gardena]. Hrsg. von Wolfgang Jahrreiss. 2. Aufl. Frankfurt a. M. 2003. (Literaten im Garten; 1: Reihe Etikett). [»Der Garten der Semiramis« [aus: »Jehuda ben Halevy I«] S. 94–95].
Gebete der Dichter : große Zeugnisse aus 12 Jahrhunderten. Ausgew. von Alois Weimer. Düsseldorf 2006. [»Mein Tag war heiter« S. 172; »Mich locken nicht die Himmelsauen« S. 172; »Misere« S. 173].

Geistliche Lyrik. Hrsg. von Jörg Löffler und Stefan Willer. Ditzingen 2006. (Reclams Universal-Bibliothek; 18463). [»Sprach der Herr am sechsten Tage« S. 149; »Der Stoff, das Material des Gedichts« S. 150; »Warum ich eigentlich erschuf« S. 105].

Das große Buch der Liebe : Erzählungen und Gedichte aus 1000 Jahren. Günter Stolzenberger. Düsseldorf 2006. [»Ein Jüngling liebt ein Mädchen« S. 303; »Sie saßen und tranken am Teetisch« S. 303; »Sei mir gegrüßt, du große« S. 303–304; »Teurer Freund, du bist verliebt« S. 304; »Schaff mich nicht ab« S. 304; »Du liegst mir so gern im Arme« S. 305; »Der Fliegende Holländer« [aus: »Aus den Memoiren des Herren von Schnabelewopski« S. 305–308].

Das große Buch von der Liebe : die schönsten Liebesgedichte und Geschichten. Hrsg. von Franz-Heinrich Hackel. 1. Aufl. Hamburg 2006. [»Leise zieht durch mein Gemüt« S. 215–216; »Daß du mich liebst, das wußt ich« S. 216; »Wir haben viel für einander gefühlt« S. 217; »Im wunderschönen Monat Mai« S. 217; »Ich will meine Seele tauchen« S. 218; »Ein Jüngling liebt ein Mädchen« S. 218].

Grosse deutsche Schauspieler : Szenen und Monologe. Wermatswil [u. a.]. (Literatur & Musik). Will Quadflieg. 2003. 1 CD (75:31 Min.). [»Im wunderschönen Monat Mai«; »Leise zieht durch mein Gemüt«; »Belsazar«].

Hoffnung – mein einsames Segel : Willkommen und Abschied in Gedichten und Erzählungen. Düsseldorf [u. a.] 2001. [»Das Fräulein stand am Meere« S. 18; »Sie saßen und tranken am Teetisch« S. 48].

»Ich bin ganz, ganz tot, in vier Wochen« : Bettel- und Brandbriefe berühmter Schriftsteller. Hrsg. von Birgit Vanderbeke. Überarb. und erw. Neuausg. Berlin 2006. [Briefe S. 19–30].

»Ich weiß nicht, was soll es bedeuten …« : Lieder und Texte zwischen Biedermeier, Jungem Deutschland und Vormärz vor 1848. Walter Renneisen, Sprecher. Johann Werner Prein, Baß. Ernst Ueckermann, Klavier. Vocalensemble Darmstadt, Leitung: Andreas Boltz. Programmkonzeption: Peter Kuhn. Schwetzingen 1996. 1 CD. [»Doktrin«; »Erinnerungen aus Krähwinkels Schreckenstagen«; »Deutschland. Ein Wintermärchen«; »Lorelei« (Ferdinand Hiller)].

Im Mondlicht wächst das Gras : Gedichte für Kinder und alle im Haus; [ein Lese-Schatz-Buch]. Hrsg. von Ute Andresen. Mit Zeichn. von Dieter Wiesmüller. Neuausg. Ravensburg 2006. (Ravensburger »Junge Reihe«). [»Leise zieht durch mein Gemüt« S. 85; »Der Wind zieht seine Hosen an« S. 91; »Die Lotosblume ängstigt« S. 108; »Ein Fichtenbaum steht einsam« S. 114].

Das Kanapee ist unser Kahn : Gedichte für Kinder. Hrsg. von Ursula Remmers und Ursula Warmbold. Mit Ill. von Andreas Röckener. Stuttgart 2006. [»Ein Fichtenbaum steht einsam« S. 33; »Der Wind zieht seine Hosen an« S. 48; »Der Schmetterling ist in die Rose verliebt« S. 129; »Leise zieht durch mein Gemüt« S. 164].

Katzen : ein literarisches Brevier. Hrsg. von Franz-Heinrich Hackel. Mit Zeichn. von Claas Janssen. Hamburg 2006. [»Mimi« S. 14–15; »Hüt dich, mein Freund, vor grimmen Teufelsfratzen« S. 23; »Heinzchen werden oft auch die kleinen« [aus: »Memoiren« S. 46; »Rote Pantoffeln« S. 51].

Klagendes Leid – schaurige Lust : Balladen und Melodramen der deutschen Romantik. Otto Sander am Klavier begleitet von Christoph Israel. Düsseldorf 2006. 1 CD. [»Die Wallfahrt nach Kevlaer, op. 12«].

Kleine Weisheiten für Freunde. Hrsg. von Evelyne Polt-Heinzl und Christine Schmidjell. Stuttgart 2006. (Universal-Bibliothek; 18346). [Zitate].

Kleine Weisheiten für Glückliche : und solche, die es werden wollen. Hrsg. von Evelyne Polt-Heinzl und Christine Schmidjell. Stuttgart 2006. (Universal-Bibliothek; 18345). [Zitate].

Liebesgedichte und erotische Gedichte : deutsche Lyrik, Balladen und Poesie mit einer Prise Erotik aus vier Jahrhunderten. Rainer Maria Rilke, Theodor Fontane, Heinrich Heine … Sprecher: Andre Wittlich. Darmstadt 2006. 1 CD (47:46 Min.). (Edition Audioamore). [»Das Hohelied«].

Loreley : die Zauberfee vom Rhein. Marina Grünewald (Hrsg.). Dt. Erstausg. Woldert (Ww.) 2003. (Kleine Kostbarkeiten). [»Die Loreley« S. 7].

Marabu und Känguruh : die schönsten Tiergedichte. Mit Bildern von Reinhard Michl. [Textausw. von Kathrin Jockusch ...]. Hildesheim 2006. [»Mimi« S. 47; »Der tugendhafte Hund« S. 76; »Die Launen der Verliebten« S. 125].

Musenküsse : 60 Gedichte. Dagmar Manzel, Rufus Beck, Dieter Mann ... Regie der Lyrikaufnahmen: Karin Lorenz ... Musik: Heiner Rennebaum. Zsstellung: Anke Albrecht. Düsseldorf 2006. 1 CD & Beih. (7 S.). [»Im wunderschönen Monat Mai«; »Ich hab im Traum geweinet«; »Das Fräulein stand am Meere«; »Küsse, die man stiehlt im Dunkeln«; »Wenn du gute Augen hast«; »Wenn ich in deine Augen seh«; »Ein Jüngling liebt ein Mädchen«].

Östlich der Sonne und westlich vom Mond : die schönsten Kindergeschichten. Hrsg. von Paul Maar. Mit Ill. von Philip Waechter. Berlin 2006. [»Memoiren« S. 155].

Des Sängers Fluch : schaurig-schöne Balladen; Lesung mit Musik; Produktion Rundfunk Berlin-Brandenburg 2005. RBB, Rundfunk Berlin-Brandenburg. Mit Winnie Böwe. Buch/Regie Uwe Lohse. [Berlin] 2007. 1 CD & Beih. ([4] S.). [»Die Launen der Verliebten«].

Sagen vom Harz. Sprecher: Wolfgang Buschner. [Norderstedt] 2006. 1 CD. [Zitate].

Samstag beim Wunderrabbi : Jüdische Weisheiten aus drei Jahrhunderten. Ausgew. von Raphael Pifko. Düsseldorf 2006. (Patmos Spiritualität). [»In der Synagoge zu Frankfurt« [aus: »Der Rabbi von Bacherach«] S. 15–19].

Die Sonne : Gedichte. Hrsg. von Andrea Wüstner. Stuttgart 2006. (Universal-Bibliothek; 18399). [»Sonnenaufgang« S. 45; »Sonnenuntergang« S. 104].

Des Wassers Überfluss : von Brunnen, Quellen und schönen Wassern; Gedichte. Hrsg. von Hermann Peter Piwitt und Susann Henschel. Stuttgart 2006. (Universal-Bibliothek; 18450). [»Der Asra« S. 45].

Weihnachten mit Dietrich Fischer-Dieskau : Geschichten und Gedichte; Lesung. Regie von Ulrich Tesche, Sprecher: Dietrich Fischer-Dieskau, Interpret: Anda Geza, Interpret: Peter Schmalfuss. Berlin 2006. 1 CD (54 Min.) & Beih. [»Altes Kaminstück«].

Weihnachtsgedichte. Hrsg. Stephan Koranyi. Ditzingen 2006. (Reclams Universal-Bibliothek; 10607). [»Die Heilgen Drei Könige aus Morgenland« S. 34; »Draußen ziehen weiße Flocken« S. 79].

Za gradom jabuka : 200 najljpsih sevdalinki. Izbor i predgovor Ivan Lovrenovic. Sarajevo 2004. (Biblioteka DANI). [Kraj tanahna šadrvana S. 84].

1.4 Übersetzungen

Heine, Heinrich: At'a T'ŭrol. [Übers.: Nam-Ju Kim]. Seoul 1991. [Atta Troll <korean.>].

Heine, Heinrich: Confessioni. A cura di Alberto Destro con testo a fronte. Venezia 1995. [Geständnisse].

Heine, Heinrich: Le donne di Shakespeare. Trad. e cura di Mascia Cardelli, con uno scritto di George Eliot, illustrazioni di Dante Gabriel Rossetti. Firenze 1999. (Aglaia; 9). [Shakspeares Mädchen und Frauen].

Heine, Heinrich: Frammenti inglesi 1828. A cura di Matilde de Pasquale. [Trad. dal tedesco di Matilde de Pasquale]. Neapel 2001. (Vineta; 2). [Englische Fragmente].

Heine, Heinrich: Gedichte = Dichtwurk. Oersettings fan Fedde Schurer. Amsterdam 1999.
Heine, Heinrich: Gedichte aus dem Buch der Lieder in Übersetzungen russischer Dichter des 19. und 20. Jahrhunderts = Stichi iz knigi pesen v perevodach russkich poetov XIX i XX vekov. [Hrsg. von Regine Dehnel und Tamara Kazakowa]. Berlin 2006. (Deutsche Klassik in russischen Übersetzungen; 1).
Heine, Heinrich: The Harz journey. Transl. and ed. with an introd. and notes by Ritchie Robertson. London 2006. (Penguin classics). [Die Harzreise].
Heine, Heinrich: Impressioni di viaggio. Introd. di Alberto Destro. Trad. di Bruno Maffi. Mailand 2002. [Reisebilder].
Heine, Heinrich: Intermezzo. Trad. catalana d'Apelles Mestres. Tarragona 1998. (Collecció la gent del llamp; 33). [Buch der Lieder, Ausz. <katalan.>].
Heine, Heinrich: Ludwig Börne : a memorial. Transl. with commentary and an introd. by Jeffrey L. Sammons. Rochester, NY 2006. (Studies in German literature, linguistics, and culture). [Ludwig Börne].
Heine, Heinrich: Memorias del Señor de Schnabelewopski. Prólogo y traduccion de Carmen Bravo-Villasante. Ilustraciones de Jules Pascin. Palma de Mallorca 1987. (Hesperus; 3). [Aus den Memoiren des Herren von Schnabelewopski].
Heine, Heinrich: Il Rabbi di Bacherach. Con litografie di Max Liebermann. A cura di Claudia Sonino. Trad. di Laura Accomazzo. Mailand 2005. (Piccola enciclopedia; 193). [Der Rabbi von Bacherach].
Heine, Heinrich: Romancero. Transcr. poétiques par Ambroise-Luc [d. i. Claude Cassel]. [Epervans] 2006. [Romanzero].
Heine, Heinrich: Togil, kyŏul tonghwa. [Übers.: Sŏng-Gwang Hong]. Seoul 1994. [Deutschland. Ein Wintermärchen <korean.>].
Heine, Heinrich: Trāgīdiya 'l-Mansūr. [Übers.: Sarjoun Karam. Lektorat: Tawfiq Dawani]. Tripolis 2006. [Almansor <arab.>].
Heine, Heinrich: Valogatott versei. [A ford. szöveghuset ellenorizte, az utoszot össz. es a jeyzeteket irta Halasi Zoltan]. Budapest 2001. [Gedichte <ungar.>].
La nouvelle revue française. 1998, Jan. = 540. [Gedicht-Übersetzungen ins Französische von Virginie Bauzou S. 56–67].
The song of Eugene : with translations from the poetry of Heinrich Heine and Rene Char. By Paul Green. Pittsburgh, PA 2006.

2 Sekundärliteratur

2.1 Dokumentationen, Monographien und Aufsätze

150. Todestag von Heinrich Heine : Radiomitschnitt, Hochschulradio; Projektseminar »Audioproduktion für den Hörfunk« WiSe 2005/06. Andreas Meske. Düsseldorf 2006. 1 CD.
»Aber der Tod ist nicht poetischer als das Leben« : Heinrich Heines 18. Jahrhundert. Sikander Singh (Hrsg.). Bielefeld 2006.
Arendt, Dieter: Heinrich Heines poetische Vision von Europa. – In: Etudes Germaniques. Paris 59, 2004, 1. S. 63–86.
Arendt, Dieter: Humanismus im Marketenderzelt – ein Gedicht von Heinrich Heine. – In: Sprache und Literatur. Paderborn 33, 2002, 89. S. 95–107.

Auf den Spuren Heinrich Heines : [Beiträge einer Tagung, ..., veranst. vom »Deutsch-italienischen Studiengang« der Universitäten Bonn und Florenz, am 14. und 15. Oktober 2003 in der Casa di Goethe in Rom ...]. Hrsg. von Ingrid Hennemann Barale und Harald Steinhagen. Pisa 2006. (Sequenze; 1).

Bachmann, Ralf: Frische Blumen für Heinrich Heine. – In: Ders.: Die Bornsteins : eine deutsch-jüdische Familiengeschichte. Beucha 2006. S. 75–86.

Bartscherer, Christoph: Heinrich Heine und die Frauen : »und immer irrte ich nach Liebe«. Freiburg i. Br. [u. a.] 2006. (Herder-Spektrum; 5681).

Bartscherer, Christoph: Das revolutionäre Vermächtnis des jüdischen »Bergpredigers« : Heinrich Heines blasphemisch-provokative Annäherungen an die Gestalt Jesu Christi. – In: Ausblicke. München 6, 1999. S. 53–58.

Battegay, Caspar: Wie mich erinnern? die Frage nach der Jüdischkeit in Heinrich Heines autobiographischen Texten. – In: PaRDeS. Berlin 12, 2006. S. 8–26.

Beci, Veronika: Franz Schubert : fremd bin ich eingezogen. Düsseldorf [u. a.] 2003.

Berggruen, Heinz: Deutschland, Heine und Thomas Mann. – In: Verführung zum Lesen : zweiundfünfzig Prominente über Bücher, die ihr Leben prägten. Hrsg. von Uwe Naumann in Zusammenarb. mit der Stiftung Lesen. Reinbek bei Hamburg 2005. (rororo; 23315). S. 34–36.

Berlinghof, Regina: Heinrich Heine und die Sufi-Mystikerin Rabia al-Adawiyya – eine Trouvaille. – In: HJb 2006. S. 236–239.

Bertrams, Kurt: Der korporierte Heinrich Heine : »Herrlich blüh' das deutsche Reich!«. – In: Burschenschaftliche Blätter. Bad Nauheim 121, 2006, 1. S. 4–8.

Beutin, Wolfgang: ›Ja, das Erbe der Gesamtheit / Wird dem einzelnen zur Beute ...‹ (Atta Troll, Caput X) : oder: Der zweigeteilte Heine (1949–1989). – In: Jahrbuch für Forschungen zur Geschichte der Arbeiterbewegung. Berlin 2006, 2. S. 110–120. – Dass. in: Heinrich Heine – Erbe und Erben. Berlin 2006. S. 5–9.

Beutin, Heidi: »Und küsse die Marketenderin!« – Frauen in Heines Werk : von den ›Volksweibern‹ über die Dichterinnen zu den Göttinnen. – In: Heinrich Heine – Erbe und Erben. Berlin 2006. S. 28–33.

Bierwirth, Sabine: Meilenstein der Zeitgeschichtsschreibung : Heinrich Heines Berichte über die Judenverfolgung in Damaskus 1840. – In: PaRDeS. Berlin 12, 2006. S. 68–74.

Bierwirth, Sabine: Mythos und Moderne bei Heinrich Heine. – In: HJb 2006. S. 20–37.

Block, Richard: On Goethe's other trail : Heinrich Heine's Grand De-Tour. – In: Ders.: The Spell of Italy. Detroit 2006. S. 111–140.

Bock, Helmut: Heinrich Heine – Geistkämpfer der »Freiheit« und »Gleichheit«. – In: Heinrich Heine – Erbe und Erben. Berlin 2006. S. 10–22.

Bock, Helmut: Von einem der auszog, für Menschenrechte zu streiten : Heinrich Heine, geboren am 13. Dezember 1797, zu Ehren. – In: Vorwärts. Zürich 16. 01. 1998. S. 8–9.

Bock, Sigrid: Der Dichter im ersten Weltkrieg : Heine-Bild eines sozialdemokratischen Reichstagsabgeordneten. – In: Heinrich Heine – Erbe und Erben. Berlin 2006. S. 48–54.

Bodsch, Ingrid: Harry Heine als Student in Bonn. – In: Guillaume Apollinaire und Bonn : seine Bezüge zu Stadt und Umgebung, Rheinische Friedrich-Wilhelms-Universität, Heinrich Heine, Rheinromantik, Radierungen von Heinrich Reifferscheid in der Zeit von 1901–1902; zur Ausstellung Guillaume Apollinaire und Bonn 15. September bis 4. November 2002, StadtMuseum Bonn; 1802 – 1902 – 2002; 200 Jahre Rheinromatik 100 Jahre Rheinlyrik der Moderne, Projekt Rheinreise 2002. Hrsg.: Ingrid Bodsch und Kurt Roessler. Bornheim 2002. (Schriften zur rheinischen Lyrik; 5). S. 49–64.

Böhmer, Otto A.: Nichts als ein Dichter : das Leben des Heinrich Heine; eine Radiobiographie. – In: Triangel. Leipzig 11, 2006, 1. S. 36–41.
Bohrer, Karl Heinz: Heinrich Heines Erfindung : Paris – Glanz und Ende eines Phantasmas. – In: Merkur. Stuttgart 60, 2006, 2. S. 97–111.
Borghese, Lucia: Heine und Schumann in der Übersetzung Diego Valeris : Nachdichtung als »Noch-einmal-Dichtung, oder Trans-poesie«. – In: Auf den Spuren Heinrich Heines. Pisa 2006. S. 219–244.
Bräunlein, Peter: Heinrich Heine : Spötter im Exil. – In: G – Geschichte. Nürnberg 2006, 2. S. 58–61.
Brandes, Peter: Transnationale Bildlektüren : zu Heines »Französische Maler«. – In: Interkulturalität und Nationalkultur in der deutschsprachigen Literatur. Maja Razbojnikova-Trateva, Hans-Gerd Winter (Hrsg.). Dresden 2006. (Germanica; N. F. 2003/2004). S. 153–268.
Brandt, Helmut: Karl Kraus und die Folgen : Anmerkungen zur Kritik von Heines ›Buch der Lieder‹. – In: Fenster zur Welt: Deutsch als Fremdsprachenphilologie : Festschrift für Friedrich Strack zum 65. Geburtstag von seinen Freunden und Kollegen. Hrsg. von Hans-Günther Schwarz ... München 2004. (Schriftenreihe des Instituts für Deutsch als Fremdsprachenphilologie; 1). S. 162–177.
Calvie, Lucien: »Le soleil de la liberté« : Henri Heine (1797–1856); l'Allemagne, la France et les révolutions. Paris 2006. (Monde germanique, histoires et cultures).
Cambi, Fabrizio: »Ich will dir das Mährchen meines Lebens erzählen« : Autobiographismus und Autobiographie in Heines Werk. – In: Auf den Spuren Heinrich Heines. Pisa 2006. S. 7–18.
Campagna, Nino: Omaggio della Toscana a Heinrich Heine. Pescia 2006. S. 7–18.
Chrysogelu-Katsi, A.: E parusia tu Heine : sto ellēnoglosso ergo tu Psycharē. – In: O Psycharēs kai i epochē tou : zētēmata glōssas, logotechnias kai politismou. Epimeleia G. Pharinou-Malamatari. Thessaloniki 2005. S. 439–458.
Collini, Patrizio: Controversie parigine : Danton e Robespierre negli scritti heiniani degli anni trenta (con echi büchneriani). – In: Cultura tedesca. Rom 24, 2004. S. 165–170.
Collini, Patrizio: Heine und Danton. – In: Auf den Spuren Heinrich Heines. Pisa 2006. S. 117–122.
Colombat, Remy: Subjektivität im Wandel – Heines Lyrik zwischen den Zeiten. – In: La volonté de comprendre : Hommage à Roland Krebs. Études réunies par Maurice Godé & Michel Grunewald. Bern [u. a.] 2005. (Convergences; Vol. 33). S. 393–406.
Corkhill, Alan: Überlegungen zu Heines Sprachkritik. – In: Neophilologus. Dordrecht [u. a.] 84, 2000. S. 97–106.
Covo, Zrinka: »Die schönste Jungfrau sitzet / dort oben wunderbar« : ein Gedenkblatt für Heinrich Heine zum 150. Todestag. – In: Literatur in Bayern. München 21, 2006, 83. S. 26–33.
Dvorak, Johann: Heinrich Heine, der fröhliche Materialist : zur politischen Aktualität des Epikureertums. – In: Heinrich Heine – Erbe und Erben. Berlin 2006. S. 34–40.
Eckhardt, Wilhelm A.: Heinrich Heine : Corpsstudent oder Burschenschaftler? – In: Corps. Erbach 2006, 1. S. 7.
Efing, Christian: »Dürftig im Leben wie in der Literatur« : sprachwissenschaftliche Anmerkungen zur Personalpolemik bei Voss und Heine. – In: »Aber der Tod ist nicht poetischer als das Leben«. Bielefeld 2006. S. 225–248.
Fischer, Bernhard: Heine, Cotta und Augsburger ›Allgemeine Zeitung‹. – In: Auf den Spuren Heinrich Heines. Pisa 2006. S. 209–218.
Fischer, Bernhard: Heinrich Heine und sein Verleger Johann Friedrich Cotta. – In: HJb 2006. S. 102–114.

Fischer, Mathias: Jude und Intellektueller – Heinrich Heine. Berlin, Freie Univ., Hausarb. 2002.

Flick, Hans: Heinrich Heine : zynisch und ironisch als Erbe und Erblasser. – In: Prominente Testamente : was haben die Schönen und Reichen falsch gemacht? Hans Flick, Frank Hannes, Christian von Oertzen. Frankfurt a. M. 2005. S. 67–72.

Foi, Maria Carolina: Sefardim, Marraner und Schlemihle : »Zum Rabbi von Bacherach«. – In: Auf den Spuren Heinrich Heines. Pisa 2006. S. 69–80.

Francke, Renate: Heines »Harzreise«. – In: Storm-Blätter aus Heiligenstadt. Heiligenstadt 10, 2004. S. 69–82.

Freund, Winfried: Heinrich Heine. Köln 2005. (DuMont Schnellkurs).

Fuhrimann, Daniel: Konzertante Phantasmagorien : Brentanos und Görres' ›BOGS der Uhrmacher‹ und Heines ›Florentinische Nächte‹. – In: »Herzohren für die Tonkunst« : Opern- und Konzertpublikum in der deutschen Literatur des langen 19. Jahrhunderts. Freiburg i. Br. [u. a.] 2005. (Rombach Wissenschaft – Reihe Litterae; 134). [Zugl.: Bern, Univ., Diss. 2004]. S. 197–218.

Galvan, Elisabeth: Zivilisation als Synthese : zum Verhältnis Thomas Mann – Heinrich Heine. – In: Auf den Spuren Heinrich Heines. Pisa 2006. S. 245–258.

Gellner, Christoph: Schriftsteller als Bibelleser : Heinrich Heine, Bertolt Brecht und Erich Fried. – In: Stimmen der Zeit. Freiburg i. Br. 123, 1998. S. 550–562.

Gendolla, Peter: Arkadien : zum Italienbild von Archenholtz bis Heine. – In: Italien : eine Bibliographie zu Italienreisen in der deutschen Literatur. Stefanie Kraemer, Peter Gendolla (Hrsg.). Unter Mitarb. von Nadine Buderath. Frankfurt a. M. [u. a.] 2003. (Bibliographien zur Literatur- und Mediengeschichte; 8). S. 79–119.

Geulen, Eva: Nachkommenschaften : Heine und Hegel zum Ende der Kunstperiode. – In: Auf den Spuren Heinrich Heines. Pisa 2006. S. 195–208.

Gidion, Heidi: Heinrich Heine : ›Seegespenst‹ und ›Reinigung‹. – In: Dies.: Phantastische Nächte : Traumerfahrungen in Poesie und Prosa. Göttingen 2006. S. 68–71.

Goltschnigg, Dietmar: Erinnerungen an Heinrich Heine : liberale und sozialdemokratische, antisemitische und zionistische Beiträge vor und nach seinem hundertsten Geburtsjubiläum. – In: Das Gedächtnis der Literatur : Konstitutionsformen des Vergangenen in der Literatur des 20. Jahrhunderts; [Beiträge des Internationalen Symposiums anlässlich der Emeritierung von Prof. Dr. Dr. h. c. Hartmut Steinecke vom 28. bis 30. April 2005 in Paderborn]. Hrsg. von Alo Allkemper ... Berlin 2006. (Zeitschrift für Deutsche Philologie; 125, Sonderh.). S. 82–96.

Grözinger, Elvira: Im Venusberg : zu Gesundheit und Krankheit bei Heinrich Heine zwischen Eros und Thanatos. – In: PaRDeS. Berlin 12, 2006. S. 52–67.

Grübel, Rainer: Bachtin und Heine im karnevalistischen Dialog. – In: Wirkendes Wort. Düsseldorf 54, 2004, 2. S. 291–296.

Grundmann, Regina: Haggada als Poesie – Poesie als Offenbarung : Heinrich Heines Transformation der rabbinischen Überlieferung. – In: HJb 2006. S. 223–235.

Häfner, Ralph: Heine und der Supernaturalismus. – In: Germanisch-romanische Monatsschrift. Heidelberg NF 55, 2005. S. 397–416.

Häfner, Ralph: Images of the Black Sun : notes on the relationship between Heinrich Heine und Gérard de Nerval. – In: Revue de littérature comparée. Paris 80, 2006, 3. S. 285–298.

Häfner, Ralph: Die Weisheit des Silen : Heinrich Heine und die Kritik des Lebens. Berlin [u. a.] 2006. (Spectrum Literaturwissenschaft; 7).

Hall, Michael: Schubert's song sets. Aldershot, Hampshire 2003. [Heine-Kapitel »The Heine set« S. 241–275].

Hartung, Günter: Heinrich Heine und die Bibel. – In: Ders.: Juden und deutsche Literatur. Leipzig 2006. S. 115–138.
Hauschild, Jan-Christoph: Schnell noch Heine! Sendung des ORF vom 8.12.2006 in der Reihe »Literatur am Feiertag«. Wien 2006. 1 CD.
Hauschild, Jan-Christoph: Das Wunder Heine : Vortrag vom 25. September 2006 im Studienzentrum Karl-Marx-Haus in Trier. Trier 2006. (Gesprächskreis Politik und Geschichte; 9).
Heine und die Nachwelt : Geschichte seiner Wirkung in den deutschsprachigen Ländern; Texte und Kontexte, Analysen und Kommentare. Dietmar Goltschnigg und Hartmut Steinecke (Hrsg.). Berlin. Bd. 1: 1856–1906. 2006.
Heinrich Heine : Gedenken zum 150. Todestag am 17. Februar 2006. – In: Ars scribendi. Leverkusen 13, 2005, 1. S. 4–7.
Heinrich Heine (1797–1856) & Robert Schumann (1811–1856) : [Konzert und Vortrag zum 150. Todestag von Heine-Schumann ... am 25.11.2006 im Flagey, Heilig Kruisplein, Brussel, im Rahmen der Konzertreihe Cyclus VIII / Muziek en poezie]. [Udo Samel verteller, Christoph Pregardien tenor, Michael Gees piano. Met Claire Badiou, Bernd Kortländer, Chris Rauseo]. Brüssel 2006. 64 S.
Heinrich Heines Werk im Urteil seiner Zeitgenossen. Hrsg. v. Eberhard Galley und Alfred Estermann, später von Sikander Singh und Christoph auf der Horst. Stuttgart, Weimar. (Heine-Studien). Bd. 12: Rezensionen und Notizen zu Heines Werken aus den Jahren 1855 bis 1856. Hrsg. und eingel. von Christoph auf der Horst. 2006.
Heinrich Heines Werk im Urteil seiner Zeitgenossen. Hrsg. v. Eberhard Galley und Alfred Estermann, später von Sikander Singh und Christoph auf der Horst. Stuttgart, Weimar. (Heine-Studien). Bd. [13]: Singh, Sikander: Kommentar 1821 bis 1856 und Register. 2006.
Hennemann Barale, Ingrid: »Das gute ambrosische Recht« : Heines »Göttin Diana« und die Bedeutung des Tanzmotivs in seinem Werk. – In: Auf den Spuren Heinrich Heines. Pisa 2006. S. 123–142.
Henning, Astrid: Heinrich Heine und Deutschsein in der DDR : wie Literatur Herrschaft sichert. Marburg 2007.
Hermand, Jost: Franz Mehrings Heine-Bild. – In: Monatshefte für deutschen Unterricht, deutsche Sprache und Literatur. Madison, WI 89, 1997, 3. S. 325–334.
Hermand, Jost: Heinrich Heine : kritisch, solidarisch, umstritten. Köln [u.a.] 2007.
Hermand, Jost: Der »überschwängliche« Schiller : Heines Bild des anderen Weimarer Großdichters. – In: Monatshefte für deutschen Unterricht, deutsche Sprache und Literatur. Madison, WI 97, 2005, 3. S. 478–486.
Hessing, Jakob: Wahrheit und Dichtung : die Damaskusaffäre und Heines ›Der Rabbi von Bacherach‹. – In: PaRDeS. Berlin 12, 2006. S. 41–51.
Hinck, Walter: Glaubensverrat und -treue : zu einem Thema der frühen Dichtung Heines. – In: Auf den Spuren Heinrich Heines. Pisa 2006. S. 55–68.
Hirdt, Willi: Heinrich Heine : Gespensterjagd und Sprachartistik. – In: Ders.: Esther und Salome : zum Konnex von Malerei und Dichtung im Frankreich des 19. Jahrhunderts. Tübingen [u.a.] 2003. S. 145–155.
Hodgson, Katharine: Heine's Russian Doppelgänger : nineteenth-century translation of his poetry. – In: The modern language review. Leeds 100, 2005. S. 1054–1072.
Höhle, Thomas: Heinrich Heine und die deutsche Vorkriegssozialdemokratie. – In: Jahrbuch für Forschungen zur Geschichte der Arbeiterbewegung. Berlin 2006, 2. S. 102–109. – Dass. in: Heinrich Heine – Erbe und Erben. Berlin 2006. S. 41–47.

Höhn, Gerhard: Heine und die ›Lumières françaises‹. – In: »Aber der Tod ist nicht poetischer als das Leben«. Bielefeld 2006. S. 43–72.
Höllerer, Walter: Zwischen Klassik und Moderne : Lachen und Weinen in der Dichtung einer Übergangszeit. Durchges. Neuausg. Köln 2005. (Wort, Kunst, Werk; Bd. 1). [Kapitel »Heinrich Heine« S. 53–88].
Hoja, Roland: »Keiner verriet den anderen, blieben Freunde, ehrlich, treu …« : Heinrich Heines Begegnungen mit linksintellektuellen Freunden 1848–1856. Berlin 2007.
Holzheimer, Gerd: In München traf Heinrich Heine auf ein Meer von kleinen Seelen : ihm gefielen aber die Frauen und das Bier. – In: Literatur in Bayern. München 21, 2006, 83. S. 44–45.
Honsza, Norbert: Wielki Heine, potężny Heine. – In: Zblizenia Polska-Niemcy. Breslau 43 = 2, 2006. S. 13–23.
Horch, Hans Otto: Die unheilbar große Brüderkrankheit : zum programmatischen Zeitgedicht ›Das neue Israelitische Hospital zu Hamburg‹ von H. Heine. – In: PaRDeS. Berlin 12, 2006. S. 75–91.
auf der Horst, Christoph und Alfons Labisch: Hatte Heinrich Heine die Syphilis?. – In: Der Hautarzt. Berlin 57, 2006, 12. S. 1126–1132.
auf der Horst, Christoph: »Sonderbares Zeitalter, welches mit einem lauten Gelächter bey dem Tode Ludwig XIV. anfängt und in den Armen des Scharfrichters endigt …« : Heinrich Heines französisches 18. Jahrhundert. – In: »Aber der Tod ist nicht poetischer als das Leben«. Bielefeld 2006. S. 13–42.
Hürter, Friedegard: Zwischen Musik und Poesie : Robert Schumann und Heinrich Heine. – In: Neue Chorzeit. Köln 2006, Juli/August. S. 53–54.
Jampolskij, Michail B.: Razlicie, ili po tu storonu predmetnosti : estetika Gejne v teorii Tynjanova. – In: Novoe literaturnoe obozrenie. Moskau 2006, 80. S. 30–53.
Jütte, Robert: »Wenn der Sohn Äskulaps gar nichts mehr weiß, was er mit dem Patienten anfangen soll, dann schickt er uns ins Bad …« : Heinrich Heine und die medizinischen Therapien seiner Zeit. – In: Deutsche medizinische Wochenschrift. Stuttgart 131, 2006, 51/52. S. 2905–2913.
Jungmann, Christel: »Schlage die Trommel und fürchte dich nicht …« : Hommage an Heinrich Heine. – In: Forum E. Berlin 59, 2006, 6. S. 8–11.
Karpeles, Gustav: Heinrich Heine and Judaism. Reprint. Whitefish, MT [2006]. (Kessinger publishing's rare reprints). [Sonderdr. aus: Gustav Karpeles: Jewish Literature and other Essays 1895].
Kauffmann, Kai: Literarische Manieren der Übergangszeit : Parodie bei Heine, Keller und Friedrich Theodor Mundt (mit Seitenblicken auf Faust II). – In: Euphorion. Heidelberg 100, 2006, 2. S. 191–223.
Kaukoreit, Volker: Ambivalentes Spiel mit Heinrich Heine oder Nomen est Omen : Vorschlag zu einer Lektüre von Fritz Grünbaums »Selbstbiographie«. – In: HJb 2006. S. 200–212.
Kiba, Hiroshi: Untersuchungen zur Bildsprache in Heinrich Heines Prosawerken : Handschuhe und Stiefel bei Heinrich Heine. – In: Doitsu-bungaku-ronshu. Kobe 35, 2006. S. 27–66. [jap.].
Kilchmann, Esther: Schreiben am Ende der Literatur : Heinrich Heines und Georg Herweghs Auseinandersetzungen mit den Paradigmen der Literaturgeschichte. – In: Zeitschrift für Germanistik. Berlin NF 17, 2007, 1. S. 38–49.
Kim, Su-Yong: Haine : yesul kwa ch'amyŏ wa kkŭdŏmnŭn murŭm. Seoul 1997.
Kimura, Naoji: Heines ›Romantische Schule‹ in japanischer Übersetzung. – In: Ders.: Der ostwestliche Goethe. Bern [u. a.] 2006. S. 367–388.
Kleinertz, Rainer: Heinrich Heine on Liszt. – In: Franz Liszt and his world. Ed. by Christopher H. Gibbs and Dana Gooley. Princeton, NJ [u. a.] 2006. S. 441–466.

Knoblauch, Jochen: Harry und Johann : ein Fragment; zu Heinrich Heines und Max Stirners 150. Todestag. – In: Espero. Neu Wulmstorf 13, 2006, 47. S. 27–30.
Kolbe, Uwe: Deutschland. Ein Wintermärchen. – In: Verführung zum Lesen : zweiundfünfzig Prominente über Bücher, die ihr Leben prägten. Hrsg. von Uwe Naumann in Zusammenarb. mit der Stiftung Lesen. Reinbek bei Hamburg 2005. (rororo; 23315). S. 120–124.
Korkonosenko, K. S.: Neopublikovannye perevody Nikolaja Gumileva : »Bimini« i »Vicli-pucli« G. Gejne. – In: Russkaja literatura. Sankt-Peterburg 2006, 2. S. 198–215.
Kortländer, Bernd: Heine erlesen. Hrsg. von: Stadt Duisburg. Text: Bernd Kortländer. Duisburg 2006.
Kortländer, Bernd: Heine lebt : »Ich bin ein deutscher Dichter«; Liebe und Unglück in Heines »Buch der Lieder«; Vortrag mit Musik; Veranstaltung der Patriotischen Gesellschaft Hamburg mit der ZEIT-Stiftung Ebelin und Gerd Bucerius im Auditorium Maximum der Bucerius Law School am 29. Mai 2006. Vorgetr. von Bernd Kortländer. Bariton: Sebastian Naglatzki, Klavier: Ana Miceva. Hamburg 2006. 1 CD.
Kortländer, Bernd: »Ich bin ein deutscher Dichter« : Liebe und Unglück in Heines »Buch der Lieder«. – In: HJb 2006. S. 59–73.
Kortländer, Bernd: »Salon-Kunst« : Heine und Diderot. – In: »Aber der Tod ist nicht poetischer als das Leben«. Bielefeld 2006. S. 121–140.
Košenina, Alexander: Heine und die Berliner Aufklärung. – In: »Aber der Tod ist nicht poetischer als das Leben«. Bielefeld 2006. S. 207–224.
Kotani, Tamina: Physiognomik bei Heine – in seinen Prosawerken der dreißiger Jahre. – In: Atarashiki chowa o motomete. Shizuoka-Kenritsu-Daigaku-Kokusai-Kankeigakubuhen. Shizuoka 1998. (Kokusai kankeigaku sosho; 15). S. 55–91. [jap.; Urheber ist das Institut für Internationale Beziehungen der Universität von Shizuoka].
Kovacs, Kalman: Heines »regelwidrige« Rhetorik : Grenzverletzung in der Metapher. – In: Ideologie der Form. Kalman Kovacs (Hrsg.). Frankfurt a. M. [u. a.] 2006. (Debrecener Studien zur Literatur; 12). S. 55–72.
Kreissler, Felix: Wienerischer Humor in Jura Soyfers Zwischenrufen : von Heine über Nestroy zum Wiener Schlagerlied der dreißiger Jahre. – In: Lachen und Jura Soyfer. Herbert Arlt / Fabrizio Cambi (Hrsg.). St. Ingbert 1995. (Österreichische und internationale Literaturprozesse; 4). S. 155–175.
Kruse, Joseph Anton: »An die schöne Tante« : Heinrich Heine »zu Ehren« von Betty Heine. – In: »Aus meiner Hand dies Buch ...«. Wien 2007. S. 147–154.
Kruse, Joseph Anton: »Der Dichter versteht sehr gut das symbolische Idiom der Religion« : über Heines kritisch-produktives Verhältnis zu religiösen Traditionen. – In: Zeitschrift für Religions- und Geistesgeschichte. Köln 58, 2006, 4. S. 289–309.
Lauster, Martina: Vom Körper der Kunst : Goethe und Schiller im Urteil Heines, Börnes, Wienbargs und Gutzkows (1828–1840). – In: Goethe-Jahrbuch. Weimar 122, 2006. S. 187–201.
Lennartz, Rita: Marias Epitaph : eine poetologische Überlegung zu Heines ›Reise von München nach Genua‹ mit Blick auf die Sterne. – In: Auf den Spuren Heinrich Heines. Pisa 2006. S. 81–116.
Liedtke, Christian: »Deutschland, die alte Rabenmutter!« : Heinrich Heine, der Kosmopolitismus und das Vaterland. – In: Hrdlicka, Alfred: »... wir haben viel für einander gefühlt ...«. Wittlich 2006. S. 16–25.
Liedtke, Christian: Heinrich Heine. Gelesen von Michael Hametner und Wolfgang Schmidt. Berlin 2006. 1 CD (76 Min.). (rororo – rowohlts monographien : Deutsche Grammophon : Literatur).

Liedtke, Christian: Heinrich Heine und die Deutschen : Vortrag in der Veranstaltung »Zum Selbstverständnis der Deutschen«, Vorträge im Kulturprogramm der Nibelungenfestspiele am 13. August 2006 im Heylshofpark, Worms. Worms 2006. 1 CD.

Liedtke, Christian: Schlegel, Byron, Drachenfels : Harry Heine an der Universität Bonn. – In: Auf den Spuren Heinrich Heines. Pisa 2006. S. 19–40.

Lutz, Edith: Heinrich Heine im »Verein für Cultur und Wissenschaft der Juden«. – In: PaRDeS. Berlin 12, 2006. S. 27–40.

Maillet, Marie-Ange: Heinrich Heine. Paris 2006. (Voix Allemandes).

Maillet, Marie-Ange: Heinrich Heine et Carl Friedrich von Rumohr. – In: Pour une »économie de l'art« : l'itinéraire de Carl Friedrich von Rumohr. Textes rassemblés par Michel Espagne. Paris 2004. (Collection »Esthétiques«). S. 161–177.

Mansion, Ute Stephanie: Über viele deutsche Städte goss Heinrich Heine seinen Spott aus : nur auf seine Heimatstadt Düsseldorf ließ der Dichter nichts kommen. – In: Chrismon plus. Düsseldorf 2006, 12. S. 76–78.

Matthiesen, Lars: Heinrich Heine und sein Verhältnis zur deutschen Klassik. Bielefeld, Univ., Magister-Arb. 2001.

Matussek, Matthias: Pistole und Harfe : was wir von Heinrich Heine, dem deutschesten Deutschen und kosmopolitischsten Weltbürger, gelernt haben. – In: Ders.: Wir Deutschen : warum uns die anderen gern haben können. Frankfurt a. M. 2006. S. 36–51.

May, Friedrich W.: Heinrich Heine und die Pianisten seiner Zeit. – In: HJb 2006. S. 115–141.

Mocali, Maria Chiara: Frauenbilder in Heines Frühwerk. – In: Auf den Spuren Heinrich Heines. Pisa 2006. S. 41–54.

Mönninghof, Burkhard: »Im Anfang war die Nachtigall« : zu Lied und Volkslied bei Heine. – In: »Aber der Tod ist nicht poetischer als das Leben«. Bielefeld 2006. S. 249–258.

Morawe, Bodo: »Sehet, alle Gottheiten sind entflohen...« : Heinrich Heine und die radikale Aufklärung. – In: »Aber der Tod ist nicht poetischer als das Leben«. Bielefeld 2006. S. 73–120.

Müller-Tamm, Jutta: »... als habe die Natur ein Plagiat begangen« : Seelenwanderung als poetologische Chiffre in Heines ›Reisebildern‹. – In: Deutsche Vierteljahrsschrift für Literaturwissenschaft und Geistesgeschichte. Halle (Saale) 81, 2007, 1. S. 47–57.

Mümmler, Dorothee: »Eine meiner wichtigsten Beschäftigungen war, dem herrschenden Buche der Frau von Staël den Krieg zu machen« : ein Vergleich der Abhandlung »De l'Allemagne« von Anne Germaine de Staël mit Heinrich Heines Schrift »Zur Geschichte der Religion und Philosophie in Deutschland«. Erlangen-Nürnberg, Univ., Magisterarb. 2004.

Neuhuber, Christian: »eine nicht unbedeutende Wandlung« : kulturkonservative Heine-Rezeption am Beispiel Richard von Schaukals. – In: HJb 2006. S. 142–164.

Neumann, Peter Horst: »Judas Wüstenlieder sind unsere deutschen Volksgesänge« : Heines Selbstverständnis als Deutscher und Jude. – In: Ders.: Erschriebene Welt : Essays und Lobreden von Lessing bis Eichendorff. Aachen 2004. (Neumann, Peter Horst: Gesammelte Essays und Lobreden; 1). S. 87–104.

Neuss, Christina: Reine Formsache? Heines Taufe am 28. Juni 1825. – In: Tausend Jahre Taufen in Mitteldeutschland : eine Ausstellung der Evangelischen Kirche der Kirchenprovinz Sachsen und des Kirchenkreises Magdeburg unter der Schirmherrschaft des Vizepräsidenten des Deutschen Bundestages Wolfgang Thierse im Dom zu Magdeburg 20. August bis 5. November 2006. Katalog hrsg. von Bettina Seyderhelm im Auftr. der Evangelischen Kirche der Kirchenprovinz Sachsen. Regensburg 2006. S. 235–241.

Nolte, Andreas: »Ich bin krank wie ein Hund, arbeite wie ein Pferd, und bin arm wie eine Kirchenmaus« : Heinrich Heines sprichwörtliche Sprache; mit einem vollständigen Register der sprichwörtlichen und redensartlichen Belege im Werk des Autors. Hildesheim [u. a.] 2006. (Germanistische Texte und Studien; 74).

Oellers, Norbert: Heines Florettübungen : ›Die romantische Schule‹. – In: Auf den Spuren Heinrich Heines. Pisa 2006. S. 259–281.

»Oh Deutschland, Land des Geistes und des Stumpfsinns« : ein Feature über Heinrich Heine : gesendet am 13. Februar 2006 in: »Seitenweise«, Literaturmagazin von Radio Mephisto 97,6 in Leipzig; Radioaufnahme. Von Marika Ratthei und Susann Hannemann (mit Christian Liedtke u. a.). Leipzig 2006.

Ohlerich, Gregor: Interkulturalität als reflexive Inszenierung : Heinrich Heines Gedicht »Ich weiß nicht was soll es bedeuten«. – In: Interkulturalität und Nationalkultur in der deutschsprachigen Literatur. Maja Razbojnikova-Trateva, Hans-Gerd Winter (Hrsg.). Dresden 2006. (Germanica; N. F. 2003/2004). S. 123–136.

Oster, Uwe A.: Der Brocken ist ein Deutscher : Heinrich Heines »Harzreise« ... – In: Damals. Stuttgart 38, 2006, 8. S. 76–81.

PaRDeS. Berlin 12, 2006. [Themenheft zum 150. Todestag von Heinrich Heine].

Pawel, Ernst: Le poète mourant : les dernières années de Heinrich Heine à Paris. Trad. de l'américain par Philippe Bonnet et Arthur Greenspan. Arles 2006. (Le cabinet de lecture). [The poet dying].

Peters, Paul: Ergriffenheit und Kritik or Decolonizing Heine. – In: Monatshefte für deutschen Unterricht, deutsche Sprache und Literatur. Madison, WI 89, 1997, 3. S. 285–306.

Peters, Paul: Fichtenbaum und Palme : Politik und Poesie in Heines Orientalismus. – In: Wenn die Rosenhimmel tanzen : orientalische Motivik in der deutschsprachigen Literatur des 19. und 20. Jahrhunderts. Hrsg. von Rüdiger Görner und Nima Mina. München 2006. S. 128–155.

Petersdorff, Dirk von: Grenzen des Wissens, gemischte Gefühle : Heinrich Heines Ironie. – In: HJb 2006. S. 1–19.

Pfeifle-Aierstock, Beate: Heinrich Heine : Biographie und Lyrik in der Zeitgeschichte. Oberdischingen 2005.

Phelan, Anthony: Reading Heinrich Heine. Cambridge 2007. (Cambridge Studies in German).

Phelan, Anthony: Reading Paris : political hermeneutics in Heine's ›Lutezia‹. – In: Imagining the city. Christian Emden, Catherine Keen & David Midgley (eds.). Oxford [u. a.] 1: The art of urban living. 2006. (Cultural history and literary imagination; 7). S. 77–94.

Pinkard, Terry: Eduard Gans, Heinrich Heine und Hegels Philosophie der Geschichte. – In: Hegelianismus und Saint-Simonismus. Hans-Christoph Schmidt am Busch, Ludwig Siep, Hans-Ulrich Thamer, Norbert Waszek (Hrsg.). Paderborn 2007. S. 131–158.

Platen, Edgar: Heinrich Heines »Harzreise« als Bild der kulturellen Restauration am »Ende der Kunstperiode«. – In: Ders.: Poesie & Technik : Interpretationen zum Fragehorizont. Frankfurt a. M. 1997. S. 119–145.

Plöckinger, Monika: Wer ist Heine? : Arbeitsblätter zu Leben, Werk und Zeitgeschichte. Mülheim an der Ruhr 2006.

Presner, Todd Samuel: Jews on ships or How Heine's ›Reisebilder‹ deconstruct Hegel's philosophy of world history. – In: Publications of the Modern Language Association of America. New York, NY 118, 2003. S. 521–538.

Pruys, Karl Hugo: Unhistorische Dokumentation : Nachwort zu einem Heine-Themenabend auf ARTE, der sich mit einem grotesken Goethe-Bild hervortat. – In: Augenblick. Weimar 2006, 2 (15. 04. 2006). S. 3.

Pugh, David: Heine's aristophanes complex and the ambivalence of Deutschland: Ein Wintermärchen. – In: The modern language review. New York, NY 99, 2004. S. 665–680.
Rainwater van Suntum, Lisa A.: Hiding behind literary analysis : Heinrich Heine's Shakespeares Mädchen und Frauen and Lou Andreas-Salome's Henrik Ibsens Frauengestalten. – In: Monatshefte für deutschen Unterricht, deutsche Sprache und Literatur. New York, NY 89, 1997, 3. S. 307–323.
Reclams Literatur-Kalender. 52, 2005 (2006). [Heine-Kapitel S. 51–56].
Reininghaus, Frieder: »Mein Herz gleicht ganz dem Meere« : Heinrich Heine, Franz Schubert, Carl Loewe und das schöne Fischermädchen. – In: Das Orchester. Mainz 45, 1997, 7/8. S. 21–24.
Remmes, Alexandra: Heinrich Heine und Robert Schumann. – In: Ars scribendi. Leverkusen 13, 2005, 1. S. 8–9.
Reschke, Renate: »... jene göttlich Bosheit« : Heinrich Heine aus der Sicht Friedrich Nietzsches; zum 150. Todestag des Dichters. – In: Humboldt-Spektrum. Berlin 13, 2006, 2. S. 34–39.
Rocker, Rudolf: Heinrich Heine : ein deutscher Dichter als Prophet. Hilterfingen [2006]. (Bibliothek Schwarzer Kahn; 3).
Rölleke, Heinz: Grimms Märchen und Volksliterarisches im Werk Heinrich Heines. – In: Ders.: Alt wie der Wald : Reden und Aufsätze zu den Märchen der Brüder Grimm. Trier 2006. (Schriftenreihe Literaturwissenschaft; 70). S. 220–236.
Rölleke, Heinz: »So alt wie der Wald« : zu Verbreitung und Bedeutung eines Märchenverses. – In: Wirkendes Wort. Düsseldorf 54, 2004, 1. S. 1–6.
Roessler, Kurt: Heinrich Heine im Werk von Guillaume Apollinaire. – In: Guillaume Apollinaire und Bonn : seine Bezüge zu Stadt und Umgebung, Rheinische Friedrich-Wilhelms-Universität, Heinrich Heine, Rheinromantik, Radierungen von Heinrich Reifferscheid in der Zeit von 1901–1902; zur Ausstellung Guillaume Apollinaire und Bonn 15. September bis 4. November 2002, StadtMuseum Bonn; 1802 – 1902 – 2002; 200 Jahre Rheinromatik 100 Jahre Rheinlyrik der Moderne, Projekt Rheinreise 2002. Hrsg.: Ingrid Bodsch und Kurt Roessler. Bornheim 2002. (Schriften zur rheinischen Lyrik; 5). S. 65–128.
Rowe, Paul: Heine's ambiguous barbarism : translation and the rejuvenation of French culture. – In: The modern language review. Leeds 101, 2006. S. 798–810.
Ruprecht, Lucia: Dances of the Self in Heinrich von Kleist, E.T.A. Hoffmann and Heinrich Heine. Aldershot [u. a.] 2006.
Said: Dichter unbekannt : Heinrich Heine und die Deutschen. – In: Schweizer Monatshefte. Zürich 2006, 5/6. S. 48–49.
Sakolowski, Sonja: Aut poeta aut nihil : Poesie als Vexierspiel in Heines »Romanzero«. – In: HJb 2006. S. 74–101.
Sammons, Jeffrey L.: Charles Godfrey Leland and the English-language Heine edition. – In: Ders.: Heinrich Heine. Würzburg 2006. S. 163–188.
Sammons, Jeffrey L.: The elusive romantic : »Die romantische Schule« as evasion and misdirection. – In: Ders.: Heinrich Heine. Würzburg 2006. S. 149–162.
Sammons, Jeffrey L.: The exhaustion of current Heine studies : some observations, partly speculative. – In: Ders.: Heinrich Heine. Würzburg 2006. S. 51–64.
Sammons, Jeffrey L.: Heine, Heinrich (1797–1856), German poet and political writer. – In: Europe 1789 to 1914 : encyclopedia of the age of industry and empire. John Merriman ... eds. in chief.

Detroit, WA [u. a.] (Scribner library of modern Europe). Bd. 2: Colonies to Huysmans. 2006. S. 1055–1057.
Sammons, Jeffrey L.: Heinrich Heine : alternative perspectives 1985–2005. Würzburg 2006.
Sammons, Jeffrey L.: Heinrich Heine : the revolution as epic and tragedy. – In: Ders.: Heinrich Heine. Würzburg 2006. S. 65–86.
Sammons, Jeffrey L.: Heinrich Heine and William Hazlitt. – In: Ders.: Heinrich Heine. Würzburg 2006. S. 87–102.
Sammons, Jeffrey L.: In the freedom stall where the boors live equally : Heine in America. – In: Ders.: Heinrich Heine. Würzburg 2006. S. 31–50.
Sammons, Jeffrey L.: Der neue Koloß : vom deutsch-jüdischen Dichter der Freiheit Heinrich Heine über die amerikanisch-jüdische Dichterin Emma Lazarus zur französisch-amerikanischen Freiheitsstatue. – In: Ders.: Heinrich Heine. Würzburg 2006. S. 145–148.
Sammons, Jeffrey L.: Observations on aging, death and poesy in Heinrich Heine's late poem »Bimini«, partly philological. – In: Ders.: Heinrich Heine. Würzburg 2006. S. 103–118.
Sammons, Jeffrey L.: Review essay: the bicentennial of Heinrich Heine 1997; an overview. – In: Ders.: Heinrich Heine. Würzburg 2006. S. 245–276.
Sammons, Jeffrey L.: Rückwirkende Assimilation : Betrachtungen zu den Heine-Studien von Karl Emil Franzos und Gustav Karpeles. – In: Ders.: Heinrich Heine. Würzburg 2006. S. 119–144.
Sammons, Jeffrey L.: »Welch ein vortrefflicher Dichter ist der Freyherr von Eichendorff« : Betrachtungen zu Heines Eichendorff-Urteil. – In: Ders.: Heinrich Heine. Würzburg 2006. S. 17–30.
Sammons, Jeffrey L.: Who did Heine think he was? – In: Ders.: Heinrich Heine. Würzburg 2006. S. 189–206.
Sammons, Jeffrey L.: Zur ausgeklammerten Heine-Rezeption : Beobachtungen zur ersten großen Zeit der Heine-Philologie. – In: Ders.: Heinrich Heine. Würzburg 2006. S. 207–222.
Sasson, Sarah Juliette: The dying poet : scenarios of a christianized Heine. – In: Rhine crossings : France and Germany in love and war. Ed. by Aminia M. Brueggemann and Peter Schulman. Albany, NY 2005. S. 67–86.
Schaare, Jochen: Heinrich Heine (1797–1856) und das ambrosische Recht der alten Götter. – In: Von der Illusion zur Realität : Beiträge zu einer Philosophie der Aufklärung, des Realismus und der Lebenskunst. Neustadt am Rübenberge 2003. S. 193–207.
Schanze, Helmut: Heinrich Heine oder – Der Theaterkritiker im Exil. – In: Das (Musik-) Theater in Exil und Diktatur : Vorträge und Gespräche des Salzburger Symposions 2003. Hrsg. von Peter Csobadi ... Anif/Salzburg 2005. (Wort und Musik; 58). S. 213–223.
Scheichl, Sigurd Paul: Saphir – kein Wiener Heine. – In: Les écrivains juifs autrichiens = Judentum und österreichische Literatur : (du Vormärz à nos jour) = (vom Vormärz bis zur Gegenwart). Textes réunis et présentés par Jürgen Doll. Poitiers 2000. (Publications de la Licorne : Hors série – colloques; 10). S. 27–41.
Scheller, Wolf: Harrys Heimkehr : Heine war nie unser. – In: Neue Gesellschaft, Frankfurter Hefte. Bonn 53, 2006, 1/2. S. 86–89.
Scherf, Hanno: Heine über die Cholera 1832 in Paris und Börnes Choleraphobie. – In: Hamburger Ärzteblatt. Hamburg 2005, 59. S. 562–565.
Schiffter, Roland: »Sie küsste mich lahm, sie küsste mich krank« : vom Leiden und Sterben des Heinrich Heine. Würzburg 2006.

Schillemeit, Jost: Das Grauenhafte im lachenden Spiegel des Witzes : zum historischen Kontext einer ästhetischen »Idee« in Heines »Buch Le Grand«. – In: Ders.: Studien zur Goethezeit. Hrsg. von Rosemarie Schillemeit. Göttingen 2006. S. 441–461.

Schillemeit, Jost: Heine und die Geschichte. – In: Ders.: Studien zur Goethezeit. Hrsg. von Rosemarie Schillemeit. Göttingen 2006. S. 462–475.

Schiller, Dieter: Tucholsky und der »Jahrhundertkerl Heine«. – In: Weimarer Beiträge. Berlin 52, 2006, 3. S. 393–404.

Schmidt, Johannes: Heine und Schumann : die tragikomische Maske der Verzweiflung. – In: Rotary-Magazin. Hamburg 2006, Juli. S. 18–19.

Schneider, Wolfgang: Lebemann und Märtyrer : Heinrich Heine; zwischen Sehnsucht und Verachtung, Vernunft und »Schwärmerey«; neue Biografien, Studien und Brief-Editionen zum 150. Todestag des Dichters. – In: Börsenblatt für den Deutschen Buchhandel. Frankfurt a. M. 173, 2006, 3. S. 40–42.

Schönsee, Reinhart: Heine – die Lust am Text : aus Anlass der Reihe » Heine lebt«. Hrsg. von der Patriotischen Gesellschaft von 1765. Hamburg 2006. [Sonderdr. aus dem Jahresbericht 2005/2006 der Patriotischen Gesellschaft von 1765].

Schreiber, Elliott: Tainted Sources: the subversion of the Grimms' ideology of the folktale in Heinrich Heine's Der Rabbi von Bacherach. – In: The german quarterly. Cherry Hill, NJ 78, 2005, 1. S. 23–44.

Singh, Sikander: Heinrich Heine und Georg Christoph Lichtenberg nebst einer Betrachtung zu Heines »Sudelbüchern«. – In: »Aber der Tod ist nicht poetischer als das Leben«. Bielefeld 2006. S. 259–276.

Singh, Sikander: Heinrich Heines erlesenes 18. Jahrhundert. – In: »Aber der Tod ist nicht poetischer als das Leben«. Bielefeld 2006. S. 165–206.

Söhnen, Albrecht von: James und Betty : Heinrich Heine und die Rothschilds. – In: Heinrich-Heine-Gymnasium: Schulzeitung. Oberhausen 2006. S. 5–18.

Sonino, Claudia: Da ›Donna Clara‹ alle ›Melodie Ebraiche‹ : la ›romanza‹ con la Spagna di Heinrich Heine. – In: I mille volti di Suleika : orientalismo ed esotismo nella cultura europea tra '700 e '800. A cura di Elena Agazzi. Rom 1999. (Proteo; 8). S. 213–221.

Sousa, Karin: Differenzen und die Folgen : zu Heinrich Heines Buch der Lieder. London, Univ., Diss. 2006.

Steegers, Robert: Der aufgeklärte Menschenfresser : Heines »Vitzliputzli« und das 18. Jahrhundert. – In: »Aber der Tod ist nicht poetischer als das Leben«. Bielefeld 2006. S. 141–164.

Steegers, Robert: Heinrich Heines »Vitzliputzli« : Sensualismus, Heilsgeschichte, Intertextualität. Stuttgart, Weimar 2006. (Heine-Studien).

Steegers, Robert: »Mein westöstlich dunkler Spleen« : Heines ›Romanzero‹ als »Feuerwerk zur Goethefeyer«. – In: Auf den Spuren Heinrich Heines. Pisa 2006. S. 157–182.

Steinhagen, Harald: Heine und die Lyrik der Moderne. – In: Auf den Spuren Heinrich Heines. Pisa 2006. S. 183–194.

Surowska, Barbara L.: Bilder und Nichtbilder in Heines »Reisebildern«. – In: Dies.: Von überspannten Ideen zum politischen Appell : 25 Essays zur deutschen Literatur. Warszawa 2006. S. 89–104.

Surowska, Barbara L.: Heinrich Heines sonderbare Balladen. – In: Dies.: Von überspannten Ideen zum politischen Appell : 25 Essays zur deutschen Literatur. Warszawa 2006. S. 71–88.

Svandrlik, Rita: »Der Teufel ist ein Logiker« : Strategien der Aufklärung in Heines ›Elementargeistern‹. – In: Auf den Spuren Heinrich Heines. Pisa 2006. S. 143–156.

Theisen, Karl-Heinz: Mit Herzblut für die wahre Freiheit : Gedanken zu Heinrich Heine. – In: Jan Wellem. Düsseldorf 81, 2006, 2. S. 10–11.
Thürmer, Wilfried: Illuminationswelten : zum Prozess der Modernitätsentfaltung in Heines Lyrik. – In: HJb 2006. S. 38–58.
Trautmann-Waller, Céline: La science du judaïsme au risque du roman : Heinrich Heine et George Eliot. – In: romantisme. Paris 114, 2001. S. 61–69.
Trilse-Finkelstein, Jochanan: Heinrich Heine – »der nie abzuwaschende Jude« auch in der DDR?. – In: Heinrich Heine – Erbe und Erben. Berlin 2006. S. 65–71.
Trilse-Finkelstein, Jochanan: Leben (Schreiben) in judäisch-hellenistischer Symbiose? Heinrich Heine und James Joyce. – In: HJb 2006. S. 213–222.
Trilse-Finkelstein, Jochanan: Schade, dass er Jude war : um eine Dimension ärmer gemacht; Heinrich Heine in der DDR. – In: Jüdische Zeitung. Berlin 2006, 12 = 16. S. 26.
Vormbaum, Thomas: Einführung : »Kraft meiner akademischen Befugniß als Doktor beider Rechte«. – In: Heine, Heinrich: Recht, Rechtswissenschaft und Juristen im Werk Heinrich Heines. Thomas Vormbaum (Hrsg.). Berlin 2006. (Juristische Zeitgeschichte. Abteilung 6: Recht in der Kunst; 27). S. 1–33.
Wagner, Gerhard: »... ein Selbsturteil des Lesers zu fördern« : aufklärerisches Engagement und Modernität in Heines publizistischer Prosa. – In: Heinrich Heine – Erbe und Erben. Berlin 2006. S. 23–27.
Weber, Heinz-Dieter: Heines Harzreise und der Tourismus. – In: Der Deutschunterricht. Stuttgart 48, 1996, 1. S. 51–64.
Wendel, Hermann: Heinrich Heine : ein Lebens- und Zeitbild. Nachdr. [der Ausg.] Dresden, Kaden 1916. Hannover 2007. (Die EU und ihre Ahnen im Spiegel historischer Quellen / 3; 11).
Wendler, Eugen: Die Bekanntschaft zwischen Heinrich Heine, Jakob Venedey und Friedrich List. – In: Ders.: Durch Wohlstand zur Freiheit : Neues zum Leben und Werk von Friedrich List. Baden-Baden 2004. (Monographien der List Gesellschaft e.V.; N. F. 24). S. 139–142.
Werber, Niels: Lachende Hieroglyphen und geplünderte Speicher : eine medienkomparatistische Lektüre von Heinrich Heines ›Jehuda ben Halevy‹. – In: Komparatistik. Heidelberg 2004/2005 (2005). S. 117–130.
Wietzorek, Paul: Zum 150. Todestag Heinrich Heines : Anmerkungen zu einem großen Niederrheiner (geboren am 13. Dezember 1797 in Düsseldorf – gestorben am 17. Februar 1856 in Paris). – In: Der Niederrhein. Düsseldorf 73, 2006, 2. S. 53–67.
Wippermann, Wolfgang: Heinrich Heine. – In: Corps. Erbach 2006, 1. S. 7.
Woltersdorff, Stefan: Konkurrierende Wahrnehmungsmuster in Heinrich Heines Reisebildern aus Italien. – In: Recherches germaniques. Strasbourg 30, 2000. S. 17–45.
Youens, Susan: Heine, Liszt, and the song of the future. – In: Franz Liszt and his world. Ed. by Christopher H. Gibbs and Dana Gooley. Princeton, NJ [u. a.] 2006. S. 39–74.
Zagari, Luciano: Säkularisation und Privatreligion : Novalis – Heine – Benn – Brecht. – In: Ders.: Sistemi dell'immaginario nell'età du Goethe. Oisa 2004. (Letteratura tedesca; 2). S. 93–128.
Ziegler, Edda: »Ein Solitär unter Brillanten« : Heinrich Heine als Journalist im Dienst des Großverlegers Cotta. Rundfunkmanuskript, Bayerischer Rundfunk 2006. (Hörbild und Feature Land und Leute : Reihe Land und Leute).
Ziegler, Edda: lustloses Gedenken. Zu Heines 150. Todestag am 17. Februar 1856. – In: Die Gazette. München 10, 2006. S. 65–68.

Zirmunskaja, Nina A.: Poema Genricha Gejne »Atta Trol'«. – In: Dies.: Ot barokko k romantizmu : stati o francuzskoj i nemeckoj literaturach. Sankt-Peterburg 2001. (Filologiceskoe nasledie). S. 370–382.
Zu Heinrich Heines Spätwerk »Lutezia«. Kunstcharakter und europäischer Kontext. Hrsg. von Arnold Pistiak und Julia Rintz. Berlin 2007.

2.2 Literatur mit Heine-Erwähnungen und Bezügen

Abi-Technik. München 25, 2005, 1. [Zitat S. 40].
Altemöller, Eva-Maria: Schreiben ist Gold : wie Sie zu den Geschichten finden, die Sie immer schon schreiben wollten. Münster 2003. [Zitat S. 1].
Almai, Frank: Expressionismus in Dresden : Zentrenbildung der literarischen Avantgarde zu Beginn des 20. Jahrhunderts in Deutschland. Dresden 2005. (Arbeiten zur neueren deutschen Literatur; 18).
»Als müßte ich gleich nach Hause gehn« : Düsseldorf im Spiegel der Literatur. Hrsg. von Detlev Arens. Köln 2006.
Am Zeuthener See. Berlin 14, 2006, 2. [»Ein Fichtenbaum steht einsam« S. 4–5].
Anders, Petra: Ada Christen : Korrespondenz zur Rehabilitierung; ausgewählte Briefe an Julius Rodenberg und Julius Campe. – In: Sichtungen. Wien 6/7, 2003/2004 (2005). S. 142–157.
Anglet, Andreas: Der Schrei : Affektdarstellung, ästhetisches Experiment und Zeichenbewegung in der deutschsprachigen und in der französischsprachigen Literatur und Musik von 1740 bis 1900 – unter Berücksichtigung der bildenden Künste. Heidelberg 2003. (Beiträge zur neueren Literaturgeschichte; [3], 194). [Zugl. Köln, Univ., Habil.-Schr. 2000].
L'année franco-allemande. Berlin 3, 2006. [Abb. Heine S. 135].
Assel, Jutta; Jäger, Georg: Orte kultureller Erinnerung : die Loreley. [München] 2006 [Ausdruck: *http://www.goethezeitportal.de/index.php?id=2587*].
Audiatur et altera pars : Richter und Gerichtsszenen in der geistlichen und weltlichen Literatur. Hrsg. Reinhard G. Birkenstock. München 2006. (dtv Sachbuch; 34298). [»Schöpfungslieder IV« S. 11].
Aus der Vergangenheit für die Zukunft lernen : Erinnerungsdaten für die Landeshauptstadt Düsseldorf 2007–2010. Hrsg. von der Landeshauptstadt Düsseldorf, Der Oberbürgermeister, Stadtarchiv. Verantwortl. Clemens von Looz-Corswarem. Red. Andrea Trudewind. Düsseldorf 2006.
»Aus meiner Hand dies Buch …« : zum Phänomen der Widmung. Hrsg. im Auftr. d. Österreichischen Literaturarchivs der Österreichischen Nationalbibliothek und der Wienbibliothek im Rathaus von Volker Kaukoreit, Marcel Atze und Michael Hansel unter Mitarb. v. Thomas Degener, Tanja Gausterer und Martin Wedl. Wien 2007. (Sichtungen; 8/9, 2005/2006).
Bachmann, Ralf: Die Bornsteins : eine deutsch-jüdische Familiengeschichte. Beucha 2006.
Backhaus, Knut: Koordinaten der Aufklärung : zur geistigen Herkunft einer Universitätsstadt; [Festvortrag zum Neujahrsempfang]. Hrsg.: Peter Freese. Paderborn 2003. (Paderborner Universitätsreden; 85).
Baeumer, Max L.: Dionysos und das Dionysische in der antiken und deutschen Literatur. Darmstadt 2006.
Barth, Christian T.: Antisemitismus bei Joseph Goebbels. – In: Ders.: Goebbels und die Juden. Paderborn [u. a.] 2003. [Zugl.: Mainz, Univ., Diss. 2002].

Bartscherer, Christoph: Poetische Abendmahlslehren : das Motiv von »Brot und Wein« in Literatur und Philosophie des 19. Jahrhunderts. – In: Ausblicke. München 12, 2002. S. 2–9.

Bartscherer, Christoph: »Romantische Weltuntergänge« : apokalyptische Endzeitvisionen in der romantischen Literatur. – In: Ausblicke. München 8, 2000. S. 2–8.

Bartscherer, Christoph: Zwischen Auflehnung und Zweifel : das Gottestodmotiv in der Literatur. – In: Ausblicke. München 10, 2001. S. 24–32.

Bauer, Barbara: Jüdische Identitätsprobleme und ein Strukturgesetz der Holocaust-Memoiren : ein Unterrichtsvorschlag für die Sekundarstufe II. – In: Der Deutschunterricht. Stuttgart 49, 1997, 4. S. 5–19.

Bel, Jacqueline: The femme fatale in literature : the beautiful, merciless woman. – In: Femmes fatales : 1860–1910; [accompanies the exhibition of the same name which runs from 19 January until 4 May 2003 in the Groninger Museum, the Netherlands and from 17 May until 17 August 2003 in the Koninklijk Museum voor Schone Kunsten, Antwerp, Belgium]. Essays by Henk van Os ... Koninklijk Museum voor Schone Kunsten Antwerpen; Groninger Museum. Wommelgem 2002. S. 55–65.

Berger, Ruth: Die Reise nach Karlsbad : historischer Roman. Reinbek bei Hamburg 2003. (rororo; 23304).

Block, Richard: From Goethe's Weimar to Hess' Zion : remapping a literary history through textual configurations of sexuality. – In: MLN. Baltimore, MD 119, 2004. S. 409–430.

Block, Richard: Queering the jew who would be German: Peter Schlemihl's strange and wonderful history. – In: Seminar. New York, NY 40, 2004. S. 93–110.

Block, Richard: The Spell of Italy : vacation, magic, and the attraction of Goethe. Detroit 2006. (Kritik, German literary theory and cultural studies).

Böttiger, Helmut: Wie man Gedichte und Landschaften liest : Celan am Meer. Hamburg 2006. (Marebibliothek; 27).

Bourdieu, Pierre: Die Regeln der Kunst : Genese und Struktur des literarischen Feldes. Übers. von Bernd Schwibs und Achim Russer. Frankfurt a. M. 2001. (Suhrkamp-Taschenbuch Wissenschaft; 1539). [Les règles de l'art].

Bogner, Ralf Georg: Der Autor im Nachruf : Formen und Funktionen der literarischen Memorialkultur von der Reformation bis zum Vormärz. Tübingen 2006. (Studien und Texte zur Sozialgeschichte der Literatur; 111).

Bozo, Peter: »Was ist des Deutschen Vaterland?« Liszt nemet Zarandokevenek terve. – In: Magyar zene. Budapest 43, 2005, 3. S. 281–300.

Braese, Stephan: Die »biblische Sprache« : deutsche Sprachkultur von Juden in Europa. – In: Trajekte. Berlin 6, 2006, April = 12. S. 29–33.

Braun, Karlheinz und Siegfried Diehl: Frankfurt : ein Reisebegleiter. Mit farb. Fotogr. v. Uwe Dettmar. Frankfurt a. M. 2006. (Insel-Taschenbücher; 3204).

Briese, Olaf: »Jleechgültigkeit und rochen im Thierjarten« : Tabak und Ekstase in den Rebellionen 1830 und 1848. – In: 1848 und der deutsche Vormärz. Red.: Peter Stein ... Bielefeld 1997. (Forum Vormärz Forschung: Jahrbuch; 3: Jahrbuch 1997). S. 27–42.

Brodersen, Ingke und Rüdiger Dammann: Zerrissene Herzen : die Geschichte der Juden in Deutschland. Ill. von Klaus Ensikat. Frankfurt a. M. 2006.

Bruer, Albert: Aufstieg und Untergang : eine Geschichte der Juden in Deutschland (1750–1918). Köln [u. a.] 2006.

Bucher, Katrin: Von den Göttern im Exil zu fröhlichen Berserkern der Bildmontage. – In: Die Götter im Exil = Gods in Exile : Salvador Dali, Albert Oehlen u. a. Diese Publikation erscheint anlässlich der Ausstellung ... Kunsthaus Graz am Landesmuseum Joanneum 04. 03.– 07. 05. 2006. Kuratoren / Curators Karin Bucher, Peter Pakesch; Hrsg. / Editor Peter Pakesch. Köln 2006. S. 18–27.

Budde, Elmar: Schuberts Liederzyklen : ein musikalischer Werkführer. München 2003. (Beck'sche Reihe; 2207: C. H. Beck Wissen).

Cersowsky, Peter: »Mehr als Musik« : Paganini in der deutschen Literatur seiner Zeit. – In: Archiv für das Studium der neueren Sprachen und Literaturen. Berlin 156 = 241, 2004. S. 157–167.

Charvin, Blandine: Clara Schumann (1819–1896) : voyages en France. Paris 2005. (Univers musical).

Clark, Frazer S.: Zeitgeist and Zerrbild : word, image and idea in German satire 1800–1848. Oxford [u. a.] 2006. (Britische und irische Studien zur deutschen Sprache und Literatur; 43).

Denis, Nicola: Nur »ein mittelmässiges Lehrgedicht« oder doch »ein großes Muster«: Molieres Tartuffe im Spannungsfeld der Kritik zwischen romantischem Idealismus und jungdeutschen Engagement. – In: Internationales Archiv für Sozialgeschichte der Deutschen Literatur. Tübingen 28, 2003, 2. S. 1–38.

Deutsche Literatur und Kultur vom Nachmärz bis zur Gründerzeit in europäischer Perspektive. Hrsg. von Helmut Koopmann und Michael Perraudin. Unter Mitarb. von Andrea Bartl. Bielefeld. Bd. 1: Formen der Wirklichkeitserfassung nach 1948. 2003.

Dirks, Liane: Narren des Glücks: Roman. Köln 2004. [Heine-Bezug im Titel und als Zitat S. 7].

Döblin, Alfred: Kleine Schriften. Hrsg. von Anthony W. Riley. Zürich. Bd. 4. 2005. (Döblin, Alfred: Ausgewählte Werke in Einzelbänden).

Düsseldorfer Almanach. Hrsg. von Wilhelm Hüttermann-Hegermann. Öhningen 2006.

Düsseldorfer Ansichten = Views of Düsseldorf = Vistas de Düsseldorf. Editha Hackspiel, Radierungen; Joseph A. Kruse, Texte. Düsseldorf 2006.

Faust : Anthologie einer deutschen Legende. Ausgew. von Nicola Uther. Berlin 2006. 1 CD-ROM & Beih. (31 S.: Ill.).

Federhofer-Königs, Renate: Der Davidsbündler August Gathy : 1800–1858. Tutzing 2006.

Fontane, Theodor: Effi Briest : Roman. Frankfurt a. M. 2006. (Insel-Taschenbuch; 3504).

Franz Liszt and his world. Ed. by Christopher H. Gibbs and Dana Gooley. Princeton, NJ [u. a.] 2006.

Frickel, Daniela Anna: Adele Gerhard : (1868–1956); Spuren einer Schriftstellerin. Köln [u. a.] 2007. (Literatur und Leben; 70).

Frindte, Wolfgang: Dialoge über Deutsche, Juden und Antisemiten. – In: Ders.: Inszenierter Antisemitismus : eine Streitschrift. Wiesbaden 2006. S. 268–284.

Gans, Angela von und Monika Groening: Die Familie Gans 1350–1963 : Ursprung und Schicksal einer wiederentdeckten Gelehrten- und Wirtschaftsdynastie. Ubstadt-Weiher 2006.

Garloff, Katja: Essay, exile, efficacy: Adorno's literary criticism. – In: Monatshefte für deutschen Unterricht, deutsche Sprache und Literatur. Madison, WI 94, 2002, 1. S. 80–95.

Geier-Boruvka, Mesa: Wasserfrauen suchen ihre Seele : über Venus, Undine und Melusine in ihrem Element. – In: Literatur in Bayern. München 21, 2006, 83. S. 34–43.

Görtz, Sven: Heinrich Heine. Merenberg 2006. 1 CD (78:59 Min.).

Göttsche, Dirk: Emine Sevgi Özdamars Erzählung ›Der Hof im Spiegel‹ : Spielräume einer postkolonialen Lektüre deutsch-türkischer Literatur. – In: German life and letters. Oxford 59, 2006, 4. S. 515–525.

Goral-Sternheim, Arie: Im Schatten der Synagoge. 2. erw. Aufl. Hamburg 1994.

Grabenweger, Elisabeth: Schriftstellerei als Geschäft : Ada Christens Briefe an Julius Campe. – In: Sichtungen. Wien 6/7, 2003/2004 (2005). S. 158–180.

Grözinger, Elvira: Die schöne Jüdin : Klischees, Mythen und Vorurteile über Juden in der Literatur. Berlin [u. a.] 2003.
Gross, Raphael: Carl Schmitt und die Juden : eine deutsche Rechtslehre. Durchges. und erw. Ausg. 1. Aufl. Frankfurt a. M. 2005. (Suhrkamp-Taschenbuch Wissenschaft; 1754). [Zugl.: Essen, Univ., Diss. 1999].
Grzimek, Martin: Die siebte Seite des Würfels : eine Rückkehr nach Deutschland. – In: Sprache im technischen Zeitalter. Berlin 156, 2000. S. 356–368.
Günther, Sonja: Wir winden dir den Jungfernkranz : eine kleine Chronik Berlins um 1800. München [u. a.] 2001.
Hartung, Günter: ›Linke‹ Opposition gegen Goethe. – In: Ders.: Der Dichter Bertolt Brecht : zwölf Studien. Leipzig 2004. (Hartung, Günter: Gesammelte Studien und Vorträge; 3).
Hartung, Günter: Juden und deutsche Literatur : zwölf Untersuchungen seit 1979, mit einer neu hinzugefügten »Jüdische Themen bei Kafka«. Leipzig 2006. (Hartung, Günter: Gesammelte Studien und Vorträge; 4).
Hegelianismus und Saint-Simonismus. Hans-Christoph Schmidt am Busch, Ludwig Siep, Hans-Ulrich Thamer, Norbert Waszek (Hrsg.). Paderborn 2007.
Heil, Johannes: »Boten der Vergangenheit?« antiquierte Barbarei; mittelalterliche Pogrome im neuzeitlichen Gedächtnis. – In: Aschkenas. 10, 2000, 1. S. 9–42.
Heim, Uta-Maria: Ruth sucht Ruth : Roman. Berlin 2002. (BvT; 76023). [Zitat S. 59].
Herwegh, Georg: Werke und Briefe : kritische und kommentierte Gesamtausgabe. Hrsg. von Ingrid Pepperle in Verbindung mit Volker Giel … Bielefeld. Bd. 1: Gedichte 1835–1848. Bearb. von Volker Giel. 2006.
Heske, Henning: Zur Zeit der Gespenster. – In: Ders.: Fausts Phiole : über Poesie und Wissenschaft. Bonn 2006. S. 9–12.
Italien : eine Bibliographie zu Italienreisen in der deutschen Literatur. Stefanie Kraemer, Peter Gendolla (Hrsg.). Unter Mitarb. von Nadine Buderath. Frankfurt a. M. [u. a.] 2003. (Bibliographien zur Literatur- und Mediengeschichte; 8).
Italienisch. München 28, 2006, 1. [Erwähnung im Editorial S. 1].
Jäger, Anne Maximiliane: Von Glaubens- und von Saucenfragen : Sublimes und Profanes zum Thema. – In: Genußmittel und Literatur. Hans Wolf Jäger, Holger Böning, Gert Sautermeister Hrsg. Durchges. und erw. Neuaufl. 1. Aufl. Bremen 2003. S. 199–220.
Jensen, Uffa: Gebildete Doppelgänger : bürgerliche Juden und Protestanten im 19. Jahrhundert. Göttingen 2005. (Kritische Studien zur Geschichtswissenschaft; 167). [Zugl.: Berlin, Techn. Univ., Diss. 2003].
Johannsen, Werner: Alexander Heimbürger »bezaubert« Salomon Heine : ein Beitrag zur Vergnügungskultur im alten Hamburg. – In: Hamburgische Geschichts- und Heimatblätter. Hamburg 15, 2005, 4. S. 81–104.
Das jüdische Hamburg : ein historisches Nachschlagewerk. Hrsg. vom Institut für die Geschichte der Deutschen Juden. [Red.: Kirsten Heinsohn]. Göttingen 2006.
Kaminer, Olga: Alle meine Katzen. Berlin 2005.
Kimura, Naoji: Der ost-westliche Goethe : deutsche Sprachkultur in Japan. Bern [u. a.] 2006. (Deutsch-ostasiatische Studien zur interkulturellen Literaturwissenschaft; 2).
Klewe, Sabine: Wintermärchen : der dritte Katrin-Sandmann-Krimi. Meßkirch 2007. (Krimi im Gmeiner-Verlag). [Heine-Bezug nur im Titel].
Knoll, Gabriele M.: Kulturgeschichte des Reisens : von der Pilgerfahrt zum Badeurlaub. Darmstadt 2006.

Koltun-Fromm, Ken: Moses Hess and modern Jewish identity. Bloomington, IN 2001. (Jewish Literature and Culture).

Kupfer, Alexander: Die künstlichen Paradiese : Rausch und Realität seit der Romantik; ein Handbuch. Sonderausg. Stuttgart [u. a.] 2006. [Zugl.: Düsseldorf, Univ., Diss. 1994].

Labisch, Alfons: Zum Tode von Robert Gernhardt. – In: Magazin der Heinrich-Heine-Universität Düsseldorf. Düsseldorf 2006, 2. S. 58–59.

Lamping, Dieter: Fisch und Fehler. Der ›Dialog der Sprachen‹ in der Literatur der Grenze. – In: Literatur für Leser. Frankfurt a. M. 23, 2000, 2. S. 79–89.

Lange-Eichbaum, Wilhelm und Wolfram Kurth: Genie, Irrsinn und Ruhm : [die geheimen Psychosen der Mächtigen]. Reprint der einbändigen Ausg. 1967/1979. Frechen [2000].

Leitzbach, Christian: Vier Phasen Heine : Professor Bernd Kortländer sprach bei den Bilker Heimatfreunden. – In: Die Bilker Sternwarte. Düsseldorf 53, 2007, 2, S. 34–35.

Lewinsky, Charles: Ein ganz gewöhnlicher Jude. Hamburg 2005. (Rotbuch; 1166).

Liebenswertes NRW : eine Spurenlese aus 20 Jahren NRW-Stiftung. Duisburg 2006.

Loreley am jungen Rhein : literarische Streifzüge von den Quellen bis zum Bodensee. Hrsg. von Jens Dittmar. Mit einem Vorw. von Iso Camartini und Aquarellen von Felix Scheinberger. Schaan 2003.

Lübbren, Rainer: Swinegel Uhland : Persönlichkeiten im Spiegel von Straßennamen; Essay. Heiloo 2001.

Magerski, Christine: Die Konstituierung des literarischen Feldes in Deutschland nach 1871 : Berliner Moderne, Literaturkritik und die Anfänge der Literatursoziologie. Tübingen 2004. (Studien und Texte zur Sozialgeschichte der Literatur; 101). [Zugl: Melbourne, Monash Univ., Diss. 2003].

Martí, José: En los Estados Unidos : periodismo de 1881 a 1892. Ed. crítica Roberto Fernández Retamar ... coordinadores. Ed. crítica 1. ed. Madrid 2003. (Colección archivos; 43).

Meerbaum-Eisinger, Selma: Ich bin in Sehnsucht eingehüllt : Gedichte. Hrsg. von Jürgen Serke. Überarb. Neuausg. Hamburg 2005.

Meier, Albert: Die deutsche Romantik als gallophobes Missverständnis betrachtet. – In: Germanisch-romanische Monatsschrift. Heidelberg NF 55, 2005, 1. S. 119–128.

Müller, Marie Elisabeth: »Achtung Gegenverkehr!« Dialog ohne Einbahnstraße; wie man Geschichte(n) teilen und erzählen kann. – In: Acta Germanica. Frankfurt a. M. 32, 2005. S. 25–36.

Müller, Solvejg: Literarische Wege durch Düsseldorf. Mit Fotos von Elisabeth Kaltenbach. Erfurt 2006.

Nach der Diktatur : die Medizinische Akademie Düsseldorf vom Ende des Zweiten Weltkriegs bis in die 1960er Jahre. Hrsg. von Wolfgang Woelk, Frank Sparing, Karen Bayer und Michael G. Esch. [Beiträge Ulrich Herbert, Norbert Frei, Paul Weindling u. a.]. Essen 2003. (Düsseldorfer Schriften zur neueren Landesgeschichte und zur Geschichte Nordrhein-Westfalens; 66).

Nach der Sozialgeschichte : Konzepte für eine Literaturwissenschaft zwischen historischer Anthropologie, Kulturgeschichte und Medientheorie. Hrsg. von Martin Huber und Gerhard Lauer. Tübingen 2000.

Neu, Peter: Christoph August Traxel, Journalist, Dichter, Demokrat, Freund Heinrich Heines (1802–1839). – In: Ders.: Bitburger Persönlichkeiten : Frauen und Männer aus 2000 Jahren Bitburger Geschichte. Bitburg 2006. S. 46–59.

Neuhaus, Volker: Bibel. Bildausw.: Maria Naumann. Köln 2005. (DuMont Schnellkurs). [»Belsatzar« S. 122–123].

Neumann, Gerhard: Zitierte Authentizität in Stifters ›Nachsommer‹ und Fontanes ›Effi Briest‹ : Hegel – Bergson – Barthes. – In: Literatur als Philosophie – Philosophie als Literatur. Hrsg. von Eva Horn, Bettine Menke und Christoph Menke. Paderborn [u. a.] 2006.

Nicht müde werden! Stammbuch der Familie Jahn. Hrsg. von Michael Kirmes-Seitz. Weimar 2006.

Noll, Wulf: Reise nach Indien : »Dann, gute Nacht, Madame!«. Mit einem Nachw. von Wolfgang Cziesla. Düsseldorf 2006.

Nur wenn ich lache : neue jüdische Prosa. Hrsg. von Olga Mannheimer und Ellen Presser. München 2002. (dtv; 12955).

Oppermann, Jürgen: Das Drama Der Wanderer von Joseph Goebbels : Frühformen nationalsozialistischer Literatur. Karlsruhe, Univ., Diss. 2005.

Pakesch, Peter: Die Unruhe der Bilder. – In: Die Götter im Exil = Gods in Exile : Salvador Dali, Albert Oehlen u. a. Diese Publikation erscheint anlässlich der Ausstellung ... Kunsthaus Graz am Landesmuseum Joanneum 04.03. – 07. 05. 2006. Kuratoren / Curators Karin Bucher, Peter Pakesch; Hrsg. / Editor Peter Pakesch. Köln 2006. S. 10–16.

Prein, Philipp: Bürgerliches Reisen im 19. Jahrhundert : Freizeit, Kommunikation und soziale Grenzen. Münster 2005. (Kulturgeschichtliche Perspektiven; 3). [Zugl.: Berlin, Humboldt-Univ., Diss. 2003].

Der Rabbi von Dollendorf : die rheinischen Landjuden und der Dichter Guillaume Apollinaire 1901–1902; [Beiheft zur Sonderausstellung Jüdisches Leben in Königswinter; Eröffnung am 27. April 2006 im Brückenhofmuseum in Königswinter-Oberdollendorf]. Kurt Roessler. Bornheim 2006. (Schriften zur rheinischen Lyrik; 7). [Heine im Kapitel »Das literarische Thema des Ewigen Juden«].

Reader's Digest illustrierte Geschichte der Welt. Stuttgart [u. a.]. [10]: Kampf um nationale Einheit : 1815–1871. 2007.

Reiselust : deutsche Italien-Reiseliteratur aus 250 Jahren; Ausstellung 5. 3.–23. 4. 2006 auf Haus Kemnade. Günter Karhof, Willi Köhne. Erw. u. verb. 2. Aufl. Hattingen 2006.

Ritzmann, Imke: Ideengeschichtliche Aspekte des Hermannsdenkmals bei Detmold. – In: Lippische Mitteilungen aus Geschichte und Landeskunde. Detmold 75, 2006. S. 193–230.

Robert Schumann in Endenich (1854–1856) : Krankenakten, Briefzeugnisse und zeitgenössische Berichte. Hrsg. von der Akademie der Künste, Berlin, und der Robert-Schumann-Forschungsstelle, Düsseldorf, durch Bernhard R. Appel. Mit e. Vorw. von Aribert Reimann. Mainz [u. a.] 2006. (Schumann-Forschungen; 11).

Robertson, Ritchie: Sacrifice and sacrament in ›Der Zauberberg‹. – In: Oxford German Studies. Oxford 35, 2006. S. 55–65.

Roemer, Nils: Between the provinces and the city : mapping German-Jewish memories. – In: Leo Baeck Institute: Year book. London 51, 2006. S. 61–78.

Rose, Margaret A.: Parodie, Intertextualität, Interbildlichkeit. Bielefeld 2006. (Aisthesis Essay; Bd. 23).

Roskothen, Johannes: Verkehr : zu einer poetischen Theorie der Moderne. München 2003. [Zugl.: Düsseldorf, Univ., Habil.-Schr.].

Rozier, Gilles: Abrahams Sohn. Aus d. Franz. übers. von Claudia Steinitz. Köln 2007. [La promesse d'Oslo].

Rürup, Reinhard: Jewish emancipation and the vision of civil society in Germany. – In: Leo Baeck Institute: Year book. London 51, 2006. S. 43–50.

Ruhs, August: Die Götter in Zivil. – In: Die Götter im Exil = Gods in Exile : Salvador Dali, Albert Oehlen u. a. Diese Publikation erscheint anlässlich der Ausstellung ... Kunsthaus Graz am

Landesmuseum Joanneum 04.03. – 07.05.2006. Kuratoren / Curators Karin Bucher, Peter Pakesch; Hrsg. / Editor Peter Pakesch. Köln 2006. S. 28–39.

Sammons, Jeffrey L.: Retroactive dissimilation : Louis Untermeyer, the »American Heine«. – In: Ders.: Heinrich Heine. Würzburg 2006. S. 223–242.

Sauerland, Karol: Zerrissenheit als Thema dreier Jahrhundertwenden. – In: Das intellektuelle Europa der Jahrhundertwenden. Barbara Surowska (Hrsg.). Warszawa 2000. S. 7–12.

Schambach, Sigrid: Aus der Gegenwart die Zukunft gewinnen : die Geschichte der Patriotischen Gesellschaft von 1765. [Hrsg. von der Patriotischen Gesellschaft von 1765]. Hamburg 2004.

Schattenhofer, Monika: »Herausweh« nach München : Fjodor Iwanowitsch Tjutschev; Dichter, Heine-Freund, Frauenheld; [Rundfunkmanuskript, Bayerischer Rundfunk, Sendung vom 9.11. 2003]. München 2003.

Schläder, Jürgen: »Ich denk mir, was soll es bedeuten ...« : über die ambivalente Erzählweise in Bildern; [Vortrag, gehalten vor dem Rotary-Club Düsseldorf-Süd am 11.10.2006]. Düsseldorf 2006. [Heine-Bezug nur im Titel].

Schlenstedt, Dieter: Feuilletons: Annäherung an eine poetische Prosa. – In: Weimarer Beiträge. Berlin 48, 2002, 3. S. 420–433.

Schmitz, Rainer: Was geschah mit Schillers Schädel? Alles, was Sie über Literatur nicht wissen. Frankfurt a.M. 2006. (Eichborn Berlin).

Schnur, Dieter: Die doppelten Reiner. – In: Jan Wellem. Düsseldorf 82, 2007, 1. S. 21.

Scholz, Hannelore: Die Loreley im interkulturellen Diskurs : vom poetischen zum nationalen Mythos«. – In: Interkulturalität und Nationalkultur in der deutschsprachigen Literatur. Maja Razbojnikova-Trateva, Hans-Gerd Winter (Hrsg.). Dresden 2006. (Germanica; N.F. 2003/2004). S. 137–152.

Schröder, Frank: Rosa Katz : Heine's Urgroßnichte. – In: Kulturkalender. Rostock [u.a.] 2006, 5. S. 24.

Schuchalter, Jerry und Gerhard Schildberg-Schroth: Januskopf Amerika : die Neue Welt im Spiegel deutscher Amerikaliteratur des 19. Jahrhunderts. Münster [u.a.] 2006. (Dichtung – Wahrheit – Sprache; 6).

Schüppen, Franz: Ein Ordenspriester aus Mähren definiert sich als Bürger einer Neuen Welt : Emigration und Immigration bei Charles Sealsfield. – In: HJb 2006. S. 165–190.

Seidel, Sabine: Reduziertes Leben : Untersuchungen zum erzählerischen Werk Marlen Haushofers. Passau, Univ., Diss. 2005.

Seth, Vikram: Zwei Leben : Porträt einer Liebe. Frankfurt a.M. 2006.

So schrieb auch Heinrich Heine : die deutsche Kurrentschrift. – In: Ars scribendi. Leverkusen 13, 2005, 1. S. 10–11.

Söhn, Gerhart: Wolfgang Menzel : Leben – Werk – Wirkung; Bibliographie. Düsseldorf 2006.

Der soziographische Blick oder als Heinrich Heine das Multiversum per Anhalter über die Einstein-Rosen-Brücke durch den Quantenschaum entlang dem Wurmloch parallel über das schwarze Loch zurück durchquerte = The sociographic view or, when Heinrich Heine crossed the multiverse hitchhiking across the Einstein Rosen bridge through the quantum foam along the wormhole and back on a parallel course via the black hole : [das Buch versammelt Beiträge von AutorInnen und KünstlerInnen, deren Ausgang die von Stefan Bidner kuratierte Ausstellungsreihe »Der soziographische Blick« im Kunstraum Innsbruck von 30. März 2004 – 7. Dezember 2005 war]. Stefan Bidner (Hrsg.); [Übers.: Daniel Ostermann ...]. Köln 2006. [Heine nur im Titel].

Stahl, Enno: Auf der Suche nach Averroes : Fundamentalisten, deutsche Sufis und andere Vexierbilder. – In: Weimarer Beiträge. Berlin 50, 2004, 3. S. 344–359.
Stelzner, Frank: Maximilian v. Heine (1806–1879) und seine Arbeiten zur Pest. – In: »Wer vieles bringt, wird manchem etwas bringen« : ein medizin- und wissenschaftshistorisches Florilegium; Festgabe für Ingrid Kästner zum 60. Geburtstag. Regine Pfrepper, Sabine Fahrenbach, Natalja Decker (Hrsg.). Aachen 2002. (Deutsch-russische Beziehungen in Medizin und Naturwissenschaft; 5). S. 111–120.
Stolzenau, Martin: In Heinrich Heines Fußstapfen : Joseph Mendelssohn, Schriftsteller und Publizist aus Jever, starb vor 150 Jahren. – In: Jeversches Wochenblatt / Friesische Heimat. Jever 358 vom 15.04.2006. S. [3].
Storjohann, Uwe: Heinrich das Kind : die Kinderjahre Heinrich Heines; Hörspiel mit Musik. Uwe Storjohann. Gesprochen von Rolf Becker, Dominique Alexandru u. v. a. Musik: Wassilos Papadoupolos und Hans-Jürgen Pinkus. Realisation: Andre Lande. NDR. Berlin 2006. 1 CD. (Eloquence : Junior-Hörbuch : Deutsche Grammophon : Literatur).
Streit am Rhein : das Buch über Köln und Düsseldorf. Text u. Recherche: Jutta Gay. Red.: Stephan Meyer. Köln 2006.
Strigl, Daniela: Platzanweiser im circus maximus? Traum und Wirklichkeit der Literaturkritik. – In: Literatur und Kritik. Salzburg 36, 2001. S. 24–30.
Suhrbier, Hartwig: Zeitkritik statt Lachvorlagen : Ludwig Reinhard : ›Neun plattdeutsche Göttergespräche‹ (1865). – In: Humor und Satire in den Werken von Fritz Reuter, John Brinckmann, Ludwig Reinhard, Adolf Glaßbrenner und Wilhelm Busch. Hrsg. im Auftrag der Fritz Reuter Gesellschaft von Christian Bunners, Ulf Bichel und Jürgen Grote. Rostock 2007. (Beiträge der Fritz-Reuter-Gesellschaft; 17). S. 87–108.
Die Töchter der Loreley : Romantik, Revolution und Feynsinn: Frauen am Rhein. Anne Jüssen (Hrsg.). Königstein/Taunus 2004.
Toleranz – Weisheit, Liebe oder Kompromiss? Multikulturelle Diskurse und Orte. Sabine Hering (Hrsg.). Mit Beitr. von Micha Brumlik, Mariano Delgado, Ralph van Doorn ... Opladen 2004. [»Disputation« S. 261–265].
Trilse-Finkelstein, Jochanan: Jeder Tag ein Gedenktag. – In: Jüdische Korrespondenz. Berlin 16, 2006, 2. S. 7.
Türk, Ulrich: Gestatten, Heinrich Heine. Neuaufl. Bonn 2007. 1 CD (45 Min.). (Türk, Ulrich: Gedichtezeit; 2).
Turgenev, Ivan S.: Werther Herr! Turgenevs deutscher Briefwechsel. Ausgew. und kommentiert von Peter Urban. Berlin 2005. (Ein Winterbuch).
Ungleichzeitigkeiten der Europäischen Romantik. Hrsg. Alexander von Bormann. Würzburg 2006. (Stiftung für Romantikforschung; 39).
Viviani, Annalisa: Der Traum von der »allgemeinen europäischen Völkerverbrüderung«. – In: Neue Gesellschaft, Frankfurter Hefte. Bonn 53, 2006, 1/2. S. 89–93.
Waszek, Norbert: Eduard Gans on poverty and on the constitutional debate. – In: The new Hegelians : politics and philosophy in the Hegelian school. Ed. by Douglas Moggach. New York, NY [u. a.] 2006. S. 24–49.
Weissweiler, Eva: Die Freuds : Biographie einer Familie. 2. Aufl. Köln 2006.
West-Ost-Journal. Berlin 13, 2007, 2. [Zitat S. 20].
Wiedemann, Kerstin: Zwischen Irritation und Faszination : George Sand und ihre deutsche Leserschaft im 19. Jahrhundert. Tübingen 2003. (Mannheimer Beiträge zur Sprach- und Literaturwissenschaft; 53). [Zugl.: Heidelberg, Paris, Univ., Diss. 2000/01].

Willhardt, Rolf: »Schlage die Trommel und fürchte dich nicht ...« : der Germanist und Autor Wilhelm Gössmann wurde 80. – In: Magazin der Heinrich-Heine-Universität Düsseldorf. Düsseldorf 2006, 3. S. 22–24.

Wirtz, Michaela: Patriotismus und Weltbürgertum : eine begriffsgeschichtliche Studie zur deutschjüdischen Literatur 1750–1850. Tübingen 2006. (Conditio Judaica; 59). [Zugl.: Aachen, Techn. Hochsch., Diss. 2004].

Wolf, Tobias: Salome : vom namenlosen Mädchen zur männermordenden Opernheroine. – In: Triangel. Leipzig 11, 2006, 2. S. 6–15.

Wülfing, Wulf: Metropolis und Eisenbahn : zu Massen-Diskursen im 19. Jahrhundert. – In: Masse Mensch : das »Wir« – sprachlich behauptet, ästhetisch inszeniert. Andrea Jäger ... (Hrsg.). Halle (Saale) 2006. S. 271–281.

Zeitenbruch 1933–1945 : jüdische Existenz in Rheinland-Westfalen; [eine Publikation des Jüdischen Museums Westfalen]. [Wiss. Konzeption und Texte: Marina Sassenberg]. Essen 1999.

Zwischen Poesie und Musik : Robert Schumann – früh und spät; Begleitbuch und Katalog zur Ausstellung; eine Ausstellung des StadtMuseums Bonn und der Robert-Schumann-Gesellschaft Zwickau; Ernst-Moritz-Arndt-Haus Bonn, Adenauerallee 79 29. Juni – 8. Oktober 2006; Robert-Schumann-Haus Zwickau und Galerie am Domhof, Zwickau 22. Oktober 2006 – 14. Januar 2007. Hrsg. von Ingrid Bodsch ... Mit Beitr. von Ute Bär ... Bonn 2006.

3 Rezensionen

»Als müßte ich gleich nach Hause gehn« : Düsseldorf im Spiegel der Literatur. Hrsg. von Detlev Arens. Köln 2006. – Rez.: Petra Kammann: Vom hier sein und vom anders sein : Detlev Arens' »Als müsste ich gleich nach Hause gehen« und Javier Salinas' neuer Roman »E« in: Düsseldorfer Hefte. Düsseldorf 51, 2006, 12. S. 63.

Aufenanger, Jörg: Heinrich Heine in Paris. München 2005. (dtv premium; 24518). – Rez.: Wolfgang Schneider in: Börsenblatt für den Deutschen Buchhandel. Frankfurt a. M. 173 2006, 3. S. 40–42. – Rez.: Horst Schmidt: Der Beginn der literarischen Moderne in Deutschland in: Neue Gesellschaft, Frankfurter Hefte. Bonn 53, 2006, 1/2, S. 95.

Bartscherer, Christoph: Heinrich Heine und die Frauen : »und immer irrte ich nach Liebe«. Orig.-Ausg. Freiburg i. Br. [u. a.] 2006. (Herder-Spektrum; 5681). – Rez.: Wolfgang Schneider in: Börsenblatt für den Deutschen Buchhandel. Frankfurt a. M. 173, 2006, 3. S. 40–42.

Bartscherer, Christoph: Heinrich Heines religiöse Revolte. Freiburg i. Br. 2004. (Forschungen zur europäischen Geistesgeschichte; 6). – Rez.: Michael Braun in: Germanistik. Tübingen 47, 2006, 1/2. S. 331–332.

Berbig, Roland: Das Kaddisch am 150. Sterbetag : eine Revue zur Heine-Literatur im Gedenkjahr 2006. – In: Zeitschrift für Germanistik. Berlin NF 16, 2006, 3. S. 631–637.

Boyer, Sophie: La femme chez Heinrich Heine et Charles Baudelaire : le langage moderne de l'amour. Paris [u. a.] 2004. (Allemagne d'hier et d'aujourd'hui). – Rez.: Jean Lacoste in: romantisme. Paris 131, 2006, 1. S. 140–142. – Rez.: Paul Rowe in: Modern language review. Leeds 101, 2006, 4. S. 1079.

A companion to the works of Heinrich Heine. Rochester, NY 2002. (Studies in German literature, linguistics, and culture). – Rez.: Ritchie Robertson in: Journal of European Studies. Thousand Oaks, CA 33, 2003, 1. S. 76–77.

Confrontations – accommodations : german-jewish literary and cultural relations from Heine to
Wassermann; [Festschrift für Jeffrey Sammons]. Ed. by Mark H. Gelber. Tübingen 2004.
(Conditio Judaica; 46). – Rez.: Arvi Sepp in: German quarterly. Cherry Hill, NJ 79, 2006, 4.
S. 535–537.
Decker, Kerstin: Heinrich Heine : Narr des Glücks. Berlin 2005. – Rez.: Horst Schmidt: Der Beginn
der literarischen Moderne in Deutschland in: Neue Gesellschaft, Frankfurter Hefte. Bonn 53,
2006, 1/2. S. 93–95. – Rez.: Enno Stahl in: Kritische Ausgabe. Bonn 10, 2006/07, Winter. S. 89–
92.
Essen und Trinken mit Heinrich Heine : Madame, sie sollen meine Küche loben. Heine, Heinrich
(Text); Hauschild, Jan-Christoph (Hrsg.), Bourgueil, Jean-Claude (Mitarb.). Neuausg. München
2005. (dtv; 13394). – Rez.: Enno Stahl in: Kritische Ausgabe. Bonn 10, 2006/07, Winter. S. 89–92.
Ferchl, Irene: Ich bin kein Gelehrter, ich selber bin Volk : zwanzig Bücher von und über Heinrich
Heine. – In: Schweizer Monatshefte. Zürich 2006, 5/6. S. 45–47.
Gesse-Harm, Sonja: Zwischen Ironie und Sentiment : Heinrich Heine im Kunstlied des 19. Jahr-
hunderts. Stuttgart, Weimar 2006. (Heine-Studien). – Rez.: Wolfgang Schneider in: Börsen-
blatt für den Deutschen Buchhandel. Frankfurt a. M. 173, 2006, 3. S. 40–42. – Christoph Vratz:
Brüchige Netze in: oper 2006 : das Jahrbuch. Seelze 2006. (Opernwelt; 47, Sondernummer).
S. 83–87.
Gössmann, Wilhelm: Die Wallfahrt nach Kevelaer von Heinrich Heine. Mit Siebdrucken von
Theresia Schüllner. Kevelaer 2006. – Rez.: [pl]: Heinrich Heines »Wallfahrt nach Kevelaer« in:
Christ in der Gegenwart. Freiburg i. Br. 58, 2006, 39. S. 318.
Goetschel, Willi: Spinoza's modernity : Mendelssohn, Lessing, and Heine. Madison, WI 2003.
(Studies in German Jewish cultural history and literature). – Rez.: Carl Niekerk in: Monats-
hefte für deutschsprachige Literatur und Kultur. Madison, WI 97, 2005, 3. S. 533–535. – Rez.:
Peter Böhm in: German studies review. Tempe, AZ 29, 2006, 2. S. 456–458. – Rez.: Arnd
Bohm in: The germanic review. Washington, DC 81, 2006, 1. S. 85–87.
Gotthelf – Heine – Taillandier : literarische Begegnungen. Philipp W. Hildmann, Hanns Peter
Holl. Tübingen [u. a.] 2006. – Rez.: Thomas Richter in: Germanistik. Tübingen 47, 2006 1–2.
S. 327–328.
Gyöngyösi, Maria: A. Blok i nemeckaja kul'tura = A. Blok und die deutsche Kultur : Novalis,
Gejne, Nicse, Vagner. Frankfurt a. M. [u. a.] 2004. (Vergleichende Studien zu den slavischen
Sprachen und Literaturen; 9). [Zugl.: Budapest, Univ., Diss. 2001]. – Rez.: Jason Merrill in:
Slavic and east european journal. Berkeley, CA 49, 2005, 4. S. 679–680.
Hachmeister, Gretchen L.: Italy in the German literary imagination : Goethe's »Italian journey«
and its reception by Eichendorff, Platen, and Heine. Rochester, NY 2002. (Studies in German
literature, linguistics and culture). – Rez.: Alison Martin in: British journal for eighteenth cen-
tury studies. Oxford 26, 2003, 1. S. 138–139.
Hauschild, Jan-Christoph und Michael Werner: »Der Zweck des Lebens ist das Leben selbst« :
Heinrich Heine; eine Biographie. Frankfurt a. M. 2005. – Rez.: Wolfgang Schneider in: Börsenblatt für den Deutschen Buchhandel. Frankfurt a. M. 173, 2006, 3. S. 40–42. – Rez.: Enno
Stahl in: Kritische Ausgabe. Bonn 10, 2006/07, Winter. S. 89–92.
Die Heine-Box : die schönsten Gedichte; Deutschland. Ein Wintermärchen; die Harzreise. Katharina Thalbach, Jan Josef Liefers und Alexander Khuon lesen. Regie: Torsten Feuerstein. Ungekürzte Lesung. Berlin 2005. 5 CDs & Beih. (Argon-Hörbuch). – Rez.: Wolfgang Schneider
in: Börsenblatt für den Deutschen Buchhandel. Frankfurt a. M. 173, 2006, 3. S. 40–42.

Heine, Heinrich: Deutschland. Ein Wintermärchen. Ill. von Hans Traxler, Hrsg. Werner Bellmann. Ditzingen 2005. – Rez.: Enno Stahl in: Kritische Ausgabe. Bonn 10, 2006/07, Winter. S. 89–92.

Heine, Heinrich: Écrits mythologiques. Trad., notes et postface par Marie-Ange Maillet. Paris 2004. (Bibliothèque franco-allemande). [Mythologische Schriften]. – Rez.: Jean Lacoste in: romantisme. Paris 131, 2006, 1. S. 140–142.

Heine, Heinrich: Gib mir Küsse, gib mir Wonne : frivole Gedichte. Hrsg. Jan Ch. Hauschild. Berlin 2005. – Rez.: Enno Stahl in: Kritische Ausgabe. Bonn 10, 2006/07, Winter. S. 89–92.

Heine, Heinrich: Leben Sie wohl und hole Sie der Teufel : Biographie in Briefen. Hrsg. von Jan-Christoph Hauschild. [Die franz. Briefe Heinrich Heines wurden von Ingo Fellrath neu übers.]. Berlin 2005. – Rez.: Wolfgang Schneider in: Börsenblatt für den Deutschen Buchhandel. Frankfurt a. M. 173, 2006, 3. S. 40–42. – Rez.: Enno Stahl in: Kritische Ausgabe. Bonn 10, 2006/07, Winter. S. 89–92.

Heine, Heinrich: Ludwig Börne : eine Denkschrift. Hrsg. Rudolf Wolff. Bad Schwartau 2006. (Literarische Tradition). – Rez.: Wolfgang Schneider in: Börsenblatt für den Deutschen Buchhandel. Frankfurt a. M. 173, 2006, 3. S. 40–42.

Heine, Heinrich: Poèmes tardifs. Trad. et notes par Nicole Taubes, postface par Michel Espagne. Paris 2003. (Bibliothèque Franco-Allemande). – Rez.: Jean Lacoste in: romantisme. Paris 131, 2006, 1. S. 140–142.

Heine, Heinrich: Säkularausgabe : Werke, Briefwechsel, Lebenszeugnisse. Berlin [u. a.]. Berlin [u. a.]. Bd. 16/17: De l'Allemagne : K 1. 1995. – Rez.: Robert Steegers in: Zeitschrift für deutsche Philologie. Berlin 122, 2003, 4. S. 623–625.

Heine, Heinrich: Säkularausgabe : Werke, Briefwechsel, Lebenszeugnisse. Berlin [u. a.]. Bd. 16/17: De l'Allemagne : K 2. Bearbeiter Dirk Fuhrig. 2002. – Rez.: Robert Steegers in: Zeitschrift für deutsche Philologie. Berlin 122, 2003, 4. S. 623–625.

Heine, Heinrich: »... und grüßen sie mir die Welt« : ein Leben in Briefen. Hrsg. Bernd Füllner u. Christian Liedtke. Hamburg 2005. – Rez.: Uwe Lemm in: Internationales Jahrbuch der Bettina-von-Arnim-Gesellschaft. Berlin 18, 2006. S. 195–196. – Rez.: Wolfgang Schneider in: Börsenblatt für den Deutschen Buchhandel. Frankfurt a. M. 173, 2006, 3. S. 40–42. – Rez.: Enno Stahl in: Kritische Ausgabe. Bonn 10, 2006/07, Winter. S. 89–92.

Heine (1797–1856). Hrsg. v. Endre Kiss und Tamas Lichtmann. Debrecen 2002. (Nemet filologiai tanulmanyok; 26). – Rez.: Imre Kurdi in: Jahrbuch der ungarischen Germanistik. Budapest 2003. S. 387–390.

Heine für Gestreßte. Ausgew. von Joseph A. Kruse. Frankfurt a. M. Main 2005. (Insel-Taschenbücher; 3155). – Rez.: Enno Stahl in: Kritische Ausgabe. Bonn 10, 2006/07, Winter. S. 89–92.

Heine und die Nachwelt : Geschichte seiner Wirkung in den deutschsprachigen Ländern; Texte und Kontexte, Analysen und Kommentare. Dietmar Goltschnigg und Hartmut Steinecke (Hrsg.). Berlin. Bd. 1: 1856–1906. 2006. – Rez.: Erhard Jöst: Die Rezeptionsgeschichte eines provokanten Poeten in: literaturkritik.de. Marburg 2007, 1. o. S.

Heinrich Heine für Große und Kleine : Gedichte. Mit Bildern von Reinhard Michl. Hrsg. v. Jan-Christoph Hauschild. München 2005. (dtv; 13391). – Rez.: Enno Stahl in: Kritische Ausgabe. Bonn 10, 2006/07, Winter. S. 89–92.

Heinrich Heine im Porträt : wie die Künstler seiner Zeit ihn sahen. Hrsg. Christian Liedtke. Hamburg 2006. – Rez.: Wolfgang Schneider in: Börsenblatt für den Deutschen Buchhandel. Frankfurt a. M. 173, 2006, 3. S. 40–42. – Rez.: Enno Stahl in: Kritische Ausgabe. Bonn 10, 2006/07,

Winter. S. 89–92. – Rez.: Uwe Lemm in: Internationales Jahrbuch der Bettina-von-Arnim-Gesellschaft. Berlin 18, 2006. S. 195–196.

Heinrich Heines Werk im Urteil seiner Zeitgenossen. Hrsg. v. Eberhard Galley und Alfred Estermann, später von Sikander Singh und Christoph auf der Horst. Stuttgart, Weimar. (Heine-Studien). Bd. [13]: Singh, Sikander: Kommentar 1821 bis 1856 und Register. 2006. – Rez.: Michel Espagne in: Etudes germaniques. Paris 61, 2006, 2. S. 284–285.

Hessing, Jakob: Der Traum und der Tod : Heinrich Heines Poetik des Scheiterns. Göttingen 2005. – Rez.: Wolfgang Schneider in: Börsenblatt für den Deutschen Buchhandel. Frankfurt a. M. 173, 2006, 3. S. 40–42. – Rez.: Enno Stahl in: Kritische Ausgabe. Bonn 10, 2006/07, Winter. S. 89–92. – Rez.: Nathanael Riemer in: Zeitschrift für Germanistik. Bern 14, 2006, 3. S. 672–674. – Rez.: Caspar Battegay: Die Trauer des Erwachenden in: IASLonline *http://iasl.uni-muenchen.de/rezensio/liste/Battegay 3892449589_1602.html*.

Hildebrand, Olaf: Emanzipation und Versöhnung : Aspekte des Sensualismus im Werk Heinrich Heines unter besonderer Berücksichtigung der ›Reisebilder‹. Tübingen 2001. (Studien zur deutschen Literatur; 160). – Rez.: Michael Espagne in: Arbitrium. Tübingen 23, 2005, 1. S. 88–90.

Höhn, Gerhard: Heine-Handbuch : Zeit, Person, Werk. 3. Aufl. Stuttgart 2004. – Rez.: Wolfgang Schneider in: Börsenblatt für den Deutschen Buchhandel. Frankfurt a. M. 173, 2006, 3. S. 40–42.

Hoffmeister, Gerhart: Heine in der Romania. Berlin 2002. (Studienreihe Romania; 17). – Rez.: Ingrid Daemmrich in: Nineteenth-century french studies. Fredonia, NY 32, 2003/04, 1/2. S. 150–151.

Jamin, Peter: Der Handke-Skandal : wie die Debatte um den Heinrich-Heine-Preis unsere Kultur-Gesellschaft entblößte. Remscheid 2006. – Rez.: Olaf Cless in: Kult. Düsseldorf 2007, 1. S. 17.

Kortländer, Bernd: Heinrich Heine. Stuttgart 2003. (Universal-Bibliothek; 17638). – Rez.: Michel Espagne in: Etudes germaniques. Paris 61, 2006, 2. S. 283–284. – Rez.: John Namjun Kim in: German quarterly. Cherry Hill, NJ 78, 2005, 4. S. 538–540.

Kruse, Joseph Anton: Heinrich Heine : [Leben, Werk, Wirkung]. Frankfurt a. M. 2005. (Suhrkamp BasisBiographien; 7). – Rez.: Enno Stahl in: Kritische Ausgabe. Bonn 10, 2006/07, Winter. S. 89–92.

Das letzte Wort der Kunst : Heinrich Heine und Robert Schumann zum 150. Todesjahr; [diese Publikation erscheint als Begleitband zur Ausstellung »Das letzte Wort der Kunst« … in der Kunsthalle Düsseldorf und im Heinrich-Heine-Institut 12. März–11. Juni 2006]. Hrsg. von Joseph A. Kruse unter Mitarb. von Marianne Tilch. In Zusammenarb. mit Ulrike Groos und Bernhard R. Appel. Stuttgart [u.a] 2006. – Rez.: Stefan Schweizer in: Zeitschrift für Germanistik. Bern 17, 2007, 1. S. 228–230. – Rez.: Andreas Vollberg in: Forum Musikbibliothek. Weimar 27, 2006, 2. S. 188–189. – Rez.: Christoph Vratz: Brüchige Netze in: oper 2006 : das Jahrbuch. Seelze 2006. (Opernwelt; 47, Sondernummer). S. 83–87.

Maillet, Marie-Ange: Heinrich Heine et Munich. Sous la dir. de Michel Espagne. Paris 2004. (De l'Allemagne). – Rez.: Jean Lacoste in: romantisme. Paris 131 2006 1. S. 140–142.

M. A. Numminen singt Heinrich Heine. Musik: M. A. Numminen, Texte: Heinrich Heine. München 2006. 1 CD. – Rez.: Jan Patrick Schnettler: Ein Finne singt Heine in: Rheinische Post. Düsseldorf vom 6. 3. 2007. S. D4.

Pistiak, Arnold: Ich will das rote Sefchen küssen. Stuttgart, Weimar 1999. (Heine-Studien). – Rez.: Madleen Podewski in: Weimarer Beiträge. Berlin 49, 2003, 1. S. 153–157. – Rez.: Jost Hermand in: Zeitschrift für Germanistik. Bern 13, 2003, 2. S. 435–436.

Podewski, Madleen: Kunsttheorie als Experiment : Untersuchungen zum ästhetischen Diskurs Heinrich Heines. Frankfurt a. M. [u. a.] 2002. (Berliner Beiträge zur neueren deutschen Literaturgeschichte; 25). [Zugl.: Berlin, Freie Univ., Diss. 2001]. – Rez.: Susanne Düwell in: Weimarer Beiträge. Berlin 50, 2004, 3. S. 477–480.

Reich-Ranicki, Marcel: Der Fall Heine. Ungekürzte Ausg. Juni 2000. München 2000. (dtv; 12774). – Rez.: Wolfgang Schneider in: Börsenblatt für den Deutschen Buchhandel. Frankfurt a. M. 173, 2006, 3. S. 40–42.

Robertson, Ritchie: Heine. London 2005. (Jewish Thinkers). – Rez. in: Forum for modern language studies. Oxford 42, 2006, 1. S. 98.

Schubert, Dietrich: Jetzt wohin? Heinrich Heine in seinen verhinderten und errichteten Denkmälern. Köln [u. a.] 1999. (Beiträge zur Geschichtskultur; 17). – Rez.: Horst-Jürgen Gerigk in: Komparatistik. Heidelberg 2001/2002 (2002). S. 164.

Stahl, Enno: Immer wieder neu entdecken : ein Überblick über die aktuelle Literatur zu Heinrich Heines 150. Todestag. – In: Kritische Ausgabe. Bonn 10, 2006/07, Winter. S. 89–92.

Synofzik, Thomas: Heinrich Heine – Robert Schumann : Musik und Ironie. Köln 2006. – Rez.: Uwe Lemm in: Internationales Jahrbuch der Bettina-von-Arnim-Gesellschaft. Berlin 18, 2006. S. 195–196.

Tempian, Monica: »Ein Traum, gar seltsam schauerlich ...« : Romantikerbschaft und Experimentalpsychologie in der Traumdichtung Heinrich Heines. Göttingen 2005. – Rez.: Nathanael Riemer in Zeitschrift für Germanistik. Bern 14, 2006, 3 S. 672–674. – Rez.: Volkmar Hansen in: Germanistik. Tübingen 47, 2006, 1/2. S. 334. – Rez.: Enno Stahl in: Kritische Ausgabe. Bonn 10, 2006/07, Winter. S. 89–92.

Türk, Ulrich: Gestatten, Heinrich Heine. Klaus Dewes und Ulrich Türk. Illustriert von Frank Ruprecht. 1. Aufl. Düsseldorf 1991. (Türk, Ulrich: Gedichtezeit; [1]). – Rez.: Jeffrey L. Sammons: Ein fragwürdiges Kinderbuch über Heine in: Ders.: Heinrich Heine. Würzburg 2006. S. 243–244.

Waldmann, Peter: Der verborgene Winkel der sterbenden Götter : Temporalisierung als ästhetischer Ausdruck im Werk von Heinrich Heine. Würzburg 2003. (Epistemata – Reihe Literaturwissenschaft; 427). [Zugl.: Mainz, Univ., Diss. 2000]. – Rez.: Michel Espagne in: Etudes Germaniques. Paris 58, 2003, 3. S. 501–502.

Weber, Mirjam: Der »wahre Poesie-Orient« : eine Untersuchung zur Orientalismus-Theorie Edward Saids am Beispiel von Goethes »West-östlichem Divan« und der Lyrik Heines. Wiesbaden 2001. (Mizan; 9). [Zugl.: Tübingen, Univ., Diss. 2001]. – Rez.: Anke Bosse in: Goethe-Jahrbuch. Weimar 121, 2004. S. 376–377.

Windfuhr, Manfred: Die Düsseldorfer Heine-Ausgabe : ein Erfahrungsbericht. Düsseldorf 2005. – Rez.: Wolfgang Schneider in: Börsenblatt für den Deutschen Buchhandel. Frankfurt a. M. 173, 2006, 3. S. 40–42.

Die Worte und die Küsse sind wunderbar vermischt ... : ein Heine-Lesebuch. Hrsg. v. Bernd Kortländer unter Mitarb. v. Martin und Ulrike Hollender. Ditzingen 2005. – Rez.: Enno Stahl in: Kritische Ausgabe. Bonn 10, 2006/07, Winter. S. 89–92.

Voss, Monika: Kennste noch dat alde Leed : Heine-Texte in Original und Mundart. Heinrich Heine. Ill. von Zeynep Yüksel. Düsseldorf 2006. – Rez.: Erwin Meyer in: Jan Wellem. Düsseldorf 81, 2006, 2. S. 21.

Zhao, Leilian: Gesellschaftskritik in Heines Lutezia : unter besonderer Berücksichtigung der chinesischen Heine-Rezeption. Frankfurt a. M. [u. a.] 2004. (Europäische Hochschulschriften /

01; 1883). [Zugl.: Peking, Univ., Diss. 1999]. – Rez.: Theodor Bergmann in: Utopie kreativ. Berlin 167 = 2004, 9. S. 852–854.
Ziegler, Edda: Heinrich Heine : der Dichter und die Frauen. Düsseldorf 2005. – Rez.: Horst Schmidt: Der Beginn der literarischen Moderne in Deutschland in: Neue Gesellschaft, Frankfurter Hefte. Bonn 53, 2006, 1/2 S. 93–96.
Ziegler, Edda: Heinrich Heine : Leben, Werk, Wirkung. Düsseldorf 2006. – Rez.: Wolfgang Schneider in: Börsenblatt für den Deutschen Buchhandel. Frankfurt a. M. 173, 2006, 3. S. 40–42. – Rez.: Enno Stahl in: Kritische Ausgabe. Bonn 10, 2006/07, Winter. S. 89–92.
Zwischen Harz und Helgoland : Heinrich Heine in Norddeutschland. Niedersächsische Landesbibliothek, Freunde und Förderer der Niedersächsischen Landesbibliothek e.V. [Ausgew. und eingerichtet von Georg Ruppelt. In Zusammenarb. mit Marita Simon]. Hameln 2004. (Lesesaal; 12). – Rez.: Marita Simon: Treffen Sie Heinrich Heine und Oskar Meding im Lesesaal in: B. I. T. online. Wiesbaden 8, 2005, 1. S. 52–54.

4 Rezeption

4.1 Literarische und künstlerische Behandlung von Person und Werk

4.1.1 Literarische Essays und Dichtungen

Altendorf, Wolfgang: Heines gesammelte Schriften – ich fand sie ungeplündert und unverbrannt vor. Von Wolfgang Altendorf gesetzt, gestaltet und mit seinen Zeichnungen. Hrsg. von Irmeli Altendorf. Bibliophile Ausg. Freudenstadt [2006].
Belaja, Larisa: Razgovory o Gejne. Moskva 2003. [kyrill.; belletristische Darstellung].
Fischer, Hans P.: Burgunderstrasse 26 : Gedichte. Magdeburg 2006. [Gedichte über Heine S. 59–64 mit Porträt].
Huber, Vita: Mir träumte wieder der alte Traum : zu »William Ratcliff« von Heinrich Heine. – In: Huber, Vita: Mein Theaterbuch : Essays zu Dichtern und Komponisten, Themen und Szenarien. Hrsg. von der Gesellschaft Hessischer Literaturfreunde. Darmstadt 2006. S. 50–59.
Jung, Ulrich: »Freund« Heine : literarisches Feature zur 50. Charterfeier des Rotary Club Mülheim-Ruhr, Max-Planck-Institut für Kohlenforschung Mülheim an der Ruhr, Großer Saal 13. Mai 2006. Gerd Breckling, Ulrich Jung, Elmar Keitel, Wiegand Laubenstein. Mülheim a. d. Ruhr 2006.
Kramer, Andreas: Poesie und Politik : ein unbekanntes Heine-Gedicht von René Schickele aus dem Jahr 1913 und sein Kontext. – In: Wirkendes Wort. Düsseldorf 54, 2004, 2. S. 235–248.
Lyrik, Essays und Grafik zu Heinrich Heine. [Hrsg. von der Initiative für ein Neues Heine-Denkmal in Halle e.V.]. Halle an der Saale 2000.
Neuhuber, Christian: »Der kranke Jude und der große Künstler« : Richard Dehmels Gedicht »Ein Heine-Denkmal«. – In: Zeitschrift für deutsche Philologie. Berlin 125, 2006, 4. S. 561–579.
Pinkert, Ernst-Ullrich: Eine dänische Hymne zu Heines 100. Geburtstag : Holger Drachmanns »Heine in Hamburg«. – In: HJb 2006. S. 191–199.
Platschek, Hans: Ein kühner Geist sucht nach der Wahrheit hinter den Bildern. – In: Art. Hamburg 1997, 12. S. 84–85.
Schmidt, Katrin: Heine verpflichtet : Campus dichtet (oder: Warum die Uni Heinrich heißt ...). – In: Campus delicti. Düsseldorf 228, 2006. S. 4.

Seidel, Jürgen: Harry Heine und der Morgenländer : Roman. 2. Aufl. Weinheim 2006.
van der Steen, Eric: Het graf van Heinrich Heine. Bezorgd en uitgeleid door Kees Aarts ... [et al]. Amsterdam 2007.
Suhr, Geertje: Die falschen Rosen : Gedichte. Düsseldorf 2006. [»Sorgenvolle Meditation zu Heine und mir«].
Der Wald im Zimmer : eine Harzreise. Björn Kuhligk, Jan Wagner. Berlin 2007. (BvT; 437).
Widauer, Nives: Heinrich Heine, die Waldeinsamkeit. Mit Wolfram Berger. Wien 1998. 1 CD (Video 15 Min.). [vorgestellt am 24. 9. 2006 im Heine-Haus, Düsseldorf].

4.1.2 Werke der bildenden Kunst

Bose, Anne-Dorothee: Alfred Hrdlicka und Heinrich Heine. – In: Hrdlicka, Alfred: »... wir haben viel für einander gefühlt ...«. Wittlich 2006. S. 3–4.
Fischer, Hans P.: Burgunderstrasse 26 : Gedichte. Magdeburg 2006. [mit Heine-Porträt].
Frommhold, Erhard: Der Illustrator und Maler Max Schwimmer 1895–1960 : immer wieder Goethe – aber auch Heine, Balzac und Tucholsky. – In: Sächsische Heimatblätter. Dresden 4, 1995, 6. S. 381–384.
Heine, Heinrich: Deutschland. Ein Wintermärchen. Mit Graphiken von Hans Ticha. Hrsg. v. Alexander Scholz. Vevais 2006.
Heine, Heinrich: Ich – bin – ganz – aus – Phosphor. [Mit drei Ill. zu Heinrich Heines Gedicht »In der Fremde« in Russ., Franz. und Dt. von Christian Ewald]. Einmalige limitierte Aufl. Berlin 1997.
Heine, Heinrich: Ideen. Das Buch Le Grand. [Ill. Ladislav Minarik]. Hilden 2006.
Heinrich Heine, Der Doktor Faust. Ein Tanzpoem, nebst kuriosen Berichten über Teufel, Hexen und Dichtkunst : [Ausstellung in der Galerie Faust-Archiv der Stadt Knittlingen vom 10. September bis 12. November 2006]. [Text: Heike Hamberger]. Knittlingen 2006.
Hoyer, Thomas: »Raumteiler als Mit-Teiler« : der Raumteiler aus Schrift [Heinrich Heine]. – In: Ars scribendi. Leverkusen 13, 2005, 1. S. 6–7.
Hrdlicka, Alfred: »... wir haben viel für einander gefühlt ...«. Hrsg.: Galerie Bose, Wittlich. [Texte: Anne-Dorothee Bose, Dietmar Noering, Christian Liedtke]. Wittlich 2006.
Hülsmann, Harald K.: Ein Stift für Heine : Grafiken und Texte zu Heine-Zitaten. Düsseldorf 2006.
Lyrik, Essays und Grafik zu Heinrich Heine. [Hrsg. von der Initiative für ein Neues Heine-Denkmal in Halle e.V.]. Halle an der Saale 2000.
May, Otto: Der missverstandene Heine : Heines Dichtung als Postkartenmotiv; Begleitheft zur Ausstellung in der Domäne Marienburg. Otto May. Förderkreis Stiftung Schulmuseum und Bibliothek für Bildungshistorische Forschung der Universität Hildesheim. Hildesheim 2006.
Noering, Dietmar: Warum wir alle Heinrich Heine lieben müßten : Stationen seines Lebens am Beispiel von acht Gedichten. – In: Hrdlicka, Alfred: »... wir haben viel für einander gefühlt ...«. Wittlich 2006. S. 5–15.
Sonne, Jörgen: Emil Aarestrup og tre samtidige : les phares. – In: Danske studier. Kopenhagen 100, 2005. S. 117–144.
Trauth, Gero: Das Buch zum Buch der Lieder : [32 Motive zu Heines Buch der Lieder]. [Vorw.: Klaus Gerdes]. Lim. u. sign. Gesamtaufl. Siegen 2006.

4.1.3 Werke der Musik, Vertonungen

Die 1ste : Kinder rappen klassische Gedichte mit Musik; inkl. Karaoke-CD. Junge Dichter und Denker, Nicola Casper und Freunde. Präsentiert von Thomas D. Hamburg 2006. 2 CDs. [»Belsazar«; »Der tugendhafte Hund«].

Heine, Heinrich: Das Buch der Lieder : Gedichte von Heinrich Heine neu vertont. Bearb. von Reinhardt Repke. Kompositionen: Reinhardt Repke und Dirk Zöllner. Produzent: Club der toten Dichter. Berlin 2006. 1 CD & Beih.

Heinrich Heine – Lyrik und Jazz : Aufnahme: 20./21. April 1964, Hamburg. Sprecher: Gert Westphal. Zusammenstellung und Regie: Joachim-Ernst Berendt. Jazz: Attila-Zoller-Quartett. Berlin 2006. 1 CD & Beih.

Hensel, Fanny: Italian journey. Piano: Philip Mayers. Soprano: Dörthe Maria Sandmann. Alto: Ulrike Bartsch. Ensemble Vokalzeit. Darmstadt 2005. 1 CD (60:04 Min.) & Beih. [»Mein Liebchen, wir saßen beisammen«; »Dämmernd liegt der Sommerabend«; »Schwanenlied«].

Huber, Wolfram: Heinrich Heine – Dichterliebe. Ralph Petruschka spielt Robert Schumann. Wien 2006. 1 CD. (Wolfram Huber live; 2).

»Ich weiß nicht, was soll es bedeuten ...« : Lieder und Texte zwischen Biedermeier, Jungem Deutschland und Vormärz vor 1848. Walter Renneisen, Sprecher. Johann Werner Prein, Baß. Ernst Ueckermann, Klavier. Vocalensemble Darmstadt, Leitung: Andreas Boltz. Programmkonzeption: Peter Kuhn. Schwetzingen 1996. 1 CD. [»Doktrin«; »Erinnerungen aus Krähwinkels Schreckenstagen«; »Deutschland. Ein Wintermärchen«; »Lorelei« (Ferdinand Hiller)].

Klagendes Leid – schaurige Lust : Balladen und Melodramen der deutschen Romantik. Otto Sander am Klavier begleitet von Christoph Israel. Düsseldorf 2006. 1 CD. [»Die Wallfahrt nach Kevlaer, op. 12«].

Lore-Ley : Chorbuch deutsche Volkslieder für gemischten Chor a cappella. Im Auftr. d. Deutschen Musikrats hrsg. von Volker Hempfling und Günter Graulich. Stuttgart 2006. [»Ich weiß nicht, was soll es bedeuten« S. 72 und 73].

M. A. Numminen singt Heinrich Heine. Musik: M. A. Numminen, Texte: Heinrich Heine. München 2006. 1 CD.

Reimann, Aribert: ... oder soll es Tod bedeuten? = ... or does it mean death? : acht Lieder und ein Fragment von Felix Mendelssohn Bartholdy; nach Gedichten von Heinrich Heine. Bearb. und verbunden mit sechs Intermezzi von Aribert Reimann. Interpr.: Christine Schäfer, Soprano. Petersen Quartett. Frechen 2006. 1 CD & Beih.

Schneider, Helge: 29 sehr, sehr gute Erzählungen (The best of) ... aber auch Lieder. Köln [u. a.] 2004. 2 CDs & Beih. [»Heine«].

Schneider, Helge: Helge live! Köln 1998. 1 CD & Beih. [»Elvis und Heinrich Heine«].

Schumann, Robert: Dichterliebe : op. 48. Roman Trekel, baritone. Oliver Pohl, piano. München 2006. 1 CD (65:19 Min.) & Beih. [Enth. außerdem: Liederkreis op. 24. Fünf Lieder nach Heinrich Heine].

Schumann-Handbuch. Hrsg. von Ulrich Tadday. Stuttgart [u. a.] 2006.

Spannungen : Schumann, Heine und die Neue Musik; Thema Musik live aus dem Leipziger Schumann-Haus. – In: Triangel. Leipzig 11, 2006, 6. S. 105.

4.1.4 Das Werk auf der Bühne

Egk, Werner: Abraxas : Faust-Ballett nach Heinrich Heine. Landeskapelle Eisenach. Leitung: Mark Mast. [München] 2006. 1 CD (60:15 Min.) & Beih. (OEHMS CLASSICS OC 574). [Aufn.: Eisenach, Theater, July 4–6 2005].

Heimat – was ist das? Eine Revue zu Leben und Werk Heinrich Heines. Dieter Kirsch. Peter Berliner (Musik). [Textbuch], den Bühnen gegenüber als Hs. gedr. Weinheim/Bergstraße, [ca. 2005]. (Das Bühnenspiel; 372).

Maugg, Gordian und Alexander Häusser: Ich Narr des Glücks : das Leben des Heinrich Heine; Drehbuch für einen Fernsehfilm von 60 Minuten Länge. Redigierte dritte Drehbuchfassung. [s. l.] 2005.

4.2 Denkmäler

Goltschnigg, Dietmar: Peter Rosegger und der Kampf ums Heine-Denkmal in Deutschland. – In: Schauplatz Kultur – Zentraleuropa : transdisziplinäre Annäherungen. Johannes Feichtinger, Elisabeth Großegger, Gertrud Marinelli-König, Peter Stachel, Heidemarie Uhl (Hrsg.). Innsbruck [u. a.] 2006. (Gedächtnis, Erinnerung, Identität; 7). S. 243–248.

Hamester, Bärbel: Heine Denkmäler. – In: Der Lohbrügger. Hamburg 2006. S. 8–9.

Kießhauer, Inge: Heinrich Heine in Friedrichshagen : auf den Spuren von Denkmälern aus den Gladenbeckschen Bronzegießereien, Friedrichshagen. Berlin-Friedrichshagen 1998. (Friedrichshagener Hefte; 18).

Markert, Edwin: Heine-Denkmol : [Vortrag]. Wuppertal 2006.

Maut, Ingrid: Ein Heine-Denkmal von Werner Löw für das Heilbad Heiligenstadt. – In: Storm-Blätter aus Heiligenstadt. Heiligenstadt [6], 2000. S. 37–39.

Meis, Mona Sabine: Historische Grabdenkmäler der Wupperregion : dokumentiert und analysiert vor dem Hintergrund der Entwicklung der Sepulkralkultur. Wuppertal, Univ., Diss. 2002. [Heine-Denkmal S. 21, 419, 459]

Meyer-Kahrweg, Ruth: Denkmäler, Brunnen und Plastiken in Wuppertal. Wuppertal 1991. (Beiträge zur Denkmal- und Stadtbildpflege des Wuppertals; 10). [Heine-Denkmal S. 381]

Meyer-Kahrweg, Ruth: Denkmäler, Brunnen und Plastiken in Wuppertal : Biographien der beteiligten Künstler. Wuppertal 1991. (Beiträge zur Denkmal- und Stadtbildpflege des Wuppertals; 11).

Neuhuber, Christian: »Der kranke Jude und der große Künstler« : Richard Dehmels Gedicht »Ein Heine-Denkmal«. – In: Zeitschrift für deutsche Philologie. Berlin 125, 2006, 4. S. 561–579.

Peters, Ursula: Ein Zimmerdenkmal für den liberalen Bürger. – In: Kulturgut. Nürnberg 2006, 11. S. 13–16.

Roß, Marlis: »Heinrich Heine – Müde Beine – Aussicht keine – Heinrich Heine« : Peinliches und Peinigendes aus der Geschichte der Hamburger Heine-Denkmäler. – In: Hamburgische Notizen. Hamburg 22, 2006, 2. S. 13–15.

Schlingensiepen, Ferdinand: Grußworte zur Enthüllung des Heine-Denkmals in Heiligenstadt am 23.07.1999. – In: Storm-Blätter aus Heiligenstadt. Heiligenstadt [6], 2000. S. 40–42.

Schroff, Hans-Joachim: Heinrich Heine in Lüneburg und Norderney. – In: Jan Wellem. Düsseldorf 81, 2006, 3. S. 10.

Willer, Ute: Heinrich Heine und seine Denkmäler in Halle. – In: Mitteldeutsches Jahrbuch für Kultur und Geschichte. Weimar 14, 2007. S. 101–108.

5 Gedenkstätten und Sammlungen. Vereinigungen. Preise. Ausstellungen. Wissenschaftliche Konferenzen

Cless, Olaf: Der Handke-Skandal : Chronik einer Blamage. – In: Kult. Düsseldorf 2007, 1. S. 17.

Erwin, Joachim: Ein Brief und eine Antwort darauf : Antwortschreiben auf die Absage des Heinrich-Heine-Preises durch Peter Handke. – In: Ders.: Reden und Texte zur Kunst und Literatur. Hrsg.: Landeshauptstadt Düsseldorf, Amt für Kommunikation. Düsseldorf 2006. S. 32–38.

Erwin, Joachim: La force des choses! Rede bei der Eröffnungsveranstaltung von »Düsseldorf liest ein Buch.«; Heinrich Heine: »Reisebilder«. Heinrich-Heine-Institut, 29. Oktober 2006. – In: Ders.: Reden und Texte zur Kunst und Literatur. Hrsg.: Landeshauptstadt Düsseldorf, Amt für Kommunikation. Düsseldorf 2006. S. 82–87.

Forte, Dieter: »Es wird immer um Genauigkeit gehen« : Dankesrede zur Verleihung der Heinrich-Heine-Ehrengabe. – In: Die Neue Rundschau. Berlin 114, 2003, 2. S. 163–168.

Füllner, Bernd und Nathalie Groß: Das Heinrich-Heine-Portal und digitale Editionen : Bericht über die Tagung im Heinrich-Heine-Institut in Düsseldorf am 6. Oktober 2005. – In: HJb 2006. S. 240–248.

Füllner, Karin: Heinrich Heine : über Groteske, Poesie und Mythos; 8. Forum Junge Heine Forschung 2005 mit neuen Arbeiten über Heinrich Heine. – In: ALG-Umschau. Berlin 36, 2006. S. 3–5. – Dass. in: HJb 2006. S. 249–253.

Füllner, Karin: Mit Heinrich Heine in Lucca. – In: ALG-Umschau. Berlin 37, 2006. S. 28.

Glanzstück. Düsseldorf 10, 2006, 1. [Literaturreise »Mit Heine nach Paris«. S. 7].

Die Götter im Exil = Gods in Exile : Salvador Dali, Albert Oehlen u. a. Diese Publikation erscheint anlässlich der Ausstellung ... Kunsthaus Graz am Landesmuseum Joanneum 04.03.– 07.05. 2006. Kuratoren / Curators Karin Bucher, Peter Pakesch, Hrsg. / Editor Peter Pakesch. Köln 2006.

Heidelberg-Leonard, Irene: Melancholie als Widerstand; [Laudatio anlässlich der Verleihung des Heine-Preises 2000]. – In: Akzente. München 48, 2001, 2. S. 123–130.

Heinrich Heine – Erbe und Erben. Kolloquium anlässlich des 150. Todestages des Dichters [Hrsg.: »Helle Panke«, zur Förderung von Politik, Bildung und Kultur e.V. Autoren: Wolfgang Beutin ...] Berlin 2006 (Pankower Vorträge; 82).

Heinrich Heine und Göttingen: »Die Bibliothek und der Rathskeller ruinieren mich«. Ausstellung 11. Juni–13. August 2006, Paulinerkirche, Historisches Gebäude der SUB Göttingen [Konzeption und Texte: Reimer Eck]. Göttingen 2006.

Heinrich Heine und Sigmund Freud : die Enden der Literatur und die Anfänge der Kulturwissenschaft; internationales Symposium des Zentrums für Literaturforschung im Literaturhaus, Berlin. – In: Trajekte. Berlin 6, 2006, April = 12. S. 49–51.

Jamin, Peter: Der Handke-Skandal : wie die Debatte um den Heinrich-Heine-Preis unsere Kultur-Gesellschaft entblößte. Remscheid 2006.

Kruse, Joseph Anton: Das Heinrich-Heine-Institut der Landeshauptstadt Düsseldorf als »Kulturarchiv«. – In: Der kulturhistorische Auftrag : Dokumentationsinteresse und Bestandsergänzung. Landschaftsverband Rheinland Köln. Bonn 2006. (Rheinland / Archiv- und Museumsamt / Archivberatungsstelle: Archivhefte; 37). S. 89–97.

Kruse, Joseph Anton: Heines Enkelinnen : [Rede zur Verleihung der Ehrengabe der Heinrich-Heine-Gesellschaft 2006]. – In: HJb 2006. S. 260–265.

Labisch, Alfons: Heinrich Heine und Peter Handke oder: Was darf Kunst?. – In: Magazin der Heinrich-Heine-Universität Düsseldorf. Düsseldorf 2006, 2. S. 30–32.

Das letzte Wort der Kunst : internationale Kompositions- und Dichteraufträge; [Konzert mit Uraufführungen ... 11. Juni 2006 11 Uhr, Partika-Saal, Robert-Schumann-Hochschule, Düsseldorf]. Red.: Andreas Dahmen, Programmtexte: Raoul Mörchen, Künstler: Hendrik Rost, Hans Koolmees, Erik Menkveld, Karol Beffa, Cecile Wajsbrot, Stephan Froleyks. Düsseldorf 2006.

Das letzte Wort der Kunst : Pressespiegel. Kunsthalle Düsseldorf, Heinrich-Heine-Institut. Düsseldorf 2006.

Das letzte Wort der Kunst : [Zeitung anlässlich der Ausstellung]. Hrsg.: Kunsthalle Düsseldorf. Red.: Thomas W. Rieger, Ulrike Groos, Peter Gorschlüter. Düsseldorf 2006.

Literarische Nachlässe in rheinischen Archiven : ein Inventar. Bearb. von Enno Stahl. [Hrsg. von Joseph A. Kruse. Red.: Wolfgang Delseit]. Düsseldorf 2006. (Eine Publikation des Heinrich-Heine-Instituts – Aus dem Rheinischen Literaturarchiv).

Martin, Claude: Heine : zwischen Düsseldorf und Paris. – In: HJb 2006. S. 276–279.

May, Otto: Der missverstandene Heine : Heines Dichtung als Postkartenmotiv; Begleitheft zur Ausstellung in der Domäne Marienburg. Otto May. Förderkreis Stiftung Schulmuseum und Bibliothek für Bildungshistorische Forschung der Universität Hildesheim. Hildesheim 2006.

Millard, M.: Namensgebung der HHUD; Radiomitschnitt eines Beitrages beim Hochschulradio. Düsseldorf 2006. 1 CD.

Pistiak, Arnold: Lutezia – Lutece : Kunstcharakter und europäischer Kontext; Internationales Symposium des Instituts für Künste und Medien der Universität Potsdam und der Berlin-Brandenburger Sektion der Heinrich-Heine-Gesellschaft aus Anlaß des 150. Todestags von Heinrich Heine (29. März–1. April 2006). – In: ALG-Umschau. Berlin 35, 2005. S. 23–24.

Primor, Avi: Laudatio auf Alice Schwarzer : [Rede zur Verleihung der Ehrengabe der Heinrich-Heine-Gesellschaft 2006]. – In: HJb 2006. S. 266–270.

Reindl, Uta M.: Das letzte Wort der Kunst : »Heinrich Heine und Robert Schumann zum 150. Todesjahr« Kunsthalle Düsseldorf 12. 3.–11. 6. 2006. – In: Zur Aktualität des Idyllischen. Mainz. Bd. 2: 4. Berlin Biennale : von Menschen und Mäusen. 2006. (Kunstforum international; 180).

Riener, Karoline: Der Streit um die Benennung der Universität Düsseldorf nach Heinrich Heine. – In: Düsseldorfer Jahrbuch. Düsseldorf 76, 2005/2006 (2006). S. 251–290.

Schleh, Bernd: »So ein bisschen (Fort-) Bildung ziert den ganzen Menschen« : Bibliothekare auf den Spuren Heinrich Heines. – In: BuB. Bad Honnef 57, 2005, 3. S. 192–197.

Schwarzer, Alice: Dankrede : [zur Verleihung der Ehrengabe der Heinrich-Heine-Gesellschaft 2006]. – In: HJb 2006. S. 271–275.

Schwarzer, Alice: Irene Dische packt aus. – In: Emma. Köln 2006, 4. S. 16–17.

Schwerter, Werner: Preis für Fortschritt und Völkerverständigung : OB Erwin will mit Peter Handke im Hofgarten spazieren gehen und drohte dem Rat mit Schelte. – In: Das Tor. Düsseldorf 72, 2006, 7. S. 10.

Schwerter, Werner: Zum Andenken : mit Jonges-Beitrag : Heine-Institut zeigt Ankäufe. – In: Das Tor. Düsseldorf 73, 2007, 3. S. 13.

Schwerter, Werner: Zum Kusse Europas klingen Flöten und Geigen : Ausklang des Heine-Jahres und Ausblick aufs Jonges-Jubiläum; Geschenk für Heine-Institut. – In: Das Tor. Düsseldorf 72, 2006, 12. S. 6–7.

Solibakke, Karl: »Übergänge zwischen Künsten und Kulturen« : Heine-Schumann-Kongress im Jubiläumsjahr auf dem Campus. – In: Magazin der Heinrich-Heine-Universität Düsseldorf. Düsseldorf 2006, 2. S. 36–37.

Suzuki, Kazuko: Seitan nihyakunen hainrihi haine ten : shogai to sakuhin; [Ausstellung vom 29. 9.– 4. 10. 1997]. Kazuko Suzuki. Shusai: Heine Kenkyu Tosho Kankakai [Organisation]. Tokyo

1997. [Ausstellungskatalog zum 200. Geburtstag Heines von der Gesellschaft zur Veröffentlichung der Bücher mit Heinebezug, Tokyo].

Thewes, Christine: Das letzte Wort der Kunst : eine Ausstellung zum 150. Todestag von Heinrich Heine und Robert Schumann. – In: ALG-Umschau. Berlin 36, 2006. S. 16–17.

Visionaire. Düsseldorf 1, 2006. [Beitrag zum Heine-Schumann-Jahr S. 5].

Wenn das Heine wüsste : Peter Handke war für den Heine-Preis ausersehen. – In: Bunte. Offenburg 2006, 24. S. 87.

Zur Mühlen, Bernt Ture von: »Das letzte Wort der Kunst : Heinrich Heine und Robert Schumann zum 150. Todesjahr«. – In: Aus dem Antiquariat. Frankfurt a. M. 2006, 3. S. 213–215.

Veranstaltungen des Heinrich-Heine-Instituts und der Heinrich-Heine-Gesellschaft e.V.

Januar bis Dezember 2006

Zusammengestellt von Karin Füllner

14./15. 1. 2006	»Text & Ton«. Sektfrühstück und Führung durch die Heine-Ausstellung, begleitet von Rezitationen von Heine-Texten und Musik. Einführung: Dr. Karin Füllner; Führung: Dr. Ursula Roth; Rezitation: Julia Krämer; Flöte: Andrea Tober. Veranstalter: Heinrich-Heine-Institut und Heinrich-Heine-Gesellschaft.
27. 1. 2006	VHS Düsseldorf Lutz Görner spricht Heinrich Heine. »Deutschland. Ein Wintermärchen«. Weitere Termine: 28./29./30. 1. 2006, 1./5./6./7./8./10./11./12. 2. 2006. Veranstalter: VHS Düsseldorf und Heinrich-Heine-Institut.
31. 1. 2006	»Der Vorhang fällt ...«. Finissage der Heine-Ausstellung »Nähe und Ferne«. Lesungen und Themenführungen mit Rezitationen und Musik. Themenführungen: Dr. Ursula Roth, Dr. Karin Füllner, Heidemarie Vahl, Prof. Dr. Joseph A. Kruse, Prof. Dr. Bernd Kortländer. Veranstalter: Heinrich-Heine-Institut.
5. 2. 2006	Vortrag zur Finissage der Ausstellung »J. C. C. Bruns' Verlag (1881–1929)«. Weltliteratur in deutscher Übersetzung aus Minden. Vortrag von Prof. Dr. Klaus Martens, Universität Saarbrücken. Veranstalter: Heinrich-Heine-Institut.
17. 2. 2006	Opernhaus Düsseldorf Verleihung der Ehrengabe der Heinrich-Heine-Gesellschaft e. V. an Alice Schwarzer. Festakt zum 150. Todestag Heinrich Heines. Laudatio: Avi Primor, Botschafter a. D.; Hanna Schygulla und Künstler des Ensembles der Deutschen Oper am Rhein gestalten das Rahmenprogramm mit Werken von Heine und Schumann. Veranstalter: Landeshauptstadt Düsseldorf und Heinrich-Heine-Gesellschaft.
26. 2. 2006	Paris Mit Heine in Paris. »... unter der Bevölkerung des Faubourg Montmartre habe ich mein liebstes Leben gelebt«. Führung zu Heines Wohnadressen im Montmartre-Viertel. Leitung: Dr. Karin Füllner. Veranstalter: Heinrich-Heine-Institut, Heinrich-Heine-Gesellschaft und Maison Heinrich Heine, Paris.

Veranstaltungen

5.3.2006	»Die Regentschaft der Esel oder Die Launen des Heinrich Heine«. Szenisch erlesen. Eine Heine-Matinee mit dem Schauspieler Gerald Friese. Veranstalter: Heinrich-Heine-Institut.
11.3.2006	Theatermuseum Düsseldorf »Die alten bösen Lieder«. Ein musikalisch-literarisches Heine-Programm. Sopran: Susan Owen-Leinert; Klavier: Dirk Wedmann; Moderation/Texte: Michael Leinert und Ute Stein. Veranstalter: Theatermuseum und Heinrich-Heine-Gesellschaft.
12.3.2006	Kunsthalle Düsseldorf Ausstellungseröffnung: »Das letzte Wort der Kunst« Heinrich Heine und Robert Schumann zum 150. Todesjahr (12.3–11.6.2006). Begrüßung: Dr. Ulrike Groos, Prof. Dr. Joseph A. Kruse. Veranstalter: Heinrich-Heine-Institut und Kunsthalle Düsseldorf in Zusammenarbeit mit der Robert-Schumann-Forschungsstelle und der Kunstakademie Düsseldorf.
12.3.2006	Kunsthalle Düsseldorf Premiere: »Die Schönheit der Schatten«. Uraufführung. Konzept und Inszenierung: Werner Schroeter; Musikalische Leitung: Roland Techet. Weitere Aufführungen: 14.–16.3., 1./2.4., 4.–7.4., 23./24./26./27./30.5.2006. Aufführungen für Schulklassen: 15.3., 5.4., 23./26./30.5.2006. Veranstalter: Heinrich-Heine-Institut und Kunsthalle Düsseldorf in Zusammenarbeit mit der Robert-Schumann-Forschungsstelle und der Kunstakademie Düsseldorf.
20.3.2006	»Frühlingssinfonie«. Peter Schamoni spricht über seinen Schumann-Film. Mit Einspielung von Filmausschnitten. Veranstalter: Heinrich-Heine-Institut.
21.3.2006	»Wohin mit dem ganzen Papier?« Autorenfortbildung zum Thema »Literarische Nachlässe«. Konzeption: Dr. Sabine Brenner-Wilczek, Dr. Enno Stahl. Vortrag von Marcel Diel: »Was macht der Autor im Archiv?« Veranstalter: Rheinisches Literaturarchiv im Heinrich-Heine-Institut.
21.3.2006	Jour Fixe: dienstags im Heine-Institut. Peter Härtling liest aus seinem Roman »Schumanns Schatten«. Veranstalter: Heinrich-Heine-Institut und Heinrich-Heine-Gesellschaft.
23.3.2006	Mitgliederversammlung der Heinrich-Heine-Gesellschaft e.V. Feier des 50. Gründungsjahres der Heine-Gesellschaft. Festvortrag von Dr. Susanne Schwabach-Albrecht: »In Heines Gesellschaft«. Veranstalter: Heinrich-Heine-Gesellschaft.
24./25.3.2006	Kunsthalle Düsseldorf »Immer schneller und schneller«. Metamorphosen einer Liebe – mit Nicole Heesters, Heinrich Heine, Robert und Clara Schumann. Rezitation: Nicole Heesters; Piano: Bernd Wiesemann; Baritonsaxophon/Querflöten: Johannes Leis; Dramaturgie: Hilke Bultmann. Veranstalter: Heinrich-Heine-Institut und Kunsthalle Düsseldorf in Zusammenarbeit mit der Robert-Schumann-Forschungsstelle und der Kunstakademie Düsseldorf.

25./26. 3. 2006	»Heine, Schumann und die Frauen«. »Text&Ton« zum Internationalen Frauentag. Sektfrühstück und Führung durch die Heine-Ausstellung, begleitet von Rezitationen von Heine-Texten und Musik. Moderation und Rezitation: Dr. Karin Füllner und Dr. Ursula Roth; Am Flügel: Helmut Götzinger. Veranstalter: Heinrich-Heine-Institut und Heinrich-Heine-Gesellschaft.
28. 3. 2006	Jour Fixe: dienstags im Heine-Institut. »Aber ist das eine Antwort?«. Heinrich Heine. Szenisch rezitiert und musikalisch begleitet von Studierenden des Germanistischen Seminars der Westfälischen Wilhelms-Universität Münster. Leitung: Dr. Ortwin Lämke. Veranstalter: Heinrich-Heine-Institut.
2. 4. 2006	Öffentliche Führung durch die Ausstellung »Unser Grab erwärmt der Ruhm« mit Dr. Sikander Singh. (weitere Führungen: 9. 4., 23. 4., 7. 5., 21. 5., 28. 5.) Veranstalter: Heinrich-Heine-Institut.
4. 4. 2006	Jour Fixe: dienstags im Heine-Institut. »Frühlingssinfonie«. Vorführung des Schumann-Films mit Herbert Grönemeyer. Regie: Peter Schamoni. Veranstalter: Heinrich-Heine-Institut.
5. 4. 2006	Auftaktveranstaltung der Reihe »Nähe und Ferne«. Florence Hervé und Margot Schröder lesen. Veranstalter: Heinrich-Heine-Institut, Literatur bei Rudolf Müller, Literaturbüro NRW e.V. und Kulturamt der Landeshauptstadt Düsseldorf.
11. 4. 2006	Jour Fixe: dienstags im Heine-Institut. Thomas Rosenlöcher liest aus seinen Erzählungen »Barbarossas Wiederkehr«. Veranstalter: Heinrich-Heine-Institut und Heinrich-Heine-Gesellschaft.
18. 4. 2006	Jour Fixe: dienstags im Heine-Institut. Prof. Dr. Wilhelm Gössmann liest aus »Heines Wallfahrt nach Kevlaar«. Veranstalter: Heinrich-Heine-Institut.
25. 4. 2006	Jour Fixe: dienstags im Heine-Institut. »Es ist was es ist«. Erich Fried, Heinrich Heine, Robert Schumann und Franz Schubert. Ein Liederabend. Bariton: Ulrich Schütte; am Flügel: Jürgen Glauss, Professor für Liedgestaltung in Köln. Veranstalter: Heinrich-Heine-Institut.
26. 4. 2006	Kunsthalle Düsseldorf »das mollsche gesetz« präsentiert »Sklavenschiff«. Ein analog remix in Wort, Bild, Ton, Stille. Uraufführung. Kornett, Melodika, Drumcomputer, Effekte, Komposition, Konzept: Udo Moll; Posaune, Tuba, Melodika, Ragabox: Matthias Muche; Kontrabass, Melodika, Effekte: Sebastian Gramms; Sprecher: Matthias Scheuring; live video manipulation: Luis Negron van Grieken und Juan Orozco. Veranstalter: Heinrich-Heine-Institut und Kunsthalle Düsseldorf in Zusammenarbeit mit der Robert-Schumann-Forschungsstelle und der Kunstakademie Düsseldorf.
26. 4. 2006	Literaturbüro NRW e.V. Veranstaltungsreihe »Nähe und Ferne«. Achim Raven und Niklas Stiller lesen. Veranstalter: Heinrich-Heine-Institut, Literatur bei Rudolf Müller, Literaturbüro NRW e.V. und Kulturamt der Landeshauptstadt Düsseldorf.
2. 5. 2006	Jour Fixe: dienstags im Heine-Institut. Jürgen Seidel liest aus seinem Roman »Harry Heine und der Morgenländer«. Veranstalter: Heinrich-Heine-Institut.

Veranstaltungen

3.5.2006	Heine Haus
	Veranstaltungsreihe »Nähe und Ferne«. Peter Philipp und Jens Prüss lesen. Veranstalter: Heinrich-Heine-Institut, Literatur bei Rudolf Müller, Literaturbüro NRW e.V. und Kulturamt der Landeshauptstadt Düsseldorf.
6.5.2006	Kunsthalle Düsseldorf
	»Du bist wie eine Blume – 150 Mal«. Der besondere Liederabend zum Heine-Jahr. Mit dem Düsseldorfer Pianisten Tobias Koch. Ausführende sind Studierende, Sänger und Pianisten der Hochschule für Musik Köln, der Folkwang Hochschule Essen und der Robert Schumann Hochschule Düsseldorf. Masterclasses: 04./05.5.2006 (mit Tobias Koch und Kammersänger Peter-Christoph Runge). Veranstalter: Heinrich-Heine-Institut und Kunsthalle Düsseldorf in Zusammenarbeit mit der Robert-Schumann-Forschungsstelle und der Kunstakademie Düsseldorf.
6.5.2006	»Heine traumhaft«. Nacht der Museen im Heine-Institut mit musikalisch-literarischem Programm und Führungen durch die Heine-Ausstellung.
	Kurzführungen durch die Ausstellung »Unser Grab erwärmt der Ruhm« im Heine-Institut mit Dr. Sikander Singh.
	Themenführungen durch die Ausstellung. Dr. Karin Füllner, Prof. Dr. Joseph A. Kruse, Prof. Dr. Bernhard R. Appel.
	»Die Heines und die Schumanns«. Rezitationen, Musik und Pantomime in den Ausstellungsräumen. Rezitation: Julia Krämer; Flöte: Andrea Tober; Klavier: Hilmar Fries; Pantomime: Nemo.
	Eva Weissweiler liest »Die Freuds. Biographie einer Familie«.
	»Heines Träume«. Düsseldorf liest Heines Traumtexte, u. a. mit Brigitte Borsdorf (Institut Français), Dr. Ulrike Groos (Kunsthalle Düsseldorf), Prof. Dr. Joseph A. Kruse (Heinrich-Heine-Institut), Hans-Georg Lohe (Kulturdezernent), Gabriele Maaßen-Meyer (Heinrich-Heine-Gesellschaft).
	»Wintermärchenträume 2006«. Rap-Poesie von und mit Bas Böttcher.
	Veranstalter: Heinrich-Heine-Institut.
7.–10.5.2006	Heinrich-Heine-Universität Düsseldorf
	»Übergänge zwischen Künsten und Kulturen«. Kongress zum 150. Todestag von Heinrich Heine und Robert Schumann.
	Veranstalter: Heinrich-Heine-Universität Düsseldorf, Robert-Schumann-Hochschule, Heinrich-Heine-Institut.
7.5.2006	K 20 Kunstsammlung
	Eröffnungsveranstaltung des Kongresses »Übergänge zwischen Künsten und Kulturen«.
	Grußworte: Armin Zweite, Bernd Witte, Joseph A. Kruse, Volker Kalisch. Festrede: Peter von Matt, Zürich. Führungen durch die Ausstellung »Das letzte Wort der Kunst« in der Kunsthalle und im Heine-Institut.
	Veranstalter: Heinrich-Heine-Universität Düsseldorf, Robert Schumann Hochschule Düsseldorf, Heinrich-Heine-Institut.
9.5.2006	Palais Wittgenstein
	Jour Fixe: dienstags im Heine-Institut. »Schumann, die Revolution und das Ende«. Ein musikliterarisches Programm mit Frieder Reininghaus. Text: Frieder Reininghaus; Klavier: Tobias Koch; Bass: Jan Herrmann.

	Veranstalter: Heinrich-Heine-Universität Düsseldorf, Robert Schumann Hochschule Düsseldorf, Heinrich-Heine-Institut.
14. 5. 2006	»Da singt es und da klingt es«. »Text & Ton«. Eine Heine-Schumann-Matinee. Sektfrühstück mit Rezitationen und Klaviermusik und Führung durch den Schumann-Gedenkraum. Moderation und Rezitation: Dr. Karin Füllner und Dr. Ursula Roth; am Flügel: Julian Gorus. Veranstalter: Heinrich-Heine-Institut und VHS Meerbusch.
16. 5. 2006	Jour Fixe: dienstags im Heine-Institut. »Musikalischer Salon«. Musik der Heine-Zeit für Klavier und Violine. Klavier: James Maddox; Violine: Stephanie Himstedt. Veranstalter: Heinrich-Heine-Institut.
16.–18. 5. 2006	Kunsthalle Düsseldorf »Abenteuer Improvisation«. Offener Workshop für Ensemblespiel. Eine Veranstaltung des Schumannfestes 2006. Veranstalter: Heinrich-Heine-Institut und Kunsthalle Düsseldorf in Zusammenarbeit mit der Robert-Schumann-Forschungsstelle und der Kunstakademie Düsseldorf.
17. 5. 2006	Savoy-Theater »Warum ich dennoch liebe …«. Alice Schwarzer im Gespräch mit Lothar Schröder, Literaturkritiker. Veranstalter: Heinrich-Heine-Gesellschaft.
18. 5. 2006	Der Schriftsteller Hubert Fichte (1935–1986). Jan F. Bandel: »Ein Leben Jäckis«. Stimmlich begleitet von Anne Schülke und eingespielten O-Tönen des Autors. Teil der Veranstaltungsreihe »Einst nämlich war ich Knabe, Mädchen, Busch, Vogel und aus dem Meer emportauchender stummer Fisch« über den Schriftsteller Hubert Fichte. Veranstalter: Heinrich-Heine-Institut. Mit freundlicher Unterstützung des Kulturamtes der Landeshauptstadt Düsseldorf.
19. 5. 2006	Kunsthalle Düsseldorf Abschlusskonzert im Rahmen des Schumannfestes. Ticket »Nachtwanderungen«. Veranstalter: Heinrich-Heine-Institut und Kunsthalle Düsseldorf in Zusammenarbeit mit der Robert-Schumann-Forschungsstelle und der Kunstakademie Düsseldorf.
22. 5. 2006	Heine Haus »Die Unsterblichkeit der Familie«. Vortrag: Prof. Dr. Joseph A. Kruse. Veranstalter: Gesellschaft für Christlich-Jüdische Zusammenarbeit und Heinrich-Heine-Gesellschaft.
23. 5. 2006	Jour Fixe: dienstags im Heine-Institut. »Was habt Ihr gegen mein Gesicht?«. Zur Geschichte der Heine-Porträts. Vortrag mit Bildern mit PD Dr. Ekaterina Kapetzis, Christian Liedtke M. A., Dr. Sikander Singh. Veranstalter: Heinrich-Heine-Institut.
30. 5. 2006	Jour Fixe: dienstags im Heine-Institut. »Wir haben alles mitgeträumt«. Filmvorführung und Gespräch. Filmdokumentation von David Wittenberg. Themenfilm Heine (arte/WDR 2005). Veranstalter: Heinrich-Heine-Institut. Mit Unterstützung von arte.

Veranstaltungen

6. 6. 2006	Jour Fixe: dienstags im Heine-Institut. »Dichterliebe«. Heine und Schumann. Ein Liederabend. Gesang: Silke Kunz; Klavier: Nadine Burghardt. Veranstalter: Heinrich-Heine-Institut.
8. 6. 2006	»Tirili! Tirili! Ich lebe!« Straßentheater – Öffentliches Fest zur Preisverleihung des Schülerwettbewerbs »Wort. Zeit. Rhythmus«. Heinrich Heine und Robert Schumann zum 150. Todesjahr. Darsteller: Louise-Hélène Belle, Dennis Palmen, Sofia Surgutschowa, Alexandros Tsoubaklis; Regie und Text: Anne Schülke; Künstlerische Beratung: Simona Lotti. Veranstalter: Heinrich-Heine-Gesellschaft, gefördert durch die Arbeitsgemeinschaft Literarischer Gesellschaften und Gedenkstätten aus Mitteln des Beauftragten der Bundesregierung für Kultur und Medien.
8. 6. 2006	Görres-Gymnasium Preisverleihung zum Schülerwettbewerb »Wort. Zeit. Rhythmus« zum 150. Todesjahr von Heinrich Heine und Robert Schumann. Veranstalter: Heinrich-Heine-Institut und Heinrich-Heine-Gesellschaft.
8.–11. 6. 2006	Bücherbummel auf der Kö. Heinrich-Heine-Institut und Heinrich-Heine-Gesellschaft präsentieren sich. Veranstalter: Heinrich-Heine-Institut und Heinrich-Heine-Gesellschaft.
10./11. 6. 2006	»Heine, Schumann und die Frauen«. »Text&Ton« zur Finissage der Ausstellung. Führung durch die Heine-Ausstellung, begleitet von Rezitationen von Heine-Texten und Musik. Moderation und Rezitation: Dr. Karin Füllner und Dr. Ursula Roth; Am Flügel: Helmut Götzinger. Veranstalter: Heinrich-Heine-Institut und Heinrich-Heine-Gesellschaft.
11. 6. 2006	Partikasaal, Robert Schumann Hochschule »Internationale Kompositions- und Dichteraufträge«. Uraufführung mit dem notabu. ensemble neue musik. Mit den Komponisten Hans Koolmees (Amsterdam), Karol Beffa (Paris) und Christian Froleyks (Münster), der Schriftstellerin Cécile Wajsbrot (Paris), dem Dichter Erik Menkveld (Amsterdam) und dem Schriftsteller Hendrik Rost (Hamburg). Veranstalter: Heinrich-Heine-Institut und Kunsthalle Düsseldorf in Zusammenarbeit mit der Robert-Schumann-Forschungsstelle und der Kunstakademie Düsseldorf.
14./15. 6. 2006	Thomas-Morus-Akademie, Bensberg »Aber der Tod ist nicht poetischer als das Leben«. Heinrich Heines 18. Jahrhundert – Studienkonferenz. Begrüßung und Einführung: Prof. Dr. Bernd Kortländer, Dr. Sikander Singh, Robert Steegers. Vorträge von. Dr. Christoph auf der Horst, Prof. Dr. Bernd Kortländer, Robert Steegers, Dr. Bodo Morawe, Dr. Christian Efing, Dr. Sikander Singh, PD Dr. Burkhard Moennighoff. Veranstalter: Thomas-Morus-Akademie Bensberg, Katholische Akademie im Erzbistum Köln, Heinrich-Heine-Institut Düsseldorf.
20. 6. 2006	Ausstellungseröffnung. Schülerarbeiten zum Wettbewerb »Wort. Zeit. Rhythmus« zum 150. Todesjahr von Heinrich Heine und Robert Schumann (20. 6.–20. 8. 2006). Eröffnungsfeier mit musikalischen und literarischen Beiträgen der Schülerinnen und Schüler. Veranstalter: Heinrich-Heine-Institut und Heinrich-Heine-Gesellschaft.

30. 6./01. 7. 2006	Kolloquium »Krieg und Utopie. Kunst, Literatur und Politik im Rheinland nach dem Ersten Weltkrieg«. Vorträge von Martina Padberg, Anna-Monika Lauter, Gerd Krumeich, Walter Vitt, Jürgen Wiener, Dietrich Schubert, Nicolas Beaupré, Hella-Sabrina Lange, Ulrich Krempel, Enno Stahl, Rüdiger Haude, Wilhelm Seiwerts, Gertrude Cepl-Kaufmann, Susanne Brandt, Jasmin Grande Vom 8. Juni bis zum 23. Juni wird in der Bunkerkirche in Düsseldorf Heerdt die Ausstellung »Krieg und Utopie. Kunst, Literatur und Politik im Rheinland nach dem Ersten Weltkrieg« gezeigt. Veranstalter: Gemeinschaftsprojekt der Heinrich-Heine-Universität Düsseldorf, des Instituts »Moderne im Rheinland« an der Heinrich-Heine-Universität, des Kunstvereins Kunstort Bunkerkirche e.V. und des Heinrich-Heine-Instituts.
19. 8. 2006	»Heimspiel«. Lange Nacht der Düsseldorfer Literatur. Es lesen: Susanne Kersten-Stein, Frank Schablewski, Alexander Nitzberg, Otto Vohwinkel, Ille Chamier, Barbara Zimmermann, Martin Baltscheit, Wolfgang Neuhausen (Nemo); Pamela Granderath, Wolfgang Reinke, Srdjan Keko, Georg Aehling, Regina Ray, Horst Eckert, Philipp Schiemann, Alla Pfeffer, Erwin Gehrmann, Kajo Scholz, Angela Litschev. Veranstalter: Gemeinschaftsprojekt von Literaturbüro NRW, Galerie Tedden, Institut Français, Heinrich-Heine-Institut, Destille und Kulturamt der Landeshauptstadt Düsseldorf.
6. 9. 2006	Schriftsteller zwischen Tradition und Moderne. 60 Jahre Schriftstellerverband in NRW. Grußworte: Prof. Dr. Bernd Kortländer, Monika Strohmeyer und Franz Kersjes. Vortrag von Dietmar Damwerth, Geschäftsführer des VS, über Verbandsgründung und Verbandsgeschichte. VS-Vorstand präsentiert mit Kurzlesungen 60 Jahre Literatur in NRW: Heinrich Böll, Lilo Rauner, Max von der Grün und Otti Pfeiffer. Veranstalter: VS Landesverband NRW und Heinrich-Heine-Institut.
10. 9. 2006	Ausstellungseröffnung »Die Blechtrommel«. Grafiken von Hubertus Giebe zum Roman von Günter Grass. (10. 9. 2006–14. 1. 2007). Zur Eröffnung spricht Dr. Kai Artinger (Leiter des Günter Grass Hauses, Lübeck). Veranstalter: Heinrich-Heine-Institut.
16. 9. 2006	»Heine, Schumann und die Frauen«. »Text&Ton«. Sektfrühstück und Führung durch die Heine-Ausstellung, begleitet von Rezitationen von Heine-Texten und Musik. Moderation und Rezitation: Dr. Karin Füllner und Dr. Ursula Roth; Am Flügel: Helmut Götzinger. Veranstalter: Heinrich-Heine-Institut und Heinrich-Heine-Gesellschaft.
18. 9. 2006	»Vom Ganges an den Rhein« – Indische Literatur in Düsseldorf. Anita Nair: »Kathakali«. Lesung und Gespräch in deutscher und englischer Sprache. Moderation: Regina Ray; Deutscher Text gelesen von Dr. Karin Füllner. Veranstalter: Heinrich-Heine-Institut und Heinrich-Heine-Gesellschaft in Zusammenarbeit mit Kino Atelier, Literaturbüro NRW e.V., Kulturamt der Landeshauptstadt Düsseldorf und Kulturzentrum Zakk.

Veranstaltungen

24. 9. 2006	Kino Atelier, Savoy-Theater »Vom Ganges an den Rhein« – Indische Literatur in Düsseldorf. Rakesh Roshan: »KRRISH« (Film). Veranstalter: Heinrich-Heine-Institut und Heinrich-Heine-Gesellschaft in Zusammenarbeit mit Kino Atelier, Literaturbüro NRW e.V., Kulturamt der Landeshauptstadt Düsseldorf und Kulturzentrum zakk.
26. 9. 2006	zakk »Vom Ganges an den Rhein« – Indische Literatur in Düsseldorf. Dilip Chitre: »Der Banyanbaum«. Moderation: Regina Ray; Deutscher Text gelesen von Dr. Olaf Cless. Veranstalter: Heinrich-Heine-Institut und Heinrich-Heine-Gesellschaft in Zusammenarbeit mit Kino Atelier, Literaturbüro NRW e.V., Kulturamt der Landeshauptstadt Düsseldorf und Kulturzentrum zakk.
28. 9. 2006	Heine Haus Die A-Fragen: Arbeit. Lesung und Gespräch mit Rainer Merkel und Hubert Winkels. Veranstalter: Heinrich-Heine-Institut und Literaturbüro NRW e.V. mit freundlicher Unterstützung der Stadtwerke Düsseldorf.
30. 9.–4. 10. 2006	Bagni di Lucca und Lucca »Ein wildes Paradies«. Mit Heinrich Heine in Lucca. Leitung: Dr. Karin Füllner (Heinrich-Heine-Institut) und Robert Steegers (Thomas-Morus-Akademie). Veranstalter: Heinrich-Heine-Gesellschaft und Thomas-Morus-Akademie.
2. 10. 2006	Literaturbüro NRW »Vom Ganges an den Rhein – Indische Literatur in Düsseldorf. Alka Saraogi: »Umweg nach Kalkutta«. Moderation: Regina Ray; Deutscher Text gelesen von Maren Jungclaus. Veranstalter: Heinrich-Heine-Institut und Heinrich-Heine-Gesellschaft in Zusammenarbeit mit Kino Atelier, Literaturbüro NRW e.V., Kulturamt der Landeshauptstadt Düsseldorf und Kulturzentrum zakk.
6. 10. 2006	Desillusionierung und Figuren. Die Grafik des Dresdner Malers Hubertus Giebe. Vortrag: Prof. Dr. Walter Israel, Hagen. Veranstalter: Heinrich-Heine-Institut.
10. 10. 2006	Die A-Fragen: Ausland im Inland. Raul Zelik und Mark Terkessidis. Veranstalter: Heinrich-Heine-Institut und Literaturbüro NRW e.V. mit freundlicher Unterstützung der Stadtwerke Düsseldorf.
11. 10. 2006	Heine Haus Die A-Fragen: Armut. Lesung und Gespräch mit Matthias Zschokke und Gabriele Gillen. Veranstalter: Heinrich-Heine-Institut und Literaturbüro NRW e.V. mit freundlicher Unterstützung der Stadtwerke Düsseldorf.
17. 10. 2006	Evangelische Stadtakademie Düsseldorf Literaturkurs. »… dass ich nicht mehr weiß, wo die Ironie aufhört und der Himmel anfängt«. Heinrich Heines literarische Religiosität. Referenten: Dr. Klaus-Hinrich Roth, Germanist, Neuss; Dr. Martin Vetter, Theologe, Düsseldorf. (Weitere Termine: 24./31. 10. 2006). Veranstalter: Evangelische Stadtakademie und Heinrich-Heine-Institut.

18. 10. 2006	Die A-Fragen: Alter. Lesung und Gespräch mit John von Düffel und Elisabeth Niejahr. Veranstalter: Heinrich-Heine-Institut und Literaturbüro NRW e.V. mit freundlicher Unterstützung der Stadtwerke Düsseldorf.
23. 10. 2006	Prof. Dr. Wilhelm Gössmann zum 80. Geburtstag. Eine literarisch-musikalische Feierstunde. Laudatio: Prof. Dr. Joseph A. Kruse. Veranstalter: Heinrich-Heine-Gesellschaft.
24. 10. 2006	Partika-Saal der Robert-Schumann-Hochschule Düsseldorf Konzert und Lesung. »Das seh' ich oft im Traum«. Der Traum bei Heinrich Heine und Robert Schumann. Konzert der Jungstudierenden mit einer Lesung von Düsseldorfer Schülern. Moderation: Dr. Karin Füllner und Prof. Raimund Wippermann, Rektor der Robert-Schumann-Hochschule. Veranstalter: Heinrich-Heine-Institut und Robert-Schumann-Hochschule Düsseldorf.
25./26. 10. 2006	Interdisziplinäre Tagung. »Kulturelle Überlieferungen. Vereine, Verbände, Gesellschaften«. Begrüßung: Prof. Dr. Joseph A. Kruse; Sektionsleitungen: Georg Mölich, Dr. Sabine Brenner-Wilzcek, Dr. Benedikt Mauer. Vorträge von Dr. Daniel Schläppi, Dr. Enno Stahl, Dr. Susanne Schwabach-Albrecht, Dr. des. Daniela Anna Frickel, Daniel Mühlenfeld, Dr. Jürgen Herres, Dr. Norbert Friedrich. Schlusswort Prof. Dr. Bernd Kortländer Veranstalter: Heinrich-Heine-Institut, gefördert vom Landschaftsverband Rheinland.
29. 10. 2006	Auftaktveranstaltung »Düsseldorf liest ein Buch«. Heinrich Heine: Reisebilder. Vortrag: Prof. Karol Sauerland (Warschau); Lesung: Wolfgang Reinbacher, Düsseldorfer Schauspielhaus. Veranstalter: Heinrich-Heine-Institut und Heinrich-Heine-Gesellschaft in Zusammenarbeit mit dem Literaturbüro NRW e.V.
9. 11. 2006	Literaturforum »Neues Europa«. Es lesen Marica Bodrožić (Kroatien, Deutschland), Michal Hvorecky (Slowakei) und Petra Hůlová (Tschechien). Veranstalter: Gerhart-Hauptmann-Haus, Heinrich-Heine-Institut, Literaturbüro NRW und Kulturamt der Landeshauptstadt Düsseldorf.
10. 11. 2006	Bücherflohmarkt im Heine-Institut. Veranstalter: Heinrich-Heine-Institut.
14. 11. 2006	»Von der Kunst, das Leben zu lieben«. Hans Stilett liest Michel de Montaigne. Veranstalter: Heinrich-Heine-Institut.
18. 11. 2006	»Heinrich Heine – mit einem Hauch Lokalkolorit«. Vortrag und Ausstellungsrundgang: Dr. Ursula Roth; Rezitation: Monika Voss. Veranstalter: Heinrich-Heine-Institut.
19. 11. 2006	»Heine, Schumann und die Frauen«. »Text & Ton«. Sektfrühstück und Führung durch die Heine-Ausstellung, begleitet von Rezitationen von Heine-Texten und Musik. Moderation und Rezitation: Dr. Karin Füllner und Dr. Ursula Roth; am Flügel: Helmut Götzinger. Veranstalter: Heinrich-Heine-Institut und Heinrich-Heine-Gesellschaft.

Veranstaltungen

25./26. 11. 2006   Paris
Mit Heine in Paris. »... unter der Bevölkerung des Faubourg Montmartre habe ich mein liebstes Leben gelebt«. Führung zu Heines Wohnadressen im Montmartre-Viertel. Leitung: Dr. Bernd Füllner und Dr. Karin Füllner.
Veranstalter: Maison Heinrich Heine, Paris, und Heinrich-Heine-Institut.

26. 11. 2006   Heine Haus
Abschlussmatinee »Düsseldorf liest ein Buch«. Lesung mit Roger Willemsen. Begrüßung: Prof. Dr. Joseph A. Kruse.
Veranstalter: Heinrich-Heine-Institut, Kulturamt der Landeshauptstadt Düsseldorf und Literaturbüro NRW.

30. 11. 2006   »O Seligkeit, nicht mehr an sich, ans arme Eigene zu denken«. Robert Walser – Dichter der Bescheidenheit. Zu seinem 50. Todestag. Vortrag: Prof. Dr. Dieter Borchmeyer.
Veranstalter: Heinrich-Heine-Gesellschaft und Fontane-Kreis, Niederrhein.

6./7. 12. 2006   Deutsch-spanische Tagung. Heinrich Heine: Lecturas españolas/Spanische Lektüren. Schirmherrschaft: Spanisches Generalkonsulat in Düsseldorf.
Grußworte: Prof. Dr. Vittoria Borsò, Prof. Dr. Joseph A. Kruse. Vorträge von Eustaquio Barjau (Universidad Complutense de Madrid), Juan María Díez Taboada (Consejo Superior de Investigaciones Científicas), Berit Balzer (Universidad Complutense de Madrid), Anne Maximiliane Jäger (Universität Siegen; Juan Bruce Novoa (University of California, Irvine), Pino Valero (Universidad de Alicante). Abschlussdiskussion. Führung durch das Heine-Museum.
Veranstalter: Heinrich-Heine-Institut, Heinrich-Heine-Universität Düsseldorf und Universidad Pablo de Olavide, Sevilla.

9. 12. 2006   9. Forum Junge Heine-Forschung. Neue Arbeiten über Heinrich Heine. Vorträge und Diskussionen.
Begrüßung: Prof. Dr. Joseph A. Kruse, Prof. Dr. Hans T. Siepe. Vorträge von Lydia Fritzlar (Hannover), Jan Scheithauer (Paris), Simon Wortmann (Berlin), Anne Stähr (Potsdam),Thomas Stähli (Genf), Dr. Gabriella Pelloni (Padua). Konzeption und Moderation: Holger Ehlert M. A. (Heinrich-Heine-Universität Düsseldorf) und Dr. Karin Füllner (Heinrich-Heine-Institut).
Veranstalter: Heinrich-Heine-Institut und Heinrich-Heine-Gesellschaft in Zusammenarbeit mit der Heinrich-Heine-Universität Düsseldorf.

9. 12. 2006   »Es lebt noch eine Flamme ...«. Lieder, Texte und Musik von Heine bis heute. Violine, Stimme, Kompositionen: Ulrich Klan; am Flügel: Robert Dißelmeyer.
Veranstalter: Heinrich-Heine-Institut und Armin-T.-Wegner-Gesellschaft e.V.

12. 12. 2006   »Der Mops bellte kritisch«. Ein Heine-Abend. Mit Gabriele Maaßen-Meyer und der Gruppe »Die Liederlichen – das Sechstett«.
Veranstalter: AStA der Heinrich-Heine-Universität und Heinrich-Heine-Gesellschaft.

13. 12. 2006   Heine-Geburtstag. Festveranstaltung zum Jubiläumsjahr.
»Heine und die Nachwelt«. Buchvorstellung mit Prof. Dr. Dietmar Goltschnigg und Prof. Dr. Hartmut Steinecke.
Empfang. Begrüßung: Kulturdezernent Hans-Georg Lohe. Musikalische Umrahmung: Ye Chang Flaig, Schülerin der Clara-Schumann-Musikschule. Hein-

rich Heine: »Getrommelte Tränen«. Eine poetische Liturgie. Lesung: Christoph Bantzer; Musik: Susanne Hahn (Violoncello) und Daniel Briegleb (Schlagzeug); Textcollage und Regie: Prof. Dr. Klaus Briegleb.
Veranstalter: Heinrich-Heine-Institut und Heinrich-Heine-Gesellschaft.

Veranstaltungen der Heinrich-Heine-Gesellschaft e. V.
Sektion Berlin – Brandenburg

17. 2. 2006	Stadt- und Landesbibliothek Potsdam Ausstellungseröffnung »Heinrich Heine – Leben, Werk und Wirkung« (17. 2.–31. 3. 2006). Klaus Büstrin liest Texte von Heinrich Heine, musikalische Umrahmung durch das Ensemble der Städt. Musikschule Potsdam.
19. 2. 2006	Schwartzsche Villa, Berlin Steglitz Elvira Grözinger liest aus ihrem liest aus ihrem neuen Buch »Heinrich Heine: Deutscher Dichter – Streitbarer Publizist – Politischer Emigrant«. Juliane Flemming (Sopran), Jens Horenburg (Tenor), Stefan Müller (Klavier) singen und spielen Heine-Vertonungen von Robert und Clara Schumann und Felix Mendelssohn Bartholdy.
23. 2. 2006	Stadt- und Landesbibliothek Potsdam »Heinrich Heine und sein Bibelverständnis«. Vortrag von Dr. Arnold Pistiak.
29. 3.–1. 4. 2006	»Lutezia – Lutèce. Kunstcharakter und europäischer Kontext«. Internationales Symposium des Instituts für Künste und Medien der Universität Potsdam und der Berlin-Brandenburger Sektion der Heinrich-Heine-Gesellschaft aus Anlass des 150. Todestags von Heinrich Heine.
1. 4. 2006	Stadtspaziergang auf den Spuren Heines. Leitung: Franziska Flemming.
5. 5. 2006	Literaturhaus Berlin »Heinrich Heines ›Briefe aus Berlin‹«. Vortrag von Marita Salewski.
6. 5. 2006	Stadtspaziergang auf den Spuren Heines. Leitung: Franziska Flemming.
11. 6. 2006	Sommerspaziergänge: »Auf den Spuren der ›Briefe aus Berlin‹« und »Heines Berlin um 1822«. Leitung: Franziska Flemming. Weitere Termine: 2. 7.; 6. 8.; 10. 9. 2006
8. 12. 2006	Literaturhaus Berlin Mitgliederversammlung. Bericht über Aktivitäten des vergangenen Jahres und Neuwahl des Vorstands »Klarheit geht vor Einheit – Heinrich Heines Kritik an den ›Fortschrittsmännern‹«. Vortrag von Prof. Jost Hermand.

Ankündigung
des 11. Forum Junge Heine Forschung
13. Dezember 2008
im Heine-Institut in Düsseldorf

Zum 211. Heine-Geburtstag 2008 veranstalten das Heinrich-Heine-Institut der Landeshauptstadt Düsseldorf, die Heinrich-Heine-Gesellschaft e. V. und die Heinrich-Heine-Universität Düsseldorf gemeinsam das 11. Forum Junge Heine Forschung mit neuen Arbeiten über Heinrich Heine. Es findet statt am Samstag, den 13. Dezember 2008, 11–17 Uhr im Heinrich-Heine-Institut. Für das beste vorgetragene Referat, das von einer Jury ausgewählt wird, stiftet die Heinrich-Heine-Gesellschaft einen Geldpreis.

Zur Information über Konzeption und Ausrichtung des Forum Junge Heine Forschung verweisen wir auf die Berichte in den Heine-Jahrbüchern 2001, 2002, 2003, 2004, 2005, 2006 und 2007. Anmeldungen für Referate (ca. 30 Min.) sind mit einem kurzen Exposé (ca. 1 Seite) bis zum 3. Oktober 2008 per Mail zu richten an:

Dr. Karin Füllner
Heinrich-Heine-Institut
Bilker Str. 12–14
40213 Düsseldorf
E-Mail: hhi-hhg@t-online.de

Hinweise für die Autoren

Für unverlangt eingesandte Texte und Rezensionsexemplare können wir keine Gewähr übernehmen.

Die Autoren werden gebeten ihre Beiträge möglichst als Ausdruck und Diskette einzusenden.

Die Manuskripte sollten folgendermaßen eingerichtet sein:

1. Im Text:
Zitate und Werktitel in doppelte Anführungszeichen.
Größere Zitate (mehr als 3 Zeilen) und Verse einrücken. Sie werden in kleinem Druck gesetzt; eine weitere Kennzeichnung entfällt.
Auslassungen oder eigene Zusätze im Zitat: [ ]
Hochzahlen (für Anmerkungen) ohne Klammer hinter den schließenden Anführungszeichen, und zwar vor Komma, Semikolon und Doppelpunkt, aber hinter dem Punkt.
Unterstreichung bedeutet Kursivsatz.

2. Fußnoten:
Alle Anmerkungen fortlaufend durchnummeriert am Schluss des Manuskriptes. Hochzahlen ohne Klammer oder Punkt.
Literaturangaben in folgender Form:
a) Bücher
 – Monographien: Vorname Zuname des Verfassers: Titel. Ort Jahr, Band (röm. Ziffer), Seite.
 – Editionen: Vorname Zuname (Hrsg.): Titel. Ort Jahr, Seite.
b) Artikel
 – in Zeitschriften: Vorname Zuname des Verfassers: Titel. – In: Zeitschriftentitel Bandnummer. Jahr, Seite.
 – in Sammelwerken: Vorname Zuname des Verfassers: Titel. – In: Titel des Sammelwerks, hrsg. von Vorname Zuname. Ort Jahr, Band, Seite.
Bei wiederholter Zitierung desselben Werkes: Zuname des Verfassers [Anm. XXX], Seite.

Hinweise für die Autoren

c) Heine-Ausgaben und gängige Heine-Literatur
- Abkürzungen nach dem Siglenverzeichnis (im Heine-Jahrbuch hinter dem Inhaltsverzeichnis) verwenden.
- Heine-Texte möglichst im laufenden Text unter Verwendung der Abkürzungen in runden Klammern nachweisen [z. B. (B III, 100) oder (DHA 1, 850) oder (HSA XXV, 120)].

3. Abkürzungen:
Zeitschriftentitel u. dgl. möglichst nach dem Verzeichnis der »Germanistik« u. ä.
S.　　= Seite
hrsg. v. = herausgegeben von
Auflagenziffer vor der Jahreszahl hochgestellt.
(vgl. auch das Verzeichnis der Siglen hinter dem Inhaltsverzeichnis in diesem Jahrbuch).

4. Korrekturen:
Der Verlag trägt die Kosten für die von der Druckerei nicht verschuldeten Korrekturen nur in beschränktem Maße und behält sich vor, den Verfassern die Mehrkosten für Autorkorrekturen zu belasten.

Mitarbeiter des Heine-Jahrbuchs 2007

Dr. Michael Beiche, Robert-Schumann-Forschungsstelle e.V., Palmenstr. 16, 40217 Düsseldorf
Nina Bodenheimer, 15, rue Chaudron, F-75010 Paris
Dr. Ursula Broicher, Hohenzollernstr. 53, 47799 Krefeld
Elena Camaiani, Merowingerstr. 49, 40225 Düsseldorf
Dr. Ruth Esterhammer, Institut für Germanistik, Universität Innsbruck, Innrain 52, A-6020 Innsbruck
Dr. Bernd Füllner, Urdenbacher Dorfstr. 30, 40593 Düsseldorf
Dr. Karin Füllner, Urdenbacher Dorfstr. 30, 40593 Düsseldorf
Regina Grundmann M. A., Roomersheide 73, 44797 Bochum
Dr. med. Bernd Holdorff, Grolmannstr. 56, 10559 Berlin
Prof. Dr. Klaus H. Kiefer, Rosenbuschstraße 3, 80538 München
Prof. Dr. Helmut Koopmann, Watzmannstr. 51, 86159 Augsburg
Prof. Dr. Joseph A. Kruse, Kaiserswerther Str. 70, 40489 Düsseldorf
Christian Liedtke M. A., Alt-Heerdt 89, 40549 Düsseldorf
Renate Loos, Wilhelm-Raabe-Str. 30, 40470 Düsseldorf
Georg Mölich, Landschaftsverband Rheinland, Fachstelle für Regional- und Heimatgeschichte, Kennedy-Ufer 2, 50679 Köln
Dr. Ariane Neuhaus-Koch, Kaarster Str. 133 F, 41462 Neuss
Dr. Gabriella Pelloni, Via Durer 65, I-35132 Padova
Dr. Bettina Rabelhofer, Institut f. Germanistik, Karl-Franzens-Universität, Universitätsplatz 3, 8010 Graz, Österreich
Prof. Nigel Reeves, Aston University, Aston Triangle, Birmingham B4 7ET, UK
Heribert Rissel, Petersbergstr. 35, 53572 Unkel
Prof. Karol Sauerland, Uniwersytet Warszawski, Instytut Germanistyki, ul. Browarna 8/10, 00-311 Warszawa, Polen
Prof. Dr. Dieter Schiller, Parkstr. 36, 13086 Berlin
Dr. Gabriele Schneider, Gartenkampsweg 13 d, 40822 Mettmann
Dr. Sikander Singh, Höhenstr. 88, 40227 Düsseldorf
Thomas Stähli, 59, avenue de Thônex, CH 1226 Thônex
Dr. Robert Steegers, Aloys-Schulte-Str. 3, 53129 Bonn
Prof. Dr. Hartmut Steinecke, Universität Paderborn, Warburger Str. 100, 33098 Paderborn
PD Dr. Barbara Thums, Marienstr. 29, 70178 Stuttgart
Prof. Dr. Norbert Waszek, 128, rue de la Tombe Issoire, F-75014 Paris
Simon Wortmann, Stendaler Str. 3, 10559 Berlin

MIX
Papier aus verantwortungsvollen Quellen
Paper from responsible sources
FSC® C105338

If you have any concerns about our products,
you can contact us on
ProductSafety@springernature.com

In case Publisher is established outside the EU,
the EU authorized representative is:
**Springer Nature Customer Service Center GmbH
Europaplatz 3, 69115 Heidelberg, Germany**

Printed by Libri Plureos GmbH
in Hamburg, Germany